全真七子集著研究

（上）

马钰等 编著

图书在版编目（CIP）数据

全真七子集著研究 / (金) 马钰等编著. -- 北京 : 华龄出版社, 2025. 5. -- ISBN 978-7-5169-2981-0

Ⅰ. B956.3

中国国家版本馆 CIP 数据核字第 202517LD44 号

责任编辑	董　巍	**责任印制**	李未圻
责任校对	张春燕	**装帧设计**	世纪拓普

书　　名	全真七子集著研究	**作　　者**	(金) 马钰等 编著
出　　版 发　　行	华龄出版社 HUALING PRESS	**点　　校**	张　喆
社　　址	北京市东城区安定门外大街甲 57 号		
发　　行	(010)58122255	**邮　　编**	100011
承　　印	天津新华印务有限公司	**传　　真**	(010)84049572
版　　次	2025 年 5 月第 1 版	**印　　次**	2025 年 5 月第 1 次印刷
规　　格	880mm × 1230mm		
印　　张	34.25	**开　　本**	1/32
书　　号	ISBN 978-7-5169-2981-0	**字　　数**	772 千字
定　　价	168.00 元 (全三册)		

黄信阳

全国政协委员
中国道教协会咨议委员会副主席
北京市人大常务委员会委员
北京市道教协会原会长
河北省道教协会名誉会长

总序

黄信阳

道家思想诞生于古老而神秘的华夏大地，它以其深邃的洞察力和超凡的智慧，透过纷繁复杂的世间万象，探寻着宇宙万物的本元和运行规律。

道家思想的核心是“道”。“道”是一种超越人类常规认知的存在，从天地开辟到万物生长繁衍，“道”始终如影随形从未离开，而承载道家思想精髓的古代典籍，则宛如一座座闪耀着智慧光芒的灯塔，在人类思想的海洋中屹立千年而不朽。

道家思想是中国的传统文化，对华夏文明的传播起着重要的作用。在几千年的传承过程中，道家先贤们创作了许多经典著作，成为中华文化的瑰宝，也是道家思想的灵魂。这些道学典籍不仅是中国古代的哲学著作，同时也是文学、医药学、养生学、化学、音乐、地理等多种学科的珍贵资料，是指导人们的生活宝典，值得我们一代又一代的人去细细品味、琢磨，从中汲取智慧的养分，以更好地应对生活中的种种挑战和困惑。

让我们在追寻生命真谛的道路上，能借助“道家典籍”的智慧之光，不断前行，迈向更高的精神境界。

出版说明

全真七子是道教全真道创始人王重阳的七位嫡传弟子，他们分别是马钰（丹阳子）、丘处机（长春子）、谭处端（长真子）、王处一（玉阳子）、郝大通（太古子、广宁子）、刘处玄（长生子）和马钰之妻孙不二（清静散人）。

马钰（1123—1183），初名从义，字宜甫，后名钰，字玄宝，号丹阳子，山东宁海（今山东牟平）人。道教全真道的重要人物，被尊称为“丹阳真人”。他是全真道祖师王重阳在山东收下的首位弟子。大定十年（1170）王重阳仙逝后，马钰成为全真道第二任掌教。

马钰出生于富贵之家，号称“马半州”，弱冠能诗，擅针灸。金天会年间中进士，后因看不惯官场风气，弃官学道。大定七年（1167），王重阳焚庵辞众，有言“余东海捉马去”，因至宁海。马钰邀其至家，在南园为其建“全真庵”。四十五岁的马钰遂师从王重阳出家学道，更名钰，字玄宝，号丹阳子。

大定十年（1170），王重阳仙逝了，马钰承担起发扬光大全真道事业的重担。马钰继承了王重阳的思想，以“清静无为”为宗旨，主张“道以无心为体，忘言为用，柔弱为本，清静为基”。他重修祖庭，往来传道于京兆（今陕西西安）、山东间，致力于全真道的发展。

大定二十三年（1183）十二月二十二日，马钰在莱阳县游仙宫仙逝。元世祖追封马钰“丹阳抱一无为真人”，后元武宗加封“丹阳抱一无为普化真君”。马钰著作有《神光璨》《洞玄金玉集》等。

丘处机（1148—1227），字通密，号长春子，登州栖霞人。道教全真派的重要人物，被尊称为“长春真人”。丘处机十九岁出家，次年拜王重阳为师，追随左右。王重阳仙逝后，他在陕西磻溪隐居六年，苦心修道。后又隐居龙门山（今陕西宝鸡境内）励志精修七年。

明昌元年（1190），金章宗以“惑众乱民”为由，禁罢道教，丘处机于是东归栖霞。后金庭、南宋先后派使者召请，丘处机皆不应。

元太祖闻其名，派使者召请，丘处机毅然率弟子十八人从莱州出发，跋涉万里，于1222年“过铁门，达于行在”。太祖问以至道，“师大略对以节欲保躬，天道好生恶杀，治尚无为清静之理”。太祖深契其言，礼遇甚隆。

1223年，长春真人年七十六。是岁三月七日，得旨东还，赐号神仙。“俾掌管天下道门，大小事务一听神仙处置，他人无得干预。宫观差役尽行蠲免，所在官司常切卫护”。丘处机于是广发度牒，建立平等、长春、灵宝等八个教会，大量建立宫观，设坛作醮，一时道侣云集，全真道获得极大发展。

1227年六月，太液池涸，北口山摧，有人告于丘处机，丘处机笑言：“山摧水枯，吾将与之俱乎？”七月四日，丘处机仙逝于宝玄堂，殡于白云观处顺堂（今北京白云观丘祖殿）。元世祖至元六年（1269），诏赠“长春演道主教真人”。元武宗至大三年（1310）加封为“长春全德神化明应真君”，后世称为“长春真人”。丘处机著有《大丹直指》《磻溪集》等。

谭处端（1123—1185），字伯玉，号长真子。山东宁海州（今山东牟平）人。六岁时，因游戏落井，家人急救之，见其“安坐水上，略无所伤”。十五岁有志于学，咏物警策，所作《葡萄篇》脍炙人口。大定七年（1167），谭处端听闻王重阳度马钰为弟子，径寻重阳，请求“弃俗服羽”，执弟子礼，时年四十五岁。

大定十五年（1175），谭处端长乞食于磁州二祖镇，遇到一个疯人，被打掉两枚牙齿，市人怒之，打算将疯人送官，谭处端吐之而去。

大定十七年(1177)，谭处端行化于高唐县，给茶肆吴六书写“龟蛇”字，说：“可置之壁间，以镇火灾。”这一年县城大火，只有茶肆得免。大定二十五年（1185）四月初一，谭处端仙逝于洛阳朝元宫。其著作有《水云集》。

刘处玄（1147—1203），字通妙，号长生子。东莱（今山东掖县）人。事母至孝，誓不婚宦。大定九年（1169）二月，忽见邻居墙壁人所不能及的地方，有颂词二首，其末句为“武官养性真仙地，须有长生不死人”。刘处玄见后心生疑惑。九月，王重阳携马、谭至东莱，刘处玄前往拜谒。重阳笑道：“壁间墨痕，汝知之乎？”刘处玄遂倾诚乞为弟子。

大定十八年（1178），刘处玄迁居洛城东北云溪洞居，门人凿洞室时，忽得石井，刘处玄笑道：“不远数尺，更有二井，此乃我三生前修炼处。”凿之果然。由是门徒日集。

大定二十二年（1182），刘处玄居武官建庵，注《道德》《黄庭》等经。

大定二十三年（1183）十二月，马钰仙逝，刘处玄与王处一同主葬事，守坟百日，各归其隐所。

大定二十五年（1185），谭处端仙逝，刘处玄继任全真教第四任掌教。

承安二年（1197）冬，刘处玄奉召赴阙，金章宗问以至道，刘处玄答：“至道之要，寡嗜欲则身安，薄赋敛则国泰。”章宗敕近侍馆谷于天长观。

承安三年（1198）三月，刘处玄得旨还山，敕赐观额五道：灵虚、太微、龙翔、集仙、妙真，令立观度人。

泰和三年（1203）正月，东京留守刘昭毅、定海军节度使刘师鲁前来问道。刘处玄说：“公等皆当代名臣，深荷顾遇，吾将逝矣，不足为公等友。”又作颂：“正到峥嵘处，争如拂袖归。我念须继踵，回首返希夷。”二月初六日，刘处玄对诸弟子说：“各善护持，毋生懈怠。”遂仙逝于武官灵虚观。其著作有《仙乐集》《阴符经注》《黄庭经注》等。

王处一（1142—1217），号玉阳子，一号㒨（zhú）阳子，宁海东牟（今山东乳山）人。幼丧父，事母至孝。儿童时，不喜嬉戏，“好诵云霞方外语”。大定八年（1168）二月初八，王处一于范明叔遇仙亭，得见王重阳，重阳观其骨骼非凡，便对他说：“汝肯从吾否？”王处一说：“仆所愿也，敢不唯命。”遂侍左右，与丘、刘、谭、马定为莫逆之交。时年二十七。

大定九年（1169）初，王重阳对王处一说：“文登县铁查山云光洞是汝登真之所，可以往居，幸无怠懈。汝之名号，他日吾与汝送去。”于是，王处一拜辞归隐。是年四月，重阳引马钰、丘处机、谭处端、郝大通迁居宁海州金莲堂。途中至龙泉，以所执伞柄内盛“㒨阳子”号，乘风而起，至查山云光洞前堕地，此重阳所赐之号也。此字由七个“人”组成，代表金莲七朵。王处一得号后，前来拜谢，重阳以诗赠之：“修行事理记丁宁，只要心中静里明。眼界不生龙自住，鼻门无闭虎常停。舌根退味心神爽，耳内除声肾水清。南北混融归一处，东西交媾灭三彭。木金厮杈盘桓住，婴姹相随自在行。结作金丹出顶上，五光射透彩云棚。”自此以后，王处一往来于登州、宁海之间，人呼“铁脚先生”。

大定二十七年（1187）十一月十三日，王处一奉诏至燕，金世宗问延生之理，王处一答：“惜精全神，修身之要，端拱无为，治天下之本。”世宗待以方外之礼。

承安二年（1197）七月，金章宗召王处一于便殿，问以养生之道，抵暮方归。赐“体玄大师”号及紫衣，敕赐燕都修真、崇福二观，令之任便居之，月给斋钱二百镪。

泰安二年（1217）四月二十三日，王处一仙逝于海宁圣水玉虚观。至元六年（1269）敕赐“玉阳体玄广度真人”号。至大三年（1310）加赠“玉阳体玄广慈普度真君”。其著作有《云光集》。

郝大通（1140—1212），名璘，字太古，号恬然子，又号广宁子，自称太古道人，法名大通。宁海（今山东牟平）人。好观《周易》，苦无师傅。夜梦仙人示以秘义，由是洞晓阴阳、律历、卜筮之术。大定八年（1168）三月，郝大通来昆嵛山，依王重阳出家，时二十九岁。曾遁居赵州六年，常坐赵州桥下，默然不语。崇庆元年（1212）十二月三十日，郝大通仙逝于宁海州先天观。至元六年（1340），元世祖封号“广宁通玄太古真人”。元武宗至大年间加封“广宁通玄妙极太古真君”。著有《太古集》。

孙不二（1119—1182），号清净散人，宁海人，马钰妻。天性聪慧，严谨礼法。大定七年（1167）十月一日，王重阳居环堵，化度丹阳夫妇。大定九年（1169）重午日，孙仙姑于金莲堂出家，时年五十一。大定十五年（1175）夏，孙不二入关，致祭祖庭，既而出关，居洛阳风仙姑洞，接引弟子甚重。大定二十二年（1182）十二月二十九日，孙不二沐浴更衣，问弟子：“是何时辰？”弟子答：“正午时分。”因此取笔书《卜算子》：

仙乐频频奏，常饮醍醐酒。妙药都来顷刻间，九转丹砂就。

书毕，对弟子说："吾今归矣，各善护持。"乃趺坐而化。时丹阳在文登七宝庵，忽拂衣起舞，歌《醉仙令》，谓门人说："今日有非常之喜。"大众问其缘故，丹阳说："孙仙姑今日已仙去。"

大元至元己巳（1269）正月，褒赐"清净渊贞顺德真人"。至大年间敕封"清净渊贞玄虚顺化元君"。俗称清净孙祖，流传清净派。著有《孙不二元君传述丹道秘书》《孙不二元君法语》等。

全真七子的思想特色包括修心、清净、内丹和三教合一。他们认为人生是假是空，真性是本来面目，人生短暂，速修为要，修心要锁心猿意马，去俗行尘情，要忍辱苦行，还要孝行、慈悲、济世、救难。他们主张性命双修，而以性功为主，强调无为虚静，一心清净，养气全神。他们的内丹功法分九步炼法，有小成、中成、大成三个层次，炼精化气，炼气化神，炼神合道。他们还主张三教合一，吸收儒家的孝行，佛家的见性，在道家内丹功的基础上，融佛摄儒，以达到成仙超度的目的。

全真七子在道教历史上扮演了重要的角色，他们不仅传承了王重阳的思想，还在北方广泛传播了全真教，对道教的发展产生了深远的影响。同时，他们的故事也成为了文学作品中的经典形象，被广大读者所熟知。

最后，此次点校全真七子作品，以《道藏》本为底本，旁参其他刻本，读者可从他们的作品中，领略他们的思想全貌。

总目录

马　钰　集…… 1
郝大通　集…… 325
丘处机　集…… 371
王处一　集…… 569
谭处端　集…… 719
刘处玄　集…… 783
孙不二　集…… 975
附一　王重阳……1021
附二　七真年谱……1051
后序……1072

分册目录

马钰　集

丹阳真人语录…… 3
丹阳真人直言……19
真仙直指语录……22
渐悟集……30
丹阳神光灿…… 108
洞玄金玉集…… 135

郝大通　集

太古集…… 327
郝太古真人语录…… 368

马钰集

丹阳真人语录

灵隐子王颐中集

大定癸卯[①]三月间，始拜师于牟平[②]范明叔[③]庵之南。师曰："汝从何而来？"仆对曰："来自东武[④]，仰师之德，不以货财为富，恬然自得，坐进斯道，乃闻其风而悦之，愿侍巾屦，伏听一言。"师乃欣然曰："僝？僝？年少有学道之心，不可得也。"良久曰："饥则吃饭去，饭罢则打睡去。"

【注】

①大定癸卯：1183年，南宋淳熙十年，金大定二十三年。

②牟平：今烟台市牟平区。

③范明叔：范怿。范怿，字寿卿，一字明叔，金朝进士，殿试及第，大定年间任宁海州学正。范怿有园，世称范园。《牟平县志》载："玄都观，在县南二里范园中。原系范怿花园，范与马钰友善，又尝与王重阳会于此，逐施为钰庵，钰殁，邱长春继之，广为玄都观，及长春应召，奉旨改为宫"。

④东武：今诸城市，位于山东省东南、潍坊市南部。诸城历史悠久，古称东武、密州，因相传舜帝出生于城北的诸冯村而得名，历史上曾为山东东南部的重要中心，曾为琅琊郡郡治、高密郡郡治、密州州治等。

一日，师见仆拱手而立，方呵曰："道人只要豁畅，不可存体面，庵不是廨宇[①]，你又不是官长。若却讲俗礼，则交接去处。古人云'三山有侣人情淡，四海无家道义深'，不徒设也。"

【注】

①廨宇：官舍。

师每垂语曰：学道者必在自悟，不悟者昏蒙所致故也。欲发昏蒙，先涤其心，在乎澄湛明了而已。功到而成，不必叩请于他人。是工拙坦然明白矣。

师在东牟[①]道上行，僧道往来者，识与不识必先致拜。从者疑而问之曰："彼此俱昧平生，何用拜之？"师曰："道以柔弱谦下为本，况三教同门异户耳。孔子言'虽执鞭之士，吾亦为之'，未闻一拜之为一过。"

【注】

①东牟：古县名，今山东烟台市牟平区。

师言：祖师素攻文章，了道之后尤为敏给，至于藏头、拆字、隐语、联珠，略不构思。常和人诗，有押节字者，众皆和毕，唯祖师最后和，云："三百六十金骨节。"众皆叹服，以为神仙语。如今谁能继得，除是磻溪公[①]颇似步骤。

【注】

①磻溪公：指丘处机。丘处机曾于磻溪穴居六年。

师言：祖师尝到登州时，顶笠悬鹑[1]，执一筇、携一铁罐，状貌奇古，乞于市肆，登州人皆不识。夜归观，书一绝于壁：“一别终南水竹村，家无儿女亦无孙。数千里外寻知友，引入长生不死门。”明旦拂衣东迈。后数日，郡守纥石烈邈[2]诣观，观其题诗，钦叹不已。乃依韵和曰：“回首三年别故村，都忘庭竹长儿孙。他时拂袖寻君去，应许安闲一叩门。”

【注】

①悬鹑：鹌鹑毛斑尾秃，似披敝衣，因以“悬鹑”比喻衣服破烂。

②纥石烈邈：金代官员，曾任御史中丞。纥石烈，女真姓，汉译为“高”。

师言：薄滋味所以养气，去嗔怒所以养性，处污辱低下所以养德守一，清净恬惔所以养道。名不著于簿籍，心不系于势利，此所以脱人之壳，与天为徒也。

师曰：酒为乱性之浆，肉是断命之物，直须不吃为上。酒肉犯之犹可恕，若犯于色，则罪不容于诛矣。何故？盖色者，甚于狼虎，败人美行，损人善事，亡精灭神，至于殒躯。故为道人之大孽也。

师曰：升平快活莫过于闲，道人若住庵稍倦，结一两人作伴，挂搭腋袋，拖条拄杖，且歌且游，撞着好山好水，且为盘桓，不可贪程途。

师谓仆曰：学道人要有终始，不可半道而废，与他人作笑端。况傍？傅？是读书儿，岂不知凡人立身，须着一般事业。况为道者，正是男子立身大事。

师常书大字一联，与道友曰："速把人我山放倒，急将龙虎[1]穴冲开。"仆因问曰："人我山始知，龙虎穴敢问其方？"师笑曰："天机未敢轻分付，细细看贤悟不悟。"

【注】

①龙虎：即神炁。丹阳曰：神炁是性命，性命是龙虎，龙虎是铅汞，铅汞是水火，水火是婴姹，婴姹是真阴真阳，真阴真阳即是神炁。

师一日呼仆,良久而赴。问:"哪里去来？"仆对曰:"午窗睡方足,神情湛然,床头有《庄子》书一册,因拈而读之,所以不在此也。"师曰："夫道要心契，若复以文字系缚，何日是了期。所以道：悟彻《南华》迷更迷。"

师在华亭曰：道者何物也，祖炁便是根源，岂不知鼻中出者也。岂不闻广成子曰：丹灶河车休矻矻，鹤胎龟息自绵绵。

师语众曰：学道专一，则人人可以为仙，不同世俗之进取有黜落也。儒则博而寡要，道则简而易行。但清净无为，最上乘法也。

师居环堵[①]中，但设几榻、笔砚、羊皮而已，旷然无余物。早晨则一碗粥，午间一钵面，过此已往，果茹不经口。一日召仆入，命坐良久，仆问曰："吾师之道有作为否？"师曰："无也。虽歌词中每咏龙虎婴姹，皆寄言尔。是以要道之妙，不过养炁。人但汩没利名，往往消耗其炁。学道者无他，务在养气而已。夫心液下降，肾气上升，至于脾，元炁氤氲不散，则丹聚矣。若肝与肺，往来之路也，习静至久，当自知之。苟不养炁，虽挟泰山超北海，非道也。"此言未化前十日所说也。

【注】

①环堵：四周环着每面一方丈的土墙。形容狭小、简陋的居室。

仆与曹、刘二三伴，在环堵外立，忽出曰："夫道，但清净无为，逍遥自在，不染不著。此十二字，若能咬嚼得破，便做个彻底道人。但信老人言，行之自当有益，必不误你诸年少。"

师在黄县西郊马从仁庵内，唱曰："纵日消万两黄金，正好粗衣淡饭。"言去岁过外关，闻人诵此语，喜其有理，故记之，不知何人作。有马元之曰："此语是赜[①]长老《苇江集》[②]中语也。"师言："奇哉，是言也。"

【注】

①赜：原刻作"顺"，形讹。

②苇江集：宋代净土宗僧宗赜撰。原书已佚。

师言："家风谁是祖，钟吕自亲传。"颂曰："一点灵光晃太虚，丹青妙手莫能模。休将明月闲相比，有阙因缘怎类吾。"此语稍露锋芒矣。

师曰：炁之难御，迅若奔马，唯静者为易。必去其外慕，虽睹纷华之在眼前，正如深山穷谷中，方是道人心肠。倘不到无心地面，莫能制御。是知道者，贵于无心也。

师又云：心定则情忘，体虚则炁运，心死则神活，阳盛则阴消。自然之理。昧者不知，但以为子孙计，返以学道者为无益，何不思之甚也。

师曰：予年四十余，方遇师入道，所以鬓皤然。腹中别有一绀发[①]者，何由致之？向往关中十余年，所养神炁耳。譬如空谷中有呼之者，随呼而应之，岂别物哉，但其中冲虚故也。吾友不信，诚静处养之，当自知之。

【注】

①绀发：原指佛教如来绀琉璃色头发。后亦指道教得道者之发，或泛指一般绀青色头发。

师言：海蟾[①]公本燕国相，一旦悟道，乃绝家累。其诗有"抛离火宅[②]三千口，屏弃门兵百万家"之语。后但乞食自资，逢场作戏，至与娼妓家担酒携榼，不以为耻。后来一等学道者，言我从富贵中来，你比他海蟾公不着。

【注】

①海蟾：刘玄英，号海蟾子，初名操，事刘守光为相。一日忽有道人来谒，索鸡卵十枚，金钱十文，以一文置之几上，累十卵于钱若浮图之状。海蟾惊异之，曰："危哉！"道人曰："人居荣禄之场，履忧患之地，其危殆甚于此。"海蟾由此大悟，遁迹于终南山下，丹成尸解，有白气自顶门出，化为鹤，飞冲天（《列仙全传》卷七）。

②火宅：喻充满众苦的尘世。《法华经·譬喻品》："三界无安，犹如火宅，众苦充满，甚可怖畏，常有生老病死忧患，如是等火，炽然不息。"

师曰：清静之道，人能辨之，则尽善尽美矣。故经云：人能常清净，天地悉皆归。言天地者，非外指覆载之天地也，盖指身中之天地也。人之膈已上为天，膈已下为地。若天气降，地脉通，上下冲和，精气自固矣。此小任仙所说也。

师曰：守炁妙在乎全精，尤当防于睡眠。方欲寝时，令正念现前，万虑悉泯，敛身侧卧，鼻息绵绵，魂不内荡，神不外游，如是则炁精自定矣。

师曰：儒家云以德报德，以直报怨。昔真人云："以信结友，以恩复雠。"可谓至矣。

师在莱州时，有姜禧者，携《吕公传》呈师。师读到“世人惟务名之与利，不知身之有神，逐物不返，丧尽天真，其谁咎矣”，师乃掩卷谓禧曰：“此语实中理矣。然世无悟者，何道之难行也。”

有韩淘，字清甫。慕陶渊明、邵尧夫[①]为人，号安乐园公。师自关右[②]还东牟，道过济南，邀师到园中，供以素饭。既毕，淘叩首于师曰：“淘自幼岁慕道，今已垂白，幸遇我师，愿垂一语，以烛愚蒙。”师答曰：“夫道以无心为体，忘言为用，以柔弱为本，以清净为基。若施于人，必节饮食，绝思虑，静坐以调息，安寝以养炁。心不驰则性定，形不劳则精全，神不扰则丹结。然后灭情于虚，宁神于极。可谓不出户庭，而妙道得矣。”韩谢曰：“大道鸿濛，无所扣诘，今闻妙论，得其门而入矣。”

【注】

①邵尧夫：邵雍（1012—1077），字尧夫，号安乐先生、伊川翁等，相州林县上杆庄（今河南省林州市刘家街村邵康村）人。北宋理学家、数学家、诗人，与周敦颐、张载、程颢、程颐并称“北宋五子”。著有《皇极经世》《观物内外篇》《先天图》《渔樵问对》《伊川击壤集》《梅花诗》等。

②关右：古人以西为右，亦称“关西”。汉、唐时泛指函谷关或潼关以西地区。

曹、莱二公本儒生也，隳儒学道，多年莫逆。常从容而问曰：“师在关右时，如何办道？”曹、莱答曰：“师父冬夏披一布懒衣，食粗取足，隆冬雪寒，庵中无火，兼时用冷水。其神炁和畅，殊无寒意。如此十年，非腹中有道炁，则不能枝捂[①]矣。”

【注】

①枝捂：即枝梧。斜而相抵的支柱。引申为对抗，抵挡。

师曰：凡事必当有备则无患。故为道者，于少壮之时防其情欲，早为之备，则神仙可冀。若素发垂领，志气衰惫，始欲学道，譬若大寒而后索衣裘，不亦晚乎。

师曰：三十六道引[①]，二十四还丹[②]，此乃入道之渐门，不可便为。大道若穷于炉灶，取象于龟蛇，乃无事生事，于性上添伪也。此皆误人之甚矣。故道家留丹经子书，千经万论，可一言以蔽之曰清净。

【注】

①道引：即导引。运用呼吸俯仰、肢体屈伸、意念活动或局部按摩等使体内血气畅通，促进身体健康。《庄子·刻意》：“此道引之士，养形之人。”成玄英疏：“导引神气以养形魂。”

②还丹：外丹术语，晋·葛洪《抱朴子·金丹》：“若取九转之丹，内神鼎中，夏至之后，爆之鼎，热，内朱儿一斤于盖下，伏伺之。候日精照之，须臾，翕然俱起，煌煌辉辉，神光五色，即化为还丹。取而服之一刀圭，即白日升天。”后引入内丹修炼中，指炼功中精气神的交互影响变化过程，及丹成而致返朴归真。《修真太极混之指玄图·秘传还丹诀》：“出而复还本处，而曰还丹，非漱津咽唾。”

师曰：清净者，清为清其心源，净为净其炁海。心源清则外物不能挠，故情定而神明生焉。炁海净则邪欲不能干，故精全而腹实矣。是以澄心如澄水，养炁如养儿，炁秀则神灵，神灵则炁变，乃清净所致也。若行有心有为之功，则有尽之术法也。若行无心无为之理，乃无尽之清虚也。

师曰：无为者，不思不虑也。爱欲嗔怒，积畜利害，其间虽有为而常无为，虽涉事而常无事。何况专一清心，净意养气，全神飘游于逍遥之地，入于无何有之乡。

师曰：刘高尚居环堵四十年，别无他事，但虚其心，实其腹，去其华，忘其名，弃其利，清其神，全其气，丹自结，仙自成。乃有赞之曰："塞其兑，闭其门。"昔诵此语，今见斯人，可谓简且当矣。

师曰：无心者，非同猫狗蠢然无心也，务存心于清净之域，而无邪心也。故俗人无清净之心，道人无尘垢之心，非所谓俱无心，而与木石猫狗一般也。

师曰：不生灭，见如来，悟了之时，免却再投胎。丘君曰：此乃出阴神，若到天庭，忽有双华[①]飞，方出阳神。此乃初地也。

【注】

①双华:《真仙直指语录》作"天花"。

师曰：大道人情远，无为妙本基。世间无爱物，烦恼不相随。

师曰：修行人功行未满，大限到来，圣贤不教死。若不做修行人，大限到来，免他不得。

师曰："一念勿绝一世休。"龚道升问曰："湛然常寂时如何？"师答曰："将来和湛然都不用。"

于清风问曰："修行数年，道眼不明，心地不灵，何也？"师曰："别无他事，行道不精尔。"

师曰：一切男女从无始已来为有，种种恩爱贪欲，不出轮回世界。一切胎卵湿化，种种性相，皆因爱欲而生性命。性因爱而生，命因欲而有，皆因爱欲而起逆顺，生嫉妬，从此轮回，绵绵不断。法言欲净其土，当净其心。若心清净，轮回自息。

师性嗜拨粥，午间则啖一钵毕，与人谈道，训诱后进不倦。师盖性慈善君子也。在莱阳时作长短句，有"一餐钵粥罢，须办十分功"之句。学者省此，徒饮食端坐，不以道为事者，其谴累故可知也。

师言：学道者，不须广看经书，乱人心思，妨人道业。若河上公注《道德经》，金陵子注《阴符经》，二者时看亦不妨。亦不如一切不读，觜卢都[1]地养气，最为上策。

【注】

①觜卢都：撅着嘴。

师言：学道人行住坐卧，不得少顷心不在道。行则措足于坦途，住则凝情于太虚，坐则匀鼻端之息，睡则抱脐下之珠。久而调息，无有间断，而终日如愚，方是端的功夫，非干造作行持也。

师曰：凡初学道，截自今日已往俗事，不得挂心。若有纤毫未除，则道不固。既往事不思，未来事不念，且据目前为见在，便是无事人。

师又言：道人不厌贫，贫乃养生之本。饥则餐一钵粥，睡来铺一束草，褴褴褛褛以度朝夕，正是道人活计。故知清净一事，豪贵人不能得。

师过青社，有邀师斋者，在坐有衲僧数人，其中有一僧骋其博辩，以言诘难，纷纭不止。师徐言答曰："倘除一身外，余事皆不知。"其僧赧然失色，不能措辞。

师曰：凡作道人，须是刚肠男子，切莫狐疑不决。但念性命事大，力行不退，期于必成。若儿女情多，烟霞志少，非所谓学道者也。

师曰："身中之炁不可散，心中之神不可昧。"或问曰："何由得气不散？"师曰："身无为。"又曰："何由得神不昧？"师曰："心无事。"又曰："身心如是，可住庵否？"师曰："既处置得下，便好休歇去。"

师曰：道人心性，尘俗之事，切莫随逐。若拖条藜杖，嘲风咏月，陶冶情性，有何不可。至于巡门求乞，推来抢去，恰是道人日用家风也。

师言：你每初入关时，乞得一顿饭，便吃一顿。今则你每功行少也，拣好处住，拣好食吃，将来成道则休不了，却索还债去。

师曰："我初到关中乞化，到一酒肆，有一醉者，毁骂之间，后被他赠一拳，便走，拽住又打一拳，只得忍受。汝曹曾遭此魔障否？"弟子答曰："无。"师父云："好好，遇着勿诤。"

师言：祖师道：不得着好衣，不得吃好饭，唱歌打令，只要心头物物不着。

师言：我尝在俗中时，秤肉斗酒，今已戒之十数年矣。若食酒肉，亦做神仙，只是较迟了些。若心不怀道，又嗜酒贪膻，徒羡口腹，罪报难逃，终为下鬼之类也。

师言：祖师引四人，谓丘、刘、谭、马也。看任风子①于好德。祖师云："倘闻之，塞破耳。"及乎见了，尚握着珍宝，不敢放动。刘师叔亦尝言之。

【注】

①任风子：屠户，马丹阳见其有道根，遂度化之。

师言：尝在环里思闲话，论及新瓜。道众闻之，明日造瓜包子入环，食了三枚，罚了三日不得吃饭。

师言：祖师尝使弟子去宁海，乞化些小钱米，我要使用。弟子道：教别个弟兄去后如何，弟子有愿不还乡里。祖师怒打，到平旦而止，打之无数。吾有退心，谢他丘师兄劝住，迨今不敢相忘。

师言：在乡时，祖师令弟子入莱州乞化。到数日，意犹迟疑，夜梦师曰：来日长伸着手，做条好汉，上街展手。（初妄心障退，故师发此言也。）

师言：回乡中，初上街，祖师合总一头小角儿，面上以胭粉搽之。私心云：不怕撞着儿女相识，只怕撞着亲家。每思到范明叔宅，欲少歇，见太亲先在宅中，自云这回休羞么。

弟子问："《许真君上升传》云：后一千二百四十年间，当有八百人登仙，如何？"师曰："祖师曾言教万人俚，王子仙又说来。"

师曰："张阎子有一句甚好，每道话往来，但要照顾润身之宝。"师自笑曰："他开铺席说话，却是劝别人。"

师曰：百不歌，十劝非，倘自出意，亦是祖师曾说过之话，因而成之也。

师言：大抵人多是自夸，俱能己胜，往往不肯恭顺于人。

师言：路上拾得驴契，祖师直打到晓，头面上拳打，有甚数目也。

师言："人尚不信倘。"于清风曰："是他有信者。"师微哂之。綦大成云："师父如此行止尚人信。"清风曰："一个信者一仙人，缘此不信。"

师曰："深藏白雪非为悋，广积黄芽不属贪[①]。"言毕笑曰："如何好么。"又曰："梦里铸成无影剑，法中去了有情心。"又曰："瑶池殿下青鸾舞，阆苑宫中白鹤飞。"

【注】

①此句又作：深藏白雪非为贵，广种黄芽不属贪。

师还海上，人家皆严持斋戒，投依五会，乃祖师所立。师童闻马师在登郡时，会众百余人，白师曰："弟子等各各沐浴静居，及戒断荤酒，已七日矣。愿随清会祈福，以消来业。"师曰："善，公等清净七日，尚言有福。马风门人，个个终身清净，绝嗜欲，断荤酒，福且多矣。"会众皆礼拜，叹曰："清净之教，实不可思议。"自是三州之人，比屋受教，渐及十方，闻风信向，大教重兴，自师而始。

师问众门人曰："一日几个时辰？"门人对曰："一日六个时辰。"师曰："昼夜总几个时辰？"门人曰："昼夜总十二个时辰。"师曰："昼夜十二时中，天道运行，斡旋造化，还有顷刻停息否？”门人对曰：“无停息。”师曰：“凡学道之人，切须法天之道，斡旋已身中造化。十二时中，常清常净，不起纤毫尘念，则方是修行，日就月将，无有间断，决做神仙。苟或亏功失行，怎得了达。我观汝辈，十二时中不曾有一个时辰专心在道，受了十方施主供养，如何还得？一朝合眼，复入轮回，何时出期？我今叮咛说与汝等，但自澄心遣欲，万缘不染，神炁冲和，便是道也。依此修行，不得到错了。若因循怠堕，行持不到，非吾罪也。岂不念汝等七祖，生前造诸恶业，冥中受诸罪苦，望子孙成道，救拔得生天。各宜以此为念，发坚固心，抱道而死。此吾所愿也，珍重。”门人闻是慈音，皆欢然自得，竞加勉励焉。

师谓众曰：道无形名，是神炁之祖也。元炁降化，神明自生，炼神合道，乃是修真。其余名相纷纭，难为凭准。我念为汝举其大纲。夫修此之要，不离神炁。神炁是性命，性命是龙虎，龙虎是铅汞，铅汞是水火，水火是婴姹，婴姹是真阴真阳，真阴真阳即是神炁。种种名相，皆不可着，止是神炁二字而已。欲要养炁全神，须当屏尽万缘，表里清净，久久精专，神凝炁冲。三年不漏，下丹结；六年不漏，中丹结；九年不漏，上丹结。是名三丹圆备，九转功成，骨髓凝化，血脉成真，内完外溢，光影彻明，寂然不动，应感无穷。千变万化，坐在立亡，三万六千神灵，踊跃游行天下，三界司迎。八难之中，千凶万毒莫能消亡。至于大劫变化，洪灾四冲，神满太虚，亦无所碍。故天有时而崩，地有时而陷，山有时而摧，海有时而竭，凡有相者，终劫于坏。惟学道者，到神与道合处，则永劫无坏，兼功及九祖升上清矣。

丹阳真人直言

示门人

真人在龙门山[①]重阳会上，谓众曰：日用者，上不得欺谩天地，常谨谨修行，寸阴可惜，莫虚度日，须索减省。睡眠亦是人之所欲，须要换过，则不是打坐。长要心定，行住坐卧，皆是行道。诸公休起心动念，疾搜性命，但能澄心遣欲，便是神仙。别休认，休生疑，此是端真实语。惟要长清长净，勉力行之，但悟万悟，屡假自心证，欲自遣，性自停，命自住，丹自结，仙自做，他人不能替得自家做。修行各各用力，休太急，常逍遥自在。弟子若不是师父说破，不能认此为妙法，今不敢传与他人。诸公但请休生疑心，无疑心便是得道之人。常处无为清净自然之理，更要发烟火，如此作用，真神仙也。

【注】

①龙门山：古名灵仙岩，陕西宝鸡陇县西北 35 千米。龙门洞是丘处机证果成真之地，同时亦为道教龙门派发源之处。

师父言曰：十二时辰，天地运行，斡旋造化。还有息否？凡行道之人，切须象天之道，亦要十二时中无暂停住，自己斡旋造化。

常要清净，莫起纤毫尘念，乃是修行。如此行持，做神仙指日成矣。或十二时中，未有一个时辰专心在道，将来怎得了达？受十方施主供养，如何还得？一朝合眼，死入酆都，长劫受苦，永无出期。我今叮咛，说与汝等如何是道，依此行持，不得错了。你每行持不到，却道掌教的人不是。各人岂不念七祖生前，造无边苦业，受无极苦恼，望子孙成道，仗天赦救拔，得生天界。

师父为众言曰：汝等每日不可忘日用事，其日用有二：有外日用，有内日用。外日用者，大忌见他人之过，自夸己德，妒贤嫉能，起无明火、尘俗念，生胜众之心、人我是非，口辩憎爱。内日用者，休起狐疑心，长莫忘于内，若云游住坐，亦澄心遣欲，无挂无碍，不染不著，真清真净，逍遥自在。如同一日存思于道，如饥思饭，如渴思浆，稍觉偏颇，即当改正，依此修行，决做神仙矣。必不到错了，如错了汝等罚我永堕地狱耳。切须戒之行之。

师父言曰：汝等地久天长，始心如故，莫生退怠，勿令妄做，守其自然，停其喜怒，外则应缘，内则养固，心上忘机，意不着物，触处不生嫉妒二气。常要清净，一神自住，水火交合，坎离异户，无臭无声，无往无路，动而不生，守之得趣。其曰神仙，甚曰甘露，行到自知，看怎生悟。夫大道无形，气之祖也，神之母也。神气是性命，性命是龙虎，龙虎是铅汞，铅汞是水火，水火是婴姹，婴姹是阴阳，真阴真阳即是神气。种种异名，皆不用着，只是神气二字。欲要养气全神，须常屏尽万缘，表里清净，绵绵固守不动。三年不漏下丹结，六年不漏中丹结，九年不漏大丹结。三丹[①]圆备，此名九转大功，亦名三千功满。三田圆备，谓之神丹，法身轻举，永为神仙。倒笑天地不能长久，何为天有崩，地有陷，山有摧，海有竭。有形必有坏，能修先之物，无形无象，岂有坏乎。

【注】

①三丹：据《丹阳真人语录》补。

真仙直指语录

玄全子集

丹阳马真人语录

丹阳师父在龙门山重阳会上，谓众曰：日用不得欺瞒天地人三才，常谨谨行，寸阴可惜，莫虚度也。睡眠亦人之所欲，须是减省。不得专打坐，行住坐卧，只要心定皆是道。诸公休要起心动念，疾搜性命，但能澄心遣欲，便是神仙。别休生疑心，此是真实端的言语。惟常清静难行，但悟万缘虚假，心自澄，欲自遣，性自定，命自住，丹自结，仙自做，他人不能替得。各各用力，休太急，常逍遥自在。弟子若不是师父说破，不敢认此为妙法。今则得效，传与他人。诸公但请休疑心，常处无为清静自然之理，不发烟火，便为得道也。

又曰：十二时辰，天道运行，斡旋造化，还有息否？行道之人，须象天道，亦要十二时中无暂息停住，斡旋自己身中造化，要常清常静，不起纤毫尘念，乃是修行。如行持，做神仙指日矣。苟或亏功失行，怎得了达。我观汝辈十二时中，未有一个时辰专心在道，将来怎得神仙。受了十方供养，如何还得？一朝合眼，死堕酆都，长劫受苦，永无出期。我今叮咛说与汝等如何是道，但澄心遣欲，万缘不挂，神气冲和，便是道也。依此行持，不到错了。你每行持不到，却不得言掌教真人不是。岂不念七祖生前造无边之业，受无极之苦，望子孙成道，凭天赦救拔生天。吾稽首门下弟子，自今后不可虚度，耐久不退，抱道而归，此所谓愿也。

又曰：薄滋味所以养气，去嗔怒所以养性，处污辱卑下所以养德，守清静所以养道，名不系于簿籍，心不在于世。此所以出人之彀，与天为徒。

又曰：专一学道，人人可得人仙，不同世俗进取有黜落也。但清静无为，最为上乘省力。

又曰：道人要妙，不过养气。夫人汩没于利名，往往消耗其气。学道者别无他事，只在至清至静，颐神养气而已。心液下降，肾气上升至于脾，念绝想，神自灵，丹自结，仙自做。若行不得挟泰山，超北海，非道也。

又曰：夫道者，但清静无为，逍遥自在，不染不著，十二时中，但能行彻，必不误尔。

又曰：气难住，迅若奔马，惟静可以御之。当先去其外党，若在众人中，如在深山谷里，方是道人。若不到无心田地，难以制御。

又曰：守清静恬淡，所以养道；处污辱卑下，所以养德；去嗔怒灭无明，所以养性；节饮食薄滋味，所以养气。然后性定则情忘，形虚则气运，心死则神活，阳盛则阴衰，此自然之理也。

又曰：道者行住坐卧，不可须臾不在道。行则措足于坦途，住则凝神于太虚，坐则调息于绵绵，卧则沉神于幽谷。久久无有间断，终日如愚。

又曰：每日只要头头无事，万缘都放下，六门[①]下不入[②]。少语言，不著一物，十二时中常要不昧，减省睡眠，一齐放下。虽是六门，只是一个主人，常常无物，便是补也。

【注】

①六门：指一切感官意识。眼门、耳门、鼻门、舌门、身门和意门。

②入：原刻作“人”，于意难通，当作“入”。

又曰：初学入道之人，截自今日已往，俗事不挂心，专心至志，始终如一，切莫中路而废之。若有毫末不除，则道不固。已往之事不可思，未来事不可念。且据日前为见在，便是无事之人。儿女情多，烟霞志少，则非学道者也。

又曰：汝等听予言，不可忘内日用、外日用。外日用，大忌见他人过，自夸己德，妒贤嫉能，起无明俗念欲心，种种之过。内日用，真清真静，不染不著，调气养神，逍遥自在，暗积功行，不求人知，惟望天察。诗曰：大道人情远，无为妙本基。世间无爱物，烦恼不相随。

又曰：清静者，清谓清其心源，静谓静其气海。心源清则外物不能挠，性定而神明；气海静则邪欲不能作，精全而腹实。故澄心如澄水，万物自鉴。养气如护婴儿，莫令有损。气透则神灵，神灵则气变，此清静所到也。

又曰：无为者不可思虑爱念嗔恚。盖积利害其间，虽有为而常无为，虽涉事而常无事。何况专一清心静意，养气全神，飘飘然游于逍遥之场，适于无何有之乡也。

又曰：人若行有心有为之功，尽是术法。若行无心无为之功，乃无尽清虚也。

又曰：酒为乱性之浆，肉为断命之物，直须不吃为上。酒肉犯之，愆犹可恕，若犯色欲，罪不容诛。盖色之害人，甚于狼虎，败人美行，损人善事，亡精灭神，至于损躯，故为道人之大孽也。

又曰：大道以无心为体，忘言为用，柔弱为本，清静为基。若施于心身，节饮食，绝思虑，静坐以调息，安然以养气。心不驰则性定，形不劳则精全，神不扰则丹结。然后灭情于虚，宁神于极，可谓不出户而妙道得矣。自古神仙不敢跳过"澄湛"二字，乃妙言也。

经云："澄其心而神自清。"修行之人多言澄心，不识澄心之理。如何是澄心之理？只要一念不生，性体真空，杳然湛然，似天澄虚不别，是真澄心也。无心可澄，是名澄心。

且夫灵源妙觉，本来清静，因为万尘污其定水，尘多则水浊，心多则性暗。所以澄心损事，其水自清，其性自明。澄光浅者，动则尘生，澄光深者，纵有风浪动摇，其水不浑。譬喻人之功夫大小，学道不贵实功实行，不验自己清浊，多将古人言句为用，便说本来无修无证。且道性虽无修无证，尘心日要损消，到忘心忘性，方契无修无证。故《道德经》云："为道日损，损之又损，以至于无为。"是也。

自古学道之人，体到实际真空，得无心真定，才说自然。且道如何是体空处？夫体空者，心体念灭，绝尽毫思，内无所知，外无所觉，内外俱寂，色空双泯，目视其色，不著于色；耳听其声，非闻于声。故声色不能入者，自然摄性归性，混合杳冥，化为一点灵光，内外圆融，到此处方契自然体空之道也。

夫自然体空者，若有所体，即是所不体；若无所体，即无所不体。岂不闻《学仙记》曰："殊不知，至道之极，昏昏默默，无门无旁，四达皇皇，若有所在，即有所不在，若无所在，即无所不在。"

又云：身不劳而功不大，行不广而心不死。或于教门用力，大起尘劳，或于心地下功，全抛世事，此两者于道最上。然既出家，心却未死，中间不可虚费光阴，积功累行，一志无私，至死不退，向教而忘，休生妄想。师祖云"任从天断"是也。

师在华亭曰：道者何物？即气便是根元，岂不知鼻中出者是也。

又曰：夫道但务清静无为，逍遥自在，不染不著。此十二字若能咬嚼得破，便做个彻悄道人。但信老人言，行之自当有益，必不误尔诸年少。

又曰：师在县西高马从仁庵，高唱："纵日消万两黄金，止好粗衣淡饭。"言去岁过关外，闻人诵此语，喜其有理，故记之。

师曰：《清静经》云："人能常清静，天地悉皆归。"言天地者，非指外覆载之天地也，盖指身中之天地。人之身以上为天，以下为地，若天气降，地脉通，上下冲和，真气自固矣。

又曰：儒家云："以德报德，以直报怨。"晋真人①云："以信结交，以恩复仇。"可以至矣。

【注】

①晋真人：晋道成，北宋末年全真道士，尝有言：学道之人，切须清净一身……好事先人后己，待人谦上和下，以恩复仇。勿见人之过，勿语人之非。暗积阴德，不求人知，惟望天察，乃即其道人也。

又曰：无心者，非同猫狗木石，蠢然无心也。务在存心于清静之域，而无邪心也。故俗人无清静之心，道人无尘垢之心，非所谓俱无心，而与木石猫狗一般也。

又曰：不生不灭见如来，悟了之时，免却再投胎。丘君曰："此乃出阴神，若到天庭，忽有天花飞，方出阳神。"此乃初地也。

龚道升问曰："湛然常寂如何？"师曰："将来和湛然都不用。"

于清风问曰："弟子修行数年，道眼不明，心地不灵何也？"师曰："别无他事，行道不精尔。"

师曰：学道者不须广看经书，乱人心思，妨人道业。若河上公注《道德经》，金陵子注《阴符经》，时看亦不妨也。不如一切不读，觜卢都地养气，最为上乘。

又曰："身中之气不可散，心中之神不可昧。"或问曰："何由得气不散？"师曰："身无为。"又问："何由得神不昧？"师曰："心无事。"

师曰："张润子有一句甚好，每道往来，但要照顾润身之宝。"师自笑曰："他开铺席，话却劝别人。"

又云：诗曰："深藏白雪非为贵，广种黄芽不属贫。"欲要养气全神，须当屏尽万缘，表里清静，绵绵固守，用之不勤。三年不漏下丹结，六年不漏中丹结，九年不漏大丹结，（三丹）圆备，是九转丹成，亦名三千功满。

又《十劝》云：一、不得犯国法。二、见教门人，须当先作礼，一切男女如同父母，以至六道轮回，皆父母也。三、断酒色财气，是非人我。四、除忧愁思虑，攀缘爱念，如有一念才起，速当拨之，十二时中常搜己过，稍觉偏颇，即当改正。五、遇宠若惊，不得诈作好人，受人供养。六、戒无明业火，常行忍辱，以恩复雠，与万物无私。七、慎言语，节饮食，薄滋味，弃荣华，绝憎爱。八、不得学奇异怪事，常行本分，只要吃化为生，莫惹纤毫尘劳。九、居庵不过三间，道伴不过三人，如有疾病，各相扶持，尔死我埋，我死尔埋。或有见不到处，递相指教，不得生异心。十、不得起胜心，常行方便，损己利他，虽居暗室，如对圣贤，清贫柔弱，恭顺于人，随缘度日，绝尽贪嗔，逍遥自在。志在修行，始终如一，慎勿怠惰，心清无为是真，意净无恶是善。养气全神，常起慈悲，暗积功行，不求人知，惟望天察。

渐悟集

贺圣朝（二首）

赠王司公

祥烟瑞气常敷布，便觉心归素。世人为处我无为，更无思无虑。
绛房姹女婴儿聚，慧目看乌兔。斡旋离坎两交宫，这些儿谁悟。

又

衣装纸袄并麻布，固亘初元素。风前月下抚心琴，并无些尘虑。
云朋霞友常相聚，看飞乌走兔。玉中养就紫金丹，这些儿谁悟。

卜算子①

出家入道

扶风全道名通一，道号无忧。见画骷髅。猛烈收心事事休。
四旬有六霜侵鬓，拂袖云游。休要刚留。譬似无常限到头。

【注】

①卜算子：此词牌当为“采桑子”。

又

行尸走骨贪名利，分定刚图。不念身躯。皮与骷髅作殡居。
劝人割断攀缘索，跳出红炉。整顿元初。有个山侗[①]著力扶。

【注】

①山侗：马钰小字。

又

山侗舍俗投玄趣，结正良因。深谢师真。便做逍遥自在人。
我今誓不东归去，死在西秦。骸骨虽尘。不与儿孙葬海滨。

又

重阳师父百端诱化，予终有攀缘爱念。忽一夜，梦立于中庭，自叹曰："我性命有如一只细磁碗，失手百碎。"言未讫，从空碗坠，惊哭觉来。师翌日乃曰："汝昨晚惊惧。"才方省悟。

吕公大悟黄梁梦，舍弃华轩。返本还源。出自钟离作大仙。
山侗猛悟细磁梦，割断攀缘。炼汞烹铅。出自风仙性月圆。

又

内容未显名先显，事可伤悲。坏道根基。失了元初更怨谁。
寻思懵懂胜伶俐，做个憨痴。无作无为。缀甚闲词写甚诗。

誓死赤脚，夏不饮水，冬不向火

我今誓死环墙内，夏绝凉泉。冬鄙红烟。认正丹炉水火缘。
师恩欲报勤修养，炼汞烹铅。行满功圆。做个蓬瀛赤脚仙。

探春令

赠王知玄

洞天几阵清清雨，遥指琼林堪睹。一条玉杖，随行探得，性内金莲吐。婴娇女姹来相聚，更有真龙虎。自然显出，祥光覆载，一个灵明主。

惜芳时

赠李官人

伊子癸卯同生世。不觉流年五十二。我先入道搜玄理。自然不敢相遗你。

无分昼夜常留意。诗曲谩书千幅纸。劝公早把家缘弃。免交失脚黄泉底。

赠无欲卢守慈

清清净净祥云脚。九窍内、往来交错。谁知妙用缘无作，自然理炼成丹药。

骊龙吐出神珠烁。现万道、霞光罩却。虚堂莹彻添光灼。蓬莱路有些期约。

杨柳枝

赠赵道济

日里金鸡叫一声，梦初惊。清风枕上有余清，酒初醒。

雾卷云收天似水，月初明。虚堂寂寂绝尘情，性初平。

寄四乡先生

杨柳枝词扫一篇，寄谁边。一于一郝二刘仙，诉些言。

好与丘刘谭马子，共搜玄。九还七返[①]行功全，去朝元。

【注】

①九还七返：内丹术语。心七为火，心火下降，七返于中元而入下丹田，结成大丹，称“七返还丹”。肺九为金，金生水，水为元精，精由炁化，故九为元阳之炁，运此阳炁遍布全身，使阴息阳长，称“九转还丹”。二者相合，总谓“七返九还”。

赠云中子苏铉

猛弃荣华儿女妻，悟玄机。腾腾兀兀任无为，做憨痴。

云水不游芳草径，内行持。功成行满独何之，赴瑶池。

渔家傲

自觉

梦见娇妻称是母，又逢爱妾还称女。因为前生心不悟。心不悟，改头换面为夫妇。

从此山侗常恐惧，那堪更得风仙度。决要净清清净做。清净做，紫芝彼岸通玄路。

又

七十光阴能几日，大都二万五千日。过了一日无一日。无一日，看看身似西山日。

不做修行虚度日，悟来岂肯经终日。斡运洞天真月日。真月日，蟾宫里面擎红日。

赠孙姑[1]

奉劝孙姑修大道，时时只把心田扫。杀了三尸[2]并六耗[3]。无烦恼，常清常净知玄奥。

休问异名炉与灶，冲和上下通颠倒。铅汞自然成至宝。非常好，霞光簇捧归蓬岛。

【注】

①孙姑：马钰妻孙富春，法名不二，号清静散人。受王重阳“分梨”点化，遂于金莲堂出家。

②三尸：人身内作祟的三个神，上尸名彭倨，次名彭质，下名彭矫。

③六耗：即六贼，眼耳鼻舌身意。

赠众师兄

奉劝同流听子细，断荤戒酒全容易。不恋浮财浑小事。深可畏，轻轻触著无明起。

大抵色心难拚弃，算来断制须由你。便把如雠如活鬼。宜远离，至于梦寐须回避。

又

叮嘱庖人常作善，殷勤供养人休倦。莫把煎汤倾地面。摊凉冷，恐伤虫蚁行方便。

日用柴薪并米面，无抛无撒无奢俭。内外净清忘俗念。真堪羡，将来决得居仙院。

又

牛驾重车逢恶路，奈人不顾艰难处。加力用鞭鞭不住。鞭不住，牛儿忽作人言语。

你为养家予受苦，我今怜汝须词诉。你若今生心不悟。心不悟，我身便是将来汝。

柳梢青

和古词韵

悟个不生不灭，更不肯、拈花摘叶。忻则高歌，醉眠芳草，梦游仙阙。有时普劝人人，莫讶我、叮咛切切。走骨行尸，贪财竞色，枉销年月。

又，藏头

□轮不催生灭。□焰里、莲开五叶。□得金花，□成芝草，□分无阙。□生马钰愚人，□然悟、家缘痛切。□劈恩山，□明千古，□谈心月。

迎春乐

赠汝先生

身中应候腾清秀，何须律管泥牛。芝田凭仗云耕透，更无用，扶犁手。养生布德功夫就，黄芽遍吐胜花柳。玉洞产胎仙，自然饮，长生酒。

赠刘先生

斗杓运转初临震，自然阳气腾腾。那堪青鸟传消信，土牛击，知时分。

日行西陆金光莹，黄芽瑞草灵芝润。赏玩九还丹，开琼宴，宜齐整。

玉楼春

赠姜道全

先生饮罢琼浆酒，卧月眠云闲弄斗。依时斡运不交差，这个功夫凭匠手。

满堂金玉无中有，国富民安神气秀。玉楼春色十分奇，不是莺花并绿柳。

夜游宫

识破尘劳苦苦。乐清闲，恣情歌舞。有似孤云来又去。没牵缠，得逍遥，内自补。

日夜调龙虎。时时姹婴相聚。养就神珠空里吐。放光明,现元初，相貌主。

玉堂春

闲论修持，修持非草草。猛舍家缘，方求大道。灭尽无明，如轲能养浩。肯逐人情似桔槔。

彀食鹑居，自然无烦恼。垢面蓬头，心田频扫。金木相生，就中成至宝。便觉灵光出一毫。

踏云行（三十首）

赠曹仙、甘仙、张仙同居烟霞洞

两县三仙，一心同处，递相传授玄玄语。水云溪畔乐逍遥，烟霞洞里忘思虑。

炼汞烹铅，调龙引虎，静中结正三田主。功成跨鹤去朝元，大罗天上为仙侣。

又

自在闲人，逍遥烈士，清贫快乐忘尘事。风前月下抚心琴，龙吟虎啸来参侍。

或隐山林，或居尘市，劝人回首头头是。尘中诱化结良缘，云朋霞友应翘俟。

赠吕守真

此个姑姑，谪仙姓吕，肯来贩骨为商旅。蓬头垢面道家风，云朋霞友非凡侣。

莫骋容仪，一团臭腐，恩情劈碎非斤斧。心灰念断乐逍遥，大罗天上居仙府。

又

六出飘飏，万峰潜翠，琼花陨地风吹起。穿帘透幕逞逍遥，人前故要呈祥瑞。

渔父莎披，子猷[1]兴至，高阳酒价重增贵。万民何事有余欢，来年定是成丰岁。

【注】

①子猷：王徽之，字子猷，东晋书法家王羲之之子。《晋书·列传第五十》：（徽之）尝居山阴，夜雪初霁，月色清朗，四望皓然，独酌酒咏左思《招隐诗》，忽忆戴逵。逵时在剡，便夜乘小船

诣之，经宿方至，造门不前而反。人问其故，徽之曰："本乘兴而行，兴尽而反，何必见安道邪！"

赠冯守慈

男女虽亲，死生难趓[1]，浮名浮利浮云朵。万缘一撇恰如无，长生路上修仙果。

玉户频开，金关紧锁，灵珠里面持经课。功成轻举踏云行，大罗天上端严坐。

【注】

①趓：古同“躲”。

又

重遇重阳，重重悟道，扶风马子[1]何愁老。调龙引虎弄明珠，明珠出路应须早。

以钰为名，字呼玄宝，云中子得为佳号。木牛小字字山侗，山侗指日登仙好。

【注】

①扶风马子：马钰自称。马钰，凤翔扶风人。扶风，今属陕西省宝鸡市。

又

重到兴平，广开言路，蓦然兴尽思归去。踏莎行计指长安，愿人早早心开悟。

贫富由天，子孙阴注，算来分定休思虑。闻身康健速修持，真诚博个真师度。

赠无为散人

三髻山侗，拜闻张氏，看人布施终非是。临渊休羡锦鳞肥，退而结网胜瞻视。

欲住蓬瀛，何劳翘俟[①]，蓬头垢面忘尘事。焚香百拜本夫心，同修愿继庞居士[②]。

【注】

①翘俟：昂头踮脚，形容急切地盼望。

②庞居士：庞蕴，字道玄，又称庞居士，唐衡阳郡（今湖南省衡阳市）人。禅门居士，被誉称“白衣居士第一人”，素有“东土维摩”之称。

赠丫髻姚玄玉

丫髻之中，明藏两吉[①]，师名顶戴休更易。钟离昔日亦如斯，姚公仿效宁无益。

性烛修完，命灯挑剔，灵光朗照知无极。迎仙客唱踏云行，瑶台月里投端的。

【注】

①两吉：即“喆”字。

赠谭仙

师父赠谭仙词曰："张公吃酒李公来，李公夺了张公饮。"击发钰谨和。

豁豁洋洋，详详审审，仙家出语何须恁。山侗自揣一鳌鱼，金鳞晃日如新锦。

云水逍遥，身心恣任，欲为上士相争甚。大家共喜白衣来，玄中玄酒宜同饮。

师父引马钰上街求乞

不说龟毛，无论兔角，幻躯闲想如蝉壳。怎生亦得显金容，算来全在心知觉。

志不回环，道非遥邈，洞天白雪成红雹。化为自在个灵童，自然掌握长生药。

茶

绝品堪称，奇名甚当，消磨睡思功无量。仲尼不复梦周公，山侗大笑陈抟[①]强。

七碗卢仝[②]，赵州和尚[③]，曾知滋味归无上。宰予[④]若得一杯尝，永无昼寝神清爽。

【注】

①陈抟：字图南，号扶摇子，赐号"白云先生""希夷先生"。亳州真源（今河南省鹿邑县，另说在今亳州市）人。五代末北宋初道士、道教学者。陈抟鄙弃隋唐道流之丹鼎符箓之术，不事黄白飞升，而以服食辟谷、玄默修养为主。

②七碗卢仝：卢仝，初唐四杰卢照邻之孙。祖籍范阳（河北省涿州）人。早年隐少室山茶仙泉，后迁居洛阳。自号玉川子，破屋数间，图书满架，终日苦读，不愿仕进，被尊称为“茶仙”。狷介类孟郊，雄豪之气近韩愈。韩孟诗派重要人物。835年十一月，死于甘露之变。曾作《七碗茶诗》，中有：“一碗喉吻润，两碗破孤闷。三碗搜枯肠，唯有文字五千卷。四碗发轻汗，平生不平事，尽向毛孔散。五碗肌骨清，六碗通仙灵。七碗吃不得也，唯觉两腋习习清风生”之语。

③赵州和尚：法号从谂，祖籍山东临淄。幼年出家于扈通院（今禅香寺），得法南泉普愿，禅宗六祖惠能后第四代传人。赵州有“吃茶”公案：师问新到：“曾到此间么？”曰：“曾到。”师曰：“吃茶去。”又问僧，僧曰：“不曾到。”师曰：“吃茶去。”后院主问曰：“为什么曾到也云吃茶去，不曾到也云吃茶去？”师召院主，主应喏。师曰：“吃茶去。”

④宰予：姬姓，宰氏，名予，字子我，春秋末期鲁国人，儒家先贤。孔子著名弟子，“孔门十哲”之一。宰予曾白天睡觉，子曰：“朽木不可雕也，粪土之墙不可圬也！于予与何诛？”

道士索

东布烟萝，西排雪柳，秦川渭水添清秀。四方八表涌金莲，祥光瑞气轻轻覆。

九转经营，一时功就，自然玉殿成无漏。三清高坐宝花台，谁知此景无中有。

赴刘公斋

玉液琼浆，调和玉屑，便教玉案堆冰雪。须凭玉杖作良工，捍成玉饼轻轻叠。

蓦听金声，金刀细切，金炉里面烹无歇。馨香软美喂金牛，金牛饱后无生灭。

葡萄

根蒂蟠虬，龙须围绕，枝枝叶叶青青好。三光照曜结云棚，就中几穗非常宝。

初似瑠璃，终成码碯，攒攒簇簇圆圆小。数珠相似恐人偷，马风吃了归蓬岛。

又

三髻轩昂，一般仙格，宜乎花戴青黄白。这些道意少人知，马风再遇亲传得。

欲要修持，须依法则，日来月往通关脉。烹铅炼汞结金丹，功成行满蓬瀛客。

全真堂竹帘

白刃持篨[1]，青丝作线，一经一纬挨排遍。功成不敢挂茅檐，全真堂里垂方便。

隔断尘嚣，内容自见，闲闲不用他人卷。月钩高钓入青霄，恁时争看扶风面。

【注】

①篠：竹蔑。

又

马钰平生，心平性善，因师钓出牟平县。逍遥坦荡过东平，平安无事身康健。

得到兴平，治平为念，清平快乐无征战。云游地脉太平宫，平平稳稳行方便。

又

偶尔心明，自然灵感，宝珠出入骊龙颔。真常常应显昭彰，性通通达无昏暗。

处世慳贪，则吾岂敢，缊袍共敝而无憾。争名竞利我输君，眠云卧月君输僘？

真武宫道士索

真武藏机，真君弃假，荣华富贵须当舍。手持慧剑杀三尸，龟蛇一气相迎迓。

灵应通明，神清幽雅，知白守黑些儿话。愿人省悟踏云行，好来相伴扶风马。

谢李师叔鞋

高上先生，先生姓李，怜予乡远三千里。教言滋味胜琼浆，寻思不让元王醴。

见赠予鞋，鞋非鞋履，藏机隐密传玄理。从今无分踏红尘，有缘走上青霄里。

赠骆进道先为铁匠

跳出红炉，身无烧烙，水云游历非流落。晨昏调弄自然琴，清清滋味胜酥酪。

逗引灵童，常交欢乐，八渠[①]流水成璎珞。兀谁占得此家风，知新进道长安乐。

【注】

①八渠：长安水系总称。

赠张公

不惑之年，心宜不动，常思玉杻金枷重。无常一著可伤悲，悟时速把良缘种。

鄙了惺惺，庄成懵懂，修完内貌频看供。功成行满去朝元，瑞云衬步香风送。

赠四兄弟

先祖兄弟四人，因唐末去山东，一居莱阳，一住黄县，一在文登，一居牟平。

祖住云阳，嵯峨山下，自来生计之乎者。却因唐末去东牟，到今三百余年也。

数世衰荣，不堪重话，我今因遇家缘舍。水云游历入潼关，超然显个还乡马。

仵寿之生日设醮索词

谨写青词，专修黄箓，香茶酒果并香烛。钟声磬韵透青霄，科仪款款当宣读。

瑞气氤氲，祥烟馥郁，金童玉女传言速。不惟寿永过松筠，仁人可以同仙福。

又

遍室清凉，满堂功德，四方八表无遮塞。灵光万道出昆仑，人前岂敢夸仙格。

缄口无言，灰心有则，姓名已录华胥国。逍遥自在看长安，金花玉蕊亲收得。

谢于公鞋

走入玄门，牵回白鲤，缀词感谢吾侪履。从今步步出红尘，无心著去观桃李。

采访幽微，搜寻至理，因师大悟离乡里。一朝功满踏云行，邀公同去青霄里。

又

耳听金经，口餐玉饼，手持象管书心印。虽然事事竞相萦，真如不动常清净。

欲要灵明，须磨内镜，居尘不染真常应。真常应后显胎仙，胎仙显后真常定。

又

捉住飞乌，牢擒走兔，二轮日月常相聚。光明照耀洞中天，清清雨降如甘露。

拨散浮云，宁留薄雾，蓬莱仙子时时遇。从斯道号号丹阳，将来决定朝元去。

赠薛公藏头

□敢轻传，□专秘诀，□谈岂比寻常说。□田震地坎离攒，□珠颗颗须调摄。

□子佳人，□然离别，□主欲炼朝金阙。□生马铥踏云行，□咛嘱汝心猿歇。

卜算子

人识山侗字，谁晓山侗意。大貌山侗人倚山，故作山侗谜。

财色山侗弃，玄妙山侗秘。一日山侗乐道成，永占山侗位。

又

燕至清明近，花到清明盛。奉劝清明游赏人，别有清明景。

我得清明永，旷劫清明净。一点清明无价珍，便是清明性。

又

我为中秋说，休赏中秋节。外景中秋不益人，内景中秋别。

心到中秋歇，尘自中秋绝。金遇中秋结大丹，性似中秋月。

又

洒扫阳关路，开阐阳关户。此个阳关无点尘，堪饯阳关侣。
既得阳关趣，怎肯阳关住。放出阳关成道人，起自阳关悟。

又

师父重阳号，炼就重阳宝。紫诏重阳赴玉京，方显重阳好。
我为重阳到，庵为重阳造。特为重阳守服居，符合重阳道。

又

我遇重阳悟，曾得重阳趣。炼就重阳绝尽阴，阴就重阳著。
性命重阳聚，三曜重阳辅。不到重阳不做仙，仙自重阳做。

和师韵

业重多思算，岂悟爻和象。深谢风仙特地来，便把顽愚唤。
忿怒常思难，性烛须教灿。真乐真欢散尽愁，师弟常为伴。

带喝马一声

终日驾盐车，鞭棒时时打。自叹精神久屈沉，如病马，怎得常游冶。
伯乐相师来，见后频嗟讶。巧计多方赎了身，得志马，须报师恩也。

又

天地水三官，下界吹龙笛。蓦听开元虎啸声，风伯雨师寂。
至孝养孀亲，红锦蛇吞鼍。六路青牛驾宝车，显圣功端的。

又

干禄[1]已无心，唯应三清举。钟吕天差作试官，取舍非诗赋。

考校实修持，功行三千数。相应希夷得自然，名录神仙簿。

【注】

①干禄：求福。

恣逍遥

赠韩守玄

恣意逍遥，逍遥恣意。逍遥自在无萦系。行坐逍遥，逍遥似醉。逍遥到处，似云似水。

悟彻逍遥，逍遥养气。逍遥里面修仙计。这个逍遥，逍遥无比。逍遥去蓬岛，十洲有位。

长思仙

茶

一枪茶，二旗茶。休献机心名利家。无眠为作差。

无为茶，自然茶。天赐休心与道家。无眠功行加。

又

紫芝汤，紫芝汤。一遍煎时一遍香。一杯万事忘。

神砂汤，神砂汤。服罢主宾分两厢。携云现玉皇。

与刘处玄并示孟四元[1]

看阳刘，看阳刘。福杖心持占岸头。眠云枕逆流。

万缘休，万缘休。金木相生性转柔。丹成赴十洲。

【注】

①孟四元：孟宗献，字友之，号虚静居士，开封（今属河南）人。金世宗大定三年（1163）癸未科状元。孟宗献初试时名落孙山，再次赴考，得乡试第一。当年，孟宗献又连赴府试、省试、廷试，皆得第一，名声播于朝野，被时人称为“孟四元”。孟宗献是我国科举史上的“四元”状元。1169年，王重阳带领丘处机等四个弟子来到开封，收孟宗献为徒。1170年，王重阳在开封仙逝后，他的丧事就是由孟宗献操办的。

又

梦轩辕，弃田园。难继夷门孟四元。惟修性月圆。
缚心猿，认根源。小小蛇儿俯视鼋。阳纯礼太原。

又

遇重阳，牧青羊。不著虚名远远扬。惟修性日旸。
慕荀杨，乐飘扬。豁豁洋洋豁豁洋。通玄风害佯。

往南京搬取风仙灵衬

马风乾，有微言。一别风仙恰二年。思心似倒悬。
去无缘，阙盘缠。乞化长安自肯钱。成人在众贤。

又

马山侗，马山侗。与个丘仙和不同。心交有始终。

合西东，合西东。慧目相看别有功。时时现内容。

又

正家丰，不争锋。猛烈灰心王害风。先归三岛峰。
马山侗，过临潼。三髻头梳似小童。专专化个同。

又

入南京，赴蓬瀛。显出王风九转成。超然得上升。
宠何荣，辱何惊。三髻山侗绝利名。何愁性不灵。

赠小张仙

小张仙，小张仙。款款搜寻汞与铅。先须缚马猿[①]。
气绵绵，气绵绵。龙虎相交玉蕊鲜。金丹一粒圆。

【注】

①马猿：即心与意。

赠任仙

左擎苍，右牵黄。昔日存心飞走忙。如今万事忘。
饮琼浆，宴明堂。瑞气祥光入绛房。无中得弄璋[①]。

【注】

①弄璋：即婴儿，喻为金丹。

又

爇银钉，虎龙降。自在逍遥吸九江。从思恶肉腔。
结红霜，赴蓬庄。万朵金莲簇宝幢。方知好道庞。

寄长春子丘通密

长思仙，长思仙。思忆长春子最贤。何时得面圆。
展花笺，展花笺。写就清吟三两篇。专凭鸾鹤传。

又

功要圆，行要圆。修炼身中子母圆。何愁性不圆。
喜团圆，十分圆。云水风邀月正圆。无分昼夜圆。

又

遇重阳，梦纯阳。爇起心香礼正阳。三师助我阳。
炼阴阳，固元阳。五色霞光簇太阳。云中子抱阳。

又

酒初醒，梦初惊。幻化何须恋利名。灰心远世情。
月初明，性初平。倒溯清流过玉京。黄芽渐渐荣。

又

屋贪多，地贪多。不若灰心厌事多。崇真利益多。
天如何，地如何。富贵荣华待若何。轮回奈我何。

赠魏害风

害风仙，害风仙。万事俱忘理太玄。调和汞与铅。
结金莲，结金莲。九转功成性月圆。超凡入洞天。

赠零口权先生

出家儿，处无为。至死如同初出时。何愁道不知。
内慈悲，外憨痴。绝虑忘机无执迷。刀圭有分携。

又

朝清清，暮清清。清净清闲清净清。清清清更清。
抱灵灵，固灵灵。灵显灵明灵显灵。灵灵灵更灵。

又

垒浮图，垒浮图。悟彻浮生恶假躯。回头认本初。
莫踌蹰，莫踌蹰。急急修完无价珠。功成蓬岛居。

赠众女姑

女姑听，女姑听。学取麻姑[①]至净清。依他妙善行。
莫惺惺，莫惺惺。外做憨痴内自灵。功成赴玉京。

【注】

①麻姑：又称寿仙娘娘、虚寂冲应真人，中国古代神话中的女仙，《神仙传》说她为建昌人，修道牟州东南姑余山，东汉桓帝时，麻姑应王方平之约，降于蔡经家，能掷米成珠，自谓“已见东海三

次变为桑田”。

赠六曲社丁李张三道友

休哀人，休哀人。急急灰心哀自身。回头结善因。

早搜真，早搜真。营养身中神内神。功成礼洞宾。

望蓬莱（十七首）

首化姚玹

破故纸，缀袄可防风。坐卧不愁寒水石，雪中敢采麦门冬。从此得苁蓉。

浪荡子，常有自然铜。鼎内朱砂烹炼就，天仙子入白云中。蝉壳显山侗。

又

马风子，独自赏元宵。剔正命灯胜白昼，放开心月透青霄。掌握紫芝苗。

金童舞，玉女更吹箫。酒饮琼浆虽是美，有些闲事不逍遥。惟恨少知交。

又

马风子，因遇弃荣华。乞觅残余为活计，真清真净做生涯。烹炼白朱砂。

人莫笑，一志实堪夸。大道朝闻甘夕死，冰清玉洁绝纤瑕。不敢辱师家。

又

马风子，昔日在迷津。寻个出期终没计，欲知山上路儿真。须问去来人。

风仙至，端的话良因。指我一条真捷径，无差无错越红尘。昼夜感师恩。

又

马风子,忽想在家时。火院熬煎无限苦,心惊胆颤哭声悲。悔恨出离迟。号咷罢,感谢我真师。钓出凡笼修不二,逍遥自在处玄机。有分看瑶池。

闻蝉

秋蝉噪,声细又声长。饮露餐风声不困,声声都了显行藏。使我起凄惶。堪嗟叹,模样是蜣螂。尚自超然蝉蜕去,为人宁忍昧三光。急急养铅霜。

八日

来朝九，今日访龙山。预赏黄花先落帽，免教郑谷[1]叹多端。终要久长难。

马风子，别话一般般。性结重阳花馥郁，万年千载不凋残。永永有余欢。

【注】

①郑谷：字守愚，世称“郑都官”，又以《鹧鸪诗》得名，人称郑鹧鸪。袁州宜春（今属江西省）人，中国唐代诗人。僧齐己携诗来谒，谷读至早梅“前村深雪里，昨夜数枝开”句，乃曰:“数枝非早也。未若一枝佳”。齐己不觉拜倒曰:“我一字师也”。

九日吟

酬佳节，争赏菊花忙。尽说陶潜深得趣，孟嘉[1]落帽兴偏长。终久落空亡。

马风子，别有好风光。阳里养阳阳养处，木牛牵向牧牛场。永永庆重阳。

【注】

①孟嘉：字万年，江夏郡鄳县人。三国时期东吴司空孟宗曾孙，田园诗人陶渊明的外祖父，东晋时期名士、官员。《晋书》卷九十八：九月九日，温燕龙山，僚佐毕集。时佐吏并著戎服，有风至，吹嘉帽堕落，嘉不之觉。温使左右勿言，欲观其举止。嘉良久如厕，温令取还之，命孙盛作文嘲嘉，著嘉坐处。嘉还见，即答之，其文甚美，四坐嗟叹。

十日吟

今朝菊，人见意阑珊。只是秋香经一夜，致令郑谷叹多端。终要久长难。

马风子，别有一般般。万顷白云知去处，金莲花朵不教残。永永道人欢。

又

寻大道,不在路迢迢。云水清闲真自在,姹婴相伴做逍遥。此理有谁消。马风子,悟彻十分乔。两脚轻狂街上舞,往来独许弄风飙。明月杖头挑。

道友修庵

丘与马，入道绝贪求。欲报师恩常念念，三年守服岂能休。何处好藏头。

旧居址，深谢许同修。但愿我公同我志，同心同德做同流。同步访瀛洲。

又

外颠倒，爱欲似冤雠。富贵荣华都不顾，人情浓处急抽头。物外做持修。

内颠倒，真火戏清流。六月降霜麻麦秀，三冬时雨润丹丘。云步访瀛洲。

又

修大道，何必住深山。混俗和光都看破，万千尘冗不相干。别有一般般。马风子，闲里更寻闲。见个木牛哮吼走，路逢石女笑痴顽。喝去入长安。

又

马风子，业障忒愚顽。不认洞天真供养，却迷俗礼假修完。心意怎清闲。

著外境，欲要塑师颜。建塔修堂并立石，不思施主出钱难。罪业积成山。

又

马风子，创置屋三间。动土兴工经一载，杀伤蝼蚁命须还。死堕鬼门关。

错中错，追悔亦应难。造下业缘须受苦，刀山剑树定跻攀。怎得列仙班。

罗公上树隔环墙乞词

马风子，不悟坏修行。虽在环墙居处稳，诗词引出假声名。惹得不安宁。

夸伶俐，却是不惺惺。自愧隐身身不密，空成潦倒白头生。怎得赴蓬瀛。

春日鄠县道友索

真消息，律管定春期。应候土牛先击碎，芒儿闲散独何之。此理有谁知。

马风子，凭仗做修持。恰到人牛俱不见①，澄澄湛湛入无为。正是月明时。

【注】

①人牛俱不见：廓庵师远有《十牛图颂》，其中有“人牛俱忘：鞭索人牛尽属空，碧天寥廓信难通，红炉焰上争容雪，到此方能合祖宗”之句。

西江月（三十四首）

自勉

识破家缘冤苦，忻然跳出乡闾。秦川秀处作庵居，永住永住永住。
物外逍遥自在，如今寄甚家书。还乡便得赴仙都，不去不去不去。

长安运同惠道袍

昨日道袍破敝，今朝便著新衣。有人问我这因依，且显同知厚惠。
又恐著他华丽，弃之更不生疑。道家蓑笠最相宜，贫后安眠稳睡。

又

心内常搜己过，口中不说他非。世人为处我无为，乞食街前不耻。日日饱餐玉蕊，时时烂饮刀圭。一朝引出化生儿，方显道家活计。

赠吴知纲

学道休妻别子，气财酒色捐除。攀缘爱念永教无，绝尽忧愁思虑。不得无明暂起，逍遥物外闲居。常清常净是功夫，相称全真门户。

又

学道休迷导引，不宜修饰容仪。相违世俗处无为，生计水云无系。功行修持何幸，施为杀了三尸。一灵性月越瑶池，奇异方知容易。

赠清净散人

一则降心灭意，二当绝虑忘机。三须戒说是和非，四莫尘情暂起。五便完全神气，六持无作无为。七教功行两无亏，八得超凡出世。

赠明月散人

一道经花玉线，二轮日月烹煎。三车搬运入丹田，四海云游走遍。五色霞光出现，六情变作青莲。七真攒聚性圆圆，八臂金刚伏善。

又

地肺重阳师父，吕公专遣云游。秘玄隐奥访东牟，钓我夫妻两口。十化分梨匠手，百朝锁户机谋。千篇诗曲拽回头，万劫同杯仙酒。

又

不耻蓬头垢面，不嫌粝食粗衣。不惭求乞做贫儿，不羡荣华富贵。一日功成行满，仙裳天赐威仪。星冠月帔履云归，节步玎铛玉佩。

又

人总贪生尽死，我今认死长生。这般径路少人行，悟后舍家勇猛。休说玄元难解，我观容易分明。要君守拙绝多能，天地悉归清静。

赠安静散人俱[①]守极

休要寻龙寻虎，不须搜姹搜婴。勿劳讲论汞铅精，尽是虚名惑恁。只要心中清静，无为便是功成。慈悲相助气神凝，如此神仙有准。

【注】

①俱：有本作“任”。

又

大道都来六字，自然清静无为。有人依得合希夷，视听何须眼耳。清静内容欢喜，无为功就神飞。自然云步赴瑶池，三岛十洲仙会。

又

莫论离龙坎虎，休言赤髓黄芽。勿谈搬运紫河车，不说婴娇女姹。绝虑忘机最妙，澄神养浩尤佳。无为无作路无差，豁达灵根无价。

又

守拙宜乎宁耐，曾分秀气三台。龙吟虎啸去还来，明月清风自在。

五道霞光覆载，神珠养就辞[1]胎。一声霹雳洞门开，始觉山侗奇怪。

【注】

①辞：有本作“灵”。

赠任守一

一不轻师慢法，二遵清静仙经。三存精气养神灵，四把尘劳拂尽。
五戒无明业火，六除俗礼人情。七擒猿马永安宁，八味琼浆得饮。

又

江畔溪边雪里，阴阳造化希奇。黄芽瑞草出幽微，别是一般香美。
用玉轻轻研细，烹煎神水相宜。山侗啜罢赴瑶池，不让卢仝知味。

又

海岛丘刘谭马，因师各弃荣华。逍遥自在乐无涯，休论高高下下。
不会琴棋书画，些儿营运无差。眠云卧月饮流霞，醉后惺惺洒洒。

又

是是非非远远，尘尘冗冗捐捐。人人肯肯解冤冤，步步湾湾浅浅。
善善常常恋恋，玄玄永永绵绵。明明了了这圆圆，杳杳冥冥显显。

又

物物般般认认，常常战战兢兢。心心念念恐沉沉，得得来来损损。
日日清清净净，时时湛湛澄澄。惺惺洒洒这灵灵，灿灿辉辉永永。

又

莫讶马风斯哄，人情且要和同。至于行步敢从容，踏地仍怀恐痛。
无作无为妙用，常清常净真功。住行坐卧逐王风，岂敢心猿内动。

劝刘先生夫妇

欲继许君[1]庞老，扪心自忖须知。同心同德做修持，稍有相违远离。
三个不如两个，两人谈是谈非。孤云野鹤任东西，岂有纤毫萦系。

【注】

①许君：许逊，字敬之，豫章郡南昌县长定乡益塘坡慈母村（今江西省南昌市高新区麻丘镇附近）人。晋朝著名道士，道教净明派祖师，与张道陵、葛玄、萨守坚并称道教四大天师。

又

尽说仙家饮酒，仙家不饮糟浆。自然玉液味偏长，浇溉黄芽荣旺。
月下风前清爽，荐杯玉蕊馨香。醉经饱德访蓬庄，高卧仙宫方丈。

又

学道腥膻不戒，明知断了慈悲。五辛爽口欲滋基，怎比米精麦髓。
二物包藏秀气，吾门啖素相宜。修持功行稍相亏，怎得长生久视。

又

莫论心肝肾肺，休搜南北东西。勿言震兑坎和离，别有些儿奥旨。
吸尽江河淮济，星辰日月辉辉。精神气血赴丹池，便得超凡出世。

又

运用无时不可，悟来有甚羞惭。前三三与后三三[①]，欲漏天机未敢。顾我完全玉性，劝人省悟银蚕。好归物外访玄谈，认个不增不减。

【注】

①前三三与后三三：《碧岩录》：文殊问无著："近离什么处？"无著云："南方。"殊云："南方佛法，如何住持？"著云："末法比丘，少奉戒律。"殊云："多少众？"著云："或三百，或五百。"无著问文殊："此间如何住持？"殊云："凡圣同居，龙蛇混杂。"著云："多少众？"殊云："前三三，后三三。"

赠姚守清李守静

学道须离火院，搜玄参访良缘。守清守静绝般般，乞觅于身大便。云水须明内外，牢擒意马心猿。万缘不著得神全，酬了修行大愿。

赠党先生

心坐胜如打坐，心灰自没心猿。形如槁木自安然，物外般般怎染。养气勿劳呼吸，颐神全在抽添。云房深处永绵绵，产个胎仙出现。

赠孙先生

学道完全性命，养身乞觅残余。真功清净证元初，真行救人疾苦。此外并无作做，心同𪄿食鹑居。逍遥自在恰如愚，应过三清仙举。

赴胡公斋

我会调和美膳，自然入口甘甜。不须酱醋与椒盐，一遍香如一遍。

满满将来不浅，那人吃了重添。虚心实腹固根元，饱后云游仙院。

赠段知一

道隐身披布素，心慈口远肥甘。逍遥物外住云庵，昔日作为岂敢。伶俐番成懵懂，惺惺变作憨憨。段公休说不悭贪，广占云烟似唵[①]。

【注】

①唵：有本作“俺”。

又

卧化胜如坐化，修行所贵真常。假躯难以做馨香，何必临归著相。说破飞升一著，成仙只是神光。天宫无用臭皮囊，携去深山掉样。

又

我欲只言清净，恐人入道徘徊。阐扬龙虎去还来，初地多便奇怪。我倦论持婴姹，恐人别意胡猜。谁知男子产婴孩，回首自然悟解。

赠古知观（藏头）

□貌先生姓古，□中不讲之乎。□壬妙处用功夫，□道是他省悟。□亦玄门得趣，□飞玉兔金乌。□君相伴化顽愚，□意如同数罟。

赠蔡悟真（藏头）

□我石榴栗果，□金却要公猜。□衣引个白衣来，□是人非不采。□学非干大道，□元营养婴孩。□端午正出君怀，□印何曾姓蔡。

凤栖梧

范蠡张良当日悟，得宠还惊，防患寻归路。若恋功名尖险处，如何却得蓬庄住。

或问扶风缘甚去，京兆风仙，远远亲来度。便觉灵明常有主，从今直入长生户。

又

物外逍遥修九九，慕乐清贫，寂净无中有。不谒侯门常内守，脱离天地人三彀。

子午门封真卯酉，白虎青龙，对凤频哮吼。佛面婴儿披锦绶，蓬瀛路上堪游走。

清心月

起念破清斋。贪爱必为灾。灵明何事别三台。窃蟠桃、非止两三次，因谪降，出蓬莱。

岂比栋梁材。仙质肯尘埋。大罗天上好安排。炼金丹、九转功成日，重去也，免投胎。

玩丹砂

一片无为霜雪心，自然尘事不能侵。长舒云袖舞双林。

九转丹砂生紫雾，一溪白玉养黄金。山侗唯恨少知音。

又

物外修持物外园，搜玄搜妙认根源。牢擒意马与心猿。

先把虎龙收在鼎，自然铅汞得归元。神凝气结性团圆。

过渼陂道友索词

若匪云游到渼陂，争知此处隐瑶池。人人怪我不留题。

壁上珠玑碑上玉，交光灿烂有余辉。何须马钰再吟诗。

赠赵公

万种千般教得人，怎生教你绝心尘。悟来方可得良因。

怕死自然恩爱断，忘机决定气神淳。无为清净合天真。

寄南京道友

自愧无缘去大梁，亦无心意学贤良。夷门道友我思量。

予在环墙调水火，诸公何日绝炎凉。山侗叮嘱悟黄梁。

因观无为庵记忆胡子金

霞友中条胡子金，金波玉滟涤胸襟。襟襟云水到如今。

今看无为庵妙记，记中字字灿予衿。衿拖光彩怎生禁。

赠药赵仙

一志投玄绝利名，二无尘事气神清。三光攒聚永安宁。

四序不分真造化，五般霞彩结成形。六铢衣挂鹤来迎。

又思胡子金

好个中条胡讲师，通儒明道达禅机。自然悟解这些儿。

石女醉归金虎窟，铁牛耕入火龙池。胎仙采得紫灵芝。

劝道众

七十光阴似箭忙，夜消其半可悲伤。那堪日日顿无常。

更想上床鞋履别，寻思恋个甚郎娘。不如物外做风狂。

赠解刘仙

奉劝须看清静经，脱仙模子好搜寻。湛然常寂理幽深。

常处真常常应物，自然无欲亦无心。运行日月作知音。

赠刘处玄

无作无为道庶几，不须把钓坐渔矶。常清常静好根基。

玉液通传心绝虑，金光溉济性忘机。处玄通妙合三机。

赠清风散人、明月散人

炼到无心正用功，玉堂深处弄清风。倒颠颠倒结殷红。

万派寒泉枯药鼎，一轮明月出圭峰。本来面目赴仙宫。

自咏

昔日施为狡猾心，闻人活路向前侵。暗生荆棘闹如林。

不顾伤神并损气，欲求积玉更堆金。行尸走骨作知音。

又

今日常行恻隐心，幽微玄妙要人侵。双垂云袖舞琼林。

水里搜寻木上火，火中营养水中金。云朋霞友作知音。

寄呈道众

澹泊修行不肯行，常忧冻馁逞多能。岂知饱暖欲情生。
且恁寂寥潇洒过，休迷尘事与华荣。常清常静大丹成。

思郝仙

决烈修持是郝仙，孤云野鹤最翛然。我虽环堵望齐肩。
日日炼心烹药鼎，时时运火补丹田。功成同上大罗天。

赠张山老

休羡罗帏与绛绡，红炉跳出碧尘销。玄中玄妙有缘消。
颠倒阴阳真了了，不分白昼与清宵。一轮性月上丹霄。

赠马姑姑

玉女瑶仙佩玉瓢，芰荷香里弄风飙。西江月内采芝苗。
九转功成长寿乐，三田宝结恣逍遥。迎仙客去上青霄。

赠王公

玄上玄玄且莫寻，日常除划我人心。清闲欢乐作知音。
莫向灵台留一物，自然结正水中金。恁时云步上瑶岑。

化卧单

三髻山侗化卧单，诸公休要做艰难。三条干布有余宽。

每幅度量须六尺，通为二九体长安。不愁炎暑与严寒。

赠于瓦罐

瓦罐先生俗姓于，三千里路乞残余。逍遥坦荡称吾徒。
常认此般真活计，自然不受世情拘。修完性月照冰壶。

寄赵居士

净净清清净净清，澄澄湛湛湛澄澄。冥冥杳杳杳冥冥。
永永坚坚坚永永，明明朗朗朗明明。灵灵显显显灵灵。

赠王公叠字

〔能〕运三车入宝瓶，〔瓶〕花灿烂玉堂明。〔明〕光照耀鬼神惊。
〔惊〕散阴魔精自秘，〔秘〕藏丹颗性灵灵。〔灵〕明出现绝多能。

西楼月

勉道友

闲行闲坐闲眠，养丹田。常把东西南北合和煎。
处玄妙，波中燎，用抽添。五彩霞光覆载一胎仙。

又

常清常净常闲，脱尘凡。自在逍遥云水访龙山。
琼浆酒，无中有，养金丹。炼就重阳归去列仙班。

抛球乐

赠岳悟道

情忘念断生光莹，自然现，澄清景。琼花满树都无影，于中好，挂心镜。

光明灿烂分邪正，这身体，终归粪。元初面目今番净，专专候，玉童请。

夜行船

秘奥岂愁天地管。处玄机、故然贫懒。守服环墙，高而不短，马风性无寒暖。

常爇心香慵执卷。师恩报、何时愿满。功行周圆，得归银汉，云步向前相赶。

菊花新

碧洞深藏真景致。黄白花开金玉异。不住有祥云，甘露降、瑞中增瑞。

孟嘉落帽陶潜志。又争知、这头瞻视。日日庆重阳，功行满、六铢衣赐。

炼丹砂

天水创云庵，远胜精蓝。云朋霞友日常参。恰似栽松招引鹤，岂是贪婪。

若肯悟清谈，管有香甘。田园分付与儿男。欲住蓬瀛先改作，落魄婪耽。

化生儿

和重阳真人

得遇忻然别东州。访地肺，恣遨游。水云自在没忧愁。这攀缘，爱念休。

保护根元二尾牛。运玉汞，倒颠流。金丹结正不持修。阐玄谈，般若舟。

临江仙

乞觅残余真活计，无羞无耻无荣。舍身岂是喂饥鹰。亦非为虎食，不著假身形。

万种尘劳齐放下，自然神气灵灵。心猿意马两停停。无缘沉苦海，有分看蓬瀛。

长安新出家者

此个陇西明大道，看来俗累难拘。报予天水慕清虚。彭城归正觉，割爱后来闾。

更有段公明慧性，悟来巧变痴愚。山侗闻得证无余。忻然如大醉，认得本来如。

赠凤翔酒郎中[①]

杜康造底。昔日文君，当垆沽底。蓦想古来毕卓，亲曾偷底。是刘伶，十分偏爱底。

帝前李白曾吐底。栾巴起慈，救火遥噀底。司马相公，常常专专诫底。又争知，是郎中贵姓底。

【注】

①此词不知调名。

南柯子（十二首）

赠陈三翁

在俗非为俗，居尘不染尘。如莲不著水之因，万卉千花一叶不沾身。
营养心中性，修完身内神。各人了了继何人，庞老全家拔宅许真君。

见惠梨枣

予戒酒肉茶果久矣。特蒙公见惠梨枣，就义成乱道一篇。

悟彻梨和枣，宁贪酒与茶。我今云水作生涯，奉劝依予早早早离家。
我得醉醒趣，君当生死趓。同予物外炼丹砂，九转功成步步步烟霞。

自诫

儿女心头尽，田园意上除。金银财宝与妻孥，物物般般屏弃恰如无。
却著人情事，堪嗟性蠢愚。不如一拨守清虚，无作无为便是好功夫。

赠众道友

心地频频扫，尘情细细除。莫教坑堑陷毗卢，常静常清方可论元初。
性烛频挑剔，曹溪①任吸呼。勿令喘息气声粗，昼夜绵绵端的好功夫。

【注】

①曹溪：禅宗南宗别号。以六祖惠能在曹溪宝林寺（南华寺）演法而得名。曹溪被看作“禅宗祖庭”。

赠马怀玉

意动心须动，心除意亦除。无无寂寂寂还无，神气和同子母得安居。
莫觅曹溪路，何须问尾闾。真清真静养真如，真乐真闲真个好功夫。

又

昨日因何喜，今朝为甚悲。喜他向道慕希夷，悲则因他华丽不相宜。
既欲搜玄妙，须当做乞儿。蓬头垢面掯累垂[1]，意静心清便是上天梯。

【注】

①累垂：衰惫貌。此指缄口无言。

七夕吟

天上初流火，人间乍变秋。鹊桥银汉瑞云浮，织女今宵何处唤牵牛。
闺女离闺阁，无愁自起愁。焚香乞巧拜无休，恁肯灰心守拙列仙俦。

又

梦里游郊野，骷髅告我来。哀声声切切声哀，自恨从前酒色气兼财。
四害于身苦，人心竟不灰。致令万劫落轮回，悔不当初学道做仙材。

又

王与马相见，心交应宿缘。太原梁苑[1]已升天，记得当初留语再相传。

守服须三载，持心更五年。诱人归善行功全，此个扶风重礼害风仙。

【注】

①太原梁苑：原指唐代王昌龄。王氏有诗“梁苑秋竹古时烟，城外风悲欲暮天。万乘旌旗何处在，平台宾客有谁怜。”此处代指王重阳。

又

但愿三丹结，何愁两鬓皤。蓬头垢面啰唛啰，十二时中谨谨养冲和。不羡相如志，无心继伏波。马风题柱意如何，不做神仙不过灞陵河。

又

无使名过实，常教实若虚。藏机隐密恰如愚，闲问心王可处用功夫。性做长生宝，身为大药炉。炼丹须要饮醍醐，醉卧琼楼调弄夜明珠。

又

不羡人先悟，惟愁我未愚。蓬头垢面犕卢都，身做行庵到处得安居。不著人情绊，常教我相除。逍遥自在个尘无，物外山侗不解会功夫。

遇真人①

重阳师父谈炉灶，全在心田了。山侗亦认本来真，性停命住永永是吾神。

从今内外成颠倒，渐渐通明道。故将诗曲劝多人，猜得春花秋月好为亲。

【注】

①遇真人：原刻无调名。依律当为《虞美人》。

惜黄花

和师韵赠长安范公

弃财戒酒，药囊系肘。常清静，便把虎龙引逗。心起大慈悲，人人尽欲救。化愚迷、诗词如咒。

休要攀花柳，速修神秀[①]。玉壶中，有个自然红狗。日日吠青霄，谁知合著口。更披云、能飞解走。

【注】

①神秀：神宜内敛。

无梦令

赠景公

物外先生姓景，酒色气财常警。稍稍觉偏颇，不待他人自儆。自儆，自儆，得步长生内境。

赠蓬莱散人

一志孤清守道，十地遍生芝草。百行谨行持，千日炼成真宝。真宝，真宝，万劫容光转好。

又

莫讶迩来栽竹，非恋眼前碧绿。惟爱岁寒心，使我自然不俗。不俗，不俗，清静志坚仙福。

赠岳散人

悟道散人姓岳，秘密玄机把握。终日抚心琴，便是蓬莱仙乐。仙乐，仙乐，聒透身中华岳。

又

物外洞天金雨，浇溉九还之数。猿马两澄澄，自是性停命住。命住，命住，产个胎仙飞举。

又

三髻山侗爱笑，好弱归之一笑。不是我如斯，有个内容欣笑。欣笑，欣笑，真乐自然欢笑。

赠京兆权先生

妻妾儿孙一假，金玉珍珠二假。三假是荣华，幻化色身四假。知假，知假，说破浮名五假。

又

一避无涯火院，二避利名萦绊。三避敬钦频，自是田分三段。堪看，堪看，金玉结成光灿。

感师

地肺重阳师父，化我百朝扃户。却欲报师恩，三载愿心环堵。餐素，餐素，体挂灵明纸布。

又

谭马丘刘四绝，好弱各无分别。因遇别东牟，故访西秦养拙。养拙，养拙，直要清贫做彻。

赠傅散人

此个散人姓傅，不恋荣华贵富。物外做修持，玄妙性中分付。分付，分付，蓬岛将来趋赴。

赠李悟道

悟道姑姑姓李，弃了人情俗礼。决烈似男儿，搜获玄中玄理。玄理，玄理，只在西江月里。

赠纪散人

悟彻人生能几，饱了满头虱虮。乐道处真常，十二时中炼己。炼己，炼己，做个神仙纲纪。

赠于面前先生

惆怅烟霞伴侣，坚意辞予归去。不念我伶仃，守一清清环堵。环堵，环堵，终日无情无绪。

又

志在环墙养拙，是是非非不说。终日似憨痴，逗引个中欢悦。欢悦，欢悦，便是山侗活业。

又

马劣猿颠浊梦,虎绕龙蟠清梦。无作更无为,性住命停仙梦。仙梦,仙梦，气结神凝无梦。

又

宝殿金门玉锁,要看搜寻云朵。无影钥匙儿,便把转关剔过。剔过,剔过，自是无升无堕。

长安贾散人

此个散人姓贾,悟彻身躯是假。急急便投真,物外修完纯嘏。纯嘏,纯嘏，内饮何须持斝。

赠宋知柔

欢乐涤除烦恼,清静自无尘恼。真气遍三田,结聚琉璃玛瑙。玛瑙,玛瑙，自是还金补脑。

赠权知微

权老万缘一撇,意马心猿顿歇。杳默湛澄中,无影人人欢悦。欢悦,欢悦，性似清风明月。

赠刘先生

不得迎之见首,怎得随之见后。仰视愈弥高,钻刺转加坚厚。坚厚,坚厚，悟彻头头观透。

赠元公

德茂元公兄弟，月帔星冠遂意。奉劝更修持，炉炼丹砂无比。无比，无比，占得蓬瀛仙位。

又

传语两宫道士，日用剪除尘事。炉炼白朱砂，内境内容瞻视。瞻视，瞻视，此际山侗参侍。

又

传语终南道众，早把良缘勤种。保守气精神，调摄乌龟赤凤。赤凤，赤凤，化粒金丹高耸。

又

便把那人喝住，莫使狂行一步。日日处真常，自有神珠堪顾。堪顾，堪顾，共作长生伴侣。

赠谢散人

此个散人姓谢，富贵荣华不藉。猛烈入玄门，修葺洞天台榭。台榭，台榭，自有花开不谢。

又

信步如同云水，看遍秦川八水。不似栋梁间，万派逆留神水。神水，神水，便是山侗真水。

又

物外茅斋映竹，一饱残羹冷粥。乐亦在其中，记得风仙叮嘱。叮嘱，叮嘱，保养灵明性烛。

赠安静散人

欲要病源除削，便把尘缘拈却。心上去忧愁，性内真欢真乐。真乐，真乐，此者仙家一著。

又

泼杀无明业火，保守炉中水火。固养本根源，决要水中生火。生火，生火，便是山侗真火。

京兆谭急脚索

且做尘中急足，有日清闲愿足。随分更随缘，自是常常知足。知足，知足，捉住金乌三足。

五更寄赵居士

一鼓孤眠内守，宝陆用云耕透。密种紫芝苗，自是洞天无漏。无漏，无漏，坎虎离龙交媾。

二鼓孤眠内守，云绽遍天星宿。日月两交光，自是宝瓶无漏。无漏，无漏，起陆龙蛇战斗。

三鼓孤眠内守，重把玄门频扣。唤觉个中人，自是玉关无漏。无漏，无漏，姹女婴儿携手。

四鼓孤眠内守，谨谨小心防寇。慧照破邪魔，自是金精无漏。无漏，无漏，一点灵光结就。

五鼓孤眠内守，湛寂无中得有。应物处真常，自是神丹无漏。无漏，无漏，显现胎仙清秀。

又五更

一鼓乾坤入洞，便把虚无拈弄。离坎自交宫，澄湛寂然无梦。无梦，无梦，别我魔军大恸。

二鼓孤清妙用，颠倒倒颠看供。遍地长黄芽，便觉个中无梦。无梦，无梦，八味水流梁栋。

三鼓玉金深种，始觉元阳运动。丹鼎紫烟生，气爽神清无梦。无梦，无梦，一点灵光堪宠。

四鼓婴儿跨凤，姹女欣然持鞚。性命两停停，自是睡轻无梦。无梦，无梦，瑞气祥光簇捧。

五鼓众星相拱，应物无劳擒纵。时显夜明珠，无睡无眠无梦。无梦，无梦，五彩云踪继踵。

木兰花令

和师韵

诸公日日闲团聚，饭罢时时眼厮觑。专专惟望马风言，怎敢玄玄轻泄露。

常常只把气神护，谨谨调和龙虎步。徐徐炼就九还丹，个个成仙云外去。

万年春

缘甚修持，风仙钓出侵云构。灵苗秀，斡运真母，非是调羹手。小过谁无，语失当缄口。班行后，怎生依旧，除是随风走。

又

自己园亭，无分昼夜宜重构。黄芽秀，欲携云母，那里须垂手。无相人人，蓦地开金口。明先后，须当遗旧，拿出元初走。

又

堪叹人人，波波劫劫贪名利。何时已，眼光落地，到此才方悔。虽有儿孙，要替应难替。辞生泪，甚家滋味，想著心先碎。

又

奉劝人人，尘中莫竞锥刀利。心先已，勿欺天地，事在前头悔。欲免轮回，休望儿孙替。休垂泪，道家真味，把恩爱先锤碎。

梦得一枝白笔

昨夜山侗，梦游蓬岛逢钟吕。文房数，一枝纯素，不让蒙恬做。远胜江淹，五色何曾污。相宜处，书心开悟，堪应三清举。

又

冬至阳生，迎春拨雪黄芽好。人惊早，香如芝草，玉碾胜磨捣。神水烹煎，自是除阴耗。金童报，绝品珍宝，啜罢游蓬岛。

赠陈知命

地肺陈公，白毫显出非常异。人难比，希夷苗裔，肯著尘凡累。猛舍家缘，物外搜玄理。清心意，自然浇溉，太一冲和气。

赠兴国寺修塔僧

物外高僧，澄澄湛湛真禅刹。真禅刹，心无察察，理趣常搜刷。玉性玲珑，处处皆通达。皆通达，无拘无辖，垒起黄金塔。

宁解元许却庵门以词督之

谭马丘刘，专专卓个庵儿住。修行处，未知门户，有个先生许。翘俟嘉音，万望垂青顾。如无误，决登云路，岂敢忘恩府。

劝道友

去去来来，来来去去何时了。堪失笑，利名缠倒，衣换知多少。奉劝人人，早把元阳保。休虚耗，结成珍宝，得赴蓬莱岛。

咏李实庵名静乐

常守行庵，常清常静常常快。常搬载，日常宁耐，自是常交泰。
真乐真欢，应物真常在。真无坏，真如光彩，得做真良价。

咏李公慵轩

物外慵轩，闲居放坦无为作。无为作，自然期约，心肾相交错。
二气成形，结就灵丹药。灵丹药，银霞覆却，展起腾云脚。

巫山一段云

赠三一居士

斡运清神境，修完耀洞天。九层台上聚祥烟，端坐碧霞轩。
开阐琼林雅宴，赏玩个中深浅。咆哮金虎戏波涛，警动未成鳌。

又

玉女开金殿，金公锁玉关。真清真净养胎仙，云透坎离间。
贪看灵光上下，忘了之乎也者。神珠吐出九般霞，跨鹤赴仙家。

又

赤子餐青母，红蛇啖黑龟。祥光瑞气可成衣，尚自更持危。
调引姹婴嬉戏，紧把玉关封闭。一轮性月晃清霄，云步访三茅。

又

霞友无尘虑，云朋绝事情。气神相结净中清，谈笑大丹成。
好把碧桃采摘，专献蓬瀛仙客。大家同共庆重阳，开宴一齐尝。

又

休要呼师叔，相看若弟兄。炼心云补玉京城，何必谒公卿。
因抚心琴益寿，谓饮刀圭戒酒。瑶台上面放琼花，同去步烟霞。

赠胡了仙兄弟

会握青钢剑，能衔白玉杯。虚心实腹养琼瑰，平地一声雷。
唬杀三尸六贼，火里金莲开坼。自然显现个灵童，云步太虚中。

又

炉养长生药，园开不谢花。充饥旋旋采灵芽，消渴饮流霞。
闲看玉蟾光灼，忽见金鳌踊跃。两般游戏上青莲，夙历怎排年。

又

醉卧琉璃帐，闲看翡翠帘。自然俗虑绝毫纤，宝鼎玉花添。
爇起心香性炷，引动麟飞凤舞。龙蟠虎绕戏神珠，丹结赴仙都。

又

黄鹤松间睡，青鸾涧畔栖。白牛困卧紫灵芝，丹凤宿瑶池。
唯有灵童放耍，来往恣情游冶。通天彻地月明中，显现至真功。

又

洞里乾坤异，翛然看不穷。虎龙斗入白云中，不见往来踪。
姹女婴儿忒嗷，争把昆仑顶戴。琼瑶撞透出灵胎，跨鹤去蓬莱。

又

玉线穿三穴，金针透九关。自然得见内容颜，云袖凭朱栏。

正看琼花烂熳，蓦地青衣叫唤。紫微诏下赴蓬莱，仙籍已安排。

又

性烛生青焰，心香袅紫烟。命灯结正玉花鲜，慧目看金莲。

此个山侗雅趣，出自风仙师父。一朝九转大丹成，玉帝诏仙卿。

苏幕遮

在长安弄铁马骑道友索词

马风儿，悟玄理。不向檐楹，看您成家计。参从风仙何事喜。舞袖轻摇，撼动声清美。

胜骅骝，无萦系。不恋银鞍，免使人鞭捶。蓦地玎铛声韵起。自在逍遥，直上青霄里。

又

闹角儿，梳得好。妙手奇功，悟后呈些巧。个个疏来无倚靠。各各惺惺，虮虱须教少。

张打由，李鲍老。见我风狂，鼓掌呵呵笑。此个机关人怎晓。返老还童，内外成颠倒。

赠张善道

耳门闻，心烦恼。日日忧愁，不觉容颜老。眼做看门招病早。口是祸门，德丧身亡了。

鼻玄门，通大道。日用不勤，喘息绵绵好。传透九宫成至宝。久视长生，云步归蓬岛。

到莱州，复归宁海辞坟

此回来，缘甚故。不谓营生，不为儿和女。不谓荣华夸五袴。思忆劬劳，特地辞坟墓。

奠酒时，开地府。九祖生天，共结神仙侣。非是修行难救度。何必三牲，祭祀千千数。

别乡

弃荣华，披破席。养假崇真，茶饭须求觅。忘了从前亲与识。此别乡关，恣意闲游历。

主人翁，须爱惜。六贼三尸，慧剑频频劈。逗引灵童常跳踯。真乐真闲，大道成无极。

劝长安道众

苦海中，劳四大。竞利争名，个个皆宁耐。争把元阳都损坏。前有轮回，著甚机谋解。

道门中，超三界。太上巾包，悟者欣然戴。意净心清无挂碍。固养灵根，性命长长在。

看送孝

有微言，深可说。兔死狐悲，伤类声凄切。人见人亡宁喜悦，大限来时，莫也无分别。

愿回头，搜秘诀。猛舍家缘，频把心猿歇。修炼金丹收白雪。九转功成，永永无生灭。

别子

出凡笼，无系绊。落魄婪耽，日作无常观。十四儿孙都弃拚。自在逍遥，风月为吾伴。

背葫芦，携铁罐。壶贮琼浆，罐内灵芝按。渴饮饥餐增寿算。天助真风，有个琅琊唤。

自害风

遇王风，风传我。风发飕飕，风害家缘破。拈弄风飙团水火，风子飍飍，风韵闲吟和。

顺风行，迎风坐。饮罢真风，更枕清风卧。施布仁风功行大。自许扶风，风里成因果。

赠马公

好云游，是马钰。幸遇华宗，一见如亲族。拜礼从今为骨肉。仰荷恩怜，终日闲相逐。

告吾兄，听我嘱。莫虑儿孙，自有儿孙禄。愿早灰心明性烛。占取清闲，修取将来福。

鄠县晏公惠面

晏先生，惠我面。亲做庖人，妙手搋和软。细细搓来成玉线，致在锅中，水火同烹炼。

觉馨香，成美膳。四个平分，各各无深浅。欲要充饥须九转。饱后云游，处处行方便。

风发

害风王，扶风马。各做心风，总把家缘舍。吟咏清风明月下。风里寻风，搜得真风雅。

顺风行，随风耍，处处风传，结正风无价。掌握风飙持玉斝。驰骋风流，共把风云跨。

自戒

不悭贪，不谄诈。不忆家缘，不说乡中话。不著世情不著假。不做诗词，不敢言行化。

志弥高，心转下。云水清闲，内养丹无价。乐在其中欣放耍。姓氏人询，倦应扶风马。

又

遇风仙，心开悟。人我心无，无爱无憎妒。一切女男同父母。三教门人，尽是予师父。

好清闲，喜歌舞。昼乞残余，夜宿悲田所。上下中丹常密护。九转功成，蓬岛通云路。

在南京乞化

穿茶坊，入酒店。后巷前街，日日常游遍。只为饥寒仍未免。度日随缘，展手心无倦。

愿人人，怀吉善。舍一文钱，亦是行方便。休笑山侗无识见。内养灵明，自有长生验。

赠李哥缘再要出家

李先生，难舍俗。出去还来，坏了昆山玉。覆水重收弦断续。一事无成，惹得空捞漉。

悔前非，明性烛。火灭烟消，心上休怀毒。欲与马风闲厮逐。直待年深，看透伊心腹。

劝李哥

羊儿皮，虎儿质。害物心机，昼夜无宁息。虽恶肯将儿子食。休逞威风，真性宜调习。

亲非亲，识非识。云水清闲，内外常游历。日用三餐凭乞觅。灭尽无明，便是波罗蜜。

乡中上街求乞

舍家缘，须用斧。劈碎恩山，岂肯重修补。猛烈灰心寻出路。自在逍遥，认个清闲处。

有因缘，方可悟。改变衣装，道服惟麻布。莫讶乡中求乞去。灭尽无明，直上青霄步。

和师韵

清净门，柔弱户。忍辱家风，朴实为公据。无作无为成活路。自在逍遥，云水通行步。

绝聪明，效愚鲁。兀兀腾腾，不起闲思虑。面垢头蓬身粪土。万事俱忘，堪应三清举。

李公实索慵轩词

不梳头，不洗面。馁在其中，吃饭心怀倦。无病闲眠身懒转。有客来寻，问著仍慵喘。

不烧香，不礼念。落魄婪耽，酬了今生愿。日用不勤功怎见。紫诏来宣，大道无为显。

怀宁伯功惠鞋

清叟冠，伯功履。见惠山侗，别有非常意。使我顶天并立地。俯仰观瞻，无怍兼无愧。

得斯因，无限喜。出户迎宾，何患殊无礼。更向就中搜奥旨。上下冲和，得赴青霄里。

瑞鹧鸪

寄华清道众

环墙围合洞中天，瑞气祥光愈接连。白鹿怀中常稳坐，青牛背上得闲眠。

骊山不到经三载，华岳相违近四年。霞友云朋应怪我，争知此处结金莲。

劝道友

清虚虽好恋家缘，著甚因由上得天。顶戴恩山犹论道，身居苦海尚擎拳。

是非窟里功难就，名利丛中果怎圆。若不回头寻出路，如何只恁做神仙。

住环堵

冬虽无火抱元阳，夏绝清泉饮玉浆。蜡烛不烧明性烛，沉香无用爇心香。

三年赤脚三年愿，一志青霄一志长。守服山侗环堵内，无恩相报害风王。

过杨柳渡

马风宁海遇重阳，西入关来放肆狂。好看梅溪杨柳渡，喜游竹径杏花冈。

秦川铺锦宜春睡，渭水横丝系日长。胜景无穷吟不尽，命工图画比仙乡。

咏茶

卢仝七碗已升天，拨雪黄芽傲睡仙。虽是旗枪为绝品，亦凭水火结良缘。

兔毫盏热铺金蕊，蟹眼[①]汤煎泻玉泉。昨日一杯醒宿酒，至今神爽不能眠。

【注】

①蟹眼：古时称煮茶之水沸腾之前的状况，即水中出现小泡泡，气泡如螃蟹眼大小，水温约在70~80摄氏度。

居庵

闲人相访有何妨，唯恐闲人话短长。真乐真闲无议论，至微至妙绝商量。

是非欲说气神散，名利才言道德忘。不若澄心常默默，自然彼此得清凉。

督韩三官人

男儿决烈在言谈，口契相违亦害惭。虽是韩三疏马二，奈何马二忆韩三。

养家便是甘中苦，学道须知苦里甘。甘苦苦甘还省悟，出离火院住云庵。

收家书

家书接得急开封，正值糊窗要辟风。我意难随你意去，道心不与俗心同。

行功未满大千数，云水须游太一宫。传语儿孙并弟侄，后来书至撇墙东。

又

心香爇起唱行香，真乐真闲兴味长。便觉眉头无利锁，何愁身上有名缰。

昔年曾作肥家子，今日还为出舍郎。到此逍遥常自在，哩唛哩啰又何妨。

赠众道契

修行何处用功夫，马劣猿颠速剪除。牢捉牢擒生五彩，暂停暂住免三涂[①]。

稍令自在神丹漏，略放从容玉性枯。酒色气财心不尽，得玄得妙恰如无。

【注】

①三涂：又作三途。即火涂、刀涂、血涂，义同三恶道之地狱、饿鬼、畜生，乃因身口意诸恶业所引生之处。

又

道人财色酒虽无，一点无明著甚除。恶念不生归莹素，触来勿竞证元初。

我人起处愁无极，烟火消时乐有余。欲学神仙须忍辱，莫交烧了那真如。

闻乡人来到，以词聊代家书

斩钉截铁不思家，永绝狐疑永弃家。足履白云寻羽客，杖挑明月访仙家。

乡中园馆非吾宅，物外蓬瀛是我家。自在逍遥无宿虑，何须重话旧时家。

又

人人学道总劳劳，个个心高志不高。烟火靡除生怨恶，尘情不断起贪饕。

欲搜玄妙消三业，猛向根芽下一刀。常净常清常忍辱，无为无作列仙曹。

又

昔年常被利名枷，苦海波中喜戴枷。堂下儿孙如玉杻，眼前妻妾似金枷。

至迷马钰因何悟，得遇风仙便脱枷。闲里寻闲得闲趣，如今宁肯复投枷。

又

劝人休要问前缘，但肯回头是宿缘。不想浮生难猛悟，稍知虚患近良缘。

无心入道须无分，有意投玄是有缘。自古神仙皆出离，在家怎得好因缘。

又

风仙风害得真风，留下家风要害风。通密丘仙能继踵，山侗马钰应扶风。

劝人休作梦中梦，学我能寻风里风。或问风因亲说破，投玄远俗做心风。

赠斗门李公

不须远远远寻师，自是神仙自是师。真净真清真至理，至微至妙至真师。

爱憎不尽难求道，人我仍存枉拜师。你意不能随我意，我心怎做你心师。

又

秦川胜景果非常，最好终南珍藏乡。竹径梅溪生秀气，凤巢龙窟吐祥光。

云庵处处成云集，道友多多论道长。刘蒋村名今改变，人人传说会仙庄。

遇仙槎

赠清风散人

勤勤物外修，谨谨心中扫。渐渐绝尘缘，细细通玄奥。

灵灵大药成，灿灿神光好。得得遇仙槎，稳稳归蓬岛。

和师韵

三光固下元，六度清中阙。九转上元灯，照见长生月。

无分昼夜明，光彩连绵发。显出个胎仙，生死今番越。

寄晏公

休心绝是非，灭意除人我。酒色气财无，生死轮回趓。

祥光结宝花，玄露成珠颗。自是遇仙槎，便得携云朵。

又

名成好息心，利遂堪回首。猿马不轻狂，龙虎相交媾。常教玉户开，莫使金关漏。九转大丹成，万劫神清秀。

养家苦

赠宁伯功

养家苦，火坑深。万尘埋没不能禁。遇风仙，物外寻。
修行好，炼阳阴。净清能见水中金。现光辉，罩宝岑。
养家苦，镇常忙。忙来忙去到无常。作阴囚，住鬼房。
修行好，不曾忙。闲闲闲里守真常。得修完，玉洞房。
养家苦，赡他人。衣丰食足尚嫌贫。运机心，丧了真。
修行好，作闲人。自然忧道不忧贫。炼顽心，养至真。
养家苦，似蜂虔。采花成蜜为谁甜。肯堤防，蛛网粘。
修行好，做风虔。舌生津液玉浆甜。溉黄芽，无惹粘。
养家苦，特贪饕。家丰又待望官高。遇危难，无计逃。
修行好，不贪饕。埋光隐迹恐名高。处无为，生死逃。
养家苦，恋尘缘。铺谋活计望千年。奈凡躯，不久坚。
修行好，结良缘。功成行满不排年。做神仙，因志坚。
养家苦，没程头。一朝身死作阴囚。见阎王，不自由。
修行好，有程头。三千功满不为囚。做神仙，得自由。
养家苦，喜相违。常常思想死生危。怕从前，火院围。

修行好，处无为。神珠光彩透帘帏。现灵童，相貌威。

养家苦，没休期。危危险险似围棋。被人瞒，无祷祈。

修行好，最稀奇。姹婴争把虎龙骑。献胎仙，凤与麒。

养家苦，为妻男，是非荣辱饱经谙。限临头，事怎甘。

修行好，子端南。神丹灿烂弃行庵。宴瑶池，德饱酣。

修行易，断情难。始初分解最艰难。譬无常，破尽难。

心开悟，没疑难。觉从前事养家难。学神仙，有甚难。

思微妙，想尘缘。两般搜索要精研。但知空，向道坚。

心清净，意通玄。自然知道没言传。达无为，作大仙。

解佩令

和古韵

山侗猛省，因师法旨。觉从前、不是不是。剔正根源，要日月、壶中并至。透玄关、应希夷理。

龙吟虎啸，能行能止。剖昏迷、慧刀锋利。炼就神丹，金盘托、聊充微礼。献风仙、博本师喜。

又

摧强挫锐，常搜己过。处真常、毋劳打坐。每向人前，须做小，无心做大。坎离中、虎眠龙卧。

不憎不爱，无人无我。又何愁、非灾横祸。自在逍遥，与云朋、霞友唱和。占清闲、自家几个。

梅花引

赠白先生

脱尘子，逃生死。物外逍遥云水似。起真慈，起真慈。暗助真功，常常得自知。

逗引蛟龙归虎兕。水里灯光明久视。结灵芝，结灵芝。携去蓬瀛，专专献我师。

赠众师兄

子端午，龙蟠虎。莫使马猿偷眼睹。气神苏，气神苏。海底灵龟，依从鼻吸呼。

女姹婴娇云里聚。欲赴蓬瀛路上去。炼江湖，炼江湖。结就金丹，方知玉性孤。

赠老李先生

怎分晓，迷虚矫。爱恋家缘何日了。著尘嚣，著尘嚣。铁做人人，遭他火院销。

猛悟无常非事小。跳出凡笼搜密妙。乐逍遥，乐逍遥。坎虎离龙，降来入玉瓢。

忆王孙

和重阳真人

心清步步入玄门，意静霹霹溉本根，蓦地听闻没口论。性无昏，一点灵光万劫存。

又

长安云步去还来，万朵金莲火里开，独饮刀圭胜浊醅。两三杯，涤尽凡心有甚灾。

又

麻衣纸袄度冬寒，暖阁红炉永不看，认正些儿理的端。气神安，结就无为九转丹。

憨郭郎

赠重阳真人侄王周臣

休要强贪名利，休要恋妻男。免轮回，生死苦，做痴憨。

清净自然明道，神气自相参。功成朝玉帝，跨云骖。

金花叶

赠徐安神

欲要灵明莹彻，向心上、速宜解结。便莫受、家缘火爀，弃妻男产业。逞俊宁如养拙，引龙虎、休教急切。自然悟、神仙妙诀，本来真难灭。

青玉案

赠染何先生

无涯火院常笼罩。似醉梦，难分晓。卖弄惺惺非要俏。争财竞气，恋妻男，算到底，终须掉。

譬似无常坑窨了。便急急，搜玄妙。固养灵根真火燎。澄澄湛湛，证元初，大药就，天书诏。

调笑令

和师韵赠张马二公

调笑，论微妙。月内银蟾端午跳。中宵日里金鸡叫，坎虎离龙围绕。忽然撞著姹婴召，共守丹炉了了。

山峭，彩霞照。一颗神珠常吐耀。无穷瑞气长笼罩，更有祥烟袅袅。三清专遣青童诏，报道无为功要。

四仙韵

丘刘谭马，幸遇风仙亲教化。一别山东，云水秦川兴不穷。

清贫快乐，自在逍遥无做作。清净门庭，阐出家风合圣经。

又

丘仙通密，隐迹磻溪人不识。通妙刘仙，永住终南屏万缘。

谭仙通正，志在清贫修大定。三髻山侗，愿处环墙也放慵。

赠徐玄之

神翁苗裔，骨格非凡人怎比。猛舍家缘，物外搜寻玄上玄。

天长地久，走玉飞金常在手。营养黄芽，道号从今称碧霞。

赠烟霞散人

谪仙猛悟，富贵荣华都不顾。改变衣装，道服云包傲带长。
擒猿捉马，不骋容仪多娅姹。玉性无尘，相称烟霞一散人。

又

谭仙通正，悟彻长真修玉性。马钰山侗，豁豁洋洋似害风。
刘仙通妙，把握长生真了了。通密丘仙，修养长春不夜天。

又

处端通正，道号长真真上认。自在逍遥，撼碎岩前汲水瓢。
处玄通妙，道号长生真了了。慎勿先归，且伴长春丘处机。

又

山侗马钰，学道宜乎除爱欲。却殢诗词，怎得功成现紫微。
如何猛悟，减字木兰花里诉。百拜诗魔，休似从前返倒何。

又

诗词作孽，妨我清闲仙举业。猛悟心惊，如向深渊履薄冰。
便疏笔砚，却与气神相眷恋。懒里寻慵，无作无为是马风。

别南京拆字

□今拜别，□住逍遥金王宅。□处门开，□里人人不复来。
□金成宝，□脉婴儿擎码碯。□与山侗，□去蓬瀛礼吕公。

过静远镇

□兵辱我，□戟丛中谁解祸。□辩如锋，□木和同是夏公。

□今清脱，□兔日乌同作活。□底然香，□谢恩人鱼鼓张。

挂金灯

赠重阳师父侄王周臣

绝攀缘，心上生光莹。朗然变化，无穷异景。这密妙、教贤省。

内貌宜乎速整，悟后分凡圣。亘初灵明，火内正劲。锻炼出、清中静。

滴滴金

赠蔡公

水云自在逍遥客，木金聚、更无隔。婴姹从此认知识，看无中颜色。

虎龙战斗曹溪侧，鼎炉内、炼黄白。大丹成就有谁尝，蔡先生消得。

德报怨（昭君怨）

赠吴知纲

急性更为缦性，意静自然心静。憎爱两俱忘，绝炎凉。虎绕龙蟠光莹，丹结玉童邀请。舞袖出昆冈，赴蓬庄。

金鸡叫

化李仲达

撞著鲸鲵须索钓，抛香饵、时时引调。洋洋不顾迷波淼。休要相趓，与你如胶鳔。

掷下金钩常搅扰，如回首、牵归玄妙。将来决定成仙了。朝拜三清，出自我金鸡叫。

又

日日朝朝常报晓，谁知道、人人错了。孳孳为利贪虚矫。性命俱忘，财色心奸狡。

恶业无涯阴德少，将来事、一场不小。无常限满酆都召。鬼使挈拿嗔，不悟我金鸡叫。

又

日日朝朝常报晓，徒人省、搜玄搜妙。孳孳为善回光照。勘破浮生，便把家缘掉。

九曲明珠安九窍，丝连蚁、火光频燎。往来穿透功夫了。得赴蓬瀛，出自我金鸡叫。

又

火院中间常火燎，忧儿女、形容衰了。傍人替你生烦恼。投献诗词，万望心明晓。

不测无常非事小，悟来后、便搜玄妙。蓬莱云路通关要。炼就金丹，出自我金鸡叫。

又

外骋惺惺非是俏，内修持、些儿最妙。真如一点三光照。爇起心香，自有祥烟罩。

李四高人如悟晓，无中有、非常冥杳。胎仙舞袖麾灵耀。跨鹤腾空，出自我金鸡叫。

又

元是神仙何不晓，听予劝、家缘事小。迷津苦海须当跳。一个灵明，免使尘笼罩。

物外澄心通密妙，常清净、龙蟠虎绕。神丹结正腾辉耀。返老还童，出自我金鸡叫。

又

日暮残辉何不晓，好收心、回光返照。宜乎急急搜玄妙。疾速修持，莫待西沉了。

物外修仙非是矫，早认取、言钩语钓。诗词香饵吞些小。跃出迷津，悟得我金鸡叫。

又

入道已蒙相许了，火坑深、宜乎猛跳。男儿出语无虚矫。慎勿迟疑，休使傍人笑。

断制家缘回日早，休似鹤、留言华表。从斯马钰登高眺。奉劝吾兄，莫忘我金鸡叫。

又

三髻山侗闲失笑，离乡井、无愁买恼。忧他性命无心了。终日哀人，忘了自家道。

堪可垂钩须索钓，且不免、厮煎打炒。耐羞耐耻频频告。谨劝贤家，早悟我金鸡叫。

又

许我年时来入道，想贤家、心无虚矫。劝公早早家缘掉。稍稍迟迟，做出诸宫调。

若肯回头何事好，乐清闲、持杯欢笑。抚琴月下沉香袅。搜获玄机，别有个金鸡叫。

神清秀

寄看庞总管园赵公

些儿微妙非常好。猛焰里、自然芝草。玉虎与金龙，密护三田宝。

丹成九转青童报。便授取、紫微宣诰。体挂六铢衣，跨鹤归蓬岛。

道成归

阮郎归改道成归，修行人喜知。松峰影里乐希夷，何须唱艳词。

姹婴动，虎龙随，云耕坎与离。三千功满赴瑶池，神光相貌奇。

藏头赠岳秀才

□年苦志不求奇，□公寻者希。□夷猛悟笑微微，□华枉用机。

□予偃，□婴肥，□宫祥瑞围。□传心印谨相依，□灵神自飞。

迎仙客

日中乌，月中兔，走飞子午何曾住。虎随龙，龙随虎，东西来往，自是明琼路。

姹娘歌，婴子舞，玉堂里面金为主。云为朋，霞为侣，逍遥自在，开阐全真户。

系云腰

昆崙山上丹阳子，真得得，遇风仙。今生相应前生约，访秦川，居地肺，结良缘。

离清坎静水生火，婴姹睡，虎龙眠。神凝气聚灵光现，驾云轩，透祥烟，去朝元。

登仙门

师也师也，重阳师也。处玄机，静中清也。起金莲，玉花社，有谁知也。化人人，渐归道也。

这扶风，非开悟，亦非愚也。辨假真，稍能明也。细寻思，心豁畅，略无疑也。想师范，没人过也。

又

难也难也，舍家难也。绝爱憎，屏尘难也。处无为清静，有始终难也。譬如死，又何难也。

论玄元,谈微妙,要人听也。但小童,肯来询也。便须当,开言路,与其进也。我不能，保其往也。

丹阳神光灿

序

道在迩而求诸远，事在易而求之难者，此世之常情。至于目击而存，不言而谕，此上士之趣，实丹阳先生得之也。先生以先觉之明，开发愚徒，颖悟后进，其有不逮者，又从而指示之。诚犹皓月流天，纤悉皆蒙显焕；心灯在体，热恼咸得清凉。先生又作《神光灿》百首，俾使歌扬䌷绎，互相警策云尔。呜呼，先生其化人之心也深，念人之意也重。岂不若菩提宝树，布清影于恒沙；般若神丹，济尘劳于苦海者欤。姑以鄙言序其首。

大定乙未重九日，筠溪野叟宁师常谨序

满庭芳

立门户内持

全真门户，清净根源，住行坐卧归元。日用时时擒捉，意马心猿。常行无憎无爱，便施恩、先复雠冤。下手处，炼冲和修补，有漏之园。

瑞气祥光深处，收神水、徐徐自没潺湲。红锦蛇儿虽小，闲视灵鼋。两般混成一物，现元初、性月团圆。恁时节，礼重阳师父太原。

立誓状外戒

专烧誓状，谨发盟言，遵依国法为先。但见男儿女子，父母如然。永除气财酒色，弃荣华、戒断腥膻。常清静，更谦和恭谨，无党无偏。

布素婪耽度日，饥寒后、须凭展手街前。不得贪财诳语，诈做高贤。常怀慎终如始，遇危难、转要心坚。如退道，愿分身万段，永镇黄泉。

重阳真人升霞[①]之前

重阳师父，遇吕真人，养成神内之神。心起慈悲不住，开阐良因。时时出神入梦，化人人、要出迷津。登州北，有布王曾见，海里腾身。

华表巨才高氏，在东牟郊外，或见其真。曾共南京针李，中都开樽。当初幻躯在日，尚如斯、出现频频。况今也，得成蝉蜕，永占长春。

【注】

①升霞：得道仙去。

重阳真人升霞之后

重阳师父，预指南京，果然得赴蓬瀛。四假凡躯弃下，真性超升。浚仪桥[①]边出现，劝臧公、早做修行。垂教语，遮性命事大，名利休争。

更有丹州大薛，在终南一遇，端的分明。刘蒋张翁得药，身体康宁。昆明池西人见，向空中、舞袖轻轻。因得道，做神仙久视长生。

【注】

①浚义桥：系流入东京开封蔡河上的一座桥梁，与州桥、兴国寺桥毗邻。金大定十年（1170）正月初四，全真教祖师王重阳在金国的南京（今开封）浚仪桥边的王氏旅店内仙逝。

咏和师叔辞世

和公师叔，猛悟良缘，弃官纳印休权。远俗终南山下，庵盖茅椽。身披麻衣纸袄，乐清闲、笑傲林泉。怀美玉，便韬光隐迹，二十余年。

因甚山侗侍奉，遇风仙、曾说活底神仙。端的非常辞世，满室祥烟。经年忽然空里，便贻予、画钓诗篇。专诫我，莫教失见，休要夸玄。

谢咸阳王法师

山侗入道，远离巢窝，专心一志如何。决要烟消火灭，保养冲和。谁知因而借宿，稍相违、便起风波。伤功行，起无明怪劣，诗曲嘲他。

蓦想从前自咒，将身比、驴牛象马驼骡。追悔无由，不免仿效廉颇。专专负荆谢罪，望吾师、痛挞则个。琢磨过，免教真性，再见阎罗。

邀姚公书

山侗稽首，自别姚仙，思心度日如年。即此清清雨霁，遍润芝田。伏惟神明协相，处安闲、法体翛然。钰如昨，荷寻常留念，书信相传。

辄有微言相恳，谭仙去、相邀鹤羽翩翩。倘若携云光访，感激难言。些儿闲中闲事，待贤来、面罄不宣。山侗拜，上玄中玄玉座前。

寄马行街董公书

山侗稽首，董公道伟，自违清论三岁。渴德之怀，笔舌岂能尽意。伏想迩来法候，愈冲和、燕居无滞。予今则，处环墙养拙，毋劳齿记。

幸遇便风经过，把狂吟尺牍、通为一寄。岁月堂堂归去，有如流水。性命速宜了干，启虔诚、幸恕僭易。山侗拜，董公道伟，及诸道契。

赠刘守初

道家活计，少说些个，清闲一味无过。并没攀缘爱念，俗事相魔。逍遥水云自在，任东西、日月如梭。恢游历，便携筇跛履，顶笠披蓑。

不论天涯海畔，飍[①]飍地、如痴似醉狂歌。外即虽然疏散，内养冲和。神丹一朝炼就，放霞光、万道非多。恁时节，礼拜风仙，直上大罗。

【注】

①飍（xiū）：惊跑的样子。

赠朱官人张书表

诸公听我，自有神京，垆中亦有蓬瀛。五色霞光上下，来往飞升。识得水云活计，更无劳、足力游行。固性命，便般般打过，有甚闲争。

好事先人后己，守清虚、营养一点灵明。应物真常自在，动止安宁。一朝功成行满，去朝元、云步身轻。真了了，似重阳师父，无灭无生。

赠爨公

蓬头垢面，秘奥埋名，颐神养气忘形。并没纤尘挂染，意静心明。逍遥自然快乐，握玄机、修进长生。清闲处，管胜如火院，苦海冤坑。

卧月眠云弄斗，调龙虎、婴娇女姹堪凭。斡运飞金走玉，杳杳冥冥。灵光一点来往，现元初、妙相身轻。乘鸾凤，指蓬瀛路上前行。

赠权知微

因何绝利，为甚忘名，曾观五岳真形。玉性如珠似印，灿烂光明。

从斯假躯识破，便灰心、更不劳生。寻出路，恐灵光一点，落在迷坑。

割断攀缘爱念，搜玄妙、无中捉个为凭。静静清清湛湛，杳默昏冥。功成七还九转，挂仙裳、鹤羽轻轻。朝元去，指瑶台阆苑云行。

赠骆先生刘石二先生

诸公学道，莫学奇怪，无为无作无赛。百不歌中四句，偈内持戒。身心木雕泥捏，遇千魔、万难不采。常宁耐，常宁耐常耐，宁耐宁耐。

悟彻观天之道，执天行、关要自是交泰。常处真常常应，常静常在。真常真欢真乐，现真如、超越三界。真无坏，真无坏无坏无坏。

寄段录事孙助教道友等

诸公学道，略听予言，如同干句家缘。试看登杆踏索，走马行船。何曾说辛道苦，遇艰难、转转心坚。忘危险，更忘身忘命，忘后忘前。

不管傍人冷笑，殷勤地、常常谨谨专专。假是苏秦陆贾，说不回肩。人能如斯向道，可搜真、搜妙搜玄。无不悟，又何愁不做神仙。

赠王知玄

儿孙枷杻，妻妾干戈，惺惺灵利邪魔。蜗角蝇头名利，宠辱惊多。寻思上床鞋履，到来朝、事节如何。遮性命，奈一宵难保，争个甚么。

好伴山侗马钰，松峰下、逍遥醉舞狂歌。膝上琴弹碧玉，调格冲和。垆中养成大药，现胎仙、舞袖婆娑。恁时节，礼风仙同上大罗。

臧刘石公献石羊索词

拔山举鼎，射虎穿杨，难同般运青羊[①]。悟得玄中玄妙，豁豁洋洋。

自然如痴似醉，远人情、风害猖佯。环堵里，且埋光隐迹，岂望名扬。

但愿人人似我，内行持、云水恣意飘扬。金木随波流转，火运炎炀。自是虎龙交战，吐神珠、结正晶旸。恁时节，驾云轩归去，同礼重阳。

【注】

①青羊：木精。性属木，若一味修性而忘命，终不能合道。

赠徐道渊

猛抛俗海，一志投玄，全真清静为先。心上无思无虑，无党无偏。无中得些雅趣，守清贫、度日随缘。自然理，算从今至古，罕有人言。

惟有神翁苗裔，能承当、身中自是周圆。海底灵龟灵口，灵吸灵泉。灵光复喷绛阙，结金丹、一颗新鲜。无生灭，与山侗共礼风仙。

赠宋先生

休夸富贵，莫骋荣华，无常事紧堪嗟。休学云阳朱判[1]，利镍名枷。好继风仙悟道，弃家缘、仙路无差。长久志，炼凡心似玉，绝尽纤瑕。

度日唯凭乞化，憨憨地、逍遥云水生涯。常处常清常静，常有黄芽。无中功成九转，现胎仙、手掌灵砂。恁时节，与山侗同步烟霞。

【注】

①云阳朱判：云阳即木，朱判即火，木火相扇则妄动，故下有“利镍名枷”之语。

赠张小仙

松峰之下，闲饮刀圭，荐杯火枣交梨。抚动心琴鸾鹤，上下争飞。

虎龙一齐哮吼，便唬回、六贼三尸。阴魔散，觉天清地静，日月辉辉。

斡运金光玉艳，聚祥烟、瑞气结正婴儿。体挂仙裳，足履霞彩云霓。口称不生不灭，指蓬瀛、路上堪归。遮些个，道家活计，说与人知。

赠长安徐先生

一明玄理，二曜交宫，三才四象究穷通。五彩霞光来往，清雨蒙蒙。六欲七情涤尽，八衢流、运转回风。九窍内，十分颠倒，显现真功。

十极晴空虚白，九重门开阐，金玉重重。八色瑠璃洞里，卧虎眠龙。七宝花开六出，五方中、四位归宗。三光照，二仪相从，一个神翁。

赠姜师兄

持功打坐，礼土哦吟，餐霞辟谷看经。符水精专存想，嗽咽劳形。多迷房中之术，服还元、水火为凭。且不罪，遮般般功法，错了修行。

若悟无为大道，绝攀缘爱念、喜怒尘情。意静心清精秘，气结神凝。自然性停命住，起真慈、功行双成。金童诏，便携云跨凤，得赴蓬瀛。

赠众道友

色财粘惹，如漆如胶，要他清爽爻爻。那更名缰怎解，利镖难敲。终日忧儿愁女，又何曾、暂展眉梢。火院里，把身躯陷了，如炙如炮。

若悟无常事紧，将恩爱尘缘，猛烈俱抛。物外逍遥性命，便是知交。日用心清意静，看云涛、龙虎咆哮。神光灿，现本来面目，天地难包。

寄兴平杜公

星移斗转，四时交换，无人暂时思算。恰做婴童不觉，渐为老汉。酒色气财历遍，好休心、也好舍拚。好回首，好把元初事，好生了干。

奉劝疾些下手，恐阎罗不测，差鬼叫唤。早与丘刘谭马，物外为伴。静意清心径路，便名为、长生彼岸。神光灿，跨青鸾归去，天地难管。

劝道友

怜妻爱妾，忧儿愁女，一心千头万绪。竞利争名来往，岂曾停住。如蜂采花成蜜，谓谁甜、独担辛苦。迷迷地，似飞蛾投火，好大暮故。

上启阿爷老子，火坑中、谁是留心悯汝。个个唆贤贪爱，他享富贵。死来无人肯替，愿回头、疾些省悟。归物外，处无为清静，便是仙路。

寄零口孙可道

幻躯模样，走骨行丘，算来骋甚风流。父母生你之处，杀你因由。奉劝疾些识破，恋儿孙、有甚程头。早回首，把家缘撇下，物外真修。

一个无为清静，是仙家秘诀，大道机谋。凭此行持，何必身外搜求。自然汞铅易结，九还丹、数日全周。神光灿，乘羽轮飙驾，直入瀛洲。

赠姜王二先生

人人学道，次叙须知，始初屏子休妻。次则离家乞食，无作无为。但见老人童稚，便须当、礼乐先施。行大善，但生心举意，念念慈悲。

挫锐摧强忍辱，把攀缘爱念，莫起些儿。自是灵台渐莹，与道相宜。山上赤龙汞绕，海中间、黑虎铅围。大丹熟，指蓬瀛，跨朵云归。

赠赵抱玄

抱玄远俗，不恋荣华，恬然滋味无加。一片闲心物外，别有生涯。无为自然清静，结些儿、密妙堪夸。丹田内，便拍塞塞地，白雪黄芽。

内有真阳锻炼，把元初根蒂，复变灵砂。得见通明真性，似玉无瑕。功夫十分圆备，访蓬瀛、步步烟霞。空虚里，有金童玉女，迎入仙家。

赠姚玄玉

道家活计，坦荡蓑衣，住行坐卧相宜。悟彻清贫快乐，绝尽狐疑。生涯逍遥自在，水云游、海角天涯。无系绊，纵闲闲来往，有甚归依。

把握玄中妙趣，除心病、修炼有似良医。谁信男儿有孕，不可思议。气结神凝命住，产胎仙、超越九嶷。恁时节，显朝元，归去容仪。

赠严公

昨宵梦里，幸遇重阳，授予秘密仙方。杳杳冥冥恍惚，太白其黄。便是刀圭颜色，往来流、饮似琼浆。成丸弹，服之一粒，八脉安康。

携执增添刚刃，生光彩、辉辉晃耀明堂。唬得邪魔鬼魅，远远潜藏。自然化生儿现，跨青鸾、得赴蓬庄。遮玄妙，示同流，各要消详。

寄鄠县晏公及道众

山侗马钰，闲吟闲咏，不是夸强逞俊。谓见人居火院，受苦不忍。时时诗词劝化，启丹诚、阐开玄径。常哭告，望人人回首，个个听信。

割断情缠欲索，归物外、无萦无系无病。自在清闲快乐，修完性命。一朝功成行满，有金童、持诏邀请。如此事，奈人人不肯，折了伊甚。

赠涂山于先生

闲闲搜获，人家儿女，生前住在何处。有甚亲亲恩爱，与他相聚。生死不相替代，甚劳劳、为他辛苦。还省悟，便须当拆火，拂袖归去。

云水恣情游历，无萦系、自然忘机绝虑。三叠心琴引动，姹婴歌舞。虎龙一齐蟠绕，结金丹、转增开悟。积阴德，行功圆，真师来度。

赠淳化染何先生

染家为作，闲闲思忖，讲些是非试听。揽下绫罗纨绮，满桩一甑。缘甚炼教伤熟，为惜他、颜色故恁。染轴了，更须碾研，且图光莹。

抛散水浆无限，遇人来，取要即当便认。解了瑕头缠缚，自然见姓。恰如修行一著，无萦系、可观真性。常清静，显神光，灿灿有准。

寄兴平张先生

超然悟道，怡然舍俗，宁肯泥拖水漉。决烈回头趓了，恩山爱狱。堪为风邻月伴，与云朋、霞友相逐。无系绊，在人间先占，半仙之福。

那更真修真炼，得逍遥自在，澄心遣欲。渐觉溪田芝草，异香馥郁。虎龙绕蟠何处，在丹炉、变成金玉。神光灿，赴前程，蓬莱宝陆。

赠汝车赵三仙

休言嗽咽，莫说存想，吞霞服气虚妄。打坐持功抽手，挽脚劳穰。采战神丹散失，服还元、水火不当。端的处，是无为至理，最堪倚仗。

心好逍遥快乐，做逍遥快乐，常教豁畅。神好清闲供应，清闲坦荡。冲和自然成宝，得亘初、一点明朗。神光灿、现本来，面目模样。

赠陈公王先生

逍遥自在，云水遨游，身如不系孤舟。坦荡无拘无管，无喜无忧。时时恣情歌舞，任傍人、笑傲飍飍。清贫志，且随缘度日，誓不贪求。

处世虚空相似，如莲花、不著水之踪由。便把三坛等施，六度齐修。自然果圆无漏，心清静、超彼优游。稽首礼，无上尊圣，佛道仙俦。

赠张公

师叔和公升霞之后，有临潼县开彩帛铺张公，久患，治疗不痊，忽一夕梦见师叔，说以药饵治疗之法。问其姓氏，乃终南和先生也。觉来依此服饵，其病自愈。至甲午岁重九日，张公亲诣师叔坟前，烧香礼谢，及立碣安于墓塔之上。因以词赠之。

和公师叔，升霞之后，奇哉妙矣希有。医可临潼必死，张公道友。神仙不求人报，望贤家、省悟回首。谁知道，却远来地肺，烧香胡走。

作个小词奉劝，譬无常，决烈疾些拂袖。物外降心修炼，虎龙交媾。一朝行功圆满，九还丹、自然成就。神光灿，跨鸾归，谢师拯救。

赠皇甫先生

始初一著，仙凡争交，须知斗敌爻爻。俗意俗心力大，投漆投胶。真心裂来周正，免火坑、里面身炮。牢把捉，切堤防失脚，身卧荒郊。

若悟无常不测，仗慧刀刚志，战退猿猱。自是心清意静，龙虎咆哮。神气湛澄凝结，大丹成、天赐仙袍。驾云去，赴蓬莱，宴赏蟠桃。

赠于九皋先生

休言百岁，七十者稀，那更不测之期。闲想妻男自己，总是行尸。眼前荣华境界，是昏迷、性命根基。如省悟，把家缘撇下，物外修持。

灵利翻成懵懂，便蓬头垢面，密护玄机。真息绵绵祥瑞，遍满华夷。欲赴蓬莱径路，仗三千、功满云归。神光灿，与大仙相聚，有甚亏伊。

赠湖口王先生

山侗谨劝，名利人人，只知富贵安身。岂悟吾门一著，出世根因。虎龙交驰凤阙，更无中、婴姹成亲。谁信道，并不忏凡俗，夫妇婚姻。

金木三般间隔，用玄机斡运，混合成真。顿觉男儿怀孕，不神而神。性命不由天地，自心知、永占长春。神光灿，跨云归，参礼洞宾。

赠姚元明

荣华不藉，富贵不恋，妻男任交生怨。万事俱忘一志，十分修炼。心意常清常静，觉壶中、天开地展。堪赏玩，见龙蟠虎绕，坎离宫殿。

或变婴娇女姹，向明堂、便把翡翠帘卷。祥瑞中间认得，本来头面。手擎金丹大药，显无为、功成九转。神光灿，便跨鸾，奔赴琼宴。

赠三水县三老先生

志当坚确，性常柔弱，心猿意马牢缚。爱欲尘情俗念，一齐拂却。过去未来事理，莫寻思、更休计度。居物外，守清贫潇洒，莫嫌寂寞。

慎勿忧愁衰老，如有病、心中转生欢乐。若是临行好弱，境界休著。常守真常无伴，得灵明、自然辉霍。神光灿，管惺惺洒洒，超升碧落。

赠宁海颜先生

降心一著，有些法度，要你自心省悟。闲想骷髅模样，缘甚作做。因贪气财酒色，损精神、堕于恶趣。如恐怖，管不须擒捉，自然得住。

觉照心开坦荡，见浮名浮利，如无归素。内外倒颠颠倒，道家活路。触来不摇不动，遮本来、一点堪顾。神光灿，上九霄，跨云归去。

赠路宿刘先生

伊予同里，自来交契，各贪浮名浮利。总悟无常物物，般般捐弃。予先别离宁海，又继而、贤来关里。愿同志，更同心同德，同搜玄理。

慎勿攀缘爱念，便宁心宁意，全神养气。尘世之中，不染不著为最。殷勤完全功行，常清静、有些消息。神光灿，泼焰焰焰地，是你真底。

赠文登小王先生

身为环堵，重封重镤，无著无漏无破。闲里寻闲，闲中有闲功果。常守常清常静，便独行、独坐独卧。忘机狡，更忘名忘利，忘人忘我。

朴实实心实做，把多疑多惑，多多打过。得得来来得得，得个甚么。真如如如不动，觉灵明、灵灵则个。真消息，是真真相济，真仙来贺。

赠醴泉县任公

任公决烈，也待风流，专心道上搜求。子细研穷，何者名为真修。认正即心是佛，除心外、匪是良由。无别法，便澄心遣欲，捉住猿猴。

心上纤毫不挂，更那堪、时复闲想骷髅。自是心忘境灭，真性优游。常常心怀恻隐，起真慈、功行圆周。神光灿，向大罗，恣意云游。

赠醴泉吴郎中

黄金满屋，白玉盈房，儿孙罗列成行。饶你般般遂意，难免无常。要脱轮回生灭，除非是、云水溪傍。常清净，也不须礼念，只爇心香。

仿效风仙了道，继史公归逝，豁豁洋洋。两个神仙尽是，与你同乡。即非远年传说，是迩来、亲见嘉祥。但放下，便管教，云步蓬庄。

赠淳化老乔先生

顿抛世网，猛跳迷坑，物外兀兀腾腾。恰似孤云野鹤，来往纵横。遮枚清贫懒汉，谢心神、不肯劳生。无染著，另偎偎拈的，做著修行。

藏伏聪明智慧，肯争头竞角，妒贤嫉能。万事俱忘清静，天地归宁。三田自然结宝，现胎仙、当面澄澄。神光灿，指蓬瀛，便是前程。

赠于瓦罐先生

有荣有辱，有利有害，有喜有忧相待。有得有失，自是有成有败。为人有生有死，但有形、必然有坏。休著有，自古来著有，有谁存在。

好认无为无作，道无情、无念无憎无爱。无我无人无染，无著无碍。无心能消业障，遮无无、人还悟解。无中趣，得无生无灭，超越三界。

赠潍州苗先生

休夸美貌，休夸年少，休夸惺惺俊俏。休要夸张能运，心机奸狡。休夸多才多艺，更休夸、善耽家小。休夸炫，也休夸富贵，比贤校少。

闲想轮回生死，闲闲看、丹经子书庄老。闲里寻闲自是，通玄明奥。闲中澄心养气，用闲功、炼成真宝。得闲趣，做清闲仙子最好。

赠乔李郭三仙

修行之士，不在居山，勿劳环堵弯跧[①]。何必驱驱来往，远远相参。休要持功打坐，又何须、耕种艰难。休劳苦，更不须出药，博换衣餐。

看你留心何处，但无些染著，打破般般。好向鏖中展手，乞觅余残。闲看浮名浮利，叹死生、灰了心间。忘尘念，管将来，位列仙班。

【注】

①弯跧：局促不伸貌。

赠赵雷二先生

听予叮嘱，休惬饥寒，休执外乐歌欢。休做风狂九伯，谄诈多般。休起无明业火，更休思、名利相干。休心急，也休迷休执，休受人谩。

只守平常度日，处无为清静，自是长安。大道冲和真气，全在心闲。欲要性停命住，万缘消、自结金丹。神光灿，定将来，云步仙坛。

赠杜公及众道友

勤勤香火，谨谨看经，专专供养他人。种种作福，惟恐失了人身。明明将来富贵，奈区区、贩骨艰辛。终何济，愿人人听劝，别有良因。

拂袖归于物外，占逍遥自在，燕处申申。相结云朋霞友，风月亲亲。斡运亘初一点，炼本来、真个真真。神光灿，做长生久视人人。

赠宋何二先生

舍家学道，争奈心魔，心中憎爱尤多。心意如猿如马，如走如梭。心生尘情竞起，纵顽心、不肯消磨。心念恶，罪皆因心造，怎免阎罗。

奉劝专降心意，把胜心摧挫，如切如磋。心若死灰自是，神气冲和。真心无染无著，起慈心、更没偏颇。心念善，道皆因心造，超越娑婆。

赠曹八先生

妙玄易解，心意难善，穷究如何长便。牢捉牢擒，争奈马猿跳健。十二时中返倒，斗唆人、生情起念。当发愿，便至死来来，与他征战。

饶你十分颠傻，却怎禁、坚志专专锻炼。达悟知空自是，内观不见。才方生育天地，药炉中、日月运转。常清静，圣功生，神明出现。

看《清静经》，因作是词赠徐司判

孤眠独处，不迷外境，常常留心内认。悟彻男清女浊，男动女静。即非世间男女，是无中、些儿结正。谁信道，却元来便是，自家性命。

捉住遮般妙趣，便澄心遣欲，绝乎视听。杳杳冥冥，恍恍惚惚相应。其中有精有物，觉男儿、自然怀孕。常清静，产胎仙，出现有准。

赠道友徐司判

名缰相引，别离登州，远来积石时秋。司判美任，止是一载因由。才到瓜期相逼，岂都无、行色忧愁。叹往复，是八千余里，毕竟何求。

好学渊明解职，效海蟾纳印，慷慨云游。相继神翁决烈，物外真修。保养先天之物，运自然、火锻丹丘。功行满，驾祥云，趋赴瀛洲。

赠零口康先生

人人学道，个个心急，急要妙玄端的。搜索刀圭铅汞，洞天月日。采访木金间隔，紧搜求、天机秘密。听予劝，遮异名异相，且休寻觅。

先断气财酒色，把尘心俗念，速当洗涤。万事俱忘，精气自无走失。心清自然明道，万神灵、自通消息。能如此，望蓬莱，三岛咫尺。

赠武功薛先生

同流相聚，递相觉察，须当外搜内刷。斗做修行，有若争头竞角。见贤思齐休妒，把神珠、时时擦抹。如开悟，便宜乎先觉，觉乎后觉。

更且听予重劝，论修行、全在无为绝学。莫使尘缘间隔，本来素朴。净清能分真假，自然明、道非遥邈。功夫到，达幽微，神仙掌握。

赠韩四机宜

机宜韩氏，不就承荫，无心进修举业。惟恐名缰相引，无休无歇。更有一般高见，鼓盆歌①、转生欢悦。常落魄，访村杯闲饮，不拘时节。

不管儿孙生计，便拖条藜杖，远离巢穴。经载忘归惟好，嘲风咏月。稍似山侗活路，倘留心、搜寻秘诀。转开悟，做真修，仙班同列。

【注】

①鼓盆歌：典出《庄子·至乐》：庄子丧妻，朋友来吊，只见他正撇腿坐地，敲着瓦盆而歌。后以“鼓盆之戚”指丧妻。

赠吴知纲先生

外功外行，作福因由，不如身内真修。调养真铅真汞，上下交流。山前金龙嬉戏，大海中、玉虎遨游。便警动，遮无形无影，婴姹绸缪。

走上灵台对舞，更不须、启口恣意歌讴。烂饮刀圭醉卧，宝藏琼楼。结成胎仙踊跃，引青鸾、稳驾神舟。归蓬岛，有金童，邀赴瀛洲。

化胡了仙兄弟（四首）

三尸调引，六贼迷惑，自然斗乱魂魄。镇日争财竞气，恋酒贪色。举意先存已便，纵心机、更不厘勒。呆老子，你身躯有限，骋甚标格。

寿数休言百岁，从今古、人生七十难得。计日都来，二万五千二百。那堪夜消其半，更堤防、一著不测。如省悟，从山侗，不为凡客。

心狂意乱，歌迷酒惑，损伤三魂七魄。不顾危亡，一向贪恋财色。追陪花朋酒友，便联镳、夸炫玉勒。宴赏处，向笙歌丛里，卖弄俊格。

纵有石崇富贵，遮朱颜绿鬓，怎生留得。止是行尸走骨，呆老九伯。时间荣华虽好，奈无常之事怎测。如省觉，做修持，非凡宾客。

家缘猛弃，更不疑惑，辨认阴魂阳魄。咄出尸虫，屏尽气财酒色。好事先人后己，做憨憨、有似弥勒。修大道，处无为无作，渐通妙格。

物外逍遥自在，真欢乐、清中静中招得。功累三千更要，行满八百。时时运行日月，遮些儿、他人难测。真了了，便得为，蓬莱仙客。

般般识破，物物难惑，自然安魂定魄。视听如聋如瞽，绝尽声色。身心逍遥自在，没家缘、恩爱系勒。无为作，乞残余度日，无耻无格。

游历恣情坦荡，似孤云野鹤，有谁管得。不羡荣华富贵，革车三百。终日澄心遣欲，觉玄机、密妙易测。功行满，做十洲、三岛真客。

赠赵公

梦中见珍宝，不知其数，至于衣襟盈满。次有玄中子姚先生，引章台街赵公父子，入予环堵。谈话之次，忽闻钟响，人皆惨然。于是赵公跪告诗词。方受纸笔，撇然觉来，遂作《神光灿》半首，叙梦中之事，录呈堂下道友。翌日，却有云中子苏先生，引梦中所见者赵公至，言斯人新悟道，专投全真堂下修行。渠见其词，不胜忻忭，乞缀后篇。

昨宵梦见，遍地黄金，珍珠玛瑙盈襟。满目珊瑚琥珀，玉树琼林。蓦闻不时钟响，唬人人、各有灰心。天水子，便前来稽首，索我清吟。

接得花笺象管，方吟咏、梦回谁是知音。幸有清风皓月，悦我心琴。些儿的端妙处，看何人、有分搜寻。如同志，定将来，云安高岑。

和霭戒师师父

戒师和尚，可称吾徒，明禅悟道通儒。子细研穷正觉，并没差殊。温良恭俭让礼，生老病死苦嗟吁。当修进，炼木金水火，土证无余。

三教门人省悟，忘人我、宜乎共处茅庐。物外玄谈句句，营养毘卢。常怀博施济众，气神和、丹结明珠。归兜率，向大罗，蓬岛同居。

赠三一居士张明道

昔年在俗，常畏三冬，二张绵被重重。取笑风仙训诲，三髻山侗。古来马氏三宝，如今有、三被扶风。三一法，便悟来雪里，高卧三峰。

从此依凭三教，把三乘妙法，子细研穷。内运三光照耀，坎虎离龙。存三守一三载，觉三田、一粒丹红。三三数，更心琴三叠，得与仙同。

劝沃州孙仙进道

神仙何处，只在蓬莱，逍遥坦荡奇哉。或向虚无缥渺，去去来来。赏玩十洲三岛，纵闲游、阆苑瑶台。无穷乐，与云朋霞友，携手咍咍。

开阐琼林雅宴，遣青衣、鼓掌引凤鎚鍶。玉女金童不住，歌舞传杯。醉卧清风明月，任祥烟、瑞气来回。勤修道，管将来得与相陪。

示同流

修行之士，莫要浮侥，十方饮膳难消。试看锄田日午，汗滴禾苗。匙饣百鞭何啻，诳他人、休望天饶。还省悟，觉寒毛耸耸，似冷水浇。

若要不还口债，恁萧萧洒洒，寂寂寥寥。常处常清常静，莫犯天条。大慈大悲心起，助真功、夺取仙标。归蓬岛，享天厨，珍馔琼瑶。

见人错失，动我心肠，交予怎不悲伤。思想燃指然臂，顶上然香。假饶投崖喂虎，尽舍身、拚命非常。争知得，有些儿妙理，别是嘉祥。

清静无为鼎内，觉心中真火，下降肾堂。肾水化为真气，气结红霜。常常薰蒸四大，便玲珑、响喨玎珰。神光灿，得携云，归去蓬庄。

劝道友

堪嗟夫妇，错了良因，当元未结婚姻。各自人家儿女，并没亲亲。都缘媒妁配偶，贪淫欲、败坏精神。求后嗣，得成群成队，不肯抽身。

终日恋儿恋女，岂思量、咫尺失脚沉沦。身喂蛆虫，骸骨化作微尘。若悟如斯冤苦，便回头、保养天真。神光灿，向蓬瀛，赏玩长春。

劝化

人皆好色，妻常设计，巧笑语言诈伪。日日梳妆，图要见他忔喜。时时耳边低呃，紧唆人、争财竞气。存自便，更不询富贵，义与不义。

欢喜冤家没解，岂思量、好意却是弱意。昼要衣食，入夜偷盗精髓。悟来心惊胆颤，怕追魂、取命活鬼。归大道，处无为，谨修仙位。

破迷

名成利遂，男婚女娉，不觉容衰霜鬓。转使浇漓，岂想大限将近。小鬼傍观失笑，且从他、残喘胡骋。忽染患，便卢医扁鹊，药无相应。

尚自忧家念计，追魂帖前来，才方自省。都谓儿孙妻妾，送了性命。气断魂归冥路，自心知、并无功行。阎老恶，便教又去，地狱永镇。

叹骷髅

携筇信步，郊外闲游，路傍忽见骷髅。眼里填泥，口内长出臭莸。潇洒不堪重说，更难为、再骋风流。想在日，劝他家学道，不肯回头。

耻向街前求乞，到如今、显现白骨无羞。若悟生居火院，死堕阴囚。决烈灰心慷慨，舍家缘、物外真修。神光灿，得祥云衬步，直赴瀛洲。

赠洞云散人陈姑

清清净净，搜获玄玄，观天可认根源。敷布参罗万象，日月相传。仿效女娲手段，撮虚无、五色新鲜。下火炼，大功成了了，无缺无圆。

得一清宁人地，无为作、自然永永绵绵。杳杳冥冥娠德，产个胎仙。便是本来面目，更明知、无口能言。恁时节，有金童来报，得去朝元。

赠零口杨悟一

杨姑悟道，猛烈难比，便把镜楼摔碎。识破皮囊臭腐，誓不梳洗。一志蓬头垢面，便披蓑、策杖顶笠。绝聪慧，戒无明业火，自常挫锐。

断制男儿何似，比追魂取魄，索命活鬼。富贵荣华弃尽，更不留意。常守常清常静，处无为、自然之理。功行满，向十洲三岛，占个仙位。

赠姚守清李守静

休将清净，却做寻常，可凭秘密仙方。昼夜行持，决要万事俱忘。奈何从前熟景，便时时、斗乱心肠。常断制，似两家征战，各举刀枪。

剿尽尸虫猿马，处无为、无作无事之乡。常应常清常静，常得嘉祥。更凭真慈相助，行功成、得赴蓬庄。乘云去，访重阳师父，师祖纯阳。

赠小胡村李姑

姑姑修炼，听予重告，先要断除烦恼。擒捉心猿意马，休使返倒。如司男儿决烈，莫踌躇、更休草草。速下手、仗十分苦志，免参阎老。

万种尘缘一削，得真欢真乐，渐通玄奥。密护无为清静，自然之道。应物真常幽阒，气神相结成丹宝。功行满，跨祥云，归去三岛。

寄长安王姑

奇哉慧剑，无影无形，纯钢斩铁截钉。劈碎恩山，斫断爱欲尘情。剿除三尸六贼，不须弹、神鬼皆惊。常把握，镇龟蛇二物，足下安宁。

此剑人人皆有，但专心向道，自显功能。更以常清常静，涤刃光明，自然通玄通妙，又何愁、性不灵灵。功行满，也须当，携去蓬瀛。

赠泾阳县二女姑

奇哉至理，常净常清，易知易晓难行。要做神仙，须索认此为凭。休别搜玄搜妙，便澄心、遣欲忘情。无染著，更无憎无爱，无竞无争。

悟后触来不动，觉无中、尺地悉皆归宁。日月同宫，昼夜团聚光明。不神而神显现，驾祥云、奔赴蓬瀛。朝玉帝，显真功，清静道成。

赠长安吉祥散人王姑

死生事紧，悬甚儿孙，怡然跳出家门。物外逍遥，住个无事闲轩。常常澄心绝虑，便名为、捉马擒猿。尘念断，觉惺惺洒洒，自悟玄言。

至妙精微去处，在风邻月伴，雨脚云根。寂静方知洞里，别是乾坤。性命岂由天地，遮灵明、返本还元。归蓬岛，更无生无灭常存。

赠零口通明散人害风魏姑

身为女子，志似男儿，悟来跳出门儿。道上搜寻，恋其美女娇儿。性似孤云野鹤，世尘缘、不惹些儿。真脱洒，便堪称，比个大丈夫儿。

认正本来清净，农何须、谓认虎儿龙儿。也不整理离坎，姹女婴儿。无为大功成就，产一个无相人儿。阳纯了，便得与，太上做儿。

赠众女姑

嫌风怕日，爱惜容仪，画堂深处相宜。对镜梳妆整顿，金缕罗衣。因闻风仙蝉蜕，慕真修、决烈无疑。弃华丽，便蓬头垢面，布素归依。

昔日灵根受病，知今却、须当下手亲医。般运身中日月，直接天涯。自然木金成宝，现神珠、晃曜清沂。方知道，遮些儿，不可思议。

恐人退道预诫之

人人学道，因何退怠，都缘心不宁耐。富贵修行或遇，艰难阻厄。贫者受人供养，自侨矜、必然败坏。或好贿，便自招自揽，非常灾害。

或有炼心不尽，起攀缘爱念，决定破戒。若悟韶光迅速，生死事大。常怀慎终如始，处无为、清静无赛。功行满，与九玄七祖，共超三界。

叹世

行尸走骨，逐利争名，伤神损气劳形。镇日谩天昧地，不顾神明。都缘为儿为女，惹尘劳、一向贪生。何事尽，待无常限到，送入深坑。

金玉珠珍弃了，惟留得、平生善恶为凭。甚处分明打算，直至幽冥。无情业镜来照，觉从前、罪弃非轻。放声哭，恨当初，不做修行。

师父画骷髅相诱引稍悟

风仙化我，无限词章，仍怀犹预心肠。见画骷髅省悟，断制从长。欲待来年学道，恐今年、不测无常。欲来日，恐今宵身死，失却佳祥。

管甚儿孙不了，脱家缘、街上恣意猖狂。遣兴云游水历，别是风光。经过无穷胜景，更那堪、得到金方。专一志，炼丹阳，须继重阳。

蒙师父训诲

丘刘谭马，四个小鲜，蒙师钓出深渊。到岸才方磨琢，取火搜烟。餐柴痛如割切，炼顽心、有似油煎。唬得傲，便常常屏气，似不能言。万种千般锻炼，赖予懑、各各志确心坚。苦处曾经乐处，退步争先。惟恐猿颠马劣，见人人、父母如然。常忍辱，处无为清静，谨谨修仙。

因梦作

时当春社，庵里闲眠，梦魂飞上峰巅。忽见山中神道，万万千千。个个无些喜色，予闲问、因何惨然。闻此语，便一齐大恸，却诉因缘。

某等当元学道，都缘谓、贪杯爱恋腥膻。罚做灵祇，以是失了神仙。如今才方省悟，便见他、酒肉如冤。须当避，劝先生进道，戒行精专。

看围棋

争名竞利，恰似围棋，至于谈笑存机。口幸相谩，有若蜜里藏砒。见他有些活路，向前侵、更没慈悲。夸好手，起贪心不顾，自底先危。

深类孙庞斗智，忘仁义、惟凭巧诈谗谖。终日相征相战，无暂闲时。常存杀心打劫，往来觅、须要便宜。一著错，似无常限至，扁鹊难医。

自咏

昔年在俗，常用心机，挑生剜死为谁。欢喜冤家惹得，一向愚痴。恰如飞蛾投火，身焦烂、犹自迷迷。争些个，被儿孙妻妾，送了头皮。

因遇风仙开悟，回光照、怨亲不可相随。尽是狼虫虎豹，蛇蝎狐狸。把似养他毒物，又何如、物外修持。功行满，跨云归，侍奉本师。

昔年名利，役碎顽心，气财酒色深沉。方寸之间荆棘，仿佛成林。因遇风仙省悟，觉从前、罪业弥深。便改正，便改正改正，改正改正。

游历天心地肺，结云朋霞友，月伴风邻。自在逍遥快乐，绝尽搜寻。假使贫人退道，得荣华、富贵人钦。我不肯，我不肯，不肯不肯。

山侗昔日，火院中间，千斤重担常耽。镇日争名竞利，嫉妒悭贪。万般忧愁思虑，又何曾、时暂心闲。因个甚，养怨亲人口，二十有三。

正在迷津受苦，风仙至、专专救度愚顽。二载才方省悟，跳出乡关。如今逍遥坦荡，炼身中、七宝还丹。功行满，访蓬瀛，再见师颜。

山侗昔日，名利忙忙，身如著箭香獐。心似汤煎火炙，无暂清凉。万般忧愁思虑，为儿孙、恼断肝肠。不知苦，似游鱼在鼎，尚自游扬。

因遇心方开悟，觉从前、为作尽是刀枪。唬得心惊胆颤，远离家乡。常祈梦也不梦，敢生情、起念思量。人问著，觉浑身汗流，失措慞惶。

山侗昔日，忒煞暮故，肯替儿孙死去。正受艰难，忽尔风仙救度。提出迷津苦海，到长生、彼岸回顾。方知得，在前时事错，养家冤苦。

或问乡中俗里，先号咷、而后恣意歌舞。乐道声音笑貌，有似愚鲁。此者傍人怎晓，我咱知、就中元素。神光灿，处无为玄妙，出自师父。

波波劫劫，劫劫波波，殷勤葺垒巢窝。只恐儿孙不办，意要如何。欲教轻肥具足，更安闲、坐处笙歌。与他干，肯留心向道，自顾些个。

逼得形骸瘦瘁，生华发、流年渐下高坡。尚自愚顽不省，罪业增多。若非风仙救度，定将来、参谒阎罗。争些个，落洪崖万丈，好险马哥。

人居浮世，身是浮生，贪婪浮利浮名。有若浮云聚散，无准无凭。浮华不坚不固，似浮沤、石火风灯。浮虚事，奈人人不悟，却以为荣。

儿女金枷玉杻，厅堂是、囚房火院迷坑。妻妾如刀似剑，近著伤形。无常苦中最苦，细寻思、胆颤心惊。唬得我，便回头却做修行。

无涯火院，如牢如狱，气财酒色拘束。万苦千辛来往，波波逯逯。因悟回光返照，叹从前、冤苦不足。说不得，便放声痛哭，痛哭痛哭。

今日十分识破，妻男是、冤家债主厮督。有甚恩情不可，与他相逐。既没攀缘爱念，觉心清、易调金木。神光灿，是大罗，仙福仙福。

师如子产，我似嘉鱼，儿孙有若校人。放者慈悲，烹者何其不仁。

恩雠须当别辨，弃怨亲、参从师真。修大道，免轮回生灭，跳出迷津。

便把凡心裂另，常清静、自然结就良因。坎虎离龙嬉戏，无价之珍。瑞云重重笼罩，现胎仙、丈六金身。神光灿，向蓬莱，赏玩长春。

专违宁海，专游陕右，专来有何干句。专住环墙，专守天长地久。专远气财酒色，专清静、专修九九。专一志，更专心专意，专寻知友。

专垒真功真行，专专地、专心劝人回首。专与云朋，专炼宝瓶真玖。专投玉关金镬，专同饮、琼浆仙酒。专等候，有风仙师父，专来拯救。

人生七十，罕希寿数，我今四旬有五。一个形骸，使是七分入土。其余晚霞残照，遇风仙、才方省悟。好险咱，争些儿失脚，鬼使拖去。

本合阴司受苦，却如今、物外修行得做。自在逍遥，掌握幽微妙趣。枯树再生花卉，占长生、性命坚固。将来去，向蓬瀛添个仙侣。

访友寻朋

披蓑携杖，坦荡逍遥，都缘识破尘嚣。终日狂歌狂舞，有似王乔。好与童稚嬉戏，更有时、相伴渔樵。无萦系，得真欢真乐，真寂真寥。

闲访山居禅老，使予心、云鹤引过溪桥。月下归来，拉得三两知交。松间庵前小酌，抚玉琴、宝鼎香烧。无俗论，愿将来，同上丹霄。

洞玄金玉集

洞玄金玉集卷之一

七言绝句

九转华阳巾

重阳悯化妙行真人，时在昆嵛山居庵，用三尺半青布，造成一巾，顶排九叠九缝。言梦中曾见，名曰“九转华阳巾”。师父风貌堂堂，有若钟离之状，加之顶起此巾，愈增华润，诚为物外人也。故作是诗以赞之。

貌似钟离宝在身，自然惺洒好精神。
怎知不是红尘客，九转华阳青布巾。

赞重阳悯化妙行真人

云冠霞帔绛绡裙，身入圆光别紫清。
妙行真人酬本愿，拯危救苦度众生。

继重阳真人韵

不居廛市不居村，不忆妻男不忆孙。
志在环墙修大道，斡开玉户入金门。

述怀

身在儒门三十年，不知一字大如天。
偶因悟彻风仙理，顿觉灵明满大千。

又

虚无浩渺神仙国，郁崛[1]穹窿自己天。
白日清闲无冗事，丹霄出入驾飞烟。

【注】

①郁崛：突出貌。

又

逍遥自在三山客，坦荡无拘一散仙。
清净斡开壶内景，无为踏碎洞中天。

和长安药王二郎韵

云游水历过中牟，得遇重阳师太奖。
许我将来了了归，洞天三十六仙长。

赠史公十绝

重阳真人欲往宁海，亲笔画一画图，与醴泉县弟子史公密收之。钰预梦南园一仙鹤从地涌出，经月，有重阳师父到来，指鹤起处要修庵居。钰又梦参从师父入一山，翌日，师父训钰小字山侗。铉随师父到南京，至年终，师父要归逝，钰求辞世颂。师父言："我在关中吕道人庵壁上，预前写下。”钰覆知师父：“钰有三愿，一欲将师父《全真集》印行。”师父曰：“长安决了。”“二愿欲与师父守服三年。”师父曰：“刘蒋村有我旧庵基址可住。”“三愿劝十方父母舍俗修仙。”师父言，罢升霞。

余别大梁，经洛阳，入潼关，过华岳，访京兆。有道友相留，在孔先生庵内，盘桓数日。有醴泉史公相寻来，在东门里茶坊相见。问及姓氏，渠云醴泉史风子，亦是重阳真人门弟子。余闻之甚喜，师父屡曾说贤。茶毕，余往太平楼下街闲行。有道友杨二郎邀住。啜茶之次，有史公继至。史公又施拜礼，余责曰：“汝既是重阳师父门人，何其多礼。岂有一日两三遍具礼拜，是何道人活计？”余预知此公怕上街求乞，故相挠之：“我欲伴贤一镮酒，主人不知可否？”史公于怀中取钱，余言：“非用此钱，可上街求乞钱沽酒。”史公熟视移时，遂上街乞化，下来沽酒。余独饮之，史公求诗，遂成十绝句以赠之。

行尸走骨有何羞，勿为衣餐乱起愁。
学我上街长展臂，随缘乞化最风流。

又

富贵荣华全小可，于身性命天来大。
火风地水似浮沤，好把假躯先勘破。

又

今朝端的拜闻贤，休使家中造业钱。
降伏我人求乞去，自然日用得翛然。

又

马风非爱杯中酒，引尔街前闲展手。
度日随缘助道长，不劳出药闲糊口。

又

且把糟浆助我神，须凭玉液养天真。
谁知越醉越惺洒，异日功成三岛人。

又

无妻无子亦无女，天赐逍遥宜省悟。
休欺方寸莫谩人，暗有神明常察汝。

又

从前爱底莫留心，急急抽身物外寻。
搜获不离方寸地，无私无曲作知音。

又

天机未敢轻分付，细细看贤悟不悟。
遇有艰难不忆家，恁时指汝长生路。

又

浮名浮利尚难求，利遂名成卧土丘。
不道神仙非小事，须凭功行赴瀛洲。

又

要做神仙须悟彻，万种尘缘当一撇。
常将身影更嫌多，恁时自有仙提挈。

赠长安众道友

家家门下长安道，户户庭前极乐乡。
一脚不移超法界，三膲俱透得清凉。

赠长安郭子聪机宜韵

清净神光灿有余，自然猿马不驱驱。
转增开悟通玄路，未审汾阳信也无。

和卢知县韵

一身便做个环墙，脱洒灵童住里厢。
没口能言玄妙语，勿令猿马纵轻狂。

赠长安孔公昆仲彭子元

四旬有八到长安，深谢诸公异眼看。
今日伸于知己者，修行说破虎龙蟠。

又

庵主孔公彭子元，暨诸道契早搜玄。
身中营养长生火，壶内修完不夜天。

又

心清意净性逍遥，坦荡无拘不系腰。
若要炉中铅汞结，须教鼎内姹婴调。

又

撇下家缘万事休，自然捉住好因由。
冲和秀气穿丹穴，惺洒灵童上玉楼。

又

不迷外乐不贪嗔，混俗和光语笑频。
但愿诸公如我志，大家修进作仙人。

又

逍遥物外固精神，绝虑忘机合至真。
悟取无争为上士，常怀忍辱作仙人。

又

道家豁畅最相宜，酷好歌欢又著迷。
清净个中真个乐，自然舞袖入云霓。

又

三髻山侗炼大丹，玉炉里面雪漫漫。
悟来不骋掀髯势，故要傍人下眼看。

又

悟来不耻乞残余，名利安能引我躯。
奉劝诸公休著有，早随马钰学寻无。

又

速宜一志锁心猴，般运清虚金木流。
九转功夫成大药，永为仙契住瀛洲。

题京兆统军司王令史钦古堂

王公赋性常钦古，堂里闲调龙与虎。
日就月将得倒颠，自然显出胎仙舞。

又

钦古先生容貌古，悟彻离龙并坎虎。
归依至理妙中玄，敢与马风街上舞。

又

钦古先生遵太古，先天先地真龙虎。
出离入坎任东西，惊动姹婴来对舞。

又

钦古先生通亘古，无中营养龙和虎。
清清净净显元初，脱洒灵童当面舞。

到马坊见小李讲师看《南华经》

寻文讨古要多知，悟彻南华迷更迷。
不若万缘齐撇下，净清得一上天梯。

赠马坊庵主刘先生

一心入道彻程头，二气调匀细细收。
三宝至精神气结，四时攒聚赴瀛洲。

鄠县小张索

小童问道道无言，清净能持至妙玄。
凭此家风常保守，自然有分做神仙。

鄠县小王索

小童听属养灵童，自有因缘继马风。
清净无为须悟彻，自然云步到蓬宫。

赠庆真徐清神

火院常耽没彻头，一身空为一家愁。
与他了干终难了，不若灰心休便休。

赠鄠县仵解元

我遇神仙人遇我，人还似我消烟火。
养气全真不染尘，自然有分成仙果。

赠鄠县独孤五郎

修仙须要降人我，更向水中养真火。
意灭心忘无点尘，性灵丹结成功果。

过鄠郊渼陂空翠堂，作诗赠耀州梁姑

色即是空空是色，色空空色两俱忘。
自从悟彻空中色，顿觉心莲翠碧香。

醴泉裴公索

眼前儿女总成人，颏上髭须似烂银。
莫怪形容憔悴损，被他夺了好精神。

赠淳化何先生斑竹杖为路贶

一枝端的化龙材，因击三尸魍与魁。
血染斑斑如玳瑁，赠贤携去访蓬莱。

丁酉下元日出环墙

舞得来来真个促，识得亘初真面目。
师父师叔下界来，嘉期直指在西北。

再遇

师父重阳悯化妙行真人、师叔玉蟾普明澄寂真人。

才过扶风回首促，特访岐阳夸瞽目。

再遇本师得大丹，教立东西南与北。

仲冬二十八日复入环墙

风害飍飍风马出，西北云游月余日。

却思旧隐复归来，便把环墙重跳入。

封门窗

昆崙三髻马山侗，便把门窗实九封。

斡运坎离庚与甲，不分南北与西东。

赠道友

予于大定戊戌孟冬，自龙门抵华亭太和庵。居旬余，欲拂袖诣崆峒。是日只于东窑，就公先生庵内，居止一二日。时有刘昭信、裴大器、李大乘，及坊郭道友十余人。予化诱连夕，无一回心向道者。翌日欲行，遂留绝句。

炼就丹阳玉性开，云游西北选仙材。

锦鳞不得空捞漉，收拾纶竿归去来。

钓中李大乘复用前韵

钓愚愚性豁然开，一点灵阳称选材。

心上勿令尘垢昧，清中传过妙玄来。

复赠李大乘（四首）

钓出迷津离苦海，同行同坐恣遨游。

心中剔性真分付，达妙通玄玩十洲。

又

喜贤回首作同流，悟取壶中天下游。
云水不须劳足力，自然步步到瀛洲。

又

坦荡逍遥一道流，不随名利离尘游。
未归天上丹霞洞，先步壶中碧玉洲。

又

大乘体调事如何，无著胜如百不歌。
性似孤云与孤鹤，逍遥自在更无过。

还赵公方帽

凿昏劈暗不愚蒙，黑白能分玉性红。
乌帽先生悟明月，赤松上士傲清风。

和爨公

李济川梦得爨先生传诗一绝，予因和之，以赞美焉。

爨公曾拜我为师，一志坚持不暂移。
了了根源蝉蜕后，偶然下界却留诗。

赠华亭县庵主张大悟

的端言语切须听，精固根源气固神。

若使马猿依旧劣，堤防不测祸临身。

赠华亭县道友

马风慈愿效维摩，常病众生受苦多。
劝化诗词如省悟，免教投火似飞蛾。

赠何氏乃焦公之妻

青春已过恋妆楼，堪叹迷人不觉秋。
莫待十分憔悴损，早搜玄妙早蓬头。

冬至日镬陇州同知李镇国炭

一阳生发岁添新，自笑诗人忒煞辛。
呵笔狂吟书玉简，起心动念镬乌薪。

又

天道于人有两般，大家冬月不相关。
炎蒸豪气和冰热，冷淡贫庵火也寒。

谢陇州笔刘三郎羊皮被

同云一色不多般，六出飘飘锁故关。
深谢彭城真道友，赠予皮被敌冬寒。

别陇州

水历云游凭有则，顺行逆行人莫测。

个内斡旋天地机，了达根源真一得。

庚子七月二十九日题终南太平宫南斗阁东壁

瞥然风害个尘无，谁肯矗矗也学予。

悟者回头通妙用，自然蓬岛是程途。

庚子八月二十四日长安祈雨

赤脚马风祈祷雨，心香袅袅投仙府。

一犁沾足待何时，五五不离二十五。

又

苗将枯槁万民愁，爇起心香瑞气浮。

再祷三真齐下界，沛然一泽好收秋。

赴驾古谋克斋遇鹤

云朋霞友赴斋筵，步步圭峰在目前。

我访青莲池上客，人看黄鹤洞中仙。

答月长老

五台月长老来点茶，询予曰：古人言云在青霄水在瓶[①]，如何？

月师谈论古人云，云在青霄水在瓶。

予会水云颠倒过，一溪风月酒初醒。

【注】

①云在青霄水在瓶：出自唐代李翱的《赠药山高僧惟俨》：练

得身形似鹤形，千株松下两函经。我来问道无余说，云在青霄水在瓶。

和岐阳镇赵殿试

牛鹿羊车[①]颠倒般，少人持论少人干。

我因得遇亲传得，肯把十方父母谩。

【注】

①牛鹿羊车：典出《法华经》。窥基释：声闻人之空无漏智为羊，其有漏后得智如车体，以羊车比喻声闻；缘觉人之空无漏智为鹿，其有漏后得智为车体，缘觉喻为鹿车；菩萨之人法二空之根本智为牛，无漏之后得智如车体，菩萨可喻为牛车。

又

二轮迅速往来般，自问年龄是若干。

学易已过将耳顺，忻然不受老妻谩。

又

异名须是论多般，休道于玄并不干。

秀士若凭风马惑，自然不受枕前谩。

又

九转功夫在运般，休言参妙不相干。

玄玄至理人难晓，未到明通且受谩。

又

舍了那般恋这般，爱贤仙质耐羞干。
木金三间玄中妙，非是狂言巧计谩。

又

坎离交位运行般，得得来来不外干。
我欲伸于知己者，奈人执着却称谩。

又

道法自然别一般，妙玄因得至诚干。
天机深远非常道，不遇真师总著谩。

又

我咱悟得这般般，不管人来干不干。
学道盖因真实得，谩人便是自欺谩。

又

龙蛇起陆气腾般，日月同宫匪十干。
依此修持仙必矣，休言马钰把人谩。

又

仙经修炼论持般，怎奈迷人不肯干。
在俗管家夸达悟，分明自把自心谩。

和耀州银王二先生韵

得遇通玄兴味长，心开心悟好离乡。
恣情慵懒成真趣，堪笑忙人不觉忙。

复用韵赠河中侯先生昆仲

壶中烹炼翠云长，修补园亭不夜乡。
捉住飞乌并走兔，自然日月不忙忙。

和敷政县雷公

饶君声价胜苏秦，不似韬光更匿名。
物外逍遥真坦荡，亘初一点自然明。

又

静清便是长生诀，舍拚妻男没口传。
悟后知空宁著有，自然获得好因缘。

元日作

春夏归兮秋亦迁，昨宵残腊逐风遄。
人言今日添新岁，我道浮生减一年。

赠高陵刘殿试讳梦松

应梦能全十八翁，算来怎比一灵通。
巍巍昭著尘难染，荡荡威仪性不空。

劝游春者

寻芳觅翠骋奢华，怎肯留心叹落花。
若悟荣枯凋谢事，回头物外炼丹砂。

和小圃书事戒游赏者

壶中修炼有长春，丁属寻芳觅翠人。
休恋轻狂蝴蝶舞，恐迷花萼累其身。

又

下功火里勤栽接，不住甘津香齿颊。
有志修真屏睡魔，无心著假措元叶。

题纸扇

念断情忘喜寂寥，心明灵显白芭蕉。
动摇玉景清风至，不假霜纨暑气消。

对榴花作

满院榴化红似火，笑他桃李逐浮沤。
争知霜晓东篱菊，烂熳馨香独占秋。

赠庄相公

白马河西净业庄相公，见惠弯竹拄杖，以诗赠之。

弯弯曲曲化龙材，深谢公家惠我来。
异日功成真了了，升霞携去访蓬莱。

叹人只会吃饭痾屎，未尝留心于性命

谷车入兮粪车出，般递往来何日毕。

假使百年寿命长，大都三万六千日。

阐幽

世人执古人句一联：先须历遍人间事，然后搜寻出世机。于理未尽其善。

世事无涯无了期，若言历遍却成非。

不如识破都无著，自是通玄达妙机。

警愚人

堪叹人人忒煞愚，身居火院觅红炉。

不唯不得清凉地，怎奈腥臊臭秽渠。

警凶徒

喟然长叹叹凶徒，恃势欺人得自娱。

日纵顽心生不善，将来恶趣怎枝梧。

十六障

火风地水结皮囊，眼耳鼻舌四魔王。

人我是非招业种，气财酒色斩人场。

分邪正

风花雪月终无益，酒色气财尽是雠。
人我是非招鬼趣，清闲道德渡仙舟。

劝人决烈入道

绵刀毡箭纸枪头，怎夺仙标入道流。
慷慨男儿真决烈，要逃生死便回眸。

赠众道友

有心入道莫推延，惟恐因循老了贤。
今日不知明日事，今年怎敢保来年。

又

长生有路好追寻，譬似无常好歇心。
云水闲游寻好伴，自然得遇好知音。

示门人

一思一虑觉伤神，怎敢留心惹绊尘。
断制万缘浑是假，修完一性决全真。

又

人我山头生死关，劝人推倒我人山。
人我既除心性善，自然跳出死生关。

又

欲要元初一点明，须教猿马两停停。
心清意净三丹结，虎绕龙蟠四象成。

寄李济川

伏藏聪俊不名愚，猛拚荣华大丈夫。
敢弃妻男真烈士，志修道德称吾徒。

赠鲁姑

一冲霄汉慧灯明，八卦祥烟霭霭生。
九转金丹成玉性，十洲琼路坦然行。

赠松溪散人薛姑

修行大忌好奢华，打破般般炼麦麻。
返覆阴阳通造化，自然炉结大丹砂。

赠柴姑

无为无作大修行，意静心清放慧灯。
照透九关通出入，昆仑山上得升腾。

赠霜溪散人颜姑

一心入道不回还，八味琼浆溉大丹。
九曜合和真玉性，十分功满赴仙坛。

京兆府牒发还乡，故作是诗以谢统军

三髻山侗得遇遭，专来秦地炼云涛。
寻思把自还乡去，不若厅前请一刀。

别京兆

既蒙牒发，不得已而别京兆，故作是诗也。

利名场上骋风流，怎肯灰心物外修。
莫怪纶竿收拾去，自知巴句匪洪钧。

河中府安公索

安公须要悟长安，悟得长安作内观。
心意不随猿马转，气神调畅结灵丹。

十绝

行化到黄羊店，会王公解元，话及黄英卿殿试五十三岁及第，有诗自咏。予因借韵，赋十绝。

道德阴符经卷担，星冠月帔晃云衫。
世人不识烟霞客，魔障扶风角髻三。

又

腹内丹经免得担，麻衣纸袄胜襕衫。
我今拂袖归宁海，道伴云游十有三。

又（虢州靖远镇，并京兆府及甘河镇，先已三次遭魔）

玉杻金枷誓不担，无心短帽与轻衫。
修真劝善遭官难，除此前来已诘三。

又

肩头重担没心担，趓与儿孙脱与衫。
悟六六通明六六，前三三证后三三。

又（藏头，拆一字起）

☐般玄妙不须担，☐诀传来傲绿衫。
☐内修完真大药，☐然斡运六和三。

又

家累辛勤重担担，往来来往贩皮衫。
看看又入深坑窖，怎得丹炉火炼三。

又

一舍家缘不再担，口谈玄妙不言衫。
衣披毡毯心怀道，元本婴儿匪念三。

赠武陟县薛押司

猛悟心无火院担，麻衣体挂胜罗衫。
保持清净无为理，精气神收宝结三。

又

火坑跳出没家担，坦荡蓑衣胜著衫。
云水内游蓬岛路，自然大药结成三。

劝淇门屠者

杀生冤债的端担，次堕轮回失了衫。
若要解冤须改业，学他赵四与张三。

开州道友求

马风东去决西来，道上诸公却要猜。
异日重阳师再遇，携云同去赴蓬莱。

和道友韵

识破浮生只恁么，自然身影却嫌多。
云游到处通玄路，接引人人离苦波。

因见淄州李三官人秉白芭蕉扇作

马风得遇恣逍遥，坦荡无拘不系腰。
真性芬芳红菡萏，霜心舒展白芭蕉。

继潍州耿公大师韵

马风得遇活神仙，洞里修完自己天。
龙虎绕蟠观性月，马猿澄寂赏心莲。

赠綦殿试

昌乐道友送余登途，至孤山下，共看石上仙踪。余遂口占小颂赠綦殿试暨诸道友。

人人争竞看仙踪，谁肯留心继我踪。
一志超然归物外，自然有分步云踪。

和内奉

莱州节副内奉赠古诗，徒单内奉。昨日偶得一观，因继元韵，幸赐采览。

炉中炼就丹无价，庵内何曾药换钱。
昨日客来青眼顾，今朝我伴白云眠。

和任公韵

通玄养就本来真，德不孤兮必有邻。
意净自知丹不漏，心清谁信性无尘。

赠黄县西高村回光庵主马从仕

舍财积福福如山，难免轮回去复还。
唯有身心清表里，决无生灭脱巡环。

咒黄县全真庵枯竹

道家门户号长生，意要枯干改变形。
长使数竿常绿绿，不教一叶不青青。

喜松活

我通生法斡旋生，气布形骸转换形。
窗外不唯君子绿，庵前又喜大夫青。

金玉庵环堵

大定癸卯六月三日，黄县道友邀予居金玉庵环堵，于内新栽小松六株，因作三绝。

六月庵前种六松，故然反倒马风风。
三番布气无多力，六愿还生有大功。

又

时当数伏故栽松，道友闲闲试马风。
我说六株无自活，人传三髻有真功。

又

六月初三种小松，六株色变遇扶风。
祈荣我借重阳气，应效人传三髻功。

继登州仓使韵

丝蚁穿珠要了然，微微火逼气相传。
九窍通明成道果，三光共秀得良缘。

继登州祝同监韵

汞铅相见用功催，婴姹欢谐不用媒。

玉虎金龙腾地去，金乌玉兔下天来。

和宁海孙公执殿试

唯愿吾亲早弃华，慨然拂袖访仙家。
眠云卧月流霞饮，接引金莲有玉花。

又

劝君回首早知空，绝学无为保守中。
决烈身心如马钰，自然飘逸得真风。

又

愿公早早早心明，休要奔波逐利名。
物外研穷云外事，无根枯树自然荣。

和宁海范学正

范公学正乃乡贤，竞利争名骋少年。
若悟吾门玄妙趣，灰心修补洞中天。

还姜庵主葫瓢并背心以诗赠之

风仙留下一葫瓢，庵主姜公有分消。
还汝背心当省悟，效予云水恣逍遥。

乐人杨和之索

休向人前呈要俏，好于性上认玲珑。

澄心遣欲灵明显，得住蓬莱第一宫。

换长阑于天锡拄杖

一条屈曲化龙材，换得筇枝远胜财。
各自闲携诗兴至，剔开真性有仙才。

赠烛律师拐

叔祖海蟾携宝拐，功成云步超三界。
马风得趣赠何人，烛律禅师真自在。

述怀

昆嵛三髻马风哥，云水飘飘且恁么。
修炼珠珍常恨少，观瞻身影却嫌多。

壬寅九月二十一日范明叔处作

执持关要净灵台，雾锁烟笼竟不开。
重遇重阳师指教，清风吹出月明来。

继綦大成韵

师名顶戴髻蟠三，好弱心头著意参。
不恋尘寰妆景境，唯便道味胜柑甘。

又

得遇风仙屏子三，超然物外共心参。

始知自在逍遥乐，方信优游恬惔甘。

又

谭与刘丘师弟三，同予劝世道中参。
鸾飞凤舞灵光透，虎绕龙蟠大药甘。

又

八卦炉中炼六三，通玄达妙不须参。
水生红焰添神彩，火长青莲滴露甘。

又

精气神收宝结三，岂思短簿与髯参。
光担火院应无苦，得饮刀圭更没甘。

又

妇人心有毒蛇三，悟者回光返照参。
色里抽身知苦苦，清中得味觉甘甘。

又

儒者綦二与李三，之乎者也罢相参。
弄文活计知为苦，学道生涯觉是甘。

又赠堂下众小童

牛鹿羊车运载三，堪令堂下小童参。
累功玉液胜糖味，积行蟠桃赛扎甘。

洞玄金玉集卷之二

七言绝句

酬于天锡弯竹杖

人人休讶弃田园，此个扶风遇太原。

筇杖厌华当告免，一枝弯竹却还元。

莱阳道友具饧供因而有作

供养扶风六断饧，我今食尽更无情。

壶中异景非常景，洞里晴天别是晴。

歌舞

小童引我闲歌舞，高士哈予放耍颠。

勘破浮生当作戏，风狂里面隐神仙。

功成

掣断名缰无俗绊，剔开利锁没尘牵。

千朝志炼三溪玉，九载功成万劫仙。

赴莱阳，黄箓加持高功李讲师见贻诗韵

正念三冬闰月寒，庵中怎敢忆华筵。

讲师戏我来干馒，笑没丹经润火渊。

题文登于疃于庵主契遇庵

好山好水好松竹，契遇庵前清我目。
福地堪名锦绣川，洞天宜盖仙家屋。

再题契遇庵

立于疃契遇庵池名玉花、金莲、龙吟、虎啸、化生、姹婴、王母、洞天池上彩云桥、九阳、圆满池。

玉金龙虎诚堪看，化作姹婴行路坦。
王母洞天现彩云，九阳池内丹圆满。

功圆

断情割爱没忧煎，绝虑忘机达妙玄。
意净心香三处秀，命通性月十分圆。

答阎公

过靖远镇，阎公问予曰“几时东游”，以诗答之。（拆木字起）

□金间隔玉花开，□外青童不住催。
□问扶风西去后，□言甚日向东来。

答杜公

京兆杜公一日来访予，曰：于十年前曾遇重阳真人，蒙留题假山诗，藏头拆字一绝。云下拆云字，云：□云安石作山分，□削孤峰便出群。忘却二句，求余联缀，意不容辞，姑塞雅命云。（拆云字起）

□云安石作山分，□削孤峰便出群。

□悟太湖开碧眼，□观色界似浮云。

和谭仙韵（藏头拆字）

□公为作处来端，□侯贤家性更宽。
□兀腾腾行教化，□归关里内峰观。

又（拆见字起）

□我云朋处正端，□今行化性宜宽。
□然师指蓬莱海，□得长清在内观。

联珠二首

□天之道执行端，□正无私性识宽。
□大包容如法海，□清澄湛定心观。

又

□贤戒酒立身端，□的修持性转宽。
□量有如东大海，□中蓬岛慧眸观。

赠通师

京兆台院寺尼通师来献香，以诗赠之。（攒二字）

□□尼姑割万缘，□□我相一齐捐。
□□清净功成日，□□超升忍辱仙。

赠王孔目（折口字起）

□诀亲传非外舞，□中龙势来蟠虎。
□然吐出夜明珠，□性昭彰超万古。

又（折口字起）

□传心印婴儿舞，□昼调龙并引虎。
□地王公悟这些，□灵默默谈今古。

和京兆府杨学录诗（折丿字起）

□然学录问修真，□说根源并弃尘。
□颗灵珠常踊跃，□生云彩作仙人。

又（折化字起）

□道马风绝世华，□年云水乐天涯。
□峰山下超然悟，□上常开五叶花。

又（折段字起）

□段丹田属道家，□能耕种长黄芽。
□然玉里金花绽，□是将来步翠霞。

赴子午镇千道会（折木字起）

□金间隔晃三台，□诀刀圭[①]产个孩。
□午建成千道会，□中宁海马风来。

【注】

①刀圭：各家说法不一。依丹阳法脉，指神气合一。

和杨清叟韵

因览鄠县仵寿之与众道友唱和杨清叟东轩箨龙过母自适诗卷，借韵各赋一篇。（拆一字起）

□从遭遇乞残余，□饱忘机事事疏。
□带于朝君有分，□圭我饮觉清虚。

又（拆一字起）

□蓑一笠外无余，□志修仙万物疏。
□下贪吟过母草，□分枝叶腹空虚。

又

□身四假尚为余，□景繁华事可疏。
□有个中真个物，□令牢落达冲虚。

又

□悟玄元证有余，□求漂母母还疏。
□知少有知音者，□地如愚实若虚。

又

□得风仙道粗余，□居物外没亲疏。
□心不纵成玄宝，□性昭彰晃六虚。

又

□在玄门四载余，□其天禄世尘疏。
□间瑞气冲霄汉，□火相生信不虚。

赠鄠县修全真堂会首许典史（连珠）

□言真属遇真人，□会金莲养气神。
□气清清清结宝，□珠莹净许全真。

赠鄠县刘姑（拆刂字起）

□生[1]一粒腹中留，□诀亲传化俗流。
□火相生全性命，□通性显称仙刘。

【注】

①生：当作“圭”。

赠毕家庄田先生（拆田字起）

□公到此莫空回，□口教贤心死灰。
□涌灵泉神得憩，□然平地一声雷。

赠诸道友

赠任守一、任通一、宋明一、于清一、淳于抱一、于知一、刘真一。（拆七字起）

□子因何鄙楮毫，□锥虽好引心劳。
□不施兮神不散，□生兔角触龟毛。

赠元德茂

再游终南太平宫，复用前韵，赠知宫元德茂，题真君殿前西命灯亭壁。（拆门字起）

□人云水又重来，□甲金庚秀我才。

□乀元公成正觉，□尘不染性灵开。

和陈公

余在终南太平宫会京兆府运副陈公，同众官一时以诗相困，予走笔应和。（拆水字起）

□中火发不须筌，□道先生自有缘。

□蚁穿珠君若悟，□心相许傲林泉。

又（拆水字起）

□中得趣便忘筌，□与马风应宿缘。

□坎撮来归一处，□诚营养本灵泉。

和盩厔县刘宰韵（拆之字起）

□乎者也背希夷，□事捐除自是奇。

□与马风常作伴，□尘不染本真随。

又（拆丿字起）

□然风害得投真，□味琼浆醉个人。

□转吾官修大道，□初说破有真身。

和司竹监使刘公（折月字起）

□华莹静自通夷，□我俱无理最奇。
□诀传来转分付，□珠灵显与仙随。

又（折自字起）

□知净里个中真，□脉婴儿号至人。
□乀运行丹结就，□乘变作大乘身。

复和刘宰（折人字起）

□人问我道中夷，□我俱忘妙里奇。
□与马风为益友，□承许我永相随。

又（折丿字起）

□开真性自明真，□此因缘与达人。
□得灵明光焰起，□飞乌兔在君身。

又和运副

不劳足力走华夷，处处观来处处奇。
碧玉岩前云步处，有谁肯与马风随。

又

物外超然炼至真，自知不是等闲人。
人言女子宜怀孕，我道男儿也妊身。

复和刘宰

绝其视听应希夷，运转玄关得至奇。
玉虎金龙飞走处，坎男离女往来随。

又

幸遇重阳妙行真，本师传授四东人。
自知妙里通玄妙，顿觉身中有法身。

道过岐阳赵公绰殿试（联珠，折人字起）

□来日日问长春，□气冲和号谷神。
□在宝瓶清净出，□家人做洞天人。

又（折人字起）

□人休要苦游春，□景牵情暗损神。
□若定时通觉性，□灵超达做仙人。

和吴元素诗（折八字起）

□味琼浆洗涤尘，□心归道固精神。
□申燕处思元素，□蚁穿珠见本真。

又（折之字起）

□乎者也匪真空，□士农商好认风。
□九尸三先灭尽，□心修道本师逢。

和陇州都目郑承德（拆欠字起）

□公诗债日如梭，□马贪牵气象和。

□稼即今生慧草，□分功了洞仙歌。

和道友

大定十八年八月一日，复往西北云游，过凤鸣，蒙道友有诗饯行，谨继严韵。（拆之字起）

□乎者也远文山，□遇风仙钓出湾。

□火相生成大药，□然归去不回还。

下龙门山访亭川，复用前韵（拆远字起）

□游西北访名山，□钓龙门趓大湾。

□湾曲曲珠穿透，□处亭川好往还。

再游凤鸣，复用前韵（拆远字起）

□游汭水不崆山，□悟心通观透湾。

□不施兮焉用矢，□言得性乐然还。

和陇州王全道解元（拆娄字起）

因王公新修酒楼，故有是句。

□景先生化帝休，□人好悟此因由。

□园一拚成真趣，□上琼楼胜酒楼。

又（拆三字起）

□觉山侗性不迷，□乎者也匪仙机。

□金间隔君还悟，□口相传道不非。

和赵主簿

余到华亭，蒙终南县赵主簿见寄佳什，谨依韵和之。（拆工字起）

□士农商名利功，□行怎悟道和冲。

□中火焰成颠倒，□此方知空不空。

又（拆风字起）

□风马二性逍遥，□子于归处处乔。

□口相传行教化，□人省悟也飘飘。

又（拆之字起）

□乎者也论神仙，□上观天别有天。

□抵心灰堪学道，□初相劝水云边。

又

因遇吾师未放还，道兴西北比终南。

迩来多见人归善，相竞修仙住草庵。

和迟先生

和文登县迟先生韵，令往龙门山参问丘仙。（拆大字起）

□凡清净可求仙，□上参丘证妙玄。

□患众生无佛志，□还依我步云天。

赠张大悟（拆大字起）

□悟将来必遇仙，□侗先剔性中玄。
□么明解通三昧，□月交驰九九天。

赠焦大觉（拆大字起）

□觉之人志在仙，□无尘事得玄玄。
□今更属清心镜，□玉成形走上天。

赠裴大器（拆大字起）

□器晚成必做仙，□侗谨劝更寻玄。
□中密妙须当认，□辱能超天上天。

赠程大椿（拆大字起）

□椿椿寿寿如仙，□事尽除认洞玄。
□上搜么凭一志，□忘境灭得升天。

赠荔菲大隐（拆大字起）

□隐廛居作隐仙，□明水秀自然玄。
□中悟彻么么理，□走金飞洞里天。

赠董大德（拆大字起）

□德之人决了仙，□居市隐志投玄。

□传心印灵然物，□鹿羊车运载天。

赠元大善（折大字起）

□善之人不昧仙，□心搜索妙中玄。

□今钓出深坑火，□我俱忘补漏天。

赠赵大慈（折大字起）

□慈仁者必为仙，□悟玄中玄上玄。

□上更知么上趣，□知壶内有真天。

赠李大乘（二首，折大字起）

□乘根本是神仙，□失元初昧了玄。

□见可怜堪下钓，□然修补个中天。

又（折大字起）

□凡修炼里头仙，□净心清响应玄。

□认六丁神没赛，□珠飞上大罗天。

和李大乘韵（折之字起）

□乎者也人来访，□说从前事事非。

□髻马风传秀士，□心初志莫交违。

又（折之字起）

□子通玄来远访，□知今是觉前非。

□丹要结须凭悟，□许心交更不违。

又（拆之字起）

□子而今秦渡访，□知昔日作为非。
□章四句言初志，□愿随予誓莫违。

和华亭光教院净公长老韵（拆水字起）

□边石上云霞友，□得儒生是陇西。
□门游处吾师悟，□上莲花出玉溪。

又（拆木字起）

□金间隔现真如，□诀相传物外居。
□往今来修佛道，□前儒者履云渠。

谨继祖师纯阳真人韵，赠华亭磁窑郑公（拆我字起）

□因师训号维摩，□把轮竿兴味多。
□夕朝朝香饵掷，□公休似恋灯蛾。

和平凉府户判耿朝列（四首）

重阳师父论云游，非历人间处处州。
踏碎洞天成雅趣，趯开世网不耽忧。

又（拆又字起）

□论壶中云水游，□端午正访神州。

□圭闲饮闲行步，□顷心开道不忧。

又

有疑有惑须当问，闲是闲非且打过。

未悟心神常著相，悟来身影却嫌多。

又（拆夕字起）

□夕朝朝来我问，□传清静更无过。

□乎者也虽然好，□得一明厌事多。

赠平凉府赵庵主

云水飘飘任自然，往来游历没牵缠。

万缘勘破心无著，坦荡逍遥一散仙。

联珠

□家活计甚当然，□动青牛玉绠缠。

□度分明通八卦，□爻周济性灵仙。

藏头拆字（拆人字起）

□我俱忘性坦然，□牛哮吼玉绳缠。

□云叆叇风吹散，□兔灵灵捣药仙。

随缘度日（拆山字起）

□侗饮膳任天然，□灭烟消性没缠。
□长黄芽深雪里，□冠不整散闲仙。

和坊州曹解元妻无为散人贾无二韵（拆水字起）

□火同宫两交错，□就月将显光烁。
□道悟真尘屏却，□时定不沉沙漠。

和淄州李先生韵（拆几字起）

□谁学我谨随师，□诀辞家正及时。
□下收心寻出路，□人营养化生儿。

借洰洱成解元韵（拆大字起）

□抵官司配我身，□千里路万重津。
□云东过沙门岛，□到昆嵛志炼真。

联珠

□修真炼在吾身，□影嫌多离苦津。
□液香甘浇玉鼎，□中丹结可成真。

藏头拆字（拆八字起）

□水通流溉法身，□开自悟离波津。
□中火发成真趣，□上琼峰现至真。

又（折八字起）

□风不动个中身，□下尘劳跳出津。

□火炼烹成大药，□然同礼太原真。

赠道友

醾朝县道友买酒，转与老姚仙饮。（折一字起）

□卮芳酒莫生悭，□与云朋且助颜。

□脉婴儿如饮罢，□携云朵访东山。

赠道友

醾博州茌平丁家块务酒官，转与老姚仙饮。（折人字起）

□传滑辣更清光，□兀腾腾乞化尝。

□美馨香非米曲，□麻修炼饮琼浆。

醾兴利镇酒监

无著先生惟好饮，不待殷勤书状请。

一笔挥成醾酒诗，万望监官酬酩酊。

醾沙镇酒监（折酉字起）

□出卯兮卯入酉，□气相交斡旋陡。

□玉飞金入宝瓶，□了真功饮玄酒。

醵丰齐酒监（拆口字起）

□口相传炼大丹，□通玄妙有余惧。

□神踊跃思清饮，□后狂吟醵酒宫。

赠淇门道友（拆户字起）

□中有户即非村，□德金方益子孙。

□蚁穿珠心火降，□分修炼在淇门。

壬寅九月二十二日题重遇亭（拆丁字起）

□嘱身心净里清，□通恬惔自然醒。

□涯天地闲摇动，□遇重阳重遇亭。

和綦殿试韵（拆口字起）

□口相传岂止三，□公玄妙好同参。

□然开悟般般不，□个分梨得味甘。

又（拆口字起）

□诀相传保护三，□灵初秀罢玄参。

□通道大成丹宝，□味琼浆分外甘。

又

灵明六六与三三，斡运玄机不索参。

日月同炉增晃朗，乾坤入鼎愈香甘。

又（拆段字起）

□段田耕云种菊，□无我相放心花。
□成玉貌开青眼，□视灵珠无点瑕。

继烛律师韵（拆口字起）

□善心慈烛律公，□么悟彻达行踪。
□长云脚蓬莱里，□八灵光兜率中。

继马和夫韵（拆水字起）

□火相生说与人，□开真性显圆成。
□矛不举心莲放，□信壶中涉大瀛。

又（拆戈字起）

□戟心无十四年，□人寸禄且随缘。
□羊荤酒专专戒，□载拳中不把钱。

继宁海刘司判韵（拆山字起）

□居吟咏愈翛然，□降水升道力坚。
□长黄芽红雪里，□冠不整散闲仙。

和罗汉古颂

文登县禅院奇监寺僧，出示罗汉古颂令予和之。（拆元字起）

□然心上碧莲芳，□到希夷且伏藏。
□戟已无真性朗，□华莹净显灵光。

继于曈郭同监韵（拆山字起）

□侗真性未团圆，□诀传来龙虎牵。

□鹿羊车般载动，□阳来唤决成仙。

继郭正卿韵（拆火字起）

□灭烟消事剪除，□今开悟故如愚。

□莲馥郁真灵现，□性玲珑俗虑无。

继郭百安韵（拆人字起）

□人若肯死前休，□马能牵俩我俦。

□算不由天注载，□年功满脱阴囚。

继郭六官人韵（拆干字起）

□我清吟扫一篇，□分功了决成仙。

□侗酷告归玄理，□性昭彰度万年。

继于五郎韵（拆之字起）

□子云游内四夷，□情疏尽得嘉期。

□生玉姹天无暮，□长金婴道不迟。

和于解元韵

赴登州请道，过王迟店，蒙秦亭于解元见惠佳什，勉继高韵。（拆八字起）

□味琼浆溉鹿群，□牛相逐里头人。
□然结就灵珠颗，□证逍遥自在真。

又（拆具字起）

□此慈悲独出群，□谈微妙日哀人。
□回向道同修炼，□木相交内显真。

又（拆八字起）

□具耕牛恰一群，□能调引自随人。
□来彻地通天势，□不施为自得真。

又（拆八字起）

□风不动不群群，□鹿牛车载个人。
□转东归君省悟，□今西迈谨修真。

又（连珠）

□修真炼好同群，□处惟愁搅乱人。
□猛悟来当独处，□机通妙得长真。

继秦亭姜先生韵（拆余字起）

□今慵懒倦看书，□月同宫性不区。
□味心知恬惔味，□归蓬岛乞残余。

继福山县马德修韵（折人字起）

□人口口问心开，□户深深隐玉台。

□至玄玄凭觉悟，□心寂寂见如来。

题文山孙会首画三仙图（折山字起）

□侗得遇妙玄传，□志修持一纪年。

□载环墙常念汝，□男了了好修仙。

和密州王先生韵（折丿字起）

□然得悟碧桃春，□月交光晃坎滨。

□是客兮客是主，□公认正不身身。

和明月道人

明月道人于元通咏黄县西高村马从仕回光庵，谨次元韵。（折一字起）

□身端的个行庵，□曜光明返照看。

□匪尘晴寒变暖，□无烟焰暖为寒。

莱阳綦政索（折系字起）

□蚁穿珠最是奇，□传玄妙应嘉期。

□华莹处神光秀，□性之人俗姓綦。

云禅求问

□今深厌闹林丛，□舍无心固守中。

□诀传来清有验，□风相继太原公。

和莱阳张殿试韵十首

□火同炉秀我神，□申燕处乐其身。
□然灵物来开导，□饮馨香涌美津。

又

□灵清净自然功，□不施为性结红。
□蚁穿珠成九窍，□人内貌却如童。

又

□中日月两跳丸，□转功成性可观。
□得本真光烁烁，□中涌出大波澜。

又

□端一志弃衣绵，□小灵童乐妙玄。
□上么么人省悟，□观八水与三川。

又

□然来问炼灵芽，□我玄玄是最嘉。
□口相传当省悟，□无染著路无差。

又

□乎者也陶真气，□绽金花好守中。

□诀传来功有验，□风心地自然通。

又

□诀心通喜气多，□阳楼上不观佗。
□来收拾灵光莹，□报君家事若何。

又

□人难得心低下，□日随予论死生。
□句妙玄心觉悟，□今许汝共同行。

又

□圭妙处在云房，□转心花五色芳。
□劝贤家听马钰，□金成宝应仙方。

又

□风不动处无身，□断家缘神气亲。
□说玄元无上道，□初清里可修真。

洞玄金玉集卷之三

七言绝句

得遇

悟彻心开得遇人，怕尘趓苦屏除辛。
水中焰迸丹成妙，火里莲生道显春。

自觉

浮利浮名引调人，劳劳深苦更深辛。
谁知势耀如残雪，我觉荣华似暮春。

辞家

正做迷迷火院人，苦中受苦更兼辛。
偶因得遇通玄妙，岂有耽家恋富春。

游秦

散发披襟落魄人，心无伤苦与伤辛。
故来秦地甘河镇，远避家乡苦海春。

起慈

心愿超凡化度人，起慈救苦更悲辛。
劝人趓闪冤亲债，学我收藏斗柄春。

忘念

做个道门辅弼人，为他哀苦更哀辛。
因观关里秦川景，不忆乡中甲地春。

示门人

能脱名缰利锁人，解趓火院万般辛。
水中火发休心景，雪里花开灭意春。

又

损损休心无染人，闲闲养气不言辛。
九般云现乾坤瑞，一点阳生天下春。

又

三尸六贼总魔人，征战辛勤苦转辛。
诛戮妖精心内剑，修完异景洞中春。

劝世

酒色气财四害人，苦中最苦苦生辛。
贪迷世俗浮华景，不悟仙家久远春。

又

火风地水暂为人，干甚劳劳苦又辛。
悟取仙葩开四季，休迷凡卉旺三春。

又

农士工商四等人，各贪功业苦中辛。
不知短景催人老，怎悟长真益己春。

又

劝回屠猎与文人，费我心神更苦辛。
捉住无为难著有，发扬大道胜游春。

又

物外逍遥快活人，修持非苦亦非辛。
鸾飞凤阙蓬莱景，虎吼龙宫海藏春。

又

做个能清心镜人，奚论深苦与深辛。
趣中得趣环墙景，尘里无尘出世春。

又

心怀荆棘暗欺人，空爇名香枉断辛。
好削尘情消灭业，积成和气转加春。

又

玄言补益十方人，全戒腥膻分戒辛。
常饮醍醐惺复醉，永观菡萏景非春。

寄乡人

我匪乡中下贱人，何曾当苦与当辛。
遇师传授无为理，使我休迷有限春。

又

丁属天涯海角人，自须离苦更离辛。
闲观八水丝毫势，赏玩三州锦绣春。

又

学道修仙作异人，一心趓苦更趓辛。
虎龙易位成玄趣，日月交光发好春。

又

决烈男儿慷慨人，怕投劳苦怕投辛。
斡旋造化通神用，反覆阴阳尽变春。

赠京兆府徐孔目

火院空耽空累人，算来空苦亦空辛。
争如寻觅长生路，岂似修持不尽春。

寄京兆刘法司

名利如同酒醉人，迷迷耽苦更耽辛。
只知名利时间好，怎悟蓬瀛久视春。

又

大限无过百岁人，何须苦上更添辛。
抽身急避金枷累，发志勤修玉洞春。

赠鄠县老张姑洎众女姑

异人为作异于人，斡运三奇与六辛。
玉树常荣常是溉，琼华不谢不关春。

赠鄠县王姑暨众女姑

优游恬惔养真人，不须酒肉与荤辛。
醍醐三盏千秋岁，蟠桃一颗万年春。

赠鄠县赵姑暨众女姑

无为清净炼丹人，免受红尘万万辛。
玄圃种成无漏果，水乡枯尽没残春。

赠柳蒋辛老宿

谁为吉善好心人，柳蒋村中老宿辛。
悟道难迷尘世景，修真易见洞壶春。

赠道友

秦镇酒都监王武德小娘子告出家，以诗赠之。

投玄入妙乐天人，炼气何曾苦上辛。
我悟收来不到处，自然不是岭头春。

又

物外逍遥坦荡人，也无心苦与心辛。
炉中养就清凉火，鼎内烧成大药春。

寄咸阳小张录事暨众道友

咸阳陌上古今人，利引名牵苦苦辛。
何似斡旋三涧雪，宁如修炼四时春。

赠乾州高常善

要做蓬莱三岛人，不须说苦更辞辛。
寻思天上二三载，已换人间百万春。

赠武功时先生

我奉风仙化导人，免忧生死苦和辛。
清心寂寂灵灵性，调息绵绵永永春。

赠凤翔小李仙

不贪不爱不凡人，恬惔优游岂受辛。
玉树枝分千种秀，金莲花放万年春。

赠陇州贺孔目

万万千千名利人，有谁知苦更知辛。
若通吾道玄中妙，暗惠贤家脸上春。

赠陇州尚书表

撇下金枷玉杻人，悟闲肯受苦勤辛。
修完不有修完处，捉住虚无捉住春。

悼亡

余复别陇汧，重访龙门山，有李子和解元相饯，至勾兜堡旅馆同宿。是夜闻邻舍人亡，悲哀不已，作此赠之。

耳内常闻哭死人，鼻中不觉沥酸辛。
哀人岂似常哀己，见道胜如永见春。

赠李子和

陇州李子和解元入道，训法名大茎，号灵根子。

休要哀他亡过人，切须哀己叹虚辛。
急修久视长生景，得赏瑶台阆苑春。

儒医高孝叔索

高公秀士智医人，拈弄苦参与细辛。
争似修完蓬岛路，宁如赏玩洞天春。

赠陇州续玄机

清净无为真道人，并无苦苦与辛辛。
三千功满三千日，十二周天十二春。

赠陇州淡善柔

断除酒色气财人，免向家中受苦辛。
决烈回头三岛客，修持定饮十洲春。

赠郭善能

坦荡道遥物外人，没忧没苦没艰辛。
牢收亘古三田宝，赏玩元初四季春。

赠魏道清

鼓腹高歌乐道人，自然无苦亦无辛。
壶中有景非常景，洞里藏春别是春。

赠张玄成

无拘无管散闲人，摆脱劳生苦里辛。
抚动心琴金凤舞，深藏琼树玉堂春。

赠陇州赵八郎

惺惺伶利最憨人，贪为养家苦力辛。
不念百年随手过，空图荣旺暂时春。

赠陇州辛司候（七首）

岩前鹤唳草堂人，喜见登科甲第辛。
学士要迁官一品，散臣不博寿千春。

又

陇州辛司候到官三月，见余劝学道，渠云：念某才请得三个月俸。因而有作。

马风诗上读书人，各自家风各诉辛。
入仕新官三月俸，出尘故友屡经春。

又

我会摇头不管人，因何诗曲捧呈辛。
宿缘宿契云霞友，修补修完洞府春。

又

马风眷恋宿缘人，时复狂吟冒渎辛。
奉劝早寻蓬岛路，自然得赏洞庭春。

又

些儿微妙付何人，说与前生的友辛。
莲步步开红雪径，云踪踪到碧桃春

陇州萧公索诗兼呈辛公司候

的端炼锻了心人，说与州官司候辛。
异日果登三岛路，今朝喜遇一阳春。

赠陇州郑承德辛司候（攒三字起）

□□道上许何人，□□三公卫郑辛。

□□诺时文序子，□□唱和武陵春。

赠华亭马玄中

摆脱家缘离俗人，自然免受苦中辛。
道修消尽千重业，丹炼完全万劫春。

赠华亭董遇师十三岁入道

少年休说异如人，真实修持勿惮辛。
莫向人前夸黑首，争知镜内暂青春。

赠白岩镇鲁周瑞

乐道逍遥豁畅人，自无劳苦与劳辛。
洞内炼烹金鼎药，壶中赏玩玉楼春。

赠化平县朱玄觉

分明说与出家人，戒断腥膻厌五辛。
休向我边参久视，便归物外问长春。

赠郑善信

物外逍遥自在人，调和甲乙与庚辛。
洞中常伴长生客，壶内闲观不老春。

赠化平县赵至柔

猛烈回头出世人，免耽万苦与千辛。

炉中九夏凉如水，鼎内三冬暖似春。

赠坊州曹解元

劝认清闲不采人，奈何冤业苦耽辛。
争知岁月催人老，过了一春无一春。

又

养家家累累迷人，忒煞奔波忒煞辛。
苦死不知苦是苦，春去那能春复春。

又

独自担家赡众人，无人分苦更分辛。
劳心著假蹉跎老，因悟投真掌握春。

又

悟来脱俗不愚人，免受劳生苦与辛。
命变五行超造化，性通九转自然春。

又

端的修行一志人，何曾忧苦更忧辛。
太初丹结玄中宝，黍米珠藏物外春。

赠宁海沙三翁

忻住环墙得趣人，何曾愁苦更愁辛。

能收白虎丹无漏，会引青龙洞有春。

赠文山周先生

披蓑携杖放慵人，豁畅心开怕说辛。

谁信洞天玄圃景，无花无柳也成春。

又

气财酒色最伤人，火院熬煎苦痛辛。

往往不愁秋后景，迷迷空恋眼前春。

赠长安李茂春（折日字起）

□日相催老了人，□然觉苦又惊辛。

□分开悟来投道，□许长安李茂春。

又（攒二字起）

□□每言子好人，□□怕苦恐粘辛。

□□倌得都因孝，□□皆传李茂春。

七言律诗

谢师

重阳悯化妙行真人钓予出家，故作是诗，以谢师之慈悲耳。

山侗闲想旧纵由，火院中间忧里愁。

万苦千辛求富贵，千头万绪惹冤仇。

寻思生死如何免，服事妻男怎到头。

方欲寻归何事幸，风仙钓出恣云游。

又

山侗脱了火坑忧，入道来来不害愁。

日日逍遥乐吟咏，时时坦荡喜歌讴。

翠霞紫雾常为伴，明月清风永作俦。

诱化仁人归大道，行功圆备赴瀛洲。

建德

道家无亲无不亲，哀物哀人哀己身。

心起慈悲行大德，意无情念显精神。

有为境界时时拨，无漏园亭日日新。

暗积行功功行满，携云归去礼师真。

自述

头梳三髻即非虔，人问因由事怎传。

扬显师名宜顶戴，包藏士口处心坚。

争知在世山侗子，不让朝元独角仙。

今日对君亲说破，他年功满步云烟。

又

万缘勘破总归空，从此修行早见功。

意马难为迷爱欲，心猿易得做愚蒙。

气神安净金丹结，龙虎澄清玉性红。

奉报同流凭妙用，大家修炼赴蓬宫。

又

宠妻不是聪明汉，好色诚为懵懂哥。
稍稍留心遭毒手，微微挂意著他魔。
精枯髓竭形容瘦，气散神衰鬼使拖。
我悟我惊当早避，何须直待鼓盆歌。

连珠颂

我心有病我心医，人是人非人岂知。
搜妙搜玄搜获正，不争不竞不修持。
常清常净常生善，要道要行要拯危。
怀玉怀仁怀救度，起心起念起慈悲。

赠完颜侍郎

完颜侍郎因谓予曰：不意先生肯住茅庵环堵，受如此潇洒。因而有作。

马家巷内马风家，北宅南园不足夸。
那个荣华非活计，这般潇洒好生涯。
身心离俗修金窟，云水投玄种玉芽。
顿觉眼前天地窄，壶中日月结灵砂。

咏秋景

一年嘉景在三秋，斗指西方运火流。
成气收精通妙用，飞霜迎节应真修。

菊开常有陶潜兴，叶落全无宋玉愁。
向晓风清溪月白，有人悟得赴瀛洲。

寄呈高陵刘伯虎殿试

彭城物外细搜求，悟一之时万事休。
坐卧不妨牵白鹿，住行无碍引青牛。
常清常净须当认，真行真功决要周。
九转丹成蓬岛去，专参的祖海蟾刘。

勉门人

修行须弃色和财，慎勿贪杯惹祸灾。
速把我人山放倒，急将龙虎穴冲开。
丹成雪弹明金鼎，性结霜球晃玉台。
常有白云飞洞口，行功圆备赴蓬莱。

又

争名竞利苦忙忙，不觉容衰两鬓苍。
贪为妻男身受苦，怎知道德事偏长。
愿公速固精神气，学我勤修铅汞霜。
功行积成真性显，大家同共赴蓬庄。

挈李大乘入环堵作

西北亭川环堵居，此中堪可隐吾躯。
眼前碧竹数君子，面对青松二大夫。

流水假山儿戏尔，清风明月汝知乎。
若能悟解予栽九，有分灵光赴玉都。

呈岐阳丹霞观张正夫

予于环堵栽韭薤，故寓焉。

披云引鹤访双林，抱个无为霹雳琴。
花萼楼前逢益友，昆明池畔遇知音。
三田珍宝明神室，八脉婴儿出锦衾。
手掌夜光珠一颗，不劳足力步瑶岑。

赠李大乘兼呈净公长老

环墙里面最翛然，道舍清虚占两椽。
深爱筠生君子志，可怜松老大夫贤。
八渠渌水成清醁，五岳连峰耸碧莲。
虽有儒生为益友，不成三教不团圆。

赠泾阳张先生

六旬有四卦将休，猛悟灰心离俗游。
访我投真归正觉，搜玄索隐做持修。
头分丫髻云霞友，手显擎拳风月俦。
稽首更明珍重理，自然得去赴瀛洲。

和月窬老人

既知不二道先天，符契山侗至妙言。

鸾凤翱翔投玉窟，虎龙吟啸入金门。
壶中烹炼乾坤髓，洞里撼摇天地根。
一粒黍珠藏日月，昏昏默默不昏昏。

和高内奉

既言仕宦著嚣尘，何必奔波过此生。
速剪万缘如断梗，免教一性似飘萍。
出离苦海心开悟，拨散浮云月自明。
功行圆周超上界，方知马钰启丹诚。

和宁伯功惠银杏诗

七宝玲珑珍藏乡，产般异果果非常。
外成粉壳浑全玉，内结水晶半带霜。
文武火炮增品味，栋梁水煮转馨香。
想君先得此佳趣，见惠山侗正一阳。

访秀林长老张德通殿试

圭峰山下秀林村，得趣高僧喜道人。
引鹤披云来就教，参玄问妙去除尘。
无为清净龙蟠虎，大道自然凤产麟。
若得儒张知苦子，遂成三教话长春。

吴正心、赵霜心、魏霖从余访圭峰

三公相从九仙游，十二周天十二周。

凭仗九三为妙用，堪迁二六作风流。
好将水火炉中养，便把乾坤鼎内收。
异日功成丹烜赫，共同云步访瀛洲。

寄蒲城陆德宁

休言在俗做修行，休说家中非火坑。
对境心迷难养气，逢魔意乱怎收精。
愿君开悟除三毒，学我澄清屏七情。
拂袖超然离苦海，云朋霞友论长生。

耀州刘公梦海蟾学修行以诗赠之

海蟾入梦化刘仙，遣汝投予学妙玄。
有说宁知无说法，无言怎悟有言传。
能持清净无为理，便达精微造化权。
天地悉归金玉鼎，神丹结正性团圆。

又

彭城何事不迷昏，得遇来投清净门。
便认阴符三百字，好搜道德五千言。
就中得一通三妙，向里通三得一轩。
莫使黑云为障闭，自然返老复归元。

和三水县王知观

看看相近下坡年，悟取贤家本是仙。

早访林泉捐俗累，速离宫观弃尘缘。
无为性上通玄妙，清净心中达妙玄。
功行周圆蓬岛去，侍香钟吕太原前。

和司公周监使

物外逍遥任自然，终南山下阐良缘。
怎知我得无无趣，劝化人离种种边。
坦荡观瞻壶内景，殷勤修补洞中天。
功圆行满乘云去，同礼重阳风害仙。

和宁海军孙公执殿试

愿公开悟万缘休，慎勿尘埃性上留。
功有斡旋全水火，个无故殁没春秋。
速令赤马吞黄马，便使青牛吼白牛。
烹炼大丹丹烜赫，何愁紫府诏来不。

过修善村求斋

马家巷内马风狂，得遇修仙万事忘。
养气全神成道果，烹铅炼汞结丹阳。
清清净净金光莹，湛湛澄澄玉性芳。
一片霜心无我相，人来取火愈清凉。

契遇庵

寻思最紧是修持，急急修持尚恐迟。

坎虎离龙常逗引，心猿意马罢奔驰。
紫金山后通三要，白玉台前种九池。
三叠心琴成曲调，清清声韵应仙篪。

福山县周彬甫索

偶因牒发到乡来，得与周公屡接陪。
索我清吟难拒命，劝君开悟省贪财。
心澄白虎穿丹穴，意净青龙上宝台。
龙虎绕蟠成大药，胎仙歌舞访蓬莱。

福山县刘公索

刘公学道听予言，入妙门庭要志坚。
清净堪为仙活计，利名岂是道因缘。
虎龙便合闲调引，猿马无令放要颠。
神气冲和成大药，性灵飞上大罗天。

福山县单一翁索

单公好炼性温柔，休似从前分外求。
猿马引心迷假合，虎龙入腹应真修。
清中玉姹歌无歇，净里金婴舞不休。
固守根源丹自结，功成行满赴瀛洲。

赠黄县马从仕

为人须要笑咍咍，对月临风好把杯。

闲闷闲愁闲放下，自宽自乐自无灾。
无为清净登仙路，坦荡逍遥上宝台。
若悟如斯为活计，大家云步赴蓬莱。

加持马从仕宅醮

悟来乐道恣情咍，醮食须求面一杯。
幸遇黄冠行法事，助他清醮谨让灾。
加持洁己居环堵，追荐亡灵上玉台。
瑞气祥云相引去，蟠桃赏玩宴蓬莱。

和莱阳杨殿试韵

遐龄夙历不须推，仁者从来胜寿眉。
乡老尽传乡行好，道人又许道心奇。
奈何性上攀缘累，怎得玄中奥妙知。
但愿贤家开悟早，同归蓬岛礼真师。

又

遇予便合认真常，性月灵灵圆更方。
忻处茅庵辞峻宇，喜陪篱障弃高墙。
勤修元首三清举，远胜名魁四选场。
定是将来仙得做，何须求问治膏肓。

述怀（藏头拆字，拆三字起）

□蟠吉髻古今希，□衲蒙头孰敢依。

□爱世华增我相，□观天道悟乌飞。
□仪流转成玄宝，□脉冲和应妙机。
□上金花长久放，□今知是觉前非。

自咏（拆山字起）

□侗恣意骋狂颠，□乐真闲得自然。
□里涌泉端的汞，□中生火的端铅。
□龙嬉戏喷红瑑，□虎咆哮吐紫烟。
□谓个谁丹药种，□阳师父害风仙。

过圭峰即事（拆圭字起）

□峰山隐九般霞，□段光辉段段华。
□载炼烹成至宝，□风不动结灵砂。
□年悟取长生景，□子心开不谢花。
□导马风行教化，□宜壶内做生涯。

京兆府任公索（拆今字起）

□朝丁属府推任，□我俱忘物外寻。
□步不移云水至，□心捉住鬼神钦。
□龙蟠绕呈祥瑞，□虎咆哮炫好音。
□就月将丹结宝，□珠活乐出瑶岑。

任判官求（拆今字起）

□朝酷告判官任，□我速除福转深。

□涌焰光焚碧海，□清子净舞朱林。
□金间隔成功晔，□月交驰显道心。
□毒俱无丹自结，□人忍辱步瑶岑。

和月窬老人（折木字起）

□金间隔晃胸襟，□杀邪魔理趣深。
□里神光成玉焰，□中莲蕊结霜心。
□灵莹莹通明旭，□曜辉辉荡散淫。
□上山侗能养浩，□君保惜自琼林。

和吴元素（折一字起）

□从无意羡簪缨，□姹闲调弃利名。
□口相传忘智慧，□心不动黜聪明。
□乌月兔清澄莹，□虎金龙哮吼声。
□目聋盲难外骋，□风坚志救群生。

和平凉陈学正（折木字起）

□金有间莫轻抛，□子心灰鬓不凋。
□转十洲观紫府，□开三岛看青霄。
□中玉兔常无昧，□里金乌自是调。
□易变通陈学正，□成仙契好争标。

和于内奉韵（折木字起）

□德金方修九九，□动胎仙常启口。

□从得遇绝忧愁，□上尘情都抖擞。
□载殷勤补漏天，□道斡旋如用手。
□公亦遇重阳师，□论清真任身朽。

赠黄县卫彦周（折之字起）
□乎者也兀谁休，□是芝阳卫彦周。
□诀三光须要认，□花五彩决持修。
□开玉蕊全无事，□绽金莲别有由。
□上田田丹自结，□人相逐马风游。

和张公殿试（折金字起）
□风吹动玉冠簪，□有张公怕事禁。
□我佳篇询意马，□君妙诀话猿心。
□钩三毒休胡放，□种千般莫要寻。
□寸灵珠方寸内，□常清净鬼神钦。

赠三光会首周彬甫（折吉字起）
□人好离利名钩，□口传玄劝早修。
□我心中当剪截，□矛意上莫停留。
□田耕透三田宝，□玉生成四玉牛。
□载殷勤非用力，□圭得饮行功周。

和县尉王武略（折丁字起）
□壬交会得真闲，□访金方牒发还。

□离尘情屏俗事，□开心性与玄关。
□扃户掩居环堵，□就月将炼宝山。
□见吾官神自喜，□传微妙好跻攀。

和宁海刘殿试（折口字起）

□传离俗乐然归，□里华阳更问谁。
□若诺时常作伴，□违口契永难随。
□中玉兔行来晚，□里金乌叫及时。
□步能移仙举应，□莲五彩自然知。

和范寿卿殿试（折二字起）

□仪攒聚结灵丹，□点元阳晃九关。
□户阐开无俗虑，□神安静得真闲。
□金间隔垂云脚，□日交辉现本颜。
□味琼浆因烂饮，□君诗债片时闲。

又（折才字起）

□人开悟悟终宵，□在行庵不照茅。
□为官魔来故郡，□寻仙契结知交。
□天母地通三要，□姹婴娇弄六爻。
□动心清增慧力，□圭烂饮万缘抛。

和于百寿韵（折家字起）

□风清净大乘功，□办修持不落空。

□炷心香关穴满，□般枪法妙玄通。
□乎者也非吾会，□月星辰在鼎中。
□诀授传如省悟，□莲开后不愚蒙。

和昆嵛于华叔韵（拆龙字起）

□蟠虎绕助神翁，□化将来再遇风。
□灭尸亡心意净，□升火降妙玄通。
□乎者也为开导，□德清闲合至功。
□劝于公并道友，□当早早出尘笼。

洞玄金玉集卷之四

七言长篇

自喻

水云踪迹任飘飖，宝树琪花好撼摇。
炼己勤修金玉洞，潜身投宿瓦砖窖。
天关地轴蟠吾足，瑞气祥光缠我腰。
莫讶世间疏曲糵，且忻静里饮琼瑶。
遵依师父持三要，逗引灵童舞六么。
直待风仙来下界，度归蓬岛永逍遥。

腊日海上见海市，用东坡韵

海家活路不知空，长在洪波大浪中。
日日捕鱼招地狱，时时进橹背仙宫。
因何却得心悔过，遇我穿凿胜良工。
忻跃焚烧船与网，慈悲感动神与龙。
海市呈空惊众目，于中唬倒白髯翁。
时当腊八生异象，希奇造化现来雄。
龙虎绕蟠吟不尽，神仙出没画无穷。
宝殿珠楼水摇荡，琼林琪树气浮融。
跨鹤金童敲玉磬，登坛玉女击金钟。
嘉瑞重重衬天阔，庆云霭霭显年丰。

悟来赤凤翅调金，倒把青牛尾秉铜。
重遇重阳仙训诲，冰清玉洁乐真风。

宁海军判官乌延乌出次韵

腊八海市现寒空，虚无气象杳冥中。
紫雾化成蓬岛洞，红霞变作宝瓶宫。
隋珠照海相连蚌，蜀锦牵船岂见工。
风光摇曳奔山虎，云彩横斜出水龙。
遥观引鹤垂髫子，远望披蓑策杖翁。
乘鸾玉女异中异，扑象金狮雄更雄。
便是坡公吟匪尽，直饶道子画难穷。
劝人回首投嘉趣，顾我修真炼气融。
投玄幸悟无生理，救命能[illegible]过世钟。
常有慈心扶众溺，却无俗念愿家丰。
殷勤进道绝纤虑，点检行囊没个铜。
掌握斡旋颠倒法，狂歌狂舞且佯风。

次韵

万顷琉璃衬半空，阴阳造化在其中。
鹊桥桥度三山客，鸾舆舆访九霄宫。
希奇楼显摘星手，玲珑塔现不凡工。
队队坎男乘白虎，群群离女跨青龙。
背绾同心小小子，帽裹三檐老老翁。

忽尔腾空飞鹤势，偶然戏水巨鳌雄。
相契内事山侗富，倒笑虚假石崇穷。
性住命停昭且著，神清气爽朗然融。
慈悲句句如良药，语话琅琅似击钟。
罢炼心魔并意乱，却祈国富与民丰。
愿无僧爱投嘉趣，誓不悭贪积臭铜。
三髻狂吟人莫笑，一般风害害风风。

复用前韵

琅琅海市秀腊空，相次东坡十月中。
瑞气结成蓬岛洞，彩霞捧出九霄宫。
我来西高行教化，祥生北海显仙工。
跃岭奔山投穴虎，喷云吐雾戏珠龙。
异常造化三终日，希奇惊倒一老翁。
盖因渔父网焚喜，感动天翁景变雄。
诗匠赋诗诗有尽，画工欲画画无穷。
白叟黄童诚大悦，青天红日显明融。
四皓嬉游纵狂舞，八仙宴饮倒提钟。
外施功行神明祐，内炼冲和道气丰。
持戒已无心犯戒，见铜怎敢手拈铜。
奉劝后来学道者，殷勤谨谨继予风。

赠诸道友

癸卯四月行化，道过福山，因借坡公海市诗韵以述怀。

马风得遇治虚空，水养灵烟恍惚中。
斡动玲珑珍宝藏，剔开晃朗蕊珠宫。
性好清闲并道德，教传农士与商工。
调和鼎内龙蟠虎，逗引炉中虎绕龙。
铅精汞髓归根蒂，女姹婴娇惜主翁。
既悟无为真活计，肯持有作假英雄。
专志投玄能离苦，虔诚索隐不忧穷。
心便环堵攀原宪，腹长胎仙傲孔融。
钦崇教主唐才吕，遵奉讲师汉将钟。
常叹一瓢为我累，宁思五袴效他丰。
九载曾修三涧雪，十年不把一文铜。
谁继重阳师父踵，丘刘谭马阐家风。

赠诸道友

予行化芝阳，特承蓬莱道众见访，相别索诗，为借坡公韵，藏头叠字赠焉。

□仙说破万缘空，□色色空眼界中。
□下闻道必生怪，□我矜夸自有宫。
□殿修完无用木，□金间隔不烦工。
□巧难通水与火，□清易引虎和龙。
□蟠虎绕投离女，□姹婴娇访坎翁。

□母清灵生异相，□貌威严别是雄。
□哉雄哉真得得，□兮得兮赤穷穷。
□究内事默而语，□话胎仙和且融。
□融入妙开金口，□口传玄扣玉钟。
□离传吕吕传王，□父传予麻麦丰。
□人俭已成仙契，□圣合贤恶邓铜。
□臭不如功行累，□功积行得仙风。

示诸道友

黄邑修设黄箓，邀予作度师。既至，加持于全真庵。借东坡海市诗韵，以示道众。（拆虫字起）

□亡尸灭得观空，□士农商好守中。
□诀投玄无地狱，□谈入妙有天宫。
□祖纯阳曾祷现，□父风仙昔叹工。
□斩七情婴跨虎，□通一窍姹乘龙。
□盈日炅显黄婆，□升火降助金翁。
□翼生兮机莫测，□圭饮兮雌变雄。
□今不羡陶朱富，□无相继范丹穷。
□有三丹千日炼，□生五彩百骸融。
□年罢用分茶盏，□纪捐持劝酒钟。
□遇随缘行教化，□来劝世弃财丰。
□合酱黄非是道，□观心镜不干铜。
□流若悟山侗理，□帛如泥恰似风。

勉赓彦济海市诗韵（攒三字）

□□下天风仙王，□□哂我太荒唐。

□□指予游海岛，□□访觅岷山阳。

□□瞷看人业满，□□教劝如春暖。

□□从此网船焚，□□功寻不可缓。

□□马风到北溟，□□海市人总惊。

□□天垂仙景异，□□千变万化生。

□□睹如蓬岛上，□□道子难图状。

□□吞吐物物奇，□□怎写般般相。

□□惊动海边渔，□□唬心冤怎逋。

□□便焚罾与网，□□神喜天亦愉。

□□恰似醉复醒，□□语话投机订。

□□性上问长春，□□清净成丹鼎。

又（藏头折字，折目字起）

□如点漆，出自重阳。

□王度丘，刘谭马唐。

□诀传玄内云水，□然三髻来芝阳。

□居环堵加持满，□历云游谁怕暖。

□人报我望西高，□暮海市仍且缓。

□喜呈祥在北溟，□看异景众皆惊。

□风特地来行化，□好依予戒杀生。

□劝网焚船莫上，□论人形异鱼状。

□命鱼命命不殊，□审生前鱼甚相。

□下为鱼犯甚渔，□魂冤债应难逋。

□经忏悔非忏悔，□每改过天自愉。

□灰整得醉中醒，□起善心善事订。

□盟盟誓不为渔，□鱼戏海免汤鼎。

又（拆三字起）

□叠心琴虞舜王，□藏西归复至唐。

□教经文穷理看，□髻得遇炼丹阳。

□心性兮功向满，□云游兮任寒暖。

□急行兮阐善缘，□来线兮不稽缓。

□喜争言怕北溟，□喜争言过悔惊。

□喜争言不造罪，□喜争言戒杀生。

□然焚网不船上，□日道装非俗状。

□透自无名利心，□开岂有我人相。

□观渔者不为渔，□耕逋债免还逋。

□中誓不言长短，□上神明自喜愉。

□圭烂饮真心醒，□宿光临妙言订。

□壬交会结金丹，□得皆因清净鼎。

又（拆三字起）

□尸六贼怕心王，□遇风仙别母唐。

□诀传来修道德，□情削去炼阴阳。

□溪明月缺还满，□曜清风凉且暖。

□朋选择气须调，□语慈悲性且缓。

□蚁穿珠入大溟，□火同炉没事惊。

□重三光通久视，□知一大学长生。

□喜就下不就上，□悟无形亦无状。

□回意马聚精光，□绽心莲生异相。

□方人劝西高渔，□魂虾命怎还逋。

□子四人焚大网，□灵生天天愉愉。

□见海市转增醒，□涯改作善言订。

□宁更属好修仙，□断尘缘炼身鼎。

五言绝句

得遇

悟彻须凭遇，得遇须凭做。做彻清净功，神仙自来度。

叹辽阳高巨才遇而不悟

辽阳高巨才，宁海曾携手。同日遇风仙，偏他不回首。

隐奥

天有三十六，地有三十六。天地入宝瓶，七十二候足。

起慈

愿救众生苦，悲心日日多。上仙知我意，批出马维摩。

达妙

小小秦川道，迢迢近水边。闲闲成恍惚，得得遇胎仙。

中选

玉液泛金船，玉性结金莲。玉篆篆金钰，玉诏诏金仙。

通玄

六月婴里孩，呼霜带雪来。马风知得也，决定赴蓬莱。

长生

我有长生诀，今朝说与君。玉炉三涧雪，金鼎一溪云。

仙伴

谁是山侗友，今朝说与贤。青莲池上客，黄鹤洞中仙。

食韭（九九之数也）

马风戒断酒，好吃生生韭。和韭也不吃，自在逍遥走。

叹凌霄花

仰望凌霄花，看来好不好。时间依势生，势去成枯草。

道友怪予清瘦

瘦则从教瘦，不许皮儿皱。鹤体与松形，正是林泉叟。

五体皮袋颂

皮皮皮皮皮，我又不识你。不若清净乎，直究掉了你。

述怀

悟彻是非海，出离生死关。人无息肩暇，我有终身闲。

陇州环堵至辛平萧防判，以诗赠之

临行更相属，坑堑休深劚。学取马风风，灰心明性烛。

每见道众无不敬奉，遂成一绝谢之

偶尔相会面，何须苦敬钦。路遥知马壮，岁久辨人心。

赠李大乘五言诗（攒五字）

□□□□李，□□□□憩。□□□□凭，□□□□惠。

赠门弟子（攒二字）

□□志好志，□□钦常钦，□□口应口，□□心见心。

遇仙亭（折星字起）

□移并斗转，□指遇仙亭。□与壬会合，□诀醉中醒。

又（拆生字起）

□计非寻俗，□口对茅亭。□起眉毛见，□谁悟醉醒。

赠莱州醮首王永暨众道友

受罪

生前奸狡极，死后罪业多。决入镬汤狱，难逃铁网罗。

追荐

孝子办追荐，亡灵获福多。决然离地狱，免得面阎罗。

超度

七祖超升广，九玄度脱多。携云朝玉帝，跨鹤看参罗。

请圣

玉简躬身执，星冠点地多。青词采青目，黄道布黄罗。

法事

赴醮星冠广，登坛月帔多。天尊齐和起，法事越修罗。

圆满

满空鸾鹤降，赴会圣贤多。符简总圆备，云轩上大罗。

冬至日有作

一阳初运动，一线始争多。渐有春消息，仍无衣薄罗。

积行

修行行行广，积行行行多。九转丹烹鼎，六铢衣胜罗。

累功

口诀灵根种，玄言功果多。养成真玉貌，赛过摩睺罗。

赠李讲师

常令心地善，未解厌尘多。弃假投玄趣，修真上大罗。

赠莱州王道正

心性常令善，尘情却厌多。玄中搜妙理，洞里看参罗。

述怀

每恨行功少，常嫌身影多。倦开名利眼，不羡相甘罗。

月下吟

开怀明月下，快意清风多。道复唯麻布，渔巾作酒罗。

改恶修善

恶者从今善，修仙渐渐多。将来朝玉帝，免得见阎罗。

敬三教

待士非凡俗，崇僧性不凡。再三须重道，决要敬麻衫。

应祷（攒三字）

□□天极高，□□伈旱苗。□□仙应祷，□□霈三朝。

洞玄金玉集卷之五

五言长篇

慎终如始

入道十一年，常常搜己病。我欲做神仙，怎敢昧心镜。
我欲做神仙，怎敢行邪径。我欲做神仙，怎敢迷尘境。
我欲做神仙，怎敢受钦敬。我欲做神仙，怎敢忘性命。
我欲做神仙，怎敢亏功行。功行两无亏，神仙自来请。

示道众

予因游历西北，抵华亭，化到李大乘，遂借乔君章韵以赠之，兼示道众。（拆面字起）

□奉风仙诲，□每何处迂。□子游地肺，□远蓬岛居。
□乘理百骸，□华莹四隅。□避妻男雠，□厌利名纡。
□纶常作伴，□事岂能拘。□子能助道，□初劝化儒。
□今寻霞友，□觅云鹤徒。□兔飞乌健，□甲起庚呼。
□壬发春柳，□西耀冰湖。□灵龙虎穴，□脉姹婴娱。
□道子虽巧，□了性怎摹。□指中秋月，□见真形图。

借古韵（劝众道友）

我虽未达者，常好静与清。荣华非染著，不羡拥旗旌。
信笔写诗颂，意气常铮铮。湛湛成恍惚，澄澄生杳冥。
死灰比我心，槁木类我形。五行传五藏，黑白赤黄青。

烹炼真炉灶，宝结晃神京。怀玉人难晓，藐视公与卿。
大道不难学，只恐无虔诚。勤行不可弃，抱守不可轻。
解通玄又玄，众妙入门庭。不惟龙虎伏，自有鬼神惊。
同志日相访，柴扉永不扃。灵芝常饱腹，岂比膻与腥。
我因何所得，能固气神精。期归蓬岛路，鸾鹤来相迎。
玉女奏仙乐，殊无郑卫声。灵台为静国，云收性月明。
超然成羽化，岂与万物并。奉劝学道人，不可外经营。
百年如一梦，休恋利与名。心香常爇起，何必念仙经。
但存平等行，清净自然成。愿人同我志，何患不长生。

和坊州朝虚子曹瑱韵

大恸悲红叶，大笑喜头陀。大志脱生死，大愿拯沉疴。
翻身离苦海，远俗免奔波。有分修灵室，无缘过奈河。
清中清姹舞，净里净婴歌。逗引神丹秀，堤防猿马魔。

五言律诗

自述

心清眠梦少，意净瑞祥多。灵滟如红锦，丹烟似紫罗。
虎龙生羽翼，猿马罢奔波。婴姹成真乐，胎仙应物和。

和黄县呼殿试韵

东有古精蓝，西城近道庵。南山高翠岭，北海大深潭。
霞友玄中问，云朋妙处参。人能清表里，默默自然谈。

又

蓑结衣揉蓝，身居物外庵。道包天地髓，气运虎龙潭。
常有农商至，宁无禅道参。愿公当掷笔，早早悟清谈。

鄠县宰公高怀远见访求

世网包名利，尘笼罩是非。采山寻药去，慕道逐云归。
立石闲垂钓，望人早悟机。若能怀远虑，定是达幽微。

赠京兆杨学正

择术立身法，无过志读书。读书便及第，争奈忒名虚。
不若搜玄趣，修完大药炉。功成超达去，跨鹤赴仙都。

和岐阳镇张都监韵

嗟身常作观，地水火风成。假合难坚固，真修易炼烹。
形神得俱妙，龙虎自然声。响亮聒天地，心中性月明。

赠姚玄玉

心灰忘富贵，意静乐清贫。堪作逍遥客，当为自在人。
气中闲养气，神内更颐神。不著纤毫假，才方得至真。

和岐阳赵公绰殿试

大道勿难求，宜乎一志修。速当离火院，休要逐波流。
不作蝇蜗客，堪为鸿鹄俦。自然通妙用，掌握内云游。

赠虢县段先生

物外绝贪求，清中得进修。木金三间隔，天地两交流。

菩萨为亲眷，神仙作侣俦。青莲池上客，黄鹤洞中游。

迷悟吟（赠凤翔府栾孔目暨道友）

养家受辛苦，学道应仙举。养家著外求，学道向内补。

养家堕轮回，学道免来去。本是一般人，只争悟不悟。

罪福吟（劝众道友）

养家日日贪，学道常知足。养家为妻男，学道离尘俗。

养家造罪业，学道成仙福。罪福各自招，天堂对地狱。

苦乐吟（赠凤翔府高谋克暨程先生）

养家受煎熬，道修无炙烙。家逼损精神，道炼调经络。

家累堕黄泉，道成超碧落。养家学道人，自招苦与乐。

从长吟（寄临洮府权县武功乌林答）

家缘堪可恋，因何名火院。道若不可修，海蟾就荣显。

愿人早悟斯，学道从长便。物外乐希夷，修完本来面。

离尘吟（赠玉峰李庆长暨众师兄）

金枷悟来碎，玉杻惺来破。妙手解名缰，虔诚敲利锁。

迷津不陷身，欲浪难漂我。作个离尘人，物外修仙果。

得遇吟（赠岐阳镇赵公绰殿试暨众道友）

不纵马儿颠，不放猿儿耍。心意自不高，人我自然下。

修炼身中真，断制身为假。东遇重阳师，西整丹阳马。

逍遥吟

临洮府推高武功，遣人赍书来终南祖庵邀请。予誓不乘骑，加之路遥，不克趋赴。作此以赠之。

因遇无羁绊，通玄养慧苗。心神常坦坦，云水任飘飘。

疏散横担镢，优游懒系腰。不唯身自在，更得性逍遥。

行道吟（勉门人）

皓月照林霜，华轩放彩光。玉炉生宝篆，金鼎酿琼浆。

礼数无拘束，平和得异常。岂思为家计，行道万缘忘。

三奇吟（自谕）

勘破这尸骸，须当救度壳。直饶五马荣，难牧三奇朴。

涤虑灭三彭，洗心按三角。人皆贵名高，我独惊超卓。

证修吟（劝门人宁贴办道）

辨铅须灭汞，得汞却生铅。证佛得无量，修仙道有玄。

仙佛归一趣，道德在两全。谨谨心宁贴，行持忘要坚。

真一吟（赠凤翔府迎祥观众大师）

命清得长生，性静能久视。命乃气之名，性乃神之字。

气是神之母，神是气之子。子母成真一，真一脱生死。

述怀吟（赠华亭居环堵灵阳子李大乘）

食乞且糊口，身投清净户。四攸[①]不成真，一气堪为主。

能将性月修，解把心琴抚。灭尽尸与虫，免教苦中苦。

【注】

①攸：有本作“假”，意长。

日用吟（赠华亭传灯子张大悟暨众师兄）

朝也防心动，暮也防心动。炼气做生涯，颐神为日用。

常交龙虎调，不使马猿弄。堪为睡觉人，免作梦中梦。

固本吟（赠陇州佑德观王道正）

识破四假身，修炼个真身。欲要成灵物，须当固本根。

清闲无一事，疏散绝纤尘。已作逍遥客，兼为自在人。

无为吟（自咏）

术法我不会，打坐我不爱。终日乐逍遥，终日占自在。

观天行大道，自然得交泰。本师传口诀，无为功最大。

清净吟（赠华亭县宰明威）

锻炼这顽心，锻炼这俗意。心死情不生，意灭精自秘。

心清气自调，意净神自喜。人能常清净，决证神仙位。

自然吟（赠陇州萧防判）

顿觉万缘空，顿觉心开悟。心猿自然停，意马自然住。
龙虎自然调，神气自然固。金丹自然结，神仙自然做。

落魄吟（赠真阳子来灵玉）

一身放落魄，衣挂两三索。脱了妻男雠，免受利名缚。
坐卧无羁绊，住行无依托。谁知落魄人，内隐踏云脚。

圣功吟（赠陇州李镇国）

我有修仙术，说破人惊骇。净里撮乾坤，空中安鼎鼐。
扳倒昆仑山，托起大阳海。山海变桑田，性命久长在。

全真吟（借山堂吟韵）

全真日兮金乌飞，全真月兮玉兔归。
青龙戏兮投虎溪，是不是兮孰得知。

颂

无有颂

不悟无无迷有有，争知有有却无无。
人皆著物物非物，我独如愚愚不愚。

通玄颂

得遇投真修妙果，玄中通晓些儿个。

寻思性命不由天，斡运阴阳全在我。

见性颂

一点灵光晃太虚，丹青妙手莫能摹。
休将明月闲相比，有缺因缘怎类吾。

和坊州曹解元次子曹守志

赛过庞公胜陈七，俄惊生死忻然出。
愿贤守志莫忘初，定是前程子得一。

和完颜尼福海所闻空中颂四章

口不念经经自念，足不登楼楼自上。
家乡悟彻好离乡，心田耕了更无田。

又

行也同时坐也同，大悲手段绝听闻。
救拔滞魄与孤魂，出离地狱入天门。

又

大道身中物外求，火里青莲滴珠露。
长在宝瓶为供具，慈悲心起常坚固。

又

无乡无里，有乡有里。起慈起悲，普挈普提。

赠华亭张四机宜

不染不著，无为无作。常清常净，真欢真乐。

赠凤翔府灵童张守清

道大道大，无毁无坏。悟者得之，性命长在。

赠苗一官人

脱尘离俗，通三悟六。养气全神，永占仙福。

赠陇州小麻先生

清心净意，养气全神。功昭行著，得做仙人。

赠陇州染赵先生

恶死离死，好生修生。真清真静，性住命停。

示门人

酒色财气，攀缘爱念。忧愁思虑，非道识见。

又

清闲无事，逍遥自在。不染不著，得超三界。

又

心清意静，气和神定。真息绵绵，灵光莹莹。

又

无为无作，不染不著。命变霜球，性通丹药。

赠于内奉先生

道眼不明，心地不灵。别无他事，行道不精。

修仙立志集句

同共修仙，万缘一撇。不忘初志，旋添决烈。

至死一著，直要做彻。命似清风，性如明月。

洞玄金玉集卷之六

六言诗

题怡老亭

我有一卮芳酒，待与知音同友。
看来尘世忙忙，无似清闲野叟。

又

落魄婪耽因酒，酒饮醉醒曾有。
有人问我谁家，家祖扶风莘叟。

复用前韵赠陇州魏司判

祖讳觉，字莘叟。

好饮长生仙酒，好向无中寻有。
好礼自心为师，好做物外清叟。

继胡公讲师韵（折口字起）

☐张非为妙语，☐举世间谈话。
☐句不如不话，☐默默中妙话。

赞史先生

史公得遇，得遇重阳。重阳传授，传授玄黄。

玄黄至理，至理不忘。内持修炼，外绝炎凉。
水火既济，日月交光。龙吟离位，虎啸坎房。
木金间隔，婴姹圆方。刀圭烂饮，知味闻香。
神丹结正，晃耀晶阳。风仙来度，显出嘉祥。
歌舞三日，辞别街坊。唯云归去，趍赴蓬庄。
复入庵内，奄然而亡。观者云集，事理匪常。
一灵真性，班列仙行。

歌

济度歌（借东坡韵）

我无去就心何处，不摇不动三阳宇。
一志超然不外求，万事俱忘常内顾。
自炫无拘落魄人，逍遥坦荡乐清贫。
身如野鹤无萦系，意似孤云无点尘。
无功无法心打坐，闲是闲非耳边过。
人来请我求追荐，再三再四难阻面。
环墙结夏应加持，日祷一斋非下贱。
真经默念起慈悲，救苦咄开地狱门。
孤魂滞魄脱枷锁，狂歌狂舞乱纷纷。
承斯功德得迁转，祥云引赴瑶池宴。
我观世事忒煞空，又把世人当酷劝。
求财求财须重义，不义之财如刀利。
不如照破事情疏，猛弃妻男大丈夫。

莫忘初志休生退，日就月将如我辈。
视无所见听无声，不视不听得视听。
法体无形形自现，法鼓无声声自鸣。
出门入户自迎送，迎送往来通妙用。
重阳传授与山侗，我今转付与诸公。
自然霞彩通车轼，自然准望神仙职。
到此不分西与东，何愁无分继扶风。
人还悟此玄玄理，方信蓬瀛指顾中。

慈惠歌（藏头拆字，拆人字起）
□然幸遇重阳仙，□我俱忘半拖袂。
□冠不整效师家，□羊不食非边斋。
非边斋，□诀传来十三岁。
□戟心肠久已无，□灭烟消三吉髻。
□行大善起慈悲，□念哀人勤劝世。
□灵无染永清清，□气调匀常细细。
常细细，□种丹田仙踵继。
□绵细绢敌风霜，□惠贫人任破敝。
□笔不侵利与名，□舌奚言犬与彘。
□来灵物吐红辉，□显教门诗曲缀。
□有鹤疏来请予，□宁对我专发誓。
□其追荐救亡灵，□志可怜慈可惠。
□神默祷本师真，□此申闻阴府诣。

□下孤魂滞魄苏，□天超度如舟济。

□声歌咏九皋禽，□有青鸾赤凤唳。

普救歌（藏头拆字）

□色水流梁栋间，□乌月兔来共处。

□诚守道得真欢，□意常清通妙语。

通妙语，□论传玄钟与吕。

□诀复授王风仙，□侗得遇获深趣。

□观玉姹洞中歌，□喜金婴空里舞。

空里舞，□年陕右居环堵。

□来月往猿停马，□灭烟消龙缠虎。

□然牒发到山东，□德人来祷内补。

□冠重整来追荐，□之加持报乡土。

□齐魂魄出黄泉，□历云游归紫府。

归紫府，□之云鹤不我拒。

□哉普救免轮回，□子超升仙尽与。

发叹歌

芝阳道友访文登，非是寻芳觅翠荣。

具说宰公投尺牍，邀予掌醮救亡灵。

救亡灵，事最好，有些小事当分剖。

惟恐后进相效颦，赶斋赴醮不修道。

不修道，怎了仙，了仙须炼气绵绵。
倒卷辘轳灯树落，斡旋宇宙性灵圆。
性灵圆，当积行，引人回首归清净。
慈悲援溺布桥梁，恻隐扶危立梯隥。
立梯隥，作渡舟，度人物外做真修。
奈何道友求追荐，孜孜祷我救阴囚。
救阴囚，如何是，予乃无为清净士。
未尝趁醮和天尊，不会登坛行法事。
行法事，请黄冠，洁己登坛作内观。
予应加持处环堵，默祷本师天仙官。
天仙官，重阳也，发叹起慈行悯化。
千重地狱枷锁开，一切亡灵罪情舍。
罪情舍，暨孤魂，同游紫府入仙门。
不夜乡中得真乐，长春洞里捧金樽。

和胡讲师韵

重阳真人寻友，东游宁海。
三髻懒汉选仙，西访长安。
长安大道，如何者哉。
堪放落魄，宜弃婴孩。
既通玄趣，当补形骸。
抽添运用，次叙挨排。
飞乌走兔，双戏俱皑。

烟消火灭，锐挫强摧。

断除烦恼，洗涤尘埃。

心无染著，齿免䃴䃴。

金花要赏，玉树栽培。

火生慧草，水长灵荄。

常教灵焰泼泼，无令神水溃溃。

常教命灯明朗，无令性烛沉埋。

寻访同心同德，讲论有倚有挨。

三尸拜降方寸，六贼难会九垓。

要斡旋壶中日月，须倒颠洞里山隈。

得自然爱欲星散，得自然人我星硃。

大药清灵于玉鼎，胎仙歌舞于瑶台。

堪叹利名之切切，堪叹生死之哀哀。

好把尘缘大家勘破，休教走骨时暂狂乖。

决要炼形如同槁木，决要降心有若死灰。

异日丹成九转，携云同赴蓬莱。

立身法

立身之法，分明说破。意马牢擒，心猿紧锁。

戒断悭贪，伏降人我。节慎语言，堤防口过。

莫起风波，休生烟火。忙里偷闲，闹中趓趓。

修仁蕴德，消灾灭祸。退己进人，亦成仙果。

十了功

十了功乃内事，非眼前境界，真清真净，自然得之。

项中霞彩流，眼中光明流，
耳中冲和流，鼻中玉柱流，
口中甘津流，心中真火流，
脐下黄河倒卷流，木金随波运转流，
自然天地两交流，十分功满性风流。

联句

摆脱名缰三岛客，掣开利锁十洲仙。
长生路径当修补，不死根芽好炼烹。
修心要做长生客，炼性当为活死人。
炼气气和神踊跃，修真真净性玲珑。
专心学道须通道，坚志修仙决遇仙。
谁知神秀过才秀，我觉心明胜眼明。
心没攀缘神彩秀，气无凝滞性灵圆。
水中焰迸三丹结，火里莲生一性灵。
学道男儿无我相，修仙烈士没人情。
志上博来心上悟，道中通得妙中玄。
梦里曾收无影剑，法中去了有情心。
尘中无染心中悟，道上通玄性上灵。
阴里藏阳阳烜赫，命中养性性玲珑。

学道须凭心决烈，修仙全在志坚刚。
石女吹箫鸾凤舞，泥牛入海虎龙和。
玲珑玉姹敲龙角，惺洒金婴跨虎腰。
瑶池殿下青鸾舞，阆苑宫中白鹤飞。
袖里青蛇三尺剑，腹中白虎九还丹。
青霞宫里收红雪，碧玉岩前赏赤松。
心清意净天堂路，意乱心荒地狱门。
斡旋决仗无为力，造化全凭清净功。
一袖拂开沙世界，三丹结正大罗仙。
捉住亘初灵底物，得观元始本来真。
六六阴消丹灿灿，三三阳聚性灵灵。
云根水骨归金鼎，汞髓铅精聚玉炉。
速把我人山放倒，急将龙虎穴冲开。
踏碎龟蛇真活计，和调龙虎好生涯。
若要姹婴双戏鼎，须教日月两同宫。
鼎内精金生五彩，炉中美玉结三光。
兔走乌飞投气海，龙吟虎啸入神京。
心猿紧锁丹无漏，意马牢擒性自明。
降住天关并地轴，斡旋坎虎与离龙。
猿颠马劣难成道，虎绕龙蟠易见真。
心中事少忧愁少，性上尘多疾苦多。
有有有中非有有，无无无里有无无。

归山操

钰因与僧烛律师、殿试范寿卿，于郡城之北三教堂，一日焚香宴坐，有王大师抱琴而来鼓之。日昃，作琴操《归山操》，盖钰有归真之意也。

能无为兮无不为，能无知兮无不知。
知此道兮谁不为，为此道兮谁复知。
风萧萧兮木叶飞，声嗷嗷兮雁南归。
嗟人世兮日月催，老欲死兮犹贪痴。
伤人世兮魂欲飞，嗟人世兮心欲摧。
难可了兮人间非，指青山兮当早归。
青山夜兮明月飞，青山晓兮明月归。
饥餐霞兮渴饮溪，与世隔兮人不知。
无乎知兮无乎为，此心灭兮那复疑。
天庭忽有双华飞，登三宫兮游紫微。

委形赞

癸卯岁，师父丹阳真人，一日俄肆笔而书，名曰《委形赞》。是岁果蝉蜕，故集于是。

卫身之光，照耀非常。卫身之兽，风云前后。
大哉登真，委形而寿。绀发青眉，红颊素肌。
如龙换骨，如蝉蜕皮。不作易性，奚为空衣。
兀然若睡，卧箦而归。大哉登真，路入青溟。

麟随绛节，凤牵朱軿。鸣鸾珮玉，履虚步云。超受真诰，上登玉扆。天路何长，天人飞翔。扱金拊石，散花烧香。声动三界，众来十方。群魔钦仰，六丁惊遑。灵颖斯成，幸无灾螟。却顾松柏，非为遐龄。山有时崩，海有时田。天长地久，永为列仙。

洞玄金玉集卷之七

论恩

天地日月父母恩，不能使我脱沉沦。
弟兄姊妹暂相识，妻妾儿孙愈不亲。
幸遇风仙传秘诀，致令马钰得良因。
断情割爱调龙虎，绝虑忘机产凤麟。
玉内生金丹结宝，水中养火气安神。
师恩深重终难报，誓死环墙炼至真。

十报恩（本名瑞鹧鸪）

山侗一愿报师恩，物外生涯世罕闻。锻炼玉炉三涧雪，修完金鼎一溪云。

蛟龙宜向火中溉，猛虎堪于水里焚。一粒神丹光透壁，不神神彩独超群。

又

山侗二愿报师恩，立誓修行志炼心。火焰灭除火养木，水银枯尽水生金。

木金三间通玄路，水火同流结宝岑。久视大丹成不漏，携云归去绝升沉。

又

山侗三愿报师恩，锻炼灵胎在玉京。铅汞烹煎先有验，虎龙交媾岂无声。

三光并秀超三昧，五岳同峰出五行。三五丹成真造化，自然云步访蓬瀛。

又

山侗四愿报师恩，天地收来入宝瓶。日月山川添壮观，虎龙婴姹得安宁。

清轻浊重阴阳正，博厚高明品物灵。赫赤丹成全性命，超然跨鹤过天庭。

又

山侗五愿报师恩，酒色气财誓不侵。便把日乌先赶退，次将月兔更牢擒。

月轮重显无圆缺，日色增辉没缩沉。功满丹成何处去，得超云汉绝阳阴。

又

山侗六愿报师恩，坦荡逍遥不惹尘。识破假躯端的假，研穷真性的端真。

方知可道非常道，始觉不神所以神。清净丹成乘赤凤，大罗天上赏长春。

又

山侗七愿报师恩，掌握虚无死水银。满目牛羊当道卧，一轩风月证人纯。

清清净净难迷假，净净清清易见真。龙虎丹成无九转，自然永永做仙人。

又

山侗八愿报师恩，返覆阴阳仗炼烹。火降水升抛雪浪，龙吟虎啸发雷声。

玉炉瑞雪重重结，金鼎祥光霭霭生。无价丹成无老死，长生路上法身轻。

又

山侗九愿报师恩，意净心清路坦平。便把无为为造化，不凭有作作经营。

恰如逗引龙和虎，还似般调姹与婴。活乐丹成蓬岛去，和公师叔远来迎。

又

山侗十愿报师恩，劈碎金枷玉杻情。久视门中修久视，长生路上得长生。

昏昏默默澄澄湛，杳杳冥冥净净清。响亮丹成蓬岛去，重阳师父远来迎。

述怀

利名场上没萦牵，人我丛中绝焰烟。举意游山山岭上，兴心乐水水云边。

往来飘逸孤如鹤，去住安闲静似蝉。据此逍遥能有几，从教人道活神仙。

上街求乞

人人休惜一文钱，好与贫儿且结缘。暗暗还贤增万倍，明明助我养三田。

舍悭自是开心地，割爱方能达妙玄。一日悟来离苦海，逍遥物外共修仙。

勉门人

道人活计不相侵，各自衣餐各自寻。莫为闲言闲斗气，休争俗事俗萦心。

搜玄绝虑龙随虎，索隐忘机水养金。清净色身全法体，一炉丹熟步瑶岑。

道友问：在家能修行否？

神仙要做恋妻男，忙里偷闲道上参。清净门庭无意认，淫情术法入心贪。

欲求家道两全美，怎悟寂寥一著甘。莫待酆都追帖至，早归物外住云庵。

赠李校尉

一身便做个丹丘，于内常常云水游。离坎交宫真子午，甲庚易位没春秋。

五行四象皆无用，三岛十洲却有由。功行无亏云鹤引，大罗天上列仙俦。

遇禁烟道友索

禁烟禁火禁心猿，真息调来永永绵。云水不游芳草径，身心岂著杏花天。

为人勿作坟中鬼，学我能修物外仙。异日大丹成九转，腾空何必打秋千。

赠泾阳张书表

六旬有四卦将休，猛悟灰心离俗游。访我搜真归正觉，搜玄索隐做持修。

头分丫髻云霞友，手显擎拳风月俦。稽首更明珍重理，自然得去赴瀛洲。

赠段先生（拆段字起）

□公物外好生涯，□火相逢结大砂。□女盘桓看大药，□牛哮吼戏灵葩。

□云铺地丹炉赫，□子观天碧眼华。□有三生君省悟，□中无事步烟霞。

赠姜公

宁海长春庵主姜公，同众道友怜予行步艰难，造一奚车[①]。工既成日，就福山来投，故作是词以报焉。

青牛白鹿与黄羊，稳驾云舆昼夜忙。运载乾坤常会合，推般日月永交光。

法轮响亮投玄窟，云辂玎珰入道场。九转功夫如省悟，自然得继马丹阳。

【注】

①奚车：奚人所制之车。前宽后窄，车毂较长，车轮略大，车轴则较短，车牙厚不过四寸，车轸不过五寸。奚车上面长价有木棚，用毡帛覆盖，有的还绣有花纹和图案。

文登县黄箓醮赠道众

昆崙三髻马风歌，得遇修仙厌事多。我处无为酬本愿，人求追荐苦相魔。

加持助醮居环堵，救拔亡灵上大罗。滞魄孤魂诚有幸，一齐超度喜无过。

又

一从得遇乐清贫，忻住环墙怕惹尘。炼气气和神恋气，颐神神爽气安神。

宰公请我求追荐，小子慈心奉善因。救拔亡灵超上界，孤魂滞魄总朝真。

爇心香（本名行香子）

夫妇分离

你是何人，我是何人。与伊家、元本无亲。都缘媒妁，遂结婚姻。便落痴崖，贪财产，只愁贫。

你也迷尘，我也迷尘。管家缘、火里烧身。牵伊情意，役我心神。幸遇风仙，分头去，各修真。

上街化导

师父重阳，真个真师。教马钰、专做贫儿。生涯清净，活路无为。应抚心琴，调龙虎，饮刀圭。

誓不山东，缘在关西。且和光、混俗随时。笊篱闲把，惟望人知。愿不蚤归，休空过，疾修持。

示众师兄

未至丹阳，怎敢为师。对同流、说破些儿。长生妙处，似有施为。聚五彩云，五行气，五方圭。

酉雉生东，卯兔生西。是木金、间隔之时。净中意会，清里心知。愿早清心，早净意，早行持。

劝众师兄求乞残余

物外飘蓬，馁在其中。蓦然闻、撞动斋钟。残余求乞，祷告玄宗。念出家儿，无家地，道家穷。

麻麦充餐，消灭尸虫。觉虚心、实腹和冲。婴儿跨虎，姹女骑龙。在虚无中，来无迹，去无踪。

又

悟道翛然，出世因缘。但闻人、修建斋筵。长舒臂膊，立在傍边。便乞残羹，觅残饭，度残年。

无耻无羞，灭火消烟。便留心、搜妙搜玄。阐开玉蕊，攒结金莲。觉气神清，精神秀，做神仙。

赠王五先生送环墙内饮膳

教去当除，争办斋厨。弟兄澽、错用功夫。不如休歇，早认元初。便觅云根，寻云脚，履云衢。

喘息如龟，似有如无。觉冲和、来往宽舒。斡旋山岳，呼吸江湖。得产仙胎，成仙质，赴仙都。

咏香

不爇沉香，闲爇心香。布仁风、处处闻香。人人向善，个个崇香。愿处无为，常清净，自然香。

妙洞云香，虎啸喷香。更龙吟、吐出馨香。玉为宝篆，金结丹香。得赴蓬瀛，超三界，献真香。

咏鹤

虽处鸡群，如凤毰毸[①]。自丁令、化现如斯。霜毛朱顶，玉羽琼肌。唼太湖萍，潭鼻粟，嗅云霓。

朝戏芝田，夕饮瑶池。待王乔、来控当归。舞吴市显，乘卫轩奇。便指蓬壶，朝金阙，赴丹墀。

【注】

①毰毸：鸟羽张开。

劝世

颜貌苍苍，髭鬓斑斑。愈愚迷、嫉妒贪悭。不忧自己，抚谓妻男。便巧心生，无心肯，放心闲。

苦海波中，火院常耽。运机谋、积业如山。不求大道，一向痴顽。算有谁知，修仙易，养家难。

善恶报

造恶之人，凶横无过。细寻思、最易奈何。生遭官法，死见阎罗。向狱儿囚，碓儿捣，硙[①]儿磨。

积善之人，恭顺谦和。细寻思、却总输他。难收黑簿，怎入刑科。更神明祐，家门庆，子孙多。

【注】

①硙：石磨。

题仵先生东廊

六月严凝，腊月炎蒸。这真功、颠倒分明。阳中阴极，阴里阳生。出五行中，谁行到，我行程。

万朵金莲，火里常荣。水中看、红焰升腾。两般攒聚，一性圆成。

便戴三花[①]，梳三髻，礼三清。

【注】

①三花：指精、气、神。

赠张刘二都料

奉劝清河，酷告彭城。暨诸公、休苦劳神。速离火院，早出迷津。纵水云游，归物外，作闲人。

端的修行，洗涤心尘。以云朋、霞友为亲。研穷久视，讲论长生。便悟玄玄，通妙妙，得真真。

谢兴平县李公翁母布施一子学道

布施非凡，出俗因缘。舍娇儿、入道搜玄。人人称善，个个称贤。便远扬名，名扬远，出秦川。

父母深恩，要报听言。我人除、擒捉心猿。气通八脉，功满三田。救九玄尊，七祖父，共成仙。

客人樊公索

三髻山侗，叹个樊公。贩淄矾、苦海波中。要除烦恼，助一帆风。便弃繁华，离燔火，出凡笼。

真个逍遥，真不迷蒙。守真清、真争真功。真真相济，真性玲珑。便得真风，成真趣，显真容。

赠彭官人

昨日官人，今日仙俦。悟浮生、水上浮沤。忽生忽灭，难保难留。

便做风狂，成风雅，骋风流。

心意清闲，云水遨游。以气财、酒色为雠。法名得得，道号休休。认本来如，无来去，好来由。

赠扶风县杨公、马公

但愿人人，识破浮生。速抽身、猛弃尘情。休妻别子，绝利忘名。便洒然惺，豁然悟，顿然明。

虎啸龙吟，气爽神清。做真修、汞炼铅烹。心平行满，丹结功成。得跨云霓，朝玉帝，住蓬瀛。

岐阳镇张同监问修行

休问因缘，各做修行。古人言、两句堪听。人人有分，个个圆明。但事情疏，心清净，达长生。

元气盈盈，大法成成。创初观、日月停停。光辉莹莹，龙虎平平。觉本真真，常寂寂，永宁宁。

赠阎知宫

此个知宫，本是神仙。外修持、错了因缘。听予劝化，索隐搜玄。便弃繁华，离尘境，访林泉。

净意清心，耕种丹田。更常常、炼息绵绵。命灯灿烂，性月团圆。待行功成，超达去，得升天。

寄白水冯公、淄阳长老

白水冯公，宁海扶风。更淄阳、长老仙翁。三人一意，一志三通。

便剿妖魔，擒猛虎，捉蛟龙。

俗虑俱忘，真气和冲。得自然、晓达灵踪。金丹灿烂，玉性玲珑。待行功成，超上界，住蓬宫。

寄柳巨济学录

奉劝书生，早悟浮生。舍荣华、物外游行。无思无虑，无爱无憎。便纵闲心，寻霞友，访云朋。

常处常真，常净常清。做修持、自是灵明。铅为汞药，汞乃铅精。炼大丹成，乘鸾去，赴蓬瀛。

赠三水三老先生

猛悟无常，顿绝悭贪。脱轮回、恋甚妻男。出离火院，放肆婪耽。更头如蓬，面如垢，语如憨。

万事俱忘，志炼行庵。灭尸虫、敷布云昙。幽微穷究，道德相参。便讲玄玄，搜六六，论三三。

赠灵阳子李大乘

悟彻阳元，便把阳牵。要阳阳、彻地通天。阳穿八脉，阳透三田。觉一阳周，一阳就，一阳全。

水养灵烟，火养灵泉。更灵灵、真秀相传。灵砂无漏，灵物牢坚。便结灵光，成灵宝，做灵仙。

赠华亭张大悟

大悟之人，能放心闲。弃利名、爱海恩山。食无求饱，居不求安。

更不狂思，不下忽，不高攀。

协气横横，甘露珊珊。用牛羊、车载循还。坎离交结，龙虎盘桓。得至精微，水精热，火精寒。

华亭县西庵主王公请住方丈

誓戒肥甘，欣乞余残。以惺惺、变作痴憨。不居方丈，不住华轩。把浴堂来，为睡室，且弯跧。

外乐无心，内养真颜。叹尘中、独占清闲。将来功满，离了凡间。向大罗天，云霞洞，列仙班。

悟黄粮（本名燕归梁）

词名本是燕归梁，无理趣、忒寻常。马风思忆祖纯阳，故更易，悟黄粮。

百年一梦暂时光，如省悟，弃家乡。常清常净处真常，累功行，赴蓬庄。

终南居环堵

董宣[①]强项岂寻常，如燕颔，即非殃。掀髯虚长不名疮，无破处，又何妨。

道家贫后计多方，无腋袋，用皮囊。揞颐悬挂度炎凉，里面有，万般香。

【注】

①董宣：东汉陈留圉县（今河南省杞县南）人，字少平。光武帝时，曾任北海相、江夏太守。为官刚正廉洁，不畏权势。后特征

为洛阳令。时光武帝姊湖阳公主奴仆白日杀人，匿公主府中，遂候公主出行时，叩马拦车，面责公主过失，就地捕杀其奴。以此被光武帝鞭责，迫其向公主叩头谢罪。宣两手据地，颈项强直，终不俯就，遂有“强项令”之称。

赠兴平杨先生

密密相传理最深，向水里，自生金。个人无口解哦吟，能云步，曳云襟。

寻思今古修仙道，今如古，古如今。古今难得遇知音，知音者，似予心。

战掉丑奴儿（本名添字丑奴儿）

紫极宫加持，忽闻左右宰猪之声，因作是词。

莱州道众修黄箓，各各虔诚。无不专精，邀我加持默念经。救亡灵。

奈何邻舍屠魁刽，不顾前程。宰杀为生，猪痛哀鸣不忍听。最伤情。

赠醮首刘大官

彭城兄弟皆官样，富贵之家。酷好荣华，未解回心悟落花。路途差。

吾亲若肯搜玄理，别有生涯。炉炼丹砂，大药烧成迸彩霞。泛仙槎。

赠刘叔建、马长吉

吾亲叔建并长吉，两个同监。未解婪耽，来往奔波名利贪。似痴憨。

劝他早把元阳整，恋甚妻男。卓个云庵，一句玄言匪俗谈。离尘参。

赠莱州平等会首

世传斑竹佳人泪，语话皆非。因击三尸，血染斑斑事最奇。马风知。
专投正直无私杖，休笑轻微。最好闲携，屏尽妖魔玉性辉。赴瑶池。

咏筇杖

愿君妆点逍遥客，鹤膝同随。闲步云霓，笑傲清风明月溪。乐希夷。
海芦尚有三三节，阳数明知。与道相宜，好伴云游风马儿。莫推辞。

自叹

念身破旧如茅舍，雨渍风掀。惹火招烟，鼠[illegible]蛇钻柱脚偏。悉牢坚。
遇师变作银霞洞，修整云轩。悬挂珠帘，赏玩光明不夜天。决成仙。

又

悟来修炼身中宝，不骋髯掀。唯喜沉烟，施布仁风无党偏。愿心坚。
劝人识破浮生梦，恋甚华轩。更不观帘，随我扶摇入洞天。做神仙。

自戒

我因醉里曾疏脱，誓不衔杯。识破浮财，气不闲争色怎埋。免非灾。
重重得遇修行做，洗涤灵台。保护灵胎，直待灵珠变个孩。赴蓬莱。

又

前生不种今生福，求乞街前。冻馁迍邅[①]，心似汤锅沸镬煎。愿哀怜。
明明舍一文钱与，暗暗还贤。最大因缘，自古慈悲总做仙。不虚言。

【注】

①迍邅：处境不利，困顿。

又

茶来酒去人情事，匪道根由。惟献惟酬，酒去无茶回奉休。便为雠。

怜贫设粥非求报，建德如偷。更好真修，定是将来看十洲。步云游。

又

恤饥共设三冬粥，稽首诸公。但愿家丰，些小慈悲米济穷。好那容。

道心长在常行善，性命圆融。自是心通，缚马擒猿引虎龙。赴蓬宫。

又

世人个个便宜爱，争要便宜。斗使心机，赢得便宜却是亏。少人知。

劝他好把便宜舍，建德施为。非是愚痴，暗积洪禧达紫微。做仙归。

又

浮云聚散如财物，不义之财，休要贪来，那底招殃惹祸灾。好生乖。

不如心地行平等，各不伤怀。远胜持斋，定是将来免落崖。赴蓬莱。

又

三冬设粥宜长久，岁岁如然。恻隐心坚，种下今生真福田。不亏贤。

虽然出了些儿米，获福无边。积行功圆，定是将来证果仙。上青天。

又

斋前收拾行香火，供养饥贫。当办辛勤，决定于中隐好人。莫相轻。

我今已得真消息，说与人听。须要虔诚，恭谨如同祭祀神。遇真真。

又

街头冻馁求乞者，欢喜哀怜。供养如仙，惟恐中间隐圣贤。要精专。

胜如修建千坛醮，别种因缘。福行周圆，定是将来步碧莲。去朝元。

又

三冬设粥当周急，饥者堪怜。美事堪传，他处人闻此善缘。亦如然。

济贫拔苦慈悲福，功德无边。胜蒸沉栈，定是将来得上天。做神仙。

又

当厨听取扶风劝，煮粥休稀。稠厚些儿，慎勿谩他人肚皮。起慈悲。

朝朝日日心休倦，好趁辰时。兼解寒威，积此真功莫要亏。得洪禧。

又

慈悲道友怜贫乏，设粥三冬。总获真功，更启虔诚有始终。逐年供。

惠而不费人闻得，但愿家丰。肯济贫穷，管取将来不落空。赴仙宫。

又

千门万户人听劝，好结良因。恤念饥人，共设三冬粥济贫。福弥臻。

一抄半撮慈悲米，功行非轻。远胜看经，恻隐之心达玉京。注仙名。

又

风刀雪箭三冬苦，当恤贫儿。身上无衣，口里无餐常抱饥。忒孤恓。
人人正好修功德，当起慈悲。拯溺扶危，设粥都来百日期。立仙梯。

冬天设粥益利甚多，烦孙公副正留心，无令断绝。
甚荷。奉呈小词二阕

三冬设粥来宫观，善事光临。休起愁心，悟取慈悲行最深。足人钦。
休生倦怠常宁耐，胜爇檀沉。妙处闲寻，水火相生玉里金。上瑶岑。

又

孙公副正居何处，紫极之宫。待客谦恭，高下相看动己躬。似张弓。
劝贤早认真修炼，斡运灵宫。省可恭恭，锦箭如丝射宝躬。不须弓。

离苦海（本名离别难）

谨继重阳师父韵

缘遇离苦海，修真寂真寥。向真风里、捉真飙。种琪瑶，真真瑞满青霄。引真个玉兔,真个金鸡,自是能消。更收聚、真龙真虎缭绕,真象肯偏饶。

真恍惚，真彰昭。见真婴、真姹相招。访真离、真坎真处，要真真、相济服灵苗。忽结亘古真容，因真清净，功力和调。蓬岛去，拜礼重阳师父，永逍遥。

洞玄金玉集卷之八

斗修行（本名斗百花犯正宫）

同流宜斗修行，斗把刚强摧挫。斗降心，忘酒色财气人我。斗不还乡，时时斗，悟清贫逍遥，放慵闲过。

斗要成功果。斗没纤尘，斗进长生真火。斗炼七返九还，灿烂丹颗。斗起慈悲常常似，斗无争，斗早得携云朵。

捣练子

赠云中子苏铉

云中子，是苏公，听予休要头蓬松。顶华阳，巾九峰。

当行化，代山侗，云游西北访崆峒。阐善缘，立教风。

劝众师兄访道

马风子，未通玄，性昏识昧不翛然。倚仗予，枉了贤。

听予劝，莫推延，速当离我便参禅。就有道，而正焉。

离尘

离尘网，出凡笼，蓬头垢面类愚蒙。眼如盲，耳如聋。

金为箭，玉为弓，木人射透水晶宫。赴蓬瀛，玉路通。

赠中条山无为子

志为剑，慧为刀，石娥劈玉见金鳌。戏青莲，跃碧涛。

刀圭饮，胜香醪，六三公子著绯袍。系云腰，万万遭。

华州王待诏乞词

王待诏，善传神，日常心意在他人。便都忘，自己身。

如省觉，出迷津，逍遥坦荡啰哩唛。乐清闲，得悟真。

赠清净散人

休执拗，莫痴顽，休迷假相莫悭贪。休起愁，莫害惭。

听予劝，访长安，逍遥坦荡得真欢。守清净，结大丹。

赠京兆蓝党谢敬人

休执着，莫贪求，心头休要起闲愁。住行处，常自由。

能如此，应真修，擒猿捉马炼霜球。行功成，赴十洲。

赠李舍人

张都料，最奔波，盖因手作忒偻啰。惹偻啰，没奈何。

听予劝，离巢窝，闲闲闲里炼冲和。得真修，上大罗。

赠终南三道友

张谦天，慕子迁，李公实等恋家缘。怎生得，通妙玄。

离俗海，水云边，会仙庄上种金莲。行功成，性月圆。

赠三水贯仙

炎炎火，滚滚汤，中间一点忒清凉。更玲珑，分外香。

生祥瑞，吐祥光，瑞祥光彩结红霜。产胎仙，现玉皇。

赠醴泉三毕先生

外休著，外休搜，外边并没好因由。外无真，外事休。

内堪补，内堪修，内中清净水云游。内光明，内貌周。

赠萧防判

陇州萧防判言:“将来宜人分免，是儿是女，有无灾难?”索词。

好性子，好性怀，不须香火不须斋。戴云包，免了灾。

内修个，不凡胎，忘机绝虑屏尘埃。产灵童，有大才。

连珠

□光好，□补骸，□无破漏固灵胎。□清清，□个孩。

□儿要，□得乘，□疏偏怕色和财。□□无，□地埋。

赠华亭完颜知县

知县女，个真真，年将二六乐天真。敢求乞，任求真。

天赋性，慕修真，将来功满内全真。跨祥云，礼上真。

密州李节副求拄杖

灵寿杖，寄何人，陇西节副拨红尘。剔开道，离苦津。

常携执，永为亲，擒猿捉马气和神，挑圆相，现本真。

又

灵寿杖，献夫人，拨开世网剔开尘。助行步，出爱津。

打有著，拄为亲，敲昏琢暗永清神。挑明月，显至真

赠五会道众

心平等，寿延长，修完七宝聚三光。悟全真，万事忘。

玉花绽，金莲芳，馨香滋味满斋肠。行功成，现玉皇。

赠宁海州于清一

玄中妙，没言传，劝君休纵马猿颠。爇心香，达圣贤。

圣贤喜，赐良缘，暗中细细剔根源。性灵灵，得做仙。

赠文登马彦高

长寿酒，安乐杯，能医百病正当时。助清吟，乐道归。

将进酒，凤衔杯，香山会上惜芳时。醉仙吟，月下归。

赠张无尘先生

擒云马，纵云骖，行歌蹈舞放婪耽。任傍人，笑我憨。

明六六，悟三三，三三六六味香甘。广收拾，不属贪。

临江仙（和赵殿试，拆木字起）

□访庚辛成造化，□常清净童颜。□哉表里得翛然。□生真水紖，□去复牵还。

□子投贤贤不面，□庵辱教来干。□分修炼在三关。□人真宿契，□悟放心闲。

和无名先生韵（拆全字起）

□玉往来神气住，□翁稳跨青骝。□风谭氏与刘丘。□心归正觉，□个本环洲。

□火相生铅汞结，□人已达清幽。□侗不日上云头。□风牢把捉，□下好吞钩。

清心镜（本名红窗迥）

我当初，为庵主。勤勤接待，云朋霞侣。时时地、疏远尘缘，渐渐成觉悟。

悟心开，便得遇。本师遣我，专来化度。阐妙玄、穿凿愚迷，要荐归蓬府。

又

善芽生，为庵主。终日相倍[①]，不凡之侣。得自然、获种良缘，觉心头开悟。

心头开，决遭遇。端的修持，更凭师度。应仙举、功行无亏，跨云归紫府。

【注】

①倍：当作“陪”。

得遇

遇风仙，论长便。弃掉妻男，不宜再面。向物外、坦荡逍遥，离众生识见。

大丈夫，志勇猛。肯为酒色，气财荏苒。仗慧刀、割断攀缘，修胎仙出现。

弃家

解名缰，敲利锁。爱海恩山，一齐识破。弃家缘、路远三千，似孤云野鹤。

有胜心，忒煞大。今日对众，须当说过。咥寂寥、忍辱清贫，更不许两个。

乐真风

马风风，风得好。摆脱家缘，无烦无恼。自今后、不做猖狂，便一心办道。

净神炉，清丹灶。炼汞烹铅，屏除阴耗。一阳生、大药灵灵，有分居蓬岛。

叹前非

初出家，访道友。恰似猛虎，下山游走。未曾经、锻炼顽心，轻触著哮吼。

炫多能、夸好手。抄录名方，专行拯救。平胃散、虽则全无，穷气药煞有。

喜今是

法烛儿，任来爇。无我无人，烟消火灭。专修个、忍辱神仙，肯是非分别。

无嗔怒，无喜悦。拍拍塞塞，满怀冰雪。自然得、心地清凉，怎教我发热。

搜己过

搜己过，搜己过。自入道来，别无大过。只不合、说破玄机，是十分罪过。

自知过，自知过。要免前愆，将功补过。处无为、心起真慈，望圣贤恕过。

祖庵环堵

一莲池，二霞友。三松四桧，五株垂柳。卓环墙、围绕云庵，屏繁华内守。

青龙飞，白虎吼。玉姹金婴，自然清秀。超造化、结就神珠，待圣贤来成就。

咏长安

论长安，多美事。端的日有，三仙向市。满城人、半做经商，半修炼真气。

寿长人，最多矣。因知罪福，早闲心地。兴善缘、年例何如，见千道会起。

寄谭刘丘三师兄鹿衣

长真兄，刘丘弟。长生长春，法亲同辈。显懒衣、体挂鹿皮，本师教恁地。

弟云包，兄丫髻。早悟三觉，一通明义。我愿心、普化群迷，拯内容出世。

赠铁李先生

陇西公，苦得别。六月炉头，掉锤打铁。养浑家、都要清闲，独自受炙煼。

火烧疮，汗滴血。万苦千辛，何时是彻。马风风、诱引回头，向道门中休歇。

又

悟冤亲，猛离别。男儿志气，斩钉截铁。水云游、誓不回眸，趓火院逼煼。

得清凉，无汗血。清净玉壶，自然莹彻。觉亘初、一点灵灵，绝尘缘心歇。

赠老程先生

这程公，顿然悟。家有六子，六贼之数。细寻思、总是冤家，便不宜团聚。

弃纱巾，冠戴取。捉住马猿，易调龙虎。待一朝、丹药灵灵，跨祥鸾归去。

赠京兆周七官

周官人，家豪富。长安通检，最为上户。十年间、兴废何如，无剳锥去处。

叹利名，不坚固。使我灰心，转生开悟。行大道、一志无移，修不来不去。

寄长春丘师兄

君乐山，予乐水。乐水乐山，算来何济。都不如、净意清心，炼冲和真气。

坎离交，木金戏。产无影姹婴，五明宫里。便顿觉、丹结灵灵，得真欢无比。

（早来因戏水，顿释其非，复作此词，以示堂下。恐有执着者。）

赠小李仙

李宜僧，僧学道。道要玄机，日常寻讨。讨论得、常净常清，清心意最好。

好降心，心尘扫。扫除净，自是通明秘奥。奥旨在、走玉飞金，金玉结丹宝。

赠鄠县小杨仙

修行人，先禁眼。见他妇女，不宜顾盼。牢擒捉、意马心猿，休缓缦缓缦。

我人除，事情简。清贫柔弱，逍遥散诞。谨遵依、国法天条，永不犯不犯。

寄西庵李法师

李法师，听予劝。休苦哀人，自先救援。把心灯、剔正光明，照个中宫殿。

大丹成，功夫遍。惺洒灵童，自然出现。等紫书、玉诏来宣，访瑶台阆苑。

赠严先生

大丈夫，真烈士。斩钉截铁，一心无二。做修行、誓不还乡，遇危难发志。

清净中，玄妙至。日月交光，虎龙参时。饮刀圭、保养神丹，应重阳奥旨。

赠侯明一

侯姑姑，心开悟。六旬有九，才方修补。众人言、晚了时光，马风道未暮。

气不断，神可固。先把马猿，用功擒住。自然得、性命停停，管成仙归去。

京兆全真庵

皮张仙，修造主。一身两役，兼为化主。修庵舍、独办一间，祷长安施主。

论修行，分宾主。悟取气神，与身为主。是性命、速了根源，做蓬莱洞主。

赠长安李先生

李先生，忒执拗。全真堂下，最难训教。学修行、不尚扶犁，道我咱偏好。

再三劝，再四告。认取五色祥云，自然耕道。种紫芝、灿烂灵光，便得归蓬岛。

赠薛道清

做修行，细搜刷。清净家风，便是大乘妙法。下无为、无作真功，心镜上搽抹。

自然明，自然达。把九玄七祖，尽行救拔。向蓬瀛、坦荡逍遥，冠裳似菩萨。

赠刘先生

个青牛，引白犊。向曹溪深处，往来相逐。更时时、卧月眠云，疏凡间草木。

餐三阳，投九畜。子母温柔，免劳看牧。待一朝、得赴蓬瀛，显本来面目。

赠魏害风

风姑姑，怀秘奥。意净心清，头头是道。自然得、真乐真欢，并无些烦恼。

不谄诈，不倨傲。玉花丛里，结成金宝。便等候、紫诏来宣，应通明仙号。

赠孙可道

孙先生，能放下。兀兀腾腾，通真弃假。处心与、万物无私，略无些谄诈。

乐清贫，得清雅。逗引灵童，惺惺洒洒。到如今、好结善缘，水云游行化。

闻吴解元昆仲身化

叹浮生，心灰尽。小吴解元昆仲，少年清俊。又争知、半月中间，便一齐殂殒。

人还悟，人还省。撇下家缘，完全性命。真清净、脱免轮回，得长生有准。

兴平郭姑来投全真堂下修行

郭姑姑，男子志。割拚尘请，畏其生死。远本夫、缝合阴门，自古今无二。

慎其终，如其始。自有圣贤，暗中提尔。处无为、清净彻头，同麻姑居止。

蒲城陆先生

叹个人，破旧罐。不顾危亡，更把道门相玩。尚由自、不悟前愆，怎免他大难。

听予言，休著绊。恩爱尘情，一刀两段。销旧业、再做修持，博马风照管。

又

头如蓬，面如垢。万事俱忘，心无尘垢。恣情慵、放肆婪耽，乞残余展手。

幸知无，宁著有。无无亦无，神丹无漏。访蓬莱、功满三千，得缦垂云袖。

薄待诏求问

薄待诏，能捏塑。夸妙手奇功，不曾停住。骋精神、漉水拖泥，为养家之故。

心还省，性还悟。闲闲供养，本真父母。净清中、结就神丹，跨青鸾归去。

杨待诏求问

杨待诏，塑得好。弄泥弄水，何曾养浩。休厮哄、休乞诗词，好留心向道。

细研穷，细寻讨。净里清中，自通玄奥。气神精、无漏丹成，跨云归蓬岛。

少华薄公丈丈索

薄丈丈，薄丈丈。八旬有四，因甚发心修养。看重阳、文集全真，得知些味况。

勿言老，休寿相。外貌苍苍，内容侗[1]侻。气不断、亦可修持，速澄心为尚。

【注】

①侗：有本作“倜”。

赠马守清

马姑姑，复归去。日用无为，清闲养素。休讲论、女姹婴娇，更虎龙斗处。

屏尘缘，得真趣。火灭烟消，气神坚固。内云游、功满三田，上蓬莱仙路。

内修圃赠徐先生

独自固，修园圃。踏畦踏垅，即非行步。把玉炉、倒卷灵波，又何曾手举。

浇灌频，芽甲吐。渐渐馨香，满园堪睹。蕊珠宫、迸出霞光，效神翁归去。

内采药赠陇州老田先生

学修行，如采药。携个清净篮儿，并无染著。向白云、深处游行，又何曾用镬。

呼青鸾，引白鹤。踏开宝陆，自然辉霍。见九转、一粒丹成，便收归碧落。

内耕种赠木张先生

处孤清，内耕种。心意安闲，不摇不动。杳冥中、见个金牛，向溪田深窨。

清雨降，紫芝耸。赤凤乌龟，前来看供。麻麦结、黍米神珠，上碧霄进贡。

赠王庵主

养家时，甚情况。被妻男逼得，有如心恙。竞利名、来往奔波，忒劳躟劳躟。

学道来，常坦荡。除性命二字，别无妄想。占清闲、自在逍遥，好豁畅豁畅。

清心镜

予在终南，居于环堵，飕腿赤脚，并无火烛相，仅六年矣。瞥然心动，信步云游，西至华亭，投宿于窑埪。偶中土津火毒，吐血发嗽，病势来之甚紧，众道友馈药，拜而受之，不敢尝。又谓予曰："当食生葱酽醋，可解其毒。"予再三思之，道家有病，他人莫能医，当以自治乎。修炼身中至宝，厥疾自疗。因作清心镜小词一阕，拜呈道众，希采瞩。

马风风，五旬六。云水飘飘，洒然清独。运天风、摇曳灵光，转增明性烛。

到亭川，窑里宿。不意中他，土津火毒。欲要解、四假违和，炼身中金玉。

治病

气不通，脚膝患。云母膏敷贴，常常备办。破伤风、要可何如，花蕊石细掺。

治心病，清神散。医性僻附子，理中丸弹。灵宝丹、服得太多，和骨骰更换。

赠鞠得一

河州鞠，听予说。把般般术法，便当一撇。论自然、大道无为，岂在乎细捏。

清心镜，常莹彻。照破万缘，无生无灭。这本来、一点元明，便朗如秋月。

赠马先生

好爽利，好豁畅。坐卧住行，逍遥坦荡。细寻思、名利之人，怎知此味况。

向闲中，搜修养。锻炼一颗，神珠晃朗。算三次、海变桑田，是仙家一饷。

赠华亭十殿试

尹虞卿，樊祖训。明仲季蒙，子恂子润。汉卿共、信仲官人，乃清河一姓。

程德容，李汉臣。十个吾侪，尽皆文俊。劝诸公、名利灰心，早修完性命。

赠灵阳子李大乘

灵阳子，来告别。送行不似，相迎时节。听予嘱、游必有方，待孀毋紧切。

我人除，烟火灭。莫忘初志，旋添决烈。行大道、开阐亘初，邀清风明月。

赠刘小官

一青牛，二条尾。三只眼儿，仰观俯视。四个蹄、雪白如银，五方中嬉戏。

六欲七情，俱总废。八味琼浆，饮来光明遍体。九鼎内、变作神丹，十分功圆备。

赠寂然子

修行人，听子细。斋食不可，美之又美。更何须、异馔多般，但一味而已。

恬惔中，常遂意。万神调畅，姹婴欢喜。得自然、结就金丹，占蓬瀛仙位。

道友问修行

云朋询，霞友答。性命事大，自当救拔。免轮回、决在今生，可细搜细刷。

青莲开，白莲发。莲花帐内，姹婴仰观俯察。向蓬莱、路上前行，舞六么十八。

华亭严因院主

刘子温，性通达。父子三人，尽皆落发。便不彲、有相行持，认无为妙法。

个内净清，灵宝塔。玉象金狮，绕围七匝。蓦然间、响亮玎珰，显妙音菩萨。

道友问予甚家门户

道友询，甚门户。答之清净，别无作做。皆笑道、此是顽空，执把在甚处。

要执把，说与汝。意马心猿，常擒稳住。得自然、地涌醴泉，更天降甘露。

又

涌醴泉，降甘露。上下升降，不曾停住。得自然、滋润三田，紫灵芝敷布。

善芽生，慧苗吐。泼焰焰兮，晃摇琼路。便化为、一粒神珠，指蓬瀛归去。

勉门人

休虚诞，休虚诞。不可倚而不倚，道中相玩。全性命、不比寻常，下的端了干。

出家儿，呈手段。把从前爱底，顿然猛拚。发一志、决烈修持，与神仙作伴。

赠裴大器

修行人，要心善。奈业障相魔，裂他不转。十二时、马劣猿颠起，没巴避恶念。办坚志，常锻炼。剿除绝迹，永无征战。气神和、清净丹成，得胎仙出现。

赠荔菲大隐

修行人，休失错。仔细寻思，外乐不如内乐。常清净、自有清欢，本来真踊跃。

无忧愁，无染著。自在逍遥，气神辉霍。行功成、显个胎仙，便舞归碧落。

瓜李谕

喜浮苽，恐沉李。说破浮苽，自然悟理。自今后、休炫文章，更不须讲礼。

水云游，远乡里。休修外表，唯修向里。定喘息、永永冲和，饮长生仙醴。

又

蒂苦瓜，香甘李。去苦就甘，自通至理。灭无明、混俗和光，且闲施俗礼。

访长安，经槐里。心归物外，气收补里。要无中、养就婴儿，饮天然玄醴。

又

这儒生，俗姓李。悟无为清净，自然玄理。应玉皇、仙举争魁，胜孔鲤问礼[①]。

听予言，归故里。再住环墙，殷勤修里。碧桃熟、自有琼浆，傲申生饮醴。

【注】

①孔鲤问礼：典出《论语·季氏》：陈亢问于伯鱼（孔子的儿子，名孔鲤）曰："子亦有异闻乎？"对曰："未也。"尝独立，鲤趋而过庭。曰："学诗乎？"对曰："未也。""不学诗，无以言。"鲤退而学诗。他日又独立，鲤趋而过庭。曰："学礼乎？"对曰："未也。""不学礼，无以立。"鲤退而学礼。闻斯二者。陈亢退而喜曰："问一得三，闻诗，闻礼，又闻君子之远其子也。"

又

菜重芥，果珍李。悟生死之苦，懒穷文理。薄滋味、远除色声，更倦看周礼。

聚三光，放三里。认三髻，谈论清净表里。气精神、三宝丹成，管三清赐醴。

显决烈

出家儿，要决断。一口咬碎，无明火钻。道万事、不系刚肠，堪称个铁汉。

志无移，心不乱。认正古今，神仙公案。累功行、不怕艰难，待直超彼岸。

坚道心

以示同流，如此修持，决证仙果。

出家儿，要决断。万种尘缘，一齐割拚。便忘机、绝虑修仙，把性命了干。

外愚痴，内光灿。声音笑貌，有如憨汉。乐清贫、歌舞街前，欣披席把碗。

又

修行人，休失错。仔细寻思，外乐不如内乐。静清中、真乐真欢，笑靥生花萼。

无忧愁，无染著。神气冲和，心无怨恶。生大善、救度愚迷，同超升碧落。

又

遇冤雠，当和解。酒色气财，永除永戒。行大道、剪截万缘，便略无挂碍。

莫欺心，休捏怪。认取真常，逍遥自在。处无为、心起悲心，这功行没赛。

寄四舍弟马运甫

与人和，休打斗。慎勿迷迷，博弈饮酒。暗风病、唬杀傍人，疾些儿拯救。

要病除，须拂袖。物外持修，亘初清秀。更有般、真个长安，待来时成就。

戒捏怪

做风狂，脱家累。脱了家缘，要清心地。休捏怪、诈做好人，莫谩神唬鬼。

寒与暑，须当避。志道休耻，恶衣恶食。遵国法、莫犯天条，称修仙活计。

戒掉粉洗面

出家儿，贪美膳。不顾抛撒，掉粉洗面。吃素签、包子假鼋，甚道家体面。

美口腹，非长便。粗茶淡饭，且填坑堑。乐清贫、恬惔优游，别是般识见。

示当厨造面者

造面人，听予属。硬搓薄赶，挨刀细削。烧锅灶、不可迟迟，便频添火烛。

觉馨香，良久熟。甜惔调和，虚心实腹。斋罢后、慎勿狂思，清本来面目。

劝醉者

休放醉，休放醉。想贤岂敢，对他官员恁地。倣修行、上士无争，实无心罪你。休恣意，休恣意。省可贪杯，早崇善事。把性命、下手完全，做神仙活计。

咏三教门人

九阳数，尽通彻。三教门人，乍离巢穴。探春时、幸得相逢，别是般欢悦。

也无言，也无说。执手大笑，无休无歇。觉身心、不似寒山，这性命拾得。

真实语

不言名，不说利。酒色气财，并无留意。人间事、总不关心，别认些活计。

要全真，须养气。净里清中，虎龙嬉戏。得自然、个内斡旋，产胎仙出世。

劝僧道和同

道毁僧，僧毁道。奉劝僧道，各休返倒。出家儿、本合何如，了性命事早。

好参同，搜秘奥。炼气精神，结为三宝。真如上、兜率天宫，灵明赴蓬岛。

戒华丽

出家儿，听仔细。居止慎勿，修来壮丽。要创置、悦目园亭，与俗人何异。

人问子，如何是。竹篱茅舍，柴门破碎，更衣装、纸袄麻衣，是道家活计。

赠赵先生

出家儿，自摧挫。个个待要，伏降人我。奈从前、罪业深深，顿裂他不过。

愿心开，早识破。万事皆空，相争甚么。炼我相、便是功夫，管将来证果。

劝门人问道

做修行，除妄想。细细寻思，渐成嘉况。早离我、访道参禅，我难为倚仗。

长安中，有高尚。是古月先生，羊皮师长。便谨谨、侍奉他家，学些儿修养。

赠郭法师

马风风，闲游冶。过靖远镇，被他弓兵罗惹。便捉为、探子之人，更不容分说。

恼后毕，难施设。解在虢略，受他缧绁。非保人、恩府郭公，啀甚时是彻。

叹世

叹人人，识见短。只知万贯，多如千贯。岂思量、大限临头，似倾山碎卵。

如省悟，家缘拚。向物外，更不前思后算。炼气神、须要光明，做蓬莱仙伴。

又

西施容，潘安貌。达者观之，一场失笑。假火风、地水成形，终不免坑窖。

愿省悟，愿明晓。骋甚济济，跄跄外表。有内容、深可修完，得性命了了。

赠张先生

张先生，名无欲。表德无争，自然不俗。更相称、道号无尘，乐清贫孤宿。

玉中金，金中玉。金玉冲和，异香馥郁。大丹成、稳驾云轩，享蓬瀛仙福。

叹世

叹人人，忒骋锐。得时休笑，失时之辈。争知得、失时之人，曾得时如你。

叹浮名，叹浮利。有若浮云，即非久计。念生死、访道参禅，修长生久视。

赠文登宋法师

行法箓，救疾苦。足知贤家，行深昭著。更宜乎、急急修真，认气神宗祖。

炼汞铅，调龙虎。木金间隔，逗流子午。得自然、结就灵珠，指蓬莱归去。

赠益都府李进

陇西公，名去病。表德去华，道号去尘最紧。待悟来、去尽般般，当修完性命。

心常清，意常净。法名更作，谷神相应。号通一、亦是相宜，字仙卿相称。

叹世

叹人人，忒拙计。竞蜗角虚名，蝇头薄利。才争得、粟米头高，早笑他低底。

断是非，讲闲气。岂悟修行，超凡出世。了性命、些子功夫，占蓬瀛仙位。

又

养家人，无个省。各炫惺惺，悭贪鄙悋。天来大、割舍惊人，敢不惜性命。

这性命，于身紧。一息不来，身为土粪。愿省悟、疾速修持，固气精神仙准。

赠马彦寿

两亲家，各开悟。把从前爱底，观如猛虎。认无为、清净家风，并无些作做。

不悭贪，不喜怒。调息均匀，绵绵内补。待一朝、行满功成，共携云归去。

赠灵一子

何先生，听仔细。未到蓬头，且梳丫髻。亦未至、求乞残余，待悟来许你。

得定慧，入初地。凭仗无染无著，无为活计。心清净、通妙通玄，得永成仙契。

因何先生往宁海，作词以寄乡人

劝乡人，当省悟。浮利浮名，不坚不固。妻男是、走骨行尸，自身是臭腐。

早回头，投真趣。学取马风，乐然归去。向物外、耕种心田，做神仙伴侣。

赠韦先生（拆韦字起）

□公清，□火戏。□虚寂寂，虎随龙憩。□莲绽、胜似群花，□缘行周济。

悟回头，真自喜。□诀无为清净，自然通秘。□自得、休别追求，□人免不讳。

白观音（本名白鹤子）

赠吴知纲

诡号不勤勤，名为养拙人。穿衣慵举臂，吃饭懒抬唇。
面垢但寻水，头蓬倦裹巾。尘劳不复梦，悟彻个中真。

又

久视长生法，须当万事忘。守心猿易灭，防意马难狂。
引虎居龙窟，调龙住虎房。两般成一物，跨鹤赴蓬庄。

雁灵妙方（本名双雁儿）

谨继重阳师父韵

幸遇风仙别东州。无萦系，纵云游。得真欢乐恣情讴。这尘缘，一旦休。

仿效田单用火牛。驾金木，倒颠流。大丹光显不持修。在迷津，作渡舟。

洞玄金玉集卷之九

五灵妙仙（借柳词韵）

马风宁海遇，重阳十八。憨憨地、就中奸黠。六尘绝。纵逍遥自在，开怀豁畅，云游水历，琼瑶路如冰滑。补天缺。

下功收五彩，经营活雪。调龙虎、撞关冲节。得真悦。见晴空莹净，圆圆正正，光辉晃朗，元来自家心月。

赠蓬瀛散人

愿贤增寿算，家豪散八。儿孙孝、尽皆奸黠。总超绝。效庞公许氏，全家顿悟，同登彼岸，长生路途清滑。兔角缺。

往来游戏看，天花瑞雪。金茎秀、迥无枝节。个中悦。是灵童应净，真乐，无愁可解，唯吟绛霄风月。

赠赵八先生

马风词拜上，真宁赵八。常清净、内容娇黠。马猿绝。处无为无作，通玄达妙，琼浆得饮，馨香味兼甘滑。没盈缺。

自然神气壮，眠冰卧雪。欺寒暑、不拘时节。这般悦。自心知意解，难言难说，逍遥坦荡，清了洞天真月。

赠扶风县淡公

悟来降我相，街前乞八。飙飙地、似痴如黠。万缘绝。净清中恣饮，刀圭烂醉，灵台皎洁，惺洒自然光滑。本无缺。

玉炉金鼎内，黄芽白雪。真龙虎、绕蟠关节。姹婴悦。把昆仑顶戴，冲开云雾，天无昼夜，长显一轮明月。

赠众道友

马风重恳告，诸公道友。休迷假、内容堪守。要长久。用真功全在，清心净意，擒猿捉马，休令暂时游走。得无漏。

气精神会合，丹砂结就。无中相、自然开口。论无有。这玄玄妙妙，怡然悟解，元来却是，真师暗中传授。

玩丹砂（本名浣溪沙）

赞师叔玉蟾普明澄寂和公真人辞世

朴住虚无撮住空，岂分南北与西东，丹砂只在笑谈中。

性命不由天地管，一声珍重别山侗，羽轮飙驾赴蓬宫。

起慈悲

马钰常凭佛作为，无为心内起慈悲，寻声救苦做行持。

一切女男如父母，见他生死十分危，须当立个上天梯。

立法梯

立个上天真法梯，无形无影亦无基，一条捷径入无为。

自在逍遥真活计，常清常净乐希夷，自然天地悉皆归。

赠于先生

性烛光辉晃玉壶，心香馥郁袅金炉，刀圭烂饮醉真如。

花萼楼前横走马，华阴县里倒骑驴，五灵[1]年少捧神珠。

【注】

①灵：有本作“陵”。五陵指汉代五个皇帝的陵墓，即长陵、安陵、阳陵、茂陵、平陵，在长安附近。当时富家豪族和外戚都居住在五陵附近，因此后世诗文常以五陵为富豪人家聚居长安之地。

赠郝先生

大悟浮生不恋家，大乘体调不奢华，大通玄妙不矜夸。
大德建修真活计，大丹烹炼好生涯，大功成就步烟霞。

赠堂下道人

闲是闲非不可听，那堪日日自谈论，暗伤功行损氤氲。
舌是祸根牢锁闭，寻常省启祸之门，自然性命得长存。

自咏

破戒山侗说一场，吃人耻辱不惭惶，迩来酷好饮琼浆。
玄玉玄金盈宝鼎，真男真女满丹房，贪心更待住蓬庄。

述怀

外乐何曾内动心，个中无口会哦吟，声声清雅透琼林。
善听要听听不得，如聋似瞽可追寻，恁时仙佛作知音。

赠甘张二先生

清净无为锁密机，金波玉滟结刀圭，奇哉妙矣至幽微。

捉住杳冥昏默处，能餐能饮更能携，无中养就化生儿。

赠朱先生

一饱馨香野菜羹，临溪对竹自吟赓，不妨斡运甲和庚。
何是道人真活计，日当卓午打三更，连云和月一齐耕。

赠宁海于瓦罐

水狗喷烟罩玉轩，火牛入海种芝田，白莲花朵间青莲。
碧眼胡僧眉拂地，霜毛兔子角冲天，如来圆相本来圆。

赠堂下道人

舍了家缘更舍身，即非喂虎济饥鹰，幻躯识破自忘形。
无耻无羞无染著，逍遥坦荡气神清，心中真佛现光明。

赠华亭李济川

十一吾侪一个来，十人缘绊未心灰，莫教失脚落轮回。
早早投玄离苦海，闲闲炼气养灵胎，功成同去赴蓬莱。

赠张仙

决烈修持大丈夫，专心致志免三涂，冰清玉洁个尘无。
空里人头欢笑落，壶中斗柄斡旋舒，丹成九转驾云舆。

赠王刘二先生

莫把修行作等闲，身闲不似放心闲，运行日月莫教闲。

保养下丹无漏泄，方迁绛阙炼中丹，上灵宫满得三丹。

复用前韵

养就三丹未得闲，化人入道认清闲，真欢真乐应真闲。
更把三丹通一炼，行功圆满显神丹，胎仙捧出紫金丹。

赠堂下道人

意恶心顽烟火生，口张舌举是非生，伤人害己过潜生。
辩者自然为不善，善人不辩善芽生，无争上士得长生。

赠阎先生

舍了荣华物外居，的端妙处用功夫，坎离宫内弄清虚。
猛虎口中敲玉齿，骊龙颔下夺神珠，这般手段称吾徒。

平等会（本名相思会）

继古韵

信口便胡羲，不管无腔调。畅我情怀歌舞，一任人笑。还童返老，志在无忧恼。向妙处，下功搜，细勘校。

琼浆恣饮，元气充来饱。锻炼神丹，无大无小。胎仙养就，捧出灵芝草。便自炫，这番儿，道决了。

洞中天（本名鹧鸪天）

寄呈马运甫

休赌休饮休保人，减些烟焰少婪尘。能搜己过为长便，不见他非获好因。

惊宠辱，乐清贫，修心养性惜精神。常凭如此成功行，明月清风作友真。

赠员先生

蓦想浮华痛我心，暂时荣显落沉沦。争如物外逍遥客，岂似寰中自在人。

忘俗虑，乐清贫，住行坐卧啰哩唛。炼烹玉鼎长生药，保养金炉不死真。

赠昭然子

劝公休要恋迷津，华阳巾换皂罗巾。不为汩没尘中客，得做逍遥物外人。

修道德，固精神，虎龙蟠绕啸吟频。汞铅自是成丹药，跨鹤腾云礼至真。

全真庵丹井

穿凿须当二九深，甘泉自有应清吟。更祈治病名丹井，相称山侗普济心。

人听劝，作知音，重阳妙趣好追寻。紫芝气焰生形象，碧眼真如上宝岑。

玉楼春（借柳词韵，赠云中子）

洞天无夜还无曙，常有红光并紫雾。灵波里面见金鳌，背上银丝千万缕。

二神赑屃骖风驭，离坎相交传密语。凿开造化至幽微，会得真功颠倒数。

寄长春子

何须求富并求贵，不必文章如白侍。研穷性命好生涯，保惜根源真活计。

藏机隐密玄中最，肯向人前夸提对。琼浆玉液饮千钟，霞友云朋酬一醉。

寄长安子

洞中日月无朝夕，晃朗云衢通宝陌。上明紫脑承三清，下照黄河常五色。

自然霞结玲珑宅，内有长生三岛客。未彰云外去时踪，已到眼前来显迹。

寄长真子

清中悟彻祥中瑞，堪做风仙端的裔。广收白雪与黄芽，锻炼神丹烹鼎沸。

灵童营养如琼腻，通晓玄玄真仔细。明知天上二三年，暗换人间千万岁。

赠磻溪张先生

元阳烹炼金光阙，不使暗魔来盗窃。常持清净有功能，永结神丹无漏泄。

闲心一片如冰雪，自有长生无夜月。盖因离坎虎龙调，消尽我人猿马歇。

蓬莱阁（本名秦楼月）

赠[illegible]山前谭二翁

谭公急，急迎物外逍遥客。逍遥客，专来缘化，幸无阻隔。

焚烧船网无心测，四方称誉难名溺。难名溺，诸余守旧，转增利息。

又

投玄急，投玄做个聪明客。聪明客，静清心月，不教云隔。

死生生死无人测，效予入道能超溺。能超溺，虎蟠龙绕，性停命息。

赠谭公

于郎急，留心长在船头客。船头客，杀鱼虾命，罪根非隔。

把予言语休胡测，速烧船网冤魂溺。冤魂溺，要全灵物，踵间通息。

又

熬煎急，熬煎煎逼熬煎客。熬煎客，妻男魔障，妙玄墙隔。

遇予便把清凉测，清凉路上难缘溺。难缘溺，气通和气，息调传息。

赠谭公子

人人急，人人海上为船客。为船客，业缘长做，福缘长隔。

遇予劝化深宜测，焚烧船网难功溺。难功溺，福缘善庆，业缘除息。

又（折心字起）

□猿急，□猿不动真吾客。真吾客，口传灵榭，□金间隔。

□真修炼非凡测，□珠光莹难尘溺。难尘溺，□生灵焰，□消烟息。

赞重阳真人

离西漠，重阳来访蓬莱阁。蓬莱阁，祥光浮动，果然侵廓。

阐扬教典胜施药，道尊自是师严恶。师严恶，僻人归正，要超碧落。

述怀

离沙漠，顿忘宁海军中阁。军中阁，我无回顾，志清天廓。

虚无撮住堪丸药，虎龙哮吼从教恶。从教恶，劝人修道，救人崖落。

赞尹真人

无烟漠，集仙观里飞仙阁。飞仙阁，巍巍高耸，半侵云廓。

尹真法体方圆药，人还心敬消诸恶。消诸恶，本来灵物，免教流落。

咏海市

云烟漠，红光紫雾成楼阁。成楼阁，鸾飞凤舞，往来琼廓。

神仙队仗迎丹药，虚无造化龙生恶。龙生恶，蓬莱三岛，横铺碧落。

借张修祖殿试韵

还乡急，关西牒发山东客。山东客，三千余里，关山遥隔。

当时枉把予闲测，而今且恁身如溺。身如溺，他年重话，修仙真息。

赠马彦高

都同急，务场无本为愁客。为愁客，祷他官长，免教亏隔。
遇予咒酒忘忧测，能医百病如扶溺。如扶溺，更宜规措，自然增息。

赠吴庵师

庵师急，庵师和尚迎仙客。迎仙客，香烟缭绕，把予眸隔。
如麻观者难筹测，良缘共结功无溺。功无溺，龙华三会，熙熙消息。

赠门人

修仙急，超然一志非常客。非常客，值魔遭难，荡关冲隔。
精微妙处心头测，转增开悟难迷溺。难迷溺，鹑居鷇食，念忘情息。

赠赵公

当周急，惯曾为侣偏怜客。偏怜客，成人之美，自无障隔。
遇予好把精微测，拯危救苦扶持溺。扶持溺，自然通道，气神和息。

劝宋公辅

儒家急，儒家不悟行尸客。行尸客，钻研活路，无遮无隔。
令人泛海夸强测，岂思风浪扁舟溺。扁舟溺，此般宁忍，劝君休息。

劝回

休急急，儒家本是蓬瀛客。蓬瀛客，谪居尘世，暂时仙隔。
亘初一点殷勤测，搜来端正难焚溺。难焚溺，回光返照，修真调息。

赠宋六郎

波波急，波波急急忧愁客。忧愁客，恩山爱海，万遮千隔。
遇予出路须当测，利名场上休投溺。休投溺，进修仙道，尘情俱息。

又

宋六急，急谋生计为船客。为船客，洪波大浪，并无遮隔。
风涛恶处如何测，好烧船网堤防溺。堤防溺，不如闲坐，谩调龟息。

赠姑水迟二翁

迟二急，代予开导为知客。为知客，劝人归善，不辞山隔。
人焚船网何曾测，这般功行诚难溺。诚难溺，名传世上，自然无息。

又

修持急，修持里面真宾客。真宾客，内怀心镜，暂时形隔。
要通灵显须凭测，亘初悟彻能离溺。能离溺，自然昭著，万缘齐息。

赠邴三翁联珠

邴三急，□随物外修真客。修真客，□听予劝，□公尘隔。
□尘自是能真测，□真修炼难归溺。难归溺，□沉无虑，□忘猿息。

又

迷迷急，气财酒色愚痴客。愚痴客，遇予回首，一齐拨隔。
搜玄搜妙深深测，玄机既悟何愁溺。何愁溺，鼻调真气，往来匀息。

赠看焚船网人

行化急，堪嗟背道愚迷客。愚迷客，是非海里，利名关隔。
遇予速把玄玄测,澄心绝虑难情溺。难情溺,精光神气,终身将息。

又

人来急，相随相从林泉客。林泉客，化人行善，业缘拦隔。
网船焚毁无疑测,慈悲功行难为溺。难为溺,看人获福,杀心皆息。

赠门人

知心急，佩韦做个超凡客。超凡客，万缘堆里，超然离隔。
逍遥物外玄机测,炼成丹宝无忧溺。无忧溺,猿心马意,自然停息。

赤岸桥头劝烧船网

缘行急，前迎后送仙家客。仙家客，幢幡宝盖，香花相隔。
数船网罟焚无测,度仙桥上难沉溺。难沉溺,济人道路,往来宁息。

赠于疃化网杨法师

行法急，留心行法奔波客。奔波客，外行救治，内忘通隔。
木金三间当搜测,居于物外能趑溺。能趑溺,气和神畅,子安母息。

又

行法急，斩妖断祟书符客。书符客，振威叱喝，有伤和隔。
遇予好把修行测,修仙自是无仙溺。无仙溺,盖因修炼,念忘心息。

劝道（折心字起）

□魔急，□魔怎乱修仙客。修仙客，□谈玄妙，□男远隔。

□求寸禄人休测，□乡无漏难漂溺。难漂溺，□仪运转，□行真息。

洞玄金玉集卷之十

金莲出玉花（本名减字木兰花）

赠大毕先生

毕公好志，官障私魔心不二。决烈修持，能可移山志不移。
尘缘一削，世上荣华无染著。可称仙徒，堪许完全大药炉。

劝刘法司放鹦鹉

绿毛红觜，因为能言还自累。奉劝休何，语得分明愈著魔。
不如省觉，缄口藏机怀卓荦。人总嫌伊，得出凡笼自在飞。

寄张知观

张公知观，性命堪搜常作观。勘破嚣尘，灰了凡心出世尘。
内修内炼，真汞真铅常锻炼。要见金莲，须是深深种玉莲。

寄任节级

任公节级，肯救危难常济急。此去淳于，报得专专献钵盂。
山东马钰，词寄贤家收养玉。玉里生金、无口能言话古今。

赠刘公见惠鞋，以词赠之

赠予鞋履，我赐贤家玄妙理。休别猜疑，早离尘缘得所宜。
论其元首，清净精光牢固守。性不沉流，决继海蟾的祖刘。

姜公惠蒲扇

蒲编线定，救苦成功生异景。热恼无忧，招引风来夏变秋。
休言是草，虽则物轻人意好。感谢姜侯，惠我清凉免上楼。

又（拆木字起）

□金汞定，□富人荣非我景。□子何忧，□叹浮生鬓染秋。
□生慧草，□早修心端的好。□道胜侯，□袖携云访玉楼。

莱州仓使卢武义

卢公仓使，意在留心风马二。未解修丹，送我劳劳到武官。
速回车马，欲要全真先弃假。功行须周，定是将来看十洲。

又

直饶呼使，怎比清清修不二。会炼三丹，远胜为人得好官。
牢擒意马，紧锁心猿宁著假。灵物圆周，得看壶中万万洲。

赠清净庵主刘公

彭城庵主，喜舍花园庵舍做。设此良缘，种下将来福禄田。
全家修善，正是修行真地面。更好清心，神气冲和上宝岑。

赠刘同监（拆刂字起）

□圭烂饮，□后玄机宜再审。□上田田，□了真功得自然。
□中莲绽，□是为仙无失陷。□了心休，□继海蟾的祖刘。

继张修祖殿试韵（拆口字起）

□传天际，□小金婴能补缀。□白绒清，□物随针绣我心。
□灵无影，□八刀圭谁可饮。□友张翁，□客邀观七宝宫。

继酒同监韵联珠

□心数岁，□久休心成妙最。□好心磨，□琢心开疾似梭。
□飞玉性，□上无瑕真自净。□有何愁，□恼吾官心不休。

清真子姚公索

命中养性，水里生金真本柄。虎绕龙蟠，走玉飞金结作团。
刀圭恣饮，产个胎仙端更正。别是生涯，出入腾空步翠霞。

赠范明叔棕扇

棕丝为扇，堪与闲人常作善。惊唬蚊蝇，款款轻摇免杀生。
添成幽雅，相助逍遥尘不惹。拂尽攀缘，意净心清性月圆。

于疃于吉先索

于公听劝，世事无涯难历遍。好认玄微，稍稍知空达妙机。
家缘撇掉，云水遨游修大道。异日功成，跨鹤携云赴玉京。

牟平县刘稳欲自焚身，遂作此词，急救其性命

刘公听劝，学佛修仙凭识见。割弃心尘，不在焚烧舍拚身。
些儿修炼，锻炼神丹须九转。功行圆周，相继海蟾的祖刘。

姜公惠故纸（拆丿字起）

□然传旨，□下清吟专谢纸。□帛迁延，□笔书笺镪见前。

□开微寡，□擘悭心当舍下。□惠群仙，□却酬君诗百篇。

桃源忆故人

重阳师父相引登蓬莱阁

风仙同我蓬莱宴，□玩蓬莱清浅。海市蓬莱出现，虎啸蓬莱苑。

龙吟蟠绕蓬莱殿，鹤驭蓬莱风辇。丹显蓬莱九转，堪应蓬莱选。

又

昆嵛山近蓬莱廓，连接蓬莱云脚。异景蓬莱辉霍，霞变蓬莱鹤。

金风吹转蓬莱阁，自有蓬莱丹药。仙子蓬莱真乐，不负蓬莱约。

又

马风得遇修仙举，不羡人间富贵。筑个环墙居住，且避风霜雨。

灵光昼夜常修补，异日功成归去。得住蓬莱洞府，侍奉吾师父。

寄谭刘郝三师友

谭风刘郝云霞友，自在逍遥闲走。兴尽好归陕右，共话无中有。

常清常净常无漏，便觉虎龙交媾。个内不神神秀，得饮长生酒。

得遇

马风曩日肥家子，缘甚黜妻屏子。便做飘蓬贫子，因遇重阳子。

从斯道号丹阳子，尘事并无些子。悟彻男儿产子，决定成仙子。

自悟

父兄未老先亡过，已后不须发课。决定轮排到我，生死如何趓。

悟来便做矗矗么，一任人猜心破。认正个中些个，有分携云朵。

思辽阳高巨才

桃源忆故人归去，别后常怀无绪。未审官游何处，忘了当初遇。

我今物外修行做，但愿他家开悟。猛弃荣华贵富，共结云霞侣。

赠孔庵主昆仲

孔公四个亲兄弟，小者二人倾逝。已后不须卜筮，想著先垂泪。

死生生死如何避，早把家缘猛弃。物外行功积累，得得成仙位。

劝长安三坛李法师

李公知观听予劝，只恁未为长便。悟取水云清浅，玄妙心通显。

木人手段非凡箭，便把三乘救援。射透个中宫殿，得见如来面。

桃源遁客问道

桃源遁客专来到，问我些儿玄妙。说破坎离颠倒，水火同炉灶。

虎龙蟠绕成丹宝，五色祥云开导。引出胎仙不耄，得住蓬莱岛。

五台月长老来点茶

五台月老通三要，便把三彭除剿。运用三车皎皎，般载三乘妙。

龙华三会心明晓，顿觉三光并照。个内三坛设醮，自己三清了。

赠蔡先生翁母（攒三字）

□□夫妇听裁断，□□好生舍拚。□□男儿休管，□□俄然断。

□□恩爱无萦绊，□□渐令火锻。□□明明光灿，□□山侗唤。

又

鸳鸯未老头先白，有甚因缘难测。说破自然会得，盖为贪迷色。

人还省悟溪山蓦，物外专修道德。清净神仙法则，得住蓬莱宅。

赠老姚先生

修行先把家缘舍，莫顺人情谈话。慎勿攀高忽下，休著纤毫假。

心猿意马无令耍，真净真清幽雅。神气和调惺洒，功满丹无价。

何先生欲游海岛，以竹杖赠之

道家攀送呈玄趣，膝上自然琴抚。声透九霄妙处，引下青鸾舞。

流霞满酌休辞诉，九节灵枝携去。相助亘初行步，直上蓬莱路。

寄赵公绰殿试

今朝传出些修炼，外把万缘锻炼。炼过更宜重炼，识破何劳炼。

才方向里闲烹炼，六贼三尸频炼。镜灭心忘丹炼，得得成真炼。

又颂

人在万缘锁，若是勘得破，又更识得破，修行做得过。

寄张知观（联珠）

岐阳镇上丹霞观，□主张公手段。□段丹田照管，□顾常明灿。□然内景真堪看，□透性无紊乱。□道祝贤遐算，□得神仙伴。

赠古刘二先生

前程合有修仙分，竞利争名吃顿。遏意逆情愁闷，逼得回头紧。算来贪甚浮华境，不若完全性命。直认无为清净，管取成仙准。

寄主簿王彦文

前程合有修仙契，分外难求名利。所措莫能如意，激出修行志。算来生死无人替，肯把自身家累。要占十洲仙位，清净功夫累。

赠李四官

闲思今古回头底，是非功成名遂。往往事无如意，猛悟寻归计。超然拂袖无家累，物外行功积累。博得圣贤欢喜，蓬岛安排你。

赠郑先生

有心入道当回首，况流年六九。性命宜乎早救，莫待身枯朽。无为清净功夫守，自是神丹无漏。天地可同长久，永作云霞友。

赠亭川众道友

尘中个个贪名利，要赛石崇富贵。争奈前程不讳，莫也难逃避。悟来诈做鼺鼺地，便是脱家奇计。炼气全神圆备，得赴蓬瀛位。

赠董先生（藏头联珠）

□予属付须当认，□取本源清净。□意清心除境，□灭心忘尽。
□形八戒持来正，□洽灵灵心印。□结光辉禅定，□是神仙准。

赠董先生（拆龙字起）

□泉西里云朋董，□访扶风钰洞。□话真铅真汞，□火如何弄。
□分清净功能总，□蚁穿珠九孔。□午倒颠成珙，□性真堪宠。

赠华亭仙大师（攒三）

□□仙老真禅老，□□万缘拂扫。□□下心最妙，□□俄然了。
□□神气精三宝，□□闲烹炉灶。□□丹成惊早，□□真如好。

赴黄箓醮赠道众

寻声救苦酬予愿，海角天涯心遍。暗诱人离火院，物外真修炼。
寻思地狱心寒颤，救拔亡灵经念。枷锁自然脱免，总赴蓬莱宴。

舍弟运甫有书议葬事，以词答之

在生已是为来错，死后形骸丑恶。合避三光寥廓，埋了休拾掇。
子孙办孝如媒妁，迁葬分明嬉谑。并骨共同棺椁，显露贪欢乐。

又

悟来顿觉从前错，怎敢起心生恶。斡运蓬莱银廓，个内如抬掇。
无中婴姹凭媒妁，须用黄婆为谑。和会出离琼椁，天上长安乐。

天道无亲（本名甘草子）

劝众道友

唯愿，想象庄周，梦蝶飞轻粉。悟彻本无亲，天道堪凭信。

一志寂寥修行紧，便莫惜，假躯娇嫩。捐弃家缘须陡顿，任女男妻恨。

劝董公道友

奉劝，离俗修持，自有清清雨。雨变雪花飞，得见青莲浦。

陪伴脱尘云霞侣，不要起，攀缘心绪。莫恋金笼共鹦鹉，听马风真语。

传妙道（本名传花枝）

借柳词韵

山侗正抚，心琴仙调。蓦然想、道契仇香姓赵。愿吾官，早开悟，事皆颠倒。

匿智慧，装懵懂，咄去奸俏。便仿效、许氏庞公，全家物外，个个总了了。

又

清心净意，通禅明道。逍遥乐、永无忧恼。纵狂歌，任下士，闻之大笑。

笑则笑，怎知得，内貌忒好。待异日、行满功成，管决有，紫书来到。

满庭芳

迷棋引

口幸谩人，手谈胡指，暗怀奸狡心肠。只图自活，一任你咱亡。得胜无声之乐，笑他家、不哭之丧。无慈念，杀心打劫，一向骋乖张。

偶因师点破，回心作善，入道从长。便通玄知白，守黑离乡。绝虑忘机养浩，炼神丹、出自重阳。行教化，阐扬微妙，诗曲满庭芳。

叹名利

利惹心猿，名牵意马，无昼无夜奔驰。波波劫劫，来往没休期。一向贪饕越煞，心劳役、形苦神疲。休迷执，一个口里，插得几张匙。

堪嗟虚幻事，妻男走骨，自己行尸。又何须相爱，相恋相随。好把轮回趓趓，早参禅、访道寻师。长生话，有些微妙，端的上天梯。

出樊笼，赠京兆刘法司

掣断名缰，敲开利锁，忻然跃出樊笼。无拘无管，纵步任西东。自在逍遥活计，占无为、清净家风。无情念，亦无僧爱，到处且和同。

不唯身坦荡，心中豁畅，性上玲珑。更不搜婴姹，坎虎离龙。方寸澄清湛寂，得自然、神气和冲。神仙事，何愁不了，决定赴蓬宫。

重遇吟

重遇风仙，重增开悟，一心专做痴愚。掀髯势已，且恁觜卢都。罢了高谈阔论，疏笔砚、不讲经书。从今后，孤云野鹤，彀食更鹑裾。

寒来求纸布，忻来歌舞，饥觅残余。似孤舟不系，有甚程途。自在逍遥坦荡，更无著、无染无拘。人来问，看予活计，何必更询予。

赠赵先生母蓬瀛散人

京兆城中，章台街里，有个豪富杨姑。道庵创置，与子不尘居。燕处逍遥快乐，戴云包、酷好清虚。阴德积，怜贫爱老，设狱祭魂孤。

环墙修十座，衣餐独赡，三处安厨。寿长年出自，道力相扶。腊月下旬有二，与真人、降诞无殊。功行累，将来定是，跨鹤赴仙都。

觉觉觉

道法弥高，教门洪大，东西南北无边。阐开玄径，剔正路无偏。行步逍遥坦荡，尘情事、不许萦牵。明三觉，精神气涌，清净递相传。

自然成造化，木金间隔，水火潺湲。定虎龙交媾，婴姹牢坚。结正金丹大药，银霞内、灿烂光圆。飞腾势，往来出入，逗引大罗仙。

离苦海，赠张二官

人喜生儿，谁知替你，被他夺了精神。系伊心意，唯恐不成人。养大留心何处，惜妻男、忘了伊恩。休惆怅，闻身强健，别觅个良因。

怡然离苦海，断情割爱，绝虑忘尘。访云朋霞友，月伴风邻。讲论长生久视，通玄妙、固蒂深根。金丹结，功成行满，跨鹤去朝真。

论金玉

玉洞玄玄，金炉灿灿，清中金玉希奇。金龙玉虎，玉走与金飞。撞透金门玉户，见金莲、玉蕊争辉。金玉好，天风摇曳，玉叶与金枝。

锜锜金与玉，金婴玉姹，玉步金闱。显金光玉艳，玉貌金衣。此个灵金灵玉，结金丹、玉性无亏。真金玉，钰成玄宝，出自本师知。

处自然

清净真功，无为大道，自然体用惺憁。先天灵物，元本在吾胸。南北东西相会，慧眸开、论甚朦胧。壶中景，水生玉虎，火内长金龙。

祥光敷宇宙，三田丹秀，八脉神通。且披蓑顶笠，有似渔翁。阐出玄玄妙趣，劝人人、气养和冲。同修炼，功成行满，相逐赴仙宫。

冰雪亭题晏子礼

瑞霭浮浮，祥氛冉冉，卷帘缟夜幽光。清奇峻洁，有类布浓霜。恰似山侗内景，琼花绽、玉蕊芬芳。瑶瑛结，连城宝气，璀璨射珪璋。

何须沉与麝，自然馥郁，不比寻常。见银蟾吐耀，斡运圆方。姑射真人放浪，弄风行、玉珮玎珰。胎仙现，白云深处，恣意饮琼浆。

赴莱州黄箓大醮作

口口相传，真真相济，悟来意解心通。玄中妙趣，明月应清风。师祖钟离传吕，吕公得、传授王公。王公了，秘传马钰，真行助真功。

彭城并道友，邀予追荐，数次途中。更同知节使，节副相容。跪领尊官台旨，加持在、紫极之宫。亡灵福，超升天界，了了道深崇。

刀圭法

日月交宫，虎龙共处，不分南北东西。五方秀气，攒聚结刀圭。十二时中锻炼，尖锋上、迸出光辉。堪安燸，住行坐卧，恣意倒颠携。

添钢增刃快，断除六贼，消灭三尸。便往来挥动，剖判昏迷。谁信无中妙用，变成个、惺洒婴儿。修真理，因师传授，转付友人知。

和张飞卿殿试韵

七赴皇都，三经殿试，怎知炼气绵绵。心猿休歇，意马罢强颠。燕处申申快意，仗清净、固住灵源。玄玄处，三光并秀，照耀洞中天。

劝君开觉悟，休驰才俊，听取余言。有逍遥妙路，无说无传。决烈一刀两段，绝缘虑、自是通玄。真功就，留侯的裔，继踵作神仙。

赞重阳真人显异

悯化真人，重阳师父，头头物物皆通。归期预指，语话似心风。果应南京行上，升霞后、教训臧公。（师父重阳真人当日升霞，至暮时分，臧公在南京遇之，尚不知升霞，犹以为生，后方知之。其速有如此者。）岐阳镇，顶冠下界，为我再传功。

华亭城西现，救予疾苦，气布身中。在文登云上，显出慈容。县宰尼厖虎见，经顷刻，复返天宫。真实事，古今希罕，自是足人崇。

退姜四翁所惠团袄

一纪环墙，数年赤脚，嗟他寒冷如囚。超然一志，决要行功周。感得神仙下界，向身中、布气如流。无凝滞，冲和上下，相应好因由。

关西牒发我，远来东土，恣意贪求。做天来大错，敢受绵裘。结裹身如圗囤，招谴责、厥疾难疗。还团袄，潇潇洒洒，褴褛显真修。

叹憨汉

镜内苍颜，梳间白发，犹然骋俊刚求。不愁自己，贪为子孙忧。日日争名竞利，时时地、筹运机谋。堪失笑，这般憨汉，直待死方休。

人还依我劝，无常事紧，性命堪搜。愿诸公惺洒，慷慨回头。莫说蓬莱路远，心开悟、咫尺瀛洲。真清净，无为功满，得去列仙俦。

心自笑

学道修仙，累功积行，常愁行少功亏。劝人作善，于道最相宜。稍稍缘行端正，早傍人、别意猜疑。心自笑，图他功行，怎避是和非。

华山陈处士，不侵耕织，山下行稀。尚有人相毁，发叹吟诗。清正无私无曲，任前程、宠辱灾危。随缘过，腾腾兀兀，歌舞乐希夷。

黄县金玉庵

东寺西城，南山北海，心中好结良因。庵名金玉，堂建号全真。廊舍清风明月，园无漏、不落沉沦。门清净，云朋霞友，燕处得申申。

无为环堵里，小松疏竹，初种新新。向宝花台上，异事惊人。眺望蓬莱山岛，又何必、别觅长春。堪图画，芝川一境，马钰略铺陈。

证仙果

牝锁玄通，龙奔虎走，微微调息绵绵。清风透户，不放马猿颠。姹女婴儿相遇，论清净、至妙根源。无作做，自然成道，决上大罗天。

愚男专恳告，十方父母，听取儿言。愿茶坊酒肆，递互相传。莫以狐言貉语，是端的、秘密幽玄。凭斯用，人人有分，个个做神仙。

赠道友

赠君唐括氏儿舍子出家，以词赠之。

冒雪行车，迎风访道，投余特地参同。说些修养，不论虎和龙。讲甚婴儿姹女，无龟蛇、日月交宫。无水火，亦无嗽咽，更没按时功。

的端真妙用，无为活计，清净家风。锁心猿意马，勿纵狂踪。炼息绵绵来往，自然得、子母和同。全性命，紫书来诏，直赴大罗宫。

不看谒

不谒公侯，不疏贫贱，不求富贵荣华。不餐美膳，不敢厌衣麻。不发无明火烛，不著境、亦不思家。般般不，不忘师旨，炉炼白朱砂。

逍遥真自在，清闲活计，云水生涯。对风邻月伴，满泛流霞。悟彻长生久视，又何必、驰骋矜夸。将来去，祥云瑞霭，步步衬莲花。

夜叉婆

扑粉施朱，画眉补鬓，巧言令色柔和。暗藏机狡，名唤夜叉婆。面善心乖性恶，纤纤指、鹰爪无过。夸体段，取人性命，入夜骋偻儸。

遇师方省觉，要逃业障，须避冤魔，纵水云游历，远离巢窝。急急完全神气，累功行、岂敢蹉跎。酬心愿，劝人修炼，功到洞仙歌。

觉前非

不待人询，须当自问，如何用意图财。若非奸狡，无有自然来。心起悭贪嫉妒，宁思想、横祸非灾。欺天地，暗怀狠毒，怎不落深崖。

阴司悬业镜，难谩难唬，难闪难推。却不如闻早，省悟心灰。物外追陪霞友，论长生、脱免轮回。修功行，不忘初志，定是赴蓬莱。

怀修炼

物物心休，般般事已，进人退己从长。无争上士，柔弱胜刚强。坦荡逍遥度日，处清净、成就圆方。怀修炼，亘初灵物，决要鼎中藏。

难忘唯是道，如饥思饭，如渴思浆。似婴儿寻母，专一思量。急救自家性命，调真息、不要忙忙。常细细，绵绵来往，功到赴蓬庄。

悟生死

七十韶华，暂时光景，寻思一向沉吟。酸辛入鼻，苦痛事攒心。生死都来两字，既生身、有死相临。堪养气，要逃生死，物外去搜寻。

心开通妙用，火中养木，水里生金。把乾坤骨髓，收向朱林。龙虎变成婴姹，灵灵显、岂论阳阴。无生灭，真真了了，跨鹤上瑶岑。

傀儡谕

养赡浑家，贪求活路，身如傀儡当场。被他名利，把戏引来忙。牵惹千头万绪，使作得、举指猖狂。夸体段，摇头弄影，驰骋好容光。

遇师亲说破，行尸模样，走骨趋跄。气悬丝相似，莫有无常。急认壶中云水，叩玄关、麻麦馨香。龙蟠虎，汞铅烹炼，丹结做蓬郎。

自破坐

执法行功，按时打坐，奈何不得惺惚。睡魔返倒，头点点占胸。鼻气如雷响亮，才惊觉、眼又朦胧。予自劝，恁般修进，怎炼虎和龙。

斯言如不信，偷观同辈，定是心通。见摇船身分，自愧梢翁。好认无为大道，心清净、神气和冲。灵光结，三丹踊跃，晃郎五明宫。

降心魔

熟境缠绵，心魔返倒，下功决要降心。住行坐卧，昼夜志防心。方寸虽然不大，起尘情、万种牵心。当识破，上天入地，好弱总由心。

从今生觉悟，牢擒意马，紧锁猿心。把凡心裂另，要见真心。日日澄心遣欲，更时时、校勘身心。无私曲，自言心正，方可合天心。

骷髅样

样子骷髅，偏能贩骨，业缘去去来来。骋驰伶俐，不肯暂心灰。转换无休无歇，腾今古、更易形骸。空贪寿，饶经万劫，终久打轮回。

遇师亲指教，创修一点，免落千崖。屏七情六欲，保护三台。玉虎金龙并凑，青莲内、捧出婴孩。无生灭，大罗天上，仙位得安排。

忍忍忍

刃下挑心，心头插刃，认来堪作良因。无明降住，有辱不生嗔。忆昔清河公艺，尚垂涕、书此和亲。无争士，常行大善，不敢暂伤神。

人猜泥捏塑，逢刀坦坦，遇药申申。便是非不辩，强弱无论。师父重阳教我，消烟火、悟假修真。常忍耐，触来勿竞，端的做仙人。

得真乐

落魄闲人，逍遥懒汉，的端酷厌荣华。怕耽火院，不会养浑家。万种尘缘拂尽，仗心闲、炉养丹砂。松峰下，水边石畔，遣兴饮流霞。

一灵常皎洁，优游恬惔，真乐无涯。论比之明月，月有云遮。若比孤云自在，风飘荡、牢落堪嗟。予亲遇，得超彼岸，快活更无加。

和芝阳灵元子卫信道韵

放懒生涯，欣慵活计，起心念念慈悲。而今不肯，摘叶更寻枝。撇下之乎者也，的端认、莲出青泥。闲闲里，扪心自忖，有似遇良医。

逍遥真自在，要成仙福，凭仗心师。志坚如山岳，不许胡移。日用无为清净，自然得、捉住东西。些玄妙，悟来通晓，虽老不为迟。

复用前韵

吊孝之人，送终之辈，当思兔死狐悲。青春渐老，休要恋花枝。好把精神收拾，超彼岸、出水腾泥。皈正觉，自心有病，物外去寻医。

良医无药饵，劈昏凿暗，便是明师。要心无染著，熟境迁移。神净虎龙交媾，任红日、东出还西。无忧恼，长安路上，行道不迟迟。

离众生示门人

尽说烟消，皆言火灭，触来总起无明。不知不觉，怎得离众生。道本易行易晓，奈心违、难晓难行。心魔障，未成大善，方寸不能灵。

同流听嘱付，是非休辩，人我休争。叹行尸走骨，何辱何荣。急救自家性命，气神和、清结真形。灵灵语，瑶台阆苑，蓬岛是前程。

混元刘法师升化，以词赞之

幼则随群，长而异众，一心法箓行持。书符咒水，治病救灾危。建德如偷不显，厌华丽、粝食粗衣。亲曾遇，重阳师父，传授入希夷。

自知功行满，速来访我，径就归期。便怡然拂袖，应限宜时。此者彭城了了，马风风、当赋新词。长生得，携云仙去，跨鹤赴瑶池。

赞重阳真人出现

古郡登州，望仙门外，画桥车马难通。重阳师父，对众显家风。预说逢何必坏，经一纪、太守何公。嫌崄峻，令人拆毁，命匠别兴功。

文登重出现，白龟莲上，端坐空中。宰公尼厐虎，得遇真容。忽见回身侧卧，祥云动、复往仙宫。人争画，家家供养，处处总钦崇。

又

妙行真人，重阳师父，遇师吕祖玄通。十年了道，归去得乘风。一纪三番下界，性正直、凡事依公。天上现，无为手段，超显自然功。

全真文集里，藏机隐密，妙在其中。论龙吟虎啸，婴姹娇容。玉内金光灿灿，神丹结、跃出灵宫。人还悟，速修清净，休受世间崇。

赠辛五翁姜四翁

豪富过人，作为异众，莱阳姜鉴辛通。文登趁醮，不惮冒霜风。来往近乎千里，投坛告、马钰姜公。持孝道，宰公闻得，惠酒劳奇功。

虔诚逢感应，醮仪才罢，仙现云中。命丹青妙手，传写奇容。从此住行坐卧，搜斡运、阴里阳宫。忘尘事，乡人钦羡，相重更相崇。

赠莱阳县众醮首

高密钟真，莱阳姜鉴，废坊辛氏名通。邀予追荐，不避雪和风。捧示众官书疏，跪领外、承顺诸公。居环堵，一餐薄粥，须办十分功。

加持非草草，玉山踏碎，金藏颐中。要虎龙交媾，产出元容，整顿精神惺洒，救亡灵、尽赴蓬宫。人听劝，齐心乐善，释道一般崇。

赴登州黄箓大醮

松柏岩前，烟霞洞里，清风吹动灵苗。水升火降，大药自然烧。歌舞相陪童稚，利名弃、不让渔樵。忘人我，清贫为乐，怕底是尘嚣。

人来求追荐，千言万语，苦苦相邀。便加持斋戒，遥拜云寮。祷告重阳师父，救亡灵、得上青霄。鸾鹤引，孤魂滞魄，相从总逍遥。

赠会众

文山七宝会众创庵告名，因而示词。

七宝庵中，三清门里，全真堂建相当。东西廊舍，堪可做云房。凿石名为丹井，水甘美、有若琼浆。玄玄处，修真环堵，幽雅不寻常。

云朋并霞友，微中讲论，妙里斟量。处身心清静，便是仙方。调息如同龟息，命灯内、性月圆光。斋场上，文山道友，唱此满庭芳。

地肺重阳子
昆嵛太古仙

郝大通集

太古集

太古集自序

大道恍惚，从无而入有；乾坤造化，自有以归无。夫有入于无，故无出乎有。元之一气，先天地生，既著三才，浸成万物。万物之动，有生有克，有利有害，有顺有逆，有好有恶，有是有非。方而类聚，物以群分。尊卑有序，泰道将兴；上下失节，否时斯遘。临事之始而可潜，当事之期而可跃。履霜致坚冰之至，龙战则其血玄黄。屯利居贞，讼乎窒惕。矫世以童蒙而处，申令取毒蛊而明，刚进待需柔而行，有剥出门贵乎同人。祸发基于大过。艮止之，兑说之。贲华而离丽，蹇滞而坎陷。睽背也，恒久也。取新可以固鼎，失律所以覆师。光明则海内可观，晦迹则山林可遁。非神化灵通，其孰能与于此乎。予尝研精于《周易》,删《正义》以为《参同》,画两仪四象、三才八卦、六律九宫、七政五行，星辰张布，日月度躔，有无混成，以为图象、述怀、应问、诗词歌赋，共一十五卷，分并三帙。以慕太古之风，目之曰《太古集》。

夫太古者，太谓太易、太初、太始、太素；古谓远古、上古、邃古、亘古，务使将来慕道君子知其不虚为者也。且夫气象莫大乎天地，变通莫大乎阴阳。天地之英华，阴阳之根本，二气之谓也。木龙金虎，赤凤乌龟，四象之谓也。六七八九，其数之谓也。刀圭铅汞，生成备物之谓也。神遇气交，性命之谓也。紫府丹宫、灵台翠宇、琼楼绛阙、玉洞珠帘、玄关阳道、地户天门、玉液金精、黄芽白雪、真水真火、姹女婴儿、石人木马、九虫三尸、金翁黄婆、芝草丹砂，皆五行造化之谓也。

大抵动静两忘，性圆命固，契乎自然。自然之道甚易知，甚易行，而天下莫能知，莫能行者，盖情欲缘想害之之谓也。人若去妄任真，超尘离法，混俗而不凡，独立而不改，抱一而不离，周行而不怠，于仙道其庶乎。颜子有坐忘之德，孟轲有养素之功，盖亦专于一事也。

今举其大纲，开诸异号，所谓同归而殊途，名多而理一。示之可以益于后学，能使道心坚固，真正无私。若执志待终，则位标仙籍，永作真人，神通万变，羽化飞升矣。如是则非我门而不入，非我道而不然，然而然，然于不然而然也。

大定十八年岁在戊戌仲冬望后六日自序

太古集卷之一

周易参同契简要释义（并序）

教者，道之所以生也。道本无名，强名曰道。教本无形，假言显教。教之精粹，备包有无。故以无言之，存乎道体。以有言之，存乎器用。体之以为无，用之以为利。若曰有形生于无形，则乾坤安从而生；用教化于无知，则真知安从而出。若夫太极肇分，三才定位，布五行于玄极，列八卦于空廓，发挥七政，躔次纪纲，垂万象于上方，育群灵于下土。是故圣人仰观俯察，裁成辅相，信四时而生万物，通变化而行鬼神。通精无门，藏神无穴，寂然不动，感而遂通。

至于修真达道之士，用之德化十方，慧超三界，升沉而龙吟虎啸，消息而蛇隐龟藏。一往一来，神号而鬼哭；一伸一屈，物我以俱忘。当是时，电激而八表腾辉，雷震而三山动色。鹤飞凤舞，鹿返羊回，冲气盈盈，瑞云密密，万神罗列，群魔遁形。玄珠迸落于灵台，芝草齐生于紫府。觉花才放，法海渊深，直入玄都，永超陆地。所谓毛吞大海，芥纳须弥，木马嘶鸣，石人唱和。此皆开悟后觉，不得已而为言。

是道也，用之以顺，两仪序而百物和；行之以逆，六位倾而五行乱。非夫至极玄妙，其孰能与于此乎。于是略叙玄文，删为节要云耳。

时大定十八年岁次戊戌孟夏十有九日序

周易参同契简要释义

易之道，以乾为门，以坤为户，以北辰为枢机，以日月为运化，以四时为职宰，以五行为变通，以虚静为体，以应动为用，以刚柔为基，以清净为正，以云雨为利，以万象为法，以品类为一，以吉凶为常，以生死为元，以有无为教。故知教之与化，必在乎人；体之善用，必在乎心；变而又通，必在乎神。以一神总无量之神，以一法包无边之法，以一心统无数之心，自古及今，绵绵若存。是谓《周易参同契》简要释之义也。

天体道广，

清虚广远，纯阳不杂。

乾用德普。

运行不息，应化无穷。

善始嘉通，

会合群灵，通理物性。

義和贞固。

协和济利，坚固贞正。

大妙至哉，

法此行道，随时变通。

玄元圣祖。

规矩后人，光泽天下。

资乎万物，

众象之宜，资取乾用。

统御云雨。

云气流行，雨泽施布，总及万灵，无有壅蔽。

克明初末，

克明万物终始之道。始则潜伏，终则飞跃，可潜则潜，可飞则飞，是明达乎始终之道。

时乘六户。

阳有六则，阴有六则，健用随时，始终如一。若不以时而用者，应潜则飞，应飞则潜，应生而杀，应杀而生，六位不以时乘，而反害矣。

伏虎飞龙，

阴伏阳飞，阳生阴杀。

式宙控宇。

升降不息，运转无穷。

变力化功，

应用之道，革故从新，为之以渐，谓之变；一有一无，忽然而改，谓之化。言乾之为道，使物渐变者，使物卒化者，莫非资始生养万物，总统隐显之功。

性端命辅。

乾之为用，见乎变化。变化之功，使物各正性命。性者，天生之质，若刚柔迟速之别。命者，人所禀受，若贵贱寿夭之属。故知无形生于有形，有形之所累也。惟天道有形，能健而不为所累者，盖谓乘变化而御大器，静专动直，不失大和。乾之为体，静住之时，则专一不转移也。其运动之时，正直不倾邪也。不失大利，岂非正性命之情者邪。乾能正定物之性命，物之性命各有情也。所禀生者谓之性，随时念虑谓之情。故以真言之，存乎其性；以邪言之，存乎其情。情去性存，命自归而辅之。

保合太和，

乾之为用，纯阳刚暴。若无和顺，则物不得利，又失其正。若能保安合会，太和之道乃能永固，使物各正性命而久长也。

利贞乃甫。

贞固干用，利益于物。

刚专柔直，

内则存乎刚健，专一不移转也。外则用乎柔弱，正直不倾邪也。

匠众规矩。

君子所以能行此道，匠成万物，教化无穷者也。

君子自强，

运用不休，终而复始，强而又壮，君子之道备矣。君者主也，子者爱也。主临上位，爱人济物。学道之者，通乾用而行大利，昼夜不息，无有亏退。君子之人，自强勉力，不有止息，惟施于众。

教令可取。

此明君子之人，体道用事，内刚外顺，静专动直。若云行雨施，四时以序，万物以生，一切群品，无不周普。

地体道大，

沉实纯厚，无所不载。

坤用德隆。

柔和厚载，包容众垢，以顺群生，通理物情。犹乾之德，其德隆大。

长益群品，

长养利益，群灵品类，始生万有，各得通畅。

事备曲通。

顺时待物，屈己伸人。

攸攸君子，

柔顺干正，嘉美之功。

雌极化雄。

不为事始，待唱乃和。谦尊卑光，已若进人。必人进己，先雌而化雄也。

西南不利，

阴柔不立，物有所害。

东北立功。

志意和同，性行柔弱，临事决断，不有私曲，正此义也。

乘此达彼，

得正顺志，利保守常。

黄委宗风。

惟政是从，随时渝变。

资生万有，

妙用宏阔，无所疏远。

承顺天聪。

行不违礼，柔顺不邪。

厚能载物，

至顺包承，不乱群也。

至理无穷。

居中得正，任其自然。

含弘光炽，

和光同众，俯仰不独。

品类熙冲。

和气冲满，物得生存。言善则迁，道归群品。始终不懈，君子之正。

实相非相，

依尊履正，行命有功，返视内观，相实非有，非相之实，实非相故。

真空不空。

不居任，不造为，空真不存，不空之真，真不空故。

全其众妙，

质素不奢，修仁守正。

器与玄同。

清净精洁，固志在一。恢弘博施，中正不偏。安乎得失，变通随时，成其道果。

太古集卷之二

乾象图

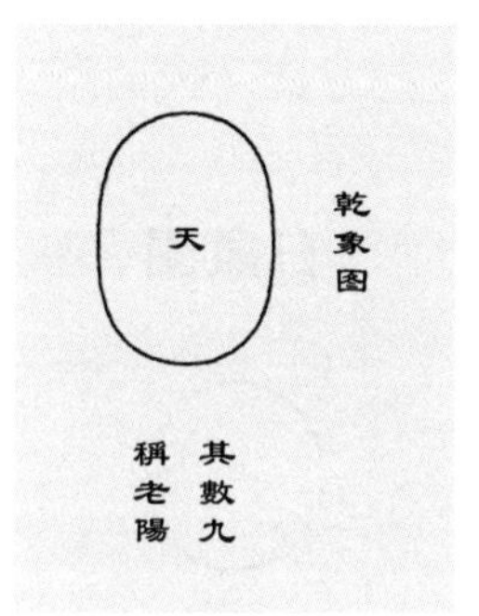

乾者为天之用，天者是乾之体。天所以清虚高远，纯阳不杂，一气冥运，万物化生，乃可法天之用，不可法天之体。故曰乾象，而称老阳，其数则九。谓乾为天，有三画，三因之得九，此卦重之，六爻而各称九是也。夫天之道，势如偃盖，状若鸡卵，取坤为妻，而生六子也。

坤象图

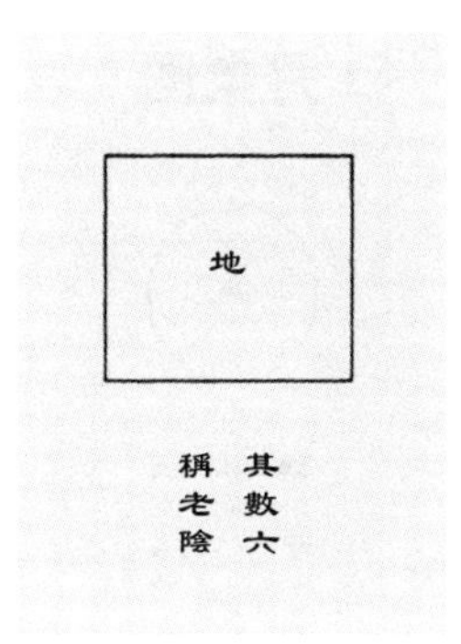

坤者为地之用，地者是坤之体。地所以纯厚广载，纯阴不杂。二气升降，物有变迁，乃可法地之用，不可法地之体。故曰坤象，而称老阴，其数则六。谓坤为地，有六画，象之称六，此卦重之，六爻各称六是也。夫天有三画，而兼坤之六画，故称九也。惟地属老阴，而不得兼阳，故称六也。

日象图

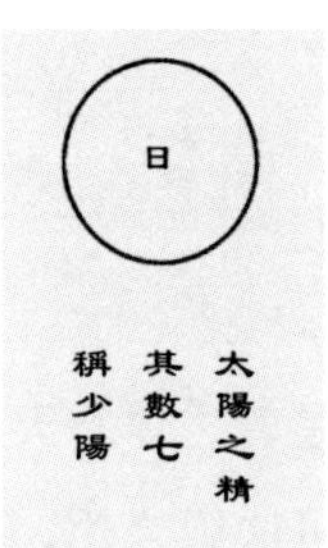

日者，太阳之精、象离卦也。其数则七，而称少阳者，为离卦上下俱长，中虚则短，成四画，而兼乾之三画，故称七数。而为少阳者，乾天之道，覆荫万物，清虚广远，纯阳不杂，一气冥运，名曰老阳。日之为道，虽无此大，而光明著于八方，普及天下，出则为昼，没则为夜，故云少阳也。

月象图

月者，太阴之精，象坎卦。其数则八，而称少阴者。谓坎卦上下俱短，中实则长，成五画，而兼乾之三画，故称其八。而为少阴者，坤地之道，大有所载，名之老阴。月之光明，有圆有缺，出则为夜，照耀无穷，如地之大，故称少阴。夫日月为天地之子，而得兼乾，而不得兼坤，所谓子从父也。

天地交泰图

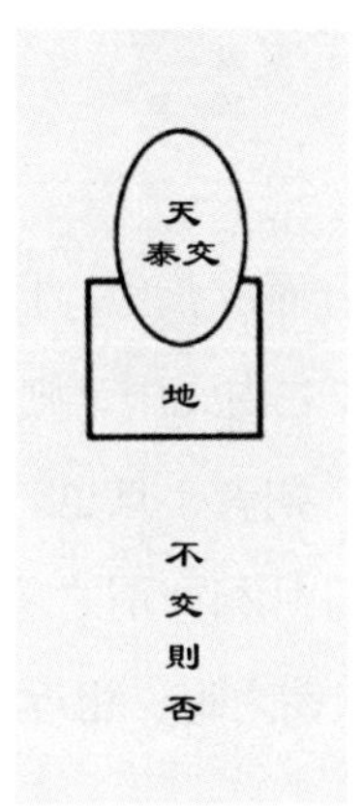

天地交而泰，不交而否者，谓天之阳气下降地中，地之阴气升而天上，此谓天地交而成泰。若天之气上腾，地之气下降者，谓天地二气不相交感，而万物则有所否闭，不能通畅。故天地宜交，不宜不交；万物宜泰，不宜不泰，不泰则否。故天道十有一年而泰，十有二年而否也。一纪之年，全其否泰。

日月会合图

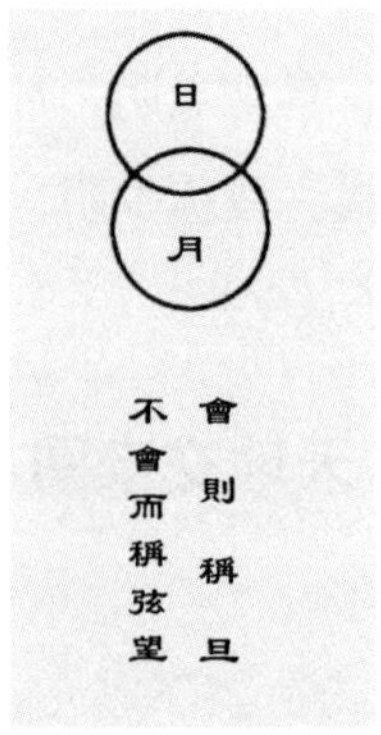

日月会而合，不相会合而成弦望。日则一年而行天之一周，月则一月而行天之一周。一岁之内无闰，则十有二月。月各会有所合，故曰：日月隔壁，谓之朔。朔者，旦也。旦者，每月一日，各有会合于日之下，名之曰朔。日月相衡谓之望，四分之一谓之弦。此者不相会合之时也。光尽体伏谓之晦，相近于合也。

天数奇象图

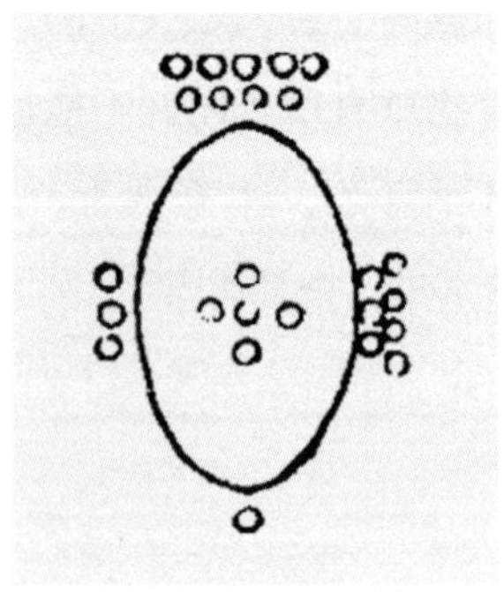

天为纯阳而有阳数。阳数有一、有三、有五、有七、有九。总

而论之，共得二十有五，成乾之阳数。而为奇者，谓奇为四正方而兼乎中，此之是也。天数有五，自相乘之，则得奇化数。故曰：北一、东三、南七、西九、中五，皆阳数也。阳之数，一、三、五、七、九是也。

地数偶象图

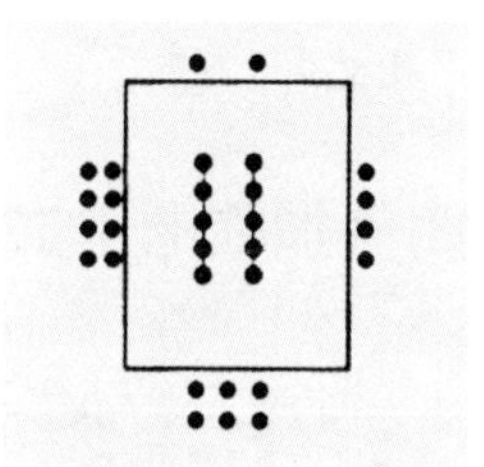

地为纯阴而有阴数。阴数有二、有四、有六、有八、有十。总而论之，共得三十，成坤之阴数，而为偶者，偶者为四正方而兼乎中，此之是也。故曰东八、西四、北六、南二、中央十，皆阴数也。阴之数，二、四、六、八、十是也。地本方，故称偶，天本圆，故称奇。

二十八宿加临四象图

天象有二十八宿，度则三百六十有五①四分度之一者，分布于十二分野之中而经，星之常道也。所以日月五行七政为纬，循环周度，变化生焉。以分四维、四正之义者，东方、南方、西方、北方，自得其数，同天地日月之功。有苍龙焉，有白虎焉，有朱雀焉，有玄武焉，此者亦象春之与夏、秋之与冬也。

【注】

①有五：误，当作“五又”。

二十四气加临七十二候图

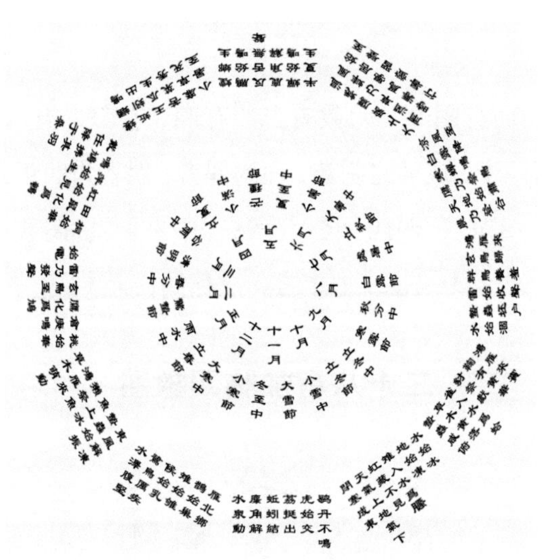

天地定位，日月运行，八节四时，自然运转。所以暑往则寒至，春去则秋来，而成一岁之功。岁功之内，有七十二候焉。候谓应时之候，明物有自然，应节气，则五日七分而为一候者也。自立春至大寒之后，凡为一年，则有七①十二次物候，自来应时之气也。

【注】

①七：原刻作“之”，误。依文意改。

河图

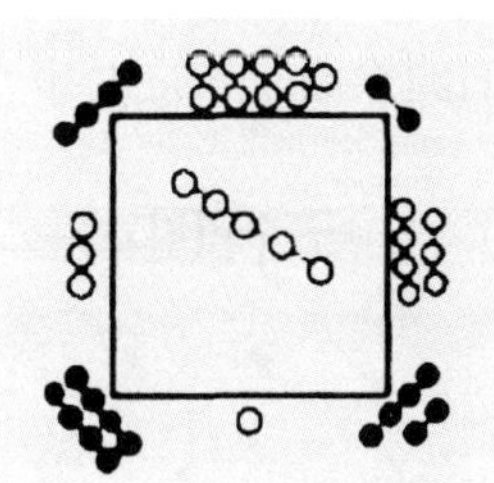

天地奇偶之数而成河图，则有五十五数。惟此图书则四十五数，而遍九宫，象龟之形状，头九尾一，左三右七,二四为肩，六八为足，此自然之象也。背上有五行,而可以知来,占兆吉凶。故通神明之德，以类万物之情。天生神物，圣人则之，以为图书。一三五七九为奇，属阳也，四正方。二四六八为偶，属阴也。惟地数十在于龙腹，不有所显，故存之不画也。

变化图

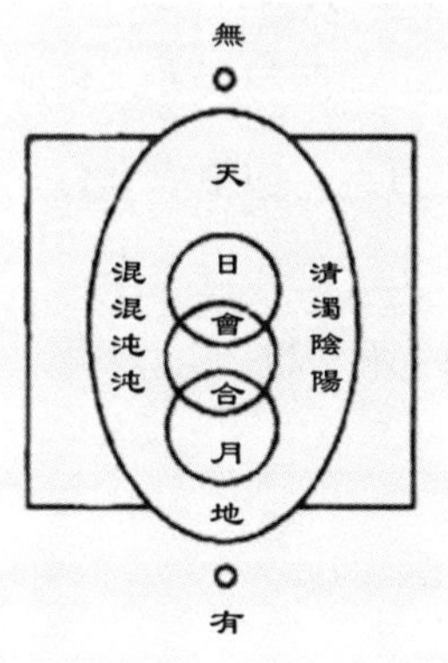

夫易之道，非神功而不可测，非圣智而不可知。故有太易，仍未见之气也。有太初，气之始也。有太始，形之始也。有太素，质之始也。气形质具，未相离者，谓之混沌。混沌既判，两仪有序，万物化成。混沌已前则为无也，混沌之后则属有也。一有一无而为混沌，混混沌沌，天地日月会合交泰之时也。

五行图

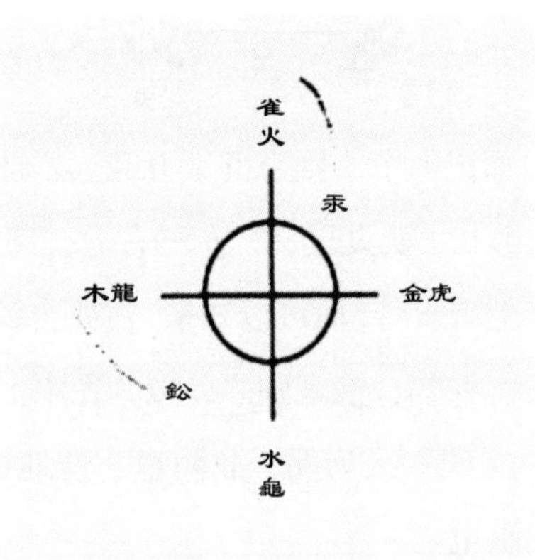

五行者，水、火、土、金、木是也。凡天地之数而各有合，生于五行者。所谓天一与地六，合而生水。地二与天七，合而生火。天三与地八，合而生木。地四与天九，合而生金。天五与地十，合而生土。天地之数五十有五，而生成五行，五行之数可见矣。七言得之水，九言得之火，十一数而得之木，十三数而得之金，十五数而得之土。此为天地而生五行也。

天元十干图

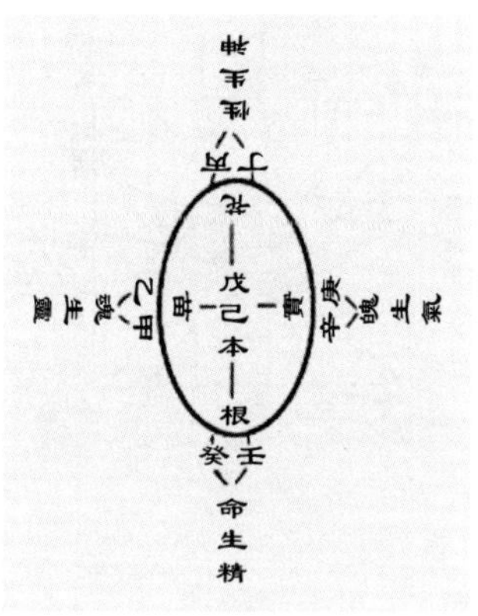

天元十干者，谓甲乙象木，丙丁象火，庚辛象金，壬癸象水，戊己象土。夫木之为体象春，而生乎万有，主魂而灵见于苗。火之为体象夏而长乎万物，主性而神见于花。金之为体象秋而成乎品类，主魄而气见于实。水之为体象冬而就乎万有，主命而精见于根。土旺事，加四季之正，逐时而有也。

三才入炉造化图

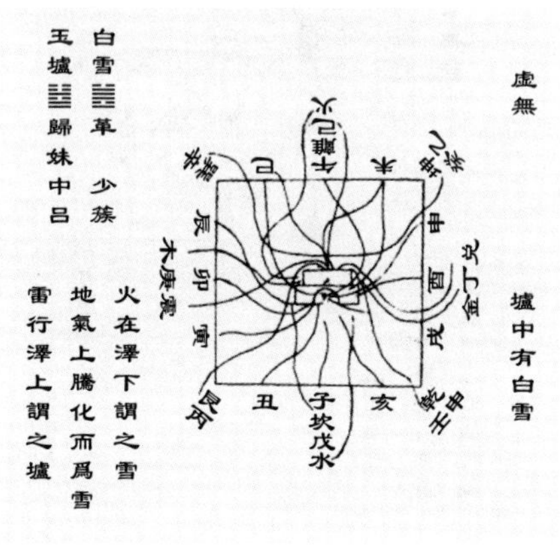

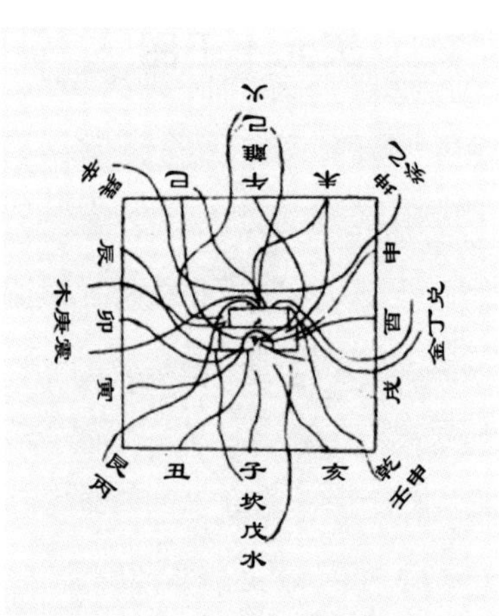

夫三才之道者，天地人也。天元有十干之属，地元有十二支之属，人元有五行八卦之属。此三才而配于支干、五行、卦象之属，而入乎虚，而出乎无。虚无之间，而生长成就万物之功，不有怠倦者。因造作而必得所化，化之与造为者，本无为之化也。炉有三层，十二门，火居于中，炼乎三才之真气，而合成道也。

八卦收鼎炼丹图

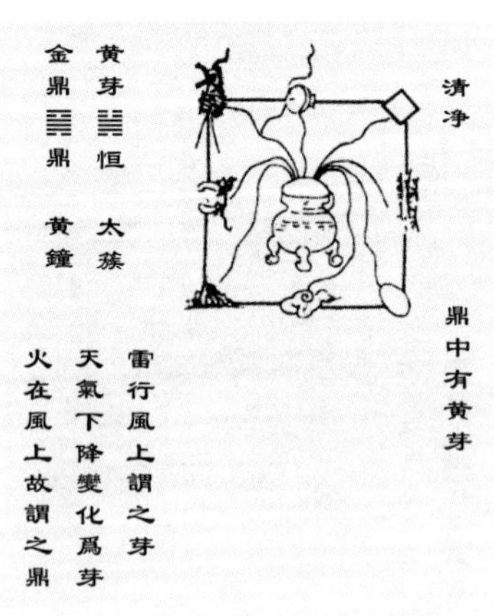

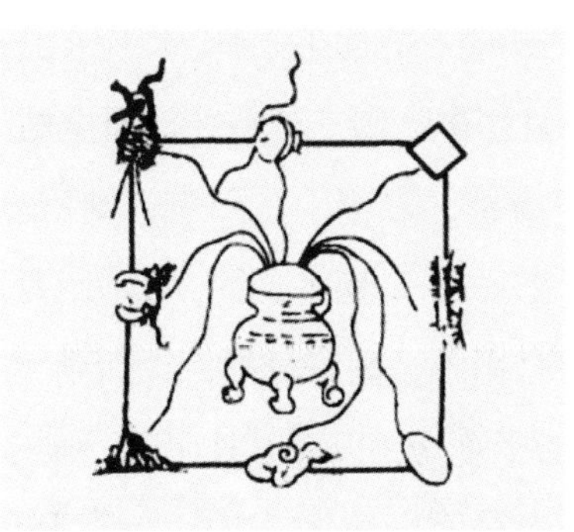

八卦收归于鼎者，谓乾象天，坤象地，震象龙发乎雷，巽象虎生乎风，坎象云降乎雨，离象电闪乎光，艮象山通乎气，兑象泽说乎物。因乾健而运，自坤顺而动，得此三男三女，妙乎大用而利于万物。此则明雷风云雨电闪之属，本自晴空而来，复归晴空而去，故谓之鼎。鼎之为器，下存于火，中炼其天地雷风火山水泽，而成大丹也。

十二律吕之图

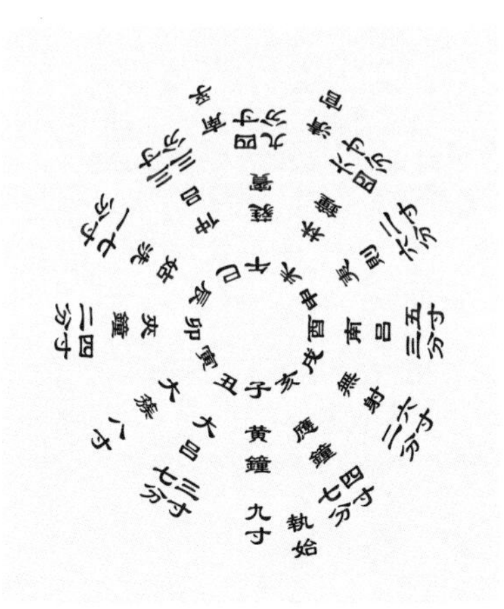

夫黄钟之律，以应十一月用事，则九寸。三分损一而生林钟，

以应六月用事；则三分益一，而生太簇，以应正月用事；则三分损一，而生南吕。以应八月用事；则三分益一，而生姑洗，以应三月用事；则三分损一，而生应钟，以应十月用事；则三分益一，而生无射，以应九月用事；则三分损一，而生夹钟，以应二月用事；则三分益一，而生夷则，以应七月用事；则三分损一，而生大吕，以应十二月用事；则三分益一，而生蕤宾，以应五月用事；则三分损一，而生清宫；黄钟九十分损五十七分而生仲吕，以应四月用事；则生执始，执始生去灭，去灭生南事。凡自黄钟之节至应钟而为十二管。其有清宫、执始、去灭、南事，以为律管之终，故附之于下。

太古集卷之三

乾坤生六子图

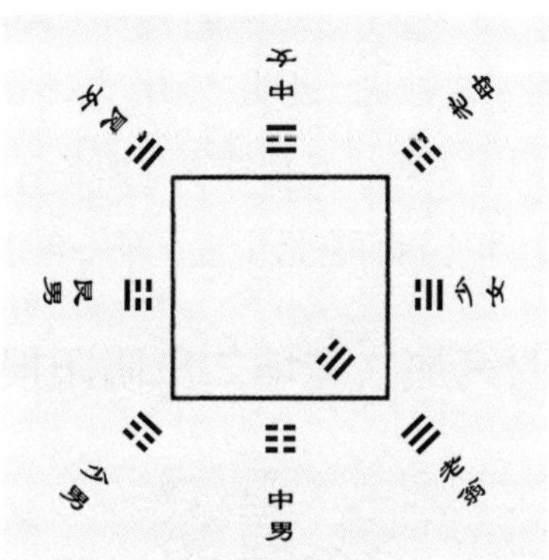

乾卦为老阳，坤卦为老阴，因合而生六子也。乾得坤之一气而生巽，长女也。乾得坤之二气而生离，中女也。乾得坤之三气而生兑，少女也。坤得乾之一气而生震，长男也。坤得乾之二气而生坎，中男也。坤得乾之三气而生艮，少男也。故曰：乾生三女巽、离、兑，坤生三男震、坎、艮，是也。

八卦数爻成岁图

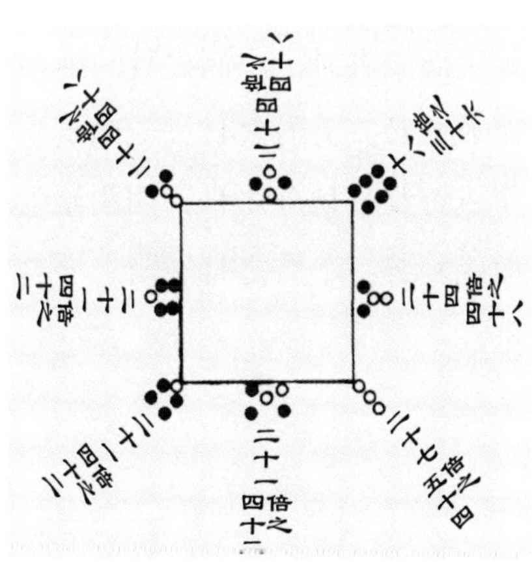

乾卦三画长，每画别九之数，故知三九二十七。其乾卦重之有六画，每画别九，则六九五十四。此者乾爻之数也。坤卦三画短，每画别六之数，故知三六一十八。其坤卦重之有六画，别六则六六三十六。此者坤爻之数也。此明一阳称九,一阴称六,外有震、坎、艮、巽、离、兑。阳阴不等，互相推求，而各有自然之数也。八卦总其数三百有六十，半之得百有八十也，象一年之数也。

二十四气加临乾坤二象阴阳损益图

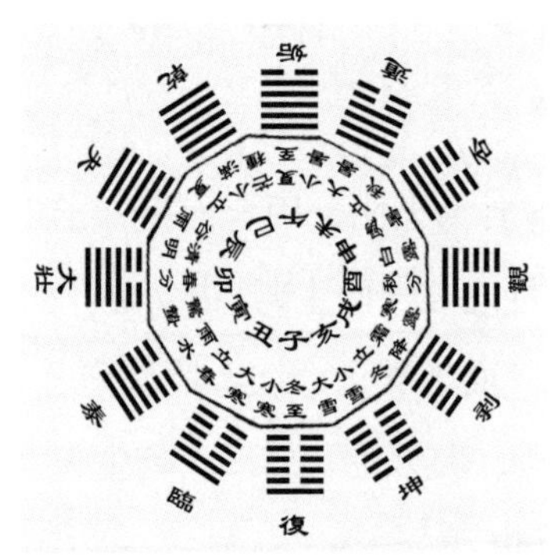

冬至之日,一阳始生而成复卦。大寒之日,二阳始生而成临卦。雨水之日，三阳始生而成泰卦。春分之日，四阳始生而成大壮卦。谷雨之日，五阳始生而成夬卦。小满之日，纯阳而成乾卦。夏至之日，一阴始生而成姤卦。大暑之日，二阴始生而成遁卦。处暑之日，三阴始生而成否卦。秋分之日，四阴始生而成观卦。霜降之日，五阴始生而成剥卦。小雪之日纯阴，坤卦用事。所谓损之而益，益之而损也。

六子加临二十四气阴阳损益图

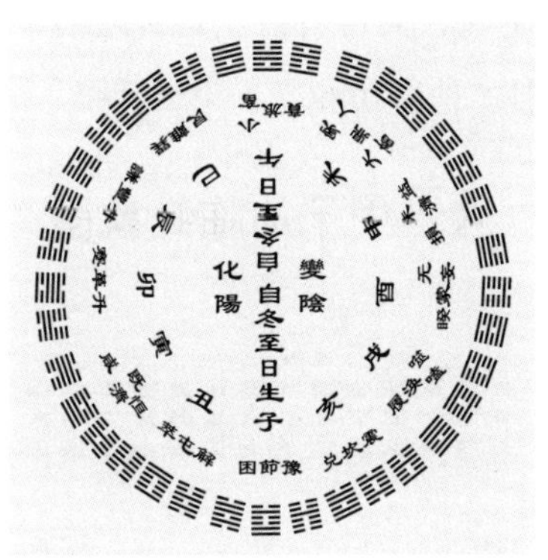

乾坤二象，象天地之大用，由未尽其理者，再明日月之运行，风雷之出没，山泽之通塞。据此六卦，三男三女所行之道，亦自冬至之日为首，以阳变阴，以阴变阳；至夏至之日为首，以阴变阳，以阳变阴。阳阴错杂，各有所变，变而通之，以明化物之功。本自无为之治，出于自然而然也。

八卦反复图

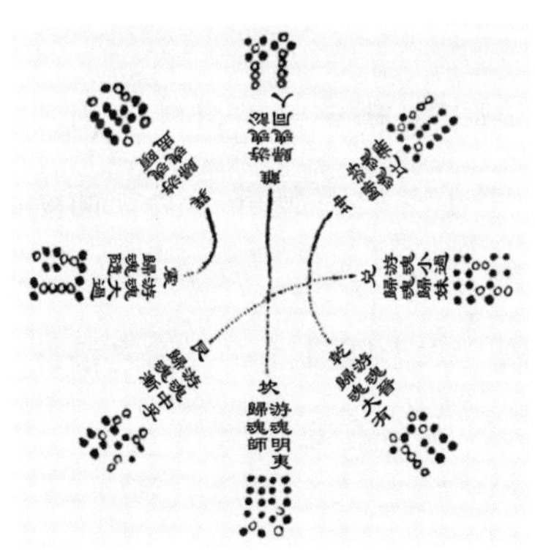

乾一世乃有所变而得姤，二变而得遁，三变而得否，四变而得观，

五变而得剥。此者自下升上，上至五爻，变之至极。故自剥卦之后，自上变下者，名之游魂，而得晋卦。晋卦之后，下体三爻齐变，而为大有，名之归魂卦。他皆仿此。

六十甲子加临卦象图

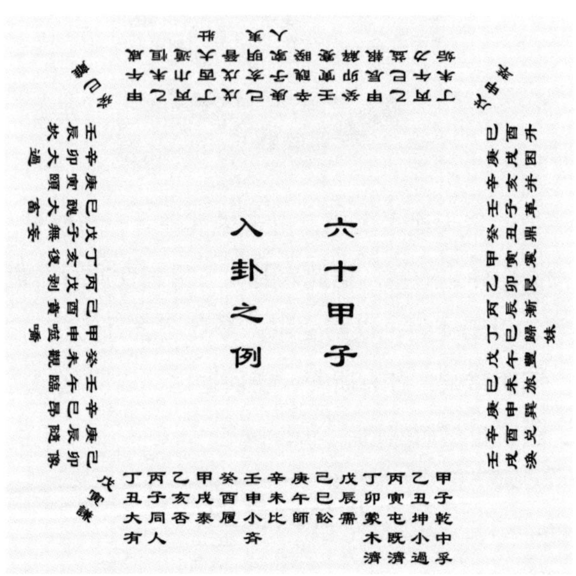

夫天地之道，而生万物，贵无过于人也。则成三才之道，而配支干纳音为六十甲子。故有乾坤二卦，而生六十有四，数则有万一千五百二十，象万物之数也。众象之内，以屯为初。法此，甲子有六十而自相配偶，六十四卦而通万物之情性，以存品类之吉凶、悔吝忧虞、存亡得失，无不备矣。

二十四气加临卦象图

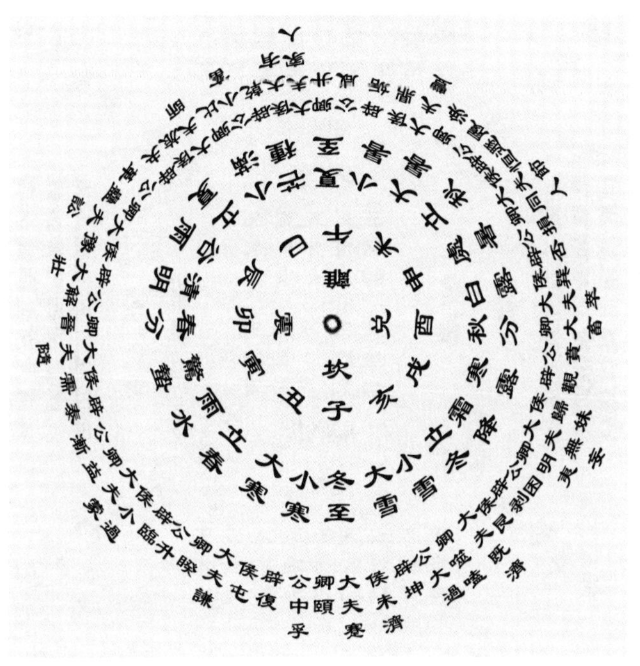

起自冬至之日，以中孚有信，阳气始生。至夏至之日，以咸相感，一阴始长，故知卦有六十，经游二十四气之间，凡三百六十而成一岁之功。一年之内，则有三百五十四日。积之闰余，故知自冬至[①]之日至满一岁，度有三百六十五日四分度之一，每一日管行一爻，六日七分而成一卦，内有闰余，共成其数也。惟坎震离兑而归四正，不在其间者也。

【注】

①至：原刻无，依文意补。

五行悉备图

五行悉备，三才众象之宜，八卦四维之属，以明变化之功，有类一方之所，自有生克而为顺逆之时。且如目[①]主肝，以情怒者，必可以引金。金主肺，以情哭而诫劝，因此自相感而为相克之胜负。若不以金则用火，火主心，以情笑而接之，其怒情渐去者，为相生之故也。他皆仿此，以明五行顺逆生克之道也。

【注】

①目：依文意，当作“木”。

天地生数图

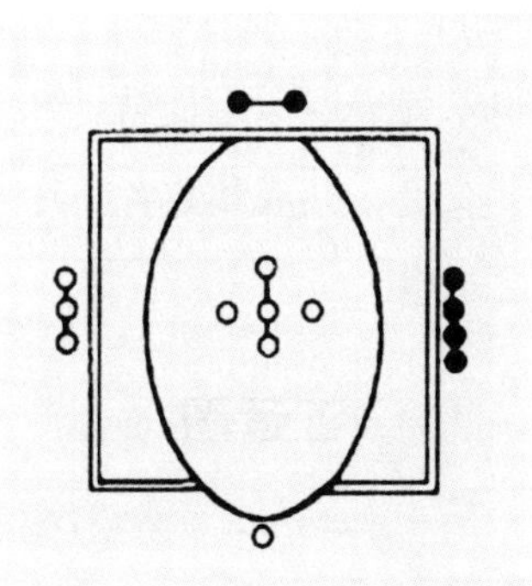

天阳而地阴，相交而有所生，生而各有其所。天一与地四而为生也，天三与地二而为长也。凡生长之数，而天地之情可见矣。故曰“天地交而万物通”，天地不交而万物不通之故也。今则阳数一三五，阴数有四与二，此阳之与阴共成一十有五。阴阳各半，而成天地之道。故曰生长，而名之生数者也。

天地成数图

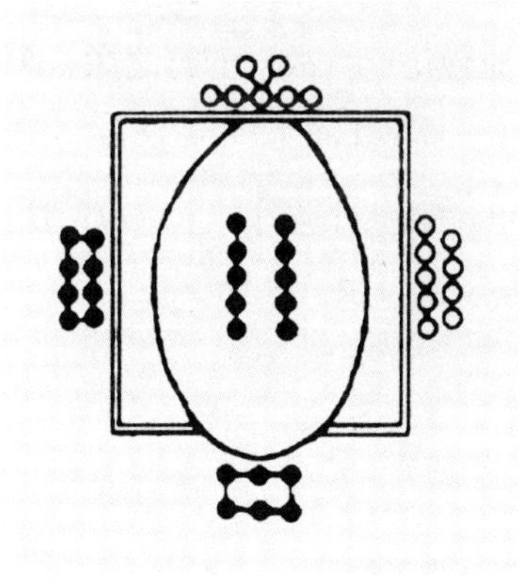

地者，阴也。乘天之阳气，而可以成就万物终始之道。始则潜伏，终则飞跃，皆物之自然也。地有阴数六、八、十，天有阳数七与九，故地六与天九而成，地八与天七而就。凡成之数则见天地之情。其于天五与地十，自相交通，共成其数者。凡天地之数，五十有五，而生长成就万物终始之道也。

五运图

五运所行，经纶十干，而成五气。且如甲己之年，土运时行，乃为黔天之气也。他皆仿此。故知五行之象，象曰五星。木德岁星行逆之时，木运行也。荧惑行逆时，火运也。太白行逆时，金运也。辰星行逆时，水运也。镇星行逆时，土运也。法此五星，分布十干，而成五运。星则有伏、顺、迟、留逆之数。

六气图

六气者，明三阳三阴之气，而行十二支，神神之相对。谓寅申之年，少阳主之；卯酉之年，阳明主之；辰戌之年，太阳主之；己亥之年，厥阴主之；子午之年，少阴主之；丑未之年，太阴主之。每年之内，有六气焉。且如少阳司天，厥阴在泉。他皆仿此。一气有六十日也。

四象图

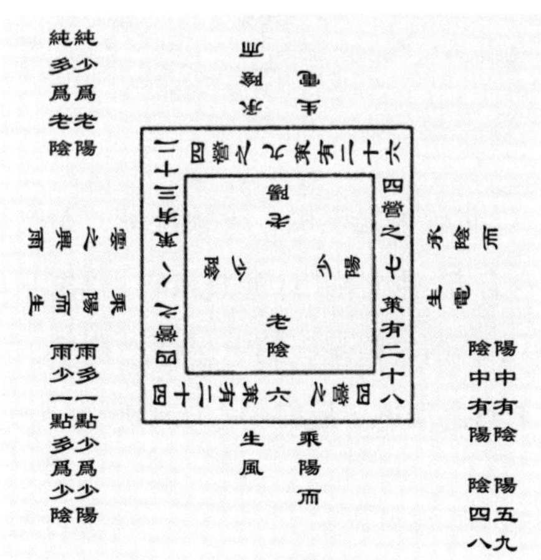

夫四象者，重明天地日月之道，六七八九之数。如乾之老阳称九，坤之老阴称六，乾之少阳称七，坤之少阴称八。故知乾有六爻，爻各称九，以四因之，爻别三十六策。坤有六爻，爻各称六，以四因之，爻别二十四。乾阳爻一百九十二，坤阴爻一百九十二，总之得万有一千五百二十之策，当万物之数也。

北斗加临月将图

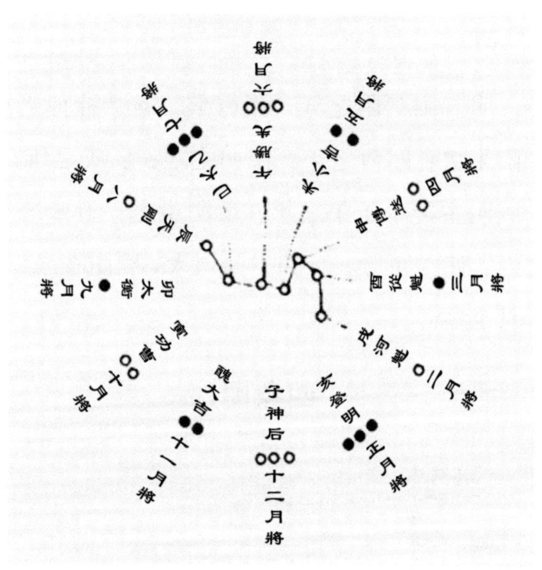

天垂万象，以北辰为之枢机。统领众星，无失其时者也。夫北斗七星之列，各自有方，主之则曰：魁枕参首，杓携龙角，斗卧巨蟹者。明知此北斗第一星，谓之魁星，第七星谓之杓星，自魁至杓，凡有七星，而布南方七宫之辰也。故曰：戌为河魁，辰为天罡。凡经七辰，象北斗焉。

二十四气日行躔度加临九道图

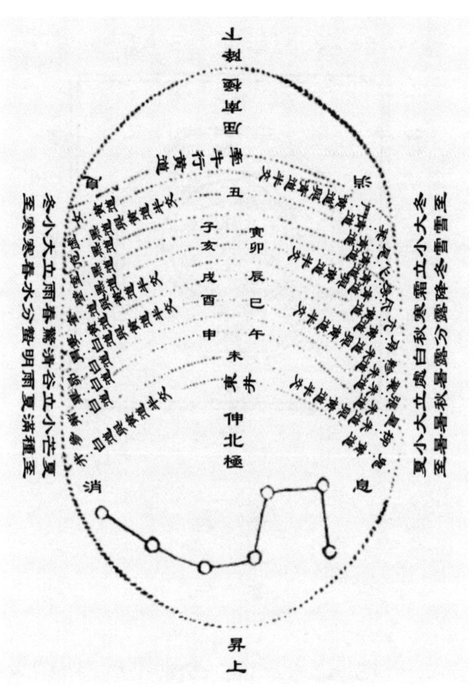

冬至之日，日行牵牛。夏至之日，日行东井。牵牛之宿，南极之星也。东井之宿，北极之辰也。自北极至于南极，一屈一伸，共行二十四气。经于二十八宿，布三百六十五度四分度之一，循环九道，以明消息之功，达其升降之理者，皆日行之道，备矣。日一年行一运，月一月行一周，故知日行则有盈亏，月行则有疾有迟。日行一日一度，月行一日十三度者，谓少一十二度，象一十二月，以成一岁焉。日经十有二年，而行天之十有二运，月行之道即不然也，谓一年之中，无闰而行天之一十二周，有闰而行天之一十三周。故知月之细度，一日行一十有二度三十七分也。日月之行，闰余生焉。

三才象三坛之图

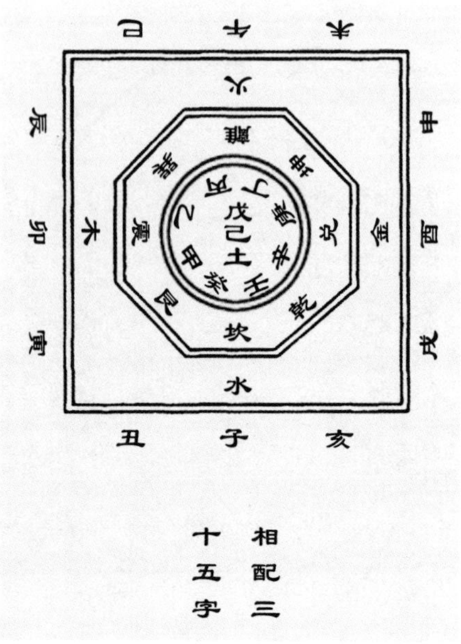

夫三才者，天一、地二、人三也。今则不然，所谓天在上，地在下，人立乎中，以象三才，非取一二三，惟取上中下品是也。故知上品类天之万象，以明十干之类是也。中品类人有万事，此者皆自天之下、自地之上而居于中，以明八卦五行之属是也。下品类地之万物，以明十二支位是也。此具三品以证三才。《易》曰："有天道焉，有人道焉，有地道焉。"天道广矣，地道大矣，人道备矣。天道虽广，若不以人法之，而天道不能显著。地道虽大，若不以人则之，而地道不能成就。惟人道独能法则于天地，变化于万有，兴废于万事者，亦自此而然也。

太古集卷之四

金丹诗

虚无之神，统御万灵。
先天地祖，运日月精。
列光垂象，造物变形。
推迁岁纪，应用生成。
旁通恍惚，鼓荡杳冥。
乾坤布化，导引群情。
幽玄奥妙，贤劫圣因。

其一

宇宙之中几丈夫，惟神惟圣法规模。
无为善入群生性，独立能开造化炉。
不逐东风吹柳絮，休教秋月照冰壶。
金丹运至泥丸穴，名姓元来记玉都。

其二

五五纯阳足有功，大圆乾象以为宗。
降形直入沧溟窟，混体攸跻窈漠中。
有遇坎男骑白鹿，无为离女跨青龙。
当期一遘三千日，鹤化乌龟石化松。

其三

红鼠黑蛇越世奇，神仙此际泄天机。
雷声一震三山裂，日出同光四海知。
见说老人呈皓首，又闻赤子挂青衣。
先生谓彼敷真理，报道郎君来得迟。

其四

黄羊化作白猿猴，猛虎留踪待赤牛。
兔在穴中狸在火，玄通妙处道根由。
诞灵降迹推迁运，十二春还六十秋。
道气归身逢至友，蓬莱会上约瀛洲。

其五

一七元中九六年，始知我命不由天。
炎风鼎内消红雪，偃月炉中炼瑞莲。
斜枕曲江方睡觉，海经三度变桑田。
南柯昔日黄粮梦，说与昆嵛太古仙。

其六

恒星不现即如来，静止安恬别立阶。
四变艮宫成妙体，返形革命达真胎。
学人悟此通心印，觉者知之理性才。
解得个中弧矢意，千经万论一齐开。

其七

三月雷轰一二声，始知天下鬼神惊。
风乘云势三千里，虎假龙威九万程。
万化门中为主宰，八纮境里作经营。
震之内象爻俱动，上德皇君具姓名。

其八

鼎器从来六有三,一欹一侧一安镮。
金铉玉质通嘉致，供圣养贤炼瑞丹。
风火家人能返照，变形易体改容颜。
须知烹饪成新法，传得钟离道不难。

其九

兑家有卦号归魂，返老延龄别有门。
少女聘时须待命，长男交日见重孙。
口中安口如何说，身外有身岂可论。
休道神仙无觅处，蜕形忘迹道常存。

其十

三千甲子一仙人，天地之根造化神。
把握阴阳都一指，斡旋万象统微尘。
多应父少儿还老，料想邪魔却是真。
解得神机颠倒理，壶中长是笑欣欣。

其十一

苍龙斗虎不曾闲，少女驱回六长男。
会向黄庭频俯仰，宁知玉户默包含。
宝瓶频绽红莲朵，狮子潜行黑玉潭。
力士擒将归洞府，万神罗列竞来参。

其十二

八卦相乘定主宾，五行生克验君臣。
青鸾撞入火龙窟，赤凤飞吞金虎身。
夫妇相交调律吕，父男和顺得中纯。
皆因神气能常守，一息冲融一寸真。

其十三

欲识丹砂分两齐，西南北位配三奇。
九阳宫里开金户，阴六堂前搅玉池。
铢别三百八十四，斤分十六两须知。
午前子后随时用，万道霞光罩玉辉。

其十四

铅汞须分阳与阴，半斤银合半斤金。
火云飞入牛郎鼻，霜月穿开织女心。
神水贮藏金井满，道源澄照玉泉深。
升沉颠倒明离坎，未悟之人何处寻。

其十五

日精东畔月华西，正是丹天壮盛时。
二八佳人呈雅态，九三君子骋容仪。
水晶帘挂珍珠砌，码磁幢悬翡翠帷。
试问本来归甚处，七星楼上不曾离。

其十六

刀圭元属甚人家，赤风端眸看落霞。
岸上草逢添瑞色，滩头石遇结灵砂。
北溟几度锯犀角，南浦屡曾摘象牙。
更有一般堪赏处，天池里面放金花。

其十七

问云何是最相宜，夺得神功造化时。
虎踞碧潭风飕飕，龙蟠朱洞雨溹溹。
云英散却雷霆息，露滴成须星斗移。
直待东方横素练，彩霞捧出一轮曦。

其十八

淳风高旷世非同，不达幽微止谓空。
得意诗情唯自乐，知心道话几人通。
都缘执性迷真性，尽散淳风昧教风。
一粒金丹炉内有，料无仙骨卒难穷。

其十九

阳九宫中大觉僧，擎拳端坐诵黄庭。
神光射透虚空藏，瑞气清凝聚宝瓶。
游宴洞天呈手段，遍资法界骋威灵。
从兹解得西来意，混沌之前岂有形。

其二十

学仙须是桱[①]金丹，铅汞将来鼎内安。
用火周天依次叙，添功岁月莫盘桓。
存神先使心头静，养气休令舌下干。
十二时中无懈怠，自然性命保全完。

【注】

①桱：同“炼”。但字由木、石、土构成，意指木金相交，炼于土釜，以结金丹。

其二十一

五气同宫共一家，相资运斡务生涯。
河车不离长安道，宝货常留桂月华。
铅汞混融成上瑞，气神灵慧结丹砂。
全真妙用符玄用，烂饮流霞颖彩霞。

其二十二

如何得得饮刀圭，无血羊儿是可封。

山泽气通云出谷，地天交泰木生梯。
坎离匹配知颠倒，龙虎回还显悟迷。
解得于中消息理，管教平地踏云霓。

其二十三

常听壶中金石声，凡情除去道情生。
阳神全后浑无寐，阴魄消时更觉清。
火里生莲犹是可，水中抟块决然成。
圆融二物常相会，稳驾云车赴玉京。

其二十四

闲引金乌宴月宫，偶然会合便圆融。
神光照彻灵空体，妙道冲开造化笼。
心识始知蜗舍客，慧眸方见主人翁。
从兹启悟身为患，不执虚名是大通。

其二十五

学道先须绝外华，修真养素属仙家。
忘情盖为烹金液，息虑都缘桎紫砂。
一性朝元攒五气，万神聚顶放三花。
从兹得达长生路，永向清霄混彩霞。

其二十六

出家禀意望求仙，必在真师口诀传。

炉内飞铅常固济，鼎中结汞永新鲜。
流金作屑销龙骨，滴露为霜长玉涎。
心镜一磨明照彻，本来面目自然圆。

其二十七

修行休强做逍遥，莫向空房守寂寥。
紫府不令群虎斗，丹宫能使万神朝。
游山每达青霄路，渡水常登刳木桥。
采得灵芝频服饵，何须林下挂箪瓢。

其二十八

三一壶中景异常，长眉翁坐看松篁。
六铢绛彩装金相，十二重楼饮玉浆。
白鹤树边频俯仰，乌龟池畔任低昂。
灵童款步前来立，献与先生续命汤。

其二十九

元气混成清净体，彩云突出五方霞。
金丹结就纯阳子，玉液浇开不夜花。
无相门中堆白雪，虚空藏里产黄芽。
长生路上行人少，只是仙家与道家。

其三十

天风吹绽洛阳花，六合同涂意不差。

闲采牡丹烹嫩蕊，静收芍药桯英华。
调和二物清神气，溉济三田饵麦麻。
携酒宴阑乘兴逸，坐骑白鹿入云霞。

郝太古真人语录

既是出家，须要忘忧绝虑，知足常足。一日二升之粮，积之何用。一年端布之装，身外何求。一日之闲，一日之仙。道冲而无欲，神定而气和，为造化之根源，穷阴阳之返复。道不远人，人自远道。日月不速，人自速之。勇猛刚强不肯，而低心而下意。游历他方，不如独坐而守道。浮名浮利，不如逍遥而寂淡。饱食珍羞，不如粝饭而塞肚。罗绮盈箱，不如粗衣而遮体。荣华宴乐，不如超然而守静。当春登台，不如安闲而有素。非义得财，不如贫穷而自乐。口能辨论，不如终日以无言。说古谈今，不如抱元而守一。多技多能，不如绝学以守拙。常怀旧怨，不如洗心而悔过。道气绵绵，行之得仙，得意忘言，出入涓涓，太虚妙本，得鱼忘筌，牢拴意马，压定心猿。守拙而万物皆成，守道而千祥自降也。

又曰：日用者，静处炼气，闹处炼神，行住坐卧，皆是道也。昼夜见前，须要不昧。若睡了一时，无了一时，日日有功无睡，千日功夫了也。勿信他人言有宿骨也。

又曰：修真之士，若不降心，虽出家多年，无有是处，为不见性。既不见性，岂能养命，性命不备，安得成真。何为如此？缘有心病也。第一心病，见他通达性命之理，自己欲参，不肯低下，他人不肯说，心生怨谤。第二心病，他人有缘，不思自己无，复不能化人生善，徒生恶念，损人道缘。第三心病，见他人看经书，自己不通而生谤心。此等之人，永不得大智慧，天眼自昧之徒也。第四心病，缘未起行，而强起缘动众，扰乱他人，是不良之人也。第五心病，是心不足，反致心乱，是不足之人也。除此五病，低下参访，必得其真。未能大静，且守本分；未通大理，常看经教；未能动人，只合守静；稍得薄缘，莫忘性命。能如此者，进道克日成圣；不能依此者，决堕酆都，不得人身，披毛带角，永作六畜，九玄七祖何日超升，缘汝败道故也。

夫七真五祖之语，皆演性命之端的。后学者多求小法邪径，或用心引气，或数息忘心，或运水火交驰，或究龙虎会合，万端不可尽录，致使祖师全真之理，灭而不显。夫吾道以开通为基，以见性为体，以养命为用，以谦和为德，以卑退为行，以守分为功，久久积成，天光内发，真气冲融，形神俱妙，与道合真。今之学者，是非利害、好恶贪嗔，不离于心，心既如是，性岂能定，气岂能和，自然走失，去道愈远矣。

虚披鹤氅，枉玷教门。见高明者，嫉妒百端；见老幼者，欺诳百状；有小利处，觅缝钻头；问大道者，耳聋眼瞎；机心巧诈，好佞狂图，不当来出家，望做神仙。不肯降心，恣纵今时情性，已作凶徒；不通经义，呼牛作马；不知道理，转黑为白。

师父开下教门，望个个修仙。吾今遍观门人，多多造业，妖言妖语。或作入梦出神，盖观修堂，记师家名姓，引着一队业家婆，将着几个憨汉子，胡言乱语，说诱他人，合眼缄唇，推心办道，惑昧会首。假聪明，强知解，只知说是说非，不知罪福，不思办道，纵顽心而不善，将来阴司业报，看待推谁。莫嫌苦口是直言，此是修行之良药。

欲入吾教，先要修心。心不外游，自然神定，自然气和。气神既和，三田自结。三田既结，芝草自生。要得完备，勤谨而行。阴德伏鬼，阳德伏人。二德既备，道果立成。前辈惺惺李仙、咸阳王仙、陇西李仙、成都王仙、相州赵仙、滕州马仙、徐州老仙，其姓名甚多，皆是豪杰之徒。自入道之后，低心下意，苦心坚志，奉师如神，敬友如宾，口不出戏言，身不为谄事，守师奉教二三十年，以致了达，脱形仙去，为教门之眼目，岂不伟欤！

今之学者，不奉师，不敬友，见贤则有憎妒之心，见愚则有戏狎之意，不学好事，徒生胜心。此等之辈，生为教中魔军，死作地狱种子，两枝角或有或无，一修尾千定万定。九玄七祖，尽遭涂炭。冰池有寒冷之苦，镬汤有热恼之忧，剑树刀山，千生万死，莫待临时悔也。

全真七子集著研究

马钰等 编著

（中）

华龄出版社
HUALING PRESS

分册目录

丘处机　集

大丹直指…… 373

长春丘真人寄西州道友书…… 402

磻溪集…… 408

玄风庆会录…… 522

长春真人规榜…… 528

长春祖师语录…… 530

证道篇…… 536

摄生消息论…… 545

八节金丹证验…… 555

学仙记…… 557

青天歌注释…… 560

丘长春真人青天歌测疏…… 566

王处一　集

云光集………………………………………………………………………… 571

西岳华山志……………………………………………………………………… 697

衣食无亏便好休
人生世上一蜉蝣

丘处机集

大丹直指

序

仙经曰：观天之道，执天之行，尽矣。体天法象，则而行之可也。天地本太空一气，静极则动，变而为二。轻清向上，为阳为天，重浊向下，为阴为地。既分而为二，亦不能静。因天气先动，降下以合地气，至极复升。地气本不升，因天气混合，引带而上，至极复降。上下相须不已，化生万物。

天化日月星辰，地化河海山岳，次第而万物生。盖万物得阴阳升降之气方生，得日月精华炼煮方实。日月运行周回，自有径路，不得中气斡旋不转。盖中气属北斗所居，斗柄破军（即中天大圣，非北方也），对指天罡，逐时转移，日月星辰，随指自运。《斗经》云“天罡所指，昼夜常轮”是也。天地升降，日月运行，不失其时，万物化生，无有穷已。

盖人与天地禀受一同，始因父母二气交感，混合成珠，内藏一点元阳真气，外包精血，与母命蒂相连。母受胎之后，自觉有物，一呼一吸，皆到彼处，与所受胎元之气相通。先生两肾，其余脏腑次第相生，至十月胎圆气足。

未生之前，在母腹中，双手掩其面，九窍未通，受母气滋养，混混沌沌，纯一不杂，是为先天之气。才至气满，神具精足，脐内不纳母之气血，与母命蒂相离，神气向上，头转向下降生。一出母腹，双手自开，其气散于九窍，呼吸从口鼻出入，是为后天也。

脐内一寸三分，所存元阳真气，更不曾相亲，迷忘本来面目，逐时耗散，以致病夭、忧愁、思虑、喜怒、哀乐。但脐在人身之中，名曰中宫命府、混沌神室、黄庭丹田、神气穴、归根窍、复命关、鸿濛窍、百会穴、生门、太乙神炉、本来面目，异名甚多。此处包藏精髓，贯通百脉，滋养一身，净裸裸，赤洒洒，无可把盖。常人不能亲者，被七情六欲所牵，迷忘本来去处，呼吸之气止到气海往来（气海在上膈肺府也）。既不曾得到中宫命府，与元气真气相接，金木相间隔，如何得龙虎交媾，化生纯粹？又不知运动之机（《阴符》云“天发杀机”是也），如何是气液流转，以炼神形？盖心属火，中藏正阳之精，名曰汞木龙。肾属水，中藏元阳真气，名曰铅金虎。先使水火二气上下相交，升降相接，用意勾引，脱出真精真气，混合于中宫，用神火烹炼，使气周流于一身，气满神壮，结成大丹。非特长生益寿，若功行兼修，可跻圣位。谨谨详述于后。

五行颠倒龙虎交媾诀并图

（人人具足，个个圆成。）

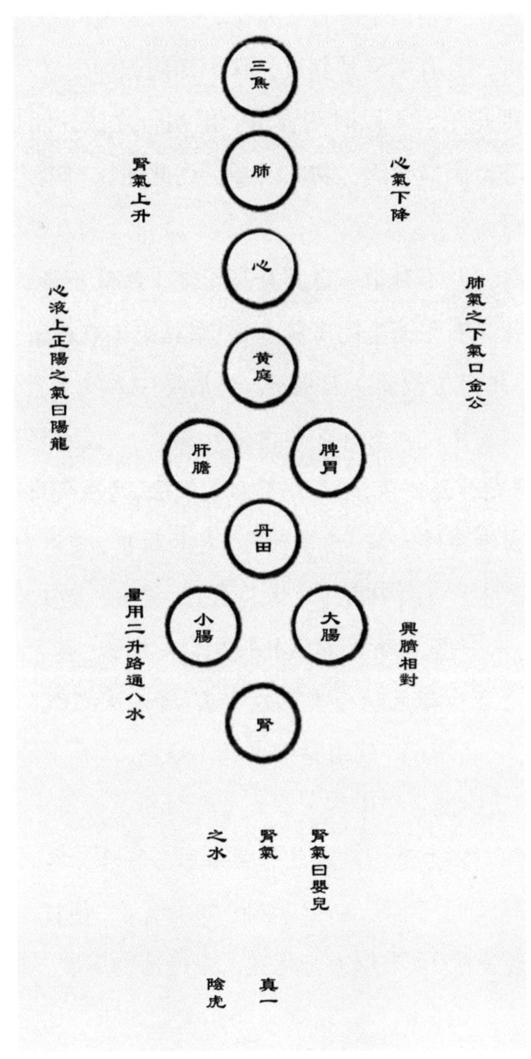

诀曰：龙是心液上正阳之气，制之不上出，若见肾气，自然相合。虎是肾气中真一之水，制之不下走，若见心液，自然相交。龙虎交媾，得一粒如黍米形。此一法号曰龙虎交媾，只此便见药物也。

采药之法，人多以子时肾气发生，午时心液降下之际行功。若无事牵制则可，若有事又是蹉过，殊不知法乾坤之妙。举肾气则是子，降心液则是午，不以时刻皆可。但初行之法，闭目内视中宫，绝虑忘思冥心，满口含津，勿吐勿咽，到此便饮刀圭之事。别有口诀，不敢开写。

微微敛身，并不升举，盘膝升身正坐（跏趺不得，只如常坐），左手兜起外肾，右手掩生门（脐也），塞兑户（口也），开天门（鼻也，是为玄牝之门），须要一刀割断。然后鼻中入气（入者为吸为息、为阴为水，只要柔软入息，使鼻内无闻其声），以意轻轻送入中宫，至尾闾（所谓充开混沌池，擘裂鸿蒙窍），气极，乃从夹脊三关至鼻中，轻轻放出（出者为呼为消、为阳为火，轻轻放出，使耳内无闻其声）。听气自出，意且不可离中宫（意者，性也，神也，真土也，黄婆也）。但所入气息，入中宫，与元阳真气相接相合（经云：接天地无涯之气，续父母有限之身；即天地合其德也哉），使水火二气，上下往来相须（天地升降一同也）。勾引肾中真气（铅也、虎也），心中木液（汞也、龙也），交媾混合于中宫（谓之五行俱全，和会一家），自然畅美（经云：气入脐为息，神入气为胎，胎息相合，名曰大乙含真），此谓龙虎交媾，便是药物。一才有药，如母有胎，便觉中宫有物（所谓圆陀陀、活泼拨），当用火符炼煮，方得药物不散。

上件用法，始觉咽干，以觉心冲，次觉无味，如哑子吃饧，其味难说。是气交合，而曰交媾。每一日行一交，得一物，状如黍米，还于黄庭之中，自可益寿延年。若用火候炼之，三百日数足，自然凝结，形若弹丸，色同朱橘，号曰内丹，如龙有珠。龙之有珠，可以升举。人有内丹，自然长生不死矣。

口诀云：

阴有阳兮阳有阴，阴阳里面更重寻。

学人不达玄微理，虚度光阴谩用心。

五行颠倒龙虎交媾火候诀义

华阳施真人曰：肾，水也。水中生气，号曰真火。火中暗藏真一之水，而曰阴虎。心，火也。火中生液，号曰真水。水上暗附正阳之气，而曰阳龙。故龙虎非是肝肺之像，乃心肾之真阴阳也。二物混合为一，当用意，便为子时也。自然凝结（须知冬至，不在子时），形如黍米之大，每日得一粒。僧人名为舍利，道士号曰玄珠。每日增真气一丈，延寿不可计数。三百日气结丹凝，状如弹丸，色伺朱橘，自可长生不死。

诀曰：

五行颠倒术，龙从火里出。

五行不顺行，虎向水中生。

阳龙元向离宫出，阴虎还从坎位生。

二物会时为道本，五方行尽得丹名。

五行颠倒周天火候图

心气运行，方为真火

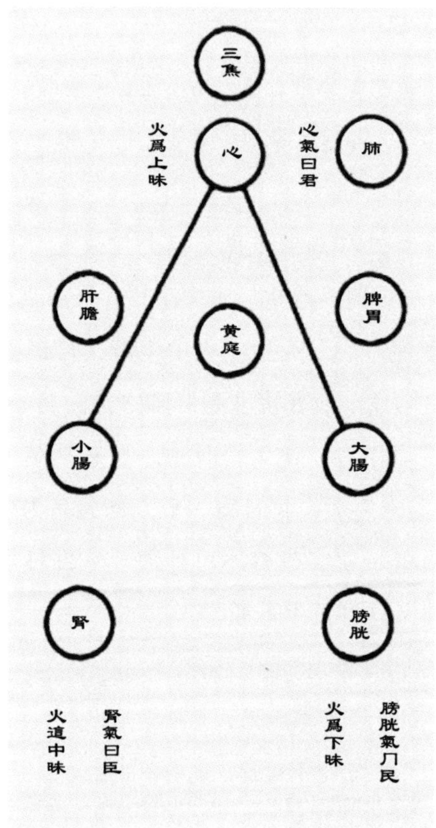

天地升降，日月往来，一阖一辟，进退存亡。《易》曰：知进退存亡，其惟圣人乎。

运火行候：火者，心也，神也，性也，离也，日也，意也。前采药二气升降之际，不以意守中宫，药物如何得住？如何得运转？圣人藏隐，以日（太阳，火也）归寸土（中宫）。戌时、子时者，即是意也。神性，所谓出入无时，莫知其向是也。一才二气升降，采药便加，时在中宫行火矣（火候图云：从外簇年、簇月、簇日、簇时。居中，经云："斗柄运周天，在人会攒簇。"又曰："火功若用三千日，妙用无方一个时。"便是也）。中宫即对子宫，意一指一阳自生（经云：月之圆，存乎口诀，时之子，妙在心传。二炁如月之二弦，两个半月相合则圆，意到中宫，便是子时也）。复卦起，行至三阳，水金两停，膀胱至脐和暖，应地天泰卦。到此只要把捉，一尘不著（无思念也），方得龙虎交媾。

渐而阳气向上，以至满身遍体和暖，应乾卦。药物透顶，亦如风雨潮浪沸滚，药熟化金液，如冷泉自降，是应姤卦。渐凉至脐，应否卦。丹田火气渐微，应剥卦，是一周天。此一法号曰周天火候。

用时，行之微微，敛身轻轻，胁腹凝息，数定铢两，默运心气，下至丹田。鼻息绵绵若存，用之不勤，但以意常在中宫。意是神子，神是气母。神驭气，其气自然从尾闾穴入夹脊三关，直上辘轳，穴天关（在脑后），入昆仑，复下丹田，周流运转不绝。北方正气（肾气也）为河车，所谓河车不敢暂留停，运入昆仑峰顶。中宫是机（意也），触机，天关即应，所谓神机密运是也。

诀曰：

神入气为胎，气入脐为息。

上件依时用法：脐腹气聚自热。若用补虚益气，春三月下火四两，夏三月下火六两，秋三月下火八两，冬三月下火二两。若用炼龙虎交媾，第一百日下火五两，自酉至亥。第二百日下火十两，自申至亥。第三百日下火十五两，自午至亥。三百日火足丹凝，纯阳气生。凝息数念珠一百个，是为一铢，二十四铢为一两，计数珠加减随时。

口诀：

肋腹运心方是火，含津引息始成丹。

学人不达玄微理，虚度时光过百年。

（初时不数火，交关节过可半年，正月一日下火，方数火。）

五行颠倒周天火候诀义

华阳施真人曰：心为五阳之主，肾为五阴之主。五阴升而为水，五阳降而为火。当用乾之时，以心气下入丹田，号曰进火。若用补虚益气，当常行用之数。一周年夺十年气，补十年虚。若行地户之时，龙虎交媾法，心肾之真阴真阳，凝结成黍米大，下还黄庭，计定数而进火候，三百日足，曰阴内炼阳火，自合周天。

上件不以龙虎交媾上下火候，是为安乐常行之法。若用龙虎交媾，相兼而行，是为炼丹。抽添之火五两，炼精成汞。十两，炼汞成砂。十五两，炼砂成丹。三百日火候不差，自然丹就，纯阳气生。内炼五藏，号曰炼气成神。外炼四肢，号曰炼形服气。若不炼五藏，不炼四肢，止是丹成，自可长生。若用炼形而曰地仙，形神俱妙。若用炼气而曰神仙，弃壳超凡。

真人曰：

炼质不交阴鬼壮，烧丹毋使火龙飞。

佳人才子正当年，花落黄昏聚会难。

不避主人肠欲断，时来须索闭阳关。

（如不行火候，不内炼，系小成法，安乐延年。背后三关通，曰三田返复。中宫五行运用，曰五行颠倒。渐入中成长生不死之道，乃曰陆地神仙。如传非人，罪及九祖，慎之慎之。）

三田返复肘后飞金精图

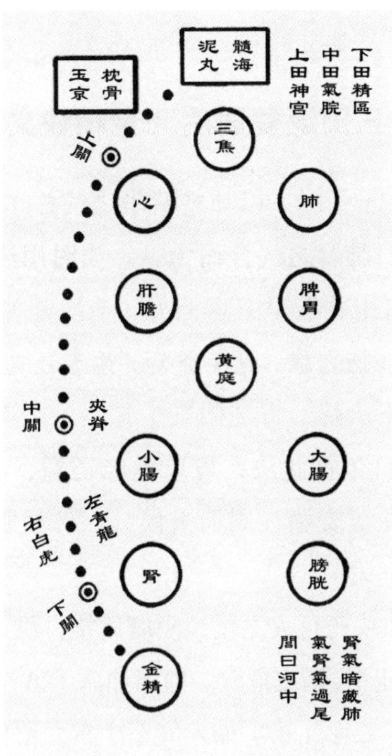

恍恍惚惚，其中有物。窅窅冥冥，其中有精。清者浊之源，渐入真道。

此一法号曰肘后飞金精。本法用子时后、午时前。是气生时，披衣正坐，握固存神，先存后升，先升后偃。凸胸偃脊，是开中关。平坐昂头，是开上关。先升后存，下腰自腹，渐渐举腰升身，而凸胸偃脊，是开下关。已后气热盛上关之下，方可举腰，升身正坐，一撞三关都过。补脑髓，自然面红骨健、肌白身轻，是名返老还童，而长生不死之法也。年少行之不老，老者行之还童。

口诀：

肘后金精节次般，存身偃仰过三关。
学人能悟玄微理，返老还童自不难。

三田返复肘后飞金精诀义

华阳施真人曰：子时，以肺之精华之气并在肾中，号曰金精。金精者，金水未分，肺肾之气合而为一。当时用法，自尾闾穴下关，般至夹脊中关，自中关般至玉京上关。节次开关已后，一撞三关，直入泥丸。不止补脑之虚，延年益寿，返老还童，而又抽肾之气，不犯黄庭。但得下火炼，方纯阳气生是也。老人衰老，若曾前法内下功兼修，不可单行此法，可以返老还童，不百日面红骨健，气壮身轻。若似龙虎交媾、周天火候，三件相兼而行，是为抽添铅汞，渐而延年益寿。

抽添之法，如采药行火之候，阴魔所挠，缘入邪念，恐把捉不得，肾气顺行向下走泄，谓之危险。即当抽添（出气为铅，肾中气也），添汞（入气为汞，心中气也）如入气至中宫，留住其出气，以意引过尾闾穴，升身偃脊，抽提外肾，使气从尾闾入夹脊双关，直上天关，入昆仑，使龙不上奔，虎不下走，邪念即止。如气未觉过，再偃再抽，直使气过，谓之肘后飞金精，毕矣。初行费力，久则甚易。

真人曰：

顶戴蟾宫一朵花，朝游蓬岛暮还家。
能乘乾马奔龙骑，解使坤牛驾虎车。

又曰：

玉京山下羊儿斗，金水河边石虎眠。
金针挑出双蝴蝶，盘旋飞到楚王宫。

大抵高以下为基，深以浅为始。若人单行龙虎交媾，止是补虚益气，活血注颜。若人单行火候，止可悦其肌肤，壮其筋骨。若行飞金精法，止可返老还童，健骨轻身。若能通行此三诀，甚为有益。

盖龙虎相交，一物如黍米，还黄庭中。若不用火候，不能炼之凝结，其周天火候，止是虚气聚在丹田，不得龙虎交媾玄珠，不能留之安住。二法已是相须二用，肘后抽肾气入脑，不全阴中之阳，前犯纯阳之丹，玄中玄，妙中妙矣。

一百日口内生甘津，身有神光，骨健颜红，肌白腹暖。二百日渐厌荤腥，常闻异香，行步如飞，睡梦自然减少。三百日饮食自绝，寒暑自耐，涎汗涕泪自无，疾病灾难自除。静中时闻远乐之声，默室渐见红光之色。若见此景，勿疑，是为小验。至诚行之，神异不可备载。

三田返复金液还丹诀图

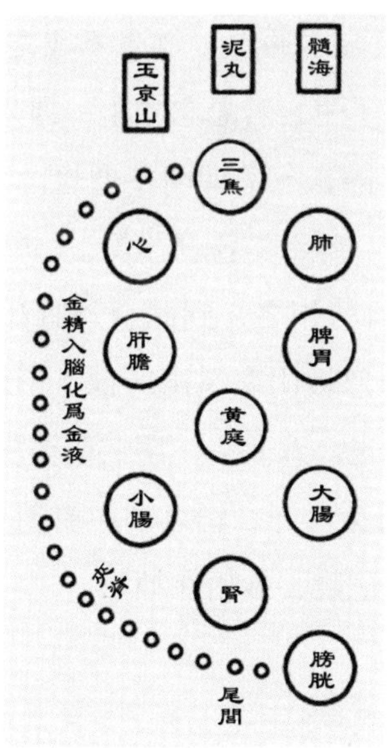

肺为华盖，咽喉为重楼，口为玉池兑户，鼻为天门天柱，眉间为玉堂，额为天庭，顶为天宫，耳为双市门。肾气传肝气，肝气传脾气，脾气传肺气，肺气传心气，心气传脾气，脾气传肾气，是为五行循环，而曰小还丹也。上田入中田，中田入下田，三田返复，而曰大还丹也。

此法金液还丹，须要升腰举身正坐，双闭两耳，勿令透出，舌拄上腭，有清凉香美津液，不漱而咽矣。

上件肘后飞金精，节次开关，已至一撞三关，金精入脑，补髓益气，既而面红骨健，颜嫩身轻。当依时刻，惟要升腰平坐，不昂不偃，自觉真气入脑。急用二掌紧闭两耳，自然肾气入脑，造化金液下降，如淋灰相似。每日下火一两，诚恐火多火少，火气多则头痛，火少则金精不飞。须行加减。如行火大猛，遍身壮热，不可再进火，恐火炎熏烧头目，太阳作痛，口舌烧破，必伤药物。

当减息，意离中宫，听火自然，庶不相伤。却不要外思邪想，须用沐浴。如行火至金木两停，欲飞不飞之时，欲济不济之际，最要正意守持，一念不生。若思念才生，即是尘垢。尘者，阴也。阴者，魔也。被魔所障，三关即闭不通也。须要斩除其意，一正二气自合，以结大丹。师云:“洗涤尘垢。”道云:“沐浴金丹。”《悟真篇》云:“刑德临门药相之，到此金丹宜沐浴。”二月，三阴三阳和暖，花木正开，忽被阴寒风雨所摧，不能结子，谓之德中有刑，如行功阴魔作障也。八月，三阴三阳温凉，万物渐肃杀之时，得天气和暖，花木回芽再开，谓之刑中有德，谓守正止念，却得阳和也。所谓沐浴防危险，妙用在抽添。

口诀:

河车般运入昆仑，须是牢关双市门。

击动震雷霹雳鼓，急收甘雨洒乾坤。

三田返复金液还丹诀义

华阳子曰：前件龙虎交媾、周天火候、肘后飞金精单行，是安乐延年，三二百岁尽，不出五行颠倒循环，生成传送之功。用功不差，收炼一气而已。此金液还丹，不止补脑益髓，而抽铅添汞，渐有还童之功。脑实髓满，用法制之，神水自上腭而下，清凉甘美。复自肺间下入黄庭，号曰金液还丹。一如压丹之虚阳二气，以变丹砂为金，而曰金丹。金丹一粒，自可长生，与天地齐久，故曰中成。人不下前功，直要金液还丹，不用法取之，神水不降。纵或致功，强令顶水下降，并无甘美之味，令人脑虚疾多，与人无益。

行功应验：

初时渐觉丹田、黄庭有物和暖，真气上行，耳闻风雨之声。渐渐顶内有筝筝金玉之音。腮门内谓之天池，有金液沸滚，如凉泉降下。或流面上，或流上脑，或如珠露之状，或从上腭入口，其味甘美。久则顶内如笙簧、琴瑟丝竹之音，又如鹤唳、猿啼、蝉磬之声，诸般自然之韵，无所比拟。但初行时，梦中闻霹雳之声，是真气冲开顶阳骨，以通九宫。神初入室（中宫），乍超向上，须自惊恐闭目自坐之际，或时一大物惊跳起，开目却无，是阳神未壮，切勿惊惧著念。久而神壮自无。隐显莫测，变化无穷，将来自知。凡见闻皆不著相，但听其自然。若著相，即是幻也。

真人曰：

琼浆酝就从天降，灵药生成任海枯。

饮酒须教一百杯，东游西泛自梯媒。

从来神水出高源，奔出黄庭顷刻间。

五气朝元太阳炼形诀图

系中成法，长生不死，此法至亲父子不传，如轻泄及与契义观者，定主灾横及重厄，戒慎之。

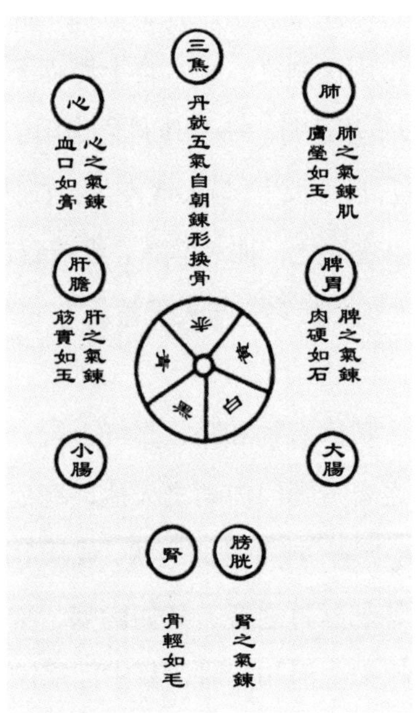

丹就五炁自朝元，炼形换骨。

此一法号曰太阳炼形。本法用冬至阳生，四时皆可行。升腰正坐不动，闭目忘思，默运心火母气，自然随气满四肢，不觉己身，鼻息绵绵若存，用之不勤。

上四时有暇便行。升腰不动，丹中五气纷纭内起。正坐不偏，丹中五气纷纭四出。肾之真气炼骨，身轻如毛，可以乘风御雾。肝之真气炼筋，实如玉，可以走趁奔马。心之真气炼血，白如膏，可以永耐寒暑。肺之真气炼肌肤，莹如雪，可以换骨易形。脾之真气炼肉，硬如石，可以化气如金。始自丹成，五气朝真，气聚而不散。次用前法而般运，内传五藏，外遍四肢。五气炼形，凝而不衰，号曰形神俱妙，与天齐年。

口诀：

丹就自然朝五气，气真方可现元神。
炼形换骨非凡客，自是长生物外人。

五气朝元太阳炼形诀义

真人曰：金液还丹变为金，其中纯阳气生。是为气中有气，已是陆地神仙，可与天地同其寿算。古今上真，再举丹中纯阳之气，升入四肢，号曰太阳炼形化气。自然形神俱妙，随五气而换骨易容，自耐寒暑。昔日衰朽之姿，炼之端正。昔日枯槁之形，炼之红润。何止返老还童，而又身轻骨健，乘风而举，跨雾而行，号曰南宫飞仙、尘中羽客。虽未弃壳升仙，而已升腾自在，当为地仙之上品，神仙之下流。皆因丹田五气炼形，外遍四肢是也。炼形之功，不为小矣。

真人曰：

五马不调金水伏，一龙常驾火云飞。
天下都游半日功，不消跨凤与骑龙。
五气不调丹已就，一阳外遍火轻飞。

神气交合三田既济图

系中成长生不死。顶中神水下降丹田，真气上升，号曰既济。

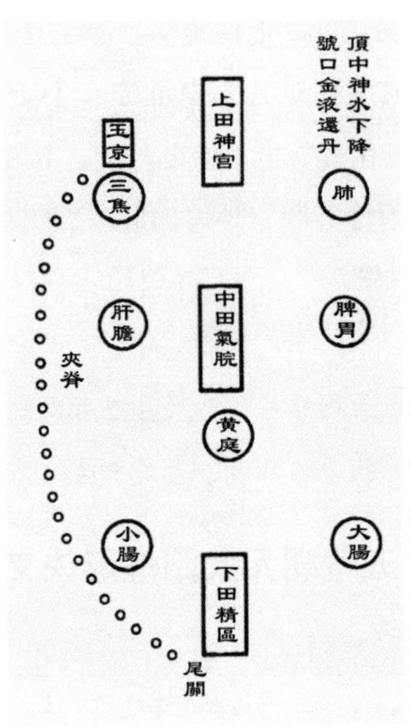

一撞三关入脑，曰肘后飞金精

此法号曰水火既济。本法用阳时中刻，平坐伸腰，一撞三关。闭耳，神水下降，伸腰举腹，鼻引长息，默运心火上升。

上件震艮之时，一撞三关，金精入脑，补之数足，面红、肌白如膏。后身轻，方可一撞三关。金精入顶，紧闭两耳，使肾气不出，并入天宫，造化金精下降，如淋灰相似，自上腭间，清凉美味，神水满口，若咽之归黄庭，号曰金液还丹。当此，上腭有甘美水降，下咽，便以伸腰举腹，默运心火，暗引丹田真气上升，而又鼻中出息，同举真气，遍满四肢，上水下火，相见于重楼之下，号曰既济。

口诀：

顶中神水入中源，丹里真阳返上田。

水火合来为既济，庭中升入大罗天。

神气交合三田既济诀义

真人曰：土之既济为瓦，瓦可得千年。木之既济为炭，炭可得百载。人欲长生，无出于既济之法，是还丹炼形，同用其功也。金液还丹，化丹成金，太阳炼形，形之如玉。还丹未还之际，形炼欲起之时，水上火下，相见于重楼之下，而曰既济之时。当用地天泰卦，子后是也。每次一粒，如金粟形状，颗颗还于黄庭。每颗生金光一道，般运出放皮毛之际，金光满室，何止长生不死，是欲弃壳升仙之时也。

真人曰：

两曜铸成七宝殿，一渠流转入琼浆。
水火都来相并间，卦后变成地天泰。
阴阳升降两相兼，水火交加入下田。
既济无差真气足，金丹一粒万千年。

上件金液还丹、太阳炼形、三田既济，是为长生不死之法，故曰中成之法。须是小成法见效，相续而行之。行之不差，见验自速。若人不行小成法，直要中成，而求长生不死，不止见效自迟，而又徒劳心力，虚度时光。还丹而神水不下，炼形而丹火不升，既济而水火不交，反谤神仙虚语，不死为妄言，殊不知行持过越是也。

若人龙虎交而为精，火候足而为丹，用金精补其脑虚，使其还丹变成金丹，用丹火炼其真身，又使既济之法相兼而行，善不可加矣。若不兼行六法，速要烧丹，纯阳之气，炼气成神。速要炼气之真灵，炼神合道。此是金液还丹、太阳炼形、三田既济，不须行矣。

此三诀，古今上真往往万劫秘传。中成之法，以还丹、炼形、既济者，盖以留形住世。非金丹不可延年，非炼形不可换骨，非既济不可不死。又以无丑陋真人，少衰弱神仙，又易形而留俗状，不既济而留凡骨，将来弃壳自离，超神亦迟矣。

若还丹、炼形、既济之后，一百日静中四象周匝，内观五气纷纭；二百日目见金花，体有圆光，青气出顶，紫雾盈室；三百日神灵，知前后事，真气可干外汞，体轻可履风烟，骨坚可齐天地。若见此境勿疑，是为小验。志诚行之，神异不可具载矣。

五气朝元炼神入顶图

大成法，弃壳升仙。如与小人说者，定有横灾，宜自谨言。

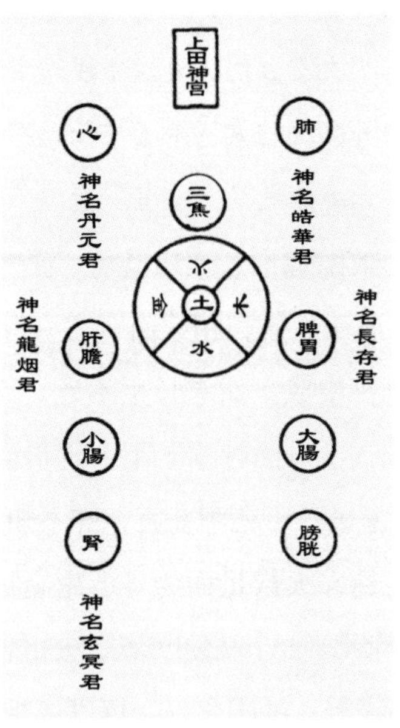

此法曰炼气成神。本法用子午卯酉时。甲乙日炼肝，丙丁日炼心，庚辛日炼肺，壬癸日炼肾。脾不受炼，气寄四脏，戊己日不下功。

此为炼五脏日也。甲乙日卯时下功，丙丁日午时下功，庚辛日酉时下功，壬癸日子时下功，此为炼五脏时也。

上件依前时用法，幽室静坐，上香一炷，叩齿二十四通。升身平坐，内观所炼之藏，鼻息绵绵若存，静极气生，气极神现，如梦非梦，暗中神气上升。前件日辰不可有差，盖以神随日，当真气随时运转，当审日察时，炼之百日，气足神现，将欲升仙，非止长生不死。

口诀：

应日随时自不差，五神会处起河车。

静中真象朝元后，犹恐阴魔作外邪。

五气朝元炼神入顶诀义

华阳真人曰：以丹中纯阳之气，随日定时。炼肝二十四日，青气现，二十日阳神自出。气为神体，神为气主是也。炼心肾肝肺皆如之。其脾神脾气，随四时正气，亦以共升。静中内观，壶中别有山川，物象成形，两昧分胎。防其阴鬼外魔、七魄三尸相随，杂天真以乱阳神，不能得上入天宫。自有内观起火之法，推以炼气，气聚为神，不可差其时也，自然气现神出。五方真气合出本色五气阳神，名出真形，升而上入天宫内院，是为合神入道之时也。

若人三百日行火候足，不炼还丹，不炼形，不既济，直行此法，以丹中纯阳之气，随日应元气所传而炼五脏，亦是捷径，号曰夺功并法。若人欲住世间，而愿为长生不死，当用金液还丹、太阳炼形、三田既济。

真人曰：

三岛紫烟笼凤彩，九天红日炼龙精。《中黄经》曰：肝生[1]东方其色青，炼之青气出身腾。肾水北方其色黑[②]，炼之应时[③]黑气出身立，纯阳气满五脏中，神升本色入天宫。

【注】

①生:《中黄经》作“主”。

②肾水北方其色黑:《中黄经》作“肾主北方其色黑”。

③应时：依前文，此二字当衍。

内观起火炼神合道图

系大成法，超凡入圣。丹中纯阳气，举之入四肢，号曰焚身入五脏，号曰炼神出身，号曰降魔入顶，号曰弃壳。

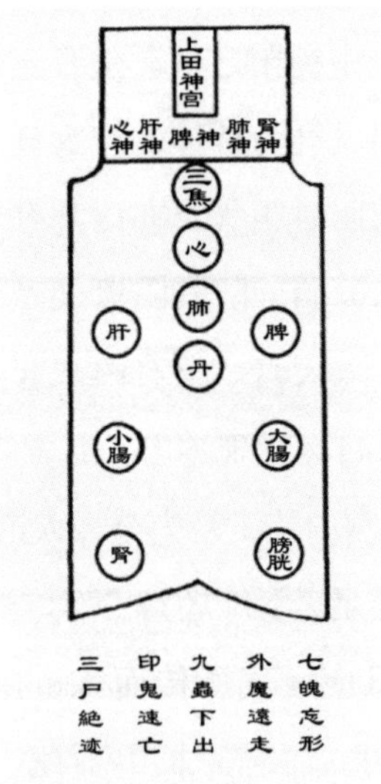

此诀号曰内观起火。本无时候。每日有暇，举起为念，略有行持。终日静坐，神识内守，一意不散。常常升身正坐，默观五脏，惟要分别真假，勿令阴魔乱真矣。

上件内观之法，止是静坐升身，举起丹中纯阳之气。内炼五脏，气附神像，上入顶中。外炼四肢，气迸金光，外出神体。非久，神合为道，弃壳升仙。防其阴鬼外魔、三尸七魄，假托形像，以乱天真，混杂阳神，不能合道。所以不计昼夜，常随气转。卯时观肝，肝气现青。午时观心，心气现红。酉时观肺，肺气现白。子时观肾，肾气现黑。五色气出，壶中真境，不同尘世，车马威仪，胜及王者。不厌升身起火，真假自然两向也。

口诀：

旌旆威仪处处同，内观形像满壶中。

再三荧起焚身火，嘹亮笙簧入上宫。

内观起火炼神合道诀义

真人曰：炼气自易，起火亦难。默运丹中纯阳之气，随日随时以炼五脏。气真自现，神真自出，相照上升，并入天宫。防其阴鬼外魔，以假乱真。当此之时，气随神升，神附气起，以中田入上田。阴鬼愿人速老，外魔不喜人安，虚生队伍，妄起浮华，亦傲阳神，相杂而升。谁为真像，谁为假形，混杂难别。笙簧四围，车马并起，欲要辨别，莫若频起丹中真火。一曰焚身，二曰降魔，三曰去三尸，四曰逐七魄，五曰集阳神。静中内观，自然明朗，惟见炎炎火中，人物交杂。少间，歌乐上起者，自己阳神；哭泣去者，身中阴鬼。须臾火息，壶中清净，功不可再。切防十魔续来，盖以阴鬼外魔，多生巧作缘业，来乱真神，内观当可分别。

十魔君：

或而满耳笙簧，触目花芳，舌有甘味，鼻闻异香，情思舒畅，意气洋洋。如见，不得认，是六欲魔，一也。

或而和风荡漾，暖日舒长，迅雷大雨，霹雳电光，笙歌嘹亮，哭泣悲伤。如见，不得认，是七情魔，二也。

或而琼楼玉阁，蕙帐兰房，珠帘翠幕，峻宇雕墙，珠珍遍地，金玉满堂。如见，不得认，是为富魔，三也。

或而出将入相，威震八方，车服显赫，使节旌幢，满门青紫，靴笏盈床。如见，不得认，是为贵魔，四也。

或而儿女疾病，父母丧亡，兄弟离散，妻子分张，骨肉患难，眷族灾殃。如见，不得认，是恩爱魔、五也。

或而失身火镬，堕落高岭，临刑命丧，遇毒身亡，凶恶难避，猛兽逼伤。如见，不得认，是灾难魔，六也。

或而云屯士马，兵刃如霜，戈矛间举，弓弩齐张，争来残害，骁捷难当。如见，不得认，是刀兵魔，七也。

或而三清玉皇，十地当阳，四圣九曜，五帝三官，威仪队仗，往复翱翔。如见，不得认，是圣贤魔，八也。

或而仙娥玉女，罗列成行，笙歌鼎沸，对舞霓裳，双双红袖，争献金觞。如见，不得认，是妓乐魔，九也。

或而几多殊丽，艳质浓妆，兰台夜饮，玉体轻裳，偎人娇颤，争要成双。如见，不得认，是女色魔，十也。

大抵清虚之士，久乐寂淡，乍见繁华，往往认为真境，因循不出凡躯，是为困在昏衢，止为陆地神仙，不能超凡入圣者。举人目前见在，不认外境，可以进道，渐得成功。学人内观，不以丹中纯阳气炼五脏，五气真神现五色十中，笙簧并奏，队仗齐升，当时阴鬼外魔，假心形像，相杂而入天宫。速速升身起火，火中山军自散，哭声四向而去，歌乐转盛，幽幽高高。须臾，火过清凉，静中山川秀丽，内观天地有朗，是为壶中真境。不可便认无事。少间，十魔续来。当此之时，如梦非梦、似醉非醉，五神真灵已入天宫，中区四大主心平正。恍惚之中，不可认贼为子，以邪为正不止，因而不出凡躯，又而流入邪中，或而风魔，或而狂邪，及成神气虚，神慧之不足，呜呼可悲。故魔境详言于此，升身起火，不厌数多。常常内观，不拘昼夜，以至火起。

天地之间，并无一物，上观惟天，下观惟地、四观都无。静中时闻乐声，忽有异香，当时有验，不比已前。肢体常似升龙，是神仙弃壳之时也。围坐前有红光，状同莲花，遍身有真气，色若金光。五行真气，合而为精气神，三才异宝，合而为自然道也。收神再入黄庭，永却长生不死，所到处，阴神来现，乘风履云，往复尘中，更无饥渴寒暑。若以升神，复入天宫，调神出壳，是曰真人。弃壳山中，百日山中生玉；弃壳水中，百日水中生玉。弃壳了当，真身出外，是曰神仙。当返三岛，不在风尘之内，所谓弃壳升仙，而有五诀在后。

弃壳升仙超凡入圣诀图

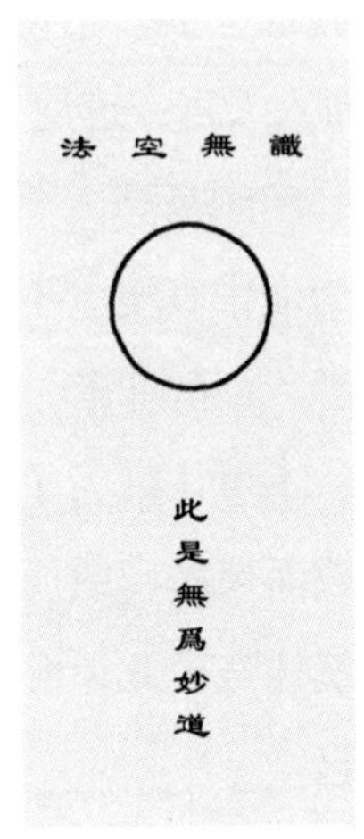

此一法号曰炼形合道，弃壳升仙。本法无时，明有五法。海蟾子以鹤冲天门，静中以真性如鹤，冲天门出外，自然身外有身。西山十二真人王祖师曰：以花树出，静中以花树回望，不失本性。既出，自然身外分形。黄帝以火龙出，静中化火龙上踊，自然身外有身，号曰清净法身。钟吕二真人，皆用红楼出，静中以上三级红楼，层层上毕，便跳，自然弃壳。

上件炼神合道，弃壳升仙，功到自然。此僧人入定，以来坐化，道士入静，以出阴神，皆为清虚之鬼，非为纯阳之仙。窅窅无像，终无所归，学人何其误耶。殊不知炼精为丹，而后纯阳气生，炼气成神，而后真灵神仙，超凡入圣，弃壳升仙，而曰超脱，万万世神仙不易之法也。

口诀：

功成须是出神京，内院繁华勿累身。

会取五仙超脱诀，炼成仙格出埃尘。

弃壳升仙超凡入圣诀义

真人曰：修真之士，功到炼气成形，皆不愿长生住世，速要内观，而炼神合道也。降魔魔散，炼神神聚，急忍无断，因循不弃凡壳，是为困在昏衢，止为陆地神仙。大抵有身有患，无家无累。古今共言。辛勤功到无为，争忍恋躯不出，故弃壳升仙，出顶炼神，超凡为仙。世人不善修炼，直要弃壳便成仙道，何其误形。幽室静坐，绝虑忘思，外境不入，内境不出矣。形如槁木，心若死灰，神识内守，一意不散，定中以出阴灵之神。冥冥无像，非为纯阳之仙，纵得出壳，何其艰难。

古今上真，皆传弃壳之法，诚非难矣。功到自然内丹成就，纯阳气生，而本灵神现，内观识认，弃壳超脱。次第相须，自然化火龙而出顶中，身外有身，并无异相。始乎一步两步，次以三里五里，出入不差，往来无惧，然后寄壳于山川之中，永作蓬莱之侣。此是弃壳，全在前功证验，节序不差，自然神仙，升神出顶。

然而上真留此数法调出入者，盖以学人久受驱驰，昼夜用功不已，内观神聚，恐认魔境，流入邪道，徒劳心力，废堕前功，故魔不厌详言。又虑学人功到，内观魔散神集，并入天宫，繁华万倍，犹恐认为仙境，不免再陈弃壳之诀。弃壳不难，功成方合自然，所以诀中有花树皂盖，以记本体招神入壳，有鹤冲龙跃，以升阳神，令神出身，弃壳升仙。

古今上真有轻传而不秘者，九祖永受地狱。以修真之士，功到自升，不可不行。古今学人，宜戒慎之。

金丹之秘，在于一性一命而已。性者，天也，常潜于顶。命者，地也，常潜于脐。顶者，性根也。脐者，命蒂也。一根一蒂，天地之元也、祖也。脐下，黄庭也。庭常守乎顶及脐，是谓三叠。《黄庭》

曰“琴心三叠舞胎仙”是也。琴取其和。且人之生，其胞胎结于我之脐，缀接在母之心宫。自脐剪落，所谓之蒂也。蒂者，命蒂也。根者，性根也。但恐泄漏，是所千千名、万万状多方。此论顶中之性者，铅也、虎也、水也、金也、日也、意也、坎也、坤也、戊也、姹女也、玉关也。脐中之命者，汞也、龙也、火也、根也、月也、魄也、离也、乾也、己也、婴儿也、金台也。顶为戊土，脐为己土，二土为圭字，所以吕仙翁号刀圭也，只是性命二物。千经万论，只此是也。

用法：

但每日天明至黄昏，为昼时，自昏至五更煞点时，为夜时。不拘行住坐卧，但昼时则行命蒂脐中之道，夜则行性根顶门之道。无早无晚，不饥不饱之时常行之。一百日丹结，三百日丹药成，三年胎仙就，自然阳神从顶门出入，去来无碍，此谓真丹之妙也。

行持：

日行命蒂者，只用两手相摩令热，捧定脐轮，以意专之，只守在脐轮，无思无想，只静定之。自觉神水下脐，真火奋发，从脐下丹田，跳跃直凑乎顶门。任其自然，亦无遍数，只一意守于脐轮。若欲休歇行住，就便不拘，久而丹田如火，精神畅美，神妙难述。

夜行性根者，只以舌拄上腭，渐塞定喉咙二窍，以意专之，只守在顶门，无思无想，只静定。自觉真火从下衮上，踊跃直至顶门。欲休歇行住，任便不拘，久而顶中渐如远闻仙乐之音，真香发于鼻之中，神妙难述。金丹秘诀，尽于此矣。

坐功诀：

一吸元精便上来，两呼玄牝顶门开。
时人不识真龙虎，却向丹田里面猜。

奥旨：

年中取月，月中取日，日中取时，堤防危宿为晦起火，斗宿为朔进火。

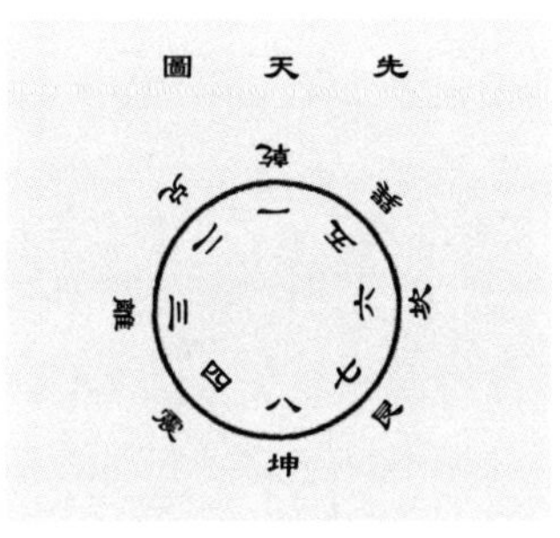

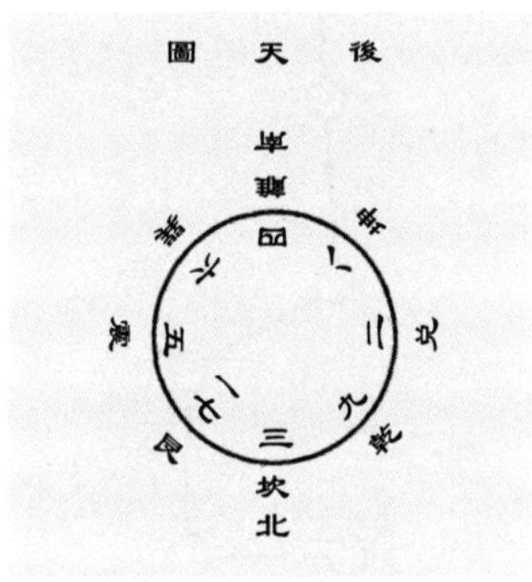

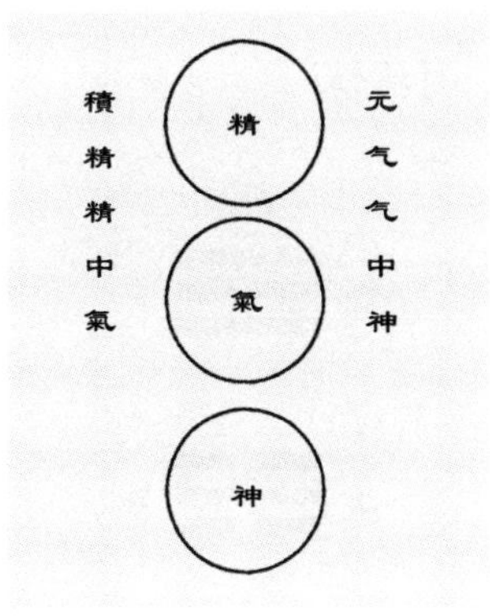

一阳初动，乃子时是也，此时斗柄才转，真子时。又一法，九月从子时上起例，数过子者，九月做子时，乃正子时，此时鼻窍双孔皆有气。金公姹女者，乃坎离匡廓，即九月中霜降，为十一月冬至也。

妙旨：

月月常加戌，时时见破军。天罡加一位，活曜不传人。

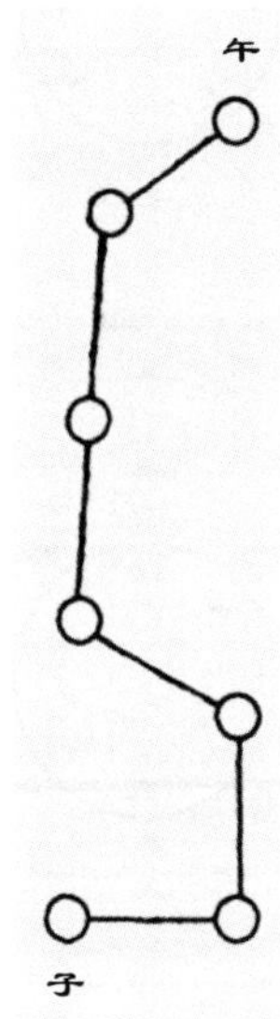

得中炁节过太阳，月将是：

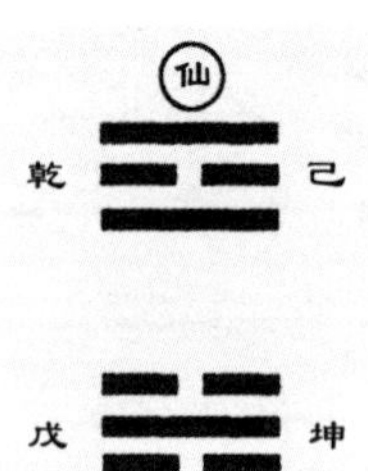

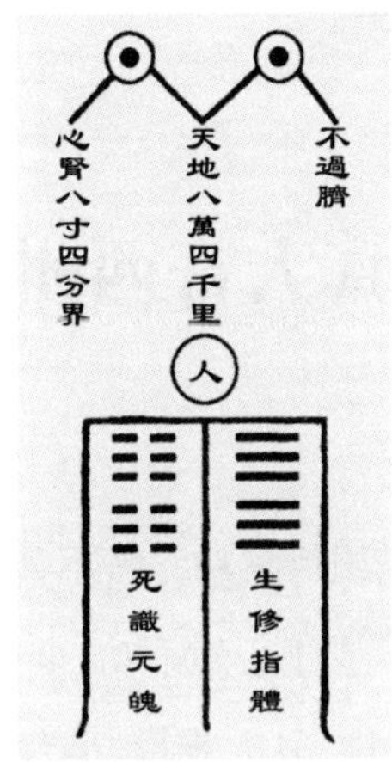

气不出喉：

玄关乃在脐里一寸三分。父母元气，名为鼎器，二肾为鼎足。火候举动，心做事业，便是起火。虎龙交姤，药物乃是刀圭。巽风橐籥，鼓动华房，此是进火抽添。防危虑险，卯时酉时。先天乃丑时，后天乃本生时、长生时。脱胎神化，乃是用自身本命，推算四时长生者。此法一年一周天，一日一周天。一日乃昼夜，用子午时。生时曰长生时，为防危，共七个时辰，五百六十个时辰为一候，温养沐浴，生杀野战，脱胎并在此其中。谨秘勿妄泄之。

西山十二真人曰：

凡流开口论天机，只能狂说不能知。

世上众生无鉴识，及至逢真说道非。

长春丘真人寄西州道友书

大抵修真慕道，须凭积行累功，若不苦志虔心，难以超凡入圣。或于教门用力，大起尘劳；或于心地下功，全抛世事，但克己存心于道，皆为致福之基。然道包天地，其大难量，小善小功，卒难见效。所以道：刹那悟道，须凭长劫炼磨；顿悟一心，必假圆修万行。

今世之悟道，宿世之有功也。而不知宿世之因，只见年深苦志，不见成功，以为尘劳虚诞，即生退怠，甚可惜也。殊不知坐卧住行，心存于道，虽然心地未开，时刻之间皆有阴功积累。功之未足，则道之不全。如人有大宝明珠，价直百万，我欲买之而钱虽未足，须日夜经营，勤用俭求，积聚财物，或三千五千，或三万五万，钱数未足而宝珠未得，其积聚钱物，应急且得使用耳。比于贫窭之家，云泥有隔，积功累行者无。然虽未得道，其善根深重，今世后世，圣贤提挈，方之无宿根者，不亦远哉。

惟患人心退怠，圣贤不能度脱。若不退怠，今世来世，累世提挈，直至了达耳。我无宿骨，虽遇明师，万苦千辛，至今未了。丹阳、长真皆是宿缘，则十年五载之间，天外飞腾自在。我虽未了，所受艰难亦与常人异耳。

祖师云：无为道者，先舍家而后舍身，病即教他病，死即教他死，至死一著，抱道而亡，任从天断。斯为至言，学者其审之。

又曰：汝等又不端的做修行，更不打些尘劳，如何消得十方饮膳。若有福出家，左右退不得；若无福出家，宛宛转转，须教退了，不能成就。

于清风曰："一意不离方寸，如何？"师曰："此真空也。难言难说，待尔心上除了一分有一分[①]功，除了十分有十分功，除了九千九百九分，只有一分不除，不名清净。直须除尽，圣贤向汝心上校勘，自有真师来度。"

【注】

①有一分：依《邱祖全书》补。

又曰：天真皇人云：炼神、炼气、炼形三件都行了，为天官。火官，阳也。息者，风也。以风吹火，久炼形神俱妙是也。古人曰："初念住，二息住，三脉住，四灭尽，入乎大定，与物不交，七百年老古锥也。"妙哉！妙哉！尘劳见后若做些小，亦是外行，不可寻他，不可避他，虽是应物，亦不著他。

又曰：悟道之人，如农家之积粟，自一合至万石。又如世人之积财，自一文至万贯。如此惜气不损，则积气自神矣。

又曰：性体虚空，方于正念。清风曰："若不到真空，阳神难出。"师曰："未到真空，阴神亦出不得，难处做过，乃功行耳。"清风曰："净处做好。"丘曰："闹处做更好。汝等后生但守岁月，兼降色心，我下七年苦志，比他人七世功夫。"

姚真人问："漏如何？" 丘曰："若体到真清真静，自然不漏。" 刘道坚问："修行内肾热而心凉，满身发热，如何？"丘曰："圣贤提挈过也，后来眼里见者，耳里闻者，不得执著。" 又曰："空中只见人头落，乃金丹就也。"

又问："胡城王出家几年？" 答曰："三年也。尔不识字，休学文乱了修心，且发三五年苦志，莫言是非，且搜己过，休起无明，休爱华丽，绝尽贪嗔，屏除色欲，潇潇洒洒，便是道人。"

又曰：神定气和，乃是见性也。但莹净与月无异。若人问有象，以无象答之。若问无象，以有象答之。若有无相参，玄之又玄。又曰：功亏行少，只得归蓬岛。五百年后，再来人世积功，天上功行难积，人世功行易积。上士得道，超三界外，不居蓬岛。

或问曰："修行在志，提挈在圣贤？" 师答云："全在志。若无志，圣贤如何提挈？" 又问："如何是志？" 师云："勿令念起，乃志也。" 又曰："初做道人，下七八年苦志不退，杂念不生，莫忘初志，旋添决烈，遇魔不妨，圣贤暗中照顾，不肯坏了修行人。" 又问内外日用，丘曰："舍己从人，克己复礼，乃外日用。饶人忍辱，绝尽思虑，物物心休，乃内日用。" 次日又问内外日用，丘曰："先人后己，以己方人，乃外日用。清静做修行，乃内日用。" 又曰："常令一心澄湛，十二时中，时时觉悟，性上不昧，心定气和，乃真内日用。修仁蕴德，苦己利他，乃真外日用。"

又云：耳里闻的，眼里见底，皆不得执著。在意修行，圣贤暗中提挈，若人每到神定气和之间，觉内肾热，熏蒸四大，一两时方散，有山水日月之象。又曰：“我等三次撞透天门，日月自别，直下看森罗万象。”言讫而悔。谓曰：“不可看他。”

又曰：有一等道人，丹田搬运，亦是下等门户尔，乃教初根小器人。若性到虚空，豁达灵明，乃是大道，此处好下手，决要端的工夫。

有人问：“调息绵绵如何？”丘曰：“但令如龟喘息，乃是道人活计，不可著他。古人云：神水不离身，华池日日新。若能常得饮，便是大罗人。”

又举：马师父在日，有人参住世延年。忽空中人言：汝等小器耳。禅家言“清静”两个字是两车粪土。色身元有限，情欲浩无涯，痴似蜂贪蜜，狂如蝶恋花。

丹阳真人曰：即业根深重，业深不尽，道可冀耶。又有房中采战之术，耗乱精神，败德惑众，名标鬼录，迹堕酆都也。经云：“长生至慎房中急，胡为死作令神泣。”世人恣情贪欲者，身虽未死，而神已泣矣。

中牟白沙镇有赵三公，人问养生之道，答曰：“生尔处，乃杀尔处。”此乃至言也。经云：“人能常清静，天地悉皆归。”盖清静则气和，气和则神王，神王则是修仙之本，本立而道生矣。此为内功，亦假外生。仙道真实，人道贵华，仙道人情直相返尔。诸恶可戒，诸善可修，万行周圆，一身清洁，终身永效，不生退怠，抱道而亡，不亏志节。大抵外修福行，内固精神，内外功深，则仙阶可进，洞天可游矣。

古今成道者，皆福慧相须，慧为灯火福为油，灯火无油则不明，慧性无福则不生。故达士宁损其身，不损其福。世之人虽天资明敏，学海汪洋，若福行未加，则终不能探其道元之妙。

古今得道圣贤，道通为一，福则有异。外功大者，仙位之高，外行卑者，阶居其下。古以天上圣贤恶行之未广，则重下人间以偿畴昔。人间浊恶难修而功疾，天上清高易处而功缓。轩辕久居天上，因议大行落在人间，先世为民，再世为臣，三世为君。济物利生，功成乃仙去尔。至于冥府，亦类人间，寸地尺天，皆有所辖。凡为主者，悉是在世有功之人。

大定初年之间，陇州一宦族李原通，安贫乐道，一日自言为吴山县土地。又解州平陆县李得和，与众结灵宝会，祭祀亡魂，有善功。忽夜梦青衣自空而降，赍天书，开示曰："授中条山土地。"李公曰："一生好道，不得下仙，而止授此职耶？"仙童曰："三载职满，别升福地仙宫尔。"

陇州汧阳县张三郎，死而复生，为吴山县翟家男，稍能言即说张家事，张即求之暂还，既见家中老幼，辨之莫差。张埋钱一窖，曾无知者，直指其处。又言其宿世曾为一雀，触网而死；再世为犬啮面，为一妇刀斫而死；三世为羊，长子宰之祭神；四世为翟家子。翟贫张富，翟尝借九两丝于张氏，既还而未勾其历，张使重还，由此偿宿债。

又磁州道者李道明，曾寄沂水县诸吴村庵舍。当出家之始，落魄不羁，沉湎杯酒，忽夜梦人追往官府，庭立数具铁枷，有孔无缝，前一人跪，鞠使叱吏枷之，左右乃搓首，长细仅入枷孔，复以手按圆大枷不可脱。李拜跪哀诉无罪，鞠使言：“汝既修行，尚尔纵欲耽饮乎？”遂释之，出门即化为鸢，飞翔于海，顾盼哀戚曰：“胡为化此类耶？”天长海阔，力困而下堕于水上，飒然惊悟，汗流遍体。然则人之为异类，异类之为人，或神有此明，而物乃目击之事也。经云：“人身难得，中土难生，假使得生，正法难遇。”既为人而生中国，又逢正法，尚千万人中，无一二皈依向慕者，况蛮夷外国，道化不行者乎。

磻溪集

序

玉峰老人讲经四十年，缘深未断。丙午春，演羲易于条阴之北郊。有三仙者自陇山来谒我祇宫，囊出一篇，乃磻溪丘公长春，举扬玄谛、开诱迷朋而作也。

启缄阅焉，其文豪纵，意出新奇，盖匪俗学所能知者。昔玉官李乐然，与玉峰俱出靳秀觉之门，而李自颖悟，玄言惊人，非世才之所能窥。既与序而传之矣，嘉哉！

道之聪非世之聪也，道之言非世之言也。何以征之乎？俗学者，虽能鼓颊抒毫，不过歌咏情性，搜逻景物。至造理者，明天人之际，助圣贤之教，亦可与日月争悬。若夫悟真之士特不斯然，发无言之言，上明造化；彰无形之形，下脱死生。信手拈来，不劳神思。空喑自震，奋为雷霆。本文不作，灿成斗星。

玉峰老人今于群仙而证之，不求高而自高，不期神而自神。岂非一气通彻，六窗洞辟，动容无不妙，出语总成真，本来如是，非假他通者邪？如《磻溪集》云："手握灵珠常奋笔，心开天籁不吹箫。"又云："顶戴松花吃松子，松溪和月饮松风。"又云："遍撮山头三伏暑，都教化作一团冰。"又云："有无皆自定，贪爱复何为。"又云："酒倾金露滑，茶点玉芝香。"又词云："般般放下头头是，选甚花街并柳市。虚空体，本来一物无凝滞。”又云：“天下周游身不动，人间照了心无用。”又云：“踏尽铁鞋迷，不出庵门透。”略举二三数，读者当广知也。

鸣呼，今之仙缘，必宿有仙契者乎。昔在东庵，与王风仙全真结缘，在长安与马丹阳结缘。去秋浚州人来，与谭仙结缘。唯丘公远处陇上。是数者皆风仙之徒，今悉得结其缘，非人力之所能致也。虽然，丘仙之道，岂为吾而显也。盖光辉之大，世有不可掩者。于是乎亦得与结缘焉。

时大定丙午岁五月日，中条山玉峰老人胡光谦序

磻溪集卷之一

七言律诗

秦川

秦川自古帝王州，景色蒙笼瑞气浮。
触目山河俱秀发，披颜人物竞风流。
十年苦志忘高卧，万里甘心作远游。
特纵孤云来此地，烟霞洞府习真修。

磻溪

故人别后信天缘，浪迹西游住虢川。
宛转风尘过万里，盘桓岩谷泊三年。
安贫只解同今日，抱朴畴能继古仙。
幸得清凉无垢地，栖真且放日高眠。

磻溪凿长春洞

峨峨峻岭接云衢，古柏参差一万株。
瑞草不容凡客见，灵禽唯只道人呼。
凿开洞府群仙降，炼就丹砂百怪诛。
福地名山何处有，长春即是小蓬壶。

幽居

台边水谷尤清旷，野外山家至寂寥。
绝塞云收天耿耿，空林夜静月萧萧。
扬眉瞬目开怀抱，散发披襟远市朝。
自解偷生岩嶂窟，谁能阐化法轮桥。

春晓雨

雨晴春色倍光辉，风引泉声出翠微。
宿鸟繁吟朝斗巧，游人远适夜忘归。
参差绿树初腾秀，浩汗青苗乍长肥。
洞口时闻三岛鹤，天隅来访一蓑衣。

坚志

吾之向道极心坚，佩服丹经自早年。
遁迹岩阿方十九，飘蓬地里越三千。
无情不作乡中梦，有志须为物外仙。
假使福轻魔障重，挨排功到必周全。

自咏

自游云水独峥嵘，不恋红尘大火坑。
万顷江湖为旧业，一蓑烟雨任平生。
醉来石上披襟卧，觉后林间掉臂行。
每到夜深云霁处，蟾光影里学吹笙。

答甘北镇孟秀才（乃虔州也）

一别家乡整十年，飘蓬云水入秦川。
衣宽放荡秋来补，食饱萧条夜处眠。
陕右不干浮世事，天涯曾遇大罗仙。
功亏未得长生信，坐待嘉音旷峪前。

答李四秀才邀住渭北（彼有诗：年前曾许过河来）

本来今岁合云游，性劣那堪道未周。
故我身心随日月，与他岩壑度春秋。
深承虢邑多才士，远访磻溪遁迹流。
不在相邀居北郭，此中亦可论真修。

道友邀游磻溪太公庙，以诗辞之

自无狂兴不追游，识破诸余万事休。
谁向磻溪消郁闷，闲居岩壑且淹留。
昔违海上三千里，曾涉途中二十州。
看尽名山无限景，大都身外没堪酬。

磻溪庙觅驮驰马

闻说磻溪隐太公，岩高树密壮祠雄。
花朝石窟龙吟雾，月夜山门虎啸风。
万载熊罴名不朽，三春驰马献无穷。
将诗为觅千余疋，染翰聊为度日功。

答宰公子许秀才

森森绿桧锁天涯，峭壁中藏野客家。
碧洞经年无火烛，青山终日有烟霞。
虚心实腹唯求饭，待客迎宾不点茶。
自乐安闲微得趣，门风何足向人夸。

答清河氏

神明虽是落凡胎，气直终须有道材。
只恐丹砂脐下去，重教白雪耳边来。
如何脱免红尘境，似我登临碧嶂台。
步步嬉游天汉出，时时腾踏野云开。

赠泾州跌跌郎中暨刘解元

凡为道友欲相寻，不用浮财礼数钦。
俗物光辉难买道，人情拘束易劳心。
疏慵寡学文章浅，淡泊幽居岁月深。
格外闲愁都绝想，云中来听一高吟。

赠王周二生见访

二公何事挈槃餐，出郭嬉游草莽间。
宛转寻村来访道，因循乐道暂偷闲。
深知旧有逍遥志，远看虚无崒嵂①山。
尽日开怀恣谈笑，夜深同步月明还。

【注】

①崒嵂：高峻貌。

众道友问修行

余今踪迹任蹉跎，宁论修行事若何。
道眼无光慵入市，天心难合且随波。
饥时只解巡门乞，饱后兼能鼓腹歌。
除此一身愚作外，万般余事不知他。

寄道友觅败布故履

余在西虢六年，未尝一新衣履，每至中秋，唯完补褐衲耳。

秋风忽起雨天凉，木叶萧疏草渐黄。
褐衲悬鹑唯阙补，芒鞋伏兔不能狂。
有身易著饥寒苦，无福难逃日月长。
但愿诸公怀恻隐，扶持同步入仙乡。

次韵银张八秀才

郁郁烟霞满谷中，冥冥心迹体虚空。
长歌爱属临春水，独坐看云对晓风。
远害诚能依道力，施恩未解接神功。
经书突奥君常究，返照何须更系东。

虢县银张五秀才处借书

盛族文章旧得名，芝兰玉树满阶庭。

光辉代代生豪杰，讲论时时聚德星。
顾我微才弘道晚，知君博学贯心灵。
嘲吟不用多披览，续借闲书混杳冥。

中秋不见月

几年明月不昭彰，玳席虚劳设万方。
每恨他时遭雨隔，那知今夜复云藏。
仙娥莫是簪花睡，玉兔还为捣药忙。
世俗欢娱无所益，冥冥物外且韬光。

见月

沉沉云退晚风幽，皎皎蟾光奋九州。
万里碧天清照夜，四郊黄叶冷飞秋。
高空似睹虾蟆现，大野还知魍魉囚。
脱洒圆明孤且洁，飘飘尘外不淹留。

王宅月桂（借其义也）

太原门下景幽深，一簇仙花压古今。
根干发从云上面，祖宗来自月中心。
香苞灼灼披红粉，茂叶重重锁绿阴。
朵朵精神皆异俗，飘然特使众人钦。

又栽月桂

匠手亲封月桂栽，幽人自植宝花台。

灵根妙绝非凡种，秀气冲和是道材。
日月交流千古异，乾坤独王四时开。
英贤好顾长春景，莫把群芳一类裁[①]。

【注】

①裁：亦作猜。

山居（三首）

龙门[①]峡水净滔滔，南激朱崖雪浪高。
万壑泉源争涌凑，千岩石壁竞呼号。
周流截断红尘境，宛转翻开白玉膏。
胜境无穷言不尽，临风时顾一挥毫。

【注】

①龙门：今陕西省宝鸡市陇县龙门洞。丘处机曾于此修道七年。

不怨深山自采樵，山中别有好清标。
幽居石室仙乡近，不假环墙世事遥。
饮食高呼天外鹤，摩云仰看峡中雕。
时时皂白浮沉景，显贯真空慰寂寥。

独自深山搕寂寥，闲云作伴屏喧嚣。
耽慵不念生涯拙，好静唯便熟境销。
著假空贪齐李杜，明真何必等松乔。
研穷寿算文章力，岂夺虚无造化标。

芭蕉（陇山也）

一叶青笺仰掌开，三湫[1]白浪散花回。

日中有客频来赏，月下无人独自陪。

造化乾坤难比大[2]，寻常风雨莫教摧。

留君日日当金案，与客时时庆玉杯[3]。

【注】

①三湫：山有禹庙，下俯三湫。

②造化乾坤难比大：草木之中，唯蕉叶最大。

③与客时时庆玉杯：茅君学道于齐，不见使人，而金案玉杯自来人前。

赞丹阳长真悟道

马氏谭君达圣朝，疑情万古一时超。

云中采药烹金鼎，火后收丹贮玉瓢。

手握灵珠常奋笔，心开天籁不吹箫。

看看跨鹤乘风去，海上人间影迹遥。

鹤

一种灵禽体性高，丹砂为顶雪为毛。

冥冥巨海游三岛，矫矫长风唳九皋。

洒落精神超俗物，飞腾志气接仙曹。

抟风整翮云霄上，万里峥嵘自不劳。

岭北西京留守夹谷清神索

东海疏狂犹目断，西京留守未心开。
去年奉敕三冬往，今夏赍书九月来。
北地官荣何日罢，南山道隐几时回。
直须早作彭城[①]计，燕国家风自不隤。

【注】

① 彭城：乃海蟾公也。

易州西山睒公堂

高高云外睒公堂，闪闪云霞照洞光。
千仞峰峦排左右，万株松柏互低昂。
山翁不解谈今古，野客时来讲混茫。
休道一生空打坐，也胜尘世走忙忙。

福山县黄箓醮感应（并序）

明昌甲寅秋九月，建黄箓于福山县。二十八日午后，将传符受戒，有鹤十一翱翔乎坛上，终夕不去。越一日设醮，闻天关震响，北极下红光烛地，可辨纤悉，士民靡不见者。

华灯照耀积金山，人在蓬壶咫尺间。
下士倾心开地府，高真威力动天关。
千门列祭严香火，万口同声启笑颜。
三界十方功德备，彩云仙鹤自回还。

承安丁巳冬至后苦雪，时有事北边

冬前冬后雪漫漫，淑气销沉万物干。
出塞马惊山路险，防边人苦铁衣寒。
虽愁海北边灵苦，幸喜山东士庶安。
日费国资三十万，如何性命不凋残。

平山堂（四首，栖霞太虚观也。）

年年三伏上平山，山上游人绝往还。
目视青霄云澹澹，身横碧落性闲闲。
孤高迥出林峦表，旷望殊非海岱间。
白日红尘车马客，谁能到此一凭栏。

山堂高洁倚天凉，天外清风入坐长。
青鸟有时来顾盼，白云终日自飞扬。
金坛玉宇知何在，绛阙琼楼古未详。
争似山家休歇去，身心不动到仙乡。

山堂昼静客来稀，匝坐亭亭列翠微。
碧汉无瑕红日转，青山不动白云飞。
参差万有彰神化，渺邈三灵合范围。
终始盖由清净道，人能天地悉皆归。

三竿红日眠犹在，十里青山坐对闲。

不觉人来幽圃外，时惊犬吠白云间。
无心自得成长往，了一何须问大还。
只恐逡巡下天诏，悠扬无计乐平山[①]。

【注】

① 乐平山：聊戏之耳。

海上观涛

大风时起北溟寒，万里惊涛辊雪山。
怒色冲天昏气象，雷声出地骇尘寰。
江神汹浪潜输款，河伯威灵溢汗颜。
白马素车空有势，非仙无路可跻攀。

题诸潘庵

登郡西南十里余，大开泉石致幽居。
山深海阔相依映，地僻云闲任卷舒。
夹道清池通熠耀，倚天高柳挂蟾蜍。
鸣琴坐对烟霞客，笑指劳生一梦虚。

赠道友

中秋日与道友游诸潘，时有将赴秋闱者。

爽气清高暑气阑，园林欲变锦纹斑。
长风渡海来沙漠，短晷经天下玉关。
设席邀宾龙树侧，鸣琴待月虎溪间。

良朋自得真佳趣，不待蟾宫把桂攀。

秋旦与蓬莱道友游西溪

临水登山跨晓风，虚心瞪目俯秋空。
云迷海峤沉沉碧，日射天轮灿灿红。
游兴不随他物转，和光聊与世尘同。
三年四度乘嘉会，又到山西涨海东。

途中作

明昌二年十月，余到栖霞。三年五月，蓬莱道友相邀度夏，自后数年为例，五月相邀耳。

年年五月到蓬莱，麦秀金银[①]次第开。
野客充饥饶紫葚，行人止渴待黄梅。
云头勃勃连山耸，两脚涔涔拍海来。
朱夏胜游多壮观，情如天网亦恢恢。

【注】

①金银：花也。

送陈秀才完颜舍人赴试（二首）

六合之中万物生，人于万物最高明。
能穷物外阴阳数，解夺人间富贵名。
自昔丹砂唯九转，而今天路只三程[①]。
谪仙才调无留滞，坐看飞腾上太清。

【注】

①三程：谓今三试。

丈夫高节气凌云，十载潜看万卷真。
满腹诗书虽合道，出群头角未惊人。
奔牛计策元无敌，立马文章自有神。
异日功成心爽悟，黄粱惊觉梦中身。

泰和辛酉清明后三日霜

雨后方看丽景韶，风前忽耳万花凋。
园林一夜无颜色，气候三春太寂寥。
正遇东君时作巧，那堪青女势还骄。
生灵跛扈知难免，造化根源尚未超。

落花

昨日花开满树红，今朝花落万枝空。
滋荣实藉三春秀，变化虚随一夜风。
物外光阴元自得，人间生灭有谁穷。
百年大小荣枯事，过眼浑如一梦中。

赴蓬莱狄氏醮，踏晓登山

鸡鸣喔喔动精神，闭息登山上涌身。
路恶才分瞥窃道，林深不辨往还人。
披云直下观东海，绝顶孤高映北辰。

日用孳孳为善者，虚心牢落且同尘。

赴潍州北海醮（温迪罕千户请）

北极阴风渡海扇，海山风物尽萧然。
山阴积雪寒铺地，海上层冰冻接天。
鸿鹄预辞千里塞，蛟龙深卧九重渊。
道人守拙何为耳，酷冒冰霜赴醮筵。

昌阳黄箓醮

十月昌阳五谷饶，追思黄箓建清标。
华灯羽服罗三殿，绛节霓旌下九霄。
法事升坛千众集，香云结盖万神朝。
从兹降福穰穰满，一县潜推百祸消。

过盖公岘山

岘石崎岖马不禁，溪风萧飒虎难寻。
山横剑戟参差大，气郁烟霞晻蔼深。
道众不游闲景色，天涯都是好丛林。
因循北海修黄箓，宛转东莱谒翠岑。

避事过盖公岘

乘闲杖策蹑仙踪，度石穿林望盖公。
西海有云波惨澹，东山初日气濛鸿。
崎岖万壑深潜迹，牢落三州暗转蓬。

出处自非心染著，从教著棒打虚空。

骤雨

万叠浓云霭霭屯，千寻白雨下山门。
阴阳气激风雷急，草木声号宇宙昏。
鸟兽相迷烟惨惨，鱼龙交错水浑浑。
一时造化惊天地，咫尺中间孰见根。

季冬八日大雪（二首）

昨夜南风又北风，晓来天地一濛鸿。
零珠碎玉随高下，万壑千岩合异同。
日月不知安顿处，山川塞在杳冥中。
返观性命阴阳理，始识虚无造化功。

昨夜南风又北风，晓来天地一蒙鸿。
山村野店家家异，柳絮梅花处处同。
石室松堂云敛后，瑶台琼榭月明中。
何须更问丰年瑞，只此深佳大道功。

酬同知定海军节度使张侯雪中见访（二首）

法宇沉沉不下帏，清斋兀兀坐忘机。
纷纷满地天花落，浩浩盈山海月微。
淡日悠扬金殿晓，冲风散漫玉尘飞。
三冬瑞雪真嘉庆，万古何人识是非。

瑞雪飘飘野兴浓，开门杖策久从容。
贪看六出瑶花坠，不觉三清宝殿封。
暗室郊原彰玉马，斜掩阙角隐金龙。
高人冷冽寒岩下，莫辨遥山第几重。

竹轩（太虚观也）

小轩幽槛不栽花，只种琅玕度岁华。
直节自非凡草木，虚心真合道生涯。
风吹瑟瑟香还冷，雨洗涓涓净更嘉。
不待岁寒方见重，吟窗朝夕思无邪。

登临有感

陟彼高岗马足跷，观乎大地我心摇。
山河气象连天阔，洞府神仙避世遥。
白玉黄金终莫守，春花秋月固难饶。
百年一觉浮生梦，万事俱非恨寂寥。

定海军节度使致政刘师鲁挈其子见访于栖霞太虚观

数骑翩翩出郡城，西风摇荡菊花清。
吟诗马上无横槊，访道人间暂濯缨。
露下天高秋气爽，金声玉振晓霞明。
山堂尽日萧然坐，似觉浮生梦且轻。

赠师鲁

师鲁先生有宴息之所，榜曰“中室”，又从而索诗。

一阴一阳之谓道，太过不及俱失中。
道贯三乘玄莫测，中包万有体无穷。
高人未悟犹占僻，下士能明便发蒙。
儒释道源三教祖，由来千圣古今同。

次韵答奉圣州节度使移剌仲泽佳什

忘机不用苦清谈，大隐何烦住小庵。
海印发光①吞宝月，天心烛物迈寒潭。
黄庭雅弄琴三叠，紫府高吟酒半酣。
西北文章贤太守，肯将珠玉寄东南。

【注】

①海印发光：典出《楞严经·卷四》：“宝觉真心各各圆满，如我按指，海印发光。汝暂举心，尘劳先起。由不勤求无上觉道，爱念小乘，得少为足。”

送蓬莱州节度使邹应中移镇兖州

人生七十古来稀，不夜功成赋式微。
便欲休官栽菊去，还令杖节与心违。
行藏未出阴阳数，夙夜难逃变化机。
异日挂冠须在早，莫教林下有人讥。

赞道

造物悠扬气势雄，三光日夜转鸿濛。
冥冥会合阴阳秀，矫矫神奇幻化丛。
春去秋来生杀异，天长地久古今同。
灵台有个真消息，未悟那堪性不通。

达士

随机接物外同尘，应变无方内入神。
心地出离三界苦，洞天游赏四时春。
金丹大药经年久，火枣交梨[①]逐日新。
一服定超生死海，不知谁是有缘人。

【注】

①火枣交梨：内丹语。为精气神所凝，即内丹。许迈与王羲之书："夫交梨火枣者，是飞腾之药也。君侯能剪除荆棘，去人我，泯是非，则二树生君心上矣。……君若得食一枝，可以运景万里，此则阴丹矣。但能养精神，调元气，吞津液，液精内固，乃生荣华。"又宋代王逵《蠡海集·鬼神》："老氏之言交梨火枣者，盖梨乃春花秋熟，外苍内白，虽雪梨亦微苍，故曰交梨，有金木交互之义。枣，味甘而色赤为阳，有阳土生物之义，故曰火枣。"此则又一说。

灵虚观赏梨花

妙景从来说武官，周天回斡暮春看。
千株白锦凝霜雪，一派香风吐麝兰。

羽客徘徊升月榭，高真依约下星坛。
神功暗结灵虚秀，化作无边碎玉团。

旧游

秦川渭水好行程，不问长亭及短亭。
西岳云开仙掌白，南山雨过佛头青。
丹霄仿佛舒晨彩，碧岫参差列画屏。
海上交朋闻我道，虚心侧耳尽来听。

磻溪集卷之二

七言绝句

关中土民纯质，向善者甚众。道门尚七，释氏转八。每至年交，各大集其众，午后于圣前礼诵经忏，谓之礼正。至一月终方毕

雪霁春光显太平，风和日暖倍鲜明。
高歌合会休怀闷，大煮圆焦作礼正。

答樊生

莫问天机事怎生，唯修阴德念常更。
人情反覆皆仙道，日用操持尽力行。

刘二道友索，其人爱饮酒奕棋

欢来日饮千钟酒，静处时抨一局棋。
白发流年当远鉴，红尘闲事莫多知。

警泾阳强居（二首）

隋何陆贾①总归空，千古惺惺一梦中。
争似忘机合著口，潜心捉住九天风。

【注】

①隋何陆贾：皆智机口才过人者。隋何，汉高祖刘邦的谋士，曾说服项羽帐下大将英布。陆贾，早随刘邦定天下。刘邦称帝后，曾出使南越，说服尉佗接受汉朝所赐南越王印。

百年万事一场空，急景浑如过隙中。
浮世奈何人不悟，痴心刚待撮春风。

寄杨五信士

题诗欲寄纸还无，检帙搜文得故书。
书后殷勤题一绝，嘱君行善莫踟蹰。

还杨五所惠纸扇

谢公惠我白芭蕉，山谷多风不用招。
城市炎天无爽气，请君执捧自闲摇。

答乔生（彼新丧偶，欲休心入道）

物外归心绝大魔，闲中遣兴益高歌。
灵台著欲于今少，健骨乘风已后多。

题杨五纸扇

突兀高峰上倚天，巉岩绝壁远含烟。
披襟自古嵩阳客，傲世从来华岳仙。

题王生纸扇

自爱寥天夏日长，谁憎酷暑火云昌。
三焦毒热多年尽，一握清风万古凉。

题乔生纸扇

炎炎赤日火云飞，路上行人汗浴肌。
碧洞深山无事客，优游松下正抨棋。

题王二纸扇

蕤宾节[1]后转加炎，毒热薰蒸无处潜。
唯有长春碧岩洞，清凉终日自安恬。

【注】

①蕤宾节：即端午节。

题周道全纸扇

豁风飒飒如霜下，涧水泠泠似雪翻。
尽日殊无劳役重，何时更有郁蒸烦。

题庞氏藤扇

纤纤妙理织银丝，习习轻风散玉姿。
秋后虽然飚运爽，待君应也不多时。

泺里陈氏草堂

茅堂高结半原阴，乔木参差翠竹深。
车马不闻名利远，安闲终日好栖心。

段生放筏，值水涨漂没，空身还归

段生放筏下西山，时值波涛尽出关。

回首无心怨河伯，高歌且喜脚轻还。

飞仙

蓬莱方丈及瀛洲，三岛神仙一处游。
混合九天无挂碍，飞腾八极信周流。

钟吕画

无我无人性自由，一师一弟话相投。
谈经演法三山坐，驾雾腾云万里游。

景福山居（二首）

虎啸烈风潜兽愕，魔交长夜睡魂惊。
何时朴直道心显，慧日开张天眼明。

景福淹沉人事少，龙门闲澹虎溪清。
时闻结果加咤语，似听钩辀格磔声[①]。

【注】

①格磔声：山间一种红鸡，作结果加咤声。入山樵采者，戏语以雪妥也。下去转之钩辀格磔，鹧鸪鸟声也。

述怀（四首）

我道欲求神自放，龙门时复虎相干。
山头烈火三冬炽，涧底阴风五月寒。

清虚妙理横天下，大朴淳风满世间。
至道有名那见实，通人无语自知还。

入道根源唯自许，出尘消息有谁知。
南华始遇逍遥乐，北海终投汗漫期。

野鹤孤云闲活计，清风明月道生涯。
千山磊落收云气，四海光明耀日华。

陇州杨氏携月桂栽见访（四首）

汩没尘埃甚可怜，追随俗态几经年。
偶因上士游山水，得遇高真伴圣贤。

一枝孤秀倚寒山，四海群芳怀靦颜。
若遇清风佳气会，天香飘落满人寰。

游初禀气得真诠，续艳联芳似火传。
世上百花难逮月，人间唯此可穷年。

树密山高隐地蟠，风多露少怯天寒。
他时复向蟾宫里，五岳云收四海观。

放雁

放去欲齐支遁鹤[①]，笼归宁效右军鹅[②]。

虽符庄子能鸣义，恐学茅君著爱魔。

【注】

①支遁鹤：支遁，字道林，世称支公，本姓关。陈留（今河南省开封市）人。东晋高僧、佛学家、文学家。《世说新语》：支公好鹤，住剡东岇山。有人遗其双鹤。少时翅长欲飞，支意惜之，乃铩其翮。鹤轩翥不复能飞，乃反顾翅，垂头，视之如有懊丧意。林曰："既有凌霄之姿，何肯为人作耳目近玩！"养令翮成，置，使飞去。

②右军鹅：王羲之，字逸少，世称王右军。琅邪（今山东省临沂市）人。东晋时期文学家、书法家。《晋书·王羲之传》：山阴有一道士，养好鹅，羲之往观焉，意甚悦，固求市之。道士云："为写《道德经》，当举群相赠耳。"羲之欣然写毕，笼鹅而归。

陇州堂下清梦轩

清梦轩中清士居，清闲高卧养真如。
真如养就清无梦，无梦清欢乐有余。

答陇州萧防判书召

因事别陇山，过亭川，届石灰寺，盘桓数日，趑趄未决。公书忽至，欣然乃还。

俄闻宠命发汧涯，便欲安闲卧陇西。
黄鹄不思千里举，白云犹恋故山栖。

自亭川回，路次，望龙门山

南望龙门一豁开，东迁鹤驭再头回。

深知此域因缘重，未许他方道德该。

答曹王妃休休道者书召

山潜洞壑非高尚，自揣襟怀寔蔽蒙。
无益虚名相混杂，不教闲坐养盲聋。

答京兆统军夹谷龙虎书召

休休道者方归去，赫赫王侯又到来。
自愧中心无道术，空教外迹播尘埃。

赠云外子孙可道西州行化

历历西州向道多，道人行止足乖讹。
公当策蹇寻山郡，纠察无令外道魔。

寄扶风荣宰

原心自得鱼鳞大，用指何妨马骨高。
居室有诚还可信，下堂无智亦徒劳。

恻隐

狗病无人煎粥汤，驴寒倒地四肢僵。
为人不解修阴德，转壳何由免祸殃。

下手迟

日月忽忽顶上飞，光阴忽忽眼前移。

回头返顾即成老，下手速修犹太迟。

聪明

修行大抵要聪明，只恐聪明向外呈。
外假内真两相克，一边败后一边成。

弃本逐末

一念无生即自由，千灾散尽复何忧。
不堪下劣众生性，日夜奔驰向外求。

进呈世宗皇帝

九重天子人间贵，十极仙灵象外尊。
试问一方终日守，何如万里即时奔。

答宁海书召

雪满群山路不通，天教车马不西东。
可怜宁海官民意，目断西山一望空。

闻诏起玉阳公戏作

三竿红日自由睡，万顷白云相对闲。
只恐虚名动华阙，有妨高枕卧青山。

春晚登眺

残花冉冉飞红雨，落日依依散白毫。

遥望西山官堠子[①]，倚天孤耸一拳高。

【注】

①官堠子：古代记里程的土墩。

春寒

海上春风日日颠，山头春色几时妍。

清明过了朱明[①]近，未有红芳到眼前。

【注】

①朱明：立夏节。

阳九百六

劫运天灾不可当，高真上圣救无方。

直须受尽丰年孽，再得升平入道场。

公山余乡公山之阳，故作是诗（十四首）

公山隐隐插苍穹，松影森森锁碧空。

顶戴松花吃松子，松溪和月饮松风。

松风习习透松烟，习习松烟散九天。

天外轻盈笼万象，交光日月共回旋。

千寻瀑布清明秀，一派岚光气势雄。

时被祥风吹作雨，潇潇溟漠洒虚空。

青城华岳与天台，怎比吾山至大哉。
一簇峰峦千万仞，威仪真不让蓬莱。

公山高隐白云宫，宫压公山第一峰。
峰上白云飞不断，悠悠来去惹青松。

参差山色有无中，半入幽溟半入空。
依约天涯寻不见，飘飘常被白云笼。

公山自古白云多，结盖层层入大罗。
出没群仙常不见，云中唯听洞仙歌。

仙歌缥缈入公山，渐入公山太一坛。
坛上诸仙安药鼎，时时烧出大还丹。

撞开天汉拂星辰，独坐蟾宫抱日轮。
夜牧灵龟朝引鹤，饥餐松实冷披云。

山头点起一轮灯，天下妖魔尽不生。
唯有堂堂圆觉士，松间独弄宝珠行。

公山春

闲遣青龙耨月华，同驱白虎种黄芽。

黄芽欲发雷霆震，迸出青龙白虎牙。

公山夏

阳光泼泼火云凝，海底蛟龙即上升。
遍撮山头三伏暑，却教化作一团冰。

公山秋

云兴霞烁映天衢，松密山高压地图。
绝顶峥嵘人不到，昭昭独放月轮孤。

公山冬

同云漠漠雪霏霏，凛冽寒风刮地威。
吹起山中无限景，瑶花琼萼满天飞。

赠道友

东莱即墨之牢山，三围大海，背俯（或作负）平川，巨石巍峨，群峰峭拔，真洞天福地，一方之胜境也。然僻于海曲，举世鲜闻，其名亦不佳。予自昌阳醮罢，抵于王城永真观，南望烟霭之间，隐隐而见。道众相邀，迁延数日而方届。遂闲吟二十首，易为鳌山，因清畅道风云耳。

卓荦鳌山出海隅，霏微灵秀满天衢。
群峰削蜡几千仞，乱石穿空一万株。
道祖二宫[①]南镇海，王明三峒北当途[②]。
是知物外仙游境，不向人间作画图。

【注】

①二宫：谓上清宫、太清宫也。

②王明三岵北当途：谓太平兴国观道南也。

初观山色有无时，十日迁延尚未之。
咫尺洞天行不到，空余吟咏满囊诗。

浮烟积翠绕山城，叠嶂层峦簇画屏。
造物建标东枕海，云舒霞卷日冥冥。

三围大海一平田，下镇金鳌上接天。
日夜潮头风辊雪，彩霞深处有飞仙。

佳山福地隐仙灵，万壑千岩锁洞庭。
造化不教当大路，为嫌人世苦膻腥。

牢山本即是鳌山，大海中心不可攀。
上帝欲令修道果，故移仙迹近人间。

重岗复岭势崔嵬，照眼云山翠作堆。
路转山腰三百曲，行人一步一徘徊。

松岩郁崛瑞烟轻，洞府深沉气象清。
怪石乱峰谁变化，亘初开辟自天成。

因持翰墨写形容，陟彼高岗二十重。
南出巨平千万叠，一层崖上一层峰。

四吏山吐月犹斜，直上东峰看晓霞。
日色丽天明照海，金光射目眼生花。

天柱巍峨独建标，上穿云雾入青霄。
不知日月星辰谢，但觉阴阳气候调。

洞有佳名号白龙，不知何代隐仙踪。
至今万古人更变，犹自嵌岩对老松。

洞有仙名唤老君，神清气爽独超群。
凭高俯视临沧海，守静安闲对白云。

华盖真人①上碧霄，道山从此郁清标。
至今绝壁幽岩下，尚有群仙听海潮。

【注】

①华盖真人：宋太祖时得道者也。

修真野客非才子，行到鳌山亦有诗。
只欲洞天观海日，不劳云雨待青词。

白发苍颜未了仙，游山玩水且留连。
不嫌天上多官府，只恐人间有俗缘。

修真却似上山劳，脚脚难移步步高。
若不志心生退怠，直趋天上摘蟠桃。

鳌山三面海浮空，日出扶桑照海红。
浩渺碧波千万里，尽成金色满山东。

山川皆属道生涯，万象森罗共一家。
不是圣贤潜制御，乾坤那得久光华。

可叹巍巍造化功，山河大地立虚空。
八荒四海知多少，尽在含元一气中。

赠道友

大安己巳胶西醮罢，道众相邀再游鳌山，复留题二十首。

上清宫（十首）

醮罢归来访道山，山深地僻海湾环。
棹船即向波涛看，化出蓬莱杳霭间。

群峰峭拔下临渊，绝顶孤高上倚天。
沧海古今吞日月，碧山朝夕起云烟。

青山本是道人家，况此仙山近海涯。
海阔山高无浊秽，云深地僻转清嘉。

怪石嵌空自化成，千奇万状不能名。
断崖绝壁无人到，日夜时闻仙乐声。

晓日朦胧渐起云，山色惨澹不全真。
直须更上山头看，似驾天风出世尘。

巨石森森岭上排，巅峰岌岌到无阶。
三秋水冻层冰结，九夏云寒叠嶂霾。

海上观山势转雄，清高突兀倚虚空。
朝昏磊落生云气，变化皆由造物功。

陕右名山华岳稀，江南尤物九华奇。
鳌山下枕东洋海，秀出山东尽不知。

重重叠叠互相遮，簇簇攒攒竞斗嘉。
眼界清凉心地爽，神仙自古好生涯。

五岳曾经四岳游，群山未必可相俦。
只因海角天涯背，不得高名贯九州。

太清宫（十首）

烟岚初别上清宫，晓色依稀路径通。
才到下方人未食，坐观山海一濛鸿。

云烟惨澹雨霏微，石洞留人不放归。
应是洞天相顾念，一生嗟我到来稀。

云海茫茫不见涯，潮头只见浪翻花。
高峰万叠连云秀，一簇围屏是道家。

松风涧水两清幽，尽日清音夜未休。
野鹤时来应不倦，闲人欲去更相留。

溪深石大更松多，郁郁苍苍道气和。
不是历年樵采众，浮云蔽日满岩阿。

贯世高名共切云，游山上士独离群。
仙乡贵重三茅客，仕族尊荣万石君。

西山仰视刺天高，山上仙家种碧桃。
桃熟几番人换世，洞中秦女体生毛。

清歌窈袅步虚齐，月下高吟凤舞低。

谈笑不干浮世事，相将直过九天西。

烟霞紫翠白云高，洞府群仙醉碧桃。
鼓透碧岩雷震骇，满山禽兽尽呼号。

道力神功不可言，生成万化独超然。
大山海岳知轻重，没底空浮万万年。

八月十日自昌乐县还潍州城北玉清观作中秋诗（十五首）

西县东来至玉清，金风一扫暮天晴。
开怀便赏中秋月，只恐临时晦不明。

万木西风遍九州，严光一夜向西流。
出尘爽气清人骨，是处歌欢不解留。

初离海峤有余清，万国欢心贺太平。
但愿宝光无晦朔，不教天质有亏盈。

浑金璞玉上天衢，抱雪凝霜耀太虚。
四海百川无不鉴，群生万象悉安居。

一片清光万里开，无分茅屋与楼台。
家家尽得闲吟赏，更有清风助快哉。

有客徘徊望太虚，开尊专欲赏蟾蜍。
蟾光不解留人意，澹澹青霄只自如。

金波昼夜不曾闲，淡荡清辉出海山。
素魄高升游物外，恩光下照满人间。

碧汉峥嵘自有期，天光照耀本无私。
却忧下土昏魔重，不见金轮出现时。

团团皓月挂空虚，百炼青铜鉴不如。
一切水中皆影现，群魔摘胆尽消除。

桂影朦胧下照人，纵横万古不知因。
何当跨鹤云霄上，俯视青天白玉轮。

云去云来不暂停，朝昏恍惚变阴晴。
今宵幸对婵娟质，剩作新诗畅道情。

年年此际杀生多，造业弥天不奈何。
幸谢吾皇严禁切，都教性命得安和。

圣主登基万物安，仁风灭杀自朝端。
邦君士庶皆修德，好放蟾光与众看。

静夜迢迢起黑云，众生无分乐天真。
空中自是云遮眼，天外何曾月避人。

百岁光阴瞬息间，中秋几度得开颜。
不如炼性如秋月，晃朗身心自在闲。

磻溪集卷之三

青天歌

青天莫起浮云障，云起青天遮万象。
万象森罗镇百邪，光明不显邪魔王。
我初开廓天地清，万户千门歌太平。
有时一片黑云起，九窍百骸俱不宁。
是以长教慧风烈，三界十方飘荡彻。
云散虚空体自真，自然现出家家月。
月下方堪把笛吹，一声响亮镇华夷。
惊起东方玉童子，倒骑白鹿如星驰。
遗逡巡别转一般乐，也非笙兮也非角。
三尺云璈十二徽，历劫年中混元斫。
玉韵琅琅绝郑音，轻清遍贯达人心。
我从一得鬼神辅，入地上天超古今。
纵横自在无拘束，心不贪荣身不辱。
闲唱壶中白雪歌，静调世外阳春曲。
吾家此曲皆自然，管无孔兮琴无弦。
得来惊觉浮生梦，昼夜清音满洞天。

吟（六首）

先天吟

空山静夜微云作，淡月疏星寒气错。
忽见长庚耀太虚，回观北斗潜寥廓。

乾坤舒惨即时改，宇宙纷纶何所托。
必有机关默动摇，凭虚反覆相酬酢。
大哉无极玄元道，何者不蒙灵应药。
点化三光转碧空，滋荣万物开花萼。
腾今跨古未尝坏，历险冲艰殊不弱。
浩浩洪流自激扬，纷纷大化谁斟酌。
混元一气首兴变，无上至尊唯独恶。
踏碎虚空出杳冥，擘开混沌生挥霍。
阴阳升降作门户，日月纵横为锁钥。
暑往寒来昼夜分，时通运塞兴衰各。
既而上立乾坤钮，复乃下鸣师范铎。
建德随方料物宜，因时设教从人乐。
三皇五帝皆宗祖，六道四生咸唯诺。
至圣文才尚发蒙，犹龙道德何其博。

度世吟

山深路僻行人少，尽日幽岩听啼鸟。
无客相陪皓月中，有时独立青云表。
云表孤吟百邪远，天涯一览群山小。
调高风急韵悠飏，清绝步虚神缥缈。
忆昔重阳泛天角，清吟欲序乾坤朴。
钓拔扶风人不知，测量大海余先觉。
入神妙致应难辨，出俗玄谈非所学。
返观今日道峥嵘，始得他年功卓荦。

首及东牟演仁孝，未能化俗开笼罩。

五会[①]轩轩立五名，三州衮衮崇三教。

出神入梦人惊骇，掷盖投冠予计较。

师居东海乃犹龙，马入西秦还变豹。

丹阳弘道，隆于陕右也。大定己丑夏四月，余与丹阳等数人从重阳师，自文登如宁海。时迈龙泉，日气稍炽。师令余等前，已执伞在后，距半里许。余忽回顾，见伞腾空而起，余急返走问之，云："抟扶摇而上，不知其然而然。"初伞起东北，望之冉冉，坠于沙间，指其方而觅之，了无所也。时余法眷众阳子王公，隐于东海隅之查山。山到文登一百一十里，文登到伞起处又七十里。伞起乃辰时，及晡堕伞阳公庵前，柄内众阳子道号往赐之焉。众字篇韵本无，乃师之所撰。伞自后查山下翟公家藏之，本宁海范明叔家借用者，范后知往取之，而弗肯予。投冠者，初师之登城北观海，头上竹皮冠忽堕水漂去，已而复还。众音竹。

【注】

①五会：宁海金莲，登州玉华、莱州平等、文登七宝、福山三光。

逍遥吟

十洲三岛兮巨海之中，琼楼绛阙兮参差半空。松阴密锁兮无畏日，纨扇不摇兮有清风。流金热，佩玉真仙未尝说。水晶宫殿开，宝座星辰列。碧虚悬象绕楼台，清净化身非骨血。本来身，自通神，谈笑忽惊天上人。

自在吟

瑶台阆苑兮碧汉之中,祥云瑞炁兮盈盈满空。群仙出没兮洒清雨,万化开坼兮动香风。炎蒸热,那里人家不曾说。烟收洞府开,门倚星河列。九天时复会嘉宾,万里不须乘汗血。物外身,自清神,谁羡登楼摇扇人。

望海吟

余观天下形势壮观,自潼关以东、淮水以北,无出登州。因作《望海吟》,用纪其实。

蓬莱僻东隅,壮观天下绝。
地邻仙圣域,山枕鱼龙穴。
凭高望羲和,目极犹未彻。
苍苍天水回,泛泛云霞泄。
长风起波涛,万里卷霜雪。
凭凌登岛屿,滉漭[1]失丘垤。
有时灵气和,变化非常别。
森罗无限景,欲辨难措舌。
大哉百谷王,沉沉洞清彻。
随时潮有信,历代旱无竭。
人间顷亩池,是处广开列。
比之鲸波大,状若蛙井劣。
望洋不见端,浵天自严洁。
众流莫浑浊,万古超生灭。

【注】

①浵漭：犹渺茫；不确定。

仙游吟

阆苑红尘外，瑶台碧汉间。
洞中仙不老、云外客长闲。
赤凤吟舟穴，红狵[1]吠药栏。
青衣传诏下，白鹤送书还。
宴赴琼林会，诗裁羽客班。
浩歌金母殿，长啸玉龟山。
果结三千岁，楼高十二环。
穆王何日到，方朔几时攀。
姑射肌犹洁，双成貌更殷。
飞琼投月窟，弄玉弹华鬟。
命驾游三岛，抟风过百蛮。
周旋窥海岳，奋掷上天关。
荡荡空无极，滔滔兴未阑。
恢然超法界，不复恋人寰。

【注】

①狵（máng）：毛多色杂的狗。

颂（三首）

赞道

前贤后圣无差别，异派同源化执迷。
太 ·混元开户牖，玄真直指上天梯。

去惑

他人之言不可听，自己之心但可正。
若凭他口是非言，坏却自身功德性。

示众戒色

劳生有万种，最大无过色。
不唯丧命根，复乃销阴德。
还能戒此一，酷胜其他百。
慕道修仙人，从来是标格。

步虚词

步虚词二首

旷荡修真教，飘飖出世门。
先师开户牖，归马动乾坤。
陋室回仙观，高名轧帝阍。
云朋霞友会，朝礼太虚尊。

宝炷成云篆，华灯簇夜光。

星河初焕烂，钟磬乍悠飏。
醮主承嘉会，虔心祷上苍。
诸仙来顾盼，接引下虚皇。

世宗挽词（一首并引）

臣处机以大定戊申春二月，自终南召赴阙下，蒙赐以巾冠衫系，待诏于天长观。越十有一日，旨令处机作高功法师，主万春节醮事。夏四月朔，徙居城北官庵。越二日己巳，奉圣旨塑纯阳、重阳、丹阳三师像于官庵，彩绘供具，靡不精备。后五月十八日，召见于长松岛。秋七月十日，再召见，剖析天人之理，颇惬宸衷，薄暮言归。翌日，追中使赐桃一槃。处机不食茶果十有余年，过荷圣恩，即啖一枚。中秋，以他事得旨，许放还山，仍赐钱十万。表而辞之。逮己酉岁春，途经陕州，遽承哀诏。时也风尘澒洞，天气苍黄，士庶官僚尽皆素服，处机虽道修方外，身处世间，重念皇恩，宁不有感？谨缀挽词一首，用表诚恳云。

哀诏从天降，悲风到陕来。
黄河卷霜雪，白日翳尘埃。
自念长松晚，天恩再诏回。
金槃赐桃食，厚德实伤哀。

古调（十五首）

速修

一日一日复一日，短景浑如电光疾。
天长地久磨古今，春去秋来变时律。

大梦沉沉无昼夜，浮生衮衮差劳逸。
人情不断犹著空，我志虽高尚忧失。
壳昧游魂如陷阱，心怀嗜欲同怜蜜。
蜜甜有味何日忘，阱黑无明几时出。
出拔须凭高尚行，修治不假虚饶术。
但能物我却亲疏，自然神鬼难凶吉。
吾身道性未开眼，土塌紫扉且容膝。
和光同尘随是非，化声相待无相诘。

觅布衲衣

时八月间，令人持诗于县中，觅破布衲衣（西虢也）。

白露将残寒露洁，山家冷淡观游绝。
树头黄叶坠千林，身上麻袍联百结。
旧布重烦七里市[①]，衲衣复待三冬雪。
城中豪富各仁慈，庶在磻溪长守拙。

【注】

①七里市：到城七里也。

陇山松

我居西山时六年，山西上有松孤然。
朝云霏微接关塞，暮雨淅沥交洞天。
天生此境为吾伴，隔涧相陪远相看。
郁郁苍苍气色佳，萧萧瑟瑟风声贯。
连枝合抱垂重阴，受命已经千载深。

如何今岁上春月，平地忽遭樵斧侵。
斧声丁丁响溪谷，松烟惨惨愁山麓。
也知天意我将归，故遣灵岩①尔先覆。
景亡人散复何陈，空山黯淡悲游人。
白鹤高飞失行止，苍龙偃卧无精神。
亦知物象终难固，凡百有形皆有数。
高歌物外归去来，大隐鄽中益开悟。

【注】

①灵岩：有夏禹庙甚灵。

赠潍阳唐括姑

乃故丞相之女弟也。予时在陇山，京兆统军夹谷公，专人书召，姑寻至。

东莱之姑性玄远，蕴德含章自超拔。
未能捞漉今古原，西出长安载脂舝。
殷勤邀吾于陇山，余时杖策徐东还。
还到长安旧游处，故人不死多苍颜。

回头为报姑明取，百岁光阴一寒暑。
速抛家业违物情，早作闲人伴仙侣。
壶中自游日月长，身外不复衰残殃。
跨古腾今别无事，只由大德心开张。

因旱作

玄元大道统阴阳，造化乾坤万物昌。
高下如能各处分，始终即得免罹殃。
今之曷故多裁障，盖为人心胡纵放。
美食鲜衣器用华，狂明怪侣邪淫王。
阴阳交错古来传，恩害相生本自然。
迤逦不能廉度日，因循直致旱经年。
青霄碧落常无雨，紫陌红尘唯播土。
铄石流金万物焦，镕肠裂背群生苦。
有时率众取湫祈，脔肉妆槃自噎饥。
侮慢加之伤物命，喧呼何足动神祇。
哀哉俗态荒声色，个个倾危身反侧。
安得人心似我心，免遭痛切临头厄。

赠华州沙涧寨刘校尉

刘公满室皆行善，供养闲人心不倦。
巧行谩天我不为，至心奉道人皆羡。
殷勤种德养灵芽，阖郡生民有几家。
伫看异日功夫到，共蹑祥云阿母家。

愍物（二首，比岁饥疫相仍之故也）

天苍苍兮临下土，胡为不救万灵苦。
万灵日夜相凌迟，饮气吞声死无语。
仰天大叫天不应，一物细琐徒劳形。

安得大千复混沌，免教造物生精灵。

呜呼天地广开辟，化出众生千百亿。
暴恶相侵不暂停，循环受苦知何极。
皇天后土皆有神，见死不救知何因。
下土悲心却无福，徒劳日夜含酸辛。

六月庚午喜雨

我闻东山雨，千载无西行。
胡为阅今夏，屡及滂沲霐。
昨日午时后，一洗芽甲生。
今日申时前，再倾车轴烹。
千山日惨惨，四野雷轰轰。
平地涌三尺，大河侵五更。
蛟龙出池沼，旱魃填沟坑。
云汉复何有，天衢从此亨。

题刘节使所藏显宗御画庄子

显宗好道富年壮，手笔南华古形状。
南华去世千载余，状貌风格知何如。
只是今人重古道，仿佛气象加襟裾。
至人胸中本无待，万窍吹嘘任天籁。
杨韩嵇阮心不同，到了各归于大块。

冬日郊外闲步

草木既凋残，冰霜何凛冽。
长空鸟飞尽，大海鱼游绝。
商旅不行舟，昆虫皆闭穴。
谁能丰足外，解把孤贫设。

秋风海上

蓬莱有客无家乡，身拟学仙游大方。
大方洪水浸天阔，东极万里青茫茫。
晓来雨过西风急，策杖凭高看呼吸。
鸿雁连天剥枣晴，鱼龙戏水操舟入。
千尺丝轮直下垂，碧波深处钓鲸鲵。
纷纷鱼鳖不肯食，餵餵波澜空自迷。
挂席未能超彼岸，乘槎再欲浮天汉。
天汉高高万象明，白云谁是长生伴。

登州修真观建黄箓醮

浑沦至道急如箭，反覆阴阳自交战。
太极茫茫造化开，平空落落神奇见。
群生万象参差出，六合八纮妆点遍。
跨古腾今逐日新，流形返朴随时变。
有情无情不可穷，大智小智交相攻。
不有圣贤开教化，那知动植本虚空。
千经万论垂方便，宝笈琅函兴众善。

自昔根源发杳冥，迄今道德犹光显。
迩来天下教门兴，达士随方化有情。
我亦周流三十载，还乡复到海边城。
城南磊落修真观，气势清高接河汉。
俯视沧茫渤澥[1]深，仰观卓荦[2]星辰焕。
城中信士往来多，物外交朋意气和。
承安四年冬十月，大兴黄箓演金科。
赤书玉字先天有，白简真符破邪久。
三级瑶坛映宝光，九卮神灯摛星斗。
巉岩破钱酆都山，列峙升仙不可攀。
四夜严陈香火供，九朝时听步虚环。
千门万户生欢悦，六街三市齐铺设。
金花银烛相辉映，表里光明自通彻。
忽闻空外显嘉祥，萧索轮囷[3]有异常。
玉帝传宣行大赦，仙童骑鹤下南昌。
幽魂滞魄皆超度，白叟黄童尽钦慕。
天涯好事未尝闻，压尽山东河北路。

【注】

①渤澥：即勃海。

②卓荦（luò）：卓越，突出。

③轮囷（qūn）：盘曲貌。

潍州城北千户新观

清闲不在苦幽栖，心上无尘到处宜。

北海葱葱郡城角，地多花木景多奇。
昔年车马空撩乱，今日翻为玉清观。
观中游戏是何人，天下往来都散汉。
池塘寂寂锁烟霞，大宝莲开十丈花。
借问经营谁施主，袭封千户太均家。

题莱州招远县云屯山观

云屯山上云冥冥，天风荡摇飞雨零。
神奇幻怪不可测，千变万化无常形。
云收雨霁杳无迹，但见群山罗翠屏。
山高谷深复何有，白石磊磊松烟青。
春游浩荡满山谷，直上似欲趣天庭。
心虚目极淡天阔，俯视漠漠环沧溟。
昔居庵地走三郡①，今为洞天朝万灵。
虚空旧基②作新观，万世不朽传佳铭。

【注】

①昔居庵地走三郡：登莱宁海人多期拜。

②虚空旧基：人呼旧址为虚空也。

五言短句三首

警世

粉黛与珍玩，繁华虚热乱。
欲知万事空，须作百年观。

登胶水北山

凭高望南海，极目天苍苍。
天际白云起，凌空飞杳茫。

雪霁

澄澄东海月，皓皓西山雪。
残夜忽严凝，清光何皎洁。

五言长篇五首

示众

性逐无边念，轮回几万遭。
五行随变化，四大不坚牢。
暂假因缘活，空贪岁月劳。
不知身是患，徒竞物为高。
在事虽能干，于身大没操。
六尘飞冉冉，三界走嗷嗷。
眩惑疲双眼，贪求逼二毛。
刳心无胆气，恋色有脂膏。
白首浑如雪，苍颜不似桃。
未能从教化，尚自骋凶豪。
劲捷穿云鹘，颠狂挂壁猱。
有时生狡猾，无事起波涛。
罪孽如山积，精神似海淘。

无由伴松柏，直待掩蓬蒿。

海上述怀

海上风清冷，天根水杳茫。
冰山虽断绝，暑气自销亡。
雅志横高节，虚心适大方。
披云游汗漫，鼓棹泛沧浪。
独立明千古，周行视八荒。
天星非有落，地脉杳无疆。
幻化沤千点，浮生梦一场。
精神随手变，花木暂时芳。
百岁光阴短，三山道路长。
求仙悲汉武，失道叹秦皇。
采药童应老，乘槎客未详。
空余三岛[1]迹，时复显嘉祥[2]。

【注】

①三岛：大竹山、小竹山、车牛岛，为之三岛。

②嘉祥：即海市也。

秋日艾山

秋风荡山岳，晓日驱云烟。
嫩菊黄铺地，明霞翠埽天。
登临思海峤，游戏挹山泉。
巨石危犹壮，寒松老更坚。

岩花香馥馥，涧草绿绵绵。
遁迹潜行道，虚心不坐禅。
观空虽自在，遇景且留连。
放笔红尘外，驰名紫府边。
犹惭金母诀，敢道玉皇宣。
住世过三乐[①]，安时迈七贤。
韬光终返朴，应物且随缘。
蝶梦惊千古，神游待百年。
人人还得遇，口口自相传。

【注】

①三乐：谓春、夏、秋三时之务。

武官梨花

白帝离金阙，苍龙下玉京。
地神开要妙，天质赋清英。
色贯银蟾媚，香浮宝殿清。
参差千万树，皎洁二三更。
艳杏无光彩，妖桃陪下情。
梅花先自匿，柳絮敢相轻。
最好和风暖，尤佳丽日晴。
游人期放旷，羽客贺升平。
未许尘埃染，常资雨露荣。
郭西传旧迹，山北耀新声。
烂熳莺穿喜，扶疏鹊踏惊。

琳宫当户牖，芝室近檐楹。
绰约姑山秀，依稀华岳精。
会看年谷熟，普济法桥成。

登道士谷山

淡荡春风暖，暄和晓日迟。
家裳登诘屈，绝顶玩幽奇。
北海洪涛阔，南山大泽危。
东风青鸟下，西岭白云垂。
眼界空濛极，烟光缥缈随。
精神何洒落，道德自扶持。
仿佛丹霄外，参差碧汉涯。
那烦采芝术，直赴上仙期。

磻溪集卷之四

五言律诗

博州战姑庭楸诗（并引）

聊城之南，邹氏之室，有战姑者，本蓬莱人。生含巧思，以彩缕纫结鸟兽鱼虫花草之类，随物变态，不待规模而应之于手。其精理过于生者远甚。自中年后守寡，信道甚笃，建庵设食，以待四方烟霞之侣，且有日矣。无何，佻薄者构成谤讟之私，用浼松筠之操。姑知不易明辨，即会其戚属，指庭下枯楸而祝之曰："今仙圣在上，妾身若无毫发过，愿树复荣，苟或不然，是妾自负矣，吾誓不与若等共天日。"祝后岁几半，窅无朕兆。里人笑而嘲之曰："繄树若生，不特尔之贞，而我亦富且贵矣。"姑闻之，春梦然。彼楸树者，以大定庚子岁始植，既植即死，风摧雨剥，殆几五稔，形质朽残，固无生理。越明年建巳之夏，即姑始祷之月也。忽尔灵芽笋发于枯树之下，状如朱草，日引修条茂叶，蔽于阶砌。予初在陕右，屡闻是说，然未详所见。逮明昌辛亥，涂经此州，闻闾里赞道。及寓宿于姑之家庭，而后悉其事为不诬。自树之复荣，于今六载矣。高可倍寻，枝干扶疏，异于凡木。其傍枝四出，偃蹇遒劲，森然有拔俗凌云之气象。长春先生曰："至诚感物，明德动天，战姑之谓乎。孰谓道之云远，人病不诚其德耳。"因得四十字，用纪不神之应。时某年月日。

外口生非谤，虚心祷证明。

长楸根已烂，朽栟笋重荣。

孟氏悲黄竹[①]，田真叹紫荆[②]。

昔年闻孝义，今日表忠贞。

【注】

①孟氏悲黄竹：晋孟宗，少丧父。母老，病笃，冬日思笋煮羹食。宗无计可得，乃往竹林中，抱竹而泣。孝感天地，须臾，地裂，出笋数茎，持归作羹奉母。食毕，病愈。

②田真叹紫荆：京兆田真兄弟三人，共议分财。生资皆平均，唯堂前一株紫荆树，共议欲破三片。翌日就截之，其树即枯死，状如火然。真往见之，大愕，谓诸弟曰："树木同株，闻将分斫，故憔悴，是人不如木也。"因悲不自胜，不复解树。树应声荣茂，兄弟相感，遂和睦如初。

答虢县猛安镇国

酷爱无人境，高飞出鸟笼。

吟诗闲度日，观化静临风。

杖策南山北，酣歌西坂东。

红尘多少事，不到白云中。

答虢县李四秀才

严冬极潇洒，短晷急周旋。

独立红尘外，孤吟碧嶂前。

侧身窥洞口，明目注山巅。

遥望青峰雪，皑皑白映天。

访终南怀道村宁之道留宿竹园

怀道访之道，摅情远世情。
安居神自爽，欲睡梦还惊。
仙院风光雅，琼林月色清。
儒生真得趣，奚恋紫袍荣。

赞长生先生

法眷我昏耳，仙俦谁福乎。
东莱高士杰，西洛大名殊。
后获宗乘教[1]，先开道德模。
深知童子力，乃感圣贤扶。

【注】

①后获宗乘教：公最后出家。

赞玉阳先生

故国真仙子，东方大达人。
清高何异俗，爽迈不同尘。
表里天俱赐，行藏世绝伦。
时时期祸福，征验默通神。

寄题磻溪太公庙

一景通高下，三峰镇古今。
路穿云洞滑，祠隐钓溪深。

出窦飞泉迸，参天古柏阴。
快哉清绝地，堪畅野人心。

春日登览

时出碧云堂，回旋望八荒。
云收千里净，风散百花香。
欲海愁思远，春山兴味长。
楮筇登眺罢，深入醉中乡。

初雪

昨夜雨成雪，今朝地变银。
窗明不是晓，野暗即非尘。
出海金波淡，弥天玉树新。
乍观清入眼，堪动作诗人。

秋雨

信宿天飞雨，清秋地涌波。
沉阴韬日月，浡潏[①]涨江河。
紫塞归鸿恨，青山隐士歌。
不防居石室，高枕咏烟萝。

【注】

①浡潏（bó jué）：水沸涌貌。

出都

乍出皇都外，高吟野兴驰。
开笼鹦鹉俊，展翼凤凰奇。
白马翩翩骤，青山隐隐移。
长安一片锦，指日到无疑。

登易州西山

褰裳步不毛，绝顶望秋毫。
深谷杳冥峻，乱山重叠高。
森森骨髓战，睆睆目睛劳。
自笑无心客，何如桂壁猱。

题艾山

一朵黑云寒，亭亭杳霭间。
天垂沧海阔，地镇白云闲。
五岳名虽隐，三神道可攀。
时观触石化，甘露沃尘寰。

望昆嵛

旧隐昆嵛地，东南一望嘉。
玉峰排海岳，云锦散天花。
气郁钟三秀，神清迈九华。
时当春雪霁，盈眼白朱砂。

登蓬莱阁

一上蓬莱阁，虚心瞪目遥。
云移山自长，水到海还消。
俯视蛟龙窟，傍观乌鹊桥。
何忧远轻举，咫尺近丹霄。

望海

海色吞天色，风声杂水声。
云翻鱼鳖骇，雷动鬼神惊。
射激千岩险，汪洋万里平。
时无钓鳌手，掷犗[①]引长鲸。

【注】

①掷犗：典出《庄子·外物》："任公子为大钩巨缁，五十犗以为饵。"

山堂雨霁

晓日三竿丽，千山一望平。
高吟神愈畅，远眺目增明。
雨后檐前润，风来座上清。
心非同道者，不使过门行。

夜深对月（二首）

耿耿中宵月，无人独自行。
下连沧海白，高满太虚清。

奋迹离三岛，游空照万城。
城中多少客，睡重不能惊。

耿耿中宵月，无人独自明。
天边维斗暗，地上百邪惊。
野鹤依稀辨，群龙夭矫鸣。
寻常三五夜，未有一般清。

初冬括马值雨

十月滂沱雨，三更汹涌声。
浮云连海峤，激水灌山城。
野暗风波急，泥深道路倾。
行人兼走马，一夜到天明。

初雪

行看十月尽，偶见六花飞。
散漫回风急，缤纷入夜微。
山川淡屏帐，星斗失珠玑。
晓色冲天净，银霞烂目辉。

游春

一夜春风暖，三竿晓日华。
有山皆著锦，无地不开花。
金谷人多感，桃源路易差。

回头皆是梦，说与道人家。

春夜雨（二首）

山光犹冷淡，景色未铺陈。
细雨偏沾物，轻风不著人。
融和三月暖，次第百花新。
静夜轩中卧，闲吟海上春。

春色来何晚，清明不见花。
开轩观翠竹，拨土认黄芽。
夜雨微微作，光风渐渐嘉。
参差三月尽，桃李满天涯。

云峰

九夏时炎赫，千山气郁蒸。
翔空初漠漠，变态复层层。
岌嶪真堪画，孤高不可升。
何当仙去也，跨鹤上凭凌。

伐木

修殿乏材，令工师伐木海北，至滨，阻风殆十余日。秋八月有九日，方西南风，伐木乘之，始达胶东。

日落金风顺，潮平筏木开。
云帆争岸急，晓日映天来。

海北虽多难，胶东幸少灾。
不忧成大厦，已见得良材。

自述

白发年来长，红颜日渐凋。
未能明道术，欲去问松乔。
罔象如何觅，还丹著甚烧。
钦依三洞诀，得使万缘消。

五言绝句

蓝田

万壑舒纹锦，千峰列画屏。
雨余蓝水白，云断玉山青。

复归陇山

鹤性还山好，云峰当夏奇。
避风权过海，得雨不留池。
独坐长松下，孤吟乱石边。
夜骑朱顶鹤，时访白云仙。

愍物

皇天生万类，万类属皇天。
何事纵陵虐，不教生命全。

阴阳成造化，生灭递浮沉。
最苦有情物，难当无善心。

秋夜

露气含秋爽，天光照夜明。
陇头残月暗，溪上晓风清。
玉露夜漫漫，银河秋耿耿。
风含水谷清，月耀天衢冷。

清晓

银河初变色，星斗欲翻空。
残月半轮白，晓霞千丈红。
舞鹤夜初晓，游仙梦始惊。
月衔山转大，风度水偏清。

清兴

三冬游海上，六出满天涯。
为访神仙窟，经过道士家。
酒倾金露滑，茶点玉芝香。
神爽得三昧，清和消百殃。

造物

造物通神化，流形满大千。
群迷长受苦，万圣不能悛。

太混一时剖，空花千古繁。
神奇亿万变，道德杳冥存。
万化随时出，三光合度明。
九霄宫运转，八极自生成。

示众

色身元有限，情欲浩无涯。
痴似蜂贪蜜，狂如蝶恋花。

六根谁是主，贪欲自招殃。
一念色心动，百骸秋气伤。

外物于身患，狂心不自监。
病深方省欲，祸极始知贪。

最爱三田宝，难禁五欲情。
后生须自重，元气莫相轻。

四大本无托，百年还有期。
众人皆不悟，三教莫能规。

失道本无命，得时元有期。
有无皆自定，贪爱复何为。

红颜若春树，白发似秋霜。
俯仰一时过，驱驰三界忙。

繁华媚春雨，衰草淡秋烟。
日月暗相逼，古今经几迁。

罗绮千箱满，金珠万斛盈。
只知他物好，不觉自心萦。

厦屋千间峻，泪田万亩平。
自心非实相，他物是虚名。

世事无穷变，闷愁不测来。
志心行言之，门户少凶灾。

祸福相生灭，荣枯递献酬。
不穷天外乐，那免世间忧。

精神多削弱，机巧益巉岩。
未及开笼鸟，还同作茧蚕。

遇战皆奔北，逢迷孰指南。
身心多自役，道德有谁参。

物里光阴促，人间兴废多。
觉来浑似梦，贪得又如何。

彼此众生性，朝昏杂念魔。
静观无以救，长叹复如何。

假饶身富贵，不及性圆通。
道德希夷妙，春秋杀伐空。

大梦何时觉，浮生旷劫迷。
乾坤无昼夜，日月走东西。

妙理无由得，狂心不奈何。
念随空变化，精自欲消磨。

爱欲时光短，前程地狱深。
莫教空度日，切要紧降心。

宽容无怨害，柔弱胜刚强。
满口齿先落，终身舌未伤。

江海无拘客，乾坤自在人。
子陵犹傲帝，王霸不称臣。

石髓能延寿，丹砂解驻颜。
葛洪游大海，王烈遇深山。

触情常决烈，非道莫参差。
忍辱调猿马，安闲度岁时。

真阳加满腹，遐寿可齐天。
世事皆虚耗，心神莫倒颠。

像教终难入，名言不可求。
心中无杂念，境上得闲游。

浮华皆是梦，外物岂能坚。
若不通三一，如何出大千。

可畏风前烛，堪嗟水上沤。
百年如反掌，千古暂回头。

众生多患难，大道苦希微。
不有神仙福，难明造化机。

众生皆为口，终日苦劳心。
目眩空花乱，身随万物淫。

众生心不尽，大道理难明。
若要开天眼，须当灭世情。

日月交加迫，朝昏返复催。
光阴留不住，生死突将来。

自然生有漏，谁解入无余。
不见眼前欲，方知心上虚。

有情知道远，无事觉心宽。
造化开天窟，精神奈岁寒。

茫茫三界阔，混混百邪深。
万古常存道，群生不了心。

五福唯高寿，三灵独配人。
优游闲卒岁，放浪不拘尘。

圣贤非道远，功德在人修。
不向此心觅，更于何处求。

修道

眼耳离声色，身心却有无。
自然通造化，何必论精粗。

炼气清心士，干云拔俗标。
心如山不动，气似海常潮。

万缘如嚼蜡，三毒似销冰。
既出阴阳壳，那论大小乘。

五眼元同体，三身共一枝。
寸心无我后，圆觉照空时。

自生还自灭，无浅亦无深。
不悟身非我，难明物是心。

踏碎虚空界，崩开造化权。
浮云收静境，慧日照禅天。

一言何所在，万事不相干。
造化开天窟，精神耐岁寒。

眼根虽有用，心地了然休。
且向一生梦，聊随万化游。

身犹方丈窄，心若太虚宽。
四海千山隔，三灵一体观。

寂灭无心地，光明耀太虚。
琉璃含宝月，网络贯天珠。

登真无浊气，迈俗有清标。
急急离长夜，冥冥上太霄。

玉鼎丹砂沸，金壶碧酒香。
鬼神心莫测，天地寿难量。

梦断华胥国，神游紫府天。
兴邀三岛客，闲访十洲仙。

道因无事得，法为有心生。
若解除三毒，应当出五行。

道自无为显，心因有法生。
混元含万象，太一起虚名。

有动缘无动，无为即有为。
三光不照处，万象显明时。

本自无心得，何劳用意思。
五行不到处，万化总归时。

月上中天皎，风来半夜清。
洞天人不到，闲客自相迎。

药圃芝田净，金坛玉宇新。
壶中天不夜，物外景长春。

十洞高真列，三天上圣居。
白云能送客，青鸟解传书。

赞道

大道元无极，长生岂有涯。
劫终权返实，时运复开花。

道德元无象，丹青画不真。
圣贤潜济物，今古默通神。

道德三纲启，乾坤万象陈。
山河蟠地轴，日月走天轮。

恍惚神为干，氤氲气是芽。
乾坤如长叶，日月似开花。

道运阴阳秀，天成造化功。

鬼神精不见，山海气潜通。

道运阴阳秀，天垂雨露精。
三光同照耀，万化悉生成。

道运阴阳秀，人沾雨露恩。
幽明随日月，造化出乾坤。

大朴含元气，无方禀至神。
至神通造化，元气合经纶。

大圣开天地，长空布日星。
回还分昼夜，今古照生灵。

日月腾光彩，风雷震杳冥。
含弘无作用，变化有神灵。

磻溪集卷之五

无俗念

其一，居磻溪

孤身蹭蹬，泛秦川、西入磻溪乡域。旷峪岩前幽涧畔，高凿云龛栖迹。烟火俱无，箪瓢不置，日用何曾积。饥餐渴饮，逐时村巷求觅。

选甚冷热残余，填肠塞肚，不假珍羞力。好弱将来糊口过，免得庖厨劳役。壮贯皮囊，熏蒸关窍，图使添津液。色身轻健，法身容易将息。

其二，岁寒守志

同云瑞雪，正三冬、郁闭严凝时节。寂寞山家孤悄悄，终日无人谈说。败衲重披，寒埪独坐，夜永愁难彻。长更无寐，朔风穿户凄冽。

求饭朝入西村，临泉夹道，玉叶凌花[①]结。冻手频呵仍自恨，浊骨凡胎为劣。昼夜参差，饥寒逼迫，早晚超生灭。须凭一志，撞开千古心月。

【注】

①凌花：陕西有一种草，长二尺许，不知名。秋冬则上茎死，下茎活。晓寒则于半茎之间，结冰二棱，如箭羽状。

其三，枰棋

前程路远，未昭彰、金玉仙姿灵质。寂寞无功天赐我，棋局开颜销日。古柏岩前,清风台上,宛转晨餐毕。幽人来访,雅怀闲斗机密。

初似海上江边，三三五五，乱鹤群鸦出。打节冲关成阵势，错杂蛟龙蟠屈。妙算嘉谋，斜飞正跳，万变皆归一。含弘神用，不关方外经术。

其四，赞师

漫漫苦海，似东溟、深阔无边无底。逯逯群生颠倒竞，还若游鱼争戏。巨浪浮沉,洪波出没,嗜欲如痴醉。漂沦无限,化鹏超度能几。

唯有当日重阳，惺惺了了，独有冲天志。学易年高心大悟，掣断浮华缰系。十载丹成，一时功就，脱壳成蝉蜕。从师别后，更谁风范相继。

其五，蓑衣

深溪古岸，到秋来、莎密茸茸无极。拣择修纤归洞府，虚落晴天吹炙。两束丝干,千条绳就,不假良工织。闲轩亲自,结成渔父装饰。

时伴樵牧嬉游，青山绿水，带雨和烟适。妙绝堪珍幽径晚，披雪冲开芦荻。我本忘名，人皆易号，唤作蓑衣客[1]。他年功满，化云天上无迹。

【注】

①蓑衣客：磻溪皆呼蓑衣先生。

其六，竹

虚心翠竹，禀天然、一气生来清独。月下风前堪赏玩，嘲谑令人无俗。嫩叶萧骚,隆冬掩映,秀出千林木。英姿光润,状同玄圃寒玉。

好事东里田侯[1]，南溪新种，使我开青目。尽日高吟窗外看，风飐筠梢摇绿。冉冉幽香，萧萧疏影，坐卧清肌肉。云龛闲伴，雅怀惟称仙福。

【注】

①东里田侯：乃东邻庵主也。

其七，月

偎岩傍陇，揾长更、萧索昏魔非一。皓月澄澄山上显，天角辉辉初出。露结霜凝，金华玉润，淡荡何飘逸。清临寰宇，发扬神秀姿质。

凄怆六合群情，淹沉幽昧，惨怛劬劳疾。大阐良因弘济度，皆得逍遥宁谧。浩气腾腾，余光蔼蔼，至性那亏失。圆明法界，法轮常自充实。

其八，暮秋

霜风荡飏，舞飘零、木叶斜飞阡陌。极目长郊凝望处，衰菊斓斒[1]犹坼。点点苍苔，漫漫朝露，渐结清霜白。山川高下，尽成一片秋色。

潇洒万物摧残，凄凉天气，愁损征途客。水谷云根无可玩，独有苍苍松柏。悟道真仙，忘机逸士，亘古同标格。欺寒压众，自来天地饶得。

【注】

①斓斒（bān）：色彩错杂鲜明貌。

其九，述怀

群山四渎，暮天晴、挥斥阴魔潜伏。太一岩前风道快，千尺波翻蟾足。怒雪惊涛,冲堤拍岸,雷辊云翻逐。青鸥白鹭,月明江上飞速。

高下万叠千群，相呼相召，会合清江曲。宝月神珠时逗引，辊出都忘钤束。踊跃飘飘，玲珑灿灿，价忽连城玉。含弘光大，上天入地翻覆。

其十，仙景

十洲三岛，运长春、不夜风光无极。宝阁琼楼山上耸，突兀巍峨千尺。绿桧乔松,丹霞密雾,簇拥神仙宅。漫漫云海,奈何无处寻觅。

遥思徐福当时，楼船东下，一去无消息。万里沧波空浩渺，远接天涯秋碧。痛念人生，难逃物化，怎得游仙域。超凡入圣，在乎身外身易。

其十一，乐道

迎今送古，叹春花、秋月年年如约。物换星移人事改，多少翻腾沦落。家给千兵,官封一品,得也无依托。光阴如电,百年随手偷却。

有幸悟入玄门，擘开疑网，撞透真欢乐。白玉壶中祥瑞罩，一粒神丹辉霍。月下风前，天长地久，自在乘鸾鹤。人间虚梦，不堪回首重作。

其十二，性通

法轮初转，慧风生、陡觉清凉无极。皓色凝空嘉气会，豁荡尘烦胸臆。五贼奔亡,三尸逃遁,表里无踪迹。神思安泰,湛然不动戈戟。

信步紫陌红尘，饥餐渴饮，度日随缘觅。物外闲中天地宝，时复玎珰敲击。后约参师，前程归路，自有真消息。鹤书来召，坐升云汉游历。

沁园春

其一，示众

世事纷纷，似水东倾，甚时了期。叹利名千古，争驰虎豹，丘原一旦，总伴狐狸。枳棘丛中，桑榆影里，乱冢堆堆谁是谁？君知否，谩徒劳百载，空皱双眉。

争如归去来兮。放四大、优游无所为。向碧岩古洞，完全性命，临风对月，笑傲希夷。一曲玄歌，千钟美酒，日月循环不老伊！童颜在，镇龟龄鹤寿，罢唱黄鸡。

又

列鼎雄豪，兔走乌飞，转头悄然。似电光开夜，云中乍闪，晨霜迎日，草上难坚。立马文章，题桥名誉，恍惚皆如作梦传。争如我，效忘机息虑，返朴归原。

壶中异景堪怜。是别有、风花雪月天。玩四时时现，祥云瑞气，三光光罩，玉洞琼筵。满泛流霞，高吟古调，骨健神清丹自圆。真堪爱，待功成一举，永镇飞仙。

又

智慧男儿，速悟尘劳，勿将性疲。但此身彼物，皆名幻化，多虚少实，不可追随。万种缠绵，千般汩没，荏苒光阴老却伊。争如向，太玄真教法，讨论希夷。

乾坤荡荡无依。似一片、闲云出世奇。悟性宗合道，恩山易挫，神舟得岸，苦海难迷。行满功成，仙游羽化，物外何如土底归。无他事，要升天入地，俱在心为。

其二，心通

大智闲闲，放荡无拘，任其自然。寄雅怀幽兴，松间石上，高歌沉醉，月下风前。玉女吹笙，金童舞袖，送我醺醺入太玄。玄中理，尽浮沉浩浩，来自绵绵。

奇哉妙景难言。算别是、人间一洞天。傲立身敦厚，山磨岁月，从他轻薄，海变桑田。神气冲和，阴阳升降，已占逍遥陆地仙。无烦恼，任开怀纵笔，狂写诗篇。

其三，九日虢县修朝真醮

晔晔重阳，秀气飘飘，廓周大千。正故庵交会，宾朋浩浩，青霄依约，鸿雁翩翩。是处登高，衔杯逸兴，放旷犹如陆地仙。朝真会，赞金风淡荡，玉露新鲜。

黄花嫩蕊堪怜。散袅袅、清香满坐传。使众人得味，皆明至道，群莺无语，独王秋天。艳杏妖桃，繁华春景，莫与凝霜敢斗坚。乘嘉趣，对芳丛烂饮，一醉三年。

水龙吟

其一，西虢

凤鸣南邑清嘉，大仙降迹行鸾地。琳宫宝阁，星坛月馆，槐阴竹翠。烟盖云幢，影摇寒殿，往来呈瑞。向虚亭东望，平川似锦，洪河泛，渺天际。

山秀水甜人义。遍坊村、各生和气。我来不忍，轻归刘蒋，天心地肺。须待他时，暗淘真秀，育成丹桂。去长安路上，眠冰卧日，作终身异。

其二，警世

算来浮世忙忙，竞争嗜欲闲烦恼。六朝五霸，三分七国，东征西讨。武略今何在，空凄怆，野花芳草。叹深谋远虑，雄心壮气，无光彩，尽灰槁。

历遍长安古道。问郊墟、百年遗老。唐朝汉市，秦宫周苑，明明见告。故址留连，故人消散，莫通音耗。念朝生暮死，天长地久，是谁能保。

其三，夜晴

夜晴寥廓初寒，淡天莹彻琉璃翠。无阴树下，长安楼上，月明风细。百祸潜消，万家同赏，一般清味。见金星朗朗，银河耿耿，交光灿，满天地。

流转碧空如水。任纵横、略无凝滞。冲山拍海，倾光腾秀，绵绵吐瑞。达了从兹，宝瓶坚固，玉浆时泥。把衷情欲诉，何人会得，且陶陶醉。

其四，春兴

昊天空阔初晴，气回万物欣欣茂。亭台俯仰，山川高下，妆成锦绣。碧涧清泉，响闻迢递，一声长溜。更时时注目，悠悠远看，青峰上，白云凑。

无限灵禽异兽。慰闲心、不辞柴瘦。含风翠柏，双崖争长，千株竞秀。耀日丹台，四时为伴，百年随寿。任寒来暑往，星移物换，得高眠昼。

又

洞天春色盈盈,乱山秀出千堆锦。云收雨敛,晓晴烟淡,碧空横枕。高卧怡怡，顿开怀抱，释迷忘寝。看仙花瑞草，迎风照日，腾光彩，异凡品。

欢庆时丰岁稔。万邦宁、百邪俱禁。太平国里，长安陌上，纵横有甚。大道无疑，傍门斜径，不须详审。是从来浩劫，神仙过路，但曾经恁。

其五，道运

混元南岳初开,瑞云透出昆仑表。星移电转,阴升阳降,红光缥缈。鹤舞鸾翔，看乌龟共，赤蛇蟠绕。尽鸿濛一气，烹成造化，神仙道，片时了。

云散十洲三岛。洞天深、月明风袅。此时占得，长生门户，遐龄体调。吟咏从他，海移山变，石枯松老。伴烟霞独向，非非境外，恨知音少。

满庭芳

其一，述怀

漂泊形骸，颠狂踪迹，状同不系之舟。逍遥终日，食饱恣遨游。任使高官重禄，金鱼袋、肥马轻裘。争知道，庄周梦蝶，蝴蝶梦庄周。

休休吾省也，贪财恋色，多病多忧。且麻袍葛屦，闲度春秋。逐疃巡村过处，儿童尽、呼饭相留。深知我，南柯梦断，心上别无求。

其二，警世

百尺危楼，千间峻宇，艳歌出入从容。幻身无赖，何异烛当风。旧日掀天富贵，当时耀、绝代英雄。百年后，都归甚处，一旦尽成空。

诸公闻早悟，抽身退迹，跃出樊笼。念本初一点，牢落无穷。幸遇时平岁稔，偷闲好、消息圆融。忘机处，灵波湛湛，独镇水晶宫。

其三

余因求道，西留关中十五余年，闻乡中善士为葬先考妣，不胜感激。遂成小词寄谢云。

幼稚抛家，孤贫乐道，纵心物外飘蓬。故山坟垅，时节罢修崇。幸谢乡豪并力，穿新圹、起塔重重。遗骸并，同区改葬，迁入大茔中。

人从关外至，皆言盛德，悉报微躬。耳闻言，心下感念无穷。自恨无由报德，弥加志、笃进玄功。深回向，虔心道友，各各少灾凶。

其四，九日

塞雁声回，园林色变，暮秋别是风光。练波横地，锦树映天长。过雨云山磊落，迎霜茂、金菊芬芳。佳辰会，千门万户，欢笑庆重阳。

嘉祥谁得遇，吾门四友，极味先尝。乃频沾清露，时倒霞浆。饮罢醍醐灌顶，归来后、月满虚堂。无愁思，陶陶快乐，酩酊入仙乡。

其五，神光灿

悲欢绝念，视听忘怀，从初号曰希夷。不晓根源，刚强说是谈非。百般拈花摘叶，谩徒劳、使尽心机。这些事，算人人易悟，个个难依。

不在唇枪舌剑，人前斗、惺惺广学多知。上士无争，只要返朴除疑。冥冥放开四大，把尘劳、一旦纷飞。认得后，管教贤拍手笑归。

又

推穷三教，诱化群生，皆令上合天为。慕道修真，行住坐卧归依。先须保身洁净，内常怀、愍物慈悲。挫刚锐，乃初心作用，下手根基。

款款磨砻情性，余贪爱、时时翦拂愚迷。福慧双全，开悟自入希夷。灵台内思不疚，任纵横、出处何疑。彻头了，尽虚空裁断是非。

又

修真门户，大道家风，长春境界无边。秀气盈盈，闲里别有壶天。天中自然快乐，运三光、日日周旋。忘伎巧，任淳风坦坦，圣道平平。

一念还乡寂处，三宫罩、清灵万派归源。浩浩神光，来去透骨绵绵。行人顿除造作，待功成、指日登仙。未行者，向词中明取一言。

上丹霄

其一，迷惑

洞天清，神山秀，少人行。尽贪恋、世梦峥嵘。仙风瑞景，眼前虽顿却如盲。爱河终日，竞浮沉、来往纵横。

东方出，西方没，南方死，北方生。四方转、异类翻腾。区区甚日，道眸开阐欲心更。愿将灵质，悟空华、彼岸高登。

其二，赠京兆府统军夹谷龙虎

感皇恩，承天诏，控西南。大门敞、高对烟岚。双权再任，过期无代复登三。晏然军国，事和平，灾害封缄。

年将暮，心归道，搜玄路，访清谈。降尊宠、谦下无惭。山人放旷，本来无得有何参。但能慈忍，戒荒淫、名挂仙衔。

其三，答陇州防御裴满镇国

厌尘劳，抛家计，慕清闲。向物外、观照人间。须臾变灭，蜃楼欹侧海涛翻。暂时光景，转身休、百岁如弹。

掀天富，倾城丽，过人勇，彻心奸。尽逐境、颠倒循环。纷纷醉梦，往来争夺苦摧残。不如闻早，伴烟霞，高卧云山。

月中仙

其一，赏月

日色西沉，上高台、迥观天地寥廓。疏星隐现，空一轮明月，昭昭无著。皓然三界外，似百炼、青铜鉴跃。处处恩光被，家家照临，庭户启溟漠。

长生万里清风，助乾坤荡摇，云雾难作。仙宫宝殿，正烂霞金碧，相辉参错。大哉销夜景，镇千古、含弘磊落。有志攀青桂，蟾宫兔边看捣药。

其二，山居

侧磬悬钟，慕巢由、隐沦活计萧索。天然耿介，爱一身孤僻，逍遥云壑。利名千种事，我心上、何曾挂著。幸遇清平世，诸军宴安，刀剑罢挥霍。

民歌两穗之丰，教门兴我忘，三岛之约。来宾去友，递日常幽谷，骖鸾骑鹤。洞前无限景，异花秀、香风喷薄。更谢汧源众友，餐助余长啸乐。

其三，对松

落落长松，倚浮云、大山高占幽僻。亭亭隐士，爱洞天岩穴，深藏虚极。对门开是景，挂猿狖、离罗峭壁。尽日无他事，唯调虎龙，交媾坐磐石。

时时鹤听嘉音，动笙簧转流，空外飘激。人明至道，恶管弦幽噎，花间沉溺。出群常羡此，岁寒重、孤凝黛色。炼性超于彼，身闲永同居寿域。

瑶台月

其一，自咏

平生懒堕。只赢得、无忧一枕高卧。蓬头垢面，不管形骸摧挫。任三光、日夜奔驰，放四大、林泉担荷。深溪畔，幽岩左。青山拥，白云锁。灾祸。雷轰电掣，无由近我。

日午起行了还坐。把旧习般般打破。清闲处，唯有这些儿个。倦贪心、乐受贫穷，爱恣意、慵兴烟火。粮无贮，丹无货。萧然唱，洒然和。堪可。神仙未了，优游且过。

其二，劝酒

浮名浮利。叹今古、悠悠颠倒人泥。茫茫宇宙，多少含灵愚智。尽劳生、终日贪图，竞抵死、奔波沉滞。观乌兔，嗟身世。百年寿，一春寐。虚费。争如满酌，流霞送醉。

助四大聊壮神气。辨万化休论富贵。时时访，山谷道人游戏。效猖狂、物外高吟，庆滑辣、杯中美味。开怀抱，忘愁系。解其纷，挫其锐。遥致。青松皓鹤，绵绵度岁。

木兰花慢

其一，转轮

叹灵源旷代，本无极、信优游。自朴散形生，销磨混沌，落入行囚。竛竮四方宛转，向迷津、大海苦淹留。法界群情扰扰，梦魂千古悠悠。

沦流。贩骨如山，知何日、是程头。好锻炼真空，三光慧照，万劫云收。终须舍身拚命，更惜头护面几时休。裂碎中间一点，便超得岸神舟。

其二，西虢作善者多，而感应屡至

伫登临旷望，涌云气、北山兴。旋恍惚阴阳，虚无变化，寥廓充盈。奇峰状如太华，霭棱层、峻极染空青。急雨翻盆泼墨，迅雷激电飞声。

威灵。大骋神通，三伏暑、结凝冰。叹是处飘风，良田遇害，厦屋遭倾。唯斯道乡幸感，屡涔涔至也忽然轻。深信皇天辅德，善因恶果分明。

望海潮

其一，学道

神仙风范，长生门户，从来道德为基。余外万般，留心一念，颠狂造作皆非。真教示开迷。自上古轩辕，龙驾腾飞。代代相传授，至今日，尽归依。

虚无千圣同规。盖摧残嗜欲，剖判天机。贪利喻雠，观身是梦，婪耽不整容仪。恬素返希夷。任垢面蓬头，纸袄麻衣。行满都抛却，泛寥廓，步云霓。

其二，脱俗

坚牢基址，清闲门户，生涯不比尘缘。幽旷大山，通明上士，逶迤仿效神仙。勤动向岩前。缓植桂栽松，药圃芝田。万仞高峰下，伴龟鹤，度流年。

吾常志僻心颠。爱箪瓢淡薄，词翰嘲掀。幽洞小溪，开怀取兴，时成短句长篇。驰马胜花笺。任奋笔狂吟，走雾飞烟。放荡如如性，混终日，恣乾乾。

醉蓬莱

九月十八日西虢刘氏醮

乍三清鹤降，万里云收，昊天空翠。玉磬琅琅，动乾坤声锐。尽日修斋，虚堂设醮，庆大仙恩惠。满献霞觞，长歌妙曲，留连师意。

二九良辰，菊花开遍，正是重阳，素秋佳气。烂熳香风，健飘飖丹桂。秀景稀逢，上真难遇，幸一时相际。雁影沉沙，蟾光照夜，醺醺同醉。

齐天乐

忆法眷

自东离海上，元本三州，四人同契。异域殊乡，同行并坐，终日相将游戏。谈玄论妙，究方外清虚，道家真味。唱和从容，一时法眷情何义。

如今分头回然，苦志勤心，磨炼各逃倾逝。既是飘零，难为会合，幽僻关山迢递。乾坤间隔。望落落犹如，晓星之势。再遇何年，驾云朝上帝。

汉宫春

苦志

二十年间，大魔交正阵，约度千重。狂弓迸箭暗窗，零落无穷。因心睡觉，透历年、无碍真宗。兴慧剑，群魔自然消散，独骋威雄。

出入锐光八表,算神机莫测,天网难笼。驱云扫雾荡摇,法界无踪。飞腾变化，任太虚、萧瑟鸣风。巡四海，峥嵘往来，几个人同。

留客住

修道

四元遇，过华山、共临秦地。咏歌谈笑，暗阐重阳嘉趣。无为自令人化,有幸天使,官磨相间阻。东连海上,奋三公高义,大开门户。

教行普。叹我离群，忘形慵举。内省无愆，外患何忧何惧。三光盛衰，交变万化，恩害相生天地数。留身且住。待青霄得志，坦然行步。

梅花引

磻溪旧隐

无名客，无牵迫。无桑无梓无田宅。古岩前，老松边。长歌隐几，徐徐考太玄。玄中默论无生死，实际何曾分彼此。贯千经，协三灵。包含万化，都归一念冥。

行不劳，坐不倦。任行任坐随吾便。晚风轻，暮天晴。逍遥大道，南溪上下平。溪东幸获忘形友，月下时斟消夜酒。酒杯停，月华清。披襟散发，欣欣唱道情。

六么令

法性

浑沦朴散，天地始玄黄。乌飞兔走渐生，群物类开张。一点如如至性，扑入臭皮囊。游魂失道，随波逐浪，万年千载不还乡。

错了鸿濛体段，憎爱日相望。却认父母形骸，做我好容光。劫劫轮回贩骨，受尽苦和殃。何人闻早，寻他归路，莹然恢廓旧嘉祥。

芰荷香

乞食

日奚为。信腾腾绕村，觅饭充饥。拦门饿犬，撑突走跳如飞。张牙怒目，待操心、活齟人皮。是则是教你看家，宁分善恶，不辨高低。

可叹猗猗此物，盖多生乖劣，一性昏迷。谈科演教，叮咛掐耳难知。虽然太上，驾亲临、无处慈悲。为人早早修持。还到恁时，发忿应迟。

喜迁莺

炼心

要离生灭。把旧习、般般从头磨彻。爱欲千重，身心百炼，炼出寸心如铁。放教六神和畅，不动三尸颠蹶。事猛烈、仗虚空一片，无情分别。

关结。除缧绁，方遇至人，金口传微诀。顿觉灵风，吹开魔阵，形似木雕泥捏。既得性珠天宝，勘破春花秋月。恁时节，鬼难呼，唯有神仙提挈。

磻溪集卷之六

凤栖梧

其一，寄东方学道者

天下风光何处好，八水三川，自古长安道。锦树屏山方曲绕，天涯海角谁能到。

既是抛家须早早。云水登程，莫恋闲花草。直至潼关西岳庙，教君廓尔清怀抱。

其二，道友见访于磻溪

孤僻嵁岩清净界。凿土安身，抱道忘知解。道友相看唯莫怪，贫闲守拙无相待。

富贵功名堪倚赖。多是多非，尖崄多成败。玉食馨香终不耐，箪瓢寂淡常安泰。

又

今日思量当日故。知我前程，迢递时难度。福祐不弘天不助，匆匆欲去无门去。

走骨行尸心已悟。魂梦悠悠，且向磻溪住。幸谢街坊豪杰户，时时蓦谓来相顾。

其三，述怀

西转金乌朝白帝。东望银蟾，皓色笼青桂。渐扣南华排菊会，满斟北海醺醺醉。

醉卧终南山色里。山色清高，夜色无云蔽。一鸟不鸣风又细，月明如昼天如水。

双双燕

春山

春烟淡荡，青山媚，行云乱飘空界。花光石润，秀出洞天奇怪。户牖平高万丈，尽耳目、临风一快。多生浩劫尘情，旷朗浑无纤芥。

堪爱。逍遥自在。疏枷锁，抛离业根冤债。风邻月伴，道合水晶天籁。无限峥嵘胜景，尽赐与、山堂教卖。千圣宝珠，酬价问君谁解。

万年春

其一，土埪

土穴秋来，温温渐觉阳和胜。幽栖兴、道家偏称。疏懒多贫病。

凛冽天寒，叶落山川净。窗前竞，雪飘风劲。热焙闲吟咏。

其二，衲衣

衲袄秋来，著身渐觉时相称。霜天净，畅怀游兴。不怕西风劲。

百片千条，上下穿联定。宽还正，外疏狂性。内放明珠莹。

其三，杜鹃

春暖烟晴，杜鹃永日啼芳树。声声苦，劝人归去。不道归何处。

我欲东归，归去无门路。君提举，有何凭据。空说闲言语。

其四，惊睡

秋夜沉沉，漏长睡酷多思想。须依仗，道情和畅。不纵魔军王。

打叠神情，物物离心上。虚空帐，慧灯明放。坐待金鸡唱。

忍辱仙人

其一，虢县元押司求

物外天机唯不审，人间世事无过恁。纵你英雄官极品。身如赁，贪饕逼迫应图甚。

我自饥餐并渴饮，布裹不羡披绫锦。饱暖之余邪僻禁。虚堂任，曲肱展脚和衣寝。

其二，春泽

数载田苗长亢旱，今春雨雪何滋漫。嘉兆分明知过半。将来看，掀天大熟歌讴满。

二月花开成片段，千株柳发排堤岸。又待教人装好汉。相呼唤，提壶挈榼争跳窜。

又

一泽天恩齐庆贺，群生地著无饥饿。愁态眉间都蹴破。还真个，盈街堆亩收田课。

酝酒邀宾时唱和，排筵看食重堆垛。醉饱腥膻心不挫。骄矜过，却忧福里还生祸。

其三，春兴

春日春风春景媚，春山春谷流春水。春草春花开满地。乘春势，百禽弄舌争春意。

泽又如膏田又美，禁烟时节堪游戏。正好花开连夜醉。无愁系，玉山任倒和衣睡。

其四，声色

豪气冲天居列鼎，笙歌聒地排淫境。玉镫飞虬衫帽整。风流骋，不知扑入琉璃井。

滑壁千寻光似镜，交加出路无门径。饶你玲珑机巧性。难逃命，与他送却头皮影。

其五，妙用

千古圣贤皆一轨，亘初得得从心起。除此逍遥安稳地。无余理，自然消息恬然美。

不在劳神并苦己，般般放下头头是。选甚花街并柳市。虚空体，本来一物无凝滞。

又

天下周游身不动，人间照了心无用。闲把虚空频趯弄。行云从，八方上下轻收纵。

兔角锥儿钻骨痛，龟毛拂子敲山重。扫荡邪魔灵物空。清风送，太平国里乘鸾凤。

黄鹤洞中仙

其一，赠同道

都要奔波走，谁肯坚心守。南北东西总一般，此外无他有。
踏尽铁鞋迷，不出庵门透。水到渠成本自然，行满功还就。

其二，虢县渭南泺里

此地风光胜，人物俱相应。水竹深藏数十家，户户知天命。
我爱清虚景，策杖寻幽径。每日巡村转一遭，信步闲吟咏。

其三，自述

故里在天涯，海上无名士。因遇终南陆地仙，挈我来游此。
素爱断蓬飞，野鹤孤云志。顶笠披蓑人不知，便是风狂子。

望蓬莱

其一，赠王、乔二生

王乔地，一曲甚清嘉。古道弯环连水石，垂杨㠔[①]㠕带烟霞。桃李间桑麻。

其中有，崇道两三家。知命固穷皆淡薄，乐天清俭不奢华。随分保生涯。

【注】

①㠔：树枝细长而柔软的样子。

其二，秦川

秦川好，一片锦纹华。日出雨晴山色秀，月明风急水声嘉。千里净无涯。

余到此，喜庆复难加。天祐时丰堪养道，地灵人杰不生邪。时复伴烟霞。

其三，南溪竹

南溪竹，腾秀入青冥。直节虚心功未显，深根固蒂道先明。霜雪岂凋零。

休怅恨，大器晚圆成。自有孤高栖凤质，能教倜傥化龙形，他日看超升。

其四，游兴

飘蓬客，天赐水云闲。自在行时无日月，相随到处有蓑蛮。风雨亦开颜。

修炼事，地轴锁天关。出有入无三尺剑，长生不死一丸丹。名列上仙班。

青莲池上客

其一，入关

重阳羽化登仙路，兄弟如何措。各各勤修生觉悟。通无入有，静思忘念，密考丹经祖。

一时浩劫真容露，放荡情怀任诗句。直待人间功行具。云朋霞友，爽邀风月，笑指蓬瀛去。

其二，幽栖

一从东别长安道，西往磻溪庙。渐扣南山名迹杳。洪沟冷淡，土龛潇洒，北府何曾到。

夜深陌上行人悄，独听岩前子规叫。切切松梢啼到晓。声声相劝，不如归去，争奈功夫少。

报师恩

其一，嘲有髭僧

不僧不道不温柔，九百人前不害羞。觉性一时超法界，知身亿劫是吾囚。

改头换面人难悟，走骨行尸我不忧。得意忘形还朴去，从教人笑不风流。

其二，渭南泺里

一方胜景满川稀，水竹弯环四面围。簇槛名花红冉冉，当门幽桧绿依依。

争歌稚子春风舞，斗巧灵禽晓树啼。社内人家三十户，崇真修道压磻溪。

又

一横嘉景日常新，古柏森森四季春。福地清高稀俗事，名坛时复会仙宾。

人人尽喜生中国，户户虔心敬上真。唯愿诸公皆省悟，同登无漏出红尘。

其三，赠道友

神仙缥缈太虚私，世俗无由得见之。幸遇门庭开教化，临逢斋醮莫推辞。

担家造孽常终日，作福治心只暂时。更到时来心不谨，终身何以报恩慈。

其四，疏慵

懒看经教懒烧香，兀兀腾腾似醉狂。日月但知生与落，是非宁辨短和长。

客来座上心慵问，饭到唇边口倦张。不是故将形体纵，养成贫病疗无方。

金莲出玉花

其一，得遇行化

重阳师父，昔日甘河曾得遇。大道心开，设教东游海上来。

天涯回首，挈得吾乡三四友。魏国升遐，惊动秦川百万家。

其二，自述

蓬头垢面，不管形骸贫与贱。抱朴颐神，恬惔无忧乐本真。

冰姿玉体，到了难逃沉土底。子羽潘安[①]，泉下枯髅总一般。

【注】

①子羽潘安：子羽，澹台灭明的字。春秋鲁人，孔子弟子，状貌丑陋。潘安，即潘岳，字安仁。河南中牟人。西晋著名文学家、

政治家，被誉为“第一美男”。

其三，法门寺李生求

一团臭肉，千古迷人看不足。万种狂心，六道奔波浮更沉。
天真佛性，昧了如何重显证。宝范仙宗，觉后凭君豁蔽蒙。

其四，夏旱

时当正热，正值天高时雨阙。万里晴晖，云欲生来风旋吹。
如炉天地，尽日炎炎镕暑气。物困人疲，忆得前春嫌雨时。

其五，西虢南村

南村地胜，曲水横斜穿柳径。是处池塘，拍塞荷花映粉墙。
高堂大厦，户户如屏堪入画。峻岭崇岗，日日生云遥降祥。

其六，青峰

云收雨霁，露出青峰寒骨势。野静天空，岌岌高横碧落中。
南溪无景，与尔炎天销日永。永日题诗，不赋闲愁只赋伊。

其七，虢州与丹阳致魔作

登莱潍密，四海皆闻头插笔。爱争多词，不肯饶人些子儿。
余今向道，非似从前生计较。好弱都休，脑后如今没笔头。

悟南柯

其一，下元醮乔生簪菊

白露三秋尽，清霜十月初。群花零落共萧疏。唯有重阳，佳景独魁梧。

烂熳真堪爱，馨香不可辜。人人皆插满头敷。试问乔公，簪著一枝无。

又

烂熳黄金蕊，轻盈白玉枝。重阳留得下元时。醮谢星官，特地献真师。

牒奏三天主，声闻九地司。存亡福庆已潜资。大道洪恩，兼付出家儿。

其二，赠裴满子

浩浩尘埃境，翩翩幻化躯。中情不解了须臾。任意奔波，颠倒走崎岖。

逗引中丹坏，销磨内藏虚。悲愁灾患共萦纡。百便千方，医疗不能除。

炼丹砂

赠西虢周道全

守分莫强图。遣日闲居，乐天知命忍萧疏。万事休论成与败，兀兀前途。

失也本来虚，得也何如。百年返覆乃须臾。不似中心存道念，贤圣相扶。

清心镜

其一，警杀生

万灵中，人最贵。超群化，数属三才品位。愚夫甚却骋凶顽，便将为容易。

杀害生灵图作戏。全不念地狱，重重暗记。一朝若大限临头，与他家恺气。

又

鬼神擒，鞭挞跪。愁开眼，强欲思量巧计。当头把业镜高悬，那冤家怎讳。

拔舌剜心酬快意。全不似旧日，馨香美味。三涂任百毒陵迟，再生人卒未。

其二，赠醮众信内一强公病噎

建斋筵，须省可。休罗列，看食重重堆硾。本来要荐福求恩，却招殃惹祸。

强老先生还见么。莫不是受用，于身太过。如今纵百味珍羞，眼相看咽唾。

玉炉三涧雪

其一，劝止同道游海

最苦三冬冰雪，难当万里风尘。天涯海角不离身，何处参同心印。
况是中丹宛转，徒劳外景因循。争如作伴到青春，看我行藏远近。

其二，勤劳

物外虽分端的，天心未放玲珑。区区陌上走西东。也学浮生作梦。
梦寐更劳数载，岩龛复度三冬。待他消息显真空。放出凌云螮蝀[①]。

【注】

①螮蝀：虹。

其三，自咏

夜宿磻溪古庙，晓登竹径荒村。日中无事馁巡门，淡饭求他一顿。
不会深穷造化，随缘且度朝昏。是非人我绝谈论。却返生前混沌。

又

一性昭彰乍显，二仪混合初融。飘飘法界任西东，到处神光覆拥。
万籁寒泉凑顶，八方瑞霭腾空。怡然独向九霄中。坐看浮生作梦。

其四，暮景

杲日西沉远陇，轻飙南起洪崖。飘飘逸兴爽情怀，吹断愁思俗态。
渐渐放开心月，微微射透灵台。澄澄湛湛绝尘埃，莹彻青霄物外。

又

日落风生古洞,夜深月照寒潭。澄澄秋色净烟岚,独弄圆明宝鉴。认得心田要妙,咄回世俗贪婪。自欣山谷卧松岩,情愿披粗食淡。

诉衷情

其一,九日后作

纷纷霜叶乱飘飏,时令过重阳。黄花烂熳依槛,犹自吐清香。秋渐老,夜弥长,道情昌。云庵入定法界,游仙不动凄凉。

又

孤城寒角韵悠飏,风送入斜阳。池塘菡萏无色,兰畹有余香。秋日短,暮天长,月华昌。空空寂照荡荡,虚心一片清凉。

其二,风景

长安风景古今奇,吾道少人知。天心地肺时正,生杀按枢机。灵物秀,玉芝肥,射虹霓。山头凝望目下,三川压尽华夷。

解冤结

其一,赠醮众

山河已定,干戈不起,太平时、八方和义。斋醮频修,盛答报、虚空天地。谢洪恩,暗中慈惠。

千年一遇,神仙出世。幸遭逢、莫生轻易。供养精严,但一岁、胜如一岁。遇良辰、大家沉醉。

其二，自咏

当初学道，凭空炼已，志冲天、人间无比。放旷山林，次后复、逍遥云水。过夷门、又临秦地。

飘蓬十载，游程万里。度关津、崎岖迢递。事事请来，但悟了、般般总弃。只随缘、布裘芒履。

其三，觅饭

北方一日，南方一日，共东西、四方交日。梦寐沉沉，且往来、游行销日。待他年、道心开日。

百年短景，都来几日。暗推排、今朝明日。不觉推排，到圣贤、佳音来日。洞天开、是吾归日。

玩丹砂

其一，游历

云水飘飘物外吟，醍醐默默醉中斟。神仙活计道人心。

容易肯争三寸气，寻常不贮一文金。清贫柔弱祸难侵。

其二，土埪避暑

仙院深沉古柏青，森森寒影拂苔轻。萧条终日爽人情。

洞冷不知门外暑，心闲唯觉腹中清。绕身浑似积冰凌。

其三，退道

剑树刀山雪刃横，千磨百拷死还生。哀声流血苦难登。

针刺著身犹害痛，钢铓剜性莫非疼。如何淫放不修行。

无漏子

其一，乐道

去年禾，今岁麦。陆地如云充塞。丰稔世，太平年。黎民各坦然。
众心安，闲容易。到处逍遥无事。昏告宿，馁求餐，坊村没阻颜。

其二，秋霁

夕阳红，秋水澹。雨过碧天如鉴。篱菊绽，塞鸿归。长郊叶乱飞。
上西山，斟北海。酩酊神游仙界。霜夜冷，月华清。醺醺醉未醒。

其三，假躯

一团脓，三寸气。使作还同傀儡。夸体段，骋风流。人人不肯休。
白玉肌，红粉脸。尽是浮华庄点。皮肉烂，血津干。荒郊你试看。

浓逍遥

赠道友

昔种良因，今生福地。虚空感、上真加卫。开坛阐化，垂恩普济。凡一月、于中建成三会。

至日相呼，临时莫避。乘斋且、散心游戏。家中不足，眉头长系。也则是、浮生过了半世。

又

忙里偷闲，师前取意。胜如那、苦求庸昧。连朝抵暮，贪生不已。也道我、为人过了一世。

假使狂图，兼能巧智。多方便、蕴成家计。儿孙有靠，金珠没底。终比倣、精神较些憔悴。

桃源忆故人

答丹阳

虚空照耀明如镜，好弱头头皆应。随逐状同形影，稍错还提正。
他人谗说浑虚佞，远道狂言无证。切告后来休听，默默依贤圣。

又

故人别后闲吟罢，寂寞云溪潇洒。百尺孤松影下，独弄周天卦。
清风皓月虽无价，妙手奇工难画。欲向世间夸诧，谁是分真假。

好离乡

述怀

独坐向南溪，一事无能百不知。所爱冥冥烟雨后，东西。云绽峨峨列翠微。

苍骨太虚齐，冉冉寒光映日飞。何事中心看不足，忘归。似有膏肓病著肌。

又

乱草独弯跧，鼓腹高歌自在闲。一枕游仙清梦断，怡颜。笑傲声喧碧嶂间。

日午启柴关，雀跃徘徊望远山。山下有人来问道，知难。雀跃无言笑却还。

蓬莱阁

其一，仙山

蓬莱阙，漫漫巨海深难越。深难越。洪波激吹，怒涛翻雪。

玉霄东畔曾闻说，虚无一境天然别。天然别。鳌山不动，蜃楼长结。

其二，述怀

栖霞客，西游栖在南溪侧。南溪侧。千寻赤岸，万株苍柏。

无心只有轻云白,举头不见繁华色。繁华色。空花杂乱,世人贪得。

热心香

学道

大道无形,方寸何凭。在人人、智见高明。能降众欲,解断群情。作闹中闲，忙中静，浊中清。

情态如婴,怀抱如冰。自蒙笼、觉破前程。吾言至嘱,君耳深听。下十分功，十分志，十分成。

又

征雁回时,野菊斒斓。向深溪、古洞弯跧。孤吟静境,独炼还丹。被夜萧条，埪局促，坐艰难。

一性参差,数载留连。到如今、方露因缘。琼珠达地,宝月通天。便出玲珑，忘机构，没孜煎。

下手迟

自咏

落魄闲人本姓丘。住山东、东路登州。自少年、割断攀缘网，从师父西游。

兀兀腾腾不系留。似长江、一叶孤舟。任红尘、白日忙如火，但云漾无忧。

又

物外优游散诞身。似青霄、一片闲云。任虚空、来往呈嘉瑞，但不惹纤尘。

八表天游何所亲。会三光、日月星辰。向闲中、别没生涯事，且作伴为邻。

心月照云溪

乔生丧偶

阴阳变化，万古同于此。得失暂时间，又何必、欣生恶死。存亡寿夭，都在百年中，回头看，北邙山，累累皆相似。

身如赁舍，性假权居止。何处是家乡，任六道、循环驱使。觉来放下，不用苦孜煎，非眷属，莫忧他，且要堤防自。

离苦海

赠西虢周道全

知君好事从来慕，争奈染浮华难去。虽然欲意学飘蓬，被系脚绳儿缚住。

匆匆顶上旋乌兔，切莫把光阴虚度。神仙咫尺道非遥，但只恐人心不悟。

武陵春

渭南杨五生朝

新岁才交生万物，时令近元宵。瑞炁濛濛降碧霄，方诞谪仙苗。

貌态堂堂殊胜敏，归道厌凡嚣。石烂松枯寿更遥，龟鹤算都饶。

水云游

自咏

且住、且住。且向碧岩，忘机绝虑。自知得分薄缘轻，卒难为显露。

支离幻化藏名誉，揲年光时序。共磻溪一带豪民，结良因妙趣。

望远行

因旱赠渭南王坦公醮上诸道友

九夏疲天旱，万物伤时热。算都为人心，分外生枝节。斗衣鲜马，壮社火班行引拽。小兄弟虚耗村村结。

下士无邪正，上帝分优劣。傲咱心不同，彼志胡漂撇。启虔诚修斋念善，因循岁月。望观圣、空里相提挈。

乌夜啼

戒洗面

呜呼俗态，行乐恣胸襟。盖论人情，华世度光阴。阴阳返覆，天地有浮沉。福谢殃来，悲痛怎生禁。

统年才过，肠胃饱初侵。洗面淘筋，还是竞贪淫。人无远虑，必有祸胎深。祸未萌时，谁解预防心。

贺圣朝

静夜

夕阳沉后，陇收残照，柏锁寒烟。向南溪独坐，顺风长听，一派鸣泉。迢迢永夜，事忘闲性，琴弄无弦。待云中、青鸟降祥时，证陆地神仙。

无梦令

陕右人人听我，福地好修因果。天下不如斯，贫富一般行坐。轻可、轻可。轻可骄矜太过。

皇统年时饥饿，万户愁生眉锁。有口却无餐，滴泪漫成珠颗。栽祸、栽祸。栽祸临头怎趓。

玄风庆会录

耶律楚才撰

玄风庆会录序

国师长春真人昔承宣召，不得已而后起，遂别中土，过流沙，陈道德以致君，止干戈而救物。功成身退，厌世登天。自太上玄元西去之后，寥寥千百载，唯真人一人而已。其往回事迹载于《西游记》中详矣，唯余对上传道玄言奥旨，上令近侍录而秘之。岁乃逾旬，传之及外，将以刊行于世，愿与天下共知玄风庆会一段奇事云。壬辰长至日序。

玄风庆会录

钦奉皇帝圣议，宣请高道长春真人。岁在己卯正元后一日，敕朝官刘仲禄赍诏寻访，直至东莱，适符圣意，礼迎仙驭，不辞远远而来。逮乎壬午之冬十月既望，皇帝畋于西域雪山之阳，是夕御行在设庭燎，虚前席延长春真人以问长生之道。

真人曰：夫道生天育地，日月星辰、鬼神人物皆从道生，人止知天大，不知道之大也。余生平弃亲出家，唯学此耳。道生天地，开辟而生人焉。人之始生也，神光自照，行步如飞。地生菌，自有滋味，不假炊爨，人皆食之。此时尚未火食，其菌皆香，且鼻嗅其香，口嗜其味，渐致身重，神光寻灭，以爱欲之深故也。

学道之人以此之故，世人爱处不爱，世人住处不住。去声色以清静为娱，屏滋味以恬淡为美，但有执着，不明道德也。眼见乎色，耳听乎声，口嗜乎味，性逐乎情，则散其气，譬如气鞠，气实则健，气散则否。人以气为主，逐物动念则元气散，若气鞠之气散耳。

天生二物曰动、植。草木之类为植，植而无识，雨露沾濡，因得生荣。人物之属为动，动而有情，无衣无食，何以卒岁，必当经营耳。旦夕云为，身口为累故也。夫男，阳也，属火；女，阴也，属水。唯阴能消阳，水能克火，故学道之人首戒乎色。夫经营衣食则劳乎思虑，虽散其气而散少，贪婪色欲则耗乎精神，亦散其气而散之多。

道产二仪，轻清者为天，天，阳也，属火。重浊者为地，地，阴也，属水。人居其中，负阴而抱阳。故学道之人知修炼之术，去奢屏欲，固精守神，唯炼乎阳，是致阴消而阳全，则升乎天而为仙，如火之炎上也。其愚迷之徒，以酒为浆，以妄为常，恣其情，逐其欲，耗其精，损其神，是致阳衰而阴盛，则沉于地为鬼，如水之流下也。

夫学修真者，如转石上乎高山，愈高愈难，跬步颠沛，前功俱废。以其难为也，举世莫之为也。背道逐欲者，如掷石下乎峻坡，愈卑而愈易，斯须陨坠，一去无回。以其易为也，故举世从之，莫或悟也。

余前所谓修炼之道，皆常人之事耳，天子之说又异于是。陛下本天人耳，皇天眷命，假手我家，除残去暴，为元元父母，恭行天罚，如代大匠斫，克艰克难，功成限毕，即升天复位。在世之间，切宜减声色，省耆欲，得圣体康宁，睿算遐远耳。庶人一妻尚且损身，况乎天子多畜嫔御，宁不深损！陛下宫姬满座，前闻刘仲禄中都等拣选处女以备后宫。窃闻道经云："不见可欲，使心不乱。"既见之，戒之则难，愿留意焉。

人认身为己，此乃假物，从父母而得之者，神为真己，从道中而得之者，能思虑寤寐者是也。行善进道则升天为之仙，作恶背道则入地为之鬼。夫道产众生，如金为众器，销其像则返成乎金，人行乎善则返乎道。人间声色衣食，人见以为娱乐，此非真乐，本为苦耳。世人以妄为真，以苦为乐，不亦悲哉！殊不知上天至乐乃真乐耳。

余侪以学道之故，弃父母而栖岩穴，同时学道四人，曰丘，曰刘，曰谭，曰马，彼三人功满道成，今已升化。余辛苦之限未终，日一食一味一盂，恬然自适，以待乎时。其富者、贵者，济民拯世，积行累功，更为异耳。但能积善行道，胡患不能为仙乎？

中国承平日久，上天屡降经教，劝人为善。大河之北，西川、江左悉有之。东汉时，于吉受《太平经》一百五十卷，皆修真治国之方，中国道人诵之行之，可获福成道。又恒帝永寿元年正月七日，太上降蜀临邛，授天师张道陵《南斗北斗经》及《二十四阶法箓》诸经籍千余卷。晋王纂遇太上道君法驾乘空，赐经数十卷。元魏时，天师寇谦之居嵩山，于太上等处受道经六十余卷，皆治心修道，祈福禳灾，扫除魑魅，拯疾疫之术。其余经教，不可尽言。降经之意，欲使古今帝王臣民皆令行善。经旨太多，请举其要。

天地之生，人为贵，是故人身难得如麟之角，万物纷然如牛之毛。既获难得之身，宜趣修真之路，作善修福，渐臻妙道。上至帝王，降及民庶，尊卑虽异，性命各同耳。帝王悉天人谪降人间，若行善修福，则升天之时，位逾前职；不行善修福则反是。天人有功微行薄者，再令下世，修福济民方得高位。

昔轩辕氏天命降世，一世为民，再世为臣，三世为君。济世安民，累功积德，数尽升天而位尊于昔。陛下修行之法无他，当外修阴德，内固精神耳。恤民保众，使天下怀安则为外行，省欲保神为乎内行。人以饮食为本，其清者为之精气，浊者为之便溺。贪欲好色则丧精耗气，乃成衰惫。陛下宜加珍啬，一宵一为，已为深损，而况恣欲者乎。虽不能全戒，但能节欲则几于道矣。

夫神为子，气为母，气经目为泪，经鼻为脓，经舌为津，经外为汗，经内为血，经骨为髓，经肾为精。气全则生，气亡则死，气盛则壮，气衰则老。常使气不散，则如子之有母，气散则如子丧父母，何恃何怙。

夫神气同体，精髓一源，陛下试一月静寝，必觉精神清爽，筋骨强健。古人云：服药千朝，不如独卧一宵。药为草，精为髓，去髓添草，有何益哉。譬如囊中贮之金，旋去金而添铁，久之金尽，囊虽满，空遗铁耳。服药之理，夫何异乎。古人以继嗣之故，娶妇而立家。先圣周公、孔子、孟子各有子，孔子四十而不惑，孟子四十不动心。人生四十已上，气血已衰，故戒之在色也。陛下圣子神孙枝蔓多广，宜保养戒欲，为自计耳。

昔宋上皇，本天人也，有神仙林灵素者，挈之神游上天，入所居宫，题其额曰神霄，不饥不渴，不寒不暑，逍遥无事，快乐自在，欲久居之，无复往人间之意。林灵素劝之曰：“陛下天命人世，有天子功限未毕，岂得居此。”遂下人间。自后女真国兴，太祖皇帝之将娄失，虏上皇北归，久而老终于上京。由是知上天之乐何啻万倍人间，又知因缘未终，岂能遽然而归也。余昔年出家，同道四人，彼三子先已升化如蝉蜕，然委此凡骨而去，能化身千百，无不可者。余辛苦万端，未能去世，亦因缘之故也。

夫人之未生，在乎道中，不寒不暑，不饥不渴，心无所思，真为快乐。既生而受形，眼观乎色，耳听乎声，舌了乎味，意虑乎事，万事生矣。古人以心意莫能御也，故喻心为猿，意为马，其难制可知也。古人有言曰："易伏猛兽，难降寸心。"乃成道升天之捷径耳。

道人修真炼心，一物不思量，如太虚止水。水之风息也静而清，万物照之灿然悉见。水之风来也动而浊，曷能鉴万物哉。本来真性静如止水，眼见乎色，耳悦乎声，舌嗜乎味，意著乎事，此数者续续而叠举，若飘风之鼓浪也。

道人治心之初甚难，岁久功深，损之又损，至于无为。道人一身耳，治心犹难，矧夫天子，富有四海，日揽万机，治心岂易哉。但能节色欲，减思虑，亦获天祐，况全戒者邪。

昔轩辕皇帝造弧矢、创兵革，以威天下，功成之际，请教于仙人广成子，以问治身之道，广成子曰："汝无使思虑营营，一言足矣。"余谓修身之道，贵乎中和，太怒则伤乎身，太喜则伤乎神，太思虑则伤乎气，此三者于道甚损，宜戒之也。陛下既知神为真己，身是幻躯，凡见色起心，当自思身假神真，自能止念也。

人生寿命难得，且如鸟兽，岁岁产子，旋踵夭亡，壮老者鲜，婴童亦如之。是故二十、三十为之下寿，四十、五十为之中寿，六十、七十为之上寿。陛下春秋已入上寿之期，宜修德保身，以介眉寿。

出家学道人恶衣恶食，不积财，恐害身损福故也。在家修道之人，饮食居处，珍玩货财亦当依分，不宜过差也。四海之外，普天之下，所有国土不啻亿兆，奇珍异宝比比出之，皆不如中原天垂经教，治国治身之术为之大备，屡有奇人成道升天耳。山东、河北天下美地，多出良禾美蔬、鱼盐丝茧以给四方之用，自古得之者为大国。所以历代有国家者，唯争此地耳。今已为民有兵火相继，流散未集，宜差知彼中子细事务者能干官，规措勾当，与免三年税赋，使军国足丝帛之用，黔黎获苏息之安，一举而两得之，兹亦安民祈福之一端耳。自天祐之，吉无不利也。

余万里之外一召，不远而来，修身养命之方既已先言，治国保民之术何为惜口。余前所谓安集山东、河北之事，如差清干官前去，依上措画，必当天心。苟授以非才，不徒无益，反为害也。初，金国之得天下，以创起东土，中原人情尚未谙悉，封刘豫于东平，经略八年，然后取之，此亦开创良策也，愿加意焉。

修身养命要妙之道，传之尽矣。其治国保民之术，微陈梗概，其用之舍之，在宸衷之断耳。昔金国世宗皇帝即位之十年，色欲过节，不胜衰惫，每朝会，二人掖行之。自是博访高道，求保养之方，亦尝请余问修真之道，余如前说，自后身体康强，行步如故，凡在位三十年升遐。余生平学道，心以无思无虑，梦中天意若曰功行未满，当待时升化耳。幻身假物，若逆旅蜕居耳，何足恋也。真身飞升，可化千百，无施不可。上天千岁或万万，遇有事，奉天命降世，投胎就舍而已。

传道毕，上谕之曰：谆谆道诲，敬闻命矣。斯皆难行之事，然则敢不遵依仙命勤而行之。传道之语已命近臣录之简册，朕将亲览，其有玄旨未明者，续当请益焉。

长春真人规榜

夫住庵者，清虚冷澹，潇洒寂寥，见性为体，养命为用。柔弱为常，谦和为德，慈悲为本，方便为门。

在众者常存低下，处静者勿起尘情。所有尘劳，量力运用，不可过度。每一衣一食，不过而用之。每计庵粮，不可积剩。治身衣物，不可贪求。或常住之物有余者，济赡往来经过贫难之士。或于他处行缘，或以备斋设会。十二时中，不著于假，常要明真。扫除尘垢，刷釜汲水，担薪炊膳，除己私意，勿起嗔心。

各处一室，澄心办道，各分局次，当占一科。或以互换，调炼真性，不得执著为用，亦不得递相是非。谨要降心，削除人我，泯于声色，离形去智，湛然无欲。

见三教门人，须当平待，不得怠慢心。无事不得出庵舍，晚夕早扃其户，寅旦晚启其门。有送供者，平常接待，无施利者，勿生二心。

凡有游历之士，旦过三日，是高明者举进住坐，无志气者他处游行。次验脚色公据，详察缘由。若不分明，其间恐有隐匿，诈伪之人不稳便。更防一等道人，愚徒之辈，奸诈之人，一言相惑，点污徒众，破除庵舍，常谈诽谤，便合遣出。

若有投庵出家者，不得擅便引进。先观道气，次看悟道，或祖上家风善恶，及自己德行浅深。高明者携之，愚蠢者抑之。

或于庵中干办等事，先问庵主，次与合堂道众评论。出家无问早晚，不择老幼，但泄理明心者，堪为上人也。

凡有化道，不得诈托帅家名目，亦不得私心指托庵舍。取要檀越等物，自己用度，便是私瞒常住。上天鉴察，必无轻谴。故兹榜示，各宜知悉。

今月、日示。

长春祖师语录

师住燕京天长观时，普说曰：道涵天地，神统百形，生灭者形也，无生灭者性也、神也。有形皆坏，天地亦属幻躯。元会尽而示终，只有一点阳光，超乎劫数之外，在人身中为性海，即元神也。

故世尊独修性学，炼育元神。可以灭而灭，说法四十九年，住世亦止七十余载，人不以为无寿，背痛而示疾，形坏也，血肉之躯也。可以生而生，百千万亿劫，度生无量，又何尝灭哉。谓佛肉身至今存，可也。若论性不坏，即饿鬼、畜生皆堪成佛，有灵明处是也。

心能造形，心能留形，法中有爱住世者，动经千百劫，心为之也。若心根伤坏，转眼便为冥途矣。故有形存而心先死者，六道是也。有形亡而心存者，古来三教圣贤是也。

今世祈长生者，不向本命元辰自发大愿，乃从仙佛乞灵，是舍本而求末矣，究竟于我何与哉！吾宗所以不言长生者，非不长生，超之也。此无上大道，非区区延年小术也。

或问曰：北宗道法至吾师而大行，全真之盛，振古未有，亦尚神通变化否？师曰：若好尚神通，便非大道。大道极平常，不作奇特想，只要心真，何事不办。吾侍重阳师三载，未沐一言之诲，若起嗔心，久为下类矣。惟鞭策之甚，真为爱我之切，故归化时，方有“此子可教，吾宗赖以大行”之语。后复得道兄丹阳马大师接引，然后还山，炼心育性，三遭魔难而不为动，没于洪水而不知，虎卧于旁而不畏，初心真，久之心空，心空性见，而大事毕矣。遂出山度世化人，帝主礼拜，三宫奉侍，燎望问道，至礼也。吾告之以清净无为，上帝好生，一代仁厚之风，皆从此二句起。上亲书袍领，命藏诸内府，世授子孙，敕吾为大宗师，然吾心未尝动也。生平不轻受人一拜，拜必答之。未尝自登师席，黄童白叟、妇寺宰官、侯王帝主，一切平等。西域诸方，称吾为震旦活佛，声教所及，要荒无间。自古全真之盛，未有及此，此岂有所作为乎？不过性海中一点浮沤耳。天人自然感应，不尚神通。宫中有妖物，百法不灵，天师束手，请问于吾，吾时在山中，静中微作念，彼物已摄道光法镜中。初不用雷神将帅、符图印诀也。邪不胜正理也，吾存其理而已。

师示众曰：吾宗前三节皆有为工夫，命功也。后六节乃无为妙道，性学也。三分命功、七分性学，以后只称性学，不得称功。命方称功，有为之事也。功者，工也。有阶有级，性何功哉。佛祖也只完得性学而已。今世人贪生之甚，希慕长生，究无长生者，心不真也。虽极劳生以养形，为形起见，总属私心，不合天心，何能上寿。学人宜体验吾旨，誓发无上之心，即为无上之身。

或问曰：弟子根性下劣，堪学道否？师曰：吾《西游记》首言“凡有七窍者，皆可成真”，吾子只六窍耶？

师示众曰：世法用实，大道用虚，惟虚故明，明即慧也。慧非根生，心定而凝，心凝神现，性见人成，人非块然者，元始与威音，若将二老作玄虚，是亦沉沦之下士也。要知有此心即有此性，二老不加，人亦不减。二老为出世师，学者为轮转鬼，可不痛哉。要其间不过迷悟之殊耳。百计以养身，即百计以昧心，心昧则性迷，性迷则神役九幽矣。究之身不过数十年，而神之迷晦，动经千劫。一息之迷，即为一年；若迷一日，已为三万六千朝矣。其他可类推也。若真能见性，即垂死一刻，亦能破百千万劫之幽暗，况五官清明，四肢强健时乎？学者急须止念，念止则心定，心定则慧光自生。慧既生矣，还须自涵于不睹不闻、无声无臭之中，久之方返于虚无真境。今学人皆理解非心解也，皆识光非智光也。此所以轮转人天，漂流六道。若造恶之人，并无光彩，止有恶气、厉气，眼光一落，全体皆阴，堕入酆都矣。千佛出世，不通忏悔者，彼自无光，何能承佛光接引哉。学者现有外光，机在目也。太阳流珠，常欲去人顺也，逆而内之，金华涵苞矣。有内光，迷而失之，六欲牵也，妄想惊其神也，不能片时清净，为有无颠倒耳。悟而超之，破除无始习气，寻取最初种子，光烁圆陀也。哀哉，知者鲜矣，悟者尤鲜矣。吾不敢望悟者，得见知者斯可矣。

或问曰：知与悟有不同乎？师曰：十分知及处，即是悟境。知为下手，悟为究竟。

曰：假如放下万缘，一念不动，可是否？师曰：是体也。还有用在。

师示众曰：人身一念一动为一劫，此内外合也。内一劫，外一劫应之。迷则刹那万劫，悟则万劫刹那，心上本无岁月也。

师示众曰：学人但能回光，即了生死。此光超日月，透三界，若无此光，天地亦冥顽不灵矣，万物何处发生？此光即元始威音也。众生轮回者，因此光顺出，作种种妄想，故幻出皮囊，积骸如山，积血如海。今一句说破，人身两目外，皆死物也。一目中，元精、元气、元神皆在，可不重欤。眼光落地，万古长夜。人在胎中，先生两目；其死也，先化两目。昔观音大士八十一化，极其变现，而目不动。佛之神威，不能变在此处。众生倒能变，未死时而目已变种种矣。哀哉。

或问曰：回光与金丹工夫，是一是二？师曰：回光不止金丹，即宗门真诀也。摩顶者，此也；受记者，此也。《楞严》二十四位圆通，原有谛观鼻端，心空漏尽，出入息化为光明，证菩萨果，吾宗皆是此法。

曰：每日将一时回光，可乎？师曰：极少三时。

曰：假如有俗冗，止能一时回光，何如？师曰：真正一时也妙，一时已夺天地万年之数。一日奔驰光散，即造罗酆千劫幽暗之狱，故冥界无甲子，动以千万劫计，算数所不能及。

或问曰：佛说往生西方，莲池中有姓名耶？师曰：不论姓名，华池即方寸也。莲苞即性光也，身中现有佛国。

曰：若是，则净土为乌有矣。师曰：又是实有的，少不得以心造，以心应。

或问曰：弟子欲诵《金刚经》五百卷，以超度亡灵，何如？师曰：《金刚经》亦止念之一端，亦超度亡灵之一大法门也。只要真能止念，诵四句偈已完。

曰：请问四句偈？师曰：是如梦幻泡影。

曰：或以无我相、无人相、无众生相、无寿者相作四句，何如？师曰：亦可。

曰：或以有句、无句、非有非无句、即有即无句作四句，何如？师曰：亦可。惟拘不得，所以为妙。若拘定某句，是四句即着诸相矣。

或问曰：能仁谓之释迦，如何是仁体？师曰：仁者，生也。一点生机，鸟啼花放，山色波光，俱为造化。含之皆为真地，舒之尽是阳春。一念不生为仁体，万念皆圆为仁用。空则化，圆则通，通则四维上下虚空、往古来今，不外吾腔子矣。不特地狱、饿鬼、畜生可悯，直视夫人亦为雪涕。回视多生眷属，多生冤仇，俱在慈光覆荫之中。到此方是能仁，方证如来果位。今从一枝一节起见，皆非大道。

曰：弟子于静中觉得大千如一室，万劫如一时光景，可以谓之仁乎？师曰：总不在拟议，得之心上，实实行去可也。今日天气清和，晴光正好，可各行乐，无负良辰。况明师胜友，乐莫大焉。发挥精神，百病不生，即此也是仁用。

师示众曰：吾宗惟贵见性，而水火配合其次也。大要以息心凝神为初机，以性明见空为实地，以忘识化障为作用。回视龙虎汞铅，皆法相而不可拘执。反此便为外道，非吾徒也。

师示众曰：学人既有入路，即宜退藏于密，直从念头上洗剥。天理愈微，益见人心之难克。人欲将净，反见天心之杳渺。可参之，可参之。

或问曰：弟子欲辞家学道，奈世缘未了，功名未成，再迟数年，何如？师曰：子既欲嗣吾宗，名利二字须要先淡。吾意子欲问道，宰相之位可辞。吾之求人，甚于人之求我。各人勉诸。不然，他日无由见我，真鬼殊途。光阴如电，一弹指而白发星星矣。增一年，去鬼日近，色身易坏，真性未修，如何如何。

（案：《语录》以下至结尾，与《长春真人寄西州道友书》部分相同，可参之。）

证道篇[1]

【注】

①此篇内容存疑。

西江月（十六首）

百岁光阴迅速，功名富贵浮云。到头总向北邙行。只待无常悔恨。
大道金丹有据，原非虚幻无凭。人能得诀好修真。及早寻铅接命。

莫把无为是道，须知有作方真。餐霞服气总难成。到老盲修瞎炼。
天地化生万物，不离二气氤氲。鼎炉妙用法乾坤。历历金丹可证。

三百阴符妙语，五千道德灵文。相传一味水中金。呼谷传声响应。
莫谓根基浅薄，甘心堕入回轮。志坚勇猛事皆成。继美前贤往圣。

既破纯阳混沌，身中四大皆阴。先天一炁莫由寻。错了修真路径。
要觅金乌玉兔，求之总在红尘。深山鹿豕不堪亲。同类施功方稳。

道本有为有作，原非枯坐空顽。修丹何必弃家园。混俗和光取便。
我自闻师口诀，方知本本水源。教人撅地更寻天。太乙金仙立见。

修真不识龙虎，错将肝肺妄传。己身玄牝岂能全。强教将心静敛。
天地生成造化，人人尽可还丹。乾坤到处百花鲜。认得方能采炼。

炼己工夫趁早，药材不外真铅。西山白虎用心牵。须要防危虑险。
复卦阳生至宝，蟾光正吐中天。河车运转莫留连。便是填离取坎。

无力安能办道，有资方可寻铅。玄珠一得即天仙。清浊水源须办。
顺逆乾坤复姤，阴阳妙窍难言。月圆正好会婵娟。稳步蓬莱阆苑。

童子纯阳乾体，元精剖破成离。从兹四大变阴躯。还返须参周易。
自有天根月窟，往来复姤谁知。回头及早访明师。指破坎离交济。

莫把修丹看易，无师坐破蒲团。药材火候少真传。妄泄天机受谴。
世上黄缁千万，试看那个成仙。只因执著坐枯禅。强把身心静敛。

震兑东西间隔，全凭戊己媒人。三家一体意相亲。方有灵砂接命。
虎尾谁敢轻履，履之降伏其心。毫厘有失丧其身。焉望超凡入圣。

精气神为至宝，持心紧固牢藏。筑成基址似金刚。烹炼工夫得当。
阳火阴符子午，抽添火候相将。阴躯炼尽换纯阳。霹雳一声响亮。

访道西南之位，施功同类相求。朝欢暮乐自悠悠。恩爱夫妻匹偶。
外若春温内冷，百花林里绸缪。珠还合浦把工收，方许深山独守。

天地一阳来复，人身三日看经。月明莹净遇铅生。过后仙缘无分。
堪叹无师之辈，坚心要出红尘。深山独坐炼孤阴。那有阳丹接命。

万紫千红花放，人间无地不春。活子时现药苗新。采取要师指引。
大药人人俱有，炼成个个飞升。丹经强立许多名。妙道焉敢明论。

药物斤两二八，调和铅汞殷勤。依时采取定浮沉。莫放虎龙顺性。
至宝家园下种，何劳物外搜寻。深山木石不相亲。只落一身是病。

浪淘沙

叹孽海茫茫。欲修西方，居心也算出寻常。可怜阴魂归九地，那及级阳。

快活是仙乡。频饮琼浆，乘鸾跨鹤任徜徉。只须吞金丹一粒，寿与天长。

何须口诵经。莲界花生，眼前大道可飞升。早备法财寻妙药，炼己持心。

识透阴阳情。手握乾坤，玄珠立得水中金。一纪功成人事毕，浩劫常存。

得诀好看书。丹经合符，张骞有路见麻姑。弱水三千许稳步，无劳问途。

未知真乌兔。龙虎混呼，空将枯坐老居诸。不识阴阳都是错，怎到蓬壶。

步蟾宫

著甚么来由。一世空忙不肯休。金玉高山斗，勋业到王侯。这富贵毕竟谁长久。试想想，这形骸凭气伴守。这光阴似箭难留。

全不思、易白少年头。大限临时无处走。既得人身，怎甘与草木同朽。成仙佛事真有。实能彀超脱轮回。何不寻师访友。

忆秦娥

仙悠久，只因好饮长生酒。长生酒，从今看破，西南走走。

窍中觅窍君知否，天外寻天拏月手。拏月手，降龙伏虎。八八七九。

减字木兰花

阴符道德，色即是空空是色。悟真参同，无非姹女与金公。

寒来暑往，循环复姤如观掌。逆顺存亡。要向蟾宫见太阳。

七律

关山远涉觅知音，未就丹财道怎成。
一片婆心思度世，满腔热血未逢人。
炼铅无计言非谬，得药忘年事果真。
舍卫祇园如可到，愿求长者给孤贫。

快活从来羡佛仙，金丹未得也情牵。
寻常作事何曾异，动静营为竟不然。

冬雪秋霜心自冷，苍松翠柏体原坚。
人人本有长生路，只是无缘怎敢传。

叹世纷纷逐利名，阿侬独欲脱凡尘。
本来嗜好殊同类，莫怪惊疑不易成。
苦海舟中无路出，蓬莱山上少人行。
一朝跨鹤超三界，方显金丹大道深。

芳菲红紫百花香，未遂图谋问彼苍。
尘世谁寻延命酒，我今独觅返魂浆。
年来顿觉精神减，何日方能龙虎降。
大志空怀潜自念，眼前辜负好春光。

人生得意如花好，花开恨迟谢恨早。
百岁光阴能几何，幼壮转眼成衰老。
可怜红颜美少年，北邙山下埋荒草。
何不学仙超轮回，丹经朗朗如月皎。
参同本有长生诀，谈道人多明道少。

丹经阅遍旨幽微，怪得修行道路迷。
未悟阴阳真妙理，莫言玄牝立根基，
雌鸡自卵刍难覆，怨女无夫怎育儿。
寻得蓬莱真正路，功成一纪莫嫌迟。

七绝

莫云枯坐道心坚，不遇真师莫强参。
错认虎龙为肝胆，蒲团坐破也徒然。

欲求大道出尘凡，先炼镆铘后炼铅。
待到一阳初动候，坎离交济结成丹。

死里求生事最难，恩中割爱莫心酸。
牵将白虎归家养，制伏须求法口传。

仙佛原来共一源，蒙师指破妙中玄。
待时常玩西江月，方信蓬壶别有天。

不学参禅不诵经，但求一味水中金。
依时得遇黄金佛，跳出娑婆世界尘。

接命方儿奇又奇，犹如树老接新枝。
归根复命长生药，不是草根与树皮。

炼己工夫心要坚，心坚方可虎龙蟠。
曲江月色莹清候，急采元珠一粒还。

还丹要妙筑基先，筑得基牢寿命延。
延寿须饮延命酒，饮将一得返童颜。

微妙真经在口传，人能得法可成仙。
欲知窍内窍中窍，月在当头星在天。

月在当头星在天，阴阳妙处岂言传。
人将纸上寻文字，看尽丹经也罔然。

玄珠皆说静中求，日夜如痴独坐修。
今闻师指真奥妙，教人同类好营谋。

修仙妙诀本无多，恐泄天机怎奈何。
欲向人间留秘诀，万般比喻咏诗歌。

真铅一物最奇灵，吞入黄房炼幻形。
太极丹经千万卷，先天一炁要人明。

还丹下手炼己难，炼得心如霜雪寒。
待到一阳初动候，速将铅汞结成团。

自从识透这玄机，方信孤修总是痴。
今赴神州且混俗，原来屋下有天梯。

五古

要炼精气神，紧固休漏泄。基址筑坚牢，仙根由此立。
娥眉山上星，北海潮中月。天机师秘传，莫与凡夫说。
龙虎不驯良，龟蛇难蟠结。绝里力寻生，死中来觅活。
金木定浮沉，圣凡分顺逆。欲求天仙者，毫发不差忒。
服气与咽津，房中御女术。三千六百条，旁门中之贼。
金丹从外来，固非自己物。二气感遂成，运入黄房室。
温养费工夫，婴儿从此出。

杂咏

玄中妙，妙中玄，参透方能称大贤。世人修道将家弃，我独修丹混俗缘。

因何故，不一般，只因识破这机关。六祖潜踪在猎户，紫贤得诀弃林禅。

赴神州，居赤县，为觅真铅了大还。古佛圣仙由是路，原来药物在人间。

金隔木，汞间铅，姹女婴儿各一边。全凭戊己为媒娉，配合夫妻道不偏。

龟蛇结，龙虎蟠，阴阳二炁转循环。一得玄珠人事毕，功成随作佛圣仙。

僧坐禅，道坐圜，孤阴独阳岂能全。虽然坐得阴神出，宅舍原□[1]不耐坚。

另夺舍，把胎迁，犹如投石到深渊。惟有纯阳真种子，能同天地寿齐年。

紫阳翁，悟真篇，尽把参同奥旨宣。西游记，邱祖传，指示真经在西天。

丹经朗朗如日月，世上愚迷何处参。度人苦海慈悲愿，得诀请君上法舡。

【注】

①□：原刻缺。依文意，似当作“本”或“来”。

摄生消息论

春季摄生消息

春三月，此谓发陈，天地俱生，万物以荣。夜卧早起，广步于庭。被发缓行，以使志生。生而勿杀，与而勿夺，赏而勿罚。此养气之应，养生之道也。逆之则伤肝。

肝木味酸，木能胜土，土属脾，主甘。当春之时，食味宜减酸益甘，以养脾气。春阳初升，万物发萌。正二月间，乍寒乍热。高年之人，多有宿疾，春气所攻，则精神昏倦，宿病发动。又兼去冬以来，拥炉薰衣，啖炙炊煿，成积至春，因而发泄，致体热头昏，壅隔涎嗽，四肢倦怠，腰脚无力，皆冬所蓄之疾。常当体候，若稍觉发动，不可便行疏利之药，恐伤脏腑，别生余疾。惟用消风和气、凉膈化痰之剂，或选食治方中，性稍凉，利饮食，调停以治，自然通畅。若无疾状，不可吃药。

春日融和，当眺园林亭阁虚敞之处，用摅滞怀，以畅生气。不可兀坐以生他郁。饮酒不可过多。人家自造米面团饼，多伤脾胃，最难消化，老人切不可以饥腹多食，以快一时之口，致生不测。

天气寒暄不一，不可顿去棉衣，老人气弱，骨疏体怯，风冷易伤腠里，时备夹衣，遇暖易之，一重渐减一重，不可暴去。

刘处士云：春来之病，多自冬至后，夜半一阳生，阳无吐，阴无纳，心膈宿热与阳气相冲，两虎相逢，狭道必斗矣。至于春夏之交，遂使伤寒虚热时行之患，良由冬月焙火食炙，心膈宿痰，流入四肢之故也。当服祛痰之药以导之，使不为疾。不可令背寒，寒即伤肺，令鼻塞咳嗽。身觉热甚，少去上衣，稍冷莫强忍，即便加服。肺俞五脏之表，胃俞经络之长，二处不可失寒热之节。谚云："避风如避箭，避色如避乱。加减逐时衣，少餐申后饭。"是也。

肝脏春旺

肝属木，为青帝，卦属震。神形青龙，象如悬匏。肝者，干也。状如枝干，居在下，少近心，左三叶，右四叶，色如缟映绀。肝为心母，为肾子。

肝中有三神，名曰爽灵、胎光、幽精也。夜卧及平旦，扣齿三十六通，呼肝神名，使神清气爽。目为之宫，左目为甲，右目为乙。

男子至六十，肝气衰，肝叶薄，胆渐减，目即昏昏然。在形为筋，肝脉合于木，魂之藏也。于液为泪，肾邪入肝，故多泪。六腑，胆为肝之腑，胆与肝合也。故肝气通，则分五色。

肝实，则目黄赤。肝合于脉，其荣爪也，肝之合也。筋缓弱，脉不自持者，肝先死也。目为甲乙，辰为寅卯。音属角，味酸，其嗅臊膻，心邪入肝，则恶膻。肝之外应东岳，上通岁星之精。

春三月，常存岁星青气入于肝。故肝虚者，筋急也。皮枯者，肝热也。肌肉斑点者，肝风也。人之色青者，肝盛也，人好食酸味者，肝不足也；人之发枯者，肝伤也。人之手足多汗者，肝方无病。肺邪入肝，则多哭。治肝病，当用嘘为泻，吸为补。其气仁，好为仁惠伤悯之情，故闻悲则泪出也。

故春三月水旺，天地气生。欲安其神者，当泽及群刍，恩沾庶类。

无竭川泽，毋洒陂塘，毋伤萌芽，好生勿杀，以合太清，以合天地生育之气。夜卧早起，以合于道。若逆之，则毛骨不荣，金木相克，而诸病生矣。

相肝脏病法

肝热者，左颊赤。肝病者，目夺而胁下痛引小腹，令人喜怒。肝虚则恐如人将捕之。实则怒，虚则寒。寒则阴气壮，梦见山林。肝气逆，则头痛、耳聋、颊肿。肝病欲散，急食辛以散，用酸以补之。当避风，肝恶风也。

肝病，脐左有动气，按之牢，若痛。支满淋溲，大小便难，好转筋。肝有病，则昏昏好睡，眼生膜，视物不明，飞蝇上下，努肉攀睛，或生晕映冷泪，两角赤痒，当服升麻疏散之剂。

夏季摄生消息

夏三月，属火，主于长养，心气火旺，味属苦。火能克金，金属肺，肺主辛，当夏饮食之味，宜减苦增辛以养肺。心气当呵以疏之，嘘以顺之。三伏内腹中常冷，时忌下利，恐泄阴气，故不宜针灸，惟宜发汗。夏至后，夜半一阴生，宜服热物，兼服补肾汤药。

夏季心旺肾衰，虽大热，不宜吃冷淘冰雪、蜜冰凉粉，冷粥饱腹，受寒必起霍乱。莫食瓜茄生菜，原腹中方受阴气，食此凝滞之物，多为症块。若患冷气痰火之人，切宜忌之，老人尤当慎护。

平居檐下、过廊、弄堂、破窗，皆不可纳凉，此等所在虽凉，贼风中人最暴；惟宜虚堂、净室、水亭、木阴、洁净空敞之处，自然清凉。更宜调息净心，常如冰雪在心，炎热亦于吾心少减，不可以热为热，更生热矣。每日宜进温补平顺丸散。

饮食温暖，不令大饱，常常进之，宜桂汤、豆蔻、熟水，其于肥腻当戒。不得于星月下露卧，兼便睡着使人扇风取凉，一时虽快，风入腠里，其患最深。贪凉兼汗身当风而卧，多风痹，手足不仁，语言蹇涩，四肢瘫痪。虽不人人如此，亦有当时中者，亦有不便中者，其说何也？逢年岁方壮，遇月之满，得时之和，即幸而免，至后还发；若或年力衰迈，值月之空，失时之和，无不中者。头为诸阳之总，尤不可风，卧处宜密防小隙微孔，以伤其脑户。夏三月，每日梳头一二百下，不得梳着头皮，常在无风处梳之，自然去风明目矣。

《养生论》曰：夏谓蕃秀，天地气交，万物华实。夜卧早起，无厌于日，使志无怒，使华成实，使气得泄。此夏气之应，长养之道也。逆之则伤心，秋发痎疟，奉收者少，冬至病重。又曰：夏气热，宜食菽以寒之，不可一于热也。禁饮食汤，禁食过饱，禁湿地卧并穿湿衣。

心脏夏旺

心属南方火，为赤帝，神形如朱雀，象如倒悬莲蕊。心者，纤也。所纳纤微，无不贯注，变水为血也。重十二两，居肺下肝上，对尾鸠下一寸（注曰：胞中心口，掩下尾鸠也），色如缟映绛，中有七孔三毛。上智之人，心孔通明；中智之人，五孔，心穴通气；下智无孔，气明不通，无智狡诈。

心为肝子，为脾母。舌为之宫阙。窍通耳，左耳为丙，右耳为丁。液为汗，肾邪入心则汗溢，其味苦。小肠为心之腑，与心合。《黄庭经》曰：“心部之宅莲含花，下有童子丹元家。主适寒热荣卫和，丹锦绯囊披玉罗。”其声徵，其嗅焦。故人有不畅事，心即焦燥。

心气通，则知五味。心病，则舌焦卷而短，不知五味也。其性礼，其情乐。人年六十，心气衰弱，言多错忘。心脉出于中冲，生之本，神之处也，主明运用。心合于脉，其色荣也。血脉虚少，不能荣脏腑者，心先死也。心合辰之巳午，外应南岳，上通荧惑之精。故心风者，舌缩不能言也。血壅者，心惊也。舌无味者，心虚也。善忘者，心神离也。重语者，心乱也。多悲者，心伤也。好食苦者，心不足也。面青黑者，心气冷也。容色鲜好，红活有光，心无病也。肺邪入心，则多言。

心通微，心有疾，当用呵。呵者，出心之邪气也。故夏三月欲安其神者，则含忠履孝，辅义安仁，安息火炽，澄和心神。外绝声色，内薄滋味，可以居高朗，远眺望，早卧早起，无厌于日。顺于正阳，以消暑气。逆之则肾心相争，火水相克，火病由此而作矣。

相心脏病法

心热者，色赤而脉溢，口中生疮，腐烂作臭，胸膈肩背、两胁两臂皆痛。心虚，则心腹相引而痛，或梦刀杖火焰、赤衣红色之物，炉冶之事，以恍怖人。

心病欲濡，急食咸以濡之，用苦以补之，甘以泻之，禁湿衣热食。心恶热及水。心病，当脐上有动脉，按之牢，若痛，更苦烦煎，手足心热，口干舌强，咽喉痛，咽不下，忘前失后。

秋季摄生消息

秋三月，主肃杀，肺气旺，味属辛。金能克木，木属肝，肝主酸。当秋之时，饮食之味，宜减辛增酸以养肝气。肺盛则用咽以泄之。立秋以后，稍宜和平将摄。但凡春秋之际，故疾发动之时，切须安养，量其自性将养。

秋间不宜吐并发汗，令人消烁，以致脏腑不安。惟宜针炙。下痢，进汤散以助阳气。又若患积劳、五痔、消渴等病，不宜吃干饭炙煿，并自死牛肉，生鲙鸡猪，浊酒陈臭，咸醋粘滑，难消之物，及生菜、瓜果、鲊酱之类。若风气、冷病、痃癖之人，亦不宜食。

若夏月好吃冷物过多，至秋患赤白痢疾，兼疟疾者，宜以童子小便二升，并大腹槟榔五个，细锉，同便煎，取八合，下生姜汁一合，和收起腊雪水一钟，早朝空心，分为二服，泻出三两行夏月所食冷物。或胸脘有宿水冷脓，悉为此药袪逐，不能为患。此汤名“承气”，虽老人亦可服之，不损元气，况秋痢又当其时。此药又理脚气，悉可取效。丈夫泻后两三日，以薤白煮粥，加羊肾同煮，空心服之，殊胜补药。

又当清晨睡觉，闭目叩齿二十一下，咽津，以两手搓热熨眼数次。多于秋三月行此，极能明目。

又曰：季秋谓之容平，天气以急，地气以明。早卧早起，与鸡俱兴。使志安宁，以缓秋形。收敛神气，使秋气平。无外其志，使肺气清，此秋气之应，养收之道也。逆之则伤肺。冬为渗泄，奉脏者少。秋气燥，宜食麻以润其燥。禁寒饮，并穿寒湿内衣。《千金方》曰：三秋服黄芪等丸一二剂，则百病不生。

肺脏秋旺

肺属西方金，为白帝，神形如白虎，象如悬磬，色如缟映红。

居脏之上，对胸若覆盖然，故为华盖。肺者，勃也，言其气勃郁也。重三斤三两，六叶两耳，总计八叶。

肺为脾子，为肾母。下有七魄，如婴儿，名尸狗、伏尸、雀阴、吞贼、非毒、除秽、辟臭，乃七名也。夜卧及平旦时，叩齿三十六通，呼肺神及七魄名，以安五脏。鼻为之宫，左为庚，右为辛。在气为咳，在液为涕，在形为皮毛也。上通气至脑户，下通气至脾中，是以诸气属肺，故肺为呼吸之根源。为传送之宫殿也。

肺之脉出于少商，又为魄门。久卧伤气，肾邪入肺，则多涕。肺生于右，为喘咳。大肠为肺之府，大肠与肺合，为传泻行导之府。鼻为肺之宫，肺气通则鼻知香臭。肺合于皮，其荣毛也。皮枯而毛落者，肺先死也。

肺纳金，金受气于寅，生于巳，旺于酉，病于亥，死于午，墓于丑。为秋日，为庚辛，为申酉，其声商，其色白，其味辛，其臭腥。心邪入肺，则恶腥也。其性义，其情虑。肺之外应五岳，上通太白之精。于秋之王日，存太白之气入于肺以助肺神。

肺风者，鼻即塞也。容色枯者，肺干也。鼻痒者，肺有虫也。多恐惧者，魄离于肺也。身体黧黑者，肺气微也。多怒气者，肺盛也。不耐寒者，肺劳也，肺劳则多睡。好食辛辣者，肺不足也。肠鸣者，肺气壅也。肺邪自入者则好哭，故人之颜色莹白者，则肺无病也。肺有疾，用呬以抽之，无故而呬，不祥也。

秋三月，金旺主杀，万物枯损，欲安其魄而存其形者，当含仁育物，施恩敛容，阴阳分形。万物收杀，雀卧鸡起，斩伐草木，以顺秋气，长肺之刚，则邪气不侵。逆之则五脏乖而诸病作矣。

相肺脏病法

肺病热，右颊赤。肺病，色白而毛槁，喘欬气逆，胸背四肢烦痛。或梦美人交合，或见花幡衣甲，日月云鹤，贵人相临。肺虚则气短不能调息。肺燥则喉干。肺风则多汗畏风，咳如气喘，旦善暮甚。气病上逆，急食苦以泄之。又曰，宜酸以收之，用辛以补之，苦以泻之。禁食寒，肺恶寒也。肺有病，不闻香臭，鼻生瘜肉，或生疮疥，皮肤燥痒，气盛咳逆，唾吐脓血，宜服排风散。

冬季摄生消息

冬三月，天地闭藏，水冰地坼，无扰乎阳。早卧晚起，以待日光。去寒就温，勿泄皮肤。逆之肾伤，春为痿厥，奉生者少。斯时伏阳在内，有疾宜吐，心膈多热，所忌发汗，恐泄阳气故也。宜服酒浸补药，或山药酒一二杯，以迎阳气。

寝卧之时，稍宜虚歇。宜寒极，方加棉衣，以渐加厚，不得一顿便多，惟无寒即已。不得频用大火烘炙，尤甚损人。手足应心，不可以火炙手，引火入心，使人烦燥。不可就火烘炙食物。冷药不治热极，热药不治冷极，水就湿，火就燥耳。

饮食之味，宜减酸增苦，以养心气。冬月肾水味咸，恐水克火，心受病耳，故宜养心。

宜居处密室，温暖衣衾，调其饮食，适其寒温，不可冒触寒风，老人尤甚，恐寒邪感冒，为嗽逆、麻痹、昏眩等症。冬月阳气在内，阴气在外，老人多有上热下冷之患，不宜沐浴。阳气内蕴之时，若加汤火所逼，必出大汗，高年骨肉疏薄，易于感动，多生外疾。不可早出以犯霜威。早起服醇酒一杯以御寒，晚服消痰凉膈之药以平和心气，不令热气上涌。切忌房事。不可多食炙煿、肉面、馄饨之类。

肾脏冬旺

《内景经》曰：肾属北方水，为黑帝。生对脐，附腰脊。重一斤一两，色如缟映紫。主分水气，灌注一身，如树之有根。左曰肾，右名命门。生气之府，死气之庐。守之则存，用之则竭。为肝母，为肺子。耳为之官。

天之生我，流气而变谓之精。精气往来为之神。神者肾藏。其情智，左属壬，右属癸。在辰为子亥，在气为吹，在液为唾，在形为骨。久立伤骨，为损肾也。应在齿，齿痛者，肾伤也。经于上焦，荣于中焦，卫于下焦。

肾邪自入，则多唾。膀胱为津液之府，荣其发也。《黄庭经》曰："肾部之宫元阙圆，中有童子名上元。主诸脏腑九液源，外应两耳百液津。"其声羽，其味咸，其臭腐。

心邪入肾，则恶腐。凡丈夫六十，肾气衰，发变齿动。七十形体皆困。九十肾气焦枯，骨痿而不能起床者，肾先死也。肾病则耳聋骨痿。肾合于骨，其荣在髭。肾之外应北岳，上通辰星之精。冬三月，存辰星之黑气，入肾中存之。人之骨疼者，肾虚也。人之齿多龃者，肾衰也。人之齿堕者，肾风也。人之耳痛者，肾气壅也。人之多欠者，肾邪也。人之腰不伸者，肾乏也。人之色黑者，肾衰也。人之容色紫而有光者，肾无病也。人之骨节鸣者，肾羸也。肺邪入肾则多呻。

肾有疾，当吹以泻之，吸以补之。其气智。肾气沉滞，宜重吹则渐通也。肾虚则梦入暗处，见妇人僧尼、龟鳖驼马旗枪，自身兵甲，或山行，或溪舟。故冬之三月，乾坤气闭，万物伏藏，君子戒谨，节嗜欲，正声色，以待阴阳之定，无兢阴阳以全其生，合乎太清。

相肾脏病法

肾热者颐赤。肾有病，色黑而齿槁，腹大体重，喘咳汗出，恶风。肾虚则腰中痛。肾风之状，颈多汗，恶风，食欲下，膈塞不通，腹满胀，食寒则泄。在形黑瘦。肾燥，急食辛以润之。

肾病坚，急食咸以补之，用苦以泻之。无犯热食，无著暖衣。肾病，脐下有动气，按之牢，若痛。若食不消化，体重骨疼，腰胯膀胱冷痛，脚痛或痹，小便余沥，疝瘕所缠，宜服肾气丸。

右四时调摄养生治病大旨，尽乎此矣。他如《灵》《素》诸篇，皆绪论耳。屠本畯识。

八节金丹证验[①]

【注】

①此篇收于《丘祖全书》，存疑。

一者，下火功时，须谨守百日，处于静室。内无所思，外无所著。槁木寒灰，万缘俱寂，体若虚空，一点灵光，时时出现。三五日心定气和，喜悦无穷，谦虚自持，恭顺于人。

二者，忽见心火下降，肾水上升，五臓生津，百脉流通。心经上涌，鼻闻异香，舌生甘露，秘绝饮食，日夜不寐。经曰“但服元气除五谷”是也。

三者，坎离交姤，精气逆流，乃得百关通透四肢，八脉和气流行。

四者，夜间能隔壁见物，预知未来，上见天堂，下见地狱，物不能碍，乃灵光所现也。

五者，夜间气生，前通气管，后通密户，顶上红霞缭绕，眉间涌出圆光。明中暗明流溢，不得为怪，此是药生时也。

六者，神智踊跃，自歌自舞，口发狂言著撰诗词，心动不能禁止，乃三尸神使然，前功废矣。

七者，见人哀哀痛哭，哭了又契，喜尽悲来，逢人发咒，谈玄说妙，自言我得无上之道，亦是三尸惑乱也。

八者，百关开通，若五谷气未尽者，疾病未消。修行人须要发大誓愿，至心归命，绝人我、除悭贪，正念时时现前，夺天地之造化，抽阴换阳。饮食或多或少，鼻中浊涕不止，口中臭秽腥臊，呕吐时复呼，嗌中退出如黄沙相似，或美或不美。又腹中常常升降雷鸣电激，风云发泄，前后俱升，腹中退出如小豆汤臭秽。次后泄下酥酪油腻，鼻闻异香，诸人皆觉。又小便出五色朱砂，若不谨守，气有走失。心生懈怠，体若虚空，三尸齐起，六贼皆来扰乱心神，静坐生疑，怕怖不安，睡卧惊悸，恶境无穷。

学仙记

夫修身之道，抑亦多门，未遇明师，率难洞晓。世传功法者，或存神注想，摇筋摆髓，呼吸吐纳，吞霞服气。殊不知，至道之极，昏昏默默，无门无旁，四达皇皇。若有所在，即有所不在；若无所在，即无所不在耳。

复有论五行八卦，相生相克，染须膏面，饮酒食肉。不知得道之士，面垢头蓬，心灰形槁。内全性命，外逆人情。盖经言真道养神，而伪道养形者也。

又有炉火门庭，以烧炼为事，多讲药材，少论阴德，积年有费，没齿无成。不知了悟心地者，出神入梦，脱壳登仙，世皆有之，悉是虚空点化，非凡师所度。

复有旁通技术，欲疗饥寒，巧诈是生，欺慢是作。不知悟道者，黜聪明，绝圣智，返纯朴，与万物无私，乞化为上耳。夫巧诈欺慢，即业根深重，业深不尽，道可冀耶！

又有房中采战之术，耗精乱神，败德惑众，名标鬼录，迹堕酆都。经言："长生至慎房中急，胡为死作令神泣。"世人恣情贪欲者，身虽未死而神已泣矣。

中牟白沙镇有赵三翁，人问养生之道，答曰："生尔处乃杀尔处。"此乃至言也。经云："人能常清静，天地悉皆归。"盖清静则气和，气和则神王，神王则是神仙之本，本立而道生矣。此为内功，亦假外行。仙道贵实，人情贵华，仙道人情，直相反耳。诸恶可戒，诸善可修。万行周圆，一身清洁。终身无效，不生退怠。抱道而亡，不亏志节。

大抵外修福行，内固精神。由外功深，则仙阶可进，洞府可游矣。古今成道者，皆福慧相须，慧为灯火福为油。灯火无油则不明，慧性无福则不王。故达士宁损其身，不损其福。世之人，虽天姿明敏，学海汪洋，若福行未加，则终不能探其道玄之妙。

古今得道圣贤，道通为一，福则有异。外功大者，仙位之高。外行卑者，阶居其下。所以天上圣贤，恶行之未广，则重下人间，以偿畴昔。人间浊恶，难修而功疾；天上清高，易处而功缓。轩辕久居天上，因议大行落在人间，先世为民，再世为臣；二世为君，济物利生。功成乃仙去耳。至于冥府，亦类人间，寸地尺天，皆有所辖。凡为主者，悉是在世有功之人。

大定初年之间，陇州一官族李原通，安贫乐道。一日自言为吴山县土地。又解州平陆县李德和，与众结灵宝会，祭祀孤魂有善功，忽夜梦青衣自空而降，赍天书开示曰："授中条山土地。"李公曰："一生好道，不得一下仙，而止授此职耶？"仙童曰："三载秩满，别升福地仙官耳。"陇州海阳县张三郎，死而复生为吴山县翟家男，稍能言即说张家事。张即求之暂还，既见家中老幼，辨之莫差。张埋钱一窖，曾无知者，直指其处。又言其宿世曾为一雀，触网而死。再世为犬，啮面，为一妇刀斫死。三世为羊，为长子宰之祭神。四世为翟家子。翟贫张富，翟尝借九两丝于张氏，既还而未勾其历。张使重还，由此偿宿债。又磁州道者李道明，旅寄沂水县诸英村庵舍。当出家之始，落魄不羁，沉湎杯酒，忽夜梦人追往官府，庭列数具铁枷，有孔无缝。前一人跪，鞠使叱吏枷之，左右乃搓首长细，仅入枷孔，复以手按圆大，枷不可脱。李拜跪哀诉无罪，鞠吏言：“汝既修行，尚尔纵欲耽饮乎？”遂释之，出门即化为鸢，飞翔于海。顾盼哀戚曰：“胡为乎化此类耶？”天长海阔，力困而下，堕于水上，飒然惊悟，汗流遍体。然则人之为异类，异类之为人，或神有此明，而物有此化，故非偶然而然也，盖行业之善恶所致耳。此乃目击之事也。

经言：人身难得，中土难生，假使得生，正法难遇。既为人而生中国，又逢正法，尚千万人中无一二皈依向慕者，况蛮夷外国，道化不行者乎！

青天歌注释

混然子注释

序

夫青天歌者，真人丘长春之所作也。是歌演音三十二句，乃按《度人经》三十二天运化之道也。余每诵其音，喜其文简而理直，实修真之捷径，入道之梯阶。前十二句，乃明修性之本体；中十二句，为复命之工夫；末后八句，形容性命混融、脱胎神化之妙也。愚见世人只作闲文歌唱舞蹈，终不知其中九和十合之理，今故强为注释，以俟后之来者。鄙见浅陋，然初学者其庶几有所感悟焉。

混然子序。

青天莫起浮云障（大道本无为），云起青天遮万象（有为皆是错）。

释：青天者，指人性而言也。浮云者，指人杂念而言也。此二句是修行人一个提纲。大凡平日，二六时中，心要清净，意要湛然，不可起一毫私念，间隔真性，自然如青天无云障也。若苟有心君不能为主，对境触物，随念所迁，其出弥远，是云起而遮万象也。

万象森罗镇百邪（性静情逸），光明不显邪魔旺（心动神疲）。

释：此谓一性正位，百邪自归，则身中天地万气，一气也；万神，一神也，自然心君泰定而镇百邪也。若忿不能惩，欲不能窒，放情不返，被魔所摄，是吾光明不显而邪魔旺矣。

我初开廓天地清（克己复礼），万户千门歌太平（天下归仁）。

释：此言得道之士，勘破生身本来无个什么，只什么清静存真常如赤子，性自空而命自固，则通身四大八万四千毫孔，血气周流，无处不畅。《易》坤卦云："黄中通理，正位居体，畅于四肢，美在其中矣。"岂不是天地清而万户平也欤？

有时一片黑云起（忿不惩，欲不窒）。九窍百骸俱不宁（水火不济）。

释：此言人有恶念动处，即如黑云之起，当此时，急要知觉，便好回光返照，养其良心可也。若无禁戒，随眼耳鼻舌四门所漏，被形所役者，性天则黑云锁闭，苦海则淫欲波翻，是以一身九窍百骸俱不宁也。《道德经》云："开其门，济其事，终身不救。"禅家所谓"不怕恶念生，只怕知觉迟"。孟子又曰："失其鸡犬而知求，放其心而不知求，哀哉！"学者可不戒欤？

是以长教慧风烈（神一出，便收来），三界十方飘荡澈（洗心涤虑）。

释：此一节警戒学人，心常要在腔子里，一动一静，在乎刚洁，不可与万缘作对。若遇诸色相，须是决烈其志，慎勿动念。尹喜真人曰："凡物之来，吾则应之以性，而不对之以心。"《金刚经》亦曰："不应住色生心，不应住声香味触法生心，应无所住而生其心。如是降伏其心。"孔子故曰："君子素其位而行，不愿乎其外。"此所以教人，心君若能主正，智慧自然圆通，则身中三宝归体，十方肃清，无有障碍也。

云散虚空体自真（一真常存），**自然现出家家月**（通身是道）。

释：此承上云，既得三界十方荡澈，自然一念不生，则吾真性常存其妙，通身星月俱现光明，此乃内景坐忘之道也。如《度人经》云“诸天复位”，又如颜子屡空是也。

月下方堪把笛吹（癸生须急采），**一声响亮振华夷**（回风混合）。

释：此以下乃言修命工夫。月下者，言身中冬至子时一阳动处，癸生时也。当此时，急下手采之，便以神呼气，气归窍，内吹其音，外闭其门，调和律吕，混合百神，此乃吹吾身中无孔之笛，发一声响亮而振动华夷也。非遇真师，口诀不可知也。

惊起东方玉童子（水府求玄），**倒骑白鹿如星驰**（取坎去填离）。

释：惊起者，熏蒸也，从下而上也。东方者，甲木生火于寅位也。玉童子者，流意飞神也。倒骑者，逆转也。白鹿者，炼精化为白炁也。总而言之，凡作丹入室之时，性君主内，流意沉下水府，熏蒸存中根，侯阳火渐炽，举动上头关棙，从寅至巳，流戊土，督进阳火，迫逐金精，直透三关，上入南宫，补离中之阴，是成乾象，则要如星驰之速。

逡巡别转一般乐（出有入无），**也非笙兮也非角**（无象之象）。

释：逡巡者，杜渐也，从上而下也。引转一般乐者，此言六阳会乾，阳无终极之理，一阴生于五阳之下，继此以往，则当杜渐。自午至亥，以已土退阴符，从金阙下鹊桥华池，滂滂沛沛，入重楼绛宫，直送至坤宫土釜而止，产个明珠似月之圆，非笙非角之可比也。

三尺云璈十二徽（三花聚顶），**历劫年中混元斫**（五炁朝元）。

释：此承上云"别转一般乐"之意于此，故云。三尺云璈者，乃言三般大药归鼎，妙合凝真，一息工夫，即夺回一年十二月造化，丹经所谓"簇年归月，簇月归日，簇日归时"，一时之中，只用二候，运行周天符火，采药入室，以行内事，混融煅炼，结成圣胎，乃曰"历劫年中混元斫"也。《度人经》云："中理五炁，混合百神，十转回灵，万炁齐仙。"了真子故曰"大药三般精气神，天然子母互相亲。回风混合归真体，煅炼工夫日日新"是也。

玉韵琅琅绝郑音（天无浮翳），**轻清遍贯达人心**（四气朗清）。

释：此承上云"混元斫"之义于此，故云。玉韵琅琅者，乃得其真火煅炼之功，脱去其旧染之污，是得神和而气和，如舜韶之纯翕，从此绝其郑声之淫，觉吾身中土皆作碧玉，无有异色，自然"遍贯达于人心"也。《度人经》云"金真朗郁，流响云营，玉音摄气，灵风聚烟"是也。若非真传实践工夫，知如是妙乎？

我从一得鬼神辅（魔无干犯），**入地上天超古今**（应化由我）。

释：此言丹道圆成，变化自在，则宇宙在乎我，万化归乎身。到此地位，阴阳由我运，五行由我役，风雨由我召，雷霆由我呼。是以现大身，遍微尘，藏小身，载须弥，于是鬼神莫测，其机自得，束首侍卫，入其地，上其天，超古今，总在我应化无穷也。

纵横自在无拘束（不被形缚），**心不贪荣身不辱**（内外俱忘）。

释：此承上云“超古今”之义于斯，故云。纵横自在者，乃言唯道为身，不随世变，倒用横拈，变化由我，岂有拘束也。富贵荣华，到此时尽底掀翻，岂心再有贪荣而身有辱也。此个活路，若非大丈夫决烈手段，焉能致此。

闲唱壶中白雪歌（道大中虚），**静调世外阳春曲**（超出三界）。

释：此言闲唱者，自得其真乐也。则吾身别有壶天景致，常有漫天白雪之飞，清清朗朗，了无纤尘可入。庄子所谓“虚室生白，神明自来”。尹真人亦曰：“一息冥情而登大道。”此所以九和十合，一气纯阳而超三界之外，岂非歌阳春之曲乎？

我家此曲皆自然（形神俱妙），**管无孔兮琴无弦**（与道合真）。

释：此言九转丹成，脱胎神化，是自然之道；体同虚空，非形象之可睹。元始天尊故曰：“视不见我，听不得闻，离种种边，名为妙道。”岂管真有孔而琴有弦耶？这些消息可以默会，古人所谓道本无形，我亦非我，铁壁银山，蓦直透过，学人于此转得一语，则参学事毕，有何疑哉？

得来惊觉浮生梦（虚空粉粹[1]），**昼夜清音满洞天**（独露全真）。

释：此一节总结一篇首尾之妙。所谓得来者，得来真道，永证金刚不坏之身，觉悟浮生一切有为之法如梦幻耳。是得今日升无上妙道，身中昼夜常有仙乐之音满洞天也。此又警示后之学者，纵得功名盖世，文章过人，不得真传至道，到头总是虚浮不着实也。若只管贪迷不醒，流入浮生梦寐，轮回无期，何能出于生死？除是决烈丈夫，信得及，参得透，割得断，一悟回头，直超无色之界，向吾大道而修，内则存神养气，外则混俗同尘，此乃在世出世，即与仙佛并驾，岂虚语哉。

【注】

①粹：原刻如此。依文意当作“碎”。

丘长春真人青天歌测疏

淮海参学弟子陆西星谨测

青天莫起浮云障，云起青天遮万象。万象森罗镇百邪，光明不显邪魔旺。我初开廓天地清，万户千门歌太平。有时一片黑云起，九窍百骸俱不宁。是以常教慧风烈，三界十方飘荡彻。云散虚空体自真，自然现出家家月。

测疏：夫青天湛湛，万象森罗，忽起浮云，重重遮障，阳衰阴盛，魔鬼逼人。喻彼性体真空，岂容私意瞥然，念起翳彼太虚，则五官失职而光明不显，六贼来侵而邪魔转盛。是以学道初关，先须炼己。炼已者，克己也。克去己私，私欲净尽，本体湛然，乃见真性。我初开廓用功之始，能使天君泰然，清宁自若，百体从令，共乐太平。功夫少间，私意复萌，九窍之邪，投间煽乱。是以常秉慧剑，扫荡诸邪，务使一念不生，万缘顿息，孤轮独拥，朗照千门，则如风卷残云，云消月出，家家户户普照圆光也。然家家有月，皆一月之所摄，正如人身窍窍光明，总归真性，念起则壅蔽聪明，欲净则神光透露。

月下方堪把笛吹，一声响亮振华夷。惊起东方玉童子，倒骑白鹿如星驰。

测疏：如上炼性纯熟，方许临炉，故有月下吹笛之说。笛，无孔笛也。华夷者，以喻内外。一声响亮，狥文似指笛声，寓意实言雷动。当此雷动之时，内宾外主，一时交会，故振动华夷。《参同》所谓人民惊骇是也。东方玉童，以喻己汞。倒骑白鹿，以喻虎铅。白鹿即白虎之义。又，鹿五百岁始变白，亦精气之全者。倒骑者，逆转而上之称。如星驰，言速也。玉童骑鹿，厥义安指？盖虎铅既至，必须己汞迎之，然后宾迎主人，西过东家，一时半刻之间，星驰电走，径上昆山，降入中宫而还丹始就。故此以下，遂言温养自然之用。

逡巡别转一般乐，也非笙兮也非角。三尺云璈十二徽，历劫年中混元斫。玉韵琅琅绝郑音，轻清遍贯达人心。我从一得鬼神辅，入地上天超古今。

测疏：夫采药归来，虎龙战罢，乾坤宁谧，罢功守城，偃武修文，搬运符火，一味养真中和，故别转。所用之乐，非笙非角而取云璈。云璈者，古琴名，圣人用之以养中和之德者也。盖笛音嗷嘈，武炼者象之；琴韵中和，文修者尚之。用各不同，故云别转。三尺，以象三田。十二徽，以准年月。历以年劫，贵久道也。斫以混元，无窍凿也。音绝郑卫，无淫邪也。且玉韵琅琅，使人奏之而神气爽清，闻之而心耳俱畅，是乐也，岂实有哉！不过以喻吾身中和之妙而已。从此以后，则鬼神钦仰辅翼，成功入地升天，超今绝古矣。

纵横自在无拘束，心不贪荣身不辱。闲唱壶中白雪歌，静调世外阳春曲。

测疏：大丹圆就，药化神升，自在纵横，从心所欲，歌白雪，鼓阳春,乐且湑哉,仙家之日月也。阳春白雪,乃师旷所拟钧天之乐,今世亦有传者,但此言壶中白雪、世外阳春,似亦身中造化,以为歌曲,殆寓言耳。

我家此曲皆自然,管无孔兮琴无弦。得来惊觉浮生梦,昼夜清音满洞天。

测疏:歌中所言琴笛歌曲,皆是寓言,仙翁恐人取相而求,故复终篇道破。言我家此曲,乃罔象之象,希声之声,谓管无孔,谓琴无弦,所谓无情作用,无情听受者,迥与世俗之乐仙凡不同。且闾浮之世,浊梦昏沉,洞天之中,清音遍满,故尘梦非此乐而不醒,此乐非梦醒而不得,岂不寤寐遐思,令人忻恋哉。

星按:《群仙要语》清和尹真人云:长春师父言:觑那几个师家,福慧相貌皆胜自己,遂发心下三年志,要炼心如寒灰。下了十年志,心上越整理不下,自知福小,再加志。着一对麻鞋,系了却解,解了却系,每夜走至十七八遭,不教昏了性子,后习至五十日不动心,真性常明,便似个水晶塔子。或一日却倒了,更起念,师父啼哭,自知福浅,不能了道,经天魔及五帝大魔飞石,打折三根肋肢,亦不动心。后至圣贤提挈,闻空中言:你二月十五日得道。则至十一日早,别通天彻地,观见天地山河如同手掌。真人此歌,要亦自家履历公案,篇首数句模写,殆尽其言,一得鬼神辅,乃圣贤提挈也。真人云:“修行全在志,若无志,圣贤如何提挈?只勿令念起,乃志也。”至哉言乎!敬录于后,以自策励。

隆庆辛未五月十有二日

业尽神生光一簇
颐养长生真面目

王处一集

云光集

云光集卷之一

诗

寄道众

承安丁巳，受第三宣，于六月二十五日到都下天长观。七月初三日宣见，赐坐。帝问《清净经》。师解之。次问北征事。师答云：戊午年即止。后果应。次问全真门户。师一一对答。帝深嘉叹。留连抵暮方出。翌日赐紫衣，号体玄大师。仍差近侍传旨，赐崇福、修真二观，任便住坐。每月给斋厨钱二百镪。时在修真观，作此一篇，寄呈老母洎圣水道众。

修真观下信遥通，往复祥光透碧空。
昔遇明师开正教，今蒙圣帝助玄风。
玉阳自此权行化，法众从兹好用功。
稽首慈亲毋少虑，皇恩未许返乡中。

按察使夫人患病求痊

天生天长顺天修，不论尘寰俗骨骰。
四假岂能朝凤阙，三尸那得赴瀛洲。

悟真内照忘新触，达本灰心灭旧忧。
无色真空超彼岸，稳乘自在大神舟。

赠祖庵吕知观

大悟威光朗太空，先天真瑞信匆匆。
虚无清净全今古，至道流传正祖宗。
三界十方通一致，千经万论子无穷。
忘情自现天元主，透出阴阳造化中。

赠潍州观主太夫人

有谁遭遇活神仙，的养灵明透碧天。
玉藏抽添真水火，瑶宫凝结瑞云烟。
形神俱妙人难会，空色都除理怎传。
四海回光齐奉教，自然功德满三千。

赠助缘道众（二首）

深谢吾门广助缘，始终如一苦精研。
存神默默尘无染，养气绵绵道自然。
开阐本元清净主，化生玄象舞胎仙。
璇玑斡运真三宝，不动慈光满大千。

固穷守道道无名，全在人心运志诚。
一气循环清宇宙，三光会合聚神明。
玉坛瑞象埋仙迹，宝鼎祥辉隐化生。

说破内丹真口诀，妙功舞住自圆成。

小圣水

师之旧隐峄岩朱北玉清观，号曰小圣水，实为胜地。故有是诗。

此岩胜地古今稀，缓步烟霞昼景迟。
三界圣贤垂顾盼，一方道德尽精持。
双双童子擎花节，对对祥鸾舞玉墀。
炼就大丹归不久，有缘相伴到瑶池。

福山王押司因病求教

绵绵细细养冲和，寂寂修心出爱河。
增长谷神常不漏，流传血脉永无疴。
全真发道忘生灭，见性通灵绝障魔。
劫劫盖因功德正，万神齐捧出娑婆。

留五舍人过夏

好同我处觅清凉，聚结灵砂天外香。
四大回还清气候，双泉灌濯玉容光。
调神不动灾为福，遇物无私阴复阳。
别有生涯闲度日，宝经披论两三行。

脱世网（二首）

顺天功德化生来，法体光明遍九垓。
慧目澄澄无稍著，神珠朗朗绝纤埃。

五方灵耀冲天出，一朵心花拂日开。
浩劫真容重显现，始知处处是蓬莱。

脱离世网没萦缠，已得丹成道自然。
紫府飘飘飞玉雪，瑶台渐渐吐金莲。
神宫段段圆明结，法性虚虚照耀全。
内外炼成金玉体，盖因一遇大罗仙。

述怀（二首）

浊酒狂歌数十年，空身放荡梦游仙。
存心救拔通三界，全体光明彻九天。
世外生涯唯我晓，壶中珍宝有谁怜。
东方云海玉阳子，度脱愚迷不妄传。

我当开化混三阳，屯叠烟霞满十方。
炼出宝珠含法界，化生灵耀接穹苍。
虎龙蟠绕攒金鼎，日月飞腾照玉堂。
比及乘鸾归紫府，太平国里且和光。

门人张志明问日用事（二首）

咄假搜真苦琢磨，体天法道养冲和。
三光影里抟心印，万法门中悟蜜多。
两道清风穿紫府，六天如意出娑婆。
无无有有成圆相，指日升腾上大罗。

辉辉玉性晃晴霄，本是无为福慧招。
玄理通融真自在，妙光澄彻恣逍遥。
一声仙乐朝金阙，两道灵泉灌瑞苗。
认正本来真面目，依师且作度人桥。

道理因缘

遇师决破好因缘，与物无私合上天。
五道光明攒慧性，万般霞彩簇丹田。
清音空外传真趣，苦海波中运法船。
无证无修真了了，本来功行自周全。

居尘不染

虚无凝秀结灵胎，虽在尘寰道眼开。
酒色气财佗活计，精神血脉自根荄。
都教元海同居住，任使昆仑恣往回。
此个因缘真得得，无为清净到蓬莱。

自咏（二首）

东方云海小风风，终日无为话苦空。
一点圆明真了了，两回遭遇性融融。
三田锻出留年药，九载修成越世功。
每向朝元仙路看，全真光彻大罗宫。

铅汞相投结大丹，服之立可变童颜。
色身混彻阴阳数，真性超离生死关。
八脉通流元气海，万神攒聚玉京山。
周而复始重罗列，无极天真自往还。

示门人（二首）

特为同流指胜缘，始终如一志常坚。
清闲暗使真真济，饱暖须教事事蠲。
更向人间为实行，还同火里长青莲。
云霞引步朝元去，功满三千及大千。

一切高明共结缘，沉沉苦海种金莲。
出尘香艳离诸秽，照体光明射九天。
开阐从初真道眼，修成无上大罗仙。
腾今跨古真灵性，了了都无一法传。

仙境

仙境巍巍世莫猜，满空异馥杂琼埃。
霓旌绛节朝金阙，羽盖云旗映宝台。
三界圣真同际会，五方童子久徘徊。
古今不改谁能见，除是通灵道眼开。

全真

我师弘道立全真，始遇纯阳得秘文。

性满虚空凝皓彩，丹成表里结祥云。
顿超法界留玄教，传化人天赞圣君。
救拔群生诸苦难，自然寰海普知闻。

遇师传授

我尝遭遇活神仙，的养灵明透碧天。
心入绛宫冥照耀，气嘘丹鼎自回旋。
形神俱妙烟霞锁，动静都忘性命全。
普愿尘寰通此理，一时同泛度人船。

赠众道友（二首）

清贫柔弱喜颜红，本性翛然慕正宗。
更愿全神投内补，便当弃假悟真空。
灵源固济无诸漏，神剑挥腾杀九虫。
炼熟丹砂明火候，坐看乌兔任西东。

天和地理与人安，三教三才共一般。
性烛光明常不昧，灵童踊跃自追欢。
浮云消散禅天净，外事含容觉海宽。
放荡逍遥观自在，本来模样永相看。

答人问安乐法

虚无大道全真诀，富国安民没可越。
解脱灵宫万化生，冲和气海千疴灭。

定超无漏大神舟，辊出长空秋夜月。
一性圆明道自成，周而复始重罗列。

赠新出家

回头欲觅长安道，内外全空心上扫。
绝尽机关达杳冥，抽添水火明颠倒。
炼烹四象与三才，咄出七情并六耗[1]。
一性辉辉晃太虚，玉京自有金书报。

【注】

①六耗：指六脉衰耗。《皇经集注》："六脉衰耗，梦昧乖常，魂魄不宁。"

示门人校勘功行（二首）

劝化行缘志在坚，尽心皆与我同然。
金关启锁玄风透，铁树开花大道传。
威摄万灵齐庆贺，报通三世没灾愆。
十方众友宜搜获，一悟真空总了仙。

天然一境实恢洪，应合希夷理自同。
生育无名清净体，变通不坏杳冥宗。
旌幢闪闪排云汉，环珮珊珊下太空。
接引圆明真了了，法轮常转运玄风。

造化（二首）

妙行真功满十年，普同法道炼真仙。
温温铅鼎神光绽，赫赫灵砂火候全。
两凑玄风通岳顶，一溪寒玉降芝田。
擘开混沌观无极，豁达灵根养浩然。

保身清雅虎龙吟，寂寂真慈转古今。
太极本宗开造化，始清玄象走浮沉。
神收五脏邪难入，性灭三彭道自寻。
一粒大丹成熟后，宝华圆满出瑶岑。

法眷

玉京仙眷我心交，福注兴隆祸不招。
地狱变成传道会，火坑化作度仙桥。
闲听法鼓喧灵岳，便整云舆泛紫霄。
元始垂光弘救济，混元三界恣逍遥。

兴题

前驱紫凤舞云光，后引青鸾入帝乡。
七宝洞天常不夜，九清科法普传方。
五行四象明交泰，万劫千生灭祸殃。
二物混成无漏体，一灵真性达穹苍。

出尘

跳出轮回入道来，玄机默默满胸怀。
顿超内外诸尘网，不落周围众苦崖。
一点灵光无缺漏，四般假物任沉埋。
佗时跨鹤朝元去，复返天宫步玉阶。

赠益都统军

本是虚无一点真，降临中国作贤臣。
威加远塞无边事，忠佐清朝用至仁。
不外玉阳同庆会，每于福地结良因。
百年定作神仙客，善德从今日日新。

泰和辛酉诏赴亳州作普天大醮赠众

圣帝传符出洞天，金门演教庆无边。
大兴妙供因缘普，永保洪基海岳坚。
欣乐太平齐庆贺，尊崇道德悉周全。
太清宫下同参事，应是皇恩第四宣。

劝众化缘（二首）

闻说诸公广化缘，莫辞宠辱苦精研。
颐神和畅同修炼，养志安恬合自然。
开阐清虚观性月，斡旋造化舞胎仙。
了真默默俱无漏，不动慈光满大千。

立志宁心普化缘，各酬洪愿爇香烟。

宜搜道理重开悟，好把尘情一并蠲。
五脏辉辉生玉蕊，三田涌涌吐金莲。
十方灵宝腾空起，一性通朝不夜天。

劝人弃假归真

藉形托化仗前缘，宿孽推临事逼煎。
宝鉴神珠遭汩没，风灯石火不牢坚。
诸公好把轮回咄，一志宜将性命全。
收拾光明投内补，悟真达本复周圆。

寄呈母亲

子母修真同出家，体天法道作生涯。
化缘处处神明助，劝善重重福寿加。
俗眷恩情都不论，玄门道德永无差。
内灵升化投真趆[①]，异日功成蓬岛夸。

【注】

①趆：同“迟”。

劝众内外勤修

内趓轮回外救忙，外持内照两无妨。
助缘助教功勋著，扶困扶危寿命长。
一朵金莲离垢秽，两般玉貌出昆冈。
随时庆贺升平主，密布慈云满十方。

赠潍州千户信道子

往昔重重结胜缘，心香袅袅透诸天。
尘中养就真如体，火里长开不谢莲。
普愿搜真登彼岸，各须弘誓灭前愆。
丹圆果满神光聚，总达无为契自然。

赠内侍局司丞（二首）

好生济物道心浓，不必浮华错用功。
自己琢磨心垢净，佗时留驻内颜红。
常行忠孝无私曲，应有神明指正宗。
不觉脱离生死海，十方三界显家风。

洪恩不断古今稀，悟彻尘情总不为。
积德归依无上道，累功去了自心欺。
万神涌涌超生灭，一性如如弗动移。
佗日乘鸾游紫府，六铢衣挂受天禧。

赠远来道众（二首）

同道知音任往还，经游圣水涉千山。
洗心妙论通玄趣，绝虑回光究内闲。
金玉堂前烹凤髓，烟霞洞里炼阳关。
清风皓月真空体，悟理明宗顷刻间。

咄尽尘根一物无，清清冷冷下功夫。
素光渺渺开心月，红艳辉辉覆性珠。

既得元初真了干，任他四大散无拘。
将来功满承天诏，稳驾祥云赴玉都。

别道众

修真道众嘱丁宁，休逐轮回死复生。
一切物情皆可绝，万般尘事不堪争。
身心和畅千疴散，神气冲融四序平。
了了了时无可了，玄玄玄处证圆成。

天寿节作醮

精修黄箓启真诠，无限官民祝万年。
普运丹诚须荐福，同行真孝必通天。
香烟袅袅超三界。功德巍巍贯大千。
一切有情登道岸，太平忻乐遇良缘。

仗李寿卿化木植

寿卿贵族莫辞难，仁义通开生死关。
大藏因缘非小可，玄门消息好追攀。
增添福禄凭具行，保养形神使内闲。
一志无私天地顺，善根光结古容颜。

安丘陈县君出家求教

来住清朝法海中，去游蓬岛不空空。
饥餐内宝真元秀，渴饮丹霞玉性红。
一气周流清净体，万神齐会绛霄宫。

回颜换质无衰老，开化人天正祖宗。

请惠先生修殿

惠仙能辩古今文，师旷深闻性不昏。
学我逍遥观宝月，愿君猛烈断根尘。
两朝圣帝开仙路，一举玄科享道恩。
四大随缘游陆地，阐扬清净好家风。

赠日照县水车沟会众

水车灌出道芽新，渐吐灵光透紫宸。
二气根元成造化，满天枝叶拂星辰。
玲珑霞彩通三界，踊跃圆明出六尘。
结就本来真面目，因师开发悟全真。

赠安丘县令

安丘山水最清明，特感忠良治此城。
和睦人民天地喜，丰收田斛廪仓盈。
因公正直无私曲，是处歌欢乐太平。
助国爱民功就日，好穷道德了前程。

公姑问修行

公姑皆说道心浓，不可奢华谩落空。
且悟真修忘彼我，勿令外觅走西东。
气神欲得朝元海，猿马须教锁绛宫。
统摄群魔无障碍，逍遥自在了仙功。

赠文山刘彦充、王仁美兴丹霞观

彦充仁美各高明，起建丹霞志转新。
东海文山真古迹，西秦师祖旧良因。
周全外行含空界，混合玄功出世尘。
更把浮华都一撇，回头便作个中人。

赠关西吕清元充宁海威仪

清居宁海列冠裳，绝顶蓬壶是故乡。
密考丹经穷造化，安存灵物免悲伤。
焚香祝寿功无失，报德酬恩道自昌。
动静应和天地理，他时云步礼虚皇。

寄莱阳宋二先生

书寄莱阳宋二仙，旧人用事必精专。
迩因几处修斋醮，速可同来结胜缘。
莫把勤劳如世务，须知清净种金莲。
全真内外功圆聚，万里回光透碧天。

买查山上清观

东方云海访诸公，各愿丹成立祖宗。
三界十方通一化，普天众圣演真空。
皇天后土垂洪福，吉事遐龄表善功。
拯救人伦弘大道，递相开度好家风。

示众

修真法会信深洪，布祝先天大道通。
无内化生闲活计，有中变炼好家风。
清音历历冲云汉，玉性灵灵话正宗。
传报世间明子细，东方云海证圆融。

赠李节判明威（二首）

既叩吾门访道流，勿令愚昧度春秋。
日魂月魄依时取，汞髓铅精用力收。
都集神明朝玉帝，重开慧目赏琼楼。
丹成内外齐升降，有个无为笑点头。

清心内炼一轮光，演道开真满十方。
积德任教神鬼敬，颐真休被物情伤。
阴阳颠倒人难见，性命圆成世莫量。
法界灵明俱透彻，亘容天外自飞扬。

赠文山修观道众

体天法道做修行，天地人伦一化平。
若运肯心常不退，决明玄理悟无生。
葛洪万卷终归道，惠子千箱谩数程。
争似一超真实地，本来功德自圆成。

随哥问修行

清净身心养气神，烹金炼玉出迷津。

三田暗种留年药，一旦欣逢不死人。
五道天光明闪烁，六阳地气发逡巡。
熏蒸关节透肌骨，定是朝元谒紫宸。

长栏丁二郎退道赠之

初入吾门众尽钦，谁知无分作知音。
青霄路远年光近，黑簿名高地狱深。
范蠡张良非易学，镬汤剑树不难寻。
将来受著无情苦，悔纵颠狂一片心。

卢宣武问道

一气升沉合大丹，始知灵物自回还。
收藏宝壁归中位，剔拨天机注内颜。
光绽九宫观世界，道成永劫列仙班。
青鸾稳跨腾空去，从此清标镇海山。

赠卜者

推穷天理甚分明，特与时人决困程。
解察阴阳时否泰，能通日月数亏盈。
顺行九曜灾难及，复变三阳祸不侵。
莫待无常天限至，和贤尽总落深坑。

商河县会众求教

商河真遇自回光，步步玄风贯故乡。
云路交参天浩渺，阴魔消散性昭彰。

清音历历惊山鬼，灵耀团团满玉堂。
一旦出离尘世外，蓬莱永永得清凉。

都下张镇国问修真

灵明纳在性怀中，固蒂深根谨用功。
有宝莫令他物盗，无心且与世尘同。
包藏微密真如显，补惜精华法海空。
瑞迹仙踪无断绝，了然直赴大罗宫。

北青州船户张长者有问

一棹空舟越世间，飘飘云路列仙班。
运持灵秀攒金鼎，把握阴阳转玉环。
永出洪波离爱海，就挥利剑劈恩山。
蓬壶阆苑仙游处，一念心灰尽可攀。

赠门人南吕哥

旷劫根源子细搜，须知此个好因由。
千祥丹谷收真彩，万派银霞注逆流。
金木河车搬凤髓，癸丁炉灶炼霜球。
周天数足神丹结，五色威光簇十洲。

泗州任哥问性命事大

圆融性命不为难，孽尽光生道往还。
定息绵绵通正理，安神默默锁玄关。
收藏真秀丹须结，打破虚空性自闲。

一颗灵光超造化，云车搬载玉京山。

赠蒲台县徐上押

念身四大足虚浮，藉假修真别有由。
至道希微无断灭，元神脱洒不淹留。
温温铅鼎金光绽，寂寂灵宫玉焰收。
有个主人当面立，相逢拍手笑无休。

示门人

虚无清净立金坛，拨剔轮回生死关。
情性调和如止水，气神交结若回环。
灵珠灿灿腾云外，鹤驾飘飘出世间。
直到大罗天界上，恁时归正好容颜。

寄莱阳长涧孙四翁

书寄贤明孙四翁，微微锻炼我家风。
澄澄察察身心净，冷冷清清事物空。
细细绵绵还大孝，惺惺了了返云宫。
愿公齐力弘真教，普化人人悟正宗。

登州会众游圣水赠之

法眷知音任往还，云游圣水涉群山。
暂离百结尘埃网，时叩重玄秘密关。
性上发生真智慧，壶中认得古容颜。
全身放下无诸念，便是逍遥自在闲。

赠宁海州王一翁化为醮首

请公目下细斟量，既遇良缘便可当。
家道兴隆因建德，福星临注必除殃。
愿人有幸扶玄教，学我无为达上苍。
四海存亡都一化，立教地狱变天堂。

宁海太守屡尝书召，以诗奉答

信香不断累相招，自肯存心养瑞苗。
禁制奸邪因德政，恤怜老幼显歌谣。
常蒙帝阙恩光降，足表忠心福行昭。
伏望功成名遂日，也来林下论逍遥。

赠明水公殿试

心灵神喜悟真常，日日无私达上苍。
休殢儒门求外显，好搜道理惜元阳。
万尘根断超三界，一举功成贯十方。
试把前程相比校，为官何似到仙乡。

答沂州赵知法问修行

云踪不断瑞阳开，悟彻尘缘心自灰。
但觉身中清一气，渐看鼎内聚三才。
青龙白虎鸣哮吼，赤凤乌龟战往来。
罗列周天同际会，道成自有紫书催。

赠杨都目化缘都下干当教门

助缘诸物顺时来，都下光明转转开。
不惮辛勤成好事，须逢吉庆远非灾。
旧庵拆了重修葺，善气将残复接栽。
深谢圣恩功德力，愿祈洪祚等天台。

别远来道众

清晨目下别相知，普化人天处处齐。
若解壶中交日月，便超空外步云霓。
未归蓬岛朝真圣，聊向尘寰度执迷。
好恶是非都不挂，任他乌兔走东西。

赠修真观厨张

厨下清河志的端，莫令抛撒谨修完。
精严每感诸仙喜，节俭能招百行攒。
既向福田常润益，自然心地永舒宽。
他时功满离尘土，一颗神珠始得看。

示门人（藏头拆字，二首）

□开法眼内无忧，□肯精持百行周。
□吉遇遭金口诀，□言叮嘱道宜修。
□田上下通来往，□气循环任自由。
□载仙班云外列，□圭服了恣遨游。

□升火降内观修，□是人非物物休。

□性却临金地旺，□魂还向月宫囚。
□传丹诀真师见，□显灵光玉液周。
□庆无涯真得得，□丝不昧任优游。

张五郎问修行（藏头折字）

□友才闻真道德，□田不觉悟清凉。
□山玉璞离尘土，□性芬芳天外香。
□里金鸡常显瑞，□头丹凤每呈祥。
□年成就无为理，□篆金书度五郎。

赠杨解元攒三字

□□来问古真宗，□□相知尽始终。
□□子居尘世里，□□我离有无中。
□□信受明真理，□□三光话苦空。
□□并超真造化，□□出现赴蓬宫。

赠道友

徐福店小宫姑毁容截鼻，处志慕道，赠之。

毁容截鼻志弥坚，为脱尘缘结道缘。
一著根源超等辈，两通盟誓透青天。
三光密照开灵慧，四大冲和道渐传。
光绽五明常不夜，六波罗密吐金莲。
七情除灭圆明聚，八洞神仙同受宣。
九曲明珠穿顶过，十方世界任周旋。

海市诗并序

暂别东牟，西游登郡，渐叩古黄西皋，遇海市垂光显异，乃与道合真也。故曰：皇天发泄，大道舒张，披三光而下降，禀一气而上升，万化人间，莫知其道也。是乃长养诸天，大地冲和，四序炎凉，洞焕太空，化生玄象，混同万法之根源，符合大罗之眼目。因借东坡韵述怀。

水晶宫殿锁晴空，万象澄澄碧海中。
月里姮娥观宝鉴，日中仙子玩珠宫。
乾坤斡运明真理，混沌重开越胜工。
万道毫光攒坎虎，千条赤气罩离龙。
满空圣众扶圆盖，玉女金童策主翁。
紫雾红霞才绽处，玲珑七宝现威雄。
神风静默惊山鬼，万化参差世莫穷。
光压水天无势力，吾真三界得冲融。
放心天下无违碍，四大神洲饮几钟。
虽说东坡真上士，足知大定胜元丰。
古今诸胜钓鳌手，不论泥沙碎铁铜。
以道治身功行满，大罗天上一家风。

复用前韵

混元三界俯观空，隐隐仙山巨海中。
和气流传生瑞象，清风明月透灵宫。
天男天女从空有，绛阙琼楼匪世工。
滚滚波心生玉虎，炎炎火里走朱龙。
泥丸公子鸣天鼓，紫府真人舞醉翁。

聚集万灵同庆会，飞腾八极示清雄。
掣开今古神方秀，劈碎虚空理不穷。
永永长生超造化，明明无相自圆融。
上令百代登霄汉，遂享洪恩过万钟。
助阐玄门扶内教，方今清世乐真丰。
仙胎道骨居尘境，恰似良金混锡铜。
直待紫书亲诏唤，恁时显出我家风。

守道

金精玉髓结神胎，夹脊光明两道开。
灌顶醍醐生万象，二轮日月射瑶台。

绵绵若存

认得虚无动静功，流精宝璧赏无穷。
周而复始重罗列，仙韵琅琅聒太空。

返朴守拙

本源无漏定长生，千叶金莲耀日明。
心性了然同一体，希夷大道自圆成。

温温铅鼎

一气清虚摄万灵，万灵都会见圆明。
明明内外天光结，决证蓬莱没死生。

光透帘帏

纯阳开化上冲天，放出神光养瑞莲。
道气周流通子午，桂花吐焰照无边。

造化争驰

两肾堂间风雨吼，龙虎争驰乌兔走。
刀圭入腹鬼神惊，大地群魔齐拱手。

虎龙交媾

五色天光聚本容，虚无运度杳冥中。
玉阳到处仙歌聒，随步金莲晃太空。

清浊两分

顺气流行观自在，迎风歌曲醉冲融。
清凉境里神光灿，渐转虚无大道通。

王公问如何学道决了生死

虚无元气结神丹，开辟轮回生死关。
拔度十方三界苦，一灵真性自归还。

又问如何体天法道

大道不离开化数，迅雷无失自然功。
推穷此理皆同体，应变人天弗落空。

赠门人王哥

修行拍碎我人山，脱俗超凡绝往还。
平等常持心正直，他时升入碧霄间。

张公问顿悟

达道空无一物形，随机应感度群生。
重逢浩劫天元主，了了轮回十万程。

游行

闲观山水游蓬岛，满地白云风自扫。
暗想浮生极苦辛，谁能修此无衰老。

得物

乌飞兔走入中央，恍惚灵源得妙方。
一粒刀圭通九转，升腾变化满穹苍。

悟真

悟来切切认真欢，灌顶醍醐一气宽。
大道冲和通子午，内灵光辊出泥丸。

办道

清浊浮沉复往来，昏昏默默口难开。
双眸不欲观乾象，耳鼻通灵吸秀胎。

顺化

颠倒循环似醉人，不忧不喜内全真。
精神动处灵波滚，三界清虚绝点尘。

归真

悟彻根源一点深，灵台颐养紫芝金。
金光涌涌超生灭，玉性辉辉了古今。

救生

会救空身一大灾，轮回生死不能该。
灵源神水透玄谷，四序仙花火里开。

养道

昔年东海会初真，多谢明公管顾恩。
却返仙都听紫诏，斡开玉户入金门。

传善

功圆行足自朝元，莫越清时结众缘。
普愿愚迷归至道，助修真福满无边。

通光

众立丹阳显异碑，端文仙迹妙雄威。
包藏微密超今古，补惜先天造化机。

达本

虚心实腹志精专，捉马擒猿觅了仙。
清净无为行大道，不须苦苦问青天。

识讳忌

十二时中善恶童，录抄名件覆天公。
校量功行无亏失，决补仙阶不落空。

黄县女冠刘志妙问日用

搜详日用苦精研，触目回光百行全。
损己炼真弘大道，前程自可灭诸愆。

四会开化

七宝金莲瑞气浓，玉华平等我家风。
三清上帝通真德，一派光明处处同。

答文登七宝会下见召

深蒙宠召布桥梁，讲论无生不死方。
七宝金莲同结秀，诸天庆会满空香。

刘公求三宝真诀

全身光结紫金丹，须得灵明认内闲。
会合玉田真口诀，聚神一撞过三关。

金莲会众求教

法会因由道自然，沉沉苦海种金莲。
温温铅鼎神光绽，辊出丹砂射碧天。

复和

复本还元达自然，虚无清净变金莲。
通融四大心丹结，万道霞光出洞天。

了真

黄金藏里翻身出，玉秀瑶池一点开。
风月飘飘天外境，住行坐卧是蓬莱。

赠福山仁寿保柳枯

今古真慈设大功，三天始遇信匆匆。
欣荣渐渐通玄妙，得一方知道合同。

寄丹阳

大定十五年，有门人初志，常欲往关西参丹阳公。师曰：何必远去，他日此处相见。然不可慢汝之志，作是一绝，寄呈丹阳公。到彼展视，言泄天机，后果东还。

山东东路有真修，木德为邻自免愁。
一二二三连一二,九阳光满向东流。

观游历道众

道行仙功心上求，莫随波浪逐轮流。

爱河苦海翻身出，一点灵光达岸舟。

登舟李会首乞孝道颂

天地虚无生育恩，出家须认道之根。
龙吟虎啸明真秀，女姹婴娇惜至尊。

赠门人于了一

宿无灵骨谩修仙，达本方知道自然。
缄口忘机绝视听，亘初面目可周全。

杨先生索守道诗

始初守护日精华，暗种芝田养瑞芽。
渐透玄关冲顶过，满空光结紫金砂。

敬三教

三教同兴仗众缘，真空无语笑声连。
放开法眼全玄理，莲叶重重作渡船。

舍俗投玄

绝尽尘情一点无，自然无相下功夫。
明收四序先天景，混沌三光结六铢。

咏查山石芝

日月精华结瑞苗，玄光真气内含包。
能滋五脏生金液，暗补全身肌骨牢。

赞黄箓精严

星坛月殿溢香风，走凤飞鸾间玉龙。
赞动三天诸圣降，度魂皆得步仙踪。

赠乐安药铺王二翁

神农本草非为贵，天上芝兰味莫穷。
好把神丹超世药，山头医取主人翁。

门人初小仙乞守一法

一点灵明认的端，一轮皓月永相看。
一身神气呈祥瑞，一性腾腾万化安。

赠北青州道众

出家道众谨参详，皆可蓬壶认故乡。
攒聚精神离苦海，放开心月养和光。

云光集卷之二

诗

大定丁未十一月十三日初奉宣诏

上腾和气彻三台，下布祥云遍九垓。

化出空中清雨降，道横四海一声雷。

赠众

到沧州无棣县新丰村皇亲四官人道庵盘桓。续奉圣旨，委天长观，大德宣至，十七日复委棣州，七驸马支起发钱二百贯，临行赠众。

诸天仙眷满空浮，带我容光西北流。

统摄万灵澄浩渺，翠光拨弄紫云头。

入天长观

入得天长正位宫，交参殿宇映重重。

金坛玉壁朝元像，七宝玲珑显圣容。

朝真

香散云霞接太空，祝延震动绛霄宫。

群仙共集烟深锁，大德清朝讲正宗。

入静位

法门玄教锁云空，四大和光静位中。

门化诸天真妙道，收神明月与清风。

宣诏

恭惟悚息定神光，闭目祈闻圣语详。
伏愿天皇万万岁，回心三宝结嘉祥。

赐小童侍伴

天恩不断尺宣差，特赐灵童运圣怀。
仰谢吾皇功德力，敕修道院谨修斋。

赐紫登坛作醮

飞龙走虎下天来，光满金坛紫宴开。
八洞瑶池空里降，升沉天地一齐回。

还山

戊申八月告暇还山，复经沧州，皇亲四官人请为黄录济度。

恰如残雪遇春光，一切诸灵罪已亡。
万物欣荣逢道化，瑞云洋溢满穹苍。

梦中所得

在圣水本观，梦中得此一绝。后经七日，重宣。

紫府真人玉路催，诸仙云集走轻雷。
满空光显琼瑶象，策命金书自往回。

世宗寝疾，因忆，特差近侍内族诣圣水玉虚观传宣，令乘驷马车速来。

八月中秋得暇回，洞天游赏恣徘徊。
戊申腊月重宣至，驷马轻车昼夜催。

还山

至己酉正月初三日到都，世宗已于初二日崩，少主即位，宣使不敢奏见，遂乃还故。

先帝升霞泣万方，洪恩厚德岂能忘。
公卿不敢当今奏，却返云踪入故乡。

众官员索

清廉正直应仙方，福注兴隆寿自长。
一一云收心月现，宝光攒聚紫芝香。

黄箓满散赠众醮首（二首）

性灵空界别行香，上祝皇恩彻万方。
欣乐太平齐设教，宝华圆满自清凉。

亡者生天更不疑，见存姻眷受洪禧。
既知真圣垂加护，莫作欺谩度岁时。

随朝众官员索

清时一气静乾坤，万寿无疆祝至尊。

四海尽修无上道，普天俱报圣明恩。

赠刘先生

万般方术都归假，千种机关总是空。
唯有灵明常不坏，百年随手一团风。

赠昆嵛山东华、契遇二庵道众

东华悟得谨修持，契遇方能种紫芝。
目下不离清净境，将来一会赴瑶池。

内照

一点灵明自得知，莫从外假恣驱驰。
住行坐卧心无病，有个真人紧厮随。

三人同志住庵学道

三人同志叩玄关，认彻无为炼大还。
功满脱离生死海，各携云朵赴仙山。

了道后经半月，空中忽现真异

仙语灵灵报下方，想知决是马丹阳。
飞神救拔诸州难，满国欣荣坐道场。

仙期

龙转洪波去便休，虎奔岩下是程头。

凡人证果神仙位，行满功成没恋留。

黄箓醮抄亡灵

递相随处广抄灵，正直无私绝爱憎。
孝子顺孙同荐福，拔亡解苦尽超升。

赠胶水孙哥

咄假搜真自琢磨，精持无漏养冲和。
万愆灭尽灵珠现，稳蹑祥云上大罗。

乳山巡检丁忧告别赠之

哀书一到痛悲伤，千里区区返故乡。
我即昌阳当济度，不能攀送亦回惶。

宁海于公处乞钱买酒得四十六

买酒乞钱四十六，通流五藏润玄谷。
三田滋养妙精华，般运周天万颗玉。

福山张会首告出家

脱尘仙路好追寻，背境观心绝外音。
业尽道生通秘密，周天闲采紫芝金。

示游走道人

无限机筹总是空，先天真瑞不相同。

本源觉性成抛废，谩打轮回一梦中。

范用之索

轮回苦海何时彻，即可回头持猛烈。
爱子怜妻度岁华，百年冤苦空凄切。

王六翁问学道

父母元阳谨谨留，休教泼水再难收。
深根固蒂无生灭，暗解黄泉万古愁。

释门张善友索（二首）

一点真阳混始初，仙家还有世人无。
神光万象皆罗列，日月飞腾大药炉。

晨参夜礼转金经，雪白莲花心土生。
更愿悟真投内补，进修百行证圆成。

偶题

修真暂请别云軿，无质心香喷九天。
光发内灵除染滞，玄功妙行满三千。

焚烧船网

救生戒杀契真修，百祸消亡福注留。
心上化成玄妙理，自然神气得通流。

赠邓库官

支收诸物细区分，处正无私没一文。
养浩又能通秘密，始知内外总超群。

文登李公问真日用（二首）

聚集灵烟入玉壶，锻回铅锡出神炉。
剔开玄道金关节，火候仙丹过尾闾。

悟真暗把内丹烧，寂寂玄风养瑞苗。
渐透灵台穿顶过，了知平地上青霄。

咏桃园

红芳映日赏桃花，此是人间景没加。
奉劝诸公归物外，洞天深处更堪夸。

黄箓大醮破用无私

支收买觅事纷纭，各体无私抱正真。
内外都教忘懈怠，存亡方得出沉沦。

登州染韩一翁索

会染青红皂与黄，其余杂彩压同行。
不如内炼真颜色，赫赫天光晃十方。

悼丹阳

大定癸卯季冬二十二日，丹阳蜕质升霞，故题。

走电飞雷击太空，先天大器恣威雄。
妖精魔怪随风散，独显圆成道德功。

登州京王三翁出家赠之

不露玄机不出家，出家心冗像尘沙。
本源觉海空抛废，怎得冲和发道芽。

棣州崔殿试索

玄元大道不难通，横志清刚万法空。
一气包含天地髓，了真直赴大罗宫。

牛殿试施简板求教

物物洪纤总合真，都缘方寸得良因。
从教混迹浮华境，透体金光不染尘。

田殿试索

虚闲境里种芝田，撮集精华结瑞莲。
万化内投清净主，洞观无碍了真仙。

滨州高官人索

欲脱轮回生死关，始初一点绝回还。

忘情内炼真三宝，赢取逍遥出世闲。

乐安药铺王二翁索

仙药蓬壶不远深，时时内炼水中金。
宝光发散冲三界，便是灵明了古今。

滨州七官人病愈赠之（二首）

虚无元气结成胎，清净光明转往来。
会合三田无漏泄，遇真一点可回骸。

米麦精华发道芽，玉堂烹煮紫金砂。
三才四象空轮转，九载携云蓬岛夸。

赠莱州李孔目

事物洪纤总必知，官司堆里纵施为。
前程若到身危险，悔不学他张令资[1]。

【注】

①张令资：令资乃唐时吏人，遇纯阳出家了道是也。

叹世

贪爱欺谩不歇心，心无真用祸须临。
本来神气都消散，虚打轮回战古今。

邹郎哭妻求教

深藏内秀朝仙阙，败散灵根落土丘。
两路教君知损益，了身方术细寻搜。

赠于宅结怨无劝和

结成大怨如山岳，万祸临头犹不觉。
累子害孙坑祖先，轮回苦海争头角。

赠福山由官人

倏忽经年二纪余，外容减乏内精枯。
无常催逼头如雪，悔不修完大药炉。

莱州刘大官人索

悄悄心停万事休，凄凄无相把根收。
澄澄观察无中有，稳稳孤乘般若舟。

关西董先生索（二首）

搬精载髓过关来，夹脊光明万道开。
灌顶醍醐生瑞象，二轮日月射瑶台。

这个灵明不外求，玉堂绝学万神留。
乌光兔静重罗列，赤凤青鸾笑点头。

梦游仙

醉卧高空玩大罗，谁人会我养冲和。

瑶宫紫府亲曾到，玉印常持剿万魔。

赠莱阳二将军

将军遭遇活神仙，返祸成恩福慧迁。
更愿收神投内补，本源清净得延年。

丹阳致炼无上道

丹阳致炼无上道，东海西秦通受教。
复返云宫度岁华，这回了了全真效。

化俗

顿抛俗海慕仙风，扫荡尘缘万法空。
道遇先天清净主，如如不动自威雄。

化六亲

物物般般尽打回，勿思宠辱自心灰。
情忘爱绝琼花绽，灵宝光明一点开。

化蓟州玉田县田先生

玉田灵宝结神胎，天地光明内往来。
四大无生真了了，方知处处是蓬莱。

赠在都修真观大众

固穷守道苦叮咛，触目无私绝爱憎。

一切女男如父母，自然心地得澄澄。

出身

三界空虚一主人，脱离天地俏难伦。
常垂万化钦玄德，普钓鲸鳌出苦津。

福山姜姑问修炼

学道犹如火炼金，真金炼出紫光深。
玄宫运用身三宝，一颗圆明了古今。

赠李赵白三人作道伴

各悟浮华到底空，三人同志积真功。
通诚内论希夷趣，以道相传正祖宗。

叹人未悟

人人不悟道根基，日用张罗没尽期。
耗散圆明无倚托，死生灾厄紧相随。

赠于公在家修行

万般尘境任铺张，千种浮华莫论量。
正己存心行大道，性灵何处没三光。

赠圣水山脚

圣水周围奉道流，好于法会细搜求。

修成内宝仙无老，洗涤身乘般若舟。

赠李讲师手炉

禀邀真圣祝三光，发散祥烟满十方。
摄化本源无有性，虚无浩浩自馨香。

会真

始青[1]县象在其间，聚散三神一粒丹。
元是大罗天上得，有时相会各欣欢。

【注】

①始青：元始天尊说法之天界。

咏冶

二气沉沉在混冥，五光浩浩运无停。
刚风摇动红炉炽，铸就人间万物形。

充本州黄箓济度，赠李讲师

九朝法事谨宣扬，供献诸天礼十方。
士庶官僚同荐福，立身行道爇心香。

济南府张哥索

济南西北药山间，阳气升腾合大丹。
何不故乡餐玉秀，却来我处觅芝兰。

中都张盐副问趖生死

本无衰老与来生，只为尘寰染俗情。
惹绊精神留苦海，性灵无路得圆成。

赠本观高道人

玉洞收藏真玉髓，金炉锻炼紫金丹。
三田既济谁能悟，五脏通明自得看。

谢人寄物

公书香果已亲收，回奉俱无阙拜酬。
有相因缘当绝尽，无形富贵好搜求。

戏题乡人多不信事

金莲七宝我封栽，光贯清朝处处开。
非是玉阳无道德，灵山尚不重如来。

因丹阳一联续成

清净斡开壶内境，无为踏碎洞中天。
灵明混合诸天地，大道空无一法传。

谢于公惠炭

二气炎凉万物昌，三秋锻炼去皮傍。
玲珑五色腾空起，灭尽尘缘性骨刚。

因别乐安，空中忽有灵异响报

三界云舆聒洞天，经于耳目不凡然。
慧人把握玄钩线，钓出轮回决了仙。

随姑问心王

心是诸尘大法王，莫教颠倒逐飘扬。
自然内外真空结，却反蓬莱认故乡。

赠滨州大妙坚

清净仙功决不难，损心物物事休干。
神宫运度真三宝，七返圆融换骨丹。

赠无棣县林孔目

黜辩藏辉道自生，内停真遇性灵灵。
气神交结还元海，寂寂无形出有形。

赠蒲台徐上押

保持精秀骨中砂，引虎调龙养瑞芽。
无相宝瓶晶火聚，冲和四大步烟霞。

登州小谢在病，以此寄之

汝可频频进饮汤，满怀贫乐绝悲伤。
苦缘受尽天开眼，有分徐闻仙路香。

劝众道士

宽著肚皮弘大教，放开心月转虚空。
任从一点空升降，不打轮回无有中。

赠刘从真

修真劫劫劫重修，累积玄功得岸舟。
大志冲天无挂碍，渐通仙路任悠悠。

赠沙河道友

妙道真空塞世间，俗流不认是还丹。
生身立性因元气，养浩都离万苦端。

赠蒲台刘四官人

吾官福德已清高，更接云根固济牢。
海底火行天上水，虎龙交媾列仙曹。

赠鹿岕山会众

鹿岕会众莫沉埋，内照三光性烛栽。
真化自生无苦厄，宝华圆满上天来。

小心

幼慕清虚学软柔，无心世路问踪由。
只忧生死无门趓，独倚空山觅彻头。

遇师

蓦闻高道抵山州，三教通连一路搜。
万法尘情俱绝尽，草衣木食契真修。

投师

宿契心交见便休，了真师弟勿言留。
玉堂同会无生忍，不露玄机笑点头。

述怀（二首）

大道元无一法传，悟来拍手指青天。
性灵密与虚空合，始觉光明满大千。

化生天道恣逍遥，玄谷嘉祥舞六么。
日用循环清宇宙，了知平地上青霄。

腊月二十二日斋忆丹阳

奔迸玄光宇宙空，大丹一粒醉云峰。
仙兄今日朝元去，图画昌阳显异踪。

赴沧州朝元公请（二首）

黄河泛溢接诸方，随处生灵尽被伤。
即赴朝元同会话，急修黄箓祷穹苍。

孤心一点结知交，方外清名转转高。

通阐内丹光满后，道成宗祖出天曹。

功成

大丹光满自通天，守假盈躯待圣宣[1]。
外济十方三界苦，内朝无上大罗仙。

【注】

①圣宣：三界之上，玉帝宣也。

寄云中录并此一绝献金紫夫人

清音妙行无私曲，滴水之恩难忘足。
密向仙宫迁紫陌，姓名预备云中录。

王妙真索

透骨绵绵道进程，静中时遇性灵灵。
兼修百行无回转，独舞胎仙宴玉庭。

太原张哥问收心

心生心灭在心休，心上光明谨谨收。
心性了然同一体，虚无大道自圆周。

赠道众

了心心外显真修，敢把红尘一拂休。
搜正本源清净主，同乘法海大神舟。

徐公告救治

昨霄来日与今朝，催促轮回福祸招。
不若澄心常默默，依时养种玉芝苗。

赠蒲台胡四翁（二首）

先天之道细精搜，全体光明上下流。
炼就圆成遭济度，便乘丹凤入瀛洲。

孝无不顺上天和，更爇心香透骨肌。
救拔阴囚离苦厄，志诚自得道扶持。

莒州王哥索（二首）

一气潜通万化荣，满空吹散紫霞轻。
摸开天地真心药，拍碎虚无道自成。

仙韵琅琅出洞庭，桂花香散满空馨。
回颜换质无他事，服了刀圭自有灵。

勉刘三立身

人天之道立身难，莫与凶邪共往还。
百行不离真孝道，未明如隔万重关。

赠莱州路会首（二首）

蓬岛莲宫没托生，亘初一物怎通灵。

三田九鼎光难聚，七宝金容岂见形。

透骨流光心月香，心香流注结真祥。
三灾五苦随风散，百炼冲和昼夜凉。

马大翁索

扶持内教性灵灵，五色金莲叶叶荣。
日用脱离诸苦厄，道芽仙福自然生。

朝元公索

黑水红云化度真，冲盈血脉益精神。
龙蛇蟠绕光明聚，白马嘶鸣身外身。

赠招远三宝庵道众（二首）

三宝腾辉出土来，暗中换却旧形骸。
仙风道骨端严秀，有分朝元步玉阶。

勿违国法莫欺心，三宝光明自照临。
认正本来无相物，一轮圆耀出瑶岑。

徐公求口诀

日落西山性命枯，速修速炼下功夫。
灰心渐得无衰老，阴尽阳纯药一炉。

夏悟真

本来面目向心开，黑白金精尽点回。
颠倒循环真火候，无中自觉产婴孩。

庞哥说道赠之

一团顽矿未曾磨，雪刃冰锋讲蜜多。
臭烂皮囊呼不二，腥膻脏腑作天和。

济南张悟道索

不在频频问玉阳，大家性命自搜详。
玄宫仙药朝元诀，法海心珠了道方。

外人相嚎

登莱潍密谩称扬，悟达贤明在里厢。
日用进修真大道，普宣教法满诸方。

赠牟平胡村刘大翁

时时用意细看详，心友无过择善良。
参透玄关真实事，立身行道免灾殃。

叹赵守一业重

业通三世罪冤深，急急修真小著心。
祸灭九阴除外假，福生十地善缘临。

周抱一问生时候

保生炼出水中金，迸掷神光妙行深。
抱一无离澄正觉，九阳都会尽除阴。

自咏（二首）

超世清闲自得知，了心同达上天梯。
虚无灵宝圆光现，照破昏衢永不迷。

教门喜事一重重，法会因由渐渐通。
信士往来常不断，递相传授演真空。

宫哥索

玉鼎金炉炼道芽，翻腾今古小仙家。
万神集向无生路，异日功成蓬岛夸。

莱阳望石神庙户孙大翁

市民不住送名香，荐福祈恩降吉祥。
昔日真仙留古迹，引人登此望仙乡。

赠道友

每年季春三月三日圣水聚会。是日道友请说教，遂作。

圣水三三聚贵豪，志诚祈福不辞劳。
为忧生死同参论，演大因缘化一遭。

李大翁年老言日前错了修行

欲把枯根复接栽，世间万事便心灰。
从前邪气离身去，无限神光入腹来。

谢王六翁惠香茶（二首）

深蒙颁惠好香茶，同愿回光养瑞芽。
雷震一声分造化，琼浆玉液溉丹砂。

三纪回还访故人，十无八九可伤神。
光光水渌重明秀，道化依前日日新。

寄长春丘公

身心内外结真祥，杳杳玄科透骨凉。
凡圣同源真喜庆，人天宽布降仙方。

赠内族县丞

功臣内族格清高，无限天恩同遇遭。
孝道双全人罕及，他时林下访仙曹。

赠陈内奉

古今立法莫亏公，念念无私演正宗。
澄察本来真面目，不违天理道相同。

福山请主醮（二首）

长春高荐请书来，便可奔驰免复催。
官吏市民同会话，莫知心印有谁开。

吾乡信士递相传，纠率名公结胜缘。
孝子顺孙同荐福，新亡远化尽生天。

赠宋解元

掷钩曾钓大鲸鳌，摇荡沧溟滚怒涛。
但愿有缘相济会，从之无不列仙曹。

劝出家小童

第一须亲德行人，殷勤进道勿辞辛。
争功夺行存终始，方可通灵悟本真。

福山高万户被差北征索

存忠竭力发威雄，一撞麾关显大功。
收得江山归圣主，嘉名称赞满寰中。

赠文牟新出家众

传报清音满故乡，文牟法会愈恢张。
递相弘阐真空理，七宝金莲处处香。

赠关西王遇真戒，乃丹阳公小仙

戒付关西王遇真，好凭妙理养灵根。
有缘靠著真师范，代代流传道德恩。

文登小崔欲出家，二亲虽许不放

出家彼此福星临，争奈顽愚不尽心。
一点俗情无断制，故违天道罪根深。

本观三清暖帐化缘

兴修须假众因缘，故向人间立福田。
更愿回光搜密妙，方知内外普周全。

赠杨都目

都目精持道念深，教门有分做知音。
添神补寿光明聚，退志违余祸必临。

禅门求教（二首）

真禅真道发真功，真善真慈真苦空。
真乐真闲真自在，真修真炼显真风。

真心真觉得真欢，真行真功做一攒。
真悟真玄真了了，真空真化永真安。

本观书催还乡

他方缘厚回程晚，到处因深起发迟。

大抵不离弘教化，此身行止任推移。

中秋（二首）

八月中秋昼夜凉，周而复始本真常。
明开天地无瑕宝，一气清宁显玉阳。

秋云消散碧天晴，一颗寒光海内生。
照透玉壶神彩结，三田流注自圆成。

了真

了真决作大罗仙，却向人间普化缘。
搜觅鲲鳌朝上帝，荡摇浮世降重宣。

赠张先生馈酱

阴阳精秀发神光，得法调和一味长。
普劝人间依此做，若还食了永清凉。

赠郑先生

尘缘物物莫推穷，用度千般总是空。
搜正本源清净主，翛然犹见自家风。

丘、王、焦三小童顽劣，以此示之

忽起狂心觅出家，愚顽乖劣度年华。
因何恣纵难调伏，都为根源福不加。

赠古县陈公（三首）

万法皆空莫乱猜，元初一点绝尘埃。
还同出水青莲朵，时吐幽香远远来。

道化三才天地人，谁能达本复全真。
休迷陋舍空衰老，下手修完身外身。

出世登真本不难，万缘无碍肚皮宽。
三宫运度留年药，七宝圆成换骨丹。

赠崂山郑先生

志坚心稳住嵘山，华盖[1]曾兹炼大丹。
无限峰峦深掩映，自然尘事不相干。

【注】

①华盖：古时真人。（编按：华盖真人，姓刘，蜀人。五代时曾居崂山。端坐而化，神色自若。至晚视之，只遗躯壳，若蝉蜕。见载《莱州府志》。）

按察使夫人因疾求教

古今生育道之常，争奈人皆背此方。
不惜本来清净主，色身那复得安康。

述怀（十三首）

大道无形生育我，运行玄理出昆冈。

三光泼泼流真彩，一气炎炎化玉阳。

无无有有道真常，寸步香花贯十方。
大悟灵明满天地，住行坐卧睹三光。

一点灵光空里开，空来空去没轮回。
怀包日月通今古，混沌无名任去来。

浩劫容光不动移，体天法道道无为。
自然变炼真三宝，生育乾坤万化垂。

顿觉冲和发道芽，渐凝真气结丹砂。
三才四象通颠倒，方信蓬莱是我家。

载般灵物体真闲，把握圆明认内颜。
跃出元神超造化，飘然一撞过三关。

无相容光内照真，先天先地作良因。
清心里面神明会，一颗金丹出六尘。

跳出轮回造化间，满空真圣列云端。
十方三界堪游赏，随步天光辊玉坛。

认得元初一点灵，无修无作了无生。
混同大道真空体，步步逍遥赴玉京。

本源觉海聚神灵，万物同归一化生。
要复本源归觉海，无为功满自圆成。

光明攒簇一神灵，千叶金莲衬足生。
出离十方三界苦，不劳修习自圆成。

悟真达本慧根通，应化丹诚演苦空。
般若波罗无挂碍，希夷大道悉圆融。

宝光圆满欲情枯，一切浮华过眼空。
炼就金丹无打算，神仙何处不如如。

题潍州石桥

七窍玲珑凑玉泉，法桥大度我同然。
搬今载古谁能悟，为向人间接有缘。

对月

真空境内现青霄，宝鉴何曾有动摇。
若解凭斯为体用，方知神性本昭昭。

题云光洞（二首）

昔日云光炼大丹，丹成顷刻变童颜。
上祈浩劫天元主，下拔轮回生死关。

日月交飞射紫霞，清虚朗朗彻天涯。
明开道眼人难识，顿觉蓬莱是我家。

门人韩道温往乡中给公据求教

金花玉蕊结神胎，横志清刚别有阶。
金骨炼开真玉性，化生无相不沉埋。

赠福山牟城柳二翁

一点真空没处猜，个人心上把芝栽。
周围种下金莲子，自有良时道眼开。

赠门人王守正

轻骨回颜立本初，清音妙行达无余。
还元一点开真性，跃出神灵晃太虚。

赠李志诠住白龙洞

白龙入腹化生来，万派天光浩劫开。
日月升沉当目下，坐观依约见蓬莱。

寄官民

庚午年，师在蓟州玉田县，因醮罢，谓众曰：北方道气将回，空中有神明往来，刀剑击触之象，莫非生灵将受苦邪？作诗与官民为别，继乃北边有事。

大道光明一并回，十方云阵走星靁[①]。
皇天后土垂真象，世务浮华一点灰。

【注】

①霦（bìng）：雷声。

悯世

世凡不悟道根基，生化乾坤应物机。
会得此般玄妙趣，自然神气达幽微。

赠莒州千户（二首）

一炷心香达上清，无为妙道渐圆成。
高县宝鉴尘难昧，照透前程万劫明。

虚无一气化生来，天地阴阳结秀胎。
浩劫真容超造化，碧空县象绝纤埃。

圣水洞南涧下澡浴，请众去垢作（二首）

大众皆当赴浴池，脱离尘垢绝昏疑。
各持精爽成修炼，千古如如不动移。

脱垢明清出浴时，人人方表没瑕玼。
涤除内外身心净，一点真空步步随。

赴山前醮

苦海奔波出离难，了真随处布香坛。
登山涉水无辞诉，拔度存亡此愿宽。

谢宰公惠郓州薄荷煎丸

灌顶醍醐一粒丹，滋开千古好容颜。
芳华郁畅灵明显，撞透轮回生死关。

无争

古往今来几变更，难逃生灭契无争。
无争自是人稀悟，若悟无争道即成。

灵童（三首）

出家一片始终心，遍体光明照古今。
渐透灵台冲过顶，回还妙道罕知音。

玲珑玉焰一丸丹，都出心田万化关。
补足仙功通道行，太平端坐赤城山。

喘息冲和万化通，真空迥出有无中。
冥符道德真常理，都在巍巍一性宗。

别登州

云收雾卷好闲游，已入圆成又复周。
明有大罗真指示，便承此理别登州。

赠莱州李节判有意出家（二首）

脱俗搜玄自得知，亘初一点合天机。
吾门自有修仙诀，显武先生依不依。

证明三宝作生涯，天地冲和养日华。
盖世功名都绝念，玄霜结就紫金砂。

本州同知觅苍术赠之

日月流光秀结成，补添肌骨渐轻清。
能收四季神光聚，夺得仙丹变化生。

和张殿试诗

万尘渐断志刚刀，真行真功造物饶。
炼就宝珠超世网，大罗天上恣逍遥。

赠修真堂女众

无论老幼作真修，各阐清闲到岸舟。
光满十方离苦厄，永居天外最风流。

劝门人校量心地

心目澄澄内校量，物情堆里别真祥。
收神养气为功行，尘事般般任短长。

文山郭解元求药赠之

欲觅长生换骨丹，旋除尘事放心闲。
闲中认得真消息，脱了轮回生死关。

查山宋少翁施经作醮

修斋设教复抄灵，拔罪消愆自有凭。
普济亡魂资道力，尽离冤苦得超升。

空有

缥渺云霞空复空，内师天道本源宗。
依空又被空漫昧，从有还遭有蔽蒙。

叹迷惑

东来西去觅真诠，自己灵明总未全。
万法万缘如万象，须知同是一般天。

赠大策杨先生

一点无生混杳茫，托胎顺化养和光。
缘深悟得全真理，法道开宗处处香。

因门人不语

百行枢机总五常，不言之教满空香。
潜心观察真玄妙，默默昏昏理最长。

忆莱阳宋二先生

鹤驭云骈信不通，几时回步玉虚中。
松窗雨过琴书静，终日无人话本宗。

劝行孝道

一心孝道顺三光，苦志精研灭旧殃。
今古昏魔都绝尽，炼真去假变清凉。

本州醮罢赠众道友

雅命相邀入本州，醮筵预备广圆周。
志诚修累真功德，同往蓬壶看十洲。

密州千户请为黄箓济度师，醮罢赠之

清廉孝道鬼神惊，上祝诸天摄万灵。
圣水甘膏同普济，沉魂滞魄出幽冥。

密州官员市户举请修完佑德观

佑德兴隆总不难，预观和气已回环。
始终如一功圆就，有分仙阶列上班。

劝化大众兴修

并力齐心勿诉难，兴修福地会仙坛。
争功夺行迁云职，触目无私暗结丹。

赠密州李都目

都目先生厌世尘，丹诚佑德结良因。
其间供养蒙周备，福庆从来赐吉人。

叹人未悟

十类群生苦海中，痛嗟谁肯立仙功。
指迷幸有全真理，随处修完道合同。

诸王醮罢示众

无相无为一点真，普同供养大罗尊。
万灵庆悦承超度，出离阴囚五苦门。

示门人

透体光辉照室明，一轮圆相没亏盈。
方知便是真元祖，永脱沉沦应化生。

密州崔道常猛烈出家赠之

舍俗投玄悟道常，回心保护内容光。
炼开万古真灵性，不谢仙花处处香。

答人问三宝

古之三宝气精神，都会元田别有因。
光满十方丹就也，大罗天上列仙真。

大众求教（四首）

道本无名绝外求，灵台丹谷细精搜。
五情六欲都消散，万道光明颠倒流。

大悟贤明事事除，脱离尘网达元初。

三田灵宝光圆聚，一派清歌聒太虚。

物情堆里绝沉埋，正觉心珠渐渐开。
照见本源清净体，悟真达本应仙材。

全体光明合大丹，冲和返老变童颜。
逍遥自在真欢乐，便觉升腾碧落间。

赵德静索

德静心清乐出家，顿更凡骨养丹砂。
玉堂结聚真三宝，产个灵童天外夸。

赠杨殿试（二首）

千古云收朗太空，先天真瑞信匆匆。
内灵光散丹无漏，一指清虚大道通。

生生世世善根芽，悟理明真度岁华。
功行无亏通道德，他时归去步云霞。

戒付

宋州海阳县张二郎出己钱物买观额度牒，告立知观。遂令门人魏志明充当。

戒付滦州魏志明，体天布德顺缘行。
清心建立诸方所，救物哀人道自成。

登州郭下小王仙在病求教（二首）

心香芬馥接青霄，法海通光养瑞苗。
若悟真空清默默，千灾万祸一齐消。

玉鼎金炉炼日华，飞腾真秀走河车。
万神集向泥丸里，撞透天门未足夸。

赠莱州西海郑村李道义

慧灯明射古容光，悟理通真达上苍。
今日重重叮嘱尔，别闻天外紫芝香。

指迷

心地光明变化深，尽随缘业极升沉。
人人不悟无生理，谩打轮回战古今。

病者索

人间若要识仙方，休纵尘心向外狂。
爱念忧愁都绝尽，全身永永得安康。

祈雨

大安己巳七月，师在北京华阳观。时久旱，在城官民恳祷于师曰：苗将槁矣，安得重苏？师乃闭目良久，复谓众曰：虚空许雨一尺，降于来日。众未纯信，翌日果验。官民致谢，作此绝以示之。

腾腾瑞气接穹苍，化育群生大道昌。
光变十方常不夜，一时普济满空香。

泰和癸亥诏赴亳州作普天大醮

无作无为出洞天，普天法道荐良缘。
东方云海玉阳子，特授皇恩第五宣。

外国使谒，辞不相见

只倦心拘身不安，百骸上下聚成团。
这回不话人间事，全体光明都内观。

赠通真散人

通真万事喜颜红，养气全神不落空。
海纳百川诸罪灭，自然地狱变天宫。

赠邓先生

保惜云霄火一团，一身全德四肢安。
温温铅鼎神光绽，万古灵明悉并攒。

赠莱阳浦里于先生

悄悄心停福注留，冥冥无相把根收。
澄澄悟彻无中有，稳稳孤乘般若舟。

赠莱阳高姑

心是菩提大法王，莫成颠倒逐波忙。
自然一点灵空结，却返蓬莱入故乡。

赠李都监

倦随尘俗恣矜骄，一志清刚别立标。
内蕴灵光含庆悦，功成天外永逍遥。

谢人惠李果

大道元和莫损伤，万灵真秀竞芬芳。
自然滋益精神别，百味玲珑透骨香。

赠赣榆县徐福店酒监

不舍尘情去又来，拔亡救苦免凶灾。
化缘济度开心月，四序金莲火里栽。

赠陈守元

青鸾赤凤火云飞，集向玄宫饮玉池。
夺得阴阳真造化，方知脱了死生危。

棣州张姑求教（藏头折字）

□生大道自然香，□有真师细校量。
□路上通仙信息，□灰方得性舒长。

唤高庵主（二首）

□传要诀道怀包，□觉心田真遇遭。
□日化公休隐迹，□登云步转清高。

□人空里禀真搜，□把灵烟玉露收。

□喜神丹俱内结，□系不断道圆周。

赠关西老马先生

□公切切认予交，□母恩深万古牢。
□绊马牵离苦海，□恬浪净运风骚。

登州姜权问心地（藏头叠字）

□地光明变化深，□穷内炼水中金。
□铅玉汞真三宝。□满朝元因了心。

鞠四翁问传授口诀

□然妙理不能传，□化人间外结缘。
□福合和真大道，□生光满大罗天。

又问初会修真若何

□友初知大道源，□流神彩结芝田。
□园尽是三光秀，□气烧丹决了仙。

云光集卷之三

诗

赠李局令

立德崇三宝，修真括万方。化生真水火，攒聚内容光。
混沌明交泰，尘凡任短长。他时功行足，归去赴仙乡。

搜玄立功

四海搜真趣，三山择妙玄。禀持心解悟，和合道因缘。
浩浩升仙职，明明出洞天。玉虚通一化，随步结金莲。

玄通

人事都除尽，修真赏一阳。运行常道德，变现旧嘉祥。
性月辉三界，神珠耀八方。妙玄通正觉，浩劫喷天香。

太上出现像回奉阳信县道士李伸达兼请往中都

功德回将去，李公早早来。道恩无断绝，仙位稳栽培。
法性通天悟，玄光拂日开。阐弘真大教，处处是蓬莱。

悟理

金容超造化，白首跨青羊。大道因缘普，玄门况味长。
三才归鼎器，一点出昆冈。浩劫仙花绽，随风处处香。

赠毕道判（二首）

道判行慈孝，吾心恰一般。若能明运度，全胜外相看。
悟理精神爽，通真道德安。光辉无不遍，归去跨青鸾。

熟境重重灭，灵光渐渐生。清神除罪苦，静性补圆明。
玉液时时润，心花叶叶荣。了真超造化，风月满蓬瀛。

赣榆县诸王村下元黄箓醮赠众

谨设三元醮，同兴祝圣筵。香烟腾碧落，法事礼诸天。
荐福遵黄箓，修真步白莲。存亡皆快乐，功德普周全。

述怀（五首）

一点真空性，虚无自往还。根源深洞达，动静悉安闲。
处世头头悟，回光事事删。飘然归物外，端坐上方山。

累世无边业，今生入道场。魔军皆溃散，心地现嘉祥。
四海腾金液，三山发紫光。炼成真玉体，云步泛穹苍。

法法尽归空，心真万化通。栖神虚旷里，付性杳冥中。
升入圆明藏，完全无漏功。度生超万类，了道体皆同。

四大任天然，真空妙柬传。二仪分造化，一气自周旋。
赤凤窥金鼎，青鸾饮玉泉。前程明了了，撞透九重天。

一颗清心镜，光明塞两间。度生缘且立，悟理事都刚。
消尽多生业，唯存浩劫颜。时时堪内赏，龙虎正交关。

宫先生问修行事

人道无移变，生成自有时。二花空里结，一点世难知。
宝鼎存真性，琼浆满玉池。指迷还悟解，只此更何疑。

徐法师索

认取此良因，空飞日月轮。玄关通造化，宝藏积珠珍。
混沌潜真火，昆仑出至神。一时超世外，万劫景长春。

王遇仙索

玉树琼花绽，青童笑语传。结成真庆会，占得好因缘。
一鼎光明聚，三身智慧全。碧天风月下，证果大罗仙。

登州高左衙索神灵诗

灵灵无相物，悄悄独歌欢。默默重玄悟，停停万化安。
盈盈离九地，了了入三坛。浩浩朝元去，腾腾跨彩鸾。

赠田小二好事

先祖皆修德，儿孙必定贤。善根随气长，家道逐时迁。
吉庆常招集，神明暗报传。昨朝真圣过，今日复迎仙。

郝官人索

物物了然休，般般绝外求。虚名皆是妄，实行最堪修。
炼气超云外，颐神到岸头。灵芽穿紫府，心月辊空流。

滦州刘悟真问疑心

随物捉心鬼，观空入妙玄。调神投内补，见性灭前愆。
默默流琼液，冥冥绽碧莲。全真功德备，光耀满无边。

答人惠笋菜

宿赋玲珑性，清虚绝点埃。纯阳明运度，天道化生来。
玉洞传真秀，金坛发迅雷。片时分造化，万劫不轮回。

劝辛先生再出家

辛公曾出家，日望跨云霞。争奈俗缘重，翻成道理差。
速回前过犯，再接善根芽。达者无先后，功圆蓬岛夸。

劝善

正直神仙会，皆逢化诱权。恶缘宜省减，善事好周圆。
秉住三光秀，修成一点鲜。遇师亲决破，迤逦道相传。

铜岭姜二翁施法鼓赠之

法鼓会群仙，人天喜化缘。身心同舍施，福德自升迁。
响拔阿毗狱，声开大洞天。显扬真孝道，功满步云軿。

全道

养道千疴散，修真万法空。气神交结处，性命杳冥同，
光发玄元体。精持罔极功，撮收真造化，明月与清风。

谢斋

十方诸道契，清信布香斋。正念时时接，真功密密排。
百灵含庆悦，千载起枯骸。了了超生灭，朝元步玉阶。

中都蔡校尉索

达道超生死，轮回自执迷。瑶花开紫府，仙药满曹溪。
龙沼存金虎，蟾宫看日鸡。些儿还悟得，只此上天梯。

劝堂下道众

堂下诸局次，精持日用功。内真须洒落，外行亦圆融。
老幼相提挈，朝昏各敬崇。尽能弘孝道，揭谛悟真空。

请诸处道众

盖造玉虚观，须当各用功。同流心至恳，施主力深洪。
段段如铺锦，层层远接空。共扬真正道，方外显家风。

复示众（二首）

一点古容光，人人不忖量。生身因造化，回首是无常。
悟道心神秀，开真寿命长。运期天地净，物外紫芝香。

顿晓希夷趣，无为守内颜。飞腾浮世外，混合大罗间。
日月攒金鼎，精神耸玉山。道同师弟训，一撞万重关。

早秋勉众（二首）

出伏渐秋凉，清神转骨刚。一灵宽自在，二气顺舒张。
四大俱调摄，三关结瑞祥。五明重运度，六脏自安康。

有个妙玄方，诸般罪业亡。神丹俱内结，出世更和光。
表里无形迹，虚空显道常。本来真面目，法界自清凉。

诠道

玄元传大道，灵宝结芝田。水火符升降，乾坤合倒颠。
澄神观性月，随步舞胎仙。千日真功就，光明射九天。

寄长春丘公

赵州团正觉，商水赞希夷。
玉阳不能去，长春自得知。

门人刘悟真问疑心

万事都休想，千魔总是空。
布修真德行，仙佛体皆同。

棣州三清观上元醮作

一就上元节，消灾拔苦亡。

照临天地静，福禄自然昌。

勉众

既作出家儿，功行莫延迟。
尽心真复实，勤苦道相随。

劝众助缘（二首）

侧近诸堂下，相烦共救忙。
建兴真古迹，磨炼内容光。

世世善根芽，生生福力加。
神天同救助，功满步云霞。

回李讲师

书信匆匆急，真心不转移。
雅怀无彼我，云外作交知。

赠滨州店户赵会首

来迎三岛客，去送五湖宾。
教遇重阳会，嬉游四序春。

张广威施宅修庵赠之

公宅改仙庵，清心绝外谈。
内灵含庆悦，知命不贪婪。

都下柴库官索

正觉悟心王，情枯万虑忘。
神光穿紫府，丹熟满空香。

修内司马校尉索

心善性舒宽，包容内化安。
灵空清默默，忘假得真欢。

重阳节斋后会众求教

法界同真会，斋余歇晚凉。
千门簪瑞菊，万户庆重阳。

文登县张村邢四翁久别再会

旧友重重喜，真容渐渐开。
昏魔宜遣去，静性可收来。

赠朱解元

好继丹阳业，了真四大安。
九玄登上会，一点跨祥鸾。

三州五会

七宝金莲子，三光从玉华。
常持平等行，步步是仙家。

文登王会首问道术

精持真大道，达理性飞腾。
一点通今古，金光自降升。

赠密州孙悟明

一壶藏万化，二物炼神丹。
悟得超生灭，携云步玉坛。

莱阳县东长直庵结冬

印经买纸墨，结冬在长直。
补接日精华，搜藏玄妙理。

赠设贫会众

老幼一般看，扶缘道德宽。
始终无变异，所履自平安。

睡中有感

五色祥云里，三天圣众诠。
神明侧耳听，劝化谨修仙。

张小仙求教

扯破尘劳网，跳出是非坑。
宝鼎存真秀，心花吐月明。

房志明索

补惜真空体，炎精炼玉堂。

倒颠离坎位，续续紫芝香。

李大达索

认正本元道，般般心上扫。

灵明透肌骨，宝鼎祥光罩。

敕修新道院与众尝李果

此果美甘香，灵空真味长。

虚心非冷淡，惟愿众仙尝。

董官人问如何通悟

大道不难通，心灰丹自红。

抽添木上火，补塞蕊珠宫。

莱州张志真问收神定命之理

收神定命基，方可应玄微。

进火添丹鼎，朝元指日归。

霍会首问三教归一

无生真妙道，达本体同然。

吾教冥归一，通融理自全。

孙一翁见子出家大哭，故赠之

贩骨如山岳，时来暂托生。
保朝不保暮，出离是前程。

题丹阳百不歌

百不如意处，茅庐土穴潜。
静清消旧业，一味道中恬。

诫睡语

一气号玄精，全真自降灵。
回还无漏泄，步步到天庭。

赠刘真一

巧使千端计，阴公暗折磨。
不施平等行，回首梦南柯。

赠中都赵知观

顿忘天下欲，渐赴大罗乡。
日月交光绽，灵明满十方。

于周问吉凶

逐处有凶吉，心乖趓避难。
百年随手过，觉则道中看。

自在

处世如虚空，浮生似梦间。
悟真超造化，步步出尘寰。

杨公出药求教

壶中一粒丹，心肾两相关。
水火真加减，服之见本颜。

于志常问清闲

平等元神定，逍遥玉性闲。
心空观自在，一脱万重关。

孟知常合药索

性若金刚利，心如大藏宽。
结攒元气髓，和合紫金丹。

买文登七宝堂观额

七宝丹霞观，通光结胜缘。
万灵同庆会，百福自周圆。

买宁海州金莲堂观额

宁海龙祥观，金莲顺化生。
福星都结聚，道德自然成。

禅师问道

悟达真空体，无生自往还。
物情俱丧灭，唯现亘初颜。

赠滨州高官人

天堂非路远，俗眷岂能长。
悟道归真理，全神纳伯祥。

劝棣州崔殿试入道（二首）

存心养道芽，尤胜度仙槎。
聚合真三宝，丹成步彩霞。

催行真大道，遇理起生涯。
一片清虚境，逍遥度岁华。

赠福山刘一翁

善恶两还报，贤愚不并酬。
百年随手过，都在眼前头。

赠道士张守道

归依无上道，守得水银红。
性命还元主，清音聒太空。

谢人施物

善性崇三宝，真恩彻九霄。
全家重志庆，似我乐逍遥。

中夼[1]于少翁命禄尽，祷余接寿

大海无根树，令余苦接栽。
舍身难用力，石火岂回来。

【注】

①夼（kuǎng）：洼地。中夼，地名，具体位置不详。

赞火德星君

混元一气主，化生天地人。
明真超法界，济物妙通神。

明天道

恢恢天道大，不与物情同。
悟达真如理，归源却返空。

行化

东海西秦去，南京北阙来。
客尘都不染，端坐是蓬莱。

崂山采药

放荡真如性，逍遥养内丹。

寸灵无彼我，百草变芝兰。

谢赠

太古郝公升霞，门人送道袍，不受。以此赠之。

彼物回将去，分文没往还。
一灵真性在，脱尽死生关。

述怀

亘初无相物，默默独歌欢。
动静还元主，玄风幸得观。

文登择福地作丹霞观（二首）

三宝兴缘地，诸公可察详。
不唯身富贵，更得性清凉。

万事信天然，随方结善缘。
一壶藏造化，四序景新鲜。

顺天者昌

好事如山岳，精持每用功。
立身弘大道，法性自圆融。

逆天者亡

奸懒心机巧，顽情不顺天。

教门真患害，地狱苦因缘。

出尘

一点真如性，居尘不染尘。

虚无元体段，脱洒度天人。

颂

警迟公

昔在牟平县沽水庄迟二翁宅说教，大露天机，全家跪听，皆如聋者。及见迟公寿数不长，故以言警之。

休把黄泉戏弄，全体内怀珍重。

违天百祸临身，达道万灵感动。

宣在都下，众官赠衣物并鞍马，不受

欲趓生老病苦，叮嘱宜修仙举。

忘情绝了尘缘，万化还归本主。

出尘

朝元子刘公精诚奉道，施惠过多。欲因此颂激励出尘之心。

欲求长生之因（休心），欲了自然之道（拂袖）。

欲修真实福田（济人），欲作扶缘演教（和光）。

泰安州王禀告全家入道

异哉王禀全家，各修清静根芽。

分别争逃死路，炼烹日月精华。

述怀

昔日区区守道，今时真圣应报。
大罗玉簿名句，后学修仙早早。

卢宣武索

大道开辟以来，无相化生万类。
人还物我同观，返照深根固蒂。

行化至蒲台县失马，寄呈朝元公详察

失马虚空一化，的望朝元清雅。
欢心体用仙机，别有祥鸾稳跨。

赠棣州防御七驸马

为官王事所拘，学道虚空掌管。
四民各艺争忙，达者不论长短。

赠马悟真

悟真全然去假，缚住心猿意马。
宝宫虎斗龙蟠，赤凤青鸾稳跨。

马智真索

内炼本容变化，一气冲和上下。

脱尘认得圆明，皓月清风会话。

寄东乡道众

稽首东方法会，道要真心不退。
各怀一志精专，照破万缘无昧。

因小辈讪谤作

小儿尖唇利舌，不欲人前分别。
皆因泯绝是非，故得出离生灭。
缘兹加遇三宣，独步清风明月。
莫待拂袖云归，的有含悲哽噎。

赠诸处道众

既作同流，莫学奇怪。四序炎凉，三光否泰。
清净教风，勿令懈怠。道弟道兄，洗心宁耐。
竭力奉公，事缘洪大。外谢神天，内持真戒。
全体光明，并除阴债。绝尽旧业，洞观无碍。
入众妙门，炼真无坏。个个投真，人人悟解。
升入无形，遍含法界。一点灵光，古今常在。

赠老王先生（二首）

龙虎坎离，铅汞婴姹。异像无穷，一气自在。

龙行雨施，拂座香随。人怀道德，万化扶持。

得道（二首）

大道本宗，天地否泰。出离我身，混元三界。

灵宝金丹，颠倒循环。壶中日月，轻骨回颜。

劝缘

伏望诸公，好事推穷。一心齐力，大教兴洪。

杨先生问本来模样

无形无相，化生心上。趁有著空，本来模样。

初守道住庵求教

学道同初，抱守神珠。证明三宝，不动如如。

于了一问心地

心是汝师，莫放东西。其中一点，莲出青泥。

姜哥问住庵（三首）

独坐茅庐，般若灵虚。手抟日月，安在鼎炉。

世事一拨，推穷本末。物外全真，心死命活。

修真体道，洪护正宗。三教万法，普济无穷。

赠滨州李四郎（七首）

心是道，道是心。心合道，古今通。

心办道，性然香。真一点，出昆冈。

心了悟，性灵明。真自在，达圆成。

心无影，性无形。神光绽，辊金精。

心守道，性持斋。行与坐，是蓬莱。

心了了，性休休。真无漏，住悠悠。

人我死，物情休。真大道，了无忧。

金丹诀

酒色财气绝，世事般般彻。三尸阴魄消，六贼十恶灭。
魔山竭底摧，都休乱扭捏。乞食纸布衣，顿把心猿歇。
一意不真常，慧刀分两截。动静两俱忘，不得夸清洁。
性命稳栽排，深藏精气血。万神自欢谐，灵风透骨节。
上凑朱灵宫，下通龙虎穴。保养气精神，慎勿轻心泄。
四海发云光，三山落白雪。际会玄元宫，绵绵无断绝。
水火自抽添，周天自摆列。神气自然灵，真师自提挈。

百骸自豁畅，容貌自然别。日月自循环，金丹自然结。婴儿自然欣，姹女自欢悦。五气自朝元，四大俱调摄。玄理自然通，万神自超越。大道自然成，陆地自然别。定正个中真，暗把心香爇。光散化成神，神光如电掣。锻炼大丹成，现出家家月。一撞过三关，仙班云外列。开廓天地清，阴灵飘荡彻。日月交光转，参罗碧凛冽。圆光满世间，说中非有说。九转大丹成，永永超生灭。清歌聒太空，浩浩朝金阙。混元三界中，嘱付叮咛切。东牟王一书，传此金丹诀。

歌

朝元歌

灵宝堂，金刚纂，不假浮沉空漫漫。
默运天心不动移，投神一点空无绊。
辊金精，自浇灌，凑聚烟霞天外伴。
开辟纯阳运化生，玄宫法界都穿贯。
喜颜红，真无乱，万古精魂都著岸。
混沌重开显正宗，玄元宝璧时堪玩。
感皇恩，明诏唤，两帝三宣功德案。
紫衣师号朝圣明，万灵庆会都来窜。
透三光，昭洞焕，一体通融无间断。
杳杳虚空道自然，五明攒罩清凉馆。
走云光，金雷散，诸地诸天呈手段。
赫赫神光晃太虚，亘容浩浩超云汉。

皓月堂，圆明观，玉象金狮游内院。
下振黄泉竭底清，太平涌涌神交换。
归去来，无打算，三界十方光渐满。
四大空无一点尘，留传大道谁当管。

会真歌

会真歌，会真歌，宿骨灵光事若何。
不论物情真富贵，无穷无漏道根科。
真一点，没言多，空色色空莫问他。
心灭情忘离幻境，撮拿性命上高坡。
真妙用，养冲和，抱一无离谨琢磨。
混洞赤文超造化，无形水火出娑婆。
真内宝，绝沉疴，暗度清琳九曲河。
二十四槌金锁骨，尾闾关节枕鳌峨。
频烹炼，莫蹉跎，日月流光出黑波。
颠倒循环清宇宙，须知回首看南柯。
重清爽，涤昏魔，一颗圆明世莫过。
守壳盈躯随分饱，不亲世上假偻㑩。
金雷吼，玉人呵，脱体全空一刹那。
无极诸天洪正教，十方三界普周罗。

普救歌和丹阳韵（攒三折字）

□□三人遭大遇，□□性命安闲处。
□□清里得真欢，□□相投真实语。

真实语，□□铅散汉钟吕。

□□结就紫金丹，□□汞中得真趣。

□□重阳道论量，□□仁马居环堵。

□□神气永绵绵，□□明中自歌舞。

自歌舞，□□出现真龙虎。

□□回光三界中，□□下方来济度。

□□我度出幽冥，□□从此离尘土。

□□钟声更莫言，□□问之归紫府。

归紫府，□□信受没为拒。

□□闻说我宗风，□□天人无譬誉。

吟

得道吟

自从一得长生诀，万里天光如电掣。

日月精华补漏源，真空水火凝交结。

运行真气结灵砂，道骨仙风碧凛冽。

七宝金莲晃太虚，三宫朗照秋天月。

顿开万法没言诠，浩劫之家莫可越。

盖古腾今一点真，诸天济会同参谒。

养浩吟

虚无一气浩然新，四假包罗无价珍。

仙命莫令尘惹绊，苦空不得话艰辛。

颐真养性存精秀，聚汞烹铅守谷神。

一气升腾超造化，二仪变炼会初真。
周天加减留年药，全道滋荣妙色身。
斡运内丹凭火候，载般乌兔走蟾轮。
三田应化灵宫雪，五脏冲和甘露津。
内宝完全无漏果，纯阳混合古今因。
清音历历动山鬼，云宴喧喧聒海滨。
会遇诸天弘大教，时逢圣帝御严宸。
惟祈忠佐千秋岁，仰祝皇基万万春。
大德大功成大道，大罗重会旧交亲。

妙化吟

普化清心公，清心道合同。般般心上扫，物物莫推穷。
定性存今古，颐神续祖宗。遇师亲说破，默默步云踪。
妙物腾空起，玄珠落绛宫。绵绵调玉虎，细细运朱龙。
赤凤舒金翅，青鸾舞太空。神炉烹玉貌，金鼎铸朱容。
表里光明结，丹台雪暖红。了真超造化，明月与清风。

开化吟

无为清净内修完，始遇天元道不难。
自得无生相混合，玄都灵物锁幽关。
炎炎大气空升降，赫赫天光辊玉坛。
寂寂万神空里坠，亭亭元宝接昆山。
攒攒玉姹投玄谷，聚聚金婴列瑞班。
处处青莲开满日，空空玄象始归还。

腾腾五色圆光飐，灿灿流霞万化攒。
细细神风轻缥缈，灵灵金相自妆銮。
清清宝璧盘桓住，净净灵砂透骨欢。
默默了真非有说，明明全道事都删。
玄玄守护真三宝，妙妙功成一颗丹。
浩浩银霞常覆罩，辉辉玉性自追攀。
飘飘舞袖超三界，混混朝元显内颜。
朗朗闲如秋夜月，炜炜常在玉霄间。
惺惺了了仙家乐，湛湛澄澄道性闲。
旷劫真容离苦海，古今圆象出波澜。
大罗一会同归去，悟理明真子细看。

显道吟

芸芸悬象满空飞，应报人天万化机。
绝妙神仙留秘诀，须知父母未生时。
阴阳造化全直理，一点灵光总不知。
混沌变通超物外，内灵随步蹑云梯。
先天圆觉真空体，性命含光天地齐。
百骨通灵心悦乐，无情童子笑微微。
洗心法雨明浇灌，开道光明出污泥。
般运珠珍通上下，抽添水火并东西。
玄元四大开心印，秘典灵文越世奇。
句句只敲心髓病，言言直指达无为。
逍遥叮嘱长生理，暗合天真不动移。

传道洪缘玉阳子，济危拔苦度愚迷。

真一吟

真孝真慈真校量，真心真遇聚真凉。
真师真诀通真炼，真行真功真道场。
真静真清真大道，真玄真妙结真祥。
真明真悟真无漏，真语真言合上苍。
真虎真龙真造化，真山真水养和光。
真闲真乐真无染，真圣真贤满十方。
真性真容真洒落，真禅真道显真常。
真天真地布真德，真圣真仙处处香。

青童吟

寂寂寥寥一醉中，萧萧洒洒喜颜红。
清清静静全真理，默默虚虚守内容。
细细绵绵吞紫瑞，澄澄察察饮霞风。
盈盈聚聚天光结，杳杳冥冥立祖宗。
遇遇遭遭超彼岸，端端的的话真空。
灵灵俏俏仙家乐，喜喜欢欢度岁丰。

回光吟

告暇得回归，修真不动移。化缘离苦厄，贤友作交知。
随处同参论，人天度众迷。六尘通旧塞，三宝妙精持。
空外玄光聚，神明不敢欺。清风贯四大，皓月整容仪。

白首全今古，金身括四维。儒童皆拱手，真相等头齐。
法本空无住，真功自不亏。运朝天地静，乌兔任东西。
变化真灵性，朝元自有期。诸天来稽首，三界悉归依。
悟者投真趣，修仙绝妙机。无生出混沌，道俗显尊卑。

玄真吟，敕修新道院住持作

宣住真仙院，情干绝外非。恩童[1]供两饭，灵物饮刀圭。
四大俱调摄，三光不暂离。六尘无染著，八脉自通微。
一句金丹诀，都超万化机。七明[2]通聚，九转不难知。
十地圆明结，真空话祖基。大通观自在，一点镇无为。
放旷天衣禄，逍遥绝世羁。化生真水火，日月两交飞。
悟彻先天理，升腾自有期。冲融明了了，道德实希夷。

【注】

①恩童：赐一小童侍奉作伴。

②七明：外丹服食名词。石芝之类，茎蒂连缀，起三四寸，有七孔者，名七明。此处，以外丹术喻内丹法，以明凝心神于一。

授教吟

师游东海道方行，从此玄门日日兴。
至教人天扶圣化，法言空外契黄庭。
壶中密炼全今古，斡运璇玑宇宙清。
气化本源无漏体，神真一点碧霞精。
冲开玉藏通三宝，放出圆光射五明[1]。
洞达虚空方自在，回还养拙渐神灵。

慧风飘荡千疴散，真一冲和万化生。
宝璧流辉投玉海，真祥变炼结朱婴。
纯阳加减天光绽，水火浮沉道进程。
灌顶醍醐人怎晓，出尘手段世皆惊。
山鸣谷吼连天喜，揭地轰雷发笑声。
得道无为真了了，周而复始自圆成。

【注】

①五明：内丹语。指中丹田。

搜真吟

浩然无极真空体，落在迷因不辨真。
酒色气财摧本柄，忧愁思虑丧元真。
悟来掣碎眉间锁，省后修完性内真。
玉洞云封堪养浩，丹台雪暖渐全真。
千重宝焰攒神室，万道天光罩本真。
皓月清风同一体，无为无漏自朝真。

脱尘吟

大道留传小小真，下方云海遇良因。
仲尼蕴行同成侣，白首金容可作邻。
三界十方归一化，千门万法妙通神。
盖因缄口清心地，运转精光日日新。
万万灵明常守护，千千鸾鹤自相亲。
诸天诸地皆通彻，未肯轻传与世人。

元命吟

真一善人，唯德是辅。广演慈悲，拔亡济苦。
养浩通灵，真祥反哺。积庆无涯，福星临注。
俗契恩深，投胎父母。化成身体，补修根祖。
苦行实心，包怀今古。接众指迷，百灵加护。
内炼真空，普施甘露。混世光阴，莹然而住。
万变定基，俱无作做。地狱天堂，从人所慕。
解脱羁缰，誓无回顾。日月流光，每遭真遇。
养火投玄，祥光敷布。透入晴空，展开云路。
法界周旋，万神攒聚。跳出轮回，满空歌舞。
洞焕太空，我之门户。玉簿书名，一闻千悟。
上达诸天，下开冥府。法道通真，皇天后土。
金液还丹，洗心坚固。拟学神仙，莫存能所。
自遇真师，专凭养素。皓月知音，清风伴侣。
朗照无边，欣逢正主。四大五常，回光返补。
了了无为，尽朝元去。

云光集卷之四

沁园春

遇帝君

予自七岁，遇东华帝君于空中警唤，不令昏昧。至大定戊子，复遇重阳师父，因作此词，用纪其实云。

元禀仙胎，隐七岁玄光混太阳。感东华真迹，飘空垂顾，悟人间世梦，复遇重阳。密叩玄关，潜施高论，皓月清风炼一阳。神丹结，继璇玑斡运，羽化清阳。

欣欣舞拜纯阳，又虚妙天师同正阳。命海蟾引进，旌阳元妙，古任安尹喜，关令丹阳。大道横施，驱云天下，绝荡冤魔显玉阳。诸仙会，讲无生天理，空外真阳。

满庭芳

住铁查山云光洞作

俯视沧溟，屏山掩映，万重松桧森然。金波滚滚，云锁翠峰巅。昼对清光浩渺，更阑显、月印新鲜。圆明聚，红霞影里，捧出洞中仙。

元初真面目，如今了了，高卧云轩。为丹炉无漏，颐养三千。圣祖垂光下降，诸天举、婴子朝元。功成也，金书紫诏，常在玉皇前。

中夯于大郎索

一点灵光，无中显现，太平高步烟霞。清风皓月，流注玉京砂。五气三元结秀，升腾处、云辂交加。蓬瀛会，瑞光缥渺，盈座散香花。

堪夸真妙用，仙丹一粒，洞焕东华。满太虚寥廓，清境无涯。认得元初至性，因修炼、清净根芽。圆成也，玉蟾影里，稳赴大罗家。

上京刘朝真索

四大容仪，三田灵秀，炼成九转丹砂。虚无自在，以道作生涯。净土祥光瑞彩，玲珑贯、天外烟霞。冲和处，乌飞兔走，同运紫河车。

真仙开妙趣，菩提佛果，一理无差。指玉清境界，此际何赊。伫听金书紫诏，人间事、元没交加。当归去，庆霄高会，风景向谁夸。

赠卢宣武（二首）

日里金鸡，月中玉兔，变通玄象盈亏。无形斡运，三界现慈悲。长养诸天大地，资三教、天下归依。真明了，观天之道，清净更无为。

十方诸道众，回头猛悟，拂袖云归。养神胎灵骨，锻灭阴尸。定是回颜易质，通玄奥、物外精持。丹圆满，根源了了，皆作度人师。

心爇真香，神排妙供，满空遥送丹方。收藏灵宝，嘉瑞自呈祥。一点穿联浩劫，两仪内、反复阴阳。全真乐，团团性月，光散满空香。

搜详玄妙理，根源无漏，道德芬芳。聚神砂玉液，无致倾亡。结果真仙妙道，超三界、无极清凉。全家悟，颐神养浩，皆得到蓬庄。

赠莱阳县宰刘显武

今古相传，昌阳胜地，好修六度三坛。休心绝虑，颐养紫金丹。玉洞收归万化，昆冈上，风月珊珊。云光聚，三田结秀，返老变童颜。

玄关牢锁闭，金婴玉姹，仙诏追攀。挂六天如意，复采芝兰。杳杳长天高举，飘飘聚、罗列仙班。君知否，缘深行广，达道本非难。

有感

因福山县王远村北丹灶山，道友聚话，论及此山乃方平修炼之处，话间空中忽有报应，遂作。

丹灶为冈，清洋蟠绕，昔居王远家庄。八山耸翠，四水聚贤良。五彩祥云覆罩，三天上、仙韵琅琅。金童报，九霄传送，无外我容光。

空生初请问，真如善应，大法空王。演苦空般若，左右圆方。立教分乘引度，通十地、诸圣行藏。虚空里，希夷大道，浩劫永无疆。

赠出家众

米麦精华，冲和恬惔，自然造化成神。无生妙道，迤逦变良因。既得长生久视，明颠倒、月伴风邻。先师教，颐真了性，富国更安民。

清新腾朗耀，天威扫荡，蓟灭袄氛。布大慈甘露，广被人伦。却返生前混沌，重加遇、枯朽逢春。方知道，三田宝满，一性免沉沦。

赠三宣

三宣到都，住持天长观，复敕修新道院，乃作。

诏赴天长，敕修堂宇，道弘一布归真。我师玄化，谭马并加恩。七朵金莲显异，清朝喜、优渥惟新。重宣至，车乘驷马，祝谢圣明君。

皆成诸法会，亲王宰职，里外忠臣。遇太平真乐，道德洪因。更望参玄众友，遵三教、千古同欣。齐回向，吾皇万寿，永永御枫宸。

赞丹阳公

久宦东牟，清门高广，自然别有行藏。吕真遗训，一指遇重阳。拂袖西秦顺化，真功就、复返吾乡。朝元去，回颜换质，处处显嘉祥。

昌阳留异迹，普天设教，劝爇心香。得灵源开悟，独处清凉。宝鼎丹成九转，明颠倒、返照回光。同成道，称扬盛德，呈上满庭芳。

黄县久旱，请作黄箓醮，得饱雨作（二首）

暂别东牟，西游登郡，万灵遥列金乡。无穷仙眷，空外总呈祥。休道蓬莱路远，诸真圣、都会芝阳。星坛下，凉天静夜，云宴礼虚皇。

十方同法会，丹诚对圣，出罪行香。度九幽离苦，悉睹三光。见在俱蒙福祐，沾甘露、同免灾殃。逍遥乐，圆坛罢散，齐唱满庭芳。

龙转西江，金光摇曳，踊身飞上穹苍。兴云吐雾，威力大施张。槁稼俄逢饱雨，人心尽、欣喜洋洋。将何喻，如收瑞宝，恰似到仙乡。

真阳胜朗耀，虚无象外，剔现容光。住混元三界，永劫无央。深荷三清降福，为东南、云海行香。休言破，太平随喜，以道证真常。

赠范明叔

寸步西流，冲开牛斗，清风皓月容光。满空圣众，把我好相将。俯赐鸾骖凤驾，献金鼎、丹药馨香。天河转，星坛月殿，端的景非常。

老来云汉去，皮囊脱下，一别吾乡。返玉京金阙，仙路悠扬。稳挂天衣可体，灵风散、环珮玎珰。朝元会，十方三界，齐唱满庭芳。

示门人，令往文登设贫

彭李刘哥，三人一志，能和满县知交。宁心效力，相助各坚牢。今日文山去也，设贫会、无论卑高。严冬苦，迎风冒雪，认取莫辞劳。

搬柴并运水，依时救济，粒米休抛。禀合堂高意，宠辱含包。

灭火须凭法忍，除阴鬼、全仗禅刀。真阳动，烹金炼玉，永永列仙曹。

赣榆县诸王庙黄箓醮罢赠众

海郡行缘，赣榆阐化，良因复显诸王。谨修黄箓，特地召嘉祥。万里云收雾卷，微风息、灯烛荧煌。星坛上，步虚声举，月下正悠扬。

频频施拜跪，虔诚仰彻，列圣闻香。降无边恩惠，普救存亡。从此皆成快乐，离阴府、升上天堂。开云宴，保生接寿，齐唱满庭芳。

抄化孤魂经纸

杳杳穷魂，冥冥长夜，沉沉莫辨年龄。全无知识，何处问亲情。一自飘零浩散，空愁苦、宁得超升。同垂救，巡门拜覆，乞纸复抄经。

明公宜省察，慈悲愿广，福利咸增。感三天诸圣，悉副微诚。火翳翻为莲沼，恩光射、枯骨回灵。皆遭遇，永除愆过，悉得悟圆明。

述怀

苦海奔波，荆山劳役，欲求宝璧嘉祥。周而复始，瞥地悟真常。两凑玄关运度，升灵曜、飞出扶桑。回光看，璇玑万象，一一现明堂。

人还穷此理，尘缘悉屏，世梦都忘。觉身心和畅，无限清凉。万化收归鼎内，红光迸、丹熟馨香。吞服了，还童返老，出自满庭芳。

丹阳升霞作黄箓醮罢忆师遂作

的祖纯阳，随时显异，密传师父仙宗。重阳悯化，遗教马扶风。斡运玄机顺应，真功就、三界圆融。垂光降，亡灵济度，都在碧霄中。

诸公还悟解，顿抛俗海，体道皆同。聚玄珠丹宝，返老还童。

定是超凡入圣，腾云外、光满山东。真无妄，汞成九转，直赴大罗宫。

赠出家

厌贵辞荣，甘贫慕道，谦和柔弱行藏。通真内炼，随步变清凉。一点灵空顿晓，明显现、千古嘉祥。因缘济，玉阳自此，同保见重阳。

心香通内外，氤氲遍彻，三界十方。感大罗仙众，俯降恩光。总救九玄七祖，离幽夜、高赴仙乡。天元会，万神庆悦，齐唱满庭芳。

赠广陵镇散人

圣诀仙方，玄机妙理，无文口口相传。幸蒙师诲，说破未生前。默把周天斡运，见参罗、万象推迁。成造化，真龙真虎，真汞与真铅。

黄庭交会处，五行颠倒，八卦穿连。仗玉炉金鼎，巨火烹煎。九转功夫数足，丹成也、阴尽阳全。长生道，非遥非近，非缺亦非圆。

（攒三字）

□□三光，□□从道，□□神守清凉。□□悟正，遥唱满庭芳。□□上朝归去，□□性、光泛纯阳。□□觑，闻者同我，□□证真常。

□□我开化，□□信顺，福寿延长。□□仁丹结，四大圆方。□□明中叫笑，□□出、通阐嘉祥。□□语，□□道德，随步任飘扬。

神光灿

石中隐玉，蚌内藏珠，须凭匠手功夫。里面真光显现，恰似元初。欲要明心识性，把般般、打破空虚。清净处，见天如玉案，秋夜蟾孤。

自是十方明彻，握阴阳枢要，尘垢难拘。古往达人，因此妙入无余。

论甚千枝万叶，与儒门、释道同居。常归一，证圆成了了，得赴仙都。

满路花

普天诸道众，的可认真修。九关无漏果，万神留。金铅玉汞，水火自添抽。三田云浪滚，般载金丹，玉人稳驾神舟。

乾坤净、日月交流。功行悉圆周。一灵真性在，任遨游。满空仙眷，接引按云头。浩然超法界，应化人间，大罗玉簿名收。

赠三州五会善众

文山崇七宝，宁海涌金莲。三光同照耀，玉华天。能持平等，结果好因缘。五方清雅致，和气盈盈，化成瑞霭祥烟。

吐仙花、四季新鲜。光焰射云轩。收藏天地髓，上朝元。金婴玉姹，不语内传言。万神皆伫听，都会龙祥，大金东土神仙。

寄朝元公

深蒙频见召，惊悚可奔驰。三州缘未尽，不能离。诸方主醮，叨忝度群迷。忽承佳翰至，不久亲来，再同一话玄微。

善称扬、大道根基。开发众心疑。前程关要处，谨精持。玄珠收得，时复饮刀圭。宝华圆满后，透过晴空，玉京别有嘉期。

赠文山周先生

仙花常烂熳，不减四时荣。因凭真水火，锻金精。功圆丹结，步步彩云轻。满头风月爽，一粒刀圭，太虚仙路亲行。

任消除、万劫尘情。别有好前程。这回无老死，得长生。仙风道骨，自觉太孤清。万派银河转，拨弄天关，大罗真性圆明。

木兰花幔

赣榆县诸王村三殿庙黄箓醮罢作

恣逍遥豁畅，乃容膝，小金山。用妙力加持，兴洪大醮，真圣临坛。恩光遍施下界，救存亡、离苦列仙班。明贯从容法体，宴居一味萧闲。

回还，诱演幽深，将内外，事都删。聚五蕴清凉，天宁地静，撞透三关。皇天助弘大道，度群生、万类不为难。指日金书诏下，永辞俗海尘寰。

一枝花

药方

普劝门中友，妙药时人有。先师亲说下，与君修。一味真心，系缚休教走。柔弱为引子，低下服之，论甚食前食后。

大忌气财并色酒。闹处稀开口。忘情恩爱断，罢忧愁。依方修合，更不伤怀袖。谨服三五载，返老还童，管得长生不朽。

软翻鞋

谢人助缘

清信出宽怀，都莫乱参猜。累蒙施惠宴重开。又百无回奉，相酬赛，春深去，夏归来。

斋会好编排，增福更消灾。始终如一不生乖。守无为清净，真功满，离尘世，赴蓬莱。

青玉案

初宣作

奉宣请住天长观，圣语何曾断。特赐恩童为管伴。随机赏宴，百端严备，举上云霞唤。

玉楼金殿空中满，万象相交贯。一颗明珠光灿烂。瑶池仙会，万神都聚，永永居霄汉。

第三宣作

自从得遇真空伴，独把顽心锻。现出天如青玉案。神宫起火，内丹光满，了性真无乱。

三宣赐紫天长观，一阐清风岸。扫荡妖灵无打算。十方三界，化生清净，天外无拘管。

诏赴太清宫普天醮作

上天容许清贫汉，随处香风散。万祸千灾真不乱。宁心行教，普开心月，了悟回光看。

太清宫下重游玩，万事俱无绊。仰答皇恩酬本愿。逍遥回步，密州安化，复隐元居观。

谢师恩

谢师提挈沉沦外，生死难交代。不堕轮回超法界。诸天运度，化生无相，一点圆明在。

荡摇浮世常安泰，闲把琼芝采。护法神君威力大。流铃掷火，扫尘千里，摒尽诸魔害。

赠皇亲四官人

出尘同结逍遥伴，更不争长短。自有元初真容面。增延福寿，妙通玄奥，品位重迁换。

静调龙虎常交战，灵宝攒心转。四大光明同一炼。升烟降雾，电驰雷震，瞥地神童现。

赠众道友（二首）

玉阳一遇疑云断，不落升沉绊。试问青州云侣伴。俱怀妙用，每持斋施，步步心香爨。

福星空外明昭焕，应化真无乱。宝璧瑶花通内观。金丹结就，紫书来诏，指日登云汉。

随缘顺化行方便，岂敢微生倦。唯望英豪皆向善。遵崇内教，外施洪行，各把顽心炼。

两肩童子相攀恋，报应头头显。家道兴隆多喜宴。同跻福寿，永除灾障，勿昧修真愿。

请观额度牒

须知尘世光阴短，当种福兴仙观。浩劫长存功德案。添名注寿，补还愆过，出了阴司管。

庆云缭绕恩无断，霞友云朋唤。共赏仙花香烂熳。流霞泛饮，醉归何处，宴息蓬莱馆。

赠福山县仁寿保善众

福山仁寿堪予羡，各各施方便。感得天公垂照管。迁恩布德，灭愆消过，福禄随年转。

搜真去假心无变，渐渐通修炼。俱得拿云亲手段。先亡往逝，尽令超度，满却平生愿。

李悟真索

大都七宝真如体，不可空抛弃。玉藏常收无根水。纯阳锻炼，滴成珠露、变化真祥瑞。

三般妙物腾空戏，雪暖金花丽。无色神容方显异。鸾骖凤驾，一升霄汉，占断清凉位。

答皇亲见召

三冬凛冽彤云布，六出飘飞絮。地冻天寒难进步。满途冰雪，唤回童稚，且向茅庵住。

贵州大醮无推诉，必要功圆聚。远逝新亡皆济度。加持妙道，展舒云宴，一会朝元去。

警俗回心

好儿好女心头气，生死难相替。不测无常先到你。皮囊臭烂，骨骸分散，空惹冤家泪。

悟来不使心猿戏，慧剑磨教利。六贼三尸都趁离。炎炎紫焰，载般丹宝，上献三清帝。

文登丹霞观（二首）

市民官吏同兴观，立志皆无倦。起建丹霞功不浅。修真养浩，绝除贪爱，一点重明显。

混元三界光辉满，了了登云汉。下拔存亡都著岸。施弘正道，永超无碍，有个灵童唤。

保身功德须圆满，认取元初面。早把前程同了干。三田运度，二仪交泰，上下光明贯。

知音推举相邀唤，此理诚幽远。皆作天元真法眷。神超云外，更留名姓，记在丹霞观。

赠赣榆善众

神光欲列真仙位，道德休轻弃。默养玄珠无玷颣。五般光彩，一轮圆相，见了生惭愧。

两条玉路分天地，个内呈嘉瑞。跃入云霄朝玉帝。永无生灭，到兹方契，般若经中偈。

前后带喝马一声

就中偏许通音耗，一例谁能晓。有个人人灵复俏。攒星步斗，暗符颠倒。金书报，升降朝元道。

碧虚仙眷重迁号，方喜圆明了。皓月堂前天风扫。晴空来往，我从玄教。仙无老，超越蓬莱岛。

江神子

述怀

青天为被地为毡。覆灵源，照心田。玉汞金铅，两脉吐流泉。自是道芽横碧汉，频浇灌，再新鲜。

云朋霞友暗相传。意绵绵，运胎仙。密锁玄关，光透九重天。丹就万神齐庆贺，真灵性，复朝元。

进道

神光涌涌透穹苍。凑灵阳，悟真常。般运三车，都会聚明堂。撞过天门归紫府，无衰老，免危亡。

寄身浮世效风狂。性芬芳，骨坚刚。了了圆成，不假暗遮藏。八表飞腾无挂碍，随万物，显圆方。

投真

本源真性静寥寥。任飘飘，恣逍遥。便是虚空，天外显灵苗。独乐闲闲无彼我，呼皓彩，吸清飙。

青莲池上瑞光摇。赴层霄，玉名标。慧剑挥空，除怪斩群妖。开阐古今清净道，洪普济，法轮桥。

蓦山溪

示门人

出离苦海，须要明修炼。渐渐灭尘情，默默神功斡旋。虚无造化，丹鼎紫芝香，金花结，玉泉流，全体神光满。

千灾不染，万病都消散。七窍总冲和，通八脉飞升内院。九宫十地，六贼杳无形，三光显，二童传，一性无移变。

赠都下门人

都城吾辈，办道休生退。百行勿相违，常体三光不昧。天玄地妙，真慧撮灵明，亲益友，论长生，此理应无赛。

太平逸乐，亘古真无坏。一粒化生珠，两道光明作对。人天法界，随处爇心香，超造化，越娑婆，稳赴瑶池会。

于二翁染疾求教

青山渌水，独我为生计。百病总消除，一性圆明不讳。丹成果满，都会玉虚坛，观自在，乐逍遥，别有神仙位。

公还猛悟，万事俱抛弃。细细数前程，速速超离浊世。结成仙眷，积累大功深，通妙理，脱凡笼，永永无倾逝。

赠刘七翁

清心静坐，自是天加护。处处鬼神钦，复感仙贤救助。善星罗罩，黑部绝尸各，常快乐，永安闲，千载成遭遇。

心香不断，丹恳重敷露。目下显嘉祥，贵子贤孙云聚。若还回首，别有好生涯，清养浩，静颐神，决得真师度。

赠卑一翁

欲通微妙，听取些儿活。性定乃神留，一颗圆明运化。灵宫起火，深鼎玉泉流，喷紫焰，辊金丹，表里光明射。

银河灌顶，满面天风洒。空外走蟾轮，摆弄周天八卦。双关撞过，真性达穹苍，忘世梦，出阴阳，自在逍遥也。

归朝欢

继古韵

业尽神生光一簇。颐养长生真面目。心明还似月当天，神清有若风摇竹。醉唱仙部曲。更令般载瑶台玉。透昆宫、星坛月殿，日射喷红绿。

不向人间贪福禄。时得诸天常整覆。五方霞彩结成雯，洪波里面金丹漉。灿烂明胜烛。七宝九宫光透熟。转玲珑，刀圭入腹，不论惊荣辱。

四大圆光攒一簇。明月清风开慧目。法身养就道根芽，仙童手执天花竹。会弹弦外曲。本性莹若荆山玉。乐真欢、闲吟碧洞，闪出祥烟绿。

苦尽甘来天赐禄。日月交宫真反覆。无中别有好家风，免投胎舍重捞漉。性灯常照烛。应化太虚通纯熟。个灵明、包罗万象，出离生死辱。

玉姹金婴围绕簇。玉蕊金莲清骨目。金光笼罩玉鳞龙，玉泉浇灌金棱竹。玉锋鸣胜曲。玉楼金殿金间玉。玉金交、玉炉金鼎，焰迸青黄绿。

玉饭金浆非世禄。玉兔金乌常往覆。玉山玉海玉乾坤，玉人玉性无淋漉。玉蟾明匪烛。玉树蟠桃仙果熟。玉京丹、玉阳服了，不被诸仙辱。

无限神光常围簇。瑞霭祥云盈满目。青鸾赤凤舞仙宫，不投尘世栖凡竹。性珠明九曲。静中炼金并炼玉。做生涯、坐观浮世，几度黄河绿。

天女天男天衣禄。仙语仙言仙禀覆。谢天谢地谢神祇，免教玉性拖泥漉。圣真常照烛。不亏功行丹渐熟。透晴空、太玄之外，无宠还无辱。

羽盖霓旌满空簇。暗合朝元真数目。逍遥自在乐真欢，何须一派喧丝竹。洞仙歌雅曲。珮环时响清韵玉。做奢华、琼浆玉醴，不让金杯绿。

宴罢高真重赐禄。从此灵明无盖覆。回嗟尘世谩贪饕，皆将根本成波漉。不知昏性烛。盖因那边光景熟。怎超升、复投幽暗，划地遭凌辱。

踏云行

一得冲和，重观幽胜。乌飞兔走交相应。化成天理任纵横，丹炉万道金光迸。

开度诸天，祝邀真圣。升腾发显如如性。福生无量见元初，这回了了无修证。

赠刘妙真化缘

普化行缘，心清步稳。通玄路上同参论。丹诚修炼灭凶顽，建成大福相资润。

拔度昏迷，点开心印。十方父母皆巡问。今生既得遇全真，归期自有神仙引。

赠文登王志明

个个修真，人人办道。玄机妙理须寻讨。时时常爇宝瓶香，朝朝每把心田扫。

步步清凉，神光覆罩。十方贤圣加恩报。紫霞堆里玉容光，长春境界无衰老。

登州阎一翁索

神气冲和，光明集聚。三曰[1]上下流琼素。闲中时复饮刀圭，金铅玉汞攒然住。

女姹婴娇，云朋霞侣。无生无灭乘空步。教传四海奉全真，功成有个师来度。

【注】

①曰:《道藏辑要》作“田”。

赠登州韩一翁

咫尺蓬莱，三山相叩。金波玉浪鸣哮吼。翠光摇曳接穹苍，清风皓月笼星斗。

万派银蟾，圆光并凑。玲珑七宝真祥斗。人还似此作修持，玄元大道皆成就。

咏铁查山石芝

四海云膏，三山灵秀。采芝须要忘形友。充饥济渴养琼苗，添神益算光明透。

鸾凤翱翔，虎龙战斗。金狮玉象鸣哮吼。已曾携去献高真，人还服了无衰朽。

赠道人

砖瓦高行，冶炉妙性。琴棋书画妆銮并。錾锤绳墨与熏缝，接栽出药俱邀请。

速踏云行，蓦山溪岭。长思仙路重相等。西江月下望蓬莱，逍遥乐处全真省。

行香子

遇师

定八年间，得遇重阳。感真慈、诀破心王。清中诱化，静里斟量。见紫霞生，祥风至，聚云光[①]。

抱一无离，应物圆方。唤东牟、得道婴郎。丹成果满，披挂霓裳。便见三清，朝玉帝，普行香。

【注】

①云光：洞也。

赠滨州小胡

有个真方，谁肯承当。聚烟霞、馥郁清凉。冲盈法体，补益神光。定本根源，无生忍，返嘉祥。

元气充餐，渴饮霞浆。混玄精、与道为常。碧莲自绽，琼萼芬芳。结紫金丹，清真果，满穹苍。

谢圣水会众

独倚蓬门，作个行香。赞虚无、道德清凉。穿金透石，空外呈祥。便饮刀圭，添丹鼎，炼真阳。

廓散长空，得遇仙方。谢诸公、颁赐衣粮。重开道宴，补惜灵光。自享遐龄，增福慧，远悲伤。

赠莱州刘小童

无相容光，莫放飘扬。散玄珠、宝颗真祥。随情流转，定落空亡。更道难成，功难就，业难当。

处志精诚，把握阴阳。遍灵宫、宝殿行香。金童作对，玉女成行。得五门①开，双关透，出昆冈。

【注】

①五门：气、神、性、灵、慧为入道之门。

劝人改恶迁善

欲趓灾凶，心喜颜红。把般般、万事休穷。当持净念，钦慕玄风。每乐真欢，搜真趣，悟真空。

朗月当胸，照破邪踪。有云朋、霞侣相逢。同超法界，共返仙宫。礼大罗尊，诸天圣，玉虚宗。

谢公主惠香（二首）

悚息回惶，广启心香。谢清颁、檀髓沉香。金炉篆起，法界飘香。献玉虚尊，诸天帝，普闻香。

仰祝吾皇，稽首焚香。赞金枝、玉叶馨香。一人布德，万国传香。显本来真，元初性，自然香。

一点圆光，妙洞真香。恣逍遥、三界行香。冲和道体，浩瀚天香。得大良因，长生果，性灵香。

清净仙香，无价名香。遇清朝、远近钦香。太平逸乐，花卉偏香。愿大功成，朝元去，满空香。

劝徐老奉善

苦海茫茫，深可悲伤。个风风、稍悟真常。衣冠不整，俗业消亡。乃了真功，忘彼我，没参详。

身入圆光，宝现嘉祥。瑞烟笼、七朵莲芳。重开玉蕊，复结银霜。透太虚中，无衰老，永清凉。

赠不语王哥

真乐闲闲，口过删删。养冲和、屏荡愚顽。圆融法性，复变童颜。便出三乘，超十地，不为难。

五彩回环，烹炼金丹。看仙炉、虎绕龙蟠。阴阳数足，撞透天关。就蹑祥云，朝元去，列仙班。

苏幕遮

诫道人相争

出家儿，须决断。自己搜寻，不论他人短。性命休令尘惹绊。谨谨修持，独把顽心炼。

养冲和，神不乱。点滴灵砂，般载登云汉。玉姹金婴呈手段。无作无为，物外真空伴。

宁海赵信武索

五明宫，三光照。八脉婴儿，九转通玄妙。七宝林中常舞跳。十地玲珑，一个真欢笑。

杳冥冥，冥杳杳。今古诸仙，永永同相召。外道天魔都未晓。方喜圆成，了了还重了。

述怀

我风狂，真九百。豁荡乾坤，爽气犹嫌窄。大道通融非有隔。地静天清，寸步轻轻蓦。

晚云收，秋月白。万象参罗，灿灿流清色。休道东牟无羽客。妙用玄机，得得真常得。

丹阳祠堂

彦明姜，钟子政。文举先生，三友于中省。各发丹诚用得正。助阐玄门，转化昌阳境。

玉阳王，为袖领。外诱诸公，结果全真行。工匠同流须至敬。感动扶风，专向蓬莱等。

姜、钟二公法名

钟守中，姜守静。接引丹阳，济度诸灵性。志恳心坚人尽敬。远近闻风，一布钦真圣。

到如今，谁复听。工匠艰难，倒把锋芒骋。多少良材皆弃屏。先要交钱，不敢违他命。

徐公问因果

守灵芽，般瑞果。七宝金莲，应结长生果。无作无为成道果。出离凡笼，决证真仙果。

老来修，难成果。透漏真元，败坏祇园果。拍手空回没因果。譬似无常，速炼全真果。

请丹阳法体往西关

叹乖夫，违正道。巧使机谋，谗佞奸邪狡。败坏宗风无处告。破镜鸥鸾，和我难分晓。

到如今，谁敢保。密里藏硊，反辱全真教。东海西秦皆被恼。曹贾莱为，须有天神报。

示李、梁、张三人

李张梁，听少告。休恁踌躇，纵得心颠倒。每恨玉阳无答报。似此修行，何日归蓬岛。

大唐僧，九度老。万种艰辛，一志终须到。东进佛经弘释教。相契如来，证果真常道。

劝休网罟

我生来，元怕死。固蒂深根，方证长生位。一切含灵无稍异。普愿安全，此是天公意。

运慈悲，呈雅瑞。赫赫云霞，万道祥光起。三界高真兴法喜。祐护人人，各各无灾沴。

劝迷徒

叹迷人，如大醉。敢使机谋，争眼谩天地。杀盗邪淫咒神理。一向无知，不顾临时罪。

气归空，形委废。性识区区，走入幽牢里。无限冤魂谁放你。鞭棒摧身，蛇狗争吞噬。

劝船户

劝诸公，当发誓。网罟休施，善处寻生计。自有神明照察你。福寿重增，别享甘甜味。

得真欢，除浊秽。一性圆明，万法都捐弃。静看灵源生雅致。返老还童，占断清凉地。

劝修炼（三首）

识三田，通八脉。九转光明，一点无尘隔。放荡真慈通杳默。丹宝灵芽，般载青黄白。

透昆宫，仙桂宅。迸出神珠，空外呈红赫。奉劝尘寰寄宿客。早早收心，了取真功德。

做修行，须体究。把握灵源，莫遣丹砂漏。此个功夫世罕有。内得神全，外得身长寿。

辨冲和，明交媾。玉液琼浆，吞咽三光秀。上下循环通九九。撞过天门，永作烟霞友。

白莲池，金液沼。龙戏明珠，紫雾常围绕。虎撞群羊山下闹。惊起白牛，九曲江边跳。

赤鸾飞，朱凤啸。海底婴儿，抱定龟蛇笑。长就黄芽通节要。阴里生阳，几个人知道。

赠蓬莱李一翁

说修行，蒙见许。端的回心，恋甚妻儿女。好汉不教人数赋。苦海奔波，觅个前程路。

脱尘寰，出幽府。七祖先亡，救拔升云步。既没轮回真渐悟。行满功成，决应三清举。

行化

遇行缘，逢知友。法水浇心，滴滴灵明透。收在炉中无外走。二气升腾，颠倒祥辉凑。

贯泥丸，通肘后。昼夜殷勤，不许纤毫漏。夺得玄珠呈好手。云步青霄，大道方成就。

望蓬莱

寄朝元公

朝元子，偏共道相亲。宿契良因今日现，未来妙果再铺陈。日日转清新。

通造化，空外走蟾轮。认正本来清净主，瑶台阆苑四时春。方称个中人。

示门人

修真子，物外细搜求。既得出家须惜福，各增功行度春秋。诸事一齐休。

持内照，心月按云头。二物冲融成大药，三关流转旋添抽。元海把根收。

赠小童

诸童稚，谨意学文章。万事不令心散乱，忘情缄口养和光。开悟内丹方。

添清爽，一性转温良，大抵儒风并道理，若能运用两无妨。了了赴仙乡。

述怀

天之道，妙用不虚传。一点生成真法性，二仪炼就出尘仙。随步结金莲。

明了了，颠倒显根源。四大扶持真水火，五光照彻九重天。七祖尽朝元。

西岳华山志

序

凡古之士，合作神药，必入名山福地，不止小山之中，何则？小山无正神为主，多是木石之精，千岁老物，此辈蕴邪之气，不念为人作福故也。谨按《山经》云：可以精思合作神药者，华山、泰山、霍山、恒山、嵩山，余系中州，或在诸侯五服之外，其间称名山者以百数，乃不可以遍举，此皆有正神在其山中，或隐地仙之人，又生芝草，若有道者登之，则此山神助之为福，其药必成矣。

吾乡金城千里，控压三河，川英岳秀，太华位焉。夫太华者，坐挹三公，抗衡四岳。终南、太白却立而屏息；首阳、王屋不敢以争雄。西观昧谷之稍昏，东顾扶桑之已白。更无峻极，惟戴高穹，盖得太素之元精，禀金天之爽气，作成万物，分主兑方，预之于十大洞天之中，则极真为号，含藏日月，吐纳云烟，生象外之楼台，匪人间之风物。目之于十八水府之数，则车箱有潭，东南江海，地脉潜通，载祀典而为常经，投金龙，进玉简。若夫仙掌云空，苍龙日出，千山捧岳，岚气川流，翠扑客衣，经时不落。已而，斜阳映山，莲峰弄色，如金如碧，匪丹匪青，奇丽万千，不可名状。松生琥珀，夜即有光，地出醴泉，为国之瑞。固宜降五灵玄老，隐函谷真人，或星冠羽衣，乘云而谒帝王者有之；或宝车羽盖，驾龙而觐太罗者有之。招邀真圣，总集仙灵，则此又华山为一都会也。

吾友王公子渊，先觉而守道，独立而全和，每语人曰：“我欲曳杖云林，举觞霞岭，斯志积有年矣。方毕婚娶，弃家入名山，修炼金液，不有太华，其孰留意焉？”人曰：“可矣。”公遂取旧藏《华山记》一通，虑有阙遗，更阅本郡《图经》及刘向《列仙》等传，有载华山事者，悉采拾而附益之，俾各有分位，不失其叙。以山水观之，则峰穴、林谷、岩龛、池井、溪洞、潭泉之境，可得而见。以祠宇观之，则宫殿、寺庙、药炉、拜坛诸神降现之处，可得而知。语其所产药品，则茯苓、菖蒲、细辛、紫柏，俱中炎帝之选。录其所出仙人，则清虚裴君、白羊公、黄初平十六真人尽预，玉皇之游宴，而不与下界相关乎。噫！华山仙踪圣迹于是大备，无不包也。

其文仅七十余篇，命工镂板，务广流传，则岂曰小补之哉？既成，请余以文冠其首，余或拒且贺曰：余才乏卿云，无力挽千钧之笔，然喜见公之志即我之志也，我亦欲入名山，合作神药，未知明指。会公有此，乃成我之志也欤。大凡入名山之中，合作神药，必有所依。《书》曰：“为巫者，鬼必附之；设象者，神必主之。”况修仙药而入名山，岂山之正神而不佑我耶？其药之成可立而待也。但勿谓青天空阔，白龙来迟，一旦造玄洲，会群仙，翔紫霄，朝太一，听钧天之乐，享九芝之馔，行亦未昧其他，有诸天之隐语，空洞之灵章，约与公异日道也。

时大定癸卯十二月壬申泥阳刘大用器之序

华州图经

西岳华山图（据《古今图书集成》补）

《昭文馆记》云：莲花峰，上有三峰，上接三光，中有石池二十八所，上应二十八宿。青松绿竹，丛生高冈，白云萃霭，旋于幽阜，怀蕴金玉，蓄藏风雷，为大帝之别宫，乃神仙之窟宅也。

《方域志》云：华山，在华州华阴县界。华州，按《禹贡》系雍州分野，自周宣王封母弟友于咸林，是为郑国。至秦武公十一年，以郑为县。后始皇分天下为三十六郡，以郑隶内史。汉以郑隶京兆。西魏为华州。历隋属京兆，至恭帝义宁元年，称为华州。唐武后垂拱二年，改为太州。中宗神龙年，复名华州。肃宗上元元年，更名镇国军。至上元二年，复名太州。宝应元年，却名华州。昭宗乾祐四年，为兴德府。光化二年，复名称华州。宋更名为镇潼军，华阴因名华阴县。后或为太华县，或为晋阴县，或为宁泰县，或为仙掌县。

莲花峰、仰天池、八卦池、太一池、白莲池、二十八宿池、十丈莲、玉井

莲花峰，一上四十里，卓立五千仞，上有明星玉女之别馆、金天王之正庙、二十八宿池、黑龙潭、玉女洗头盆、菖蒲池、仰天池、八卦池、太一池、太上泉。傍有玉井，生千叶白莲花，食之令人羽化。古诗云：“太华峰头玉井莲，花开十丈藕如船。冷比雪霜甘比蜜，一片入口沉痾痊。我欲求之不惮远，青壁无路难夤缘。安得长梯上摘实，下种七泽根株连。”

太上山、老君洞、太上泉、菖蒲池、老君烧丹炉

老子见周之衰，西迈流沙，至函谷关。关令尹喜，占其炁色，即知真人将过，果得老子。老子亦知其奇，为著书上下篇，言道德之事，后隐华山。《昭文馆记》称：莲花峰，为太上山，四面削成，高五千仞，回峦四合，三峰峥嵘，上广十里，鸟兽不居。顶之东南峰有老君洞，次北有太上泉，泉之傍有老君菖蒲池，其菖蒲叶细如剑脊，其根每寸九节，服之令人强健，延年益寿耳。苍龙岭之东北峰上，有老君炼丹炉。细辛平，岳顶西南隅，方圆三四亩，尽是细辛，服之令人身体生香，闻及百步。古记所称草似帛似布，今人所称西岳布是也。

紫柏

岳顶东北峰上有紫柏，叶际碧露，以五月五日油囊接之，食者可作地仙。

五粒松

岳顶西南峰上有五粒松，平如偃盖，上有青萝长百尺，下生茯苓，具如人形，时生琥珀，夜即有光，如荷花，昼如牛目，服之遐举矣，夜可书字。

明星玉女、玉女石马、玉女洗头盆

明星玉女祠，在顶之中峰龟背上立。祠堂有玉女石室，玉女圣像一尊，并玉女石马一疋，其马神灵异常，夜闻嘶嗷之声。顶上隐者，常见之祠前。有石臼五枚，臼中俱有水，号曰玉女洗头盆。其水碧绿澄彻，旱不竭，雨不溢。《神雾经》云：明星玉女持玉浆，饵之令人得神。

玉女窗

玉女窗，在云台南峰，上有石门，入丈余，直上石窑如窗，望见南峰明星玉女之别馆也。

石龟蹑

石龟，玉女祠在石龟上。其石似龟，东西八九步，南北二十余丈，两头壁立，其形如龟。前有石蹑，犹如拆裂，阔可有五寸，其深不可测，以物投中，食顷犹闻其下声，即古之进简于岳府之所也。

黑龙潭

黑龙潭，在顶之南峰，上有仰天池、黑龙潭。人间暵旱，祈求必雨。宋崇宁二年，准敕神封显润侯。

洞玄石室

西岳洞玄石室，在顶之西北峰上，四绝。昔清虚真人裴君[①]入此室，精思至道，积二十三年矣，降五灵玄老之所。其石室东西有二门，初入才容身，侧入至室中，周回五六丈。东门上接云霞，西门下临地中。有石道像，高三尺，戴三景扶晨之冠，石衣文如九色杂罗之文，像多古钱，其钱多脚，一头多孔，一面有文云“大布”，大篆。

【注】

①清虚真人裴君：裴玄仁（前178—？），西汉扶风夏阳（今陕西韩城）人。邓子云撰《清虚真人裴君传》详述其事，称其得神人授以赤将子舆神诀五首，餐饵云苓卉醴，后入华山、泰山。得道仙去。道教中尊为清虚真人。

算场、芦花池

算场，在顶上。后魏道士寇谦之洞晓浑天仪，尤善玄像，曾定天元五纪，其算有差。后成公兴[①]真人徉狂而来，假为货客，误触算筹，其算乃合。谦之悔恨，独居山林，遂随真人去，弃其余算筹，化为葭菼，今名芦花池是也。

【注】

①成公兴：山东平度人，十六国时算学家。曾指点寇谦之用《周髀算经》演算七曜。

棋石

棋石，在顶上东南隅别一孤峰上。遥望有石方如并榻，真若棋局。汉武帝时，面前忽有人，羽衣星冠，乘云车，驾白鹿，而从天降。武帝惊问为谁，答曰："山中卫叔卿也。"帝曰："若是山中人，乃朕臣也。"忽失叔卿所在，帝甚悔恨，即遣使梁伯至山中，推求叔卿不见，但得其子，名度世。帝曰："汝父在何处？"度世曰："臣父少好仙道，委家而去，入华山四十余年矣。"帝使梁伯、度世求之于华山绝顶上，望见其父，与数仙博戏于石上，但见紫雾郁郁，又见数童执幢节，立其后。度世等望而百拜，叔卿曰："汝等何来？"度世曰："帝恨前日仓卒，不得与父语。"叔卿曰："前为太上所遣，欲诫帝为穷黩事，而帝强梁自贵，而反欲臣我，不足与语，是以去耳。"又诫度世曰："汝慎不得为汉臣，亦不复为语帝也。"梁伯、度世于是拜辞而反（事见《列仙传》）。

石仙人、瀑布、石仙洞、昭阳洞、正阳洞、西玄洞、水帘洞

石仙人者，在岳北面半腹中。《登真隐诀》云：岳洞深三百里，中有瑶台玉室，树则苏茅、芳林，碧泉则石髓、金精。遥望洞方圆可丈余，鸟道绝通，人踪罕到，时出异色云炁。洞口上有丹石，间青石，似丹青画出仙人之状，冠帔衣服无不周备，高下大小如人形，号曰石仙人。上有瀑布，飞流直下三千余丈，其石仙洞又称为水帘洞。

其岳有四洞：东曰昭阳，西曰西玄，南曰正阳，北曰水帘。

蜚①遗穴

蜚遗穴，在顶之西北峰。《山海经》云：华山有兽而翼，六足蛇身，出则天下大旱。

【注】

①蜚（féi）：神蛇。

巨灵掌、仙掌石月

巨灵左掌，上有半轮石月，在顶之东北峰上。《遁甲开山图》云：巨灵得玄元之道，与元气一时而生，混沌之师九元祖也。汉武帝观仙掌于县内，特立巨灵神祠焉。

华山灵异

华山之顶乃天真降临之地，神仙聚会之乡，降现之事极多，略叙其一二。曾先闻异香，次观瑞霭，或见千乘万骑，或见玉女金童，或丫髻童子数百，或羽服道士逾千，或见珠幢而金伞，或见绛节而霓旌，或见骑龙骑虎人，或见乘凤乘鸾客，或见金光满地，或见火焰连天，或见紫雾腾空，或见祥云覆顶，或闻金钟鸣。其降见不一，或在最高峰上，或于仙掌峰头，或集三公山，或聚西玄洞。昔清虚真人裴公隐于顶之西北峰上，曾降五灵玄老中方大罗峰；王母数现，或衣黄裳，戴金冠，乘宝辇，驾五色斑龙九头，上有羽盖，左右金童、玉女、仙官、将吏，莫穷其数，后于现处建其祠堂。唐贞观中，山下建王母观。华山之西，有一山名曰罗敷山，大历五年，有天、地、水府三官降现；又感代宗皇帝梦中，后敕修三官院，至咸平中，更为承天观。

神林

华山之上，山之下，或谷内，或庙道中，但有生死树木，名曰神林，禁人采伐，如有犯者，立祸于身。山之西南隅有一林，侵天松桧，乃岳神游宴之处，名黑山林。有樵窃采之者，火烧虎食甚众。

御道

御道，在仙掌峰之北，乃升岳之路也。汉武帝、唐玄宗曾游此，因名御道。今两傍有石臼子，乃当时栽阑干、用锦绣遮护危险。峰顶须由御道跨苍龙、临云台，天井径下有百尺状[①]，自顶至青柯平[②]二十里，青柯平出谷口二十里。

【注】

①百尺状：即百尺嶂。

②青柯平：即青柯坪。

张超谷

张超谷者，后汉张楷，字公超，结庐之地。学者如市。又能为五里雾，故称张超雾市。每跨蹇驴入市，晚即携壶带酒而归。

石羊城仙谷

石羊城，在张超谷之西，乃黄初平[①]、黄初起弟兄二人得仙之地，山谷故名仙谷。黄初平者，丹溪人也，年少时，家使牧羊，久而不归。

其兄初起寻觅近四十年矣。后闻市中有一道士，言人休咎，其验如神，初起乃问之道士，曰：“太华山中有一牧羊儿，姓黄名初平，是卿之弟耶？”初起拜谢，即随道士入此谷中，见弟悲喜，语毕，问弟：“羊今何在？”初平曰：“仅在山东耳。”兄初起往视之，但石，而还与弟曰：“弟兄俱往。”初平乃叱石曰：“羊起。”于是白石尽变为羊，数万头。兄初起叩头曰：“弟独得仙，吾可学乎？”初平曰：“若有志，可得也。”初起便弃妻子，拜弟为师，后乃俱成列仙矣。叱石处，四面宽广，有似城垒，今人称为石羊城。

【注】

①黄初平：即黄大仙。晋代人，号赤松子。

文仙谷

文仙谷者，乃是吕真君隐居之所也。真君来此，易姓姬，更名洞明，道号抱真子。居华山莲花峰下，文仙谷内，结庵四十年矣，人无识者。绍兴丙子中秋前一日，谓门人刘裕之曰：“张翁、骊母升玄待吾久矣。”因作颂曰：“上面一个口，下面一个口。世间坚的有，盛水不交漏。”嘱付裕之讫，怡然卧化。裕之即藏遗骸于石室。后数岁，先生神现泗州塔，自题诗云：“姬州墨客，羽化三峰。”又数载来谒裕之，题诗云：“昔日曾居此，埋名四十春。红尘多少客，谁是识余人。”又诗云：“余曾十载攻文墨，万卷诗书锁胸臆。浮萍云水寄家缘，住在莲峰人不识。”后云“回公题”。裕之寻所瘞[①]尸处，惟见空棺。中有二口吕字之事，由是时人方悟是吕真君也。真君唐太宗朝得道，至今五百年矣。元丰间《题琴台诗》云：“野人本是天台客，石桥南边有住宅。父子从来只两口，子好歌时我好拍。”又诗云：“四海遨游一野人，两壶霜雪是精神。坎离之物会收得,龙虎丹行运水银。”其碑见在文仙谷,今称为羽谷庵。

【注】

①瘗(yì):埋。

牛心谷山

牛心谷者,昔杨震微时,隐遁居此,讲授群书,学者如市。其谷多槐,故称杨震槐市。其山岩间多有五色婺鸟,山上有雪,天王圣迹雪中观之,惟显天王披银甲、骑骡白马之状。

黄神谷

黄神谷者,岳之东,乃是真人黄芦子隐居之所也。黄芦子者,楚人也,姓葛名越,但居此山,号曰西岳公。其治病有千里而来者众矣,或寄与姓名,病无不愈。若禁,虎狼不敢动,飞禽不敢飞去,受术于赤松子。年过八十,力举千斤,行及奔马。时大旱,召出潭中龙,催促使升天,降大雨。一朝乘黄龙而去矣。

藏马谷、藏马龛

藏马谷者,在岳东。汉武帝求仙于华山下,造集灵宫、存仙殿、望仙门,有神马自华山出,帝令置内栈,马不久留,令人寻之,见在此山谷中石龛下,故名藏马谷、藏马龛。东北涧中石上,马迹尚存焉。

毛女峰

毛女峰，在岳之西。毛女，字玉姜，秦始皇宫人也。见国祚流亡，遂负琴入华山此峰上隐居，服松柏叶，饮泉水，体生绿毛，世人以见之所称毛女洞，至今洞中有鼓琴之声。有道人得见此洞。峰下有白石寺，废已久。

云台峰

云台峰，岳东北，其山两峰峥嵘，四面玄绝，上冠景云，下通地脉，嶷然独秀，有若云台。下有穴，昔有人入此穴，东出方山，行云经黄河底，上闻流水之声。周武帝时，有道士焦道广[①]独居此峰，辟粒餐霞，常有三青鸟报未然之事。周武帝亲诣山庭，临轩问道，因而谷口置云台观。后弟子洪仙等，见师道广乘一物如麟，往而不返矣。

【注】

①焦道广：焦旷，又名焦道广，字大度。本为茅山道士，周武帝钦仰，迎拜为师，在华山造上方白云宫、中方太清宫、下方云台宫居之。

试凿穴

云台北峰北面，有一试凿穴，可高百尺，其深不测。穴边有一坚石如凿，大小阔狭，状如凿出。乃希夷先生[①]蜕骨之穴。

【注】

①希夷先生：陈抟（871—989），字图南，号扶摇子，赐号“白云先生”“希夷先生”。亳州真源（今河南省鹿邑县，另说在今亳州市）人。五代末北宋初道士、道教学者。

白云峰

白云峰，在岳之东北。唐明皇妹金仙公主修行之所，名曰白云宫。八仙洞、看岳棚、上竹园、下竹园、枣树、栗子林、花圃、药畦、硙碓见在焉。白云侧有焦真人石洞。

白羊峰

白羊峰，在岳之西北五里。层崖晃朗，洞室空濛，每至三元八节[①]及诸斋日，即有神灯，或三或五见于岩壁。昔有人隐此峰，莫知其名姓，常乘白羊，往来尘世。后与弟子介琰[②]俱登仙，以此号为白羊真人。真人有《禁山录》，及《制虎豹狼熊符》七十道行于世也。

【注】

①三元八节：三元，即正月十五上元节，七月十五中元节，十月十五下元节。八节，即立春、立夏、立秋、立冬、春分、夏至、秋分、冬至。

②介琰：《搜神记》载：介琰者，不知何许人也。住建安方山。从其师白羊公。杜受玄一无为之道，能变化隐形。尝往来东海，暂过秣陵，与吴主相闻。吴主留琰，乃为琰架宫庙。一日之中，数遣人往问起居。琰或为童子，或为老翁；无所食啖，不受饷遗。吴主欲学其术，琰以吴主多内御，积月不教。吴主怒，敕缚琰，著甲士引弩射之。弩发，而绳缚犹存，不知琰之所之。

松桧峰、朝来峰、玉柱峰、玉秀峰

此四峰上尽是青松桧柏，常有异色云气覆之。其峰耸翠孤峦，人迹希及之也。

焦公岩

焦公岩，在岳东南，真人姓焦，字孝龙，河东人也。常餐白石，或分与坐客，其味如芋。后遭野火烧其庵，邻峰人往视之，见先生危坐于火中，庵烧尽，先生乃徐徐而起，衣服并无焦灼。后数载，天忽大雪，人觅不见，忽于雪中单衾而卧，颜色赫然，如胜夏之状，或老或少，至今人有遇之者。

神土岩、仙油碛避诏岩

神土岩，在云台东南百步。焦道广精思所感，欲构房廊，石上涌出神土，用尽复生，于今尚然。

仙油碛，在云台峰壁中，焦道广每设斋醮，天降油于此碛。自道广乘麟之后，此油不复见矣。

避诏岩，在华山之西南，古之隐遁之士，避诏冥隐于此处也。

白鹿龛

白鹿龛，在岳之东，升岳路之右，是仙人鲁女生①置。白鹿龛有飞泉滴流。鲁女生者，是华山古之得道仙人也，在华山二百年，莫知所之。后忽有人岳庙前逢女生，乘白鹿，从玉女十人，与人别而去。

【注】

①鲁女生：《神仙传》载：鲁女生者，长乐人也。服胡麻饵术，绝谷八十余年，甚少壮，一日行三百余里，走逐麋鹿。乡里传世见之二百余年。入华山中去，时故人与女生别后五十年，入华山庙，

逢女生，乘白鹿，从后有玉女数十人也。

太极总仙洞

太极总仙洞，在毛女峰之西壁中，有洞乃曰太极总仙洞，其下有车箱潭。

王刁三洞

王刁三洞，在岳之东。仙人王遥，字伯辽，鄱阳人也。有妻无子，颇能治病，病无不愈，亦不祭祀，不用符水针药，或有邪魅作祟者，画地为狱，叩石呼之，皆见狐狸、单寇（音振）蛇之类，皆斩而焚之。王真人以竹箧令弟子钱哥以九节竹杖担之，十余年未尝见开，或逢羽衣并不显，夜行见有炬火前导。后至此岩洞中，见有友人刁自然，遥开竹箧，取出五舌竹簧三枚，三人共鼓之。及王遥辞而去，刁自然云："卿当早来，不可久在尘寰，再期此洞处。"后王、刁、钱哥俱登仙矣。上洞莫能到，中洞有飞石遮于洞门，下洞隐居者皆在其中。

碧云洞、碧云溪

碧云洞、碧云溪，在岳之东，乃郑云叟、罗隐之、翟士端、郑隐此四高士隐居之所也。郑遨，字云叟，南燕人氏。高节不屈，弃其妻子，闻华山五鬣松凝脂千岁，能延年却老，至此洞隐居。天成中，以拾遗诏不起，赐号曰逍遥先生。罗隐之，居临江军新淦县玉笥山，玉梁观道士。来居华山，或临水，或登山，一觞一咏，高情自适，天福中，赐号曰希夷先生。翟士端，字表正，齐人也。博通九经，祥符中，真宗幸汾阴，礼召不起。无疾而逝，七日肢体犹温，及火之，有声如雷，五色光炳耀。郑隐，字明处，兖之奉符人也。左臂上有黑黡子[①]，如北斗状。常居王刁三洞口，自冬涉春不出，人异之。祥符中，真宗祀后土，还驻跸驿，下诏行在，赐号贞晦先生，又赐《归山歌》[②]云：岳中逸士本藏名，常咏琴樽适性情。尽日临流看水色，有时隐几听松声。遍游万壑成嘉遁，偶出千峰玩治平。谈希夷，究玄默。沃予心，号无极。辞城阙，归山林。乐尔志，号何深。已薄纷，华号存。素音好，将吟啸号畅冲襟。

【注】

①黑黡（yǎn）子：黑痣。

②归山歌：这道《归山歌》，《古今图书集成·山川典》作："岳中逸士本藏名，常把琴樽适性情。尽日临流看水色，有时隐几听松声。遍游万壑成嘉遁，偶出千峰玩治平。已薄纷华存太素，从教两曜自亏盈。谈希夷，究元默，沃予心，号无极，辞城阙，归山林，乐尔志趣，何深好。将吟啸，畅冲襟。"《华山传奇钩沉》作："岳中逸士本藏名。常咏琴樽适性情。尽日临流看水色。有时隐几听松声。遍游万壑成嘉遁。偶出千峰玩治平。谈希夷，究元冥。默号无极沃予心。辞城阙，归山林。乐尔志，号何深。已薄粉华存素音，好将吟啸畅冲襟。"

壶公石室

壶公石室，在岳之西北孤峰上，有石室可容十余人，有泉。东北入雾市。谷东、谷中，即后魏道士寇谦之算场。西谷中，修羊公[①]石榻穿之所。壶公者，莫知姓名，常悬空壶于座上，日入之后，辄跳入壶中。费长房从之学，令住此石室中，有一方石，广丈余，壶公以茅绳系之，悬于空中，令长房坐卧石下，使诸蛇虫竟来啮绳，绳欲断而长房坐卧自若，终无惧也。公至，怃之曰：“子可教矣。赐子为地上主者，今令乘竹杖而归。”后至葛陂，投于陂中，竹化龙而去。得役鬼魅之术。

【注】

①修羊公：《列仙传》载：修羊公，魏人。华阴山石室中有悬石榻，卧其上，石尽穿陷，略不动。时取黄精食之。后以道干景帝，礼之，使止王邸中。数岁，道不可得。有诏问公何日发？语未讫，床上化为白石羊，题其胁曰：修羊公谢天子。后置石羊于通灵台上，羊后复去，不知所在。

三公山石室

三公山，在岳之东南，有三峰嶷然各秀，上象三台，副此列岳，故号三公。燕济，字子微，汉明帝时人也。隐此石室，服术、黄精。恒散发，亦有练巾，惟月朔节乃著之。时复一琴一咏，常有黄白云覆其上。后辞别交友，乘云而去。

长春石室

长春石室，在云台山侧。大唐贞观中，有道士杜怀谦居此石室，断谷不食，好吹长笛，令人多买笛，至于隅，一吹之投于岩下，笛尽更供[1]岩中，累月不动，自号长春先生。今石室嶷然，笛声不绝。

【注】

①供：《古今图书集成》作“息”。

修羊公石榻

石榻，在岳之西北仙谷中。石室有石榻，修羊公常卧于其石榻上，尽穿陷。常不食。见汉景帝，问曰：“公有何能？”公不答，即化石羊，题其背有字云：“修羊公谢天子。”后置石羊于通灵台，羊又去，不知所之。

卧仙平

卧仙平，在张超谷内。有一石室所，张超真人蜕骨之室，为樵牧嬉戏于其间，有飞石自空来塞其穴，今只称卧仙平也。

种药平

种药平，王晖真人常饵苍术、黄精，有驱虎豹之术。每种黄精，即驾虎豹为耕耘。常乘虎豹，其鞯辔之属，竹杖策之，威如人乘骡马之状。常韵九字诗百余言，人莫解其意。后乃升天，不复见之。

醴泉、玉泉

醴泉，在古庵直下，其水微有酒香醇味，为国之瑞，屡招风饮，傍有玉女神祠。

玉泉，在张超谷口，其水色如浆，因此置玉泉院。二泉皆腹①浆玉髓，人久服之，可去沉疴也。

【注】

①腹：当作“琼”。

黄龙潭

黄龙潭，在神谷口。祈雨感应，神封广润侯。

车箱潭

车箱潭，在仙谷里一十里，乃太极总仙洞直下。宋仁宗皇帝明道年，每岁朝廷遣使投金龙玉简。宋徽宗皇帝崇宁二年，奉敕封为丰润侯。（按:《水府记》云：天下一十八处水府，华山车箱潭乃第七水府也。与东海、南海、温江同即投金龙一简之处也。）

驾鹤轩

驾鹤轩，在中方半路，乃金仙公主成道乘鹤升天之处也。

神姑林

神姑林,在黄神谷内。次东有独坐姑姑庙,其林合围,松桧数万根,禁人樵采。

古柏行

古梧行，晋太康九年，太守魏君实来去西岳古庙，道栽柏不知其几千根也。两傍烽堠以千字文为号，禁人牧放樵采。

无忧树

无忧树者，陈希夷先生庵傍之树也。先生姓陈，名抟，字图南，道号扶摇先生，亳州真源人也。唐长兴中，举进士不第，因肆意山水。后之华山云台观古基，辟荆榛而居之。语人祸福，若合符节。

后柴世宗召见，留禁中月余，拜谏议大夫，固辞不受，赐号白云先生。至宋太宗诏，方赴召，服华阳巾，草履垂绦，以宾客礼见延英殿，赐坐，问之久，赐号希夷先生。有《指玄篇》《钓潭集》《超苦海诗》《入室还丹诀》《三峰寓言》行于世。

上方白云宫、中方太清宫、下方云台宫（今即观也）、西岳真君庙、华岳观、鹿圈观、拱极观、太平兴国观、王母观、仙宫观、休粮院、巨灵神祠、兰石院

上方、中方、下方，此三宫皆因羽人焦道广兴建。唐玄宗天宝中，命右补阙集贤学士卫包撰《修三方记》。

西岳真君庙，崇宁年，改为崇宁万寿观；绍兴年改报恩广孝观；阜昌年，改为迎祥观。昔司马温公奏天下建置五岳真君，给赐金牌，永镇洞天福地。

华岳观，汉武帝修建，后至祥符中，因四高士而复兴也。

鹿圈观，元在竹谷岭西，于大观中，因道士仇润之请额，修建于华山之下也。

拱极观，宣和年修建于岳前社。

太平兴国观，元在关谷内，绍兴年，因道士焦虚请额，修建于华山之下。

王母观，元在大罗峰下，古有庙焉。至唐贞观中，修建华山之下。

仙宫观，金仙公主所居之宫，乘鹤之后，敕修为仙宫观。

休粮院，在柏行内。太平兴国年，太宗绍兴[①]休粮道者赴阙，赐经一藏及还山诗，赐号岩静大师。有《休粮诗》三百章，盛传于世。

兰石院，废已久，惟存巨灵神祠，汉武修建焉。

【注】

①绍兴：此二字衍。《古今图书集成》作“召”。

拜岳坛

拜岳坛，乃汉武帝拜祀之所也。至唐太宗修为镇岳灵仙寺，后或名胜会院，或名昭庆寺。

宣泽亭

宣泽亭，宋真宗拜岳坛，在太华驿之侧，大中祥符四年七月二十日，真宗拜岳之所也，仍赐名为宣泽亭。有御制碑，龙首龙座，昔为禁地。

素灵宫

按《太平广记·马周传》：华山有素灵宫，有仙王，乃总天洞府及十洲三岛神仙之所也。

极真洞天

极真洞天，按《十大洞天记》：第一王屋山小有洞，周回一万里。杜甫诗云：“万里仇池穴，潜通小有天。”第四华山西玄洞，周回三千里，名极真洞天。其洞中天地高大，日月、星辰、风云、草木与外无异，惟日月停轮耀赫，朗接太空，乃长春之境也。宫阙楼台，尽是金玉七宝所成，傍生紫林芳花，玉髓金律[1]并洞天之景也。素灵真人赞极真洞天颂曰：“异果奇花不可名，寻真何用到蓬瀛。碧云天地洞中列，白玉楼台象外生。万壑芝兰盘峭拔，千峰岚霭耸峥嵘。八公曾此分金液，服尽全家上太清。”

【注】

①律:《古今图书集成》作“津”，是。

总仙洞天

按《三十六小洞天记》云：第一霍童山洞，周回三千里，名霍林洞天。第二东岳泰山洞，周回三千里，名蓬玄洞天。第三西岳华山洞，周回三百里，名总仙洞天。素灵真人赞曰：“坠石为仙号七星，五门日月配玄程。云飞雨散天中去，管得林峦生异名。”

华山之神封金天王懿号册

册金天王顺圣帝：华山之神，能兴云致雨，而西方为最贵矣。轩辕黄帝游焉以会神，虞舜望焉以觐群后。爰因夏氏，以迄隋室，朝更五姓，载历三千，祀典相因，旧章未改。坛场庙宇，何代不修，一祷三祀，无岁而[①]缺，所以报生，植事灵神，未尝有怠也。其神祉休明，灾[②]淫慝亦未尝绝也。神之祠在黄神谷口，汉兴光[③]初，迁于官道北，建立宫殿[④]庭，祀事牲器视三公之礼焉（唐先元三年）。

【注】

①而:《古今图书集成》作“或”。

②灾:《古今图书集成》于“灾”字后有“咎”字。

③光:《古今图书集成》作“平”。

④殿:《古今图书集成》无此字。

全真七子集著研究

（下）

马钰等 编著

华龄出版社
HUALING PRESS

分册目录

谭处端　集

长真谭先生示门人语录…… 721

水云集…… 722

刘处玄　集

仙乐集…… 785

无为清静长生真人至真语录…… 871

黄帝阴符经注…… 900

黄庭内景玉经注…… 912

长生刘真人语录…… 972

孙不二　集

坤道功夫次第诗…… 977

孙不二元君传述丹道秘书……1010

附一 王重阳

重阳真人金关玉锁诀……………………………………1023

重阳立教十五论……………………………………1040

重阳真人授丹阳二十四诀……………………………………1045

附二 七真年谱

七真年谱……………………………………1053

后序……………………………………1072

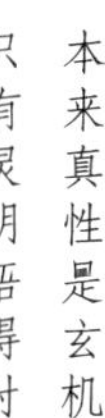

本来真性是玄机
只有灵明悟得时

谭处端集

长真谭先生示门人语录

凡人轮回，生死不停，只为有心。德山云："心生则种种法生，心灭则种种法灭。"若一念不生，则脱生死。

何为有心？盖缘众生贪嗔痴三毒孽，无明心火。师云"跳出三山口"是也。所以悟人修行，割情弃爱，摧强锉锐，降伏除灭众生不善心，要见父母未生时真性、本来面目是也。

何为不善心？一切境上起无明、悭贪、嫉妒、财色心，种种计较，意念生灭不停，被此业障、旧来熟境，朦昧真源，不得解脱。要除灭尽，即见自性。

如何名见自性？十二时中念念清静，不被一切旧爱境界朦昧真源，常如虚空，逍遥自在，自然神气交姤冲和。修行如了此一事，更有何生死可怖，更有何罪业可惧。如稍生一念，不为清静，即是挂碍，不名自在。

如何到得？只要诸公一志如山，不动不摇向前去，逢大魔尽此一身，永无回顾，前期必了。晋真人云："心清意静天堂路，意乱心荒地狱门。"

水云集

序

东牟，古牟子之国，齐之大郡也。户口浩繁，人性质朴。东连沧海，烟浪云涛，浩渺无涯，不知其几万里。南揖昆嵛，层峦叠嶂，峻极于天，不知其几千丈。海山钟秀，人杰地灵，异人名士，代不乏人。宜乎真人仙子，相继而生也。

谭公先生，名处端，号长真子，吾乡大族也。生而颖悟，识度不凡，善草隶书，为人刚正有操行，乡里敬惮之。大定丁亥岁，重阳悯化妙行真人，飞锡东来，仙游海上，以往契夙缘，访寻知友。于吾乡得丹阳子马公、长真子谭公，于东莱掖水得长生子刘公，又于登州栖霞得长春子丘公。结为方外眷属，所谓谭马丘刘是也。相从真人之游，西抵夷门。真人付以口诀，嘱以后事，厌世而上升。四子殡葬礼终，挈徒而西，至终南山，即真人之旧隐。传袭其道，十有余年。自时厥后，各从所之。

长真先生往来于洛川之上，行化度人，从其教者，所至云集。其述作赋咏，举笔即成，诗颂词章，仅数百篇。又述《语录》《骷髅》《落魄歌》，警悟世人，皆包藏妙用，敷畅真风，引人归善，甚有益于时也。濬州全真庵主王琉辉等，镂板印行，广传四方。值丙午岁，大水漂没，其板散亡。掖水长生先生刘公，运慈悲心，开方便路，遣门人徐守道、李道微、于悟仙等诣吾乡，属余为序，欲再命工发椠以永其传，可谓仁人之用心也。

窃尝谓长真先生与余同乡里，年相若而志颇同，幼为儿童之戏，长为朋友之游。而先生中年遇师学道，蝉蜕登真。余苍颜华发，尚区区于名利之场，甘分待终，随物衰谢，何其愚也。余将掣肘，捐老牛舐犊之爱，去硕鼠畏人之贪，逍遥于自得之乡，笑傲于真闲之境，学先生之道，诵先生之文，高养天和以寄余生。未审先生异日有旧游之念，肯乞飞霞佩乎。

呜呼，先生已羽化矣。后之学者，不能见先生之步趋，闻先生之謦欬。其玄机妙旨，遗范余风，详味斯文则可矣。

大定丁未岁正月望日，东牟州学正范怿德裕序

水云集卷上

七言律诗

题洛阳朝元宫

宫门寂寂锁祥烟，古迹灵踪尚俨然。
云罩连枝烹药鼎，霞生灵井溉丹泉。
日魂炼就华胥国，月魄收将不夜天。
紫诏师真归去后，未知孰继大罗仙。

游灵山寺

闲闲云水访禅林，密密琅玕映碧岑。
玉柱峰高尘不染，灵山寺隐境难寻。
媾交白雪匀铺玉，间隔黄花乱点金。
清彻古潭秋静夜，桂华独现本来心。

游刘公花园

众贤邀我赏芳菲，雨霁晴明独过扉。
倚槛牡丹争秀丽，绕庭蛱蝶斗高飞。
风吹柳眼无情意，雨洗花心绝是非。
万物尽成春一气，无私普布吐馡馡。

赠新中郭四翁

几人到得白头翁，生老疴沉是始终。
浊秽腥膻除寿算，怪贪嫉妒转昏蒙。

有憎有爱难超世，无欲无情定脱空。
幸有天堂地狱路，圣凡迷悟总由公。

赠云阳程仙

修行大畏是顽铜，如着顽铜没行功。
心起妄尘沉地府，意常清静步天宫。
须依贫乐同颜子，莫要悭贪爱邓通。
学取终南师叔马，赤穷穷地堵环中。

赠郑仙

舍俗幽居物外庵，潜心灭迹绝论谈。
妙除浊秽清贫乐，用涤无明淡素甘。
蓬户不扃何所碍，一瓢常饮为忘贪。
安神寂默翛然坐，认透星光日月三。

赠韩家郎君在家修行

崇真起善立玄堂，谨奉朝昏两炷香。
内侍孀亲行孝道，外持真正合三光。
常行矜悯提贫困，每施慈悲挈下殃。
他日聪明如省悟，也应归去到仙乡。

赠门人安然子等

风子微言启众曹，等闲休把气神劳。
欲求海底成多宝，须炼山头绝一毫。

心逐有情伤气火，意游攀爱害神刀。
愿公早悟虚华境，免向人间再一遭。

赠杨姑

投玄八十道姑杨，一朵琼花秋后芳。
玉盏满添清静水，金炉须爇慧灵香。
如今已获将来福，从此何疑过去殃。
寂湛虚堂无挂碍，自然宝鼎现霞光。

题孔先生埪中

空门寂寂锁灵泉，喜趣灵泉玄上玄。
僻静每招闲客至，幽居常共马风眠。
清凉境界超尘路，履此方知别有天。
行者肯来低处觅，便教瞥地见神仙。

赠濬州王三校尉

王公吉善爱玄流，劝我勤勤倒玉瓯。
积善迤于心上起，垒功须向性中求。
利他损己通真理，忍辱慈悲达妙幽。
平等顺和常大道，三人同上大神舟。

题云溪庵

云溪高隐卧烟霞，默饮阳晶与月华。
雾敛丹台生瑞草，云收灵腑结琼葩。

青龙吐火烹金茗，白虎跑泉溉玉芽。
龙虎媾交功九转，刀圭一粒捧丹砂。

述怀

自慕贫闲探妙机，便知身入白云飞。
逍遥物外超尘网，脱洒怀中解垢衣。
恐损阴功搜己过，虑伤道德怯人非。
他时九转丹砂就，同约三仙从我归。

又

挫锐摧强作善良，顿然心法两俱忘。
鼎中频起金刚焰，炉内常燃般若香。
玉蕊乍芳惟独采，蟠桃初熟与先尝。
莫言迢递华胥国，了了空虚路不长。

又

一条捷径入仙源，洞口灵云覆翠巅。
风浪起时挥慧剑，玄波澄处采金莲。
蛟龙降去离宫卧，猛虎擒来坎户眠。
二物定闲人事尽，功圆行满产胎仙。

又

为慕仙源景物长，涤除灵地布琼芳。
南宫赤子居凉殿，北海乌龟住绛房。

清静洞中囚白虎，无为山上牧青羊。
自从鼎内云收后，常饮醍醐卧醉乡。

又

寂寥潇洒道人家，守弱随缘度岁华。
御冷粗衣唯纸布，充饥淡饭有虀苽。
忘言淡薄人情远，绝虑幽闲道况赊。
着恋妻儿名利者，限临猛悟悔如麻。

又

天机深远少人知，一粒刀圭午上持。
雾卷古潭秋静夜，云收碧嶂月明时。
蛟龙捉得囚离鼎，猛虎擒来锁坎池。
炼就仙丹超造化，去奔蓬岛礼真师。

又

瑟瑟飘飘风入松，遨游物外与仙同。
性如朗月流青汉，心似闲云任碧空。
猛虎擒来囚坎户，蛟龙降去锁离宫。
周天频起金刚焰，锻炼炉中一粒红。

又

光明一点照楼台，了了无生绝去来。
七宝山头红焰灭，三宫灵地白莲开。

烟霞紫府应将到，云路瀛洲去不回。
不夜玉京谁有分，长春仙子四人陪。

又

青蛇三尺袖中携，一粒丹砂结正时。
雾罩清溟囚马子，烟笼碧嶂锁猿儿。
千朝行满龙投火，九转功成虎入池。
夺得虚无真造化，天机深远少人知。

又

欲情巧胜染多言，悟此方离种种边。
欲断情忘通妙理，烟消火灭达幽玄。
口张舌举功难就，意出心生行怎圆。
绝了人情无个事，寂寥孤淡任残年。

又

真功真行密安排，十载殷勤细细栽。
俗境心忘超彼岸，凡情意灭到蓬莱。
地埋宝剑光冲斗，蚌隐明珠暗养胎。
修炼须凭真造化，欲穷造化炼心灰。

示门人

出得俗家入道家，恰如平地步烟霞。
尘寰物里光阴短，仙境壶中日月赊。

落魄水云真活计，虚无清静善生涯。
常观无欲人情远，不觉炉中结大砂。

又

守一真持认内闲，精勤苦行炼心端。
玄元有路非容易，方寸无尘也不难。
十二时中常觉察，三千功里莫欺谩。
前程如觅无来去，深作无人无我观。

又

摧强挫锐做修行，灭我降心断世情。
默默琢磨除俊辨，昏昏锻炼去猩狞。
无明起处真灵暗，柔弱生时道眼明。
每与无明经斗战，一回忍是一回赢。

又

灭恶除情作善良，好将名利两俱忘。
山头泼杀无明火，灵室常添般若香。
尘垢尽除明镜现，荒芜如去玉莲芳。
修行莫厌华胥远，了了虚空路不长。

又

修行须要认灵源，认出灵源一点鲜。
情欲永除超法界，痴嗔灭尽离人天。

休生颠倒贪诸有，莫起尘心染众缘。
空寂性中无挂碍，自然闲里产胎仙。

又

虚堂默默爇心香，便是吾门真道场。
走入虚空寻自在，拨除烦恼觅清凉。
象凭离坎安炉灶，卦按周天炼白黄。
永永绵绵依此做，功成九转结铅霜。

又

修行休向法中求，着法寻求不自由。
认取自家心是佛，何须向外苦周游。
灵源慧照尘休昧，应物般般意莫留。
两道清风开玉户，一条银𫐄出山头。

自咏

从初割爱做修持，守一清贫志不移。
竹笠羊皮常作伴，破毡腋袋每相随。
肥羊细酒全无爱，淡饭残羹且疗饥。
木碗乞钱新置得，衼䄇犹是出家时。

畅道

云水遨游物外仙，刀圭一粒断尘缘。
真空结就三田宝，妙用圆成五叶莲。

火灭烟消因锻炼，心清意静为精专。
逍遥放荡长真子，万里飘飘般若船。

又

云水逍遥逐处家，任他乌兔易年华。
闲中慧水添金鼎，静里灵田种玉芽。
海底养成红芍药，山头结就白莲花。
我今说破超尘宝，本有如如即大砂。

又

云水逍遥物外仙，闲闲静静本来天。
存心灭我开金锁，损意忘情折玉莲。
彼岸岸头搜密妙，灵山山里得良缘。
丹成九转清风送，解缆飘飘般若船。

继胡子全先生韵

修行非易亦非难，薄外颐真认内闲。
熇炙火坑急出离，清凉道岸早跻攀。
常观无欲通玄理，妙趣虚无绝爱悭。
清净无为全在志，存心弱固寂寥间。

寄姚先生

受人钦重是谭哥，结罪重重在网罗。
省过悔前孽自少，知愆不改罪还多。

心生贪好招灾甚，意着浮华积罪过。
损损存存低下做，未知贤圣肯饶么。

藏头拆字（三首）

□袍布素理幽机，□甲金庚炼玉飞。
□气相交须换壳，□丹运就复更衣。
□开真性头头是，□悟元初种种非。
□侄处名师叔钰，□莲四朵步云归。

□头浩浩涌灵泉，□湛澄澄照上天。
□道要除情与欲，□忘境灭积功千。
□分把捉休邪觅，□本元初合自然。
□锻炼成无价宝，□京重会害风仙。

□兀腾腾任自然，□中涌出白花莲。
□朝锻炼无穷宝，□志真修合上天。
□道割除情欲断，□刀劈破孽因缘。
□头莫向灵源挂，□结神胎管得先。

七言绝句

游华山

粝食粗衣度岁华，白云高卧隐烟霞。
心香福炷灵源起，定观莲峰十丈华。

在淇门镇为众人每日求药，因此作

智术多能巧作愚，无为守一养灵珠。
翛然顿觉尘劳梦，独饮无生酒一壶。

咏孤竹

一竿碧玉出芳丛，直节虚心众莫同。
耐雪欺霜坚岁月，自然时复有清风。

咏月桂

绿叶柔茎结翠红，精神朵朵弄晴风。
岁寒坚耐同松竹，尽占年光造化功。

咏鹤

停停独立对秋风，黑白分明造化功。
休讶得延千纪寿，为他顶上结丹红。

三教

三教由来总一家，道禅清静不相差。
仲尼百行通幽理，悟者人人跨彩霞。

述怀

不会搜空向外寻，蛟龙猛虎倒颠擒。
朝昏懒慢修香火，十二时中只礼心。

又

昏昏默默探玄玄，清静无为守自然。
真性得凝真气助，无穷变化可冲天。

又

我今云水是前期，细细常观八句诗。
若要延龄增寿算，金精专固认真慈。

又

一月二十九日饮，百年三万六千场。
世间尽不闻吾事，归去来兮入醉乡。

又

从前顽恶骋粗豪，今日存心望孽消。
十二时中常觉察，知他天地肯相饶。

又

蛾恋灯光焰不知，鱼贪香饵亦如斯。
蛾焦鱼烂君知否，好向祇园寄一枝。

又

谭马丘刘四个师，逍遥自在做修持。
周天磨炼无穷宝，一片灵光自得知。

又

古佛灵岩是我家，清凉境界绝忧嗟。
道人活计无他做，唯采三光炼碧霞。

又

如今识破恋灯蛾，爱饵迷鱼戏黑波。
本是一团腥秽物，涂搽模样巧成魔。

游怀川

了了心源万事休，此玄玄外更何求。
便便大肚应无染，且向怀川任意游。

又

为官清政同修道，忠孝仁慈胜出家。
行尽这般功德路，定将归去步云霞。

又

云耕宝陆三千里，月破黄昏十万家。
清夜碧潭澄皎洁，蚌吞银灺产胎砂。

赠张殿试

百岁光阴如闪烁，殷勤争似修仙约。
假饶一举状元归，正悟黄粮梦里错。

五言律诗

赠长安赵先生母

牙发重生黑，延龄三事因。
至诚遵道友，精谨奉高真。
静意擒猿马，清心聚气神。
处端聊拜上，稽首寿长人。

劝众修持

听我洗心方，翛然滋味长。
无无中妙用，有有内含光。
人被欲情染，情生神气伤。
人还情欲断，步步履仙乡。

五言绝句

劝众修持

学道假除假，修真空炼空。本源归一处，明月与清风。

又

酒色气财尽，忧愁思虑忘。攀缘爱念绝，五叶玉莲芳。

又

大道常清静，无为守自然。自心不回转，何处觅言传。

又

独坐若环庵，孤清味最甘。翛然无一事，默默守三三。

又

采得波罗蕊，制成般若茶。汤浇清净水，啜罢见黄芽。

又

常观欲为苦，瓦砾变黄金。观身如粪土，明月照瑶岑。

又

心生清爽少，语默气神和。清净消诸孽，无为解众魔。

咏晓鸡

啼落城头月，呼将日出东。妙哉真德行，唤觉梦中翁。

戒笔

绝笔尘方尽，忘言道可亲。擘开真道眼，损了假精神。

颂

其一

学道修真与世违，孤身飘逸断蓬飞。
随缘且过消前过，视死如归一不归。
垢面蓬头摧壮锐，粗衣淡饭远轻肥。
常清常净无为作，十二时中暗察思。

其二

把捉询予付少言，本来无法可相传。
是非绝尽方通妙，人我俱忘始悟玄。
清静贫闲为伴侣，气财酒色似雠冤。
今生若要登云路，不合虚无不得仙。

又

宝殿玲珑倚碧空，端严慈像瑞云笼。
三千功里勤香火，十二时中礼圣容。
真体垢除因锻炼，灵岩烟散为玄风。
闲闲鼎内云收处，一粒丹砂结就红。

又

十年常默默，今日露玄机。
水生赤凤子，火养黑龟儿。
清风吹岳顶，明月照寒溪。
降魔神剑亲传得，捉住蛟龙把尾提。

又

心凉肾热得修持，悟此方知达妙机。
十二时中无作用，马猿放荡损灵芝。

又

毛吞大海谁人解，芥纳须弥几个知。
日用居常知损益，功圆行满见菩提。

又

酒色财气一大关，意情灭尽出尘寰。
丝毫莫向灵源挂，如挂灵源不结丹。

又

六年炼尽无明火，十载修成换骨丹。
湛湛虚堂无挂碍，已知跳出死生关。

又

恰十年来学得痴，腾腾兀兀任东西。
欲询风子修行事，垢面蓬头火灭时。

又

野鹤孤云无伴，幽玄至妙忘谈。
默默昏昏独守，湛然秋月寒潭。

赠薛八郎

灵物常闲，假身不病。清净自然，性停住命。

又

雪山六载，面壁九年。道非容易，成佛成仙。

赠穆先生

太华山阴穆老仙，专持清静探幽玄。
修补祇陀无漏园，常流慧水溉心田。
擒猿缚马翠峰巅，定观不用买山钱。
舍俗投玄心契悟，善恶之由夙世缘。
心香福灶起灵源，杳杳冥冥达上天。
秋月碧潭真了了，野花啼鸟谩喧喧。
鼎中火灭开金蕊，木上无烟结玉莲。
垒功积行满三千，性圆丹结去朝元。

歌

其一，无相

采得玄珠非货贝，灵山一道香烟快。
熏成无漏步无生，五道霞光攒慧盖。
这灵灵，处处在，妙用虚空无内外。
无有皆空空亦空，法相果因俱染爱。
种种离，超三界，觉即如来顿明解。
寻文理义谩区区，说圣谈贤还捏怪。
不修完，无毁坏，境灭心忘观自在。
恒沙莹彻则尘埃，出入无疑为妙最。
狮子儿，祇园内，怒吼狐狸安敢对。

明月堂前玉蕊芳，氛氲结就金莲会。
黜惺惺，祛聪解，本来自有何须买。
山头浩浩涌灵泉，洗出虚空无证背。
遇重阳，明教诲，也无进兮也无退。
自从入妙认贫闲，便知灭了前来罪。
绝讨论，去知解，藏伏光辉如暗昧。
任他乌兔两忙忙，且这随缘寄皮袋。

其二，骷髅

骷髅骷髅颜貌丑，只为生前恋花酒。
巧笑轻肥取意欢，血肉肌肤渐衰朽。
渐衰朽，尚贪求，贪财漏罐不成收。
爱欲无涯身有限，至令今日作骷髅。
作骷髅，尔听取，七宝人身非易做。
须明性命似悬丝，等闲莫逐人情去。
故将模样画呈伊，看伊今日悟不悟。

其三，落魄

我落魄，我落魄，浑身纸布为衣着。
摆手行来万事忘，且喜一身空索索。
饥时觅，困时睡，元初本住清凉地。
慧剑辉辉夺日光，无限邪魔皆远离。
乐真闲，成真趣，邪径荒凉我不去。
真灵剔正渐分明，超然走上烟霞路。

得真修，应了彻，实即得时无可说。
水晶宫殿镇安闲，勘破春花与秋月。

又

我落魄，我落魄，衲布袉袖常恁着。
信意飘飘物外游，到处空空无倚托。
或居山，或城郭，不会书符并货药。
饥即巡门觅一钱，饱来万事齐拈却。
处闲闲，无用作，人情细细须除削。
龙虎婴姹总不能，默默醍醐常饮酌。
不做善，不生恶，坐卧去来空索索。
一片清闲冷淡心，从他四大任沦落。
绝关机，无忖度，不望乘云与跨鹤。
逍遥自在趣贫闲，赢得随缘恁安乐。

继丹阳师叔丫髻吟韵

钟吕海蟾为宗祖，系玉钟兮动金鼓。
撞透中间一点明，跳出灵童当西舞。
我恁乔，不是乔，乔话其中隐不乔。
真正言，无谄语，绝尽尘埃机与虑。
提离男，挈坎女，将领黄婆游净土。
住与行，坐与睡，或披毡，或纸被，
静静清清常恁地。半如痴，半似俏，
痴俏中间还自晓。这般消息少人知，

一味清虚寂淡宜。喜是嗔，嗔是喜，
颠倒元来我是你。千魔万炼见元初，
了了了心方到底。

水云集卷中

酹江月

吾门三祖，是钟吕、海蟾相传玄奥。帅父重阳传妙语，提挈同超三岛。慢慢搜真，灵根固养，渐吐黄芽草。无中还有，慧风时送嘉耗。

一点莹彻无穷，周游沙界，物物圆明好。种种皆空归本有，内外般般颠倒。此理幽深，清虚缥缈，行者人须到。昏昏默默，暗中贤圣知道。

又

自然之道，禀根元、真正精神圆聚。一点灵光无内外，明彻辉通玄户。寂淡偏宜，贫闲最好，物外逍遥处。长长不昧，湛然神室常住。

无论妙奥难穷，须凭慷慨，认把元阳固。搜取天真勤锻炼，触处般般回顾。火里莲生，山头焰灭，端的缘相遇。风仙重会，共游三岛云路。

又

一灵真性，又因何、样入凡胎尘域。迤染浮华贪爱恋，展转昏迷真迹。旷劫难逃，如今又错，罪孽重重积。本来模样，怎生分解寻觅。

须屏视听双泯，舍情云水，物外搜玄理。寂寞孤清趣妙有，岂顾形躯瘦役。捉住风飙，玲珑辉焕，默默烹金液。神丹昭着，死生烦恼宁息。

又

玉花渐吐，被清风、催结金莲光聚。历劫昏迷齐照破，直透无为门户。七返回光，三空觉照，间隔金花处。殷勤锻炼，自然婴姹常住。

些子端的幽奇，自从下手，永永基坚固。莲结琼芳灵蕙长，深感慈悲频顾。鼎内云收，炉中丹结，九转终重遇。参师云步，会游蓬岛仙路。

咏竹

爱君嘉秀，对云庵、亲植琅玕丛簇。结翠筠稍津润腻，叶叶竿竿柔绿。渐胤儿孙，还生过母，根出蟠蛟曲。潇潇风夜，月明光透筛玉。

雅称野客幽怀，闲窗相伴，自有清风足。终不凋零材异众，岂似寻常花木。傲雪欺霜，虚心直节，妙理皆非俗。天然孤淡，日增物外清福。

上元夜观月

上元佳节，正一轮、西步天渠飞跃。素魄当空澄湛湛，独现寒光无着。皓彩乾坤，无私遍照，万古无瑕膜。浑如宝鉴，莹然悬向寥廓。

姑射绛阙琼楼，群仙赴会，云坠停鸾鹤。瑞气祥烟笼宝殿，金碧霞辉交错。烂醉蟠桃，彩云归去，殊袂飘香络。嵩山遥对，烂银盘里期约。

题酒

杜康得妙，酿三光真秀，清澄醇酎。太白仙才乘兴饮，一斗佳篇百首。倒载山翁，襄阳童稚，笑唱齐拍手。陶潜篱下，醉眠门外五柳。

东里生死俱忘，待宾截发，陶母款贤友。文举无忧樽满酌，香醑频开笑口。喜遇尧年，醉乡丰乐，古所希闻有。玉壶春色，禄延益算眉寿。

神光灿

谭哥昔日，赡养家缘，积孽有若山丘。因遇仙师东历，海岛三州。劝诱顽愚向善，悟轮回、舍爱回头。随缘过，守清贫柔弱，云水闲游。

因过怀州仙府，后闲行贵县，时遇深秋。迤入严冬寒冷，得避无由。不免化些纸布，望诸公、念忆同流。如省悟，结云朋霞友，物外同修。

又

长真稽首，遍覆诸贤，修行只要心坚。战战兢兢日上，常恐生愆。淡素清贫柔弱，未安宁、休做词篇。真功行，在摧强挫锐，寂寞忘言。

无则巡门乞化，对人前休骋，俊雅风颠。藏伏光辉，默默锻炼丹田。千朝功夫做就，这些儿暗里相传。功行满，跨祥云归去朝元。

又

当初学道，迤入玄门，逍遥物外优游。占住庵儿日夜，不免寻求。殷勤来来往往，惹尘劳、怎悟真修。这踪迹，看何时功满，得赴瀛洲。

瞥地廓然猛省，勘元初一点，有甚闲愁。落魄婪耽云水，恣访仙俦。有似开笼俊鹞，又还如解锁猿猴。我去也，把般般打破便休。

又

奔名逐利，爱欲牵缠，昏昏转转迷蒙。虚幻浮华不觉，暗易颜童。百岁云间电闪，限临头、那肯从容。不肯悟，到如斯悔懊，个个还同。

速悟前途险路，早回头步步，却入仙宗。袍布青巾，结交霞友云朋。休外他搜密妙，认灵源、莲结丹红。趣真处，玩山头明月清风。

又

茫茫苦海，逐浪随波，便宜识取抽头。恩爱妻儿都是，宿世冤仇。因循浮华光景，把元阳、抛撒无休。限到也，看贤家着甚，计脱冥幽。

不悟如斯巇崄，骋机关日夜，计较贪求。顷刻轮回，千生万劫沉流。猛舍投玄入妙，免三涂、六道经游。早下手，与风人物外，结取朋俦。

又

茫茫苦海，逐浪飘沦，痴如蜂蜜蛾灯。一向迷迷妻妾，儿女恩情。遭他恁般系绊，限临头、独赴泉冥。如省悟，弃浮华恩爱，处静修行。

细细尘情疏减，渐栖心养气，隐迹埋名。淡饭粗衣，默默保炼灵明。迤而真人现也，向无中、金玉成形。大丹熟，这一灵真性，永永存存。

赠穆先生

修行门户，叙次通知，先须屏子休妻。猛舍尘情寂寞，潇洒相宜。无则街前展手，御寒时、纸布为衣。随缘过，守清贫柔弱，火灭心低。

日用擒猿缚马，处无为清净，暗契真师。境灭心忘，神凝气结灵芝。得得逍遥自在，任诗词、劝诱愚迷。功行满，指蓬瀛路稳，跨朵云归。

赠赵先生

赵仙入道，猛烈投玄，割除顿悟浮华。对境修持不若，火长莲花。予今诚言少付，遇戈矛、宽纳教他。若有病，便庵中如死，也莫还家。

常效如斯坚志，管圣贤暗里，照鉴无差。火灭烟消，灵腑自吐黄芽。无私性停命住，意心清、玉结丹砂。功行满，赴蓬莱鹤引，彩仗云霞。

赠张九郎

天堂地府，善恶由心，死生迷悟争先。悟舍家缘忘心，展手街前。淡素清贫柔弱，任云水、游历飘然。持坚志，守天长地久，永永绵绵。

旧孽如将消尽，定圣贤玄妙，暗里相传。意净心清，自是宝结丹田。若有分毫故犯，返招殃、罪孽难言。如了了，赴蓬莱三岛，做个神仙。

寄长安冯师兄

劝人行善，自做修行，两般于道相宜。须避俗中乡土，且要相违。妙药沉疴救护，更不择、贵贱高低。自然理，效陇西师父，戒行行持。

修炼须凭猛志，似大川山岳，安稳无移。外行周圆，他日得处无为。云水逍遥自在，气神和、功行双齐。大丹熟，指蓬瀛稳路，携朵云归。

寄长生刘师兄

处端稽首，上覆刘仙，一别倏忽三年。每遇临风对月，思渴高贤。忽尔遽承教字，方就审、法候安然。弟且喜，无劳齿录，存念绵绵。

自愧尘缘未断，在磁洛两郡，且恁随缘。不果来期，希恕老拙无愆。首春即当拜觐，履高秋、颐素不宣。处端望，师兄通妙几前。

满庭芳

欺昧成家，悭贪积富，静言独坐思量。养他数口，罪孽自家当。催促光阴似箭，才青鬓、容改衰苍。百年里，谁人尽数，兀兀谩罗张。

身强。闻早悟，知愆悔过，速改行藏。向闲中细细，增福消殃。更有高明大志，抛缰锁、物外飘扬。修行好，游山玩水，日用爇心香。

又

烟敛云收，蟾孤秋静，湛然独显希夷。常从坦荡，默默饮刀圭。宝鼎祥烟攒聚，气神会、结就灵芝。闲游好，飘飘云水，物外访相知。

随时。缘分过，饥来觅饭，逐处投栖。任忙忙乌兔，物换星移。且恁尘中闲散，功成后、别有师期。将归去，一轮明月，独步赴瑶池。

又

咄这憨牛，顽狂性劣，侵禾逐稼伤蹂。鼻绳牢把，紧紧力须收。旧习无明常乱，加鞭打、始悟回头。忘思处，孤峰困卧，默默万缘休。

渐犨。前步稳，芒儿闲散，心意何留。趋云山自在，真乐歌讴。蓑笠闲堆古岸，短笛弄、新韵悠悠。黄昏后，人牛归去，唯见月当秋。

又

莫觅东西，休搜南北，玄真只在身中。万缘齐断，神气始和冲。只要君心慷慨，慧刀举、劈破昏蒙。还知否，般般撒手，性命可圆容。

真空。离色相，闲闲闲里，慢慢休憁。恁婪耽布素，物外飘蓬。饥则巡门觅饭，饱来后、明月清风。逍遥处，哩唛啰唛落魄恁西东。

赠濬州王三校尉

蛾恋灯光，蜂贪花蜜，问君终久如何。欲成修炼，须出黑风波。慧剑攀缘割断，离乡土、趓却娘哥。烟霞客，水云步稳，随分养天和。

消磨。除旧孽，婪耽布素，信任磨拖。兴诗词吟咏，舌诞唇歌。古往今来达士，自家与、无少无多。神仙话，休论蓬岛，似是上高坡。

赠福昌县赵殿试

儒业尊高，文章显贵，算来世路荣奢。苦心劳志，求望步云霞。假使登科攀桂，黄粮梦、空悟咨嗟。无常到、相如老杜，着甚理逃趓。

浮华。须勘破，尘缘摆脱，物外生涯。趣闲闲云水，保炼根芽。得得心清意净，三光秀、凝结丹砂。功成也，三清举过，超上大罗家。

水龙吟

欲修无上菩提，便合下手须头段。莫令带水，拖泥土粘，绪些儿萦绊。生死明来，也全无在，自家决断。把凡胎浊骨，烟霞路上，轻轻渐，都抽换。

步步清凉彼岸。趣闲闲、忘机休算。烟消火灭，冰凝玉结，长生侣伴。自得真空，妙玄因，作无人我观。待丹成九转，重阳再会，游蓬莱馆。

又

本初一点来时，幸然体态淳和好。迤生增爱，缘尘蒙昧，无穷真宝。个个人迷，到如斯尽，逐情生老。把仙胎容易，浮沉苦海，随波浪，成虚耗。

速悟轮回返照，把尘心、须当颠倒。烟消火灭，冰凝玉结，长生芝草。默默志论讨，常坚守，自家炉灶。向三千功里，殷勤锻炼，定将来了。

又

世传海有三山，内藏羽化仙芝草。秦皇信此，使令徐福，东游蓬岛。云水风涛浩浩，男女舟中成老。望仙源缥缈，烟波杳杳，肝肠断，何时到。

堪嗟人迷颠倒，谩区区、空生烦恼。不知自起，妄尘遮碍，先天真宝。顿悟家缘掉，守清净，无为功了。得心清意静，性圆丹结，饵仙芝草。

又

瑞云捧出三峰，上真下化宸游地。祥云深锁，琼楼宝殿，琳宫幽邃。万顷岚光里，依稀降、玉泉莲水。望仙人掌上，弯弯初月，常晶莹，无瑕翳。

碧幛层层苍翠，乱峰巅、猿叫鹤唳。我来感叹，尘中缰绊，恩情名利。滚滚甘随，逝波流转，几人攀跻。现停停云汉，安然不动，作阴阳髓。

如梦令

镜药收来守拙，不遇知音难说。古鉴要予磨，点处便交光彻。欢悦，欢悦。衮出一轮明月。

又

竹笠竹冠竹碗，与我日常为伴。坐卧去来空，便是清凉彼岸。风汉，风汉。日月轮催不管。

又

只把灵台频扫，惜取自家真宝。火里长莲花，便是修行玄奥。颠倒，颠倒。境灭心忘了了。

又

一片灵空为伴，因把欲情割断。日上炼虚无，常住神堂古观。风汉，风汉。此外别无手段。

又

随分养营皮袋，坐卧去来明快。境上乐闲游，些子无生挂碍。忍耐，忍耐。占得逍遥自在。

又

物外遨游落魄，步步清凉云脚。闲里弄虚空，别有蓬莱期约。这着，这着。细细人情除削。

又

大道无名无说，休恁谩生分别。火灭与烟消，便是良辰佳节。宜拙，宜拙。认取春花秋月。

又

大道根元归素，绝尽人情思虑。火灭与烟消，认取元阳收固。此做，此做。便是长生捷路。

又

因遇重阳师父，引入全真门户。慧火炼灵空，不敢胡行一步。一步，一步。一步近如一步。

又

清静无为做彻，高下休生分别。灭尽我人心，自有真师提挈。提挈，提挈。云绽家家明月。

又

日用涤除尘垢，擒缚马猿不走。展手向街前，守一不生贪构。贪构，贪构。怎得功成行就。

又

不染俗情非是，不慢下贫趋贵。不敢受人钦，自在逍遥云水。云水，云水。守一无为彻底。

又

休讶弟兄不喘，只要人情疏远。不敢受人钦，不喜轻肥杯脔。舒展，舒展。锻炼丹砂九转。

又

落魄无拘野叟，自在逍遥闲走。他日返家山，重会云朋霞友。知友，知友。共饮蟠桃仙酒。

又

日用灵光内锁，保护真心不破。金玉得凝澄，生死无由近我。功果，功果。归去独携云朵。

寄濬州道友王四郎

传语濬州道友，休恋随情花柳。最好逐谭风，保护形躯不朽。不朽，不朽。共饮长生仙酒。

赠王三校尉宅三姑姑

欲做俗中修炼，先灭我人分辩。柔弱守清贫，坚志始终无变。真善，真善。损己利他方便。

赠修武贾信实

入道先生姓贾，日用持心低下。要见本来真，闲里擒猿捉马。擒要，擒要。须效谭风害哑。

赠张李二公道友

堪叹浮生不久，尽迷气财色酒。如悟舍尘缘，共结云朋霞友。知友，知友。保护身躯不朽。

赠阌乡县酒贾

深爱贾公吉善，水云游历玄便。他日处无为，得得虎龙交战。交战，交战。丹结永除千变。

述怀

一点灵光不昧，出入往来无碍。处处现圆明，物物头头应解。宁耐，宁耐。万祸不能侵害。

西江月

役我尽因心意，涤除般若玄机。不劳南北与东西，方寸些儿便是。宝鉴尘埃蒙昧，须从磨炼辉辉。光明一点照无为，直入蓬莱幽邃。

又

学道休于外觅，灵苗出自心田。铁牛耕透见根元，全在殷勤锻炼。认证元初面目，端身勿使邪偏。六钧弓硬拽来圆，箭箭红心有验。

又

顿悟轮回入道，时中锻炼绵绵。存存损损恁专专，要免将来流转。火灭莲开五叶，烟消玉结三田。欲超无上离人天，了取空虚古殿。

又

欲入全真门户，行住坐卧寂寥。存心乞化度中朝，尘事般般屏了。莫论黄芽白雪，休搜龙虎婴娇。色财无挂火烟消，便是蓬莱三岛。

又

堪叹光阴迅速，日生思虑忧愁。憨憨甘作逝波流，迷恋气财色酒。日月暗催人老，利名不使心休。争如放下观山头，明月家家尽有。

又

寒后添些纸布，饥来展手巡街。残羹冷饭且充斋，柔弱清贫远害。万祸皆因心起，无心无祸无灾。自从心定守真胎，云水逍遥自在。

又

寒后添些纸布，饥来乞觅残余。野情喜不择粗疏，且要遮形楂肚。自叹愚蒙过甚，徒劳设药防拘。从今放下乐清虚，做个憨憨暮故。

又

作伴修行未是，飘飘物外行持。孤云野鹤任东西，何有些儿碍滞。淡饭寻他两顿，清清净净无为。寂寥潇洒最相宜，别有一般滋味。

行香子

得得无修，无惑无求。放心闲、无喜无忧。逍遥自在，云水闲游。趣空中玄，玄中妙，妙中幽。

落魄婪耽，垢面蓬头。恣陶陶、真乐歌讴。随缘一饱，真个风流。这般来无，无来有，有来由。

又

朝也防心，暮也防心。恐心生、熟景来侵。多能术艺，书画棋琴。更不生贪，不着爱，步瑶岑。

善也由心，恶也由心。善心闲、恶意狂寻。心生虚度，日月光阴。便如云行，如水去，访知音。

云雾敛

匿光辉，认愚卤。兀兀腾腾，闲里寻闲步。垢面蓬头衣褴褛。乞食忘惭，方称烟霞侣。

绝骄矜，趣真素。不受人钦，不择贫卑处。认正丹阳师父语。了了惺惺，功满归蓬路。

又

做修持，休轻侮。认取云中，细细清清雨。净净泠泠灵芽吐。心外寻求，谩了虚辛苦。

坐与行，卧与住。闲里闲搜，闲暇逍遥做。结就金花开玉户。一道光明，直射无为路。

又

告行人，听少诉。着假求真，也好回头顾。勘验行藏休慕故。不合虚无，怎得蓬瀛住。

认元初，归莹素。勤拭灵台，勿使尘埃污。心上贪嗔痴尽去。暗里功成，有个真师度。

临江仙

得得全真真妙理，无为无作无修。自然清净行功周。祥云围绛阙，瑞气绕琼楼。

心似闲云无挂碍，身同古渡横舟。真空空界可相酬。白牛眠露地，明月照山头。

又

虚幻浮花休苦恋，南辰北斗频移。暗更绿鬓尽成丝。百年浑似梦，七十古来稀。

奉劝人人须省悟，轮回限到谁知。修行宜早不宜迟。从前冤孽罪，要免速修持。

又

稽首吾门诸道友，降心向外休寻。等闲容易费光阴。修行何是若，不了我人心。

灭取无明三孽火，勿令境上相侵。本来一点没升沉。真闲如得得，步步上高岑。

连理枝

浮世愚痴辈，一向贪名利。爱海恩山，构系镇迷，酒色财气。算荣华富贵电中光，好回心改悔。

早早寻出离，默默搜玄秘。寂淡贫闲，随缘度日，道人活计。守无为清净行功周，赴瑶池宴会。

赠京兆府安王解元

太原公疾苦，听予告切。圣贤待把伊提挈，好休歇。算人生七十，古来云少，看看到也。做个放下决烈。

割攀拽，趣闲闲，归莹素，安恬养拙。认灵源，炼磨明彻。从前孽，向三千功里，徐徐消灭。青山绿水，五人共赏风月。

赠获嘉王法师

谭风偏喜王三父，夙世良缘。休更推延。妻恶儿嫌出世鄽。

修行外用无为作，囚马擒猿。不返家园。定做逍遥物外仙。

蓦山溪

修行锻炼，休觅婴和姹。认取本元初，起尘埃、须除莫惹。常生正觉，宜向触来看，绝人情，去浮嚣，俗事般般舍。

长行坦荡，闲里调和假。空里做真修，恁清清、泠泠脱洒。日中静损，真正合虚无，乐逍遥，趣闲闲，步步无生也。

又

鄽中碌碌，虚幻名和利。休恁苦劳心，镇区区，伤神损气。回头是老，悟即便抽身，拚荣华，绝财色，乐道超浮世。

恩情爱恋，鼎内如鱼戏。休论早修持，甚一日、推他一日。风人低劝，微语破迷痴，早下手，速为之，做个前程计。

青玉案

喝马

师真引入修行路，默默无言句。慢慢持修归真素。般般返照尽成空，马儿悟。证内外，无尘虑。

真清真净投真处，细细搜寻妙玄趣。勘破浮华清虚做。降魔剑断孽缘休，马儿度。步步入长生户。

阮郎归

咏茶

阴阳初会一声雷，灵芽吐细微。玉人制造得玄机，烹时雪浪飞。

明道眼，醒昏迷，苦中甘最奇。些儿真味你还知，烟霞独步归。

又

闲闲云水任东西，灵空一片随。昏昏默默往来飞，前程事已知。

真大道，出尘机，般般种种离。重阳许我白牛儿，而今便是谁。

卜算子

四大因缘做，苦海凭船渡。一棹清风到岸头，得上无生路。
人叹风贫苦，我步闲闲趣。脱体全空没一文，胜似石崇富。

又

自入玄门户，寂淡清虚做。静里披搜四假身，勘破尘行路。
悟上还重悟，得得真闲趣。收住身中无价真，岂逐人情去。

又

风汉闲中做，彼岸神舟渡。万里晴空无片云，月照曹溪路。
割断冤情苦，默默明玄趣。一任傍人笑我贫，肚里非常富。

水云集卷下

沁园春

爱欲无涯，有限形躯，休苦苦疲。这宿缘分有，儿和女，是他家衣饭，各自相随。谩使心机，空生计较，大限临头孰替伊。当须悟，早抽身物外，也是便宜。

蹉跎下手犹迟，切莫外周游觅妙微。但尘心起处，皆魔孽认，元初本有，锻炼昏迷。真静真慈，玄波涤荡，自在逍遥境上持。千朝后，现灵台一点，光射无为。

又

虚幻浮华，百岁光阴，叹一刹那。谩区区碌碌，争名利，纵荣华富贵，贪得如何。蜃气楼台，虹桥碧落，些子时光长久么。闻强健，出熬熬苦海，速上高坡。

聪明切勿蹉跎，算世事皆空身莫过。认元初本有，无穷宝染，尘埃蒙昧，慢慢揩摩。保养灵根，频频浇灌，水间金花结玉柯。超生灭，这本来一点，无少无多。

又

好没来由，名利区区，几时尽头。算荣华富贵，名高位，显妻儿艳女，肯做持修。冷淡玄门，清虚妙道，苦涩难行孰意留。修行路，悟轮回生死，有分仙流。

除身尽是闲愁，猛割断冤情去便休。顶青巾布素，随缘度日，逍遥云水，物外遨游。闲里寻闲，损之又损，火灭烟消绝外求。将归去，这酆都路变，蓬岛瀛洲。

又

自古愚贤，日月轮催，尽沉下泉。叹张陈义断，因名利，恣奢华后主，破坏家园。楚庙江边，汉陵原畔，势尽还空皆亦然。英雄辈，尽遗留坏冢，衰草绵绵。

呜呼往事堪怜，染虚幻浮华逐逝沿。又争如省悟，尘劳梦趣，贫闲归素，保炼丹田。越过轮回，超升苦海，直上清凉般若船。逍遥岸，会玄朋琼路，同访桃源。

又

倏忽光阴，四大浮空，是非久坚。这轮回谁保，朝昏彻，被家缘恩爱，系绊迁延。一个真灵，千生万劫，苦海浮沉逐孽缘。当须悟，在伊家慷慨，生死争先。

聪明切听微言，好放下闲愁搜妙玄。认贫闲寂淡，休生恶，勘元初一点，摆出新鲜。直正无私，常行平等，坦荡逍遥任自然。真功行，向闲中慢慢，积累成千。

望海潮

全真大道，无为清净，重重障碍堪嗟。每叹自缘招，且不免闲游，云水他趖。无念谤诽邪。愿人人早悟，急景浮华。道祖西升，去尚犹避过流沙。

归地肺，复仙家。会云朋霞友，真乐无涯。虚堂宴赏，蟠桃斓熳，瑶卮共饮流霞。满坐戴琼花。得玄玄结正，一粒丹砂。此际功成行满，同泛渡云槎。

又

堪嗟浮世，谁能省悟，人人俗景迷遮。颜貌日衰残，由尚苦贪求，爱恋婴娃。欲海浪途赊。被二轮催促，易鬓霜华。忽尔无常，限到着甚理逃趓。

争如悟，速抛家。屏尘缘外绝，内固根芽。三千密要，阴功八百，真诚炼行无差。云水步烟霞。认三光真秀，凝结丹砂。异日功成去也，牛斗泛灵槎。

恣逍遥

自慕贫闲，来来懒惰。憨憨地、并无灾祸。残羹冷饭，全无烟火。吃一碗、肚暖则个。

他是他非，于予可可。眼前事、近来识破。腾腾兀兀，随缘且过。恣逍遥、住行坐卧。

南柯子

频剔灵明烛，勤磨智慧刀。万缘一豁绝丝毫。锻炼元初，终始莫辞劳。

水底霞光超，山头雪浪抛。虎龙蟠鼎绕周遭。炼就仙丹，步步上青霄。

又

云去南山静，风来渭水寒。凌波凝结一团团。万里晴空，清爽此时观。

雄剑鸣开匣，人头落玉盘。一轮明月上栏杆。了了从斯，心意始闲安。

黄莺儿令

活鬼活鬼，日日市鄽，争名竞利，为恋他好女娇儿，把根源轻弃。

早早不肯寻出离，大限来何计。想你也没分升天，却有缘入地。

菩萨蛮

慧刀挥处人头落，虹霓万道冲云脚。灭尽我人心，何劳向外寻。

白莲生火里，法忍无生死。忍辱两皆空，龟毛兔角同。

瑞鹧鸪

修行休觅虎龙儿，只要灵明识本机。昏则弥陀成外盗，悟来烦恼是菩提。

常搜已过心明显，唯见他非性转迷。打破般般休歇去，虚堂深处伴牟尼。

又

修行休觅虎龙儿，火灭烟消财色离。内炼气神成九转，外除情欲却三尸。

居常休话他长短，处净宜搜自己非。长使灵根无挂碍，自然证果佛菩提。

又

修行频剔性中灯，照破从来暗里昏。物物头头休染着，昏昏默默绝言论。

超凡入圣非由我，地狱天堂总在君。唯有一条真正路，居常牢闭四城门。

又

人人学道慕腥膻，嗜酒迷花罪孽缠。心慕腥膻伤物命，意生贪爱损根源。

唯论药术矜能解，岂信金科秘妙玄。如悟本空休歇去，一齐放下学修仙。

又

修行心炼似寒灰，放下痴贪气色财。人我怎生成道果，是非难得产真胎。

无明灭尽朝金阙，情欲俱忘拜玉阶。修炼直须烟火灭，为心低处有蓬莱。

又

本来真性是玄机，只在灵明悟得时。火灭烟消成大药，境忘心尽见菩提。

虚闲清净真仙路，寂寞无为出世梯。一法不生无挂碍，修行唯是这些儿。

又

修行须唱落花莲，损损闲闲任自然。日上莫谈他事短，时中频整自心偏。

休离方寸搜丹药，莫外周游觅妙玄。长使灵台无一物，便成九转产胎仙。

又

修行非易亦非难，应物慈悲认内闲。意上有尘山处市，心中无事市居山。

常耕清净田三段，定守无为舍一间。地久天长专一志，自然结就紫金丹。

又

莫言容易做修持，损损存存恐碍违。两饭虑频侵道友，一钱外恐损希夷。

众中戒口忘矜[illegible]俊，独坐防心断骋驰。十二时中常返照，犹疑暗察有无私。

赠王公云庵

王公幽隐远佳餐，保护灵根守内闲。意上有情山处市，心中无欲市居山。

颐神须要常温暖，炼气功成拒暑寒。专一始终无变异，自然凝结宝琅玕。

赠郭公

休心损事养根源，寂淡清虚守自然。积德仁风师孔孟，僻潜高洁效颜原。

定观明月三秋夜，妙趣玄风九夏天。诗酒琴书谁可并，野夫常许似龙眠。

望蓬莱

真大道，损损做修持。到处受人钦供养，得便宜是落便宜。步步入青泥。

为贫汉，寂淡莫相违。外貌常教人见畏，内容默默采灵芝。指日赴师期。

又

听咨告，少事要君知。万事苦求终害己，得便宜是落便宜。伶俐不如痴。

真修炼，心外莫行持。只据眼前为见在，自然烦恼不相随。步步入无为。

又

行大道，认取坎和离。一点来时颠倒处，两般消息与搜拔。玄妙不难知。

休外觅，识取自菩提。有相身中成锻炼，无为路上证牟尼。指日跨云霓。

又

全真妙，无我亦无人。无作无为绝视听，谦和柔弱没疏亲。寂寞守清贫。

玄玄处，得得好良因。一点无生真自在，湛然常寂本来真。功满列仙宾。

又

长真子，日计旋寻求。随分随缘消旧业，闲愁闲闷一时休。明月照山头。

常澄湛，无证亦无修。自在不居因果界，逍遥颖脱出沉流。功满到瀛洲。

满路花

因师超苦海，舍俗探幽玄。顿居欢喜地，认贫闲。是非人我，岂论与愚贤。步步清凉路，信任遨游，兀谁知恁恬然。

也无心、远望神仙，到了分随缘。尧年丰岁稔，谢皇天。水云活计，只觅一文钱。损损闲闲趣，寂寞无为，任他岁月绵绵。

又

重阳佳节至，云水寄天涯。玄朋邀共饮，赏黄花。特临雅会，南望翠烟霞。极目岚光里，隐约依稀，瑞云深处仙家。

任陶陶、畅饮喧哗，觥泛笑擎夸。樽前唯对酒，喜何加。浮金潋滟，默默采灵葩。饮罢还重劝，不醉无归，月明初上窗纱。

又

上无三瓦舍，下没一犁田。水云真活计，且随缘。街前展手，化个有缘前（此前字以寓其意）。独步归来晚，万里晴空，卧听虎啸啼猿。

趣闲闲、真乐无边，一派滚灵泉。鼎中真火降，汞凝铅。虎龙蟠绕，真秀结根源。默默无为坐，独守孤峰，一轮明月流天。

捣练子

捣练子，具如何。从前罪孽暗消磨。啰哩唛，哩唛啰。
从初得，认波罗。色财勘破扑灯蛾。啰哩唛，哩唛啰。

又

听分剖，这风哥。寻常只恁啰哩啰。啰哩唛，哩唛啰。
些儿话，不须多。交贤会得笑呵呵。啰哩唛，哩唛啰。

又

清净法，越娑娑。神舟稳驾渡沉波。啰哩唛，哩唛啰。
早下手，出迷河。伊还不悟转蹉跎。啰哩唛，哩唛啰。

又

浮华事，梦南柯。流年电闪下轮坡。啰哩唛，哩唛啰。

早脱离，出漩涡。两轮日月疾如梭。啰哩唛，哩唛啰。

又

风人唱，破迷歌。回心与我见弥陀。啰哩唛，哩唛啰。

十捣练，要调和。恩情欲爱是冤魔。啰哩唛，哩唛啰。

汉宫春

甲子天元，遇明朝圣代，神仙出世。仙师密遣，故我水云东历。山遥路远，渡难阻、岂辞迢递。惟念念，人人未悟，虚华恋着家计。

轮回最苦省悟，照前贤作用，如何脱离。尘缘屏绝，渐迤可亲玄理。功成气结，得指日、身超仙位。归去后，鸾鹤引赴，蓬莱真会。

又

欲入无为，乐闲中闲里，祇这些儿。惟论目下，未来已往休拔。常行坦荡，远财色、人是人非。新来恁，怡怡内乐，境上无挂毫丝。

昏昏默默得也，向无中捉住，真个根基。惺惺洒洒，无用无作无持。头头返照，自然理、触处晖晖。谁会得，清风皓月，湛湛两个人知。

又

自慕贫闲，便摧强挫锐，柔弱和光。尘缘顿舍，慧烛朗爇灵房。七门返照，用七宝、密密铺妆。擒猿马，邪生智巧，锻炼列另端行。

清净自然守守，守无为常善，一炷心香。平康宴乐，玉液酬泛琼觞。云朋霞友，笑喧哗、金玉玎珰。人去后，云收雾敛，澄澄月满虚堂。

长思仙

朝思仙，暮思仙，思忆真师四五年。惟愁功未圆。
功须圆，行须圆，功行双全作大仙。携云归洞天。

又

外奔驰，痛鞭持，习性调和路不迷。清溪香草肥。
芒儿归，牛儿随，明月高空照古堤。人牛不见时。

又

金要多，银要多，奴马田园苦要多。临行孽更多。
贫如何，富如何，万事无心只恁何。将来奈我何。

又

道人心，处无心，自在逍遥清净心。闲闲云水心。
利名心，纵贪心，日夜煎熬劳役心。何时休歇心。

又

修行心，包容心，一片清虚冷淡心。闲闲无用心。
灭嗔心，去贪心，寂寞清贫合圣心。无生现本心。

又

好颜容，似花红，莫待馨香逐晚风。临头始悟空。

妙搜穷，脱凡笼，猛烈灰心出世雄。功成三岛峰。

又

遇风仙，接幽诠，云水飘蓬镇日闲。灵明现本元。

结真铅，溉清泉，须信壶中别有天。逍遥得坦然。

又

得还无，合虚无，湛湛澄澄有若无。元初无更无。

理清虚，证空虚，一点灵源实若虚。光明彻太虚。

又

得玄玄，悟三三，火灭烟消风害谭。昏昏保玉男。

趣闲闲，认憨憨，一性浑如月正南。澄澄现碧潭。

忆王孙

神舟稳驾出沉流，明月辉辉命自周。两个先生暗点头。有来由，万劫轮回向此休。

又

修行谁会把心降，赤凤驱将饮碧江。调引婴娇笑舞双。剔银缸，物物头头现晓窗。

又

从初得得便风流，降伏龟蛇住定州。千日丹成永永收。好因由，自在逍遥万事休。

又

心中无事气神和，不觉欣欣言语多。剑用道钢磨更磨。害风哥，割了舌头赶退魔。

又

尘寰财色苦相萦，着爱浮华役此身。好悟灵源一点真。绝贪嗔，便是逍遥到岸人。

又

无无无有有无无，悟得无无便不愚。日月年时损壮粗。见元初，万道霞光攒宝珠。

又

茫茫苦海两无边，无限迷鱼在黑渊。我掷金钩钓有缘。线儿牵，引上神舟采玉莲。

减字木兰花

全真门户，静静清清无作做。非易非难，财色无明尽结丹。
真龙真虎，境灭心忘知去处。铅汞相传，交媾须离种种边。

又

逍遥自在，去去来来无挂碍。一片灵空，处处圆明无不通。

无分内外，莹彻周沙含法界。遍照无私，明月高穹秋夜时。

又

心颠意要，难辨身中真共假。意要心颠，招得全生罪孽愆。
心宁意息，定里闲闲明慧力。意息心宁，道自归而神自灵。

又

遇而不悟，可惜惺惺逐欲去。目下蹉跎，教我如今怎奈何。
他时若到，悔晚投玄亲妙道。早早回修，免向三涂六道游。

又

水云皮袋，似水如云长自在。自在闲人，闲里搜寻物外身。
任行任住，色外真空闲里做。欲觅真空，祇在南山尽静中。

又

尘心起处，隔了逍遥云水路。不起尘心，色相还空猿马擒。
而今勘破，保守天真闲里过。欲识天真，白玉黄金铸就身。

武陵春

赠李道人（拆字）

□日劝君君不省，□下越贪忙。□识常常内转伤，□肯恁思量。
□养灵根牢固取，□目好回光。□兀腾腾万事忘，□内爇仙香。

南乡子

物物不追求，免有人前宠辱忧。世路巧机齐放下，休休。顺着人情不自由。

最好把身囚，落魄随缘云水游。乞食存心消旧孽，修修。譬似无常限到头。

永遇乐

赠濬州王三校尉

飘逸闲行，坦然稳路，任云任水。落魄婪耽，蓬头垢面，朝日常如醉。腾腾兀兀，遨游闲散，去住并无萦系。觅残余、填肠塞肚，到处夜来闾睡。

人人未悟，修持都是，自着难为割离。爱欲无涯，煎熬苦海，生灭何时已。一蓑一笠，随缘且过，便是道人活计。你咱自、迷情未肯，且祇恁地。

踏莎行

云水闲人，婪耽布素。逍遥物外烟霞步。存心乞化度朝昏，巡门喏诺须分付。

水定云闲，不随他去。烟消火灭清凉趣。此游圣境又空回，携笻独上长安路。

又

屡劝聪明，聪明不悟。寻常相付留词句。词中唯是劝回修，何曾词里依他做。

早悟轮回，速寻出路。二轮催促朝还暮。今生荣贵是前缘，来生果报将何去。

又

舍俗修行，超尘归素。安恬寂淡忘思虑。颠狂猿马锁空房，灵源一点常教住。

莫觅金翁，休搜龙虎。清清闲暇逍遥做。慧风吹散岭头云，一轮月照曹溪路。

又

步步无生，缘亲禅道。明来暗合通庄老。风仙十载去朝元，处端云路将应早。

悟正身中，无穷真宝。因缘漏果何须造。闲闲活计我家风，逍遥坦荡吾门好。

又

既得修真，须搜玄理。心中事事都忘弃。因师妙旨悟元初，山头一点光明起。

落魄生涯，水云活计。遨游坦荡红尘里，诸公休讶这风人，寻常只恁哩啰哩。

又

戆戆憨憨，无言无说。自惭谩设虚分别。从今更不外奔驰，其中尤妙偏宜拙。

收卷精神，藏辉迹灭。空生烦恼齐休歇。祇陀园里种琼花，芬芳一朵金莲结。

又

才见春花，又逢秋月。春花秋月何时彻。劝君速悟勿蹉跎，壶中别有嘉时节。

断爱超尘，当须猛烈。元阳固炼搜玄诀。神珠磨炼莫交昏，无来不去超生灭。

又

忍辱常餐，永除浊酒。洗心涤意忘诸有。存存损损了空虚，安安稳稳无他走。

静静清清，天长地久。春花秋月坚坚守。腾腾兀兀向前行，昏昏默默合着口。

又

一颗玄珠，从来蒙昧。贪嗔痴染难分解。顿修涤荡不交昏，轮回生死都无碍。

急急行持，休生退怠。绵绵锻炼须宁耐。了心何处是归期，彩云鹤引蓬莱会。

赠兴平赵六士

百岁荣华，星移光烈。人身难保朝昏彻。恩情眷爱已收空，不时大限将分别。

早悟轮回，惊生惨切。割情舍爱亲玄诀。公还猛烈入清虚，风人许你开心月。

寄京兆徐公

方寸灵田，何曾拂扫。尘埃久暗生荒草。神泉散漫不凝澄，如何结得长生宝。

云水寻真，逍遥访道。离家便是离烦恼。聪明如悟肯休心，孤峰共饮蟠桃老。

赠王三校尉

稽首王公，微言少告。残年霜鬓君今到。攀缘恩爱几时休，闲身强健灰心好。

深理幽微，世情颠倒。寂寥潇洒搜玄奥。水云同步访丹阳，孤峰共饮蟠桃老。

赠濬州王四郎

贤兄来到，说公深浅。我闻听、忽生叹羡。一母三枝背长情，安忍心变。悔前非、改行方便。

聪明省会，速来见面。与仁兄、和颜欢宴。稍有违情定风子，决成宛转。水云去、更无断见。

浣溪沙

辞贾公

云水飘飘物外游，垂纶独钓大神舟。遇迷苦海不吞钩。

却返碧波归去后，家山重会马丘刘。玉壶金液宴仙俦。

满庭芳

长生先生作《满庭芳》赞道释，寄助缘卢公武德。

释氏禅宗，老君道祖，吕钟海蟾明天。重阳立教，东海阐良缘。唯度丘刘谭马，分异派、王郝先传。将来去，十洲仙会，霞友性团圆。

成仙。非难易，行修八百，功了三千。待天书紫诏，性命完全。要出阳阴之壳，常无染、万物无愆。真了了，龟蛇蟠绕，阴尽去朝元。

后序

人生天地间，圆首方足，抱识含情，禀五行之秀，为万物之灵，佛性仙材无不具，药炉丹灶无不备。若能屏嗜欲，弃浮华，绝贪求，去名利，静息虚凝，则可以长生久视。

长真谭公仙人，以宿缘符契，壮岁得遇重阳祖师，与丹阳、长生、长春同师也。厥后相从真人，西抵汴梁，付以口诀。后至洛川，积功累行，先厌世而登真。有留语录词章，仅数百篇，皆包藏妙用，穷达造化，命之曰《水云集》，传之四方久矣。

值丙午间，濬郡大水，漂没其板。神仙长生刘公闻之，不胜悯悼，即命工重刊于东莱全真堂。今又值累年兵革，天下无有全者。路钤高友并其妻孟常善，举家孜孜慕道，往来于淮楚间，访寻真人遗稿。乃于门弟子处，疑若神授，得其全帙。恐其斯文泯绝，今复镂板印行于山阳城西庵。实见高君用心于教门之切也。

呜呼，真人羽化已久，斯文不可再得。及见仆先父所作前序，又属予为后跋。遂不揆荒芜，勉述。

又

仆一日编类诸仙降批词颂《珠壁集》间，忽有高牙大纛，森拥蓬扉。仆愕然兴之而迎其门，乃萧师故来下盼。相揖而进之，谓予曰："顷有道友张志全，不远数千里而来，携斯长真子谭师父平世述作《水云集》一部，特以见遗某。然而不解文墨，忝于教门，粗钦慕之。奈屡经兵火，将诸全真玄奥之书板集，俱已焚毁殆尽。唯有此集，幸好事者藏诸屋壁，仍存焉。若不再行镂板，传于四方，诚恐泯绝，又阂将来慕道者参访耳。愿为重刊之序。"仆应之曰："曩者有东牟范学正父子，才高歆向，学富固彪，已序之矣。仆安敢措乎耶？"屡辞不获，聊为散语，以塞雅命云尔。时己丑年重阳日。

自在空中无挂碍
来来去去意无尘

刘处玄集

仙乐集

仙乐集卷之一

天道罪福论

无火院罪，赐清凉福。无贪淫罪，赐安乐福。无恶浊罪，赐善清福。无憎爱罪，赐清平福。无苦恼罪，赐知足福。无著身罪，赐修真福。无赞邪罪，赐明正福。无毁人罪，赐赞己福。无万爱罪，赐万清福。无妄想罪，赐通仙福。无分别罪，赐善通福。无妒嫌罪，赐归顺福。无恋世罪，赐洞天福。无怕衰罪，赐松筠福。无奸狡罪，赐如意福。无轻人罪，赐重己福。无慢人罪，赐天祐福。无恋假罪，赐明真福。无俗恶罪，赐道善福。无攀高罪，赐德归福。无纵心罪，赐通道福。无寿者罪，赐长生福。无狐疑罪，赐感应福。无恩冤罪，赐仙伴福。无动静罪，赐真常福。无退道罪，赐祖先福。无地狱罪，赐天堂福。无有为罪，赐无为福。无生灭罪，赐超升福。无狠毒罪，赐全身福。无是非罪，赐道德福。无妄传罪，赐大成福。无害命罪，赐延年福。无自高罪，赐人敬福。无拣择罪，赐无穷福。无恋浊罪，赐清真福。无损气罪，赐颐神福。无怀恶罪，赐心安福。无私邪罪，赐公正福。无恋富罪，赐天乐福。无恋有罪，赐无生福。无刚硬罪，赐上善福。无人道罪，赐天道福。无多藏罪，赐万光福。无损人罪，赐益寿福。

无杀害罪，赐修生福。无嫉妒罪，赐夷善福。无攀缘罪，赐全神福。无恶逆罪，赐孝子福。

无善道，则赐轮回罪。无公平，则赐生灭罪。无忘贪，则赐不足罪。无常情，则赐寿夭罪。无通变，则赐愚鲁罪。无清深，则赐浊浅罪。无悟道，则赐迷俗罪。无厌宠，则赐多辱罪。无就下，则赐危险罪。无善福，则赐恶报罪。无三孝，则赐十恶罪。无明见，则赐幽冥罪。无真禧，则赐身堕罪。无真常，则赐荣枯罪。无厌世，则赐万浊罪。无炼形，则赐贩骨罪。无悟真，则赐迷伪罪。无爱善，则赐堕恶罪。无福慧，则赐堕落罪。无大达，则赐福业罪。无灵明，则赐昏迷罪。无远小危，赐大祸罪。无禁口非，赐拔舌罪。无顺道，则赐刀山罪。无害物，则免镬汤罪。无恋情，则免死苦罪。无幻形，则免去来罪。无生乐，则免死哀罪。意普敬，则免不平罪。无新愆，则消旧业罪。顺天条，则免过去罪。积阳道行，无阴路罪。修阳道功，救永沉罪。达无为道，无万有罪。悟轂食居，无利害罪。悟三圣言，无高下罪。出天地轂，无万物罪。去福地隐，无应物罪。通明晦谦，无自高罪。出五道转，无投胎罪。性今古通，无愚执罪。悟天道通，无多言罪。见道无形，无著有罪。爱非理贿，有填还罪。通天道夷，无他非罪。搜己过达，无昧己罪。救四生形，无害物罪。通灵琴响，无直言罪。知黑白明，无杀机罪。明三皇始，无弄文罪。见亘古形，无著相罪。上元赐福，中元赦罪，下元解厄，三元救世。

白莲花词

百岁人生速悟，三万六千有数。昼夜忙忙乌兔，限到难趓死路。古今许庞家去，也应都免轮回苦。

别有铅房汞库，一点灵明是主。道乐无尘无虑，欣则行歌道舞。古今许庞家去，也应都免轮回苦。

敬道高真祐护，保命身赡安养素。恶浊消亡作做，圣道难逢难遇。古今许庞家去，也应都免轮回苦。

道救九玄七祖，咫尺蓬莱有路。三教超升门户，仙道千年一遇。古今许庞家去，也应都免轮回苦。

世外仙宫宝所，得道真灵永住。布德名传万古，救死哀生孰悟。古今许庞家去，也应都免轮回苦。

大醮亡魂圣度，亢旱难逢法雨。清静身心餐素，功德圆成仙路。古今许庞家去，也应都免轮回苦。

性焰命油省悟，便是真生妙趣。道气修成坚固，蓬岛仙乡有路。古今许庞家去，也应都免轮回苦。

意想千头万绪，食足衣丰不悟。有日无常独步，魄散难逃阴路。古今许庞家去，也应都免轮回苦。

有德多谦少怒，莫要嫌贫爱富。万事包容众语，感动高天圣祖。古今许庞家去，也应都免轮回苦。

今世为人贵富，必是前生有悟。恐堕三涂阴府，未尽天元再遇。古今许庞家去，也应都免轮回苦。

七宝过如须弥，道果要成也未。早悟金刚妙理，便是渡河超彼。道全德之也贵，大家总赴玉华会。

未达阴阳看易，觉了通天彻地。厌浊阒然出世，守道古今有几。道全德之也贵，大家总赴玉华会。

道妙清虚觉慧，应变涌泉得意。只要君心不昧，隐奥五千至理。道全德之也贵，大家总赴玉华会。

欣则看书困睡，洞外松前自喜。保命颐神养气，抱一免沉下鬼。道全德之也贵，大家总赴玉华会。

秋月澄潭彻底，现出圆光照体。二八[①]无亏真喜，撒手行来无罪。道全德之也贵，大家总赴玉华会。

【注】

①二八：内丹语，喻阴阳平衡。壬水八两，癸水八两，合为一斤，喻肾生之水先天后天匀停。又指时刻。精气已生之候，有气无质之时为金八两，是为先天。在质生之时，为水八两，是为后天。采取之候，即在先天将化，后天未现之间隙用之，所以二八之意，即有无之间，贵在火候知时。

迷者多生谤毁，恋色贪财竞气。有日无常却悔，五七[①]阎王问罪。道全德之也贵，大家总赴玉华会。

【注】

①五七：旧言人死后，五七阴司送至刑场，上刀山下火海。

业镜前来照你，皱著眉儿垂泪。难用在生辩智，到此儿孙难替。道全德之也贵，大家总赴玉华会。

顿悟名山福地，云水琴书活计。一念无生弗罪，达者古今有几。道全德之也贵，大家总赴玉华会。

得失上天入地，三寸不来那世。魂魄消亡为鬼，性命完全仙易。道全德之也贵，大家总赴玉华会。

恣乐清平无比，石畔松间快矣。鹤舞鸾迎唯喜，炼就丹光壳蜕。道全德之也贵，大家总赴玉华会。

混沌至今万有，死去生来怎久。一个真灵不朽，命在南辰北斗。子孙醮缘重遇，敬信全仗高真度。

阴路久沉万祖，地狱无门出去。上有十方救苦，造业众生无数。子孙醮缘重遇，敬信全仗高真度。

既有生老病苦，死堕阴司恶处。只为生前不悟，催上刀山剑树。

子孙醮缘重遇，敬信全仗高真度。

牛头狱卒急怒，到此口难分诉。痛苦无停无住，拔舌生前毁主。子孙醮缘重遇，敬信全仗高真度。

沉在幽冥黑路，阳道天光甚处。万劫千生受苦，十恶之人有数。子孙醮缘重遇，敬信全仗高真度。

天上人间两路，只爱贪淫嫉妒。乐极难逃病苦，魄散魂消入土。子孙醮缘重遇，敬信全仗高真度。

曾看北邙冢墓，古往多少贵富。限到怎生趓去，顿悟玄元道祖。子孙醮缘重遇，敬信全仗高真度。

世外仙家乐处，异景都无四序。得道真超寒暑，积行真人救苦。子孙醮缘重遇，敬信全仗高真度。

来谒名山洞府，顶笠携筇信步。认得金乌玉兔，妙觉傻猿缚住。子孙醮缘重遇，敬信全仗高真度。

狗台安远洎众亲灵虚观助缘，酬赠以诗

长生济度未为贤，应化人间自肯钱。

黄箓醮成通荐拔，灵虚观就悟良缘。

百朝累行明三昼，千日修功敬万年。

上报四恩全道德，无愆保命免幽泉。

叠韵诗

□年春后又花残，□景凋零木草全。
□道慧灵无好丑，了真清意辨愚贤。
□人背剑游云洞，达士携琴住锦川。
□近终南[illegible]万顷，好来世外论长年。

藏头拆字诗

□诀希夷无上尊，□田彀鹑守余藩。
□云到处思三孝，□午行来忆四恩。
□觉铅升扃地户，□明汞降阐天门。
□分万法清通海，□省扬眉道弗言。

□名徐甲驾青牛，□极初分预九州。
□利天人升不夜，□昏下鬼堕冥幽。
□明道德无为好，□达玄元没价酬。
□卯倒颠成化造，□乎廉孝侍君侯。

□谈圣教道兴隆，□去朝元鹤驭通。
□子愆消常岁稔，□真福累永年丰。
□皮破处黄芽现，□树生时白雪逢。
□地因缘明化世，□轮飞走碧天中。

□外修行道性优，□真无意谒公侯。
□通易免三空罪，□达难趖九地囚。
□口明传人有惠，□心化度道无收。
□闻河上传文帝，□对君王十二旒。

□峰霞洞度昏朝，□射松筠胜柳桃。
□甲炼丹明异景，□蛇吞醪饮香酝。
□宫玉姹朝贤圣，□位金婴远贵豪。
□味羊膻俱尽戒，□分清静隐蓬蒿。

□历京华厌世尘，□龛云洞性清新。
□铅炼就天光莹，□汞修成降气匀。
□物有灵明道体，□心无想隐真神。
□申燕坐无忧喜，□达升仙吕洞宾。

□养芝苗觉性开，□年真了去无来。
□闲静看诗千卷，□阒时斟酒一杯。
□遇玄元功行未，□逢至道圣贤催。
□超寒暑阴阳外，□旦无云发迅雷。

□滚云涛近碧天，□通法海命延年。
□分玉貌过潘岳，□个金容胜美妍。
□姹烹铅成九转，□婴炼汞结三田。
□传秘诀莲峰去，□访仙家住锦川。

□清炼意似寒灰，□降中央劣傻回。
□子云边石女访，□真洞外木人催。
□公未悟天中月，□性先明雪里梅。
□到瑶台游阆苑，□知仙卉四时开。

□后牛形中气妆，□农九六喜生阳。
□通世外云烟阔，□觉壶天日月长。
□挂六铢明性烛，□消三业爇真香。
□冥恍惚时时运，□子瑶池泛玉觞。

□长灵芽妙运阳，□令风雨散天香。
□宫殿外三花放，□位楼边七宝妆。
□芾题诗思太白，□华行道炼中黄。
□仙聚会谈今古，□口无争众乐堂。

□真守道永心灰，□降阴升外道回。
□子灵呼婴姹到，□真道摄虎龙来。
□回万伪身心定，□转三空慧眼开。
□载清轩看古教，□华嘲景泛金罍。

□头食蜜形无槁，□卧烟霞泯万巧。
□手难栽不谢花，□功易种灵芝草。
□年炼己洞天居，□道修真尘外好。

□后午前似一时，□常欣欣看庄老。

□时未卯觉先寅，□表俱明预暗陈。
□海飞乌衔玉汞，□天走兔捣金新。
□光不让人间景，□圃难同世外春。
□往月来今古事，□翁幼稚死生均。

□忘名利下高杆，□甲金庚包暑寒。
□九秋前花满槛，□三夏后果盈盘。
□斟玉液从朝饮，□献珍羞至夜阑。
□望碧霄云外路，□乘鸾凤有清欢。

□见晴空溃寸霾，□通三二道心灰。
□游胜地嘲松竹，□隐仙园咏柳梅。
□见残春生灭梦，□逢缺月暑寒催。
□君认得圆光照，□镜真明免去来。

□回万有宝光新，□斧开山见玉人。
□转三阳黄蕊绽，□缠四相雪花春。
□来月往逢丁卯，□礼朝参遇戊辰。
□挂云裳藏碧洞，□云炼出九霄身。

□来灵运宝光收，□去芒儿白彻牛。
□地良因阐夕旦，□心应变定刚柔。

□金颠倒莲峰住，□道须知彼岸游。
□外逍遥修性命，□谈范蠡一扁舟。

□餐美膳敬人催，□去天厨重造来。
□见婴儿先寸悟，□闻姹女又头回。
□传玉诀超三昧，□射金光现两腮。
□道穷通天地外，□阳楼上泛琼杯。

□人未晓悟其寅，□洞仙游阆苑春。
□月急催尘景谢，□仪闲逐道光新。
□传汞药云中客，□诀丹经物外宾。
□宝祥光重出现，□婴达了任舒伸。

□从入理隐真光，□见壶中日月长。
□挂云裳朝道祖，□餐黍米炼丹阳。
□通子后明红烛，□降斋前爇川香。
□杳冥冥唯省悟，□思翠竹到凉堂。

□龙蟠虎达其寅，□卦抽添应美辰。
□悟海天云浪积，□明川地雪霜匀。
□童引玩蓬壶景，□姹先游洛圃春。
□月走飞生老变，□华妆点世尘新。

□翁小隐住青城，□道人间慈救生。

□炼汞铅明假合，□谈道德悟真诚。
□清积行怜贫贱，□耀修功爱贵荣。
□用无高休更下，□居出入似量衡。

□仙乐道住云边，□子闲吟物外编。
□结垂光超九地，□侵艳景达三天。
□通易晓天元岁，□法难明甲子年。
□有三生真顿觉，□知俱泯是高贤。

□身飘逸到云轩，□马重来孰悟冤。
□拽了然恩极害，□心相应害生恩。
□知汉将逢纯祖，□见扶风遇太原。
□隐居山真混世，□经大度五千言。

□国真仙隐洞宾，□游显迹喜贤臣。
□参万妙全天意，□觉千玄用率循。
□视清平行道德，□闻赞上尽修仁。
□仪养就元初貌，□极时增福万钧。

□论京华隐大才，□然寒去又温来。
□明道上如星朗，□悟胸中似锦堆。
□养松筠三季玩，□修艳卉四时催。
□全万行朝元去，□想先贤德妙哉。

□游云洞宝光垂，□去超尘别有期。
□满虚心真弗病，□盈实腹口忘饥。
□缘内外谁人见，□悟中边几个知。
□论天堂并地狱，□通无上妙堪宜。

□思罕见百年翁，□客真升入碧穹。
□弩闲时多国富，□荒乱后少民丰。
□明覆载通夷行，□运周天达圣功。
□士农商崇善道，□胡欣乐赞王公。

□心通似锦江流，□火相交汉勇侯。
□善一方风雹少，□明三界雪霜稠。
□通广累三千行，□运微传十二周。
□诀自然枢要悟，□常乐道喜歌讴。

□下群贤论古今，□然达者是知音。
□乌垂足通天朗，□兔捣光悟道心。
□化意如须弥大，□谦灵似巨洋深。
□云到处仙家好，□种黄芽壬雨霖。

□归云路到阳天，□道虚无本自然。
□降玉炉光易悟，□开宝鉴口难传。
□修汞药超生死，□达丹书弗党偏。
□道贵华仙道实，□仙邀我去参贤。

□闻海市化云城，□按中央道气生。
□月有圆壬雨润，□年无缺赤龙耕。
□通玉汞阴阳结，□缠金铅麻麦成。
□戟争心归道善，□传万古赞清声。

□极祥明照夜元，□明无上自然迁。
□胡万行超今古，□慧千通达圣贤。
□宝钱财时爱恋，□肝肺肾日光圆。
□非言是贪无足，□我萤飞烧大千。

□灭烟消混世居，□黄大醮阐蒸蒲。
□云到处鹑居性，□死超离彀食孤。
□悟伏羲三画像，□明易卦六爻图。
□光认得真颠倒，□岸无为有有无。

□年混世乐恬然，□炼真铅至行迁。
□子云中寻小隐，□虚物外近高贤。
□都顶上灵风爽，□洞溪边皓月圆。
□味要餐仙献果，□然功行仗三千。

□说真升去不回，□公仙桂月中栽。
□方艳卉三春谢，□外天花四序开。
□极调龙蟠药井，□真引鹤到丹台。

□明真了朝元去，□想南华意大哉。

□西乌坠日难回，□说无常意未灰。
□见渊明来又去，□闻丁令去重来。
□金异位春前柳，□西同宫腊后梅。
□到禁烟仙客悟，□斟玉液胜琼醅。

□见新春寒渐回，□谈玄理去重来。
□金间隔灵阳照，□水相交癸润荄。
□世总迷三月好，□今唯省四时催。
□公入药圆光应，□达玄元悟老莱。

□叶花开到海滨，□归相近禁烟春。
□生日没都迷假，□是人非孰悟真。
□极翠霞常作伴，□方贤圣永为邻。
□阳楼望长安道，□守希夷万古新。

□分愆尽福缘重，□达希夷至理穷。
□内炼丹金鼎白，□中运火玉炉红。
□从了道朝王母，□载成真访木公。
□去携云三清倍，□来跨鹤九霄通。
□游阆苑观花锦，□紫瑶台对月风。
□灭尸亡无四序，□常顺道气和融。

仙乐集卷之二

五言绝句颂

念道觉真安，命清胜炼丹。通天全至行，跳出死生关。

昨日似陈团，今朝忧又欢。灵虚斋敬礼，知观谢尊官。

无争祸不侵，有道圣贤钦。积行生生贵，福真莫外寻。

禅通明释藏，禅定真无相。禅慧口难言，禅天无缺朗。

无事不贪求，无争不辨休。无言只念道，无喜亦无忧。

一别又经秋，去都过保州。尊官为念道，宽转近西游。

垢尽宝光明，碧天万里青。真平全至行，应变悟仙经。

辅国置仙庵，舍资道福贪。辩能明万有，会得却如憨。

积行妙通天，心真泯万愆。古今明了者，命住宝光圆。

大道本无修，随缘弗外求。始终无变异，归去列仙俦。

食荤勿杀生，治政似冰清。无事看庄老，通天至行成。

无灶免煎熬，火坑几个逃。清凉福地别，饥后吃蟠桃。

希夷为道母，赤子是真儿。相见超生灭，升仙行就时。

真平至行全，保命体延年。三教明真理，未仙也是贤。

看地见飞星，没中圣位灵，两厢盖草舍，松桧四边青。

桥就更修道，无事看圣教。功行两双全，了了无生老。

临水望思山，逍遥出世间。这些幽雅景，不让古长安。

真通四相忘，顿觉免无常。得道离生灭，蓬莱去莫忙。

莫爱也休憎，真常神气灵。命清癸耀灿，达理自然升。

草舍近河山，清居厌世间，昼闲看道德，夜静听潺湲。

庵傍近会稽，远却世尘非。道觉真灵莹，澄光万耀辉。

西南近黄白，石窟真仙宅。隐道伴松筠，他年蓬岛客。

福地靠三阳，山前是道乡。龙华同一会，旦望预行香。

山耸应天门，清真酬四恩。有人来问道，应对敬其尊。

幽居近北山，无意想尘寰。助道田三段，养真麻麦餐。

临水蹬山青，碧天万里平。顿明全道德，归去大罗行。

前后有青山，甲庚明二关。一真颠倒妙，空外白云闲。

上善应清清，行通似水平。天青悬万象，性阒命光成。

甲地妙通清，真明道象灵。夷然全至行，归去碧霄行。

举意掩他非，希夷泯见知。应机明万慧，无著亦无离。

茅舍喜清居，闲看三教书。自然明妙理，世外乐无余。

乱作寄汾阳，愿人效马王。混尘真世外，蜕壳到仙乡。

祈雨各逐村，众善天垂恩。莫杀生灵福，香灯茶果存。

顿觉悟金刚，真明四相忘。无形性不老，认得免无常。

敬信办真斋，清通免去来。始终心不变，蜕壳到蓬莱。

常开方便门，出入敬真尊。日日酬三孝，时时报四恩。

前厅对后堂，冬夏取炎凉。清善崇三教，人间世梦忘。

顺尊至孝全，意静胜参禅。四相真忘尽，顿明佛是仙。

恍惚发珠光，回光晃八方。萤明难吐耀，天莹现真阳。

忘世意休争，心闲看道经。了真无老死，达理自然明。

真趣道眸开，善清无祸灾。冲和全性命，蜕壳到蓬莱。

无恶气清深，忘情觉水金。虚心真混合，抱道鬼神钦。

顿明世梦虚，趓业洞天居。超彼灵峰畔，欣时看古书。

忘尘悟死生，大达意无争。应变明真理，他年功行盈。

日用自然真，冲和气养神。命清金耀结，归去了仙人。

出入应环墙，真通动静忘。卦爻明坐卧，阴尽变纯阳。

意灭觉真生，微通道眼明。无憎全至行，命住气神灵。

常似圣贤随，自然意泯痴。蛾灯闻早悟，真了碧霄归。

无欲似天青，自然万象明。亘灵与道洽，应变语如经。

真悟松间鹤，伪迷蛾恋灯。浊清明两路，就死入油烹。

早早悟骷髅，命清免九幽。金婴调玉姹，真莹上云头。

清柔神气灵，尽爱命光成。达理通天道，真升云路行。

无物道无传，真通结汞铅。要归蓬岛去，功行积三千。

造化隐丹经，天青万象明。真光非意想，颠倒甲通庚。

冬凛采黄芽，夏炎收白雪。金婴出玉峰，到此离生灭。

善清修性命，泯虑除罪病。道德自然通，他年朝至圣。

日用善清通，气神相见功。忘情全命耀，真去与仙同。

物似镜中形，光通万象明。应尘无挂碍，觉了行功成。

顿明生死大，常善居尘外。巨海变桑田，亘灵与道在。

念道命光圆，无形性达全。自然通上善，蜕壳是真仙。

明道泯争爱，真通性命大。坚志免轮回，石烂神光在。

目前万事假，莫纵猿儿傻。乐道喜松峰，趓伪真脱洒。

身老真无老，修行无忒早。命延道德全，也得归蓬岛。

无我神气清，忘欲癸光停。觉了希夷妙，自然大道成。

世梦转头空，忘尘见亘容。仙乡真景异，云路仗修功。

轮回几万遭，达理死生逃。养就真铅汞，珠光钓巨鳌。

真通泯世机，顿解死生危。道乐松峰下，冲和结坎离。

浊恶变清善，轮回生灭免。命全光不缺，真了碧霄现。

到岸了无生，灵峰云外行。乐真隐霞洞，应景对清平。

道善悟无争，炼真降火生。癸光全法体，蜕壳自然升。

念色想骷髅，真沉堕九幽。无生全道妙，命住访瀛洲。

喜怒寸俱忘，真通性有常。气和全命耀，蜕壳到仙乡。

日用自然真，冲和气养神。意清全癸耀，阴尽碧霄人。

损有了真无，孤云在碧虚。往来何挂碍，全道是功夫。

真明通理趣，垢尽心开悟。抱道乐清贫，自然达万古。

贩骨几千遭，无生一念逃。自然通万慧，保命运阳爻。

上士悟无争，冲和道眼明。真通全万行，觉了自然升。

至死常清静，忘情完性命。超升免下鬼，大罗朝贤圣。

念通明道理，真了无忧喜，阳降气神灵，孤峰觉岸彼。

缚住傻猿用，真明应不动。清通全道德，灵隐华阳洞。

善和道性通，非是听如聋。掩恶全至道，明知万事空。

忘贪有甚争，无我觉真明。照见亘初面，功成云路行。

清真保性命，爱尽心猿定。无罪免沉沦，碧霄朝至圣。

从善悟死生，命清神气灵。玉峰霞洞隐，应变妙通经。

明虚可奉真，降火变红银。清志始终达，修成身外身。

细思生死大，到岸离苦海。乐道免沉沦，隐真游世外。

日用缚心猿，触来灭黑烟。真常成善果，归去号神仙。

明一是修行，寸灵常静清。积行除憎爱，归去自然升。

月缺变光圆，命全是了仙。意清通道妙，功行积三千。

书院隐青山，修真厌世间。道免轮回苦，逍遥松下闲。

无情石变灰，妙理几人知。这个真无坏，弗为应有为。

学道要真坚，触来莫发烟。清通全上善，尽爱命光圆。

失道堕傍生，了真全命灵。理明通古教，厌世洞天行。

蛾爱恋灯光，迷阴命怎常。鹤思松悟觉，真去到仙乡。

坚志了无生，修真有甚争。厌尘霞洞隐，保命悟仙经。

达理真超彼，古今通有几。清平功行全，升入丹霄里。

清通全性命，忘机泯罪病。觉慧自然明，住行如对圣。

贩骨死生大，沉沦千万载。了真得道阳，海变松枯在。

慧通明正理，得道真超彼。天莹宝光圆，寒潭清彻底。

日用去贪嗔，真通得道因。微明神气结，命外更无亲。

泯我无灾祸，知空都打过。志坚得道阳，应物全因果。

虚心念正通，应变理无穷。达了明无上，汞铅交结功。

他非似己过，自是无争我，掩恶扬人美，德全成道果。

降耀觉冲明，自然亘貌灵。尘尘真不染，造化甲通庚。

轮回生灭大，厌世游天外。坚志乐清平，松枯性命在。

真通和气清，天莹宝光明。妙觉真颠倒，自然铅汞成。

万通归无事，念道超生死。应变合真经，自然明奥旨。

至善真无恶，世空意莫著。清平全道德，了了蓬莱约。

妄灭慧光生，善清道性灵。微通全命耀，达理行功成。

心忘道体存，存三酬四恩。他年功了了，亘容朝世尊。

明道性真常，贪嗔浊念忘。清通三宝结，蜕壳到仙乡。

清一要真坚，尽贪灭旧愆。洞天修性命，功行积三千。

忘爱命光圆，意清似碧天。真明全道理，归去步云轩。

失道近傍生，了真云路行。命清免贩骨，达理自然升。

真常意似初，世伪悟知虚。认得无形貌，道通运黍珠。

性光命似油，灵焰照无休。顿觉超生灭，清欢天外游。

明焰悟三元，无亏宝鉴圆。古今几个晓，觉了便通仙。

悟道无人我，光通运降火。自然圆耀明，无上应仙果。

奉真清志坚，无物觉先天。汞明全二八，未仙混世贤。

明道掩他非，无憎贤圣知。德全通上善，真去步云归。

道用绝贪嗔，冲和气养神。命清三宝结，蜕壳现真身。

正理自然通，中边不滞功。慧明铅汞结，真去与仙同。

日用要擒猿，真如对圣贤。清通铅汞结，功行了三千。

念道明真用，松峰隐碧洞。清平积行功，性达结铅汞。

柔弱悟真火，无物通真我。顿觉了真修，应有成真果。

性光命似油，早早悟骷髅。情尽圆无缺，碧霄月正秋。

爱道却憎贪，真通身内三。冲和全法体，达了蜕行庵。

日用运灵珠，宝光晃碧虚。顿然真觉了，三界外无拘。

无生万业消，清静性逍遥。妙用明真理，命圆喜寂寥。

明一静清常，通微动静忘。德明真应物，道慧运天光。

冲和道性宁，清命渐通灵。达理忘机了，蓬莱云路行。

灭恶通真善，慧眼开时见。三宝全修炼，得道轮回免。

大悟不争空，忘形见亘容。理明全至行，蜕壳住仙宫。

厌世居岳顶，抱一通壬丙。乐道悟希夷，仙乡四序景。

抱真悟死生，天莹万光明。挂碍心无了，白云空外行。

退志堕傍生，进真道气灵。清通全癸耀，平善行功成。

觉了自然常，通微阳养阳，虚无包万化，至德隐佳祥。

日用理通真，道全物外因。他年功行了，朝圣去携云。

人我障真修，趓冤福地游。松筠常作伴，真了访瀛洲。

顿明通正理，今古人间几。至德妙清平，灵峰道岸彼。

真觉道眸开，白云去又来。碧空常自在，鹤引到蓬莱。

大道本无名，地天归静清。阒通明万化，达理行功成。

丘刘谭马敬，忘形修性命。清志有始终，寸尽万愆病。

丘刘谭马善，降火明修炼。结就汞和铅，劝人依教典。

丘刘谭马悟，别有祖师度。忘世洞天游，云霞为伴侣。

丘刘谭马觉，了道蜕凡壳。升入太无中，亘灵居杳邈。

了真出死生，应变自然平。理洽天心正，云归朝上清。

卦尽命光休，忘情好悟修。孤云野鹤伴，真了到瀛洲。

人我障冲和，善清功行多。命圆全道体，归去出娑婆。

迷阴沉下鬼，抱道真超彼。清静姹婴欢，乐安通炼己。

悟道超生死，真通明奥旨。自然微妙深，行就朝元始。

应变道枢机，冲和觉妙微。真了光无缺，碧空万道辉。

性命在无中，真空空不空。自然包万化，今古几人通。

天元道善时，清志超生死。达理爱憎无，炼真明奥旨。

妙清灵慧知，道解死生危。依得金刚偈，通真霄汉梯。

觉照见天光，神清道有常。应尘明万慧，真去礼丹阳。

业尽无烟火，谦柔弗竞我。气神相见灵，道证无为果。

明道通真用，形忙心不动。垂光照亘灵，结就真阳永。

常搜自己非，达理掩他非。道德真经悟，不言闲是非。

觉了性无争，真清似水平。德通全上善，自是行功盈。

颂曰：顺真则生，违道者死。顺真则平，违道者浊。顺真则柔，违道者刚。顺真则福，违道者祸。顺真则安，违道者病。顺真则升，违道者堕。顺真则炼铅，违道者丧命。顺真则神灵，违道者气逆。魂魄散为鬼，阴阳聚成仙。身心静者为功，应变夷者为行。志始终则达，觉清善则通。居山财莫著于阒，混尘则休生于动。或隐洞天，或游京华。性似孤云，形如野鹤。自然之道，微光有作。住行坐卧，万物无愆。蜕壳真归，出离三界。永免轮回，无来无去。

三字歌

汾阳解，易象明，通天外。

汾阳解，五千明，不言拜。

汾阳解，金刚明，真佛坏。

汾阳解，万物尽，惟道在。

汾阳解，混世华，无挂碍。

汾阳解，性命存，超三界。

汾阳解，达希夷，知没赛。

汾阳解，古今明，悟法海。

汾阳解，近松筠，逍遥快。

汾阳解，无价珍，钱难买。

汾阳解，乐清虚，常宁耐。

汾阳解，了真修，结雯盖。

自然解，世人住，我不爱。

十二劝

有信人从，有真归奉。有谦德顺，有通理明。

有常无变，有定无乱。有是忘非，常善无恶。

真爱无著，忘情无漏。气清通微，全道神灵。

十劝

一劝不得自知是慾过慢人，纵意不改。二劝不得自失错，嗔人道著，常起念怨人。三劝不得自炫己是，直言常说他人非。四劝不得夸自高，灭一切入道之人。五劝不得不依经教说道理。六劝不得有始无终，心意常要似初相见之时。七劝不得常说他世人之短，只要常言世人之美处。八劝不得作事不平等，不得见有施利者爱，见无施利者嫌。九劝不得定慧者，修行之人不得不守静，未达理未开悟，不得不看书。十劝不得执著有无，不得不悟住行坐卧心常清静。

仙乐集卷之三

四言颂

述怀

功成身退，清居养浩。临水依山，闲看庄老。
地有松筠，四时常好。洞天深处，要行便到。
修真灵验，命住见效。旧业消亡，新愆莫造。
真崇至道，与世颠倒。归去渊明，先游蓬岛。
趓了轮回，仙乡无恼。古今达士，因通三教。

又

无始已来，死沉万祖。天元将尽，黄箓救苦。
千千一二，真心肯悟。意无憎爱，高真见许。
人生百岁，只寻生路。积业如山，难趓阴府。
十恶罪重，永居苦处。阳功阴行，怎生作做。
普生敬信，莫起别虑。世财小可，真实之语。
要动天地，清静餐素。临醮几日，行行住住。
暗有吏神，昼夜察汝。察得无私，五师来度。
上奏天皇，洪禧广布。再睹三光，后死难遇。

又

百千禧助，名传万古。合宅全家，意如庞许。
德孝两成，为人贵富。预修性命，永无病苦。
出离生灭，不来不去。大罗仙乡，得道常住。
大光霞彩，化成宝所。六铢衣挂，朝元异路。
阆苑蓬山，真仙会处。过了天元，道缘难遇。
三教无分，全真门户。无为应为，诱人开悟。
清平功行，真非舍取。阴阳之外，先天之祖。

又

伺候到来，即合参拜。心交淡常，意想不怪。
倏忽门东，相别二载。山水依然，人多不在。
命如珠露，怎得无坏。生在中华，数尽难再。
寸灵道宝，万金难买。未尽贪争，都缘恩爱。
名利四业，人人都解。却明道德，真通法海。
祥烟瑞气，结成雯盖。信步松峰，神超云外。
世伪知空，死生事大。洞天清隐，无拘自快。
斡运冲和，二仪交泰。达了希夷，真升阳界。
仿效许庞，无恩无害。

又

百岁人生，七旬稀少。世伪知空，何时有了。
大道自然，清平是妙。万物无愆，胜如作醮。
古今世梦，顿明真晓。识破浮生，总归一笑。

性命之外，生前好掉。

又

为官清正，真无罪病。上有四恩，积行普敬。
忠孝治民，静心养性。意不外游，自然神定。
掩恶扬善，非言莫听。去除憎爱，常行平等。
弗恋世华，闲步松径。绿水青山，洞天仙景。
本来面目，炼磨如镜。明今照古，守道自省。
功德周圆，大罗朝圣。

又

人生七十，古今稀少。世梦知虚，都归一笑。
闲里寻闲，忘机是了。万种空华，转头虚娇。
真崇道德，渐通玄妙。意除憎爱，胜修大醮。
身中性命，一事非小。似儆清平，阴公难叫。

又

无中明有，妙通神咒。玉液琼浆，重楼上有。
醒时清真，命延福寿。金刚四句，经中慈救。
天道难言，无形不朽。颠倒阴阳，卯升见酉。
希夷自然，三光灵秀。阆苑仙花，胜春花柳。
运转南辰，慧观北斗。大达无为，任从飞走。

又

闲念真经，胜言非是。万事知空，阒然不二。

敬真无退，了明仙子。松竹为邻，守道清志。

始终弗变，天机暗赐。妙觉真常，俱忘动止。

亘初容貌，有形难似。阴阳之外，出离生死。

又

子母相逢，自然明道。敬信真心，归依三教。

憎爱去除，应变通奥。意泯贪争，无罪无恼。

命似珠露，修行宜早。认得亘灵，永弗生老。

顿觉微光，云路便到。松峰乐道，随缘一饱。

结就汞铅，养成内貌。功行双全，真升蓬岛。

又

市用百贯，买树四株。莫强他求，只助功夫。

未见之事，少实多虚。自愿结缘，敬信不无。

万中有一，福行有余。武宫仙观，敕额灵虚。

叮嘱道人

出家冷七翁升化，亲族重办斋，道场叮嘱道人，不得要看经钱。

看经无钱，只吃斋饭。羽衣自愿，道场好看。

至德洪禧，掩非人赞。未了真修，多少魔难。

眼前声闻，理明虚幻。口心相应，世间希罕。

慈救众生，总超彼岸。觉性冲和，木金相间。

炼就真形，一冲云汉。

又

父母生前，几个真知。人言上寿，中寿者稀。
自幼至老，有悟有迷。福愆两事，逐性相随。
身如月缺，命全无亏。明道弗妄，了真何疑。
灵光透出，便见霄梯。慧观八极，撒手东西。
天道难言，实妙希夷。既通福行，鬼使难追。
洞天咫尺，阆苑瑶池。自然宝剑，常镇蛇龟。
物物无著，三界超离。蜕壳真去，空外云归。

又

名缰利锁，烧身猛火。冤债恩情，业缘难趓。
积祸如山，怎成道果。顿省性命，竞甚人我。
世为知空，般般可可。相近六旬，万种识破。
儿孙更多，难替这个。福来争要，灾病自卧。
古今生灭，前程会么。虚空贤圣，怎生谩那。
新愆不造，阴公饶过。日没之光，息虑休何。
实心敬信，哩唛哩啰。波波劫劫，弗如闲坐。
从前失错，悔恨摧挫。常行清善，胜施财货。

又

四面青城，似列围屏。佛仙隐处，眼界宽明。
未能达道，闲看真经。自然万慧，觉了无生。

无为至行，无爱无憎。常清常净，气炼神灵。古今悟者，依此超升。闲非闲是，耳畔休听。始终敬信，福德双成。外如愚鲁，亘貌惺惺。清虚忘世，意厌浮荣。

又

众生苦海，漂沉万载。贩骨如山，恩极变害。人世忙忙，几个悟解。石烂松枯，亘灵常在。身似浮沤，未了冤债。顿觉希夷，真忘欲爱。命耀光圆，神升天外。大道无形，古今弗坏。积宝过斗，妙玄难买。出却阳阴，一无挂碍。二物冲和，自然交泰。养就胎仙，净清没赛。永免去来，逍遥真快。水帘洞隐，飞泉千派。松峰乐道，真居阳界。也无生老，亦无成败。昔遇王马，中华曾拜。他年蓬岛，相逢又再。

又

太上符箓，二十四阶。道藏要妙，宝坛常开。天元传授，点化仙材。真修性命，伪养形骸。迷沉六道，悟去无来。虚空贤圣，救世心哀。清魂净魄，抱守仙胎。理明万慧，至阒真斋。时时微妙，斡运三台。自然无作，平善无乖。天心正法，不爱人财。弗造诸愆，能消旧灾。一顿通教，二气难埋。三宝炼成，四位安排。

五行之外，六出咍咍。七情阴尽，八卦明垓。
九天升入，十极蓬莱。

又

得到七十，更有一纪。得尽天年，古今有几。
顿修性命，好事无比。进真上仙，退道下鬼。
大达清通，无赞无毁。不侵利害，真无忧喜。
闲看三教，微通至理。出离苦海，神舟到彼。
累功积行，美之又美。

又

观今视古，几人肯悟。休论出家，且如庞许。
生在中华，道德难遇。父母之前，真本甚处。
认得希夷，倒颠乌兔。妙达自然，清平仙举。
要修大药，何方好住。洞天不远，携云闲去。
亘灵不老，幻躯有数。命耀光圆，无来无去。

又

至道希夷，今古谁知。阴阳之外，觉妙幽微。
道离空色，无为应为。清真弗变，便是霄梯。
自然颠倒，运坎迎离。忘情保命，皓月无亏。
白云来往，信任东西。要调赤凤，真抱乌龟。
万伪识破，外似憨痴。只扬人美，常搜己非。
顿忘憎爱，意没高低。

又

真仙术用，灵龟调凤。把握阴阳，虚无妙用。万景丛中，无静无动。曾住京华，混世忘梦。道德希夷，古今谁奉。一颗神珠，自然拈弄。都监同监，上呈拙颂。道家清平，所虑辱宠。大罗圣降，异香风送。

又

近醮人听，戒荤身静。苦己无私，得些功行。若犯天条，年灾月病。应物忘尘，寸灵如镜。吏神暗察，念念心正。去憎尽爱，清通平等。要免轮回，归依贤圣。

又

巨海谦低，万派清归。至道无形，妙出毫眉。涌泉智慧，得意忘知。颐真保命，今古谁依。寂寥无变，便是霄梯。京华混世，独乐希夷。自然达理，无悟无迷。顿明三教，更有何疑。藕在泥中，莲出青泥。应化忘言，无为应为。修行真俏，外貌如痴。气神相见，结坎迎离。世无肯省，却隐清溪。周天十二，闲饮刀圭。昔年云步，曾历关西。恰似童稚，白发来催。神仙未了，鬼使难追。炼成魂魄，宝鉴无亏。

阴阳之外，乌兔常随。任他人世，说是言非。
洞天不远，到者实稀。万愆俱泯，永免轮回。

又

知空尘去，无争真悟。念道清平，拂尽愁虑。
爱者不爱，高真见许。觉性明常，寸无喜怒。
莫言非是，闲谈今古。生在中华，早寻仙路。
忘情保命，清通子母。

辞命

辛酉岁下元，滨州放箓，立余为度师，余不从，酬赠。

圣经符箓，太上为师。五师假度，万物无私。
深藏三宝，终始一时。古今仙贤，个个真慈。
道传微妙，瞬目扬眉。磨开慧剑，灵镇蛇龟。
中边一弗，达理无疑。常赞人美，只搜己非。
尽除我相，德归谦卑。真平至行，抱一无离。
住行坐卧，运坎迎离。知白守黑，不让围棋。
自然万慧，明者实稀。灵丹一粒，罪病都医。
修完性命，鬼使难追。真无喜怒，碧汉霄梯。
认得真容，胜礼牟尼。炼成七宝，免贩行尸。
救生拔死，闲乐希夷。天条莫犯，国法遵依。
了真道貌，似月无亏。隐光混浊，外若憨痴。
洞天吟咏，诗曲欣题。松前石畔，神饮刀圭。
因何厌世，无个真依。休昧方寸，贤圣暗随。

去恶忘贪，更没灾危。出离五道，免了披皮。
朝元路上，体挂仙衣。海变桑田，亘貌无衰。
阴阳之外，生灭难催。应为功德，福过须弥。
授传敬信，下手休迟。清静到头，功有高低。
上升天堂，下免阴司。世迷情爱，气断是谁。
如庞似许，永免轮回。

又

真人大师，未敢容易。久闻至德，清名无比。
广积洪禧，昔年混世。福地洞天，也曾云水。
磻石松前，烹铅炼己。内功预了，古今有几。
顿悟归依，蓬莱一会。

又

人间世爱，应景芬芳。仙家美景，四序有常。
觉花无谢，隐在中央。天香坠落，自然异香。
慧眸能见，别是重阳。蓬壶阆苑，不谢真光。
云亭仙乐，不让高堂。乘风要去，却到仙乡。
各全功行，慢慢休忙。

又

处玄到州，不要恁到。各各念道，始终常好。
会上每月，不得求告。三请不来，不要有懊。
却生嗔怒，死参阎老。无罪欢乐，胜贪苦恼。

天元将尽，难逢正教。肯信余言，真游蓬岛。

又

甲辰登郡，黄箓重兴。昌阳感应，昼见明星。
祖师预显，下元文登。白龟莲衬，真异分明。
资圣宫题，升化南京。四友守坟，曾近上清。
同居五载，云水闲行。天元将尽，未得真宁。
汞铅炼就，别有真形。

上敬奉三教道众并述怀

万经顿悟，清静功夫。真要道成，至死如初。
寸灵明了，外貌若愚。夏凉冬暖，闲看仙书。
松筠石畔，自在清居。万愆不造，旧业消除。
炼成三宝，蜕下凡躯。趓却轮回，升入虚无。
大罗朝圣，永住天都。

又

自揣难当，广惠道粮。我无功行，劝恁从长。
少贪忘欲，增福安康。田蚕要广，悟茧省亡。
时时煎熬，日日无常。不修性命，金宝多藏。
恶业将去，财与儿郎。真心顿觉，仿效丹阳。
救生拔死，德遍十方。厌居人世，升入仙乡。

又

子孙成行，大限难替。今古人间，悟者有几。

苦海漂沉，无个超彼。万中未有，一人无毁。

心违道德，只争名利。弗修性命，怎免下鬼。

去尽贪嗔，神仙活计。大限临头，犹然恋世。

又

名山书院，闲挂琴剑。万卷圣经，忻时频检。

自然达理，了真灵验。松峰霞洞，世伪好闪。

高卧磻石，清居永占。意想名利，难[illegible]巅崄。

古来烈士，磨开一点。迸出灵珠，现出光焰。

烧见亘容，道有顿渐。八卦微通，色空弗染。

扬人之美，丑恶却掩。功行周圆，无思忘念。

又

未能出去，且如庞许。全家了道，名传万古。

意泯贪争，认得乌兔。自然之道，倒颠子午。

达理明真，便知宗祖。顿觉真常，也无舍取。

真乐清平，玉皇仙举。出离生灭，大罗天住。

功行未圆，志坚淡素。始终不变，圣贤来度。

三教高真，便是师父。

又

普劝诸公，先行孝道。无事篘轩，闲看庄老。

今古人间，几个明奥。觉了希夷，认得亘貌。
蓬莱云路，行道须到。弗造万愆，寸无苦恼。
意洽天心，出言妙教。不论他非，高真许好。
不测无常，修真宜早。得道成仙，免参阎老。

又

一别贵县，十有三年。幻躯衰老，真未成仙。
行未八百，功过三千。三教归一，弗论道禅。
见性成佛，炼汞通铅。天道无言，圣道暗传。
上士飞升，中下延全。生在中华，难遇天元。

又

昔年游历，曾到嵩阳。达磨面壁，九载真忘。
论大包天，微出毫芒。阴阳之外，趓了无常。
松峰霞洞，胜住高堂。壶天日月，昼夜偏长。
清平妙用，功行圆方。火坑出了，别有炎凉。

又

寻常交易，念道两平。应有买卖，莫要相争。
行在刀尺，功认斤星。真通好事，出语如经。
和睦孝顺，胜似人情。言他丑恶，却要休听。
心崇至德，外应虚名。真生敬信，保命通灵。
抱道真常，免堕幽冥。他年归去，蓬岛游行。

又

朝参暮礼，常爇名香。清平福德，胜论仙方。
戒杀生灵，合宅安康。悟道意闲，迷俗心忙。
不造阴罪，便见天堂。松筠为伴，四序炎凉。
瑶台阆苑，要去休忘。真无挂碍，得到仙乡。

又

无能无德，厚礼难当。远远相接，又献琼浆。
尊官二姓，共是重阳。功成名遂，却慕仙乡。
人间万事，顿觉俱忘。道性真通，汞库铅房。
蓬莱云路，别有清凉。

又

天道难言，命住光传。休生爱欲，炼就汞铅。
出离物我，抱道通仙。行全八百，功满三千。
灵峰洞外，闲对林泉。常餐淡素，意远腥膻。
琴书为伴，高卧云烟。他年归去，独步朝元。

又

明真之醮，所料紧要。荐拔先灵，各愿管了。
休问使钱，共用多少。收支无私，置历二道。
临醮众人，戒欲为妙。且远腥膻，纵意寿夭。
吏神暗察，罪福非小。近醮朝真，不得唤叫。
高功道法，显扬大教。所篆符简，众职明晓。

追荐文字，未有别料。百日之功，莫生虚矫。

季冬望后，要显光耀。休分昼夜，俗事除剿。

辞行

马姑到东莱州近二载，满郡奉道之家各见敬爱。却要去都下，所言有些小事未了。中秋旦后相辞，信笔数言，自知未达，曰：

大道无为，真应有为。无形有相，福行施为。

不造万愆，顿觉真为。不贪万有，物外清为。

不生万恶，应化善为。不起万憎，应化德为。

道阐万理，应化贤为。世明万信，应化经为。

金刚四句，应化禅为。周易造化，应化卦为。

道德五千，应化修为。十方三界，三教广为。

万法无分，天下敬为。上报四恩，无为不为。

又

无修有修，无为应为。无著无离，无大无微。

无憎无爱，无是无非。无增无减，无高无低。

无收无取，无俏无痴。无中应物，无虑无机。

自然颠倒，言东悟西。见喜却怒，许省是迷。

道无形体，无想无知。真常无变，无妄无疑。

无来无去，霄汉之梯。无动无作，运坎迎离。

无情亘貌，婴姹相随。无物之象，古今明稀。

藕在水中，莲朵出泥。既超彼岸，丹阳教依。

又

真隐辽阳，敬奉丹阳。万事无心，渐得道阳。
尽恶常善，达理明阳。寸无贪争，体变真阳。
碧天青莹，光显太阳。宝光无缺，混合阴阳。
命清无漏，火炼灵阳。自然颠倒，微妙通阳。
他年归去，重礼重阳。

又

守道无愆，慧目观天。无中妙有，汞结灵铅。
行全八百，功了三千。傻猿缚住，迸出光圆。
冲和黍米，道意如渊。自然达理，云水溪边。
琴书作伴，自在修仙。冬藏云洞，夏卧松轩。
欣时歌舞，静看诗篇。携筇顶笠，终始真坚。
古今达者，清隐高贤。

又

昌阳石岭，有塔善敬。茅屋仙居，礼参大圣。
道论阴阳，释明见性。文宣五常，外应百行。
万法千门，无分平等。尽除憎爱，真无罪病。
不犯天条，达理归正，真斋真戒，身心清静。
只修道德，利名休竞。去恶冲和，忘情保命。
天莹光圆，胜如入定。至妙希夷，绝其视听。
古往今来，几人顿省。贤圣虚空，化世应影。
金刚四句，善通敬顶。了一去朝，上清真境。

又

身似环墙，四面生光。无中明有，真悟丹阳。
妙通恍惚，自然真常。口应声随，俗念俱忘。
世无知音，幽阒潜藏。茅舍清居，胜住高堂。
蓬莱云路，要去休忙。壶天妙景，昼夜非常。
花开不谢，阆苑仙乡。海变松枯，永免丘荒。
养成道体，体挂云裳。大罗归去，朝现天皇。

又

方寸无尘，灵真如镜。应物明通，至性保命。
调和道气，念无罪病。苦处争先，一切平等。
依此行持，便是功行。缚住心猿，胜似入定。
不著有无，俱忘动静。憎爱是非，益真可听。
美言多邪，清一多正。始终弗变，了真朝圣。

又

去恶善生，忘情命生。厌伪真生，意平德生。
心通慧生，见道无生。尽浊清生，阴尽阳生。
性定光生，敬参应生。大慈救生，道用微生。

又

既慕林泉，耕透灵田。苦形心尽，保养真铅。
松前石畔，趓了熬煎。贪争远却，达道通仙。

隐居世外，高卧云轩。自然应变，妙慧观天。

理明释藏，不让参禅。闲穷三教，得意忘言。

又

上士无争，应物常平。不贪外宝，道合真灵。

理明正教，敬信来听。方圆随顺，救死哀生。

有心忘世，无意身荣。六铢天赐，换却伪形。

完全功行，胜殢声名。了真归去，朝现三清。

又

万事知空，顿忘人我。外应福行，无为成果。

真通柔弱，妙明降火。灵耀常看，金关玉锁。

自然有作，住行坐卧。剔开道眼，迸出珠颗。

闹里无心，性如莲朵。理达希夷，古今几个。

体变纯阳，蜕形无堕。

又

身混世境，不动真静，斡运丙阳，自然焕炳。

道慧通天，宝光如镜。应物德全，达无罪病。

妙觉真常，破妄归正。气神相见，命住性定。

水善清柔，贯透刚硬。上士无争，非是莫听。

尽除憎爱，寸灵平等。万万学道，一二顿省。

弗思美膳，乞觅余剩。贫里藏真，他年朝圣。

又

清静真功，应物微通，身似藕根，心是莲宫。
白云出岫，自在空中。妄言浊气，口应如聋。
至明枢要，不与世同。弗邲有无，道性和冲。
傻猿既定，伏住虎龙。自然了了，彼岸灵峰。
养成三宝，外若贫穷。他年厌伪，闲伴森松。

又

升降敬奉，莫动人众。只据会下，钱少为从。
各家艰难，依平俭用。天人暗察，心休错用。
无私福多，有惩罪重。

又

节欲少病，真平积行。念道忘尘，心猿缚定。
万镒黄金，难买性命。三教归依，慧光渐莹。
仿效许庞，真升朝圣。

又

观名集仙，上敬九天。位列三清，法离二边。
藏经万达，化愚变贤。自然之道，炼汞烹铅。
行全八百，功了三千。

又

道念宽慈，世智克狠。积业如山，阴公怎忍。

恶病缠身，鬼使唤紧。罪沉幽冥，冤对前引。

又

世伪非坚，莫纵心猿。修真出有，免了熬煎。
清平乐道，举意通天。常善炼汞，泯情烹铅。
行全八百，功累三千。古今达士，依恁升仙。

又

念道忘俗，命全无欲。万愆不造，自然清福。
松峰乐性，调和金玉。宝光无缺，乌生三足。
希夷明妙，霞友相逐。

又

失堕傍生，得通贤圣。迷沉浊秽，悟全清静。
碧天似水，象明如镜。穷尽千金，难医心病。
服了刀圭，道洽性命。

又

但见女男，如观父母。意顺三毒，身受万苦。
知空厌世，云霞为侣。出了阴阳，性超寒暑。
气结神灵，真明千古。道乐清平，无为仙举。

四言绝句

治政清通，为官忠孝。节欲身安，他年蓬岛。

又

有缘再遇，重到东州。外应因果，内隐真修。

又

人到如见，难当敬献。念道思真，闲看经卷。

又

已未新秋，处暑清旦。卧化超升，真归霄汉。

又

尊体安乐，别有期约。忘尘念道，真通灵药。

又

无内修功，应有积行。道意通天，一真得定。

又

恁助柴薪，我管功匠。砖瓦烧成，再去重访。

又

既悟修仙，触处无烟。心清得道，苦志常坚。

又

修行日用，去除憎爱。降伏心意，应变通解。

又

掩非和众，清通日用。要全性命，傻猿莫动。

又

气清无我，妙用真火。烧见亘初，结成金果。

又

多憎伤行，多事伤神。多欲伤命，多迷乱真。

又

事少心灵，念少无拘。明少多愚，浊少通书。

又

妙道希夷，无著无离。自然明了，贤圣皆知。

仙乐集卷之四

上节使同知洎官众道友并口号

物物心休道眼开，胎仙养就泛琼杯。
自然顿醒阴阳外，跨鹤真升难再来。

江神子

道心不与世心同。悟知空，物尘容。达理明真，应变自然通。憎爱是非俱不染，游福地，伴松峰。

炼成鹤体碧霄中。任西东，访蓬宫。出了阴阳，仙寿永无穷。海变松枯真不朽，超三界，从仙翁。

今日琼林花正开，十分真乐饮三杯。
逍遥酩酊何方去，蓬岛仙乡去又来。

上平西

想百年，如一梦，几多时。妙希夷、只是些儿。诸公肯信，日常万物意无私。住行坐卧真平等，应变真慈。

崇仙道，明仙理，通仙妙，谢仙师。在灵峰、闲采灵芝。洞天清隐，周天十二坎迎离。三田功满朝元去，却蜕行尸。

又

到仙园，松筠翠，牡丹红。乐清欢、几个人同。且忘世梦，转头万事一场空。月圆月缺如忧喜，悟爱心慵。

真闲好，得闲趣，通闲妙，觉闲通。运卦爻、识祖明宗。许君庞氏，了然先到碧霄中。诸公依此崇真道，蓬岛相逢。

又

恋恩亲，恩生害，死难逃。气不来、身卧荒郊。改头换面，轮回贩骨几千遭。世华非坚如石火，火宅囚牢。

任云水，登云路，游云外，玩云涛。厌锦衣、喜挂麻袍。清平道德，修完性命隐蓬茅。他年蜕壳朝贤圣，名列仙曹。

又

想人生，老与少，似春秋。恰幼年、却变白头。莫争空假，无常气断卧荒丘。大都三万六千日，多病多愁。

崇真道，敬真圣，明真理，了真修。侍二尊、至孝全周。全家拔宅，功成同去到瀛洲。出离生死无来去，阆苑清游。

满庭芳

三十年间，几番宠辱，细思往事慵言。也曾牒发，曾受帝王宣。今日山村且住，他时去、高卧云烟。洞天隐，松峰之畔，保命是修仙。

无愆。全道德，自然达理，炼汞烹铅。未功圆行足，闲对林泉。真乐琴书为伴，忘尘世、趓了熬煎。逍遥好，蜕形真去，升入大罗天。

又

遇七修斋，庚申餐素，礼参旦望行香。时时念道，世梦顿然忘。

三教经书为伴，真闲处、胜似贪忙。迷云散，一轮皓月，无缺照无方。

从长。明大道，暗中积行，上达穹苍。效许庞归去，万古名扬。未往蓬壶阆苑，[illegible]轩坐、吟笑潜藏。功成去，阴公难唤，跨鹤到仙乡。

又

今世荣光，前生福行，悟来更好真修。外欢未尽，念动意多忧。清淡平常道乐，筠轩坐、至理频搜。真明了，碧天莹净，命耀似新秋。

休休。崇道德，清廉治政，应变全周。待功成名遂，霞洞云游。琴剑仙经为伴，蜕形去、真上云头。如庞许，全家拔宅，永永住瀛洲。（许真君全家拔宅升天，庞居士全家坐脱立亡去。）

又（攒三拆字）

□□冯曈，□□仙住，□□铅汞成形。□□罪尽，神气自然灵。□□天明万象，地渊涌、□□泉平。静恍惚，□□无缺，□□命须停。

□□。诚了了，□□蓬隐，胜似华荣。□□若出户，眼界宽青。□□林间松桧，洞深处、□□看经。□□觑，□□分正，尘断碧霄行。

又藏头拆字

□寸明真，□灵通慧，□无挂碍清凉。□华混世，人笑似风狂。□祖丘刘谭马，□消灭、万虑俱忘。□猿住，□通道德，岂肯外昭彰。

□分。清静妙，□婴男姹，云路休忙。□虚无造化，汞结铅光。□兀腾腾飘逸，□贩骨、趖了无常。□袍侣，□公甘镇，诗挈满庭芳。

又

三载施为，十全八九，有些未及功圆。不曾行疏，所惠自然钱。也不修斋动众，一麻麦、任润灵田。非外觅，无中造化，有口妙难言。

道传。明易象，倒颠光运，天地之先。觉无形应物，非彍中边。清静金婴玉姹，虚无里、汞结灵铅。六铢挂，大罗归去，重受玉皇宣。

又

体挂云衣，身如布素，应为莫厌清贫。道无形象，大悟里头真。憎爱心无有德，俱赞美、归顺良因。洪禧至，闲看法教，松竹每为邻。

真亲。全性命，明今达古，混世忘尘。若依余常善，永免沉沦。蓬岛仙乡咫尺，蜕形去、现出真神。碧霄外，大罗天上，无缺宝光新。

又

万恶心除，千思意泯，自然罪病消亡。寸灵念道，动静两俱忘。清志如庞似许，任云水、到处为乡。仙家好，茅斋幽阒，胜似住高堂。

无忙。看古教，顿明至理，上运三光。也不须昼夜，数墨寻行。养就真铅真汞，蜕形去、天地难量。碧霄外，大罗归去，重礼马丹阳。

神光灿

处玄稽首，库使尊官，一别又过三年。渴仰之怀路遥，未及人专。辛酉孟秋仍热，遣来人、复去书传。询动静，知丰衍职任，不久将迁。

他日功成厌世，效渊明乐道，闲伴林泉。自在无拘笑吟，洞外松前。养就真铅真汞，恁时节、功了三千。朝元去，现真形独步云轩。

又

处玄拜上，道录高功，日照别后难逢。渴仰之怀甚时，得睹仙容。即辰仲冬辛酉，急焚香、跪领开封。清河德，又行缘阐醮，敬信无穷。

光遍十方真了，去大罗朝圣，升入高穹。体挂云裳万里，要到乘风。这番出离生灭，任往来、跨虎骑龙。天地外，想古今几个真同。

又

处玄稽首，月帔张唐二公，别后思量。倏忽年余迩闻，却住天长。常记讲师静位，说关西、作醮歧阳。香花引，那郝公见道，大哂重阳。

便继处玄乱道，酹江月一句，寸念难忘。踏尽铁鞋难觅，恍惚灵光。自然无中妙有，道希夷、无物包藏。功成去，上大罗天赐玎珰。

酹江月

古今贩骨，想生来死去，荣枯多少。百载光阴四序逼，不觉形容衰老。世伪浮华，转头如梦，到底成虚娇。无生一念，念道真明达了。

最好福地清居，依山临水，自在携筇到。占得真欢霞洞隐，无事闲看圣教。功行周圆，完全性命，胜似重修醮。炼成道体，别有金书来诏。

又

陇西余虑，到潍阳秦台，空来空去。贵府推官同太守，相访临归叮嘱。壬戌新正，欲邀到府，未见先生许。处玄重答，这里元宵亦做。

四序孰悟三元，天官赐福，下救阴灵苦。生在中华崇道德，世赞名传千古。大醮洪禧，青词奏圣，感应应难遇。文山作醮，白龟莲衬王祖。

又

寿过彭祖，更官高一品，石崇贵富。古往今来人世事，觉了不堪重虑。归去渊明，乘舟范蠡，先已超升去。真通道德，趓却死沉阴路。

云步阆苑蓬山，仙乡不夜，各有逍遥所。过了天元无上道，千载难逢难遇。石火光阴，浮沤生灭，飞走乌随兔。速修性命，暗有贤圣提汝。

又

碧轩阒坐，顿忘言、闲了诗书千卷。松径携筇真念道，妙奥天机深远。物外人间，京华云洞，慧眼开时见。有无俱泯，吟笑浮生不辩。

拔宅庞许飞升，大罗归去，贩骨死生免。不夜仙乡无苦恼，阆苑瑶池清宴。海变松枯，亘容弗老，世伪真无羡。六铢衣挂，复去朝元重现。

又

厌居人世，似孤云飘逸，鹤升霄汉。自在无拘空外去，撒手直超彼岸。到处为家，琴书为伴，信笔闲吟叹。洞天高卧，任他人笑懒慢。

夏近百尺森松，水帘响喨，飞入龙泉涧。渴饮霞浆仙会处，童稚唇歌舌诞。趓了轮回，完全性命，迷者应难赶。忘名绝利，一任人非人赞。

水龙吟

此时辛酉初冬，下元望夜逢甘雨。麦苗滋长，深根固蒂，多欢少虑。念道无灾祸，圣贤佑、众生无苦遇。天元将末，群仙庆会，功全行，朝元去。

别有天宫宝所，了真修、得升云路。六铢衣挂，清平福救，九玄七祖。归去无生老，自然性、明今达古。各全家奉道，始终莫变，管如庞许。

满路花

霜林飘赤叶，遍地涌黄金。宾鸿离塞北，足声音。渊明归去，独酌乐清吟。酩酊真欢笑，高卧云山，忘尘世，伪难侵。

顿然觉，应物无心。道妙自然深。壶中仙景异，外休寻。四时花放，论古更明今。要到乘风去，三岛十洲，蓬莱别有高岑。

行香子

历遍人间，却羡名山。洞天清、坐听潺湲。万株松桧，千顷云烟。好伴琴书，真念道，乐安闲。

养就灵铅，命耀光圆。行功成、蓬岛为仙。出离生灭，万古相传。既免轮回，六铢挂，去朝元。

又

金鼎生光，常爇真香。宝瓶花、四序芬芳。虚空贤圣，咫尺西方。上敬三清，明三耀，悟三皇。

上古人淳，厚实佳祥。性通天、与道无妨。暗行平等，柔胜刚强。意似仙真，全仙行，住仙乡。

山亭柳

退道者堕，进道者升

退道愚生，意乱心生。丧命尽贪生。不畏神明察日，千愆万过迷生。死堕酆都苦苦，苦尽傍生。

进道清真忘世梦，闲看圣教似书生。达理悟修生。气结神灵异，自然有、霞彩光生。宝鉴碧霄晃耀，真个先生。

蓦山溪

七旬相近，正好忘尘世。世梦几时休，道德修、胜争薄利。恩山爱海，火院镇烧身，闻身健，觅清凉，一任迷人毁。

闲看三教，造化明周易。达理妙通天，四相泯、无忧无喜。洞天高卧，自在炼真丹，他年去，上青霄，始现无为异。

又

人间华丽，恰似风前烛。万事转头空，世外隐、仙家清福。灵峰霞洞，四序不知秋，松为伴，竹为邻，闲唱无生曲。

琴书乐性，道用调金木。炼出九霄身，六铢挂、朝元去速。永无生老，升入大罗天，任巨海，变桑田，真与神仙逐。

又

人间万事，识破真归笑。恩爱与尘情，譬无常、般般是了。浮沤幻体，生灭几时休，忘世梦，去贪争，达道真明晓。

微光觉照，应变通深妙。命住性通天，有自然、无穷降耀。阳纯阴尽，蜕壳免沉沦，游阆苑，玩瑶池，玉帝金书诏。

又

玉峰顶上，知有田三段。壬润长黄芽，便万斛、珠酬弗换。一麻一麦，服了自然安，修性命，体延年，别近云霞伴。

阴阳之外，天地难拘管。得道免轮回，厌世隐，神堂古观。无为功行，真了去朝元，六铢挂，现真形，三岛十洲玩。

又

红莲池畔，不让游山景。闹里却无心，身似藕、出泥花静。壶天妙趣，别有四时春，真应物，宝光明，今古谁人省。

真行道德，显化邪归正。口应更声随，只是要、寸灵无病。贪争意尽，道眼自然开，来世外，混京华，积行常平等。

又

王徐道友，今日重相别。甚日再相逢，到来岁、新秋重歇，一年一到，百载几番来，且暂坐，意休忙，乌兔生还灭。

人间宠辱，辱似圆光缺。少喜虑多忧，想憎爱、是非慵说。天元将尽，奉劝速修真，游洞府，隐松峰，无事看庄列。

玉堂春

道德清平，贤者真易化。世梦知空，几人放下。厌浊清居，周天运爻卦。身是行庵到处家。

养就圆光，碧虚无执，把万里清澄、自然悬挂。物外逍遥，潇潇真脱洒。悟者超升学者麻。

又

仙观灵虚，二年来来去。破了重修，星冠养素。应有真无，斋科救万苦。达理忘言清静居。

道释儒宽，通为三教，户外应五常，敬谦贤许。四相心无，自然乐有余。出了阴阳现亘初。

踏云行

时辛酉岁仲冬十有二日，经过大原宅。清旦，门外忽睹东南彩霞。信笔。

遥望东南，彩光分朗。忽然见了滨州往。醮缘感应仗高真，昔年曾有刘高尚。

德遍十方，度人无量。万清万善理明广。他时归去到蓬莱，无为道妙无虚妄。

又

七十年光，五千二万。堤防不测无常限。假躯抛下落黄泉，平生应变时间赞。

顿觉灵峰，真超彼岸。蜕形归去升云汉。天元过了去无来，踏莎行者人难赶。

又

圣道难逢，真修易遇。自然之理明今古。死生贩骨几千遭，这番了了无来去。

蓬岛仙乡，亘灵无苦。朝元路上高真许。松枯海变永常存，他年万祖离阴府。

又

子母相逢，自然明道。出离物彀无生老。茅斋松竹每为邻，清居幽阒仙家好。

敬信高明，真欢无恼。各人性命修宜早。功成行满免轮回，蜕形跨鹤归蓬岛。

又

去岁周亭，今年重到。光阴似箭催人老。世空识破好休心，修行下手志宜早。

不肯忘情，将来悔懊。松峰乐道随缘饱。无中炼就汞和铅，携云跨鹤归蓬岛。

又

儿女金枷，爱情玉杻。火坑牢狱身如囚。迷迷到了似春蚕，疾些出离无中守。

昼夜忙忙，乌飞兔走。浮沤生灭形难久。速修性命免轮回，完全功行蓬瀛友。

又

乱性糟浆，颐神玉液。莫迷有有无中觅。重楼十二望蓬莱，慧眸明处光无极。

真乐陶陶，洞天游历。道灵今古几人识。携云信步入丹霄，大罗归去无为职。

又

到处为家，鹑居无恋。要行便去云游转。阴阳之外物难拘，长安咫尺真非远。

道乐希夷，死生永免。亘初一点光如电。自然照耀晃虚无，命清无缺成修炼。

又

一别三年，重游此地。云庵寂阒忘心意。有时忻则看仙经，自然理达真明异。

真乐希夷，道尊德贵。俱捐无有忘忧喜。洞天清隐混嚣尘，要登云路先超彼。

惜黄花

众生万过，有天来大。觉世梦知空，莫争人我。应变爱憎，无竞无灾祸。眼前事，顿明识破。

敬道修因果，颠猿紧锁。得自然真慧，住行坐卧。达理了仙经，物外灵无堕。隐洞天，古今几个。

又

天元将尽，去年卦尽。这世梦冤亲，何时是尽。三寸不来休，却变骷髅尽。到如斯，俗念心尽。

道灵真无尽，忘机业尽。觉万慧千通，顿然明尽。外貌似憨痴，吟笑风灯尽。乐无极，任他物尽。

又

大翁出去，随家店住。且只似昔年，混俗庞许。食肉爱生灵，饮酒休乱做。肯忘贪，闲论今古。

仙家乐处，逍遥云路。隐世外修性，金乌随兔。行就访蓬山，功了离尘所。蜕凡形，礼丹阳父。

青杏儿

九月季秋凉。谢尊官、重献霞浆。难当厚礼重重爱，世中名利，贪争俗虑，身坐心忙。

道化怕无常。三十年、总敬丹阳。东莱满郡无疑妄，天元庆会，这番归去，朝现天皇。

又

念道玉浆多。得真欢、大笑呵呵。自然酩酊逍遥快，依山临水，云霞洞外，忻后高歌。

世景急如梭。恋恩山、洒洒波波。若肯回头归真一，烹铅炼汞，功成行满，升入烟罗。

又

迷者似河沙。想世间、学者如麻。万中敬信无一悟，观今视古，浮生浊梦，个个都差。

达了莫矜夸。访洞天、闲卧烟霞。他年归去方知得，瑶台阆苑，神仙乐处，四序仙花。

武陵春

遥望崮山山正好，莹莹正芬芳。佳节春温春昼长，最好泛霞浆。

酩酊歌欢忘世虑，吟笑胜轻狂。来往仙乡住道乡，过此庆重阳。

又

辛酉仲春游坎上，终日坐春园。异景奇葩在目前，树下胜[illegible]轩。

世梦知空且放下，自在似真仙。美酝开樽会众贤，乐道谢高天。

感皇恩

道释与儒门，真通法海。易妙阴阳外，自然解。金刚至理，顿觉无争泯爱。五千玄言奥，夷明大。

微光运转，结成雯盖。霞辉常照体，何挂碍。松枯石烂，亘貌古今真在。他年功行满，升仙界。

又

圣观号天长，星冠云服。养成金玉体，真无朽。信知大道，自然无中明有。世华心不恋，游王屋。

外贫保命，隐真居陋。亘初无相貌，胜丰厚。桑田海变，这个无形坚久。暗祝吾皇德，齐天寿。

望远行

令子根苗裔，云水通行步。顿觉了，希夷微妙明千古。去尘寰历遍，看来都无伴侣。世人爱不爱，高真许。

达道完性命，永免轮回苦。隐福地，松峰霞洞自在处。待养就、金铅玉汞，真无浊虑。六铢挂，始应过三清举。

定风波

临醮诸公戒行清，动天感应福非轻。壬润琼田农尽喜，秋成。谷田珠长豆苗生。

要报天恩崇道德，随缘知足莫相争。旦望焚香餐素膳，无憎。意平出语似仙经。

又

甘雨及时贵似油，今朝欢乐便无愁。明夜耕田野外唱，嗔牛。动鞭轻打胜余修。

过了天元难积行，一麻一麦寸中收。养就姹婴云外去，优游。命光圆若月新秋。

又

月一焚香望日斋，持些禁戒自消灾。甲子庚申逢七记，开怀。吏神暗察应时来。

清静身心无病苦，颐真保命运三台。功行周圆何处去，哈哈。携云跨鹤去蓬莱。

又

癸户云封运卦爻，劚开灵窍虎龙交。卯上行来真见酉，昆高。金翁轮线钓琼鳌。

道德清通明法海，万光澄现九天高。造化自然神运转，难包。古今达者列仙曹。

望蓬莱

周亭去，庄里又相邀。道念常如相见悟，天元觉了死生超。万业顿明消。

洪禧至，宝鉴显彰昭。三界十方明彻了，倒颠水向火中烧。得道末逍遥。

又

近中寿，意望百年期。万事转头都一梦，两般罪福紧相随。念道圣贤知。

性命达，今古世间稀。了了不生真不灭，自然结就坎和离。休觅上天梯。

又

清河喜，道录是高功。已在道门三十载，秦台辛酉又相逢。顺化善缘从。

他年去，升入大罗中。体挂六铢朝至圣，这回永住九阳宫。要到便乘风。

又

会首到，太守便相邀。请至藏春堂里坐，恁时早晚旦清朝。真福道能消。

欲近醮，速去似风飘。道士灵虚分一半，小师同到应焚烧。贤圣在丹霄。

又

形如鹤，性耀似孤云。自在空中无挂碍，来来去去意无尘。世外乐天真。

大成拜，三教理超群。结就丹阳蓬岛去，仙乡别有洞天春。道象古今新。

又

修行好，应化学斋科。旦望焚香参礼圣，昼闲夜静众吟哦。智慧性明多。

无为理，万法弗能过。外行内功真了了，炼成铅汞出娑婆。得道免阎罗。

仙乐集卷之五

五言绝句颂

轮回几万遭，去爱命清逃。造化无中有，冲和离坎交。

物外逃生死，常如初时志。通真全妙慧，可称修仙子。

性光命似油，微妙阒中搜。照见无虚妄，碧天皓月秋。

轮回生死大，觉悟通法海。举意合真经，混尘明世外。

清通神气灵，上士悟无争。达理全功行，碧霄云外行。

得道自然真，青莲出垢津。挂碍心无碍，蜕形身外身。

举意除憎爱，形衰真性在。顿明道眼开，圣经自然解。

道觉明真趣，慧通达万古。自然清志坚，性命光圆去。

日用缚颠猿，虚心微妙传。剔开真道眼，清意见灵仙。

清柔神气灵，浊恶性无明。悟道超生灭，真归天外行。

善清脱生死，天莹万光明。真通全妙理，归去踏云行。

正理掩他非，道通霄汉梯。应缘无挂碍，功了行无亏。

美色悟骷髅，知空意莫留。顿明性命大，真了洞天游。

到岸了无生，冲和道性灵。命住圆成了，夷然功行盈。

善觉不争空，忘尘见道功。微通三宝结，金光射玉峰。

轮回生死大，保命忘世爱。云水伴松峰，慧灵观自在。

无我微光觉，道成免贩壳。理明至德全，灵象无中握。

日用六根清，悟真道理明。自然全万行，归去碧霄行。

他非似己过，谦下真明我。降火炼金铅，行全无为果。

物尽道真常，夷清至德长。忘言明妙理，命住结丹光。

德全憎爱尽，天道难询问。觉了自然通，阳纯云路近。

守道真无罪，迷难悟则易。天青万象明，升仙免下鬼。

轮回万万遭，见道死生逃。出了阴阳壳，冲和离坎交。

大悟不争空，至明万事容。隐仙真厌浊，洞外伴森松。

清真悟死生，保命气神灵。行通全万善，功了到蓬瀛。

违道履薄冰，爱迷性命沉。傻猿擒缚住，积行圣贤钦。

轮回生死大，不悟恩生害。顿觉洞天游，理明通法海。

日用寸无愆，始终仗志坚。阳纯灵耀灿，无缺十分圆。

无争至德全，道觉妙微传。应变真明了，蜕形蓬岛仙。

见道性无争，冲和万慧明。自然全至行，厌世洞天行。

进真入碧虚，退志有酆都。莫退也休进，游山混世居。

明真一遇仙，日用汞烹铅。达了清平行，道玄天地先。

得道不争空，混尘众垢容。他年真厌世，洞外伴森松。

清虚志要坚，世外好修仙。道免轮回苦，真升万古传。

物尽真无死，清通道慧生。自然明万化，忘世应缘平。

保命通真福，通天开慧目。明元道宝全，真去朝元速。

灵峰超苦海，觉悟真明解。得意却忘言，道成天地外。

明知世梦虚，几个出尘居。达理明天道，真通今古书。

守道悟完颜，自然慧目看。灵虚真弗朽，清彻古长安。

道觉超生死，顿明明奥旨。清志有始终，枢机贤圣赐。

忘贪去罪病，达理修性命。隐道伴松峰，他年朝至圣。

轮回万万遭，明道死生逃。清命圆无缺，变通运卦爻。

日用觉清通，无争万事容。真常明至道，归去与仙同。

出尘清志坚，道觉养三田。长就灵苗了，真光麻麦传。

通微道眼开，真了到蓬莱。物外超生死，亘灵没地埋。

顿悟乐希夷，枢机泯见知。天青万象显，祥耀透帘帏。

正理悟清平，自然尽爱憎。道明全至行，蜕壳现真形。

念道真无罪，新愆不造异。清通合圣经，保命神超彼。

柔弱气神灵，松峰之下行。了仙隐福地，达理行功成。

了真清一志，得道超生死。三宝变纯阳，升仙名达士。

清虚悟性命，去住如对圣。厌世洞天游，隐真积至行。

女男如父母，正念圣贤许。真静姹婴欢，道成救七祖。

洞天四面青，云外列围屏。松峰磻石坐，无事诵仙经。

四假似环庵，翠烟万顷贪。灵龟随皓鹤，伴我共成三。

常善气清深，冲和无垢侵。灵珠明道体，结就水中金。

苦形欲念忘，清命免无常。守道通仙福，真明现宝光。

日用爱憎无，超尘入碧虚。真常全道德，归去到仙都。

正理悟通经，天青道象明。意清祥耀灿，照见亘初灵。

坚志不争空，真明万慧通。养成无价宝，现出亘初容。

妙道微明用，静通光运动。气神相见灵，意厌浮生梦。

理明达万古，清志真仙举。蝉蜕免轮回，云归朝圣主。

万古死生大，古今几个解。清虚了性命，海变松枯在。

守清神气灵，道理自然明。万行真平了，语通合圣经。

万物阴阳外，道坚真不坏。谦清上善归，应变通元海。

饱暖身闲意，苦形降伏易。命住道通真，阳纯免下鬼。

万劫落轮回，顿明霄汉梯。命全性耀灿，云步乐希夷。

真通万虑忘，得道免无常。物外超生死，碧虚现宝光。

道用缚傻猿，形忘真自然。微通祥耀灿，射透九重天。

正理应方圆，道通真涌泉，阒明全万善，达了行功圆。

抱道通生路，心死命光住。气神相见灵，至理明千古。

觉了阴阳外，至真明道大。命清无灭生，厌世升仙界。

清志有始终，明知世爱空。神舟超彼岸，云步出灵峰。

明我悟谦通，混元虎逐龙。自然三宝结，真了与仙同。

得道免轮回，灵峰霄汉梯。洞天修性命，今古几人归。

四假似浮沤，真明月正秋。人牛都不见，光耀照山头。

限到变骷髅，知空一念休。命生免下鬼，了道去瀛洲。

出有无生死，达理明真士。清善始终志，微妙灵中赐。

微通道眼开，觉了见如来。无生路上去，云步到蓬莱。

云步到微通，照明似烛红。世华真拂尽，茶味爽灵容。

日用善清通，住行坐卧功。周天运降火，光照虎随龙。

万愆心断绝，性似中秋月。保命隐松峰，无事看庄列。

日月顿无常，二轮飞走忙。傻猿缚得住，真去从丹阳。

道通明性命，意定真清静。有志免轮回，仙乡咫尺近。

进道死无怕，如蝉脱下假。都了上青霄，清声宝无价。

顺真无憎爱，万清通法海。虚明道理解，应缘无挂碍。

心静至真灵，真常道眼明。自然通万慧，举意合仙经。

垢尽道明真，冲和气养神。清通为日用，命外更无亲。

正趣觉通明，命清神气灵。自然全道慧，应有行功成。

大悟不争空，混尘众垢容。清平全道德，厌世隐灵峰。

念动想骷髅，真明铅汞收。道成别有体，蜕壳上云头。

谦柔和气清，无浊命光停。达理全功行，应尘泯爱憎。

顿觉明真我，周天运降火。烧见黄金体，道证无为果。

世外不争空，身青如万松。潺湲通似性，道了虎随龙。

居山远是非，今古几人依。得道无生死，命圆霄汉梯。

迷著似灯蛾，油窝焦烂多。孤云伴野鹤，自在出娑婆。

至德爱憎无，真平万病除。了必三宝结，道达物难拘。

擒猿志要坚，意定汞明铅。生灭轮回免，大罗归去仙。

真清保性命，垢尽如明镜。照耀自然光，蜕形朝至圣。

心死性光生，忘情觉命停。道成别有体，真去自然升。

无生泯万愆，尽爱命光圆。柔弱气神定，真通道德全。

去除物我心，日用理幽深。觉了真明达，阳纯神鬼钦。

觉悟不争空，他非应变容。自然全福行，真了到蟾宫。

物尽道光生，天青宝鉴明。命清圆弗缺，应变自然灵。

贩骨死生大，了真通世外，道成别有体，海变松枯在。

守真觉道安，达理悟双关。微妙通颠倒，垂光炼大丹。

出家不管家，混俗心无俗。动静两俱忘，道通消三毒。

气降至神灵，忘情觉命清。自然三宝结，达理行功成。

修行搜己过，意定胜打坐。世外伴松峰，志坚成道果。

无争全上士，抱道凭清志。动静两忘常，了真无老死。

苦形浊念无，世梦转头虚。清静调婴姹，云归蓬岛居。

通善气神和，去憎道行多。慧灵天地外，万伪弗能过。

达道自然明，清平功行盈。贪争心意尽，养就气精神。

贩骨死生大，忘尘通世外。命清宝鉴圆，抱道真光在。

交钱收领契，依理成交易。未足写文会，代余便去税。

大悟不争我，德全无上果。周天十二通，丹结运真火。

超尘远生死，性定自然灵。命住光无缺，理通应变明。

道明真悟坚，空色两俱捐。达了忘尘虑，人间自在仙。

爱者却如冤，人间第一贤。许庞拔宅去，鸡犬从升天。

大悟性无争，冲和觉慧明。命清阳耀灿，应变自然平。

厌浊洞天居，了真达古书。清通全万慧，云水乐无余。

无我觉真明，冲和神气灵。自然金耀灿，道达出阳阴。

迷阴蛾恋灯，就死入油烹。形似丹霄鹤，蓬莱云路行。

身若草头珠，顿明世伪虚。万年松桧下，闲看古贤书。

真明道眼开，清意性无灾。趓了无边业，超升去弗来。

形病真无病，修行清保命。道成身外身，真了朝仙圣。

天莹千光悬，心清见本真。宝光圆不缺，命住两全成。

道全性命大，至理深如海。顿明物我忘，古今几个解。

应尘似水平，达道意无憎。养就真三宝，云归朝上清。

善光明道禧，世外乐希夷。达理通天行，了真霄汉梯。

蛾灯爱是痴，清命月无亏。下鬼上仙路，升沉悟与迷。

修真要坚志，学道终如始。虚空贤圣知，性命超生死。

混世隐名山，俱忘动静安。真常性弗变，跳出死生关。

身闲杂念多，迷伪恋灯蛾。早悟云边鹤，飞升入大罗。

念道真无病，住行如对圣。清平至德全，蜕壳光无映。

大道本无修，随缘莫外求。命全无价宝，真去列仙俦。

正理离中边，性如出水莲。碧天云散尽，秋夜宝光圆。

忘尘觉性明，悟理洽仙经。命耀圆无缺，自然远死生。

常善缚心猿，真通结汞铅。道成别有体，蜕壳去升仙。

敬道了真修，无欢意没愁。筠轩看古教，达理行功周。

趓免恩生害，顿明性命大。黍珠光运转，海变松枯在。

悟道不争空，真明万伪容。自然全上善，应变行功通。

美貌想骷髅，善清铅汞修。道全真弗朽，归去上云头。

知空清志坚，爱者却如冤。蛾恋灯光死，云闲鹤遇仙。

俗念我人无，真通性不愚。养成全玉体，换了这形躯。

大见悟无争，冲和神气灵。清平全至德，真去似飞星。

谦清至德归，云水任东西。道性明枢要，自然结坎离。

苦体色心消，闹中悟寂寥。真常忘动静，归去上丹霄。

清真脱死生，缚住傻猿宁。气结神灵达，了归云路行。

得一真明大，道全通世外。人间混俗尘，挂碍无挂碍。

道免死生危，了真霄汉梯。命光如皓月，爱泯永无亏。

卦尽休争我，功圆成道果。天青万象明，照见元初个。

他非如自过，意定胜身坐。不著有形物，无愆成道果。

正理解清平，自然明大成。忘情全命耀，道养气神灵。

常善运真火，灵通觉无我。广明万慧应，性似青莲朵。

清平妙进明，顿觉气神灵。达理中边弃，自然入大成。

真通万事容，清志碧虚中。汞结神光灿，道全了行功。

无争道性强，保命浊情忘。永免轮回苦，真归蓬岛乡。

善通觉有明，道阐乐真荣。厌世松峰畔，功成朝玉清。

动静两俱忘，自然觉性常。汞铅成大药，真了到仙乡。

清善存三一，擒猿意不出。真明应变通，福地去游历。

对景省灯蛾，志坚出爱河。松峰霞洞隐，得一行功多。

德平万垢容，清命与仙同。达理真无变，蓬莱云路通。

善清争性命，觉了傻猿定。天动气冲和，阳纯朝至圣。

通善灭无明，忘贪有甚争。天条心不犯，归真道光升。

无我气神清，命圆大道成。知明万慧达，真去住蓬瀛。

忘情觉命坚，达理性明贤。气顺珠光灿，功成蓬岛仙。

无我气神灵，忘情命耀成。始终真在道，归去到蓬瀛。

志坚明性命，妄尽心猿定。妙觉气冲和，道成朝至圣。

道明出死生，真养气神精。达埋通灵慧，自然应变平。

念道消三毒，清心忘六欲。志坚全性命，知足通清福。

轮回五道转，不造万愆免。趓业乐清虚，保命真修炼。

苦形忘爱念，命住修真验。守道有终始，阴消因慧剑。

通经明正理，道觉真无比。混世却无心，升仙免下鬼。

休苦化人钱，结缘任自然。不贪清福广，守道意无愆。

虚心包大藏，达理涌泉通。三教无分别，修真第一功。

无情命耀圆，无垢性光圆。无恶黍珠灿，无憎功行圆。

蛾灯迷爱光，远色免无常。仙伴孤云鹤，命清得道阳。

通善灭无明，道全神气灵。命光成补缺，碧耀晃虚清。

臭烂变骷髅，迷阴堕马牛。清真全性命，蓬壶阆苑游。

通善行清深，自然火炼金。功成真厌世，福地伪难侵。

守真坚志了，常善通微妙。气绝命光圆，古今明者少。

无争善气清，光照似飞星。混合形神异，碧霄云外行。

先天乃道初，生死物难拘。清命圆光莹，阳纯蓬岛居。

垢尽晃空虚，真明弃有无。定光通万慧，达了古今书。

性光命似油，忘爱了真修。世恋骷髅梦，千生卧土丘。

蛾恋灯光死，鹤寻云路生。两般由自己，天莹万辉明。

顿明厌世空，高卧白云中。养就真铅汞，超升出宝峰。

定光得志宁，觉了亘灵明。达理全功行，命圆脱死生。

德全尽爱憎，去浊寸灵明。养就真铅汞，蜕形朝上清。

无为清静长生真人至真语录

序

我闻道在域中，所宜驯致，仙居象外，不可苟求。故乐天诗云："若非金骨相，不列丹台名。"非种百千劫善根，得三五一真之气，安能至此境哉。

今长生子刘先生，赋是相，藉是名。昔遇重阳王真人，济度点化，出俗入道，明识慧性，了达疏通。昨被宣诏见，有诗曰："昔年陕右先皇诏，今日东莱圣帝宣。"再岁告归，官僚索词，云："飘飘云水却东莱，太微仙伴星冠士。"正似陈希夷昔承宋眷，辞返华山，诏答云："玉堂金阙，暂喜于来朝；岫幌云軿，遽求于归隐。"此二大士之不羁，各一明朝之擅美，盖营道同耳，易地则然。

自先生躬还故里，观住太微，笺注诸经，祖述三圣。以文章疏放，以翰墨嬉游，著编籍，演教法，遵释氏重轻之戒，造玄皇众妙之门，服宣父五常之行，缉田宅，发梨枣，申申如也。凡有述作，竞雕镂以流传，新视听于众庶，讽诵于人口，熏陶乎民风，知见者归依，顽鄙者悛改。

一日，先生门人徐、李二师，远来垂访。过溪馆，入愚斋，息杖屦之劳，馈水陆之味。良久，出示先生《至真语录》一帙，恳求序引。义不复辞，余乃洗心遍览，令人警诫觉悟，顿欲割俗缘，出业障邪。

始终列八十款问，答逾一万言。包罗撰叙，引证论评，根天地之化，迹阴阳之用，示死生之说，明祸福之报，谈真空之相，惩贪嗔之欲。以至苦乐之由，情伪之作，清浊之源，高下之本，若此者甚众，无不究竟。皆引用黄老奥义断之，天下之事毕矣。可使众生判疑归正，涣然冰释，为凿大昏之墉，辟灵照之户，一驱解脱矣。于是得超苦海，登觉岸，除三有五浊之秽，证三昧一空之因，去十二类旧染之污，受三千界更生之乐。信出自真语，启迪导化，法缘所致也，岂不伟欤。

时泰和壬戌岁上元日，濩泽端城双溪虚白道人韩士倩彦广谨序

问法第一

来人询：其法者何也？

长生子答曰：通其道而达真空，则谓之法。通其释而达无生，则谓之戒。授于法者，不能尽其万愆也，不能通其万理也。授于戒者，不能尽其万善也，不能通其万慧也。道法通则达自然清净无为也。释戒通则尽我人众生寿者也。经云："道法自然。"道法非空而空也。

问空第二

复询：空者何也？

答曰：道住非空也。愚者守其顽空也，贤者守其真空也。世之思其色空也，道者忘其世空也。人之爱其皆空也，思之罪者非空也。达者明其道空也，通者了其性空也。浊者死则沉空也，清者生则升空也。经云："出生入死，生之徒十有三，死之徒十有三。"悟其空则知也。

问知第三

复询：知者何也?

答曰：知者，知其人恩惠可见，心望其报也；知其天之道，则损有余而惠窘也；知其人之道，则损不足而奉富也。知其有道者，顺天也；知其无道者，顺人也。顺其天则人之生也，顺其人则人之死也。顺天则全其清善也，顺人则纵其浊恶也。经云："观天之道，执天之行，尽矣。"知其慧之光异于常人所见也。

问见第四

复询：见者何也?

答曰：见者，非肉眼所见也。见者，见其虚无也，见其慧光也，见其亘容也，见其恍惚也，见其宝珠也，见其霞彩也，见其玄微也，见其冲明也，见其魂清也，见其魄静也。经云："道之为物，唯恍唯惚。"见其无物之象，外应其常善也。

问善第五

复询：善者何也?

答曰：善者，方圆曲直应物而顺于人也。不生万恶，则谓之真善也。不著万物，则谓之清善也。达理则不读万经，则谓之通善也。达妙则不穷万化，则谓之明善也。不害万形，则谓之慈善也。不厌万浊，则谓之应善也。不非万人，则谓之德善也。不求万有，则谓之道善也。不起万私，则谓之公善也。不忘万慧，则谓之常善也。经云："善者吾善之，不善者吾亦善之，德善。"至善者，非恶也。

问恶第六

复询：恶者何也?

答曰：恶者，人之不肖也。人不顺其天，则天不顺于人也。人若抛撒，则天教饥歉也。人不修其善福，则天不教丰熟也。人心纵于恶毒，则天意降其风雹也。人至死不戒于恶杀，则再世定生于修罗也。人造恶，则天恶报也。人无恶所害于物，则物无恶所伤于人也。经云："毒虫不螫，猛兽不据，攫鸟不搏。"弗恶真通，则明其贤也。

问贤第七

复询：贤者何也?

答曰：贤者，大达之人也。大智者，如无其通也。大慧者，如无其知也。大聪者，如无其明也。大辩者，如无其说也。应其智，则真有其万通也。应其慧，则真有其万解也。应其聪，则真有其万明也。应其辩，则真有其万说也。智通者，世通也。慧通者，道通也。聪通者，理明也。辩通者，言清也。经云："不尚贤，使民不争。"世之贤隐者，石藏其玉也。道之贤隐者，无物之真也。贤者，非其愚也。

问愚第八

复询：愚者何也?

答曰：愚者，古之达人要远其世之梦幻，外貌若愚也。儒者，颜回清贫，而一箪一瓢。释者，释迦乞食，而一饭七家。道者，纯阳无为，而鹑鷇食。返其朴，则高者就于下也，有者就于无也，明者似于暗也，言者若其讷也。经云：“我独若遗，我愚人之心也哉。”外愚则内抱其道，真生也。

问生第九

复询：生者何也？

答曰：生者，抱道则真生也，保命则福生也，养气则神生也，通微则妙生也，无妄则慧生也，应物则德生也，常善则救生也，夏至则阴生也；冬至则阳生也，交通则物生也。真生则阒也，福生则明也，神生则灵也，妙生则清也，慧生则通也，德生则夷也，救生则慈也，阴生则升也，阳生则降也，物生则成也。经云：“道生一，一生二，二生三，三生万物。”天地生万物，以和气而成则生也，以金气而杀则死也。

问死第十

复询：死者何也？

答曰：死者，物之形也。万物至其深秋则形死，其根不死也。万形至其百年则身死，其性不死也。无情万物可以深其根也，有情万形可以养其性也。根无其水则苗死也，性无其命则身死也。根者，性也。性者，根也。神者，性也。性者，神也。五行之数尽，则其形衰死。阴阳之外，则其神无死也。经云：“深根固蒂，长生久视之道。”死而无其死者，真常贵也。

问贵第十一

复询：贵者何也？

答曰：贵者，贵其德也。天施恩不令下知，谓之贵德也。天施恩不择爱者与，谓之贵德也。天施恩生成不为主，谓之贵德也。天施恩济人不望报，谓之贵德也。人要同天意，惠窘唯自知。人要同天意，惠心公若私。人要同天意，惠财如弃泥。人要同天意，惠食不记谁。经云：“万物莫不尊道而贵德。”贵者之德，有余惠于贱也。

问贱第十二

复询：贱者何也？

答曰：贱者，薄其外也。真贵其德，则外贱于身也。德如美玉，则身似顽石也。德上通其天，身下谦于海。其言然下，则其身处上也。内贱其真，则外贵其伪也。贵德则世之重，贱身则安然存。见宝则成大器，朴散则现真形。通天则明夷妙，通海则众善归。言下则敬信赞，身上则物我增。贱真则魂魄散，贵伪则昧其真。经云：“故贵必以贱为本，高必以下为基。”就于贱下，则举其高也。

问高第十三

复询：高者何也？

答曰：天之道，则抑其高也。人之道，则举其高也。大达之士，则隐其高也。荣耀之人，则炫其高也。天之道抑高，则惠于窘也。人之道举高，则损于窘也。大达者隐高，则化其贤也。荣耀者炫高，则惑其愚也。经云：“高者抑之，下者举之。”天之所高，覆于下也。

问下第十四

复询：下者何也？

答曰：下者，海下则清通归顺也，心下则清善归顺也。清顺则深广也，善顺则德广也。喻如所立屋者，梁栋就其下，则椽檩归之。喻如所待宾者，主人就其下，则外客归之。椽檩归之，则成功也。外客归之，则成德也。经云："江海所以能为百谷王者，以其善下之。"处下清顺，则极乐也。

问乐第十五

复询：乐者何也？

答曰：乐者，乐道则处清下为乐也，乐俗则恋歌酒以为乐也。乐清下，则无喜无忧也。乐歌酒，则有欢有愁也。乐无为之道，则无修无证也。乐有为之相，则有修有堕也。乐真性，则无形无尽也。乐伪身，则有生有死也。经云："是以天下乐推而不厌。"乐道则无其争也。失其道之乐，则忧生于苦也。

问苦第十六

复询：苦者何也？

答曰：苦者，苦于身心也。世之迷者，苦己贪生，则入于死路也；苦心用机，则性沉于罪地也。道之悟者，苦己炼形，则如碎石取玉也；苦志忘机，则性升于九霄也。贤者苦中乐也，愚者乐中苦也。贤者苦尽而甘来，愚者则乐极而哀也。经云："恩生于害，害生于恩。"乐道而苦尽，则通其清也。

问清第十七

复询：清者何也？

答曰：清者，天清则显其万象也。心清则显其亘灵也，渊清则明其二八也。通其天象，则降气冲和也。通其亘灵，则与道同体也。通其渊清，则灵泉无漏也。得其冲和，则气神相结也。得其同体，则真形不朽也。得其无漏，则皓月光圆也。经云：“渊兮似万物之宗。”深通其清，则无于浊也。

问浊第十八

复询：浊者何也？

答曰：浊者，世之迷者，纵于意则恶浊也，纵于身则淫浊也，纵于恶则昏其性也，纵于淫则丧其命也。道之悟者，天清而混于地浊，身清而混于世浊。清混浊则阴变阳，清混世则外若愚也。经云：“孰能浊以澄，净之徐清。”浊尽则光显也。

问显第十九

复询：显者何也？

答曰：显者，天之象非自见其明也，天下众目见其明也。道之理非自是显彰也，天下众善知其达也。众目见其明则敬也，众善知其达则信也。世之敬其天地，则福生也。道之信其无为，则真生也。经云：“不自见故明，不自是故彰。”内光显则外身而隐也。

问隐第二十

复询：隐者何也？

答曰：隐者，内慈救生，外恐其人知也；内真明达，外貌若愚夫也；内无挂碍，外形似混尘也；内光应物，外无所施为也；内性阐德，外远于人钦也；内灵抱道，外无所著迷也。至明泯虑，身寄于尘寰也。经云：“道隐无名者，名其大也。”

问大第二十一

复询：大者何也?

答曰：大者，道也。阴阳而不能包，谓之道大也。大者，性也。万邪而正能容，则谓之性大也。道之大者，乃万物之母也。性之大者，乃万邪之师也。通其母，则万物得其造化也。通其师，则万邪归其正达也。造化，则各成其形也。正达，则各通其道也。经云：“道可道，非常道。”大者，容其小也。

问小第二十二

复询：小者何也?

答曰：小者，通其微也。道通其小，则不择其爱者与恩也。性通其小，则不择其爱者与教也。不择其爱者与恩，则小物皆受其道之气也。不择其爱者与教，则小物皆受其天之光也。无情之小物，得其道之气，则形生也。有情之小物，得其天之光，则性生也。经云：“治大国若烹小鲜。”不拣其爱者要，不择其弱者弃也。小者之妙非虚也。

问虚第二十三

复询：虚者何也?

答曰：虚者，道之体也。阴阳明其虚，则万物生也。至性明其虚，则恍惚生也。万物生成，则济于世也。恍惚生成，则出于世也。

物济于人，则世之乐也。道通其真，则性之乐也。世乐则阴阳之有其数也，性乐则虚极之无其穷也。经云："致虚极，守静笃，万物并作。"虚者道之实也。

问实第二十四

复询：实者何也？

答曰：实者，道也。道生在于天地之先，至今常存不朽者，谓之实也。实者，性也。性生在于万物之外，至今常存不朽者，谓之实也。道明其实，则掌握阴阳，生于万物也。性明其实，则大达枢要，通于万化也。万物生，则显其道之实也。万化生，则显其性之实也。道虚而气实也，性虚而命实也。经云："虚其心，实其复。"明其实，则道性真闲也。

问闲第二十五

复询：闲者何也？

答曰：闲者，道也。至道闲，则闲运阴阳，而生于物也。至性闲，则闲烹铅汞，而炼其形也。阴阳变，则全其物也。铅汞成，则全其性也。全其物，则人之富也。全其性，则神之灵也。人富则欲其华也，神灵则抱其道也。欲华则有荣有枯也，抱道则无形无尽也。经云："视之不足见，听之不足闻。"性乐真闲，则应其忙也。

问忙第二十六

复询：忙者何也？

答曰：忙者，道乃闲也，二气而常忙也；性乃闲也，四假而常忙也。二气忙，则四时而分为上下也。四假忙，则昼夜而贪争往来也。二气忙，则春变温，夏变暑，秋变凉，冬变寒也。四假忙，则贪于财，恋于色，迷于酒，竞于气也。二气忙则造化万物，乃阴阳顺其天地之德也。四假忙则造于万业，乃众生违其天地之德也。经云："音声之相和，前后之相随。"形忙，悟者真无去也。

问去第二十七

复询：去者何也？

答曰：去者，道乃常存而无其尽也，道象无所去也。去者，物乃成形而有其尽也，气有所去也。道者，通其阴阳也。气者，通其万物也。数尽则阴阳而散去也，形终则万物而朽去也。阴阳散而道常在也，万物朽而性常存也。经云："自古及今，其名不去。"物尽而气去也，阳和而气来也。

问来第二十八

复询：来者何也？

答曰：来者，非其形而动也。天地待其时而交通，则二气来也。万形待其时而受气，则阴阳来也。道乃天地之位也，形乃阴阳之位也。天地在其道，久位也。阴阳在其物，寄位也。久位而四时变通也，寄位而三才聚会也。变通则成造化也，聚会则成真形也。枯则物死也，柔则形生也。经云："人之生也柔弱，其死也坚强。"柔来则通其天之清平也。

问平第二十九

复询：平者何也?

答曰：平者，道也。道养其万物，则不择其爱者与恩，布气而平也。平者，真也。真通其万化，则不择其爱者与妙，布德而平也。气平则物齐生也，德平则人齐善也。物齐生，则皆全其造化也。人齐善，则皆全其道德也。经云："天地相合，以降甘露，人莫之令而自均妙。"明其常也。

问常第三十

复询：常者何也?

答曰：常者，道也。常顺其道，则救于人灵也。常顺其气，则救于物形也。人常顺其道，则如鱼在水也。物常顺其气，则如灯添油也。鱼离其水则死也，灯尽其油则灭也。常顺其道则人生也，常顺其气则物生也。人者，神也。物者，形也。形神俱妙，则与道合其真也。经云："常善救人，故无弃人。"乐其道之常，则真喜也。

问喜第三十一

复询：喜者何也?

答曰：喜者，道乐也。清而无浊则道乐也，喜而无忧则道乐也。喜者，德乐也。劝恶从其善则德乐也，见雠而酬其恩则德乐也。喜者，失乐也。远善而喜于恶则失乐也，忘恩而报于雠则失乐也。乐其道则全其功也，乐其德则全其行也，乐于失则轮回堕也。经云："道者同于道，德者同于德，失者同于失。"乐喜则忘于忧也。

问忧第三十二

复询：忧者何也?

答曰：有忧者，不达其道之正理也。多事则多忧也。无忧者，真通其道之真慧也。无事则无忧也。多事有于忧，则神昏气浊也。无事无于忧，则神清气爽也。气浊则有思淫恶也，丧其魂魄也。气清则无虑清善，聚其铅汞也。魂魄散而性下沉也，铅汞成而性上升也。经云：“绝学无忧。”无于忧，念其道，则真有实得也。

问得第三十三

复询：得者何也?

答曰：得者，真得则得其无名之清宠，伪得则得其有名之浊辱也。得清宠者，无贪争也。得浊辱者，有贪争也。无贪争，则真通其善道也。有贪争，则伪迷其恶俗也。真全其万行则上宠也，伪造其万业则下辱也。悟则无生也，迷则有堕也。经云:“宠辱若惊。”得其伪名著则真道失也。

问失第三十四

复询：失者何也?

答曰：失者，失其无为之道也。失者，著于有为之道也。失者，失其无为之德也，失者，著于有为之德也。达其无为之道，则真无尽也。著其有为之道，则伪有尽也。达其无为之德，则性常平也。著于有为之德，则心有憎也。无为之道无尽，则真无坏也。有为之道有尽，则伪有坏也。无为之德真平，则通天也。有为之德伪憎，则即堕也。经云：“故失道而后德，失德而后仁。”达无为则无失，通其清福也。

问福第三十五

复询：福者何也？

答曰：福者，真福乃道也，人之命也；世福乃尘也，物之宝也。无为之道福者，如皓月常盈也。有为之世福者，如缺月渐亏也。皓月盈而人之命也，缺月亏而世之宝也。命者无尽之道福也，宝者有尽之世空也。悟其道则福生也，迷于世则业沉也。经云：“福兮祸所伏，孰知其极。”达其道之福，则无于祸也。

问祸第三十六

复询：祸者何也？

答曰：祸者，人之欲也，预造于愆也。人若业有一分，天降于十分祸也。人若善有一分，则天赐于十分福也。经云：“绝利一源，用师十倍。”人若不生于万恶，则胜修于万善也。人若不著于万物，则胜施其万惠也。经云：“三返昼夜，用师万倍。”达其无为，则清福有其万倍也。迷其有为，则伪福匿于祸也。经云：“祸兮福所倚。”真者非外舍也。

问舍第三十七

复询：舍者何也？

答曰：舍者，世之舍于财，则望其福也。舍者，道非舍于有，而取其无也。舍财取其福，则不通其真福也。舍有著于无，则不通其真无也。真福者，万慈也。真无者，万达也。慈则救于物也，达则明其理也。慈广则德遍也，理阐则道明也。经云："今舍其慈且勇，舍其俭且广。"进其道非取也。

问取第三十八

复询：取者何也？

答曰：取者，妄而非正也。至真者道也，通清者德也。尽于物而达，则道归之。处其下而深，则德归之。真不著于有，则物归之。海不处于上，则清归之。物归之，全其造化也。清归之，全其至德也。人若悟于世伪，则达其虚无而有功也。人若悟于尽我，则通其谦下而有行也。经云："居其实，不居其华，故去彼取此。"真无所取则明其中也。

问中第三十九

复询：中者何也？

答曰：中者，天之平也。天施恩而生万物者，不拣择则谓之明其中也。人之平者，真布德而通万化者，不憎爱则谓之明其中也。天平而万物生成，则天有其功也。人平而万化真通，则人有其行也。天若爱者与恩，则无其大功也。人若爱者施惠，则无其大行也。经云："夷道若类。"明其夷道，则清福无边也。

问边第四十

复询：边者何也？

答曰：边者，不通其理也。见于有而不通其无也，见其无而不通于有也，谓之边见。不著于边见，则通其理也。见其有而通于无也，见其无而通于有也。通于有则抱道而隐于洞天也，达于无则抱道而隐其京华也。经云：“为无为，事无事。”不立于二边，则真无著也。

问著第四十一

复询：著者何也？

答曰：著不著，则同尘而身混于万物之有也。真无著其万有之心，则谓之大达也。不著著，则出尘而身远于万物之有也。真有著其万物之念，则谓之未达也。著不著，则身似于藕也。不著著，则身若莲也。身在于尘，性无于尘，则了真也。身远于尘，心有于尘，则未了也。经云：“弊则新。”真了则身应于物，非著非离也。

问离第四十二

复询：离者何也？

答曰：离者，身离于欲，心忘其尘，则寂然守其志也。离者，身隐于名山，真应其琴书，寂然乐通志也。守其志则淳朴也，乐通志则华达也。身淳朴而心华达，谓之伪形神而俱妙也。形朴散而真华达，则谓之真形神俱妙也。经云：“不见可欲，使心不乱。”清脱离于物壳，则通人也。

问人第四十三

复询：人者何也？

答曰：人者，人之生纵其恶，则死沉于恶道轮转也，谓之天所治于人也。人之生不修其福，则死沉贫贱轮转也，谓之天所治于人也。人之有所善，则生在于中华，修其道也。人之有其洪禧，则生在于中国，积其德也。人有于恶，则天乃恶报也。人有其善，则天乃善报也。经云：“治人事天，莫若啬。”人之不通其天意，所执于我也。

问我第四十四

复询：我者何也?

答曰：我者，真我者，人之性也。我道无形之道也，我善无为之善也，人皆谓不肖也。伪我者，人之恶也。伪道养身之道也，伪善有为之善也，人皆谓见肖也。真我者，无形之道则真也，无为之善则常也。伪我，则养身之道则假也，有为之善则憎也。经云：“天下皆谓我道大，似不肖，若肖，久矣。”明其真我不辩也。

问辩第四十五

复询：辩者何也?

答曰：辩者，世之有辩者，有于万恶也；天之不言者，有其万善也。世之辩则有于是非也，道之辩则有其清善也。世之口有辩而心无达也，道乃口无说而真有通也。无达则广博，而无知其妙也。有通则绝学，而有知其妙也。两者谓之迷悟也。经云：“善者不辩，辩者不善。”通其天意，则外若讷也。

问讷第四十六

复询：讷者何也?

答曰：讷者，似于讷者，似其不能言也。达其道而散于朴，则讷者如辩也。抱其道而返于朴，则辩者如讷也。散其朴则损气，而身有于拘也。返其朴则惜气，而身无于拘也。见其愚者，辩如讷也。

见其贤者，讷如辩也。经云：“大巧若拙，大辩若讷。”益真则外损之。

问损第四十七

复询：损者何也？

答曰：损者，有道之人用事则损于己，不损其他人也。若处先己而后人，则有其德也。无道之者，用事则损其他人，不损于己。苦处先人而后己，则无其德也。有其德者，无为也。无其德者，有为也。无其为损于物，则有道也，有其为殢于物，则无道也。经云：“为道日损。”外损尽于物，则道所益也。

问益第四十八

复询：益者何也？

答曰：益者，有益其真者，道之理也。悟道则所学其正教有达者，益真也。迷世则所学于邪法无达者，益身也。益真则明其道也，益身则殢于物也。明道则清善也，殢物则贪争也。清善则积其德也，贪争则积于业也。有其万行，则真升也。有其万业，则身堕也。经云：“为学日益。”所学益其道之真，则久长也。

问长第四十九

复询：长者何也？

答曰：长者，人之长则顺其道而真长也，忘于情则命长也，善明妙则天长也，通其慧则理长也。真长，则达虚无体也。命长则宝光圆也，天长则祥烟袅也，理长则自然通也，明虚无则道全也，明光圆则命全也，明祥烟则神全也，明自然则德全也。经云：“天长地久。”顺其天之长，则无于短也。

问短第五十

复询：短者何也?

答曰：短者，守道无终，则志短也；见善无慈，则行短也；二尊不敬，则孝短也。志短则无功也，无慈则无行也，无孝则忘恩也。有志则全道也，有慈则全德也，酬恩则全孝也。无道、无德、无孝则有短也。有道、有德、有孝则无短也。经云：“斯不善已。”智短则生于伪巧也。

问巧第五十一

复询：巧者何也?

答曰：巧者，殢其万巧有为，明万利而利多，则害身也；绝其万巧无为，明万清而清多，则全身也。世利多，则生于祸也；道清多，则生于福也。伪巧则生于祸也，真清则生于福也。迷于有则伪也，悟其无则真也。伪有则恶所害也，真无则善所侵也。经云：“绝巧弃利，盗贼无有。”明者忘于伪巧，而守其真拙也。

问拙第五十二

复询：拙者何也?

答曰：拙者，至性而通贤，外貌似其愚拙，则谓之返朴也；真慧而通文，伪形而憨拙，则谓之伏藏也。对其伪迷隐，则拙明也；对其真悟显，则拙达也。通于世则物达也，通于道则真达也。见其俗士则应于万有，而机变自然通有也。见其知音则应于万无，而机变自然通无也。外拙而真非愚也。经云：“性有巧拙，可以伏藏。”至巧而若拙，则明者赞也。

问赞第五十三

复询：赞者何也？

答曰：赞者，君子则扬人美而掩人丑也。小人则掩人美而扬人丑也。掩人之丑恶，扬人之美善，则谓之德也。扬人之丑恶，掩人之美善，则谓之愆也。有其德则再为人贵也，有于愆则再为人贱也。今世重人者，来世人却重也。今世轻人者，来世人却轻也。德全其道则升也。愆迷于世，则堕也。经云：“知者不言，言者不知。”善赞则无于恶毁也。

问毁第五十四

复询：毁者何也？

答曰：毁者，有毁者愚，不知贤也；无毁者贤，知其愚也。愚者举恶而抑其善也，贤者劝恶而归其善也。愚者生愆而著其相，求福也。贤者泯愆而忘其相，守道也。迷者有恶而有善也，悟者无恶而无善也。有善者无常也，无恶者有常也。有常则谓之道也。经云：“愚人以天地文理圣，我以时物文理哲。”无于毁则浊念忘也。

问忘第五十五

复询：忘者何也？

答曰：忘者，念其道则忘于世也，念其正则忘于邪也，谓之迷悟也。念道则修其真也，念世则养于身也。念正则通至理也，念邪则修色身也。念真则有其功无愆也，养身则无其功有愆也。念其正则有行也，无著也。念其邪则有著也，无行也。经云："心生于物，死于物。"达理明其枢机，则真忘念也，外无贪也。

问贪第五十六

复询：贪者何也？

答曰：贪者，贪于欲则丧其命也，贪于财则丧其身也，迷者先甘而后苦也。泯于欲则全其命也，绝于财则全其身也，悟者先苦而后甘也。丧命、丧身则愚也，全命、全身则贤也。浊者贪世，违其道也；清者忘世，达其道也。经云："罪莫大于可欲，祸莫大于不知足。"不贪世伪，则真抱道也。

问道第五十七

复询：道者何也？

答曰：道者，通物者无物，则道也；知空而不空，则常也，谓之道常也。道常达则无为通也。无者明恍惚之妙也，为者明变通之理也。无则阴阳之外也，为则万化之明也。达无而明其有也，通为而明其无也。非带于有相为也。经云："道常无为，而无不为。"道之为，非小善化于俗也。

问俗第五十八

复询：俗者何也？

答曰：俗者，人之俗躯也。真者，至神也。谓之有物也。有之外，道乃天地之先也。物之表，性乃阴阳之外也。有而明，则如石中见其玉也。物而明，则似蚌中见其珠也。有者，人之形也。物者，真之性也。形终，则性常在也。物尽，则气常存也。迷有物，则魂魄散也。悟道性，则造化成也。经云："有物混成，先天地生。"外应俗而无于非也。

问非第五十九

复询：非者何也？

答曰：非者，上士之人，暗行其万清万善而大通也；下士之人，明纵于万浊万恶而大笑也。清者，顺道而存也。浊者，逆道而亡也。贤者，外不贤也。愚者，外不愚也。清浊贤愚，久而世知之矣。日月之明，非自见其明也，天下众目见其明也。经云："下士闻道，大笑之。"非其是也。

问是第六十

复询：是者何也？

答曰：是者，从其道则真是也。非者，从于物则伪非也。明真则不著于伪也，明是则不言于非也。明于真，则妙通其道也。明于是，则妙通其天也。明道则有其功也，明天则有其行也。功者，阳道也。行者，阴德也。若私救于万形，谓之阳功也。若偷救于万苦，谓之阴德也。经云："自见者不明，自是者不彰。"自是念道而应物，则有其思也。

问思第六十一

复询：思者何也?

答曰：悟思者，有知其万清而行，则有万善也；知于万爱而行，则有万恶也。有万清万善，则真升也。有万爱万恶，则伪堕也。生无慾，则死无苦也。生有慾，则死有苦也。经云：“吾言甚易知，甚易行，天下莫能知，莫能行。”思而知其理之妙，忘于世也。

问世第六十二

复询：世者何也?

答曰：世者，通世有知于人，则忘世而向道也；迷世无知其人，则恋世而背道也。真通其万物，则出于万物之壳也。伪迷其万物，则在于万物之壳也。真出于物壳，则道也。伪在于物壳，则尘也。真在其道，则无生死也。伪在于尘，则有生死也。悟则智通，迷则不明也。经云：“知人者智。”物极而世外，则明其奥妙也。

问妙第六十三

复询：妙者何也?

答曰：妙者，真无欲则性如皓月，圆而观其妙也；伪有欲，则妄似萤耀，明而见于徼也。皓月则十方明也，萤耀则一点明也。十方明，则通万化也。一点明，则执一法也。通化容于邪也，执法谤其正也。无高下通则正也，有憎爱执则邪也。经云：“常无欲以观其妙，常有欲以观其徼。”达妙则明其微也。

问微第六十四

复询：微者何也?

答曰：微者，见其深微则明道也，明其深虑则通世也。通道者，预通世也。通世者，不通道也。明道则提通世者，通世则敬通道者，通道行道则达也，通世忘世则贤也。达者，化世之贤也。贤者，化世之愚也。愚者明，则贤也。贤者明，则达也。经云：“微妙玄通，深不可识。”悟幽微则明无方也。

问方第六十五

复询：方者何也?

答曰：方者，天地方圆，生于万物也，不以爱者恩生也，不以憎者害灭也。太上布德，救于万灵，不以贵者爱恋也，不以贱者断绝也。天地生于万物，布气而平也。太上救于万灵，布德而平也。万物气通，则通天地之大恩功也。万灵德通，则通太上之大恩行也。谓之天地圣人若私，至功至行也。经云：“是以圣人方而不割。”真明其方寸，则命光圆也。

问圆第六十六

复询：圆者何也?

答曰：圆者，天之圆光，望日则月圆也。晦日则光尽也。人之命光，十五则（连受胎十六岁）命圆也，八八而卦尽也。光尽则天无明也，卦尽则人无命也。少欲则命延也，多欲则寿夭也。谓之天之人之盈亏也。无情则命住也，无物则性通也。命通性，则如水见土也。性通命，则如土见水也。常善通则真火降也，九转成则形不朽也。经云：“见小曰明。”圆光显则应也。

问应第六十七

复询：应者何也？

答曰：无形之道不应有形之身也，无形之性不应有情之礼也。贵实者仙道，则道应其性也。贵华者人道，则形应于礼也。应其性则真也，应于礼则伪也。天之道抑高而举下也，人之道损贫而奉富也。顺其天道则逆于人道也，顺于人道则逆其天道也。经云：“上礼为之，而莫之应。”道应其无为，则真通变也。

问变第六十八

复询：变者何也？

答曰：变者，无为真变，则如水中鉴月也；有为伪变，则似镜里观形也。知无为之变，则真性通也。见有为之变，则伪形力也。通则无情之真，忘有情之伪也。力则有情之伪，昧无情之真也。真变则性通道也，伪变则身贪利也。道通则全其性也，利贪则害于身也。经云：“为无为，则无不治矣。”应其真变，则道无情也。

问情第六十九

复询：情者何也？

答曰：情者，曲则道性无情，而身似有其情也；执则道性有情，而身如无情也。曲性无于情，则无漏也。执性有于情，则有漏也。曲则贤也，执则愚也。无漏而有贤，则有道有德也。有漏而无贤，则无道无德也。有道之真，则魂魄全也。有德之明，则万化通也。

经云："我无欲而民自朴，我无情而民自清。"道无情则真，不著于世物也。

问物第七十

复询：物者何也？

答曰：物者，人在于物壳，则似鱼在网也；人出其物壳，则如真在道也。鱼在网，离水则死也。真在道，离物则生也。鱼不贪饵，则鱼常在水也。人不贪物，则人常在道也。鱼在水则活也，人在道则生也。鱼得珠光则变也，人得气冲则通也。此两者迷则死也，悟则生也。经云："天网恢恢，疏而不失。"物外则忘于机也。

问机第七十一

复询：机者何也？

答曰：机者，智也。无道之人用智则损于人，安其自己，谓之贼也。有道之人用智则损其自己，安于人，谓之福也。小智则愚恶也，大智则贤善也。愚者违天也，贤者顺天也。违天则身堕也，顺天则真升也。堕者阴道浊也，升者阳道清也。经云："民之难治，以其智多。"自然之智明道，则无虑也。

问虑第七十二

复询：虑者何也？

答曰：迷世则有心也，悟道则无虑也。贪争者运万虑也，清善则绝万虑也。昧则罪无边也，明则福无边也。无善则常恶也，无恶则常善也。常恶者积愆也，常善者积德也。有愆则阴苦也，有德则阳乐也。世之知利而不知害也，道乃知福而不知贪也。经云：“知不知上，不知知病。”绝虑而尽于物，则至道亲也。

问亲第七十三

复询：亲者何也？

答曰：亲者，人间所亲者，名利亲也，伪宝亲也；物外所亲者，道德亲也，真宝亲也。伪亲者有名利，则有宠辱也；有伪宝，则有恶人所妨也。真亲者有道德，则清平也；有真宝，则有善人所侵也。伪益于身，则损其真也。真益其身，则损于伪也。经云：“名与身孰亲，身与货孰多。”道亲则物疏也。

问疏第七十四

复询：疏者何也？

答曰：疏者，厌世则道无疏也，厌利则身无害也，厌贵则身无贱也。道无疏则通世也，身无害则通利也，身无贱则通贵也。通世则善归也，通利则福归也。通贵则德归也。常善则通灵也，真福则通命也，至德则通天也。经云：“故不可得而亲，不可得而疏。”不疏其道之真，则明其久远也。

问远第七十五

复询：远者何也？

答曰：远者，道包久远，天高覆远，地载物远，王大清远。道则明万古也，天则明万象也，地则生万物也，王则安万民也。道无所不包也，天无所不盖也，地无所不载也，王无所不容也。道包则大也，天盖则大也，地载则大也，王容则大也。经云："大曰逝，逝曰远。"道非远真，洽道则近也。

问近第七十六

复询：近者何也?

答曰：近者，近有道之身，观无道之身；近有道之家，观无道之家；近有道之乡，观无道之乡；近有道之国，观无道之国；近有道之天下，观无道之天下。身孝则报父母之恩也，家善则如许君、庞士也，乡行则怜贫爱老也，国清则万民丰足也，天下有道，则天下成熟也。经云："故以身观身。"明道则真能行也。

问行第七十七

复询：行者何也?

答曰：行者，太上所行，天之道也。天地不言，而暗施其恩，生于万物也。太上不言，而暗施其德，行于万善也。天地不言，而恩善应也。太上不言，而教善通也。万物成则民富也，万化明则真通也。民富则国太平也，真通则乐无事也。民富则各士农工商也，真通则阐太上无为也。经云："行不言之教。"道无所行，德无所住也。

问住第七十八

复询：住者何也?

答曰：住者，居也。真无情，而形在道也；伪有情，而身寄世也。真形则与道交也，伪身则应物交也。真忘形则道也，身应世则德也。心有情则迷也，身远世则执也。有道德则无迷执也，无道德则有迷执也。真有道有德，则有贤有善也；伪无道无德，则有愚有恶也。经云："安其居，乐其俗。"永住太无，则唯然也。

问唯第七十九

复询：唯者何也?

答曰：唯者，唯然三界，道显无拘也；飘然四海，真隐无侣也。道无拘则阴阳外也，真无侣则碧霄中也。道体非空非色也，真光不亏不盈也。达无则出于万物之壳也，通为则阐其万慧之明也。天大恩若无恩也，积大德若无德，谓之明其天之道也。经云："夫唯不居，是以不去。"唯乐道而应机，则哀众也。

问众第八十

复询：众者何也?

答曰：众者，众所明者，爱名爱利，爱是爱非也；我所昏者，忘名忘利，忘是忘非也。众爱名则有辱也，我忘名则无辱也。众爱利则有害也，我忘利则无害也。众爱是则有非也，我忘是则无非也。众爱非则有愆也，我忘非则无愆也。经云："众人昭昭，我独若昏。"

黄帝阴符经注

神仙抱一演道章上

观天之道，执天之行，尽矣。

观者，五眼圆明也。明其天眼、慧眼、法眼、道眼、神眼，五光明彻，则五蕴归空，见其天道也。天中复有天外天，在地之上。清炁，天也，至高八万四千里，高天也。在人身各受天之一炁，炁有厚薄，冲和则生贤圣，逆而散则沉下鬼。

道者，天地万物之外虚无之体。在人身，瞥见亘容以虚心，则至性与道相洽也。执者，守真而不伪，悟正而不邪。天者，天生于万物也。天生万物，天生成，不收亦不取，济十方三界万民亦不望其报，只要一切众生悟天之道，理尽而明矣。要人万事不憎不爱，如天之平等。人之有情悟天之无情，便是报天之恩也。

若不依天理，纵浊恶邪淫，多病夭寿死，沉地狱，受苦尽，则堕于傍生，失其人身。若依天之道，常善则炁和。常清则明性，常忘情则保命，常无染则明道，常不犯天条则无罪。不修世福，抱道全其真，福不禘傍门小法，顿明无为万法，所以三界无拘尽矣。

天有五贼，见之者昌。

天有五贼者，天无贼，非世之盗贼，亦非人之六贼，却是甚贼也？天有五方正炁，在人身中为神之母也。周天十二时中自然抽添运转，至妙无穷谓之无。中有天地传阴阳，秀炁生于万物，人食五谷，养形滓秽，沉于水火，五谷之精在人身中，保而为命也。

命得性而久，性得命而寿。命者，北海之乌龟也，丁翁常抱则成形也。五贼者，真阳也。天之真阳见其真阴，五贼盗其北海之宝。宝之者昌，如万物，人之盗也。

五贼在心，施行于天。宇宙在乎手，万化生乎身。

五贼在心者，五行颠倒也。在心则真水上升也，逆则心窍不通，肾水下行，死路也。世之不达圣人之道，不行道之人皆如此。古之悟道贤达之士多异说，世人各执所见，分别高低。正能容邪，邪多谤正，邪法余观，恰似萤虫之耀正道，有似日月之光，夜暗则微光且显，若见日月之光辉照遍十方三界，岂见萤耀也。

圣人掌握宇宙阴阳变通。地天交泰，万化生乎身，万化成形也。万物之中，唯人一物至尊至贵也，夺造化，内修身外之身谓之得道；通万化，外救物，哀众生，悟金枷、玉杻、石火、风灯，世之梦幻，远浊恶而近于清善，外应人道，内行太上，祖佛之真趣，万法归一，混世而性如莲出水，谓之全其德。此乃上仙万化之明达也。

天性，人也，人心，机也。立天之道，以定人也。

人之天性各有善恶巨微，所慕文武道俗贵贱高下。人之性，自古至今，投胎换壳，贩骨更形，如蚁巡环，未曾暂止。人心之机，日常万变，各有巧拙正邪深浅——慈毒孝逆、宽窄长短、清浊贤愚、爱憎是非，察其心机则知人性也。

立天之道，天之道，愚不知天之恩大，春温夏暖，秋凉冬寒，四时而变态，生成万物，济于人世。富贵者锦衣美膳，贫贱者粝食粗衣，各各如意。道生于物，朴散以为器，妆点人间，如花似锦，万民欢乐。天之道以定人也。

贤者明天道之理，暗行天道，不言而善，应夷德不令人知，洪禧不望人报。人若依此行天之道，其德以定济于人也。内怀通达之慧，人要万化俱明，万法俱通，万物无私，万尘无染，性通于命，命通于天，天通于道，道通于自然，内全其道，外全其德，谓之贤圣。

天发杀机，龙蛇起陆。人发杀机，天地反覆。

天发杀机者，暖极则变凉，凉变金风，金变于朔气，万木凋零枯落，龙蟠巨海，蛇蛰邃窟。冬至一阳生，渐生和气，至春分万物生萌，龙蛇起蛰于陆地。

人发杀机者，人性乃纯阳之灵耀也，人心总所爱欲于世之万物之有恋火宅，恩爱七情，争名竞利，所迷酒色财气种种，欢爱所着，无有尽期。念念欲情，皆属于阴也。

性着于阴，下则肾海金龟泄，上则重楼玉汞消，魂迷魄散，真性无主。外阴旺则内阳衰，逐物死，沉下鬼。

人若顿明至道，悟彻万物之有，谓之阳杀其阴。性如皓月，心清似天，万里无云，自然光显，森罗万象。

人发杀机，散尽群阴，自然魂清魄静，阴阳颠倒；天地反覆，造化生成，三丹而结，出天地之壳，蜕形显身外真身。

天人合发，万变定基。

天人者，人性通于天也，合发则心尽于物也。人通彻人间世梦，明知荣枯宠辱、成败祸福、哀乐生死，古今之常事也。人通天理，真荣而不枯，真宠而不辱，真成而不败，真福而不祸，真乐而不哀，真生而不死，明道之常也。

道常而通万变，定其性之基本也。至性通极无物，万变自然万通，如上善方圆曲直，万派清通于江河淮济，入巨洋而混成归一，谓之深通。

性有巧拙，可以伏藏。

古之悟道之人，内性善巧，方便哀人，外如恶拙，可以伏藏，内光隐而不显也。河上公云：如美玉处石，似明珠在蚌蛤。

禽之异，巧莺能语，铁笼拘囚；拙鸠讷声，万枝纵横。所以世人伪巧则生万祸，真拙则生于清福。故天不言而自然变通，天无情而自然不老。

人要明于天道，忘言则穷造化之妙，忘情则明亘古之容。人之所欲，多巧则多愆，多情则多患，忘世断情则乃乐道保命之要。

九窍之邪，在乎三要，可以动静。

九窍，九通之阳径。未通者，九阴之邪扃也。人心方寸空虚，内有灵明，上人心有九窍，中人七窍，下人五窍，心无窍谓之愚人。邪阴生性浊阳耀降。

神清在乎三要，天光有日月星，地宝有金玉珍，道通有铅汞真，可以动静，天动则三光照，地静则三宝通，妙明则三灵结。

动者，动于形也；静者，静于性也。古之贤隐，混世而不动心，居山而不着静形，明有有动中静，通无无静中喧。动静俱忘，则得道之常妙也。

火生于木，祸发必克。奸生于国，时动必溃。知之修炼，谓之圣人。

火生人之心，日常触处，不万变之恶于木者，乃人性也。念发无明，火则焚其木之性也，祸发必克，违吉而凶，丧福而祸也。克者，杀于真也。

奸生于国者，《太上经》云：不以智治国，国之福也；以智治国，国之贼也。佞诈人生于国，难以万民无事也，时动则必溃散也。愚者非理乱于世，必遭刑法也。不以智治国，以无事治天下，太平民安也。

知之修炼，非烧五金八石之修炼，修性命则达理通玄，三教谓之悟道。常救物哀世，知天恩而谓之积德。自黄帝之悟道，有此《阴符经》；周时金轮王悟释，有此《金刚经》，自成佛之后，号释迦牟尼佛。《金刚经》三十二分言其道，要除我相、人相、众生相、寿者相。无四相，心上无万愆也。如天无云，性如朗月，自现圆明正性也。

性者，如树之根也。身者，如人之形也。万法者，如树枝叶也。《阴符经》造化之趣，如开花结子也。世人学道，谓不能尽通其理，各分别执根梢枝叶，开花结子，各执自是他非，有四相，心未除，谓之傍门也。

富国安民演法章中

天生天杀，道之理也。天地，万物之盗；万物，人之盗；人，万物之盗。三盗既宜，三才既安。

天生天杀者，春温和炁，天生于万物；至秋深金风动，万物枯槁，天杀也。生杀道理，天无情而自然也。

天地，万物之盗。天地四时而变通造化，生成万物。万物之中所藏天地阴阳之秀炁，万物所盗，秀炁也。

万物，人之盗。人所盗万物之精，夺天地之秀炁也。泯欲念清，静保守命也。

人，万物之盗。人所欲万物之华景，眼观五色，耳听五音，舌餐五味，醉饱腥膻，纵邪生淫丧命，乐极则哀。人若弃世而悟，无情则外物不能所盗也。

三盗既宜，所盗无穷至宝造化成形，世之万斛珠珍，难以酬价买也。

三才既安，归依三圣，教明三乘，玄悟三皇，上运三光，倒推三车，耕透三田，周天三火，炉结三丹，神现三阳，升上三天，真而不朽，生而不灭，尽于物道也，真与道同体则安也。

故曰：食其时，百骸理。动其机，万化安。人知其神而神，不知不神而所以神也。

食其时，饥时遇美膳而不爱，逢粝食而不嫌也。不杀生食膻腥，亦不修斋餐莹素，但饥时不论粗细，困时睡，闲时唱，快时吟，要坐则坐，要卧则卧，要住则住，要行则行，放四大，无拘自在，则百骸理也。十二时中对万景，只要真心常湛然。

动者，不可动于心也。内现宝光，应物动于形。机者，圣人、贤人、君子谓之智，将军谓之计，常人谓之机，小人谓之脱空。圣人为智大理深，世人不能尽明其理怀妙智，口应常机，信者听，善者从，万通阐化，顿悟则安静道生也。

人知其神而神，世人只知地祇阴神而神也，以木雕泥捏神为神。愚者不知，凡造一分愆过，则天降一分祸患，杀害猪羊，广烧钱马祈祷，有病则求安，有祸则求福，不知不神而所以神也。

不知天上阳道至神各分方位，暗察人间善恶，世人造善三年，不经千日而降吉祥；人若造恶千日，不经三年而降祸患。世人不知万物之中最灵最通者自己，元神有通天彻地辉耀，古之贤圣，尽是悟道修真，从凡入圣。西天一佛至二十八代，佛未修行时，都是众生。为六根清净，五眼圆明，泯四相，名为佛。佛者，人之性也。性者神，性是神，神是性，只是异名，释门性除四相谓之佛，道门神忘四相谓之仙。

日月有数，大小有定。圣功生焉，神明出焉。

日月有数，夏至昼六十刻渐减，一阴生也；冬至昼四十刻渐添，一阳生也。卯时东海日生，酉时西山日坠。《清静经》云：大道无情，运行日月。日者，慧光运而抽添有数；月者，人之命也。男子十六岁全其二八真金，若不悟无情，三年减一两，至八八六十四卦尽，则肾海枯竭也。多欲则未卦尽而夭寿节，减欲则益寿延长。盈而亏则人死，圆而不缺则人生。

大小有定，大者，道也，道大包含天地；小者，微也，论微之妙入于毫芒，运而天地不能量，用而鬼神不能见，自然有定于方寸，圣功生焉，天之道也。天大恩生，济人养形，道圣功生，救人修真，神明出焉，隐而神游于三宫，显而神通于八表。

其盗机也，天下莫能见，莫能知。君子得之固穷，小人得之轻命。

其盗机也，万物之机。所盗天地之炁，天下莫能见，天大恩生莫能知。愚者只知自能养其身，不知天垂恩而养万民。春种秋收，夏结冬藏，应时霜雪雨露，滋荣万化。世之知天恩者，性通明达也。

君子得之固穷。穷通道，则天地通，天地通则万化通，万化通则神通，神通则应机万变，抱一无离而阒然颐真返朴。

小人得之轻命。小人得时，欺谩天地，不敬贤圣，不遵国法，不仁不义，自强他弱，害物伤人，愆极则天报。君子重性得通贤圣，小人轻命失堕傍生。

强兵战胜演术章下

瞽者善听，聋者善视。绝利一源，用师十倍；三反昼夜，用师万倍。

瞽者善听。人之目乃五脏之看窗也，通风则睹于外物也。如纸席僻风，相隔似瞽者，不能见外物也，外景不入于中，则空中有真响亮，善听无声之声也。

聋者善视，但世之俗气到耳则如聋也，道念到耳则闻邪言者亦如聋也。正理择其善者，耳窍通也。似凿壁透外，光入于中也。视无物之物，乃明恍惚之妙也。

绝利一源，忘贪而清平也。亦泯利贮财，损有余而惠不足也。

用师十倍，至阒明有十倍功；利物爱人，有十倍福。

三反昼夜，一反上元赐福，气降而清也；二反中元赦罪，神异而灵也；三反下元解厄命通，阴变为阳也。

用师万倍，世人兴贩物货，万苦千辛，更广有利者，难取一倍利。悟道修真，全其性命，得无穷福寿，住仙宫宝所，受天上富贵，譬喻人之求福利则及万倍，便海变桑田，永居不夜之乡，真乐何至只万倍利也。

心生于物，死于物，机在目。

心生于物，着于物外也。死于心，死则通于灵物也。世求生则性归死路，达道则守死，神游生路，道与俗生，与死路异相违也。

机在目外，目视于物，心动于机也。利而有害，贪而有争也。慧目视灵物，明于天机，知道要妙，物我俱泯也。俗机益于己，损于人；道机损于己，益于人也。

天之无恩而大恩生。迅雷烈风，莫不蠢然。

天之无恩，布炁生物而不有，而大恩生，万物生成也。万物不得天地之炁，不能造化成形，天大恩生，若无恩者，天不望其报也。人恩惠见其有者，望其报也。天恩与人恩异也。

迅雷鸣则甘雨降，天地生萌，烈风动则浮云散，万里天青。

莫不蠢然。蠢动舍灵，胎卵湿化，莫不总受天之一炁生，何况万物之无情之物？

至乐性余，至静性廉。

常乐，道性之无余，厌身世之有余，我无喜则无忧，人有欢则有愁。悟恬淡，得之真常；迷声色，失之幻梦。

至静性廉。至静则尽于物也。性廉如莲，不着于水也。达道之人，居尘不染，在欲无欲，磨开宝镜，应物之形影何碍？有一等不达中边悟道之萤耀，认至静，弃有着无，有取舍之妄想，分别高下，夸得道之妙，世之如麻也。按《太上道德经》云：善言不美，美言不善。正道真言不美，邪法伪传多美。管见之明爱其美，所以着于邪，不能达大道也。

天之至私，用之至公。

天施恩不令下知，至私也；生成济于人世，至公也。人之有道，如石中藏玉，世之肉眼未见其珍，频磨频琢，异日功成，现身外之身，朴散成于大器；人之无道，似蠹木之树，天眼有日，见用斧用锯，片时朽烂，吓得魂飞魄散，浊性永堕幽冥。修道哀世，苦尽甘来；造恶福谢，万祸临身。天意顺者逆行，逆者顺行。君子之上，贤达崇于道德，天报预至私、尽至公；小人之下，匹夫竞于色财，天报先至公、终至私。

禽之制在炁。

禽之制，百禽异胜者，南山赤凤也。通轻清之炁，性灵则乘风入于九霄。

在炁，浊则沉地，清则升天，因下浊而上清。乌龟吸干北海，吐轻清元炁八百一十丈，乃九九之阳数也。禽之三寸冲和，与元炁相接不散。炁通神，神通道，道通自然。

生者，死之根，死者，生之根。恩生于害，害生于恩。

生者，死之根。世之求生之厚，利多则害身，入于死路也。

死者，生之根。抱道不求生，德多则全身，入于生路也。迷者昼贪世宝，夜丧内珍。悟者坐忘世，梦卧守内真。

恩生于害。七情恩怜于伪，六贼暗害于真。

害生于恩。害生者，慧剑断爱欲也。于恩者，达道知天恩也。彀食则人无害，鹑居则情无恩。

愚人以天地文理圣，我以时物文理哲。

愚人以天地文理圣。愚者丧命，告天求安，日常积愆，祷圣求福。贤者知保命则自神灵，无罪则道福洪。人浊恶，天地降其祸；人清善，圣贤赐其禧。大地众生总造业不改，祷圣贤万祸难免。中华女男都崇真有志，不祈天地，善福常侵。

我以时物文理哲。我以周天十二时穷万物之变，文俊显万华，理明显万通，哲极阐万化，自然清静无为也。

（自然，道也。清者，天也。静者，地也。无者，性与道体同也。为者，施恩不望其报也。万物造化与人造化无异也。天地运炁，物通变也。玉鼎烹铅，则金炉炼汞也。七返通灵，九还丹结，姹女离宫，则婴儿坎户也。龟蛇蟠绕，则龙虎咆哮也。前朱雀行，则后玄武随也，金翁守庚辛，则黄婆伴甲乙也。巨海捞金，则昆山凿玉也。黄芽长，则白雪生也。玉花开，则金莲结也。三光照，则七宝明也。二八无亏，则六三无缺也。金木间隔，则水火相逢也。恍惚之中，则隐显难测也。道之用也。）

（校注：“自然，道也”一段，与“我以时物文理哲”一句释义明显脱节，中间当有脱文。正文缺“人以愚虞圣”至“昭昭乎进于象矣”一段及注释，今补正文于后。观上面文字，讲的丹法火候，显非后文解说，未知出处，暂存。）

人以愚虞圣，我以不愚虞圣；人以奇期圣，我以不奇期圣。故曰：沉水入火，自取灭亡。自然之道静，故天地万物生。天地之道浸，故阴阳胜。阴阳相推，而变化顺矣。是故圣人知自然之道不可违，因而制之至静之道。律历所不能契。爰有奇器，是生万象，八卦甲子，神机鬼藏。阴阳相胜之术，昭昭乎进于象矣。

黄庭内景玉经注

上清章第一

上清紫霞虚皇前，

九天之上，异景非常，上有三清，中有玉皇。

太上大道玉宸君，

超凡入圣，身外之身，海变桑田，玉貌常新。

闲居蕊珠作七言，

蕊珠宫内，肘后飞金①，慧通颠倒，物外清吟。

【注】

①肘后飞金：指周天功夫气满丹田，透夹脊初关，仍用还丹之法，使气壮渐次入顶以补泥丸髓海。内丹家又称抽铅，“使肾气生肝气也”。

散化五形变万神，

甲乙庚辛、丙丁壬癸，万变神通，五形聚会。

是为黄庭曰内篇。

黄庭内景，聚会群仙，妙通法海，诗吟万篇。

琴心三叠舞胎仙，

心琴内抚，韵透青霄，胎仙舞就，灵耀彰昭。

九气映明出霄间，

九阳还转，七返通灵，夜明光现，鬼骇神惊。

神盖童子生紫烟，

紫雾红光，结成华盖，神通恍惚，无形不坏。

是曰玉书可精研。

万经穷尽，玉诀精通，自然之道，圣德真功。

咏之万过升三天，

无中咏出，万化枢机，十方三界，接引愚迷。

千灾以消百病痊，

一念无生，众垢消除，性通杳邈，占得虚无。

不惮虎狼之凶残，

抱道忘形，虎狼远避，背道著身，见兽自畏。

亦以却老年永延。

外容有老，有形有终，内貌无形，仙寿无穷。

上有章第二

上有魂灵下关元，

地关紧闭，天门常开，魂清气爽，结就灵胎。

左为少阳右太阴，

左看甲龙，右看庚虎，交媾往来，自然真趣。

后有密户前生门，

后户藏金，前门隐玉，无中常有，妙通一六。

出日入月呼吸存。

阳降阴升，出火入水，逆顺颠倒，先要达彼。

元气所合列宿分，

乾坤相合，妙用冲和，天清光显，万象森罗。

紫烟上下三素云。

瑞云衬步，紫烟覆顶，三台护我，虚无圣境。

灌溉五华[1]植灵根，

玉润琼芽，静收白雪，五华宫内，银蟾无缺。

【注】

①五华：五脏之气。

七液[①]洞流冲庐间，

玄武金饭，朱雀玉浆，坎男离女，捧与天皇。

【注】

①七液：人身七种灵液，一心液，二肝液，三脾液，四肺液，五肾液，六气液，七血液，为身中之灵液也。

回紫抱黄入丹田，

紫烟光袅，妙慧相迎，觉花不谢，气爽神清。

幽室内明照阳门。

要明神室，内阐阳门，东西相会，物外乾坤。

口为章第三

口为玉池太和官，

口杯玉液，知味醺醺，咽过重楼[①]，始遇真人。

【注】

①重楼：又名十二重楼，以人之喉管有十二节，故称之。

漱咽灵液灾不干，

琼浆频饮，九九相交，迸出霞彩，天地难包。

体生光华气香兰，

灵台轩豁，宝珠光莹，探得铅霜，汞通贤圣。

却灭百邪玉练颜。

清静无为，心如霜雪，圆耀当空，十方明彻。

审能修之登广寒，

昆仑顶上，唯占清凉，明珠一颗，万道霞光。

昼夜不寐乃成真，

阴尽阳纯，无眠无梦，体若虚空，修成铅汞。

雷鸣电激神泯泯。

霹雳一声，冲和交泰，显出至神，万物之外。

黄庭章第四

黄庭内人服锦衣，

中央赤子，体挂六铢，作伴风月，为邻虚无。

紫华飞裙云气罗，

天书紫诏。来召婴娇，大罗朝圣，速系云腰。

丹青绿条翠灵柯，

藕花芗里，风摆金丝，宝瓶之内，别有一枝。

七蕤[①]玉籥闭两扉，

七星宫内，常闭金扉，宝花台上，无相容仪。

【注】

①七蕤：北斗星也。《太清玉册》北斗七星：曰贪狼，曰巨门，曰禄存，曰文曲，曰廉贞，曰武曲，曰破军，计有七宫，道称七元星君也。

重扉金关密枢机。

九重玄户，玉锁金关，妙通万化，内结三丹。

玄泉幽阙高崔嵬，

三峰顶上，万派飞泉，仙宫宝所，异景相连。

三田之中精气微，

稳驾木牛，三田耕透，时雨频润，琼芝灵秀。

娇女窈窕翳霄晖，

月娥抱定，日里飞乌，交光灿灿，结就元初。

重堂焕焕明八威，

楼上月光，重堂性烛，内外俱明，八仙享福。

天庭地关列斧斤，

抱一强兵，外魔斗敌，护法神人，慧斧常劈。

灵台盘固永不衰。

绛宫赤子，捧出神珠，光生万道，晃耀空虚。

中池章第五

中池内神服赤珠，

华池清彻，上有飞乌，不神而神，衣挂连珠。

丹锦云袍带虎符，

五方异锦，修成六铢，岩前骑虎，遣怪飞符。

横津三寸灵所居，

吸尽西江，三重焰赤，现出真灵，太虚无极。

隐芝翳郁自相扶。

内采灵芝，磨开宝鉴，白莲出水，清香菡萏。

天中章第六

天中之岳精谨修，

千朵奇峰，万株松桧，宝殿金门，中明圣帝。

灵宅既清玉帝游，

嵩岳中天，上通玉帝，华岳金方，巨灵神异。

通利道路无终休。

巨海明珠，昆仑美玉，运入中华，无穷仙福。

眉号华盖覆明珠，

眉生瑞霞，化成宝盖，辊出神珠，内明法海。

九幽日月洞空无，

九阳宫内，乌兔交光，神机万变，天地难量。

宅中有真常衣丹，

八境为邻，太虚性宅，脱了云衣，丹光赫赫。

审能见之无疾患。

丹霞照耀，万病消除，性如秋月，体若虚无。

赤珠灵裙华蒨粲，

珠光迸出，焰似飞星，常餐芝草，花玉成形。

舌下玄膺生死岸。

楼上仙衣，功高体挂，换了九躯，为调婴姹。

出清入玄二气焕，

祥耀无情，金飞玉走，颠倒明明，形神不朽。

子若遇之升天汉。

自然遭遇，玉性彰昭，便乘赤凤，云外飘飘。

至道章第七

至道不烦决存真，

真心不动，妙慧通灵，阴阳既济，物外真形。

泥丸百节皆有神。

玉骨金筋，相连关节，一点神光，应物明彻。

发神苍华字太元，

生而皓首，内貌无衰，悟字通神，妙达无为。

脑神精根字泥丸，

根固精飞，神通霞彩，透入泥丸，字明法海。

眼神明上字英玄，

至神慧眼，无上观天，一明万化，字达英玄。

鼻神玉垄字灵坚，

细锄玉垄，勤种芝田，神书金字，上奏三天。

耳神空闲字幽田，

自然响亮，神听潺湲，既明上善，应物方圆。

舌神通命字正伦，

舌涌甘津，醍醐灌顶，自觉神清，妙通内景。

齿神锷锋字罗千。

叩齿九九，庚甲交锋，字传万古，罗锦千重。

一面之神宗泥丸，

太虚之象，无影真神，九阳宫阙，玉户通真。

泥丸九真皆有房，

玄武二户，朱雀七门①，内明开阖，唯现神尊。

【注】

①七门：人身有七门：一曰天门在泥丸，二曰地门在尾闾，三曰中门在夹脊，四曰前门在明堂，五曰后门在玉枕，六曰楼门在重楼，

七日房门在绛宫，为修道之径也。

方圆一寸处此中，

中华神宅，莹莹方圆，下侵九地，上通九天。

同服紫衣飞罗裳。

紫云覆体，号曰黄人，阳纯阴尽，跨鹤朝真。

但思一部寿无穷，

圣经万卷，法有三乘，上乘一部，悟者飞升。

非各别住居脑中，

上下三宫，混合一同，乾坤灵象，泥丸之中。

列位次坐向外方，

三十二天，中尊玉皇，圣明物外，光遍十方。

所存在心自相当。

中天玉帝，四方天主，每方八天，各有宝所。

心神章第八

心神丹元字守灵，

心藏于神，内明微奥，至象包含，汞铅颠倒。

肺神皓华自虚成，

肺藏于魄，神光照耀，道合三才，自然明了。

肝神龙烟字含明，

肝藏于魂，神明牝户，字通慧眼，阒然无阻。

翳郁导烟主浊清，

离水上升，坎火下降，混合清浊，神通无鞅。

肾神玄冥字育婴，

肾藏金精，神调胎息，字通圣妙，至明太极。

脾神常在字魂停，

脾藏于志，抱道无离，神明枢要，用坎迎离。

胆神龙曜字威明。

魂清胆壮，神定冲和，既明大象，谁采人魔。

六腑五脏神体精

六腑精通，五脏清澄，神丹炼就，脱壳飞升。

皆在心内运天经，

神明天道，理合圣经，妙通万化，无爱无憎。

昼夜存之自长生。

周天十二，内显神通，昏昏默默，了达真空。

肺部章第九

肺部之宫似华盖，

金经一部，绛官三间，威仪法相，清静修丹。

下有童子坐玉阙，

上清宫畔，下有玉阙，大悲童子，默传金诀。

七元之子主调气，

七窍通灵，中明赤子，如龟喘息，海枯心死。

外应中岳鼻齐位。

华胥中岳，上阐天门，内明五帝，众圣齐尊。

素锦衣裳黄云带，

东西间隔，慧照中央，仙衣体挂，带现金光。

喘息呼吸体不快，

妙非口喘，真非鼻息。赤风来呼，乌龟去吸。

急存白元和液气，

白气盈中，元神寂阒，玉液相传，微妙无极。

神仙久视无灾害，

至真久视，佳趣观大，常常清善，物外无愆。

用之不已形不滞。

神人无形，与道同体，万物无拘，乘风而起。

心部章第十

心部之宫莲含华，

大乘经内，至明道德，莲宫蛙隐，含光无极。

下有童子丹元家，

圣凡两路，天上地下，至性天人，幻形物化。

主适寒热荣卫和，

性阐玄关，自然颠倒，三真混合，祥烟光袅。

丹锦飞裳披玉罗，

丹台婴姹，飞锦衣多，乘鸾跨凤，同上大罗。

金铃朱带坐婆娑。

金声响亮，玉汞全真，胎阳舞出，物外形神。

调血理命身不枯，

骨筋血肉，道气精神，内真外假，借假修真。

外应口舌吐五华，

口岂妄言，舌泯五味，天降神泉，不饮而醉。

临绝呼之亦登苏，

绝庐明虚，垂光朗照，显出灵童，真欢真笑。

久久行之飞太霞。

绛官非久，蓬岛仙家，功成归去，永伴烟霞。

肝部章第十一

肝部之宫翠重里，

甲方圣教，隐在中宫，神光万道，翠色千重。

下有青童神公子，

九阳门下，物外人同，既阐真理，立祖明宗。

主诸关镜聪明始，

宝鉴磨开，九关明彻，法明慧眼，气神相结。

青锦披裳佩玉铃，

太和宫内，玉性玲珑，琼浆金饭，青锦重重。

和制魂魄津液平，

虚心清魂，实腹静魄，玉润金真，大丹光赫。

外应眼目日月清。

降日垂光，性月圆明，坎生二八，至妙虚清。

百疴所钟存无英，

上悬金钟，疴气常盈，广贪难满，存浊无英。

同用七日自充盈，

七光返照，慧日充盈，岂分昼夜，晃耀水晶。

垂绝念神死复生，

垂慈念道，泯欲颐神，慧生于心，至妙金真。

摄魂还魄永无倾。

炼成魂魄，物外飞形，气散精竭，性沉幽冥。

肾部章第十二

肾部之宫玄阙圆，

精通法海，妙隐蟾宫，天花乱坠，遍满虚空。

中有童子冥上玄，

大仙玉童，恍惚杳冥，功成蝉蜕，现出真形。

主诸六府九液源，

阳和精固，神调六府，玉液既萌，中央净土。

外应两耳百液津，

耳听云雷，电闪龙降，逆顺交通，性无愚憨。

苍锦云衣舞龙幡。

衬步金莲，法身明大，瑞气盈盈，结成华盖。

上致明霞日月烟，

致虚极妙，两耀交光，大丹九转，体遍纯阳。

百病千灾急当存，

无情病除，至善灾灭，察尽万有，太虚明彻。

两部水王对生门，

阳道修生，阴道修死，三清九幽，明暗奥旨。

使人长生升九天。

仙升九天，鬼沉九地，圣凡生死，悟难迷易。

脾部章第十三

脾部之宫属戊己，

黄经妙法，藏在中宫，理明一诀，慧有万通。

中有明童黄裳里，

中仙羽衣，赤表黄里，天圆七星，地方云履。

消谷散气摄牙齿，

齿消百物，内外浊清，大肠藏秽，肾海收精。

是为太仓两明童，

运般黍米，总入太仓，常餐金粟，玉藏清凉。

坐在金台城九重，

金台之上，十二层楼，重城二九，光显瀛洲。

方圆一寸命门中。

外方内圆，鹤引胎仙，命宫宝焰，上接三天。

主调百谷五味香，

地产百谷，天生五味，万物生成，阴阳之气。

辟却虚羸无病伤，

殢色形羸，清神实腹，死生两路，明明祸福。

外应尺宅气色芳，

玄门开阐，妙通神宅，坎位清魂，离中静魄。

光华所生以表明，

既通贤圣，内显真荣，三阳照耀，八表俱明。

黄锦玉衣带虎章，

赤青黑白，戊己兼黄，中藏万锦，应化琼章。

注念三老子轻翔，

佛老文宣，妙智难量，得一方知，体变真阳。

长生高仙远死殃。

超凡入圣，物外无殃，大罗之上，朝现玉皇。

胆部章第十四

胆部之宫六府精，

甲龙庚虎，壬男丙女，颠倒倒颠，胆神明祖。

中有童子耀威明，

太虚之中，物外灵童，柔弱光生，妙用其雄。

雷电八振扬玉旌，

巨灵真异，雄振八方，玉旌唯撼，接刃交光。

龙旂横天掷火铃。

风飐龙旂，阴魔斗敌，阳杀其阴，真雄无极。

主诸气力摄虎兵，

神明慧力，抱一坚贞，剑挥赫赫，从有强兵。

外应眼童鼻柱间，

天眼垂光，虚明玉柱，炼汞成形，至神遭遇。

脑发相扶亦俱鲜，

上阐阳门，妙通玉脑，七窍通明，毫光一道。

九色锦衣绿华裙，

体挂六铢，中系华裙，便乘鸾凤，云外朝真。

佩金带玉龙虎文，

玉佩玎珰，威仪行步，无影真容，骑龙跨虎。

能存威明乘庆云，

抱道忘尘，真性超群，欲朝金阙，稳驾祥云。

役使万神朝三元。

天元降福，中元赦罪，地元解厄，万神朝会。

脾长章第十五

脾长一尺掩太仓，

五行脾祖，土谷之仓，中华上国，一者帝王。

中部老君治明堂，

中华圣教，治世修真，先天之象，明者老君。

厥字灵元名混康，

忘言抱道，六三混成，德归无上，至大强名。

治人百病消谷粮，

灵药能治，妄念百邪，粝食充饥，粗布胡遮。

黄衣紫带龙虎章，

金翁玉冠，黄婆紫带，宝殿圣容，万神齐拜。

长精益命赖君王。

北海飞金，南山凿玉，赤帝通明，无穷圣福。

三呼我名神自通，

喝散阴魔，呼聚阳神，神通万一，方号全真。

三老同坐各有朋，

三老各朋，左文右武，无极天中，鸾迎凤舞。

或精或胎别执方，

十方明处，一点灵明，胎仙养就，夺得真精。

桃孩合延生华芒。

桃脸婴孩，抱道延长，深根固蒂，吐出光芒。

男女徊九有桃康，

仙男仙女，世景徘徊，风前月下，至性希夷。

道父道母对相望，

以天为父，以地为母，太虚含象，圣人妙趣。

师父师母丹玄乡，

至圣为父，至道为母，灵耀为子，密妙为度。

可用存思登虚空，

存思念道，绝虑泯俗，取舍俱忘，自然真福。

殊途一会归要终。

物象穷通，静情归一，建德若偷，圣功了毕。

闭塞三关握固停，

预塞金关，固守真精，气神相见，得之圆成。

含漱金醴吞玉英，

会仙楼上，满泛金浆，胎仙醉舞，回首仙乡。

遂至不饥三虫亡，

玉浆金饭，三咽忘饥，虫尸既散，性显光辉。

心意常和致欣昌。

心通意解，神气冲和，内真欢笑，舞神婆娑。

五岳之云气彭亨，

五岳真形，中明玉京，金光万道，紫雾千层。

保灌玉庐以自偿，

天降琼浆，盈满玉器，酌了重生，八仙共醉。

五形完坚无灾殃。

五方霞彩，炼就真形，既超三界，去似飞星。

上睹章第十六

上睹三光如连珠，

上睹三光，中明本元，玉花香满，结就金莲。

落落明景照九隅，

天花飘落，光遍乾坤，碧虚阳耀，射透昆仑。

五灵夜烛焕八区。

升霞万象，大极争光，古今贤圣，位列八方。

子存内皇与我游，

子能见母，道合其真，胎神养就，内貌常新。

身披凤衣衔虎符，

性开金诀，体挂衣珠，妖魔侵境，天降虎符。

一至不久升虚无。

心忘意灭，我本大无，神丹炼就，与圣同居。

方寸之中念深藏，

自然真道，妙慧深藏，夜明光耀，方寸清凉。

不方不圆闭牖窗，

耳不邪听，口不妄言，鼻不闻香，法眼观天。

三神还精老方壮，

三阳照体，风引龟精，自然抱道，返老还婴。

魂魄内守不争竞。

魂居杳邈，魄静朝元，阴变为阳，蓬岛为仙。

神生腹中衔玉珰，

神生清莹，龟吸日光，凿开灵窍，美玉玎珰。

灵注幽阙那得丧，

阳降神通，性朝玉阙，九霄之上，无生无灭。

琳条万寻可荫仗，

玉条垂芳，枭浸波心，枯干北海，琼树无阴。

三魂自宁帝书命。

魂朝赤帝，宝光如镜，治国安民，圣宣敕命。

灵台章第十七

灵台郁蔼望黄野，

灵芝一段，黄野相侵，昆仑隐玉，巨海藏金。

三寸异室有上下，

中央三耀，聚而成形，阳逢壬癸，阴过丙丁。

间关营卫高玄受，

天人护法，圣度无执，慧能之后，无师不立。

洞房紫极灵明户。

水晶龙宫，烟霞虎洞，内明九房，外明九孔。

是昔太上告我者，

自然万通，名为太上，无我知雄，法明至象。

左神公子发神语，

甲位神公，蟾宫赤子，默默相传，无为与旨。

右有白元并立处，

白气充盈，天元一并，既悟希夷，理通贤圣。

明堂金匮玉房间，

云堂寂寂，开阐阳门，神明万化，永永长生。

上清真人当吾前。

太上西升，悟真徐尹，入圣超凡，人人有分。

黄裳紫丹气频烦，

中元羽衣，朱带黄裳，神明慧眼，满目金光。

借问何在两眉端？

借假全真，本真无相，眼耀如星，白毫灵象。

内侠日月列宿陈，

天光灿灿，斗转星移，虚空斡运，暗合天机。

七曜九元冠生门。

七返通真，元神吐耀，开阐九门，心香袅袅。

三关章第十八

三关之中精气深，

阳关常开，阴门永闭，中明颠倒，水火既济。

九微之中幽且阴，

九光微妙，道气幽深，气神清爽，水里生金。

口为天关精神机，

口为聪辩，心为智慧，至妙忘言，崇真无伪。

足为地关生命棐，

金莲衬步，显个婴儿，蓬莱咫尺，内礼明师。

手为人关把盛衰。

手擎宇宙，妙有双关，真灵出世，岂羡人间。

若得章第十九

若得三宫存玄丹，

往来升降，不离三宫，灵丹一粒，服了神通。

太一流珠安昆仑，

神光迸出，万颗玄珠，冲和一点，体洽太虚。

重中楼阁十二环，

重楼十二，上接云烟，鸾迎凤吹，聚会神仙。

自高自下皆真人。

真仙厌世，云步朝元，地去高天，八万四千。

玉堂绛宇尽玄宫，

大罗众仙，各居宝所，凤阁龙宫，祥光翠雾。

璇玑玉衡色阑玕，

摘星楼上，凭玉阑玕，慧观八极，日赴千坛。

瞻望童子坐槃桓，

物外灵童，坐者雄武，满张弓射，九重铁鼓。

问谁家子在我身？

见道明子，得永全真，圣贤为伴，风月为邻。

此人何去入泥丸，

意辞万虑，气运神般，金光两道，上至泥丸。

千千百百自相连，

千千百百，玉女金童，时时天乐，聒透仙翁。

一一十十似重山。

一明性耀，十分皎洁，表里俱通，重重明彻。

云仪玉华侠耳门，

无影云仪，昼夜真欢，玉穿灵窍，光隐泥丸。

赤帝黄老与我魂，

赤宫大帝，中位天人，帝天相合，与我阳魂。

三真扶胥共房津，

无为真性，有相假身，调和真假，共饮香津。

五斗焕明是七元，

五明霞彩，光射七元，自然圣妙，养就胎仙。

日月飞行六合间，

乌飞兔走，运转乾坤，阴阳颠倒，蛇把鼋吞。

帝乡天中地户端，

大一仙宫，中明上帝，朝圣真人，蓬莱一会。

面部魂神皆相存。

魂通杳冥，神达虚无，无中明彻，贤圣之书。

呼吸章第二十

呼吸元气以求仙，

养就胎神，非外呼吸，妙用抽添，霞光出入。

仙公公子已可前，

真明杳邈，象帝之先，无衰无朽，号曰神仙。

朱鸟吐缩白石源，

天鸟衔花，石涌飞泉，松峰之畔，吟笑忘言。

结精育胞化生身，

气和神定，性停精固，育成七宝，大罗归去。

留胎止精可长生。

恍惚护胎，清神保精，冲和交媾，炼气成形。

三气右徊九道明，

天之一气，其用不勤，中超三界，密酬四恩。

正一含华乃充盈，

大一明妙，琼蕊含光，神通异变，万怪潜藏。

遥望一心如罗星，

虚心慧视，内外清澄，回光灿灿，月上参星。

金室之下不可倾，

海藏龙宫，事雄抱雌，巨嗨谦下，万派归之。

延我白首返孩婴。

生而皓首，内貌无衰，出有入无，至妙无为。

琼室章第二十一

琼室之中八素集，

三山宫室，八仙会集，过海乘风，各有妙术。

泥丸夫人当中立，

祥光万道，慧眼频观，中明姹女，内性真欢。

长谷玄乡绕郊邑，

颐神至阒，物外仙乡，放开灵耀，应物无妨。

六龙散飞难分别。

龙蟠离穴，虎绕坎宫，甲庚交位，道显神通。

长生至慎房中急，

万通真戒，物物无为，壶天灵象，兔走乌飞。

何为死作令神泣？

大乘圣教，广度众生，若遣天道，永堕幽冥。

忽之祸乡三灵没。

恩中生害，性沉祸乡，三魂难保，七魄消亡。

但当吸气录子精，

气归元海，密护真精，虚无恍惚，出世通灵。

寸田尺宅可治生，

上达八方，中明寸宅，夜明光耀，天宽地窄。

若当决海百渎倾，

巨海谦虚，百渎归之，三天内有，无上元始。

叶去树枯失青青，

宝树一株，金枝玉叶，无影灵童，时时攀折。

气亡液漏非己形。

坎中炼汞，离内烹铅，丹成九转，脱壳升仙。

专闭御景乃长宁，

中华圣境，常闭金门，民丰国泰，一者帝尊。

保我泥丸三奇灵，

泥丸之内，护我三台，炼汞成真，云步蓬莱。

恬淡闭视内自明，

至性恬然，坎宫紧闭，开阐当中，晨光照体。

物物不干泰而平，

无物之象，自然交泰，虎啸龙吟，吓杀邪怪。

悫矣匪事老复丁，

方圆曲直，上善清澄，中明甲乙，岂问丙丁。

思咏玉书入上清。

龙篆玉书，神奏上清，崇真达德，天上功名。

常念章第二十二

常念三房相通达，

连峰宫室，内隐云房，癸丁相见，内有炎凉。

洞得视见无内外，

一颗圆珠，明照内外，洞达真光，永永无坏。

存漱五芽不饥渴，

胎仙沐浴，金漱玉芽，内无饥渴，常饮烟霞。

神华执巾六丁谒。

神通毫发，离女捧巾，六丁来谒，功奏上真。

急守精室勿妄泄，

抱元守道，精固神灵，无中生有，现出真形。

闭而保之可长活。

骨坚髓实，精竭人亡，至慎保真，益寿年长。

起自形中初不阔，

云衢通圣，间隔不阔，乾坤内合，巨灵一撮。

三宫近在易隐括。

宫尘种种，神妙频括，七曜通灵，无为大达。

虚无寂寂空中素，

大道非空，体同太虚，自然至妙，辊出明珠。

使形如是不当污。

身如野鹤，性似闲云，碧虚空外，飘飘任真。

九室正虚神明舍，

九宫之内，瑞气盈盈，神明正慧，果证圆成。

存思百念视节度，

物物深穷，得意忘言，性明道眼，妙用观天。

六府修治勿令故，

六府调泰，法体安然，周天烹炼，金汞玉铅。

行自翱翔入天路。

碧霄云外，鸾凤翱翔，得道真仙，朝现玉皇。

治生章第二十三

治生之道了不烦，

理达慧生，明彻仙经，冲和之妙，内视无形。

但修洞玄与玉篇，

洞玄灵宝，能明玉篇，崇真了达，异日升仙。

兼行形中八景神，

无为之妙，铅汞成形，神明八表，应物通灵。

二十四真出自然，

八渠流转，二八生成，自然之妙，大达超生。

高拱无为魂魄安，

抱道守真，魂清魄静，既达圣妙，坦然大定。

清静神见与我言，

至神护法，圣道默传，治国修真，太上妙言。

安在紫房帏幕间，

祥光万道，射透琼帏，胎仙进道，常□①刀圭。

【注】

①□：原缺。依文当作“饮”。

立坐室内三五玄。

天男天女，立侍天皇，五明宫内，日月星光。

烧香接手玉华前，

祷圣焚香，道明至友，了达无为，蓬瀛携手。

共入大室璇玑门，

璇玑七门，内隐天真，妙擎宇宙，身外有身。

高研恬淡道之园，

磨开古鉴，应物明通，三阳相会，七宝园中。

内视密盼尽睹真，

天眼明道，慧眼明真，法眼通圣，始显化身。

真人在己莫问邻，

大玄境内，唯道明真，参罗光照，至阒为邻。

何处远索求因缘。

既离火院，弃世全真，剔开道眼，窥妙良因。

隐景章第二十四

隐景藏形与世殊，

嵩阳胜景，隐在中华，既忘世梦，高卧烟霞。

含气养精口如朱，

太极含光，阴变纯阳，神丹一粒，光遍十方。

带执性命守虚无，

执天行道，至通颠倒，炼就重纯，十洲三岛。

名入上清死录除，

殢著物我，死堕幽冥。神超三界，玉帝知名。

三神之乐由隐居。

修成七魄，炼就三魂。至神密隐，物外超群。

倏欻游遨无遗忧，

至趣超凡，万缘了毕。道德无为，始终无失。

羽服一整八风驱，

一整羽衣，碧霄进贡，不夜天中，携云跨凤。

控驾三素乘晨霞，

青鸾前引，稳步云轩，异香风送，升入三天。

金辇正立从玉舆，

圣坐金辇，真乘玉舆，天人侍立，共赴仙都。

何不登山诵我书。

火坑跳出，三峰隐居，明今妙道，圣人之书。

郁郁窈窈真人墟，

深种灵芝，神泉浇溉，丁看乌龟，癸观翡翠。

入山何难故踌躇，

对景如山，至性无疑，顿明圣理，妙达希夷。

人间纷纷臭如帑。

世事纷纷，皆造福业，不穲中边，大道明彻。

五行章第二十五

五行相推反归一，

金阐离宫，玉封坎户，神明霞彩，自然开悟。

三五气合九九节，

三神抱道，五彩飞光，大和明内，体变重阳。

可用隐地回八术，

内隐泥丸，蜕形显质，八仙会上，各有艺术。

伏牛幽阙罗品列。

牛驾云车，圣归金阙，天乐齐迎，群仙总列。

三明出华生死际，

三光朗照，菡萏清香，自然目视，真景非常。

洞房灵象斗日月，

内锁颠猿，法尘泯绝，妙达虚无，象擎日月。

父曰泥丸母雌一，

金翁抱真，黄婆守道，行满功圆，仙归蓬岛。

三光焕照入子室。

天光照耀，仙宫深密，护法神尊，盗贼怎敌。

能存玄真万事毕，

至明大象，妙达玄真，孰知壶内，别有乾坤。

一身精神不可失。

清志抱一，性命无失，迸出神光，香津如蜜。

高奔章第二十六

高奔日月吾上道，

圣达无上，乌兔交光，妙明八极，细入毫芒。

郁仪结璘善相保，

婴子抱真，郁母为邻，母养其子，炼气成神。

乃见玉清虚无老，

上达玉清，中明黄老，体同太虚，手擎芝草。

可以回颜填血脑。

和血固精，调气顺神，炼真合道，乃可全真。

口衔灵芒携五皇，

凤衔玉蕊，献与天皇，离宫阴返，物外之乡。

腰带虎箓佩金珰，

星冠月帔，金玉玎珰，默朝玉帝，性执珪璋。

驾欻接生宴东蒙。

蟾宫琼宴，癸母丁翁，天厨造膳，仙乐东蒙。

玄元章第二十七

玄元上一魂魄炼，

虚空微妙，安魂定魄，功要三千，行修八百。

一之为物叵卒见，

道象无形，阴阳有变，造化圣功，慧眼唯见。

须得至真始顾盼，

至明颠倒，木金相间，无物之真，天眼顾盼。

至忌死气诸秽贱，

淫声美色，丧真死气，凡夫总爱，圣人见秽。

六神合集虚中宴。

达道阳神，出世真仙，蓬莱赴宴，闲访桃园。

结珠固精养神根，

神珠光耀，固守金精，结成三宝，内现真形。

玉笢金籥常完坚，

虚中橐籥，价酬千金，玉吹灵窍，神鬼皆惊。

闭口屈舌食胎津，

忘言妙道，恬淡修真，潭清龙现，下涌甘津。

使我遂炼获飞仙。

圣人妙诀，进火烹铅，大丹炼就，体化飞仙。

仙人章第二十八

仙人道士非有神，

知神非我，不神乃神，恐生断见，应物明真。

积精累气乃成真。

性通三耀，命达三田，气结三宝，功满三千。

黄童妙音难可闻，

黄庭上有，赤宅灵明，光光相射，各听无声。

玉书绛简赤丹文。

神篆金简，奏圣灵文，有功无妄，行满腾云。

字曰真人巾金巾，

至理金真，华阳妙巾，六铢光显，二八金身。

负甲持符开七门，

元神护法，天降飞符，七门返照，升入仙都。

火兵符图备灵关，

强兵善胜，常在丙壬，内雄不出，外贼无侵。

前昂后卑高下陈。

要先必后，欲下而高，海心万丈，深藏巨鳌。

执剑百丈舞灵幡，

巨灵神剑，慧刃如锋，混元海内，活捉蛟龙。

十绝盘空扇纷纭，

十极之中，银盘无缺，羽扇纷纭，晴空皎洁。

火铃冠霄队落烟，

九天神凤，清声火铃，百禽队队，从似飞星。

安在黄阙两眉间，

眉间毫象，应显灵通，金容玉体，光耀中宫。

此非枝叶实是根。

春夏万木，壮极则衰，深根至性，潜隐无隳。

清紫章第二十九

清紫上皇大道君，

中天至圣，上达三清，人天了道，真朝玉京。

太玄太和侠侍端，

上帝天皇，中华帝王，侍尊近贵，万代名扬。

化生万物使我仙，

自然妙道，无中有灵，阴阳相贯，万化生成。

飞升十天驾玉轮。

太阳之君，飙驾玉轮，碧虚明彻，万里无云。

昼夜七日思勿眠，

七曜通神，昼夜昆仑，阳纯无梦，号曰真人。

子能行此可长存，

默行天道，性命长存，古今兴废，岂可言论。

积功成炼非自然，

自然灵耀，空舞胎仙，抽添沐浴，全赖周天。

是由精诚亦由专，

因师奥旨，道上精勤，圣功全德，物外良因。

内守坚固真之真，

忘言守道，弃物全真，慧明中显，无相真形。

虚中恬惔自致神。

至神无形，与道合真，碧霄云外，明耀常新。

百谷章第三十

百谷之实土地精，

百谷阴精，实腹通灵，九阳烹炼，变化真形。

五味外美邪魔腥，

意远腥膻，真通道味，天降霞浆，重楼一醉。

臭乱神明胎气零，

杀害群生，臭浊养形，昏神丧慧，业报非轻。

那从返老却还婴？

皓然太上，玉貌如婴，神明万化，显达西升。

三魂忽忽魄糜倾！

汞铅颠倒，水火相交，丹炉阳焰，炼成白膏。

何不食气太和精，

九阳照体，自觉神灵，夜明光照，北海龟精。

故能不死入黄宁。

用慧明真，实相无形，先天妙景，隐在黄庭。

心典章第三十一

心典一体五脏王，

悟一惺苏，采得蟠桃，山头显现，物外知交。

动静念之道德行，

眼迸万珠，戊己千拜。六贼须归，阴阳交泰。

清洁善气自明光，

绝利忘名，恩牢跳出，坦荡无忧，始明悟一。

坐起吾俱共栋梁，

大物谦下，欲后必先，处洼得盈，能曲道全。

昼日耀景暮闭藏，

三阳照耀，内景佳祥，神通法象，百怪潜藏。

通利华精调阴阳。

肾海精金，昆山美玉，盈满中宫，真人洪福。

经历章第三十二

经历六合隐卯酉，

周天六度，阴阳相合。倒颠卯酉，逆顺庚甲。

两肾之神主延寿，

命宫两道，上接泥丸，清神爽气，昼夜真欢。

转降适斗藏初九，

运转参星，照侵北斗，一阳起火，妙通九九。

知雄守雌可无老，

玄门牝户，开阖明悟，既达圣机，真师来度。

知白见黑急坐守。

澄光显黑，神明眼碧，内视通天，妙观太极。

肝气章第三十三

肝气郁勃清且长，

甲方宝树，枝耸根邃，上接三天，下侵九地。

罗列六腑生三光。

调和六腑，内运三光，神明霞彩，永占清凉。

心精意专内不倾，

神清意泯，虚无自然，不空不色，圣妙心传。

上合三焦下玉浆。

贪嗔痴灭，至性彰昭，黄芽皋皋，玉液频浇。

玄液云行去臭香，

洗心涤垢，垢尽光生，圆明应物，光耀无情。

治荡发齿炼五方。

理发万通，神开金口，妙发无衰，金齿不朽。

取津玄膺入明堂，

异景堂中，内隐深渊。澄清照躯，号曰龙泉。

下溉喉咙神明通。

上涌灵泉，胎神沐浴，法体清澄，自然真福。

坐侍华盖游贵京，

含元咫尺，通明水晶，朱雀玄武，密护神京。

飘飖三帝席清凉，

三皇之始，有道为王，无争善胜，岂用刀枪。

五色云气纷青葱，

顺光芝草，逆气青葱，芝香葱臭，道俗岂同。

闭目内眄自相望，

凤眼龟睛，中华相望，离坎交宫，德明无上。

使心诸神还相崇，

道妙虚心，炼玉烹金，性通天意，神鬼皆钦。

七玄英华开命门，

七珠返照，内视天真，龟吸霞彩，走上昆仑。

通利天道存玄根。

内返阳天，气结灵铅，大丹光头，三岛真仙。

百二十年犹可还，

百二长安，蟾宫明彻，七返明元，九还丹结。

过此守道诚独难，

万景之中，心意如山，顿明开悟，独立非难。

唯待九转八琼丹，

八仙物外，常伴红霞，神丹九转，蓬岛为家。

要复精思存七元，

贤达精思，圣智无虑，圣贤出世，凡人遭遇。

日月之华救老残，

月满无亏，日耀古坛，太虚之内，永结神丹。

肝气周流终无端。

东方甲乙，明朝赤帝，玉户常开，金关自闭。

肺之章第三十四

肺之为气三焦起，

三魂既清，三毒尽灭，善采黄芽，真收白雪。

视听幽冥候童子，

慧明恍惚，内听潺湲，玉童来报，功满三田。

调理五华精发齿，

太和之中，玉女金童，披襟散发，各显神通。

三十六咽玉池里，

重明九九，九气三通，阳神聚会，霞友云朋。

开通百脉血液始。

性通阳脉，精化为胎，形神俱妙，永住蓬莱。

颜色生光金玉泽，

亘初灵显，内宝盈中，太极妙有，至行真功。

齿坚发黑不知白，

叩齿神通，皓发幽冥，内容不老，无影真形。

存此真神勿落落，

有形有尽，无物常存，既明真道，妙慧通神。

当忆此宫有座席，

上清宫畔，九夏炎炎，响泉怪竹，座席冰簟。

众神合会转相索。

千神聚会，同赴天坛，临风对月，自在清闲。

隐藏章第三十五

隐藏羽盖看天舍，

内隐祥辉，结成华盖，羽化真人，九霄之外。

朝拜太阳乐相呼，

黄庭真景，蓬岛相邻，婴儿姹女，跨凤朝真。

明神八威正辟邪，

气结神灵，威仪阒静，法眼通天，辟邪归正。

脾神还归是胃家。

土谷盈仓，脾还胃粮，神明九眼，上显三光。

耽养灵根不复枯，

至静归真，保命常存，神明慧朗，照耀昆仑。

闭塞命门保玉都，

既明门阃，汞铅相合，七宝玲珑，化成宝塔。

万神方胙寿有余，

七宝坛上，众圣非无，焚香酌酒，洪禧有余。

是谓脾建在中宫。

忘言妙理，黄老中明，炼神合道，永住蓬瀛。

五脏六腑神明主，

寸宅神光，五行之主，实腹存三，真通六腑。

上合天门入明堂，

天门阐开，金关锁闭，内有神尊，□[1]仙聚会。

【注】

①□：原缺。依文意当作“八”。

守雌存雄顶三光，

酉上金乌，卯中玉兔，两耀交光，万神光聚。

外方内圆神在中。

神明一圆，妙达先天，居尘不染，火里生莲。

通利血脉五脏丰，

三耀和冲，五脏神丰，珠如黍米，光遍虚空。

骨青筋赤髓如霜，

神清体健，骨坚髓实，六贼难存，三尸自出。

脾救七窍去不祥，

清志如山，内汞长安，大罗圣降，常赴天坛。

日月列布设阴阳。

万化生成，皆禀阴阳，照临法界，日月之光。

两神相会化玉浆，

内神精光，外容形影，明真悟假，六铢频整。

淡然无味天人粮，

恬淡灵泉，能济饥渴，涤尽凡情，自然了达。

子丹进馔肴正黄，

玉体金容，黄庭内看，渴饮琼浆，饥餐珍馔。

乃曰琅膏及玉霜。

炼成玉膏，修就金汞，龟吸夜光，蛇穿七孔。

太上隐环八素琼，

珠数金声，九九隐环，至神内系，一撞三关。

溉益八液肾受精，

八渠琼水，浇溉灵芽，炎收白雪，可称仙家。

伏于太阴见我形，

天如秋水，夜显圆光，真无挂染，性月昭彰。

扬风三玄出始青。

道玄观天，天玄明象，象玄通真，真元坦荡。

恍惚之间至清灵，

微妙祥明，慧视无形，用之可妙，恍惚通灵。

戏于飙台见赤生，

婴弄风飙，汞结阴消，闲来赤凤，唯上青霄。

逸域熙真养华荣，

一棹神舟，三岛瀛洲，回观世梦，吟笑无休。

内盼沉默炼五形。

华胥异景，至性观天，三阳相会，二气朝元。

三气徘徊得神明，

三耀明真，其用不勤，神仙也厌，世事纷纷。

隐龙遁芝云琅英，

仙擎宝芝，引虎调龙，行圆出世，妙隐三峰。

可以充饥使万灵，

勤服灵芝，道养婴儿，元神唯显，内礼真师。

上盖玄玄下虎章。

祥烟成盖，至性澄观，龙蟠元海，虎绕灵山。

沐浴章第三十六

沐浴盛洁弃肥薰，

洗开道眼，体挂铢衣，水云信任，不羡轻肥。

入室东向诵玉篇，

闲居宫室，至德真一，悟彻千经，忘言了毕。

约得万遍义自鲜，

玉诀金声，万遍通灵，功成九转，跨鹤飞升。

散发无欲以长存。

真心坦荡，放旷林泉，玉壶之内，别有阳天。

五味皆去正气还，

意远肥甘，自通道味，内养元神，冲和一气。

夷心寂闷勿烦冤。

绝虑忘言，自然大定，住世居山，内无动静。

过数已毕体神精

日往月来，阴阳有数，道显神明，全凭开悟。

黄华玉女告子情，

黄婆匹配，婴姹团圆，静清祥耀，产个胎仙。

真人既至使六丁，

力士天丁，常护真灵，阴魔奔散，阳耀成形。

即授隐芝大洞经。

真仙之授，太上之经，人间阐度，悟者超升。

十读四拜朝太上，

十极诵经，四方礼拜，贤圣虚空，众生苦海。

先谒大帝后北向，

后有金真，来朝大帝，蓬岛瀛洲，群仙列位。

黄庭内经玉书畅。

黄庭圣降，玉诀真经，理明万化，妙道无形。

授者曰师受者盟，

默传圣道，玄祖盟约。圣达顿明，贤悟渐博。

云锦凤罗金钮缠，

仙裳体挂，凤绕龙蟠，金缠九九，降阙清欢。

以代割发肌肤全，

太上古貌，玉体冰肌，颜如童稚，皓发眉齐。

携手登山歃液丹，

炼成七返，修就九还，形神妙达，霞友登山。

金书玉景乃可宣。

圣人金诀，妙达真景，云散天青，蟾光如镜。

传得可授告三官，

三元功毕，上达三官，真同圣意，名列仙班。

勿令七祖受冥患，

出家退道，七祖冥愆，一子了道，玄祖生天。

太上微言致神仙，

神通万法，大远希夷，无为德诀，暗合天机。

不死之道此其文。

碧霄至圣，今古常新，母养赤子，不死之门。

长生刘真人语录

心上通得一物，出得一物壳；通得万物，出得万物壳，证得虚无之道。若不通，便处无为心，名顽空。既为圣贤，天下皆知。

太上云："能乞食者，是吾弟子。"乞中有益蒙人恩，身不自在。旷劫以来，贩骨如山，心猿未曾暂歇，业消尽，见功也，自觉气和神定，得自然真常之道也。若执一卷经做修行，然是亦未是。欲要心无碍，千经万论都要通，却不得执著，心神明都照破也。道为无形无影，往往人多疑有始有终。若心上无私，常清静做彻，便是道人，只"清静"两字都包了。太上云："吾尚自头白，谁能形完全。"身属万物之数，怎生凭假身要长生不死？有形则有坏，无形则无坏。心悟则邪欲不生，心慧则常照不灭，元神自见，然后保命长存，三才虚无，混而归一，成自然之功。

又云："修行人如神气相见，得做神仙。"问众曰："如何得神气相见？"众人各说异端，俱不达理。

师言：要明万法，出得万物之壳，一分尘尽则明一分道，十分尘尽则明十分道。如尘心绝尽则可全于性，色心绝尽则可全于命，无明心尽则可保于冲和。修行人十二时中，只要内搜己过，方可得神气内安。神气安则为真功，不见他人非则为真行，天长地久。入道多年，内养精气，精气盛则神思气，气思神，自然神气相见。如水土和为泥，造成器物，若未经真火锻炼，土再见水，复化为泥也。如经真火煅炼成器，则不坏矣。如砖瓦曾经火炼，亦可千年不坏，何况性命炼成至宝。

资生资始总阴阳
无极能开太极光

孙不二集

坤道功夫次第诗

收心第一

吾身未有日，一气已先存。
似玉磨逾润，如金炼岂昏。
扫空生灭海，固守总持门。
半黍虚灵处，融融火候温。

养气第二

本是无为始，何期落后天。
一声才出口，三寸已司权。
况被尘劳耗，那堪疾病缠。
子肥能益母，休道不回旋。

行功第三

敛息凝神处，东方生气来。
万缘都不著，一气复归台。
阴象宜前降，阳光许后栽。
山头并海底，雨后一声雷。

斩龙第四

静极能生动，阴阳相与模。
风中擒玉虎，月里捉金乌。
著眼絪缊候，留心顺逆途。
鹊桥重过处，丹气复归炉。

养丹第五

缚虎归真穴，牵龙渐益丹。
性须澄似水，心欲静如山。
调息收金鼎，安神守玉关。
日能增黍米，鹤发复朱颜。

胎息第六

要得丹成速，先将幻境除。
心心守灵药，息息返乾初。
炁复通三岛，神忘合太虚。
若来还若去，无处不真如。

符火第七

胎息绵绵处，须分动静机。
阳光当益进，阴魄要防飞。
潭里珠含景，山头月吐辉。
六时休少纵，灌溉药苗肥。

接药第八

一半玄机悟，丹头如露凝。
虽云能固命，安得炼成形。
鼻观纯阳接，神铅透体灵。
哺含须慎重，完满即飞腾。

炼神第九

生前舍利子，一旦入吾怀。
慎似持盈器，柔如抚幼孩。
地门须固闭，天阙要先开。
洗濯黄芽净，山头震地雷。

服食第十

大冶成山泽，中含造化情。
朝迎日乌炁，夜吸月蟾精。
时候丹能采，年华体自轻。
元神来往处，万窍发光明。

辟谷第十一

即得餐灵气，清冷肺腑奇。
忘神无相著，合极有空离。
朝食寻山芋，昏饥采泽芝。
若将烟火混，体不履瑶池。

面壁第十二

万事皆云毕，凝然坐小龛。
轻身乘紫炁，静性濯清潭。
炁混阴阳一，神同天地三。
功完朝玉阙，长啸出烟岚。

出神第十三

身外复有身，非关幻术成。
圆通此灵炁，活泼一元神。
皓月凝金液，青莲炼玉真。
烹来乌兔髓，珠皎不愁贫。

冲举第十四

佳期方出谷，咫尺上神霄。
玉女骖青凤，金童献绛桃。
花前弹锦瑟，月下弄琼箫。
一旦仙凡隔，冷然渡海潮。

附

女功内丹次第诗注

陈撄宁注

按：女丹诀传世者，现止数种，较之男丹经，未及百分之一。已憾其少，且大半是男子手笔，虽谈言微中，终非亲历之境。欲求女真自作者，除曹文逸之《灵源大道歌》而外，其唯此诗乎？

原诗行世既久，无人作注。余往岁与某女士谈道之余，随时解释，邮寄赠之，距今已阅廿稔。旧稿零乱，杂于故纸堆中，难以卒读。爰为检出，重校一过，幸无大谬，遂录存之。固不敢自信尽得孙仙姑之玄义，但为后之读此诗者，辟一门径而已。注中容有未臻圆满处，因欲启诱初机，故卑之毋高论耳。

收心第一

（男女同）

吾身未有日，一气已先存。

吾人未有此身，先有此气。谭子《化书》云："虚化神，神化气，气化血，血化形，形化婴，婴化童，童化少，少化壮，壮化老，老化死。"此言顺则成人。若达道之士，能逆而行之，使血化气，气化神，神化虚，则成仙矣。

一气者，即先天阴阳未判之气。至于分阴分阳，两仪既立，则不得名为一气。儒家云："其为物不二，则其生物不测。"亦指先天一气而言。老氏之"得一"，即得此一气也，此中有实在功夫，非空谈可以了事。

似玉磨逾润，如金炼岂昏。

丹家常有玉池、金鼎、玉兔、金乌，玉液、金液种种名目。大凡言阴、言神、言文火者，则以“玉”拟之；言阳、言气、言武火者，则以“金”拟之。意谓玉有温和之德，金有坚刚之象也。然亦偶有例外。

扫空生灭海，固守总持门。

生灭海即吾人之念头。刹那之间，杂念无端而至，忽起忽灭，莫能定止。念起为生，念灭为死，一日之内，万死万生，轮回即在目前，何须待证于身后。然欲扫空此念，谈何容易，惟有用法使念头归一耳。其法如何？即固守总持门也。

总持门者，老子名为“玄牝之门”，即后世道家所谓玄关一窍。张紫阳云：“此窍非凡窍，乾坤共合成。名为神气穴，内有坎离精。”质而言之，不过一阴一阳、一神一气而已。能使阴阳相合、神气相搏，则玄关之体已立。

虽说初下手要除妄念，然决不是专在念头上做工夫。若一切不依，一切不想，其弊必至毫无效果，令人失望灰心，是宜熟思而明辨也。（紫阳此诗，另有一解，不在本篇范围之内。）

半黍虚灵处，融融火候温。

半黍者，言凝神入气穴时，神在气中，气包神外，退藏于密。其用至微至细，故以半黍喻之。虚者，不滞于迹象。灵者，不堕于昏沉。杂念不可起，念起则火燥；真意不可散，意散则火寒。

必如老子所云“绵绵若存，用之不勤”方合乎中道。融融者，调和适宜。温者，不寒不燥也。

此诗二句，言守玄关时之真实下手功夫，维妙维肖。然决不是执著人身某一处部位而死守之，切勿误会。若初学者死守一处，不知变通，将来必得怪病。

养气第二

（男女同）

本是无为始，何期落后天。

顺乎自然而无为者，先天之道；出于人力而有为者，后天之功。吾人当未生之初，本是浑元一气，无名无形，不觉而陷入于胎中，于是有身。既已有身，而大患随之矣。

一声才出口，三寸已司权。

婴儿在胎，仅有胎息，鼻不呼吸。及至初出胎时，大哭一声，而外界之空气乘隙自鼻而入，于是后天呼吸遂操吾人生命之权。

其始也，吸入之气长，呼出之气短，而身体日壮；其继也，呼吸长短平均，身体之发育，及此而止。到中年以后，呼出之气渐长，吸入之气渐短，而身体日衰。临终之时，仅有呼出之机，而无吸入之机，鼻息一停，命根遂断。三寸者，指呼吸而言。

况被尘劳耗，那堪疾病缠。

上言人身生死之常理，此言人之自贼其身也。色、声、香、味、触、法，是名六尘。劳心劳力，皆谓之劳。吾人自然之寿命，本为甚短，纵不加以戕贼，在今世亦甚少有能过百岁者。况尘劳与疾病，皆足以伤竭人之元气，使不得尽其天年，故多有寿命未终而中途夭折者。

（或问：“六尘之说，乃释氏语，何故引以注丹经？”答曰：“非我之咎，原诗已喜用佛家名词，如生灭、如真如、如舍利子等，皆非道家所本有者，不引佛典，何能作注？”）

子肥能益母，休道不回旋。

子者后天气，母者先天气。后天气，丹道喻之为水；先天气，丹道喻之为金。按五行之说，金能生水，是先天变为后天也。丹道重在逆转造化，使水反生金，是由后天返还先天也。昔人谓为九转还丹，九乃阳数之极，又为金之成数，故曰“九还”，非限定转九次也。先天难于捉摸，必从后天工夫下手，方可返到先天。后天气培养充足，则先天气自然发生，故曰“子肥能益母”。回旋者，即返还逆转之谓。

行功第三

（末二句女子独用）

敛息凝神处，东方生气来。

敛息者，呼吸之气，蛰藏而不动也。凝神者，虚灵之神，凝定而不散也。东方者，日出之位。生气者，对于死气而言。古之修炼家行吐纳之功者，大概于寅卯二时，面对东方，招摄空中生气入于吾身，借其势力，而驱出身内停蓄之死气。上乘丹法，虽不限定时间与方所，然总宜在山林清静之区，日暖风和之候，则身中效验随做随来，如立竿见影。果能常常凝神敛息，酝酿薰蒸，不久即可由造化窟中，采取先天一气。孔子云：“先天而天弗违。”天且弗违，而况于人乎？况于鬼神乎？

此段作用，乃真实工夫，非空谈，亦非理想，惟证方知。若问息如何敛？神如何凝？处在何处？来从何来？既非片语能明，且笔墨亦难宣达，须经多次辩论，多次实验，又要学者夙具慧根，苦心孤诣，方可入门。若一一写在纸上，反令活法变成死法。世人性情不同，体质各异，学此死法，适足致疾，非徒无益，而有害之，将何取耶？

万缘都不著，一气复归台。

昔人云：“修道者须谢绝万缘，坚持一念，使此心寂寂如死，而后可以不死；使此气绵绵不停，而后可以长停。”台者何？灵台也。灵台者，性也。一气者，命也。命来归性，即是还丹。

张紫阳真人云：“修炼至此，泥丸风生，绛宫月明，丹田火炽，谷海波澄，夹脊如车轮，四肢如山石，毛窍如浴之方起，骨脉如睡之正酣，精神如夫妇之欢合，魂魄如子母之留恋。”此乃其境界，非譬喻也。以上所云，可谓形容极致。

阴象宜前降，阳光许后栽。

阳火、阴符之运用，虽出于自然，但人工亦有默化潜移之力，不可不知。自尾闾升上泥丸，乃在背脊一路，名为“进阳火”；自泥丸降下气海，乃至胸前一路，名为“退阴符”。以升为进，以降为退。

又，凡后升之时，身中自觉热气蒸腾；及至前降之时，则热气已渐归冷静。此以热气盛为“进阳火”，热气平为“退阴符”。二解虽义有不同，理则一贯。此中有许多奥妙，应当研究。

山头并海底，雨过一声雷。

吕纯阳真人《步蟾宫》词云：“地雷震动山头雨。”《百字碑》云：“阴阳生反覆，普化一声雷。”邵康节先生诗云：“忽然夜半一声雷，万户千门次第开。”钟离真人云：“达人采得先天炁，一夜雷声不暂停。”彭鹤林先生云：“九华天上人知得，一夜风雷撼万山。”丹经言雷者甚多，不可殚述。其源皆出于《周易》“地雷复”一卦，其实则喻先天一炁积蓄既久，势力雄厚，应机发动之现象耳。其气之来也，周身关窍齐开，耳闻风声，脑后震动，眼中闪光，鼻中抽搐，种种景象，宜预知之，方免临时惊慌失措。

然女工修炼，欲求到此地步，必在月经断绝之后。而孙诗所云，乃在斩龙之前，恐难得此效。大约此处所谓雷者，不过言行功之时，血海中有气上冲于两乳耳。此气发生，丹家名曰活子时。山头喻两乳及膻中部位；海底喻子宫血海部位。雨喻阴气；雷喻阳气。

斩龙第四

（女子独用）

静极能生动，阴阳相与模。

龙者，女子之月经也。斩龙者，用法炼断月经，使之永远不复再行也。若问：“月经何以名为龙？”则自唐朝以后，至于今日，凡丹书所写，及口诀所传，皆同此说，当有一种意义存于其间，暂可不必详解。

若问女子修道，何故要先断月经？此则神仙家独得之传授，无上之玄机，非世界各种宗教、各种哲学、各种生理卫生学所能比拟。女子修炼与男子不同者，即在于此；女子成功较男子更速者，亦在于此。若离开此道，别寻门路，决无成仙之希望。倘今生不能修成仙体，束手待毙，强谓死后如何证果，如何解脱，此乃自欺欺人之谈，切不可信。

或者谓："既是月经为修道之累，必须炼断，则老年妇人月经天然断绝者，岂不省却许多工夫，其成就当比少年者更易？"不知若彼童女月经未行者，果生有夙慧，悟彻玄功，成就自然更易。一到老年，月经干枯，生机缺乏，与童女有霄壤之殊，何能一概而论？

法要无中生有，使老年天癸已绝者，复有通行之象。然后再以有还无，按照少年女子修炼成规，渐渐依次而斩之，斯为更难，岂云更易？所以古德劝人"添油宜及早，接命莫教迟。"静极则动，动极则静；阳极则阴，阴极则阳，乃理气自然之循环，无足怪者。

《道德经》第十五章云："孰能浊以静之徐清？孰能安以久动之徐生？"上句言人能静，则身中浊气渐化为清气；下句言静之既久，则身中又渐生动机矣。

《道德经》第十六章云："致虚极，守静笃；万物并作，吾以观其复。"上二句言静极，下二句言生动。"复"即复卦之复。阴象静，阳象动，五阴之下，一阳来复，亦言"静极生动"也。

模者模范，所以成物。相与模者，盖言阴阳互根，彼此互相成就而不可离之意。

风中擒玉虎，月里捉金乌。

风者，人之呼吸也。如丹经云：“后天呼吸起微风。”又云：“吹嘘借巽风。”皆是此意。道书常以“虎”配西方金，“龙”配东方木。凡言铅、言金、言虎，都属一物，不过比喻人身中静极而动之先天阳气而已。

月有二义：若言性功者，则当一念不生时谓之月，谓其清净无瑕，孤明独照也。若言命功，则当先天阳气发动时，亦谓之月，譬如晦朔弦望，轮转不忒也。

金乌即日之代名词。日即离，离即火，火即汞，汞即神也。当采取先天炁之时，须借后天气以为枢纽，故曰“风中擒玉虎”。玉字表其温和之状。石杏林真人曰：“万籁风初起，千山月乍圆。”正是此景。

丹道有风必有火，气动神必应，故吕纯阳真人云：“铅亦生，汞亦生，生汞生铅一处烹。”铅与月，喻阳气；汞与金乌，喻阴神。阳气发生，阴神必同时而应，故曰“月里捉金乌”。

著眼絪缊候，留心顺逆途。

《易》曰：“天地絪缊，万物化醇。”盖絪缊者，天气下交于地，地气上交于天，温和酝酿，欲雨未雨，将雷未雷，所谓“万里阴沉春气合”者是也。若雷雨既施，则非絪缊矣。

人身絪缊之候，亦同此理。但究竟是如何现象？则因有难言之隐，不便写在纸上。聪明女子，若得真传，则可及时下功，否则恐当面错过。虽说有自造机会之可能，总不若天然机会之巧妙。此时如顺其机而行人道，则可受胎生子；逆其机而行仙道，则可采药还丹。然顺逆之意，尚不止此。生机外发为顺，生机内敛为逆。生气下行，变为月经为顺；生气上行，不使化经为逆。故道书云：“男子修成不漏精，女子修成不漏经。”

鹊桥重过处，丹气复归炉。

《入药镜》云：“上鹊桥，下鹊桥；天应星，地应潮。”后世丹经言“鹊桥”者，皆本于此。凡炼丹之运用，必先由下鹊桥转上背脊，撞通玉枕，直达泥丸；再由上鹊桥转下胸前十二重楼，还归元海。

“上鹊桥”在印堂山根之里，“下鹊桥”在尾闾会阴之间。丹气转到上鹊桥时，自觉两眉之间有圆光闪灼，故曰“天应星”；丹气由下鹊桥上升时，自觉血海之中有热气蒸腾，故曰“地应潮”。此言“鹊桥重过”者，兼上下言之也。“归炉”者，归到黄庭而止，黄庭一名坤炉。（按：上下鹊桥，另有别解，此处不具论。）

养丹第五

（首二句女子独用）

缚虎归真穴，牵龙渐益丹。

虎即气，龙即神，真穴大约在两乳之间。缚虎归真穴者，即上阳子陈致虚所云：“女子修仙，必先积气于乳房也。”气有先天、后天之分：炼后天气，即用调息凝神之法；采先天气，则俟身中有生气发动时下手。

牵龙者，不过凝神以合于气而已。神气合一，魂魄相拘，则丹结矣。张虚靖天师云：“元神一出便收来，神返身中气自回。如此朝朝并暮暮，自然赤子结灵胎。”此即“牵龙渐益丹”之意。此处所谓龙，与斩龙之龙字不同。

性须澄似水，心欲静如山。

张三丰真人云："凝神调息，调息凝神，八个字须一片做去，分层次而不断乃可。"凝神者，收已清之心而入其内也。心未清时，眼勿乱闭。先要自劝自勉，劝得回来，清凉恬淡，始行收入气穴，乃曰凝神。然后如坐高山而视众山众水，如燃天灯而照九幽九昧，所谓"凝神于虚"者此也。调息不难，心神一静，随息自然，我只守其自然而已。

调息收金鼎，安神守玉关。

张三丰真人云："大凡打坐，须要将神抱住气，意系住息，在丹田中，宛转悠扬，聚而不散。则内藏之气，与外来之气，交结于丹田；日充月盛，达乎四肢，流乎百脉，撞开夹脊双关，而上游于泥丸，旋复降下绛宫，而下入于丹田。神气相守，息息相依，河车之路通矣。功夫至此，筑基之效已得一半。"又云："调息须以后天呼吸，寻真人呼吸处。然调后天呼吸，须任他自调，方能调得起先天呼吸，我惟致虚守静而已。真息一动，玄关即不远矣。照此进功，筑基可翘足而至。"

广成子云："抱神以静，形将自正。无劳汝形，无摇汝精，乃可以长生。目无所见，耳无所闻，心无所知，汝神将守形，形乃长生。慎汝内，闭汝外，多知为败。我守其一，以处其和，故我身千二百岁，而形未尝衰。"（按：调息之法，三丰最详，安神之论，广成最精，故引以为注。）

本诗上句言武火，故曰“金鼎”。下句言文火，故曰“玉关”。

日能增黍米，鹤发复朱颜。

《金丹四百字》云：“混沌包虚空，虚空括三界，及寻其根源，一粒如黍大。”又云：“一粒复一粒，从微而至著。”此即“日能增黍米”之意。质而言之，不过渐采渐炼，渐凝渐结而已，非有黍米之象可寻也。

《参同契》云：“金砂入五内，雾散若风雨。薰蒸达四肢，颜色悦泽好。发白皆变黑，齿落生旧所。老翁复丁壮，耆妪成姹女。改形免世厄，号之曰真人。”即此诗末句之意。

或谓：“头有白发，面似婴儿，是谓鹤发复未颜。”此言误矣。修炼家若行先天功夫，虽白发亦必变成黑发。苟发白不变，仅面容红润，此乃后天之功，或行采补之术耳，神仙不如是也。世俗所谓仙人“鹤发童颜”，乃门外语。

胎息第六

（男女同）

要得丹成速，先将幻境除。

幻境，即世间一切困人之环境。窘迫万状，牵缠不休，至死未由自拔；待到来生，仍复如此，或尚不及今生。故修道者，必须设法断绝尘缘，然后方收速效。世有学道数十年，毫无进步者，皆未脱俗累之故。

今按：前解虽是，然非幻境本义，因对初学说法，故浅言之耳。其实所谓幻境者，乃身中阴魔乘机窃发之种种景象，或动人爱恋，或使人恐怖，或起嗔恨，或感悲伤，或令人误认为神通，或引人错走入邪路，甚至神识昏迷，自残肢体，偶有见闻，妄称遇圣，凡此等类，皆是幻境，必宜扫除。不经法眼，终难辨别，所以学者要从师也。世有学道数十年，毫无魔障者，皆未曾实行之故。

心心守灵药，息息返乾初。

灵药即是妙有，妙有即是真息。心心守灵药者，心依于息也。乾初即是真空，真空即是道心。息息返乾初者，息依于心也。

初学修炼，虽能心息相依，然为时不久，又复分离。至于胎息时，则心心息息长相依也。乾初者，指乾卦未画之初，非谓乾之初爻。《明道篇》云："观乾未画是何形，一画才成万象生。"然则乾初者，岂非太极阴阳未判之象乎？

炁复通三岛，神忘合太虚。

三岛者，比喻人身上、中、下三丹田。老子曰："归根曰静，静曰复命。"即"炁复"之义。人身本自太虚中来，一落色相，则有障碍，而不能与太虚相合。惟有道者，能忘一切色相，色相既除，则与太虚相合矣。

天隐子者，道家之流也，其言曰："人之修真，不能顿悟，必须渐而行之。一曰斋戒，澡身虚心。二曰安处，深居静室。三曰存想，收心复性。四曰坐忘，遗形忘我。五曰神解，万法通神。"全篇约千余言，未能毕录，此其纲领也。又司马子微《坐忘论》亦可读。此等功夫甚难，非朝夕可至，然有志者事竟成，惟视人之毅力如何耳。

若来与若去，无处不真如。

真如者，佛家之名词。佛典云："如来藏含有二义，一为生灭门，一为真如门。"心无生灭，即真如矣。若背真如，即生灭矣。又云："真谓真实非虚妄，如谓如常无变易。"

符火第七

（五六两句，女子独用）

胎息绵绵处，须分动静机。

阴符阳火，气机动静，前数段工夫已有之，不必定在胎息后也。但未到结丹地步，其气之动，常有上冲乳头之时（男子则下冲于生殖器）。既结丹，则两乳已紧缩如童女，身内虽有动机，不能再向外发，只内动而已。动亦有时，或数日一动，或一日数动，视其用功之勤惰以为衡。凡未动之先，及既动之后，皆静也。

阳光当益进，阴魄要防飞。

动者属阳，静者属阴。阳气发动时，则元神亦随之而动；气到人身某处，神亦同到某处。阳气发动曰进，而暗中以神助之，愈进愈旺，故曰益进。

阳极则阴生，动极必归静。人之魂属阳，主上升；魄属阴，主下降。当升之时不可降，当降之时不可升。"阴魄要防飞"者，意谓气若有静定之态，则神必助之静定，以防其烦躁不宁。

潭里珠含景，山头月吐辉。

潭在下，喻血海子宫之部位；山在上，喻膻中两乳之部位。珠之光，隐而敛；月之光，耀而明。曰潭里，曰含景，是言其静而深藏之象；曰山头，曰吐辉，是言其动而显出之机。

六时休少纵，灌溉药苗肥。

六时者，非谓昼之六时，亦非夜之六时，乃人身虚拟默运之六时。古人又有名为六候者，切不可拘泥天时，免致活法变成死法。若问人身六时何似？仍不外乎神气动静、阴阳升降之消息而已。

休少纵者，即谓念不可起，意不可散，一线到底，勿使中间断续不贯，俟此一段工夫行毕，方可自由动作。

接药第八

（男女同）

一半玄机悟，丹头如露凝。

神仙全部工夫，到此已得一半，因内丹已结也。露乃地面之水因热化气，腾散于空中，至夜遇冷，遂附著于最易散热之物体，而凝结成露。丹道亦同此理，可以神悟，难以言传。

虽云能固命，安得炼成形。

既已结丹，则一身精气神皆完全坚固，决定可以长生，但未能羽化耳。此时可称为人仙。仙有五等：有鬼仙、有人仙、有地仙、有神仙、有天仙。

“鬼仙”者，不离乎鬼也，能通灵而久存，与常鬼不同。

“人仙”者，不离乎人也，饮食衣服虽与人无殊，而能免老病死之厄。

“地仙”者，不离乎地也，寒暑不侵，饥渴无害，虽或未能出神，而能免衣食住之累。

“神仙”者，能有神通变化，进退自如，脱弃躯壳，飘然独立，散则成气，聚则成形。

“天仙”者，由神仙之资格，再求向上之功夫，超出吾人所居之世界以外，别有世界，殆不可以凡情测也。

鼻观纯阳接，神铅透体灵。

此二句乃言超凡入圣之实功，不由此道，不能出阳神。当今之世，除一二修炼专家而外，非但无人能行此功，即能悟此理者，亦罕遇之。余若自出心裁，勉为注释，恐人不能解，反嗤为妄，故引自古相传之真空炼形丹法，以释其玄奥之义。

《真空炼形法》云：“夫人未生之先，一呼一吸，气通于母；既生之后，一呼一吸，气通于天。天人一气，联属流通，相吞相吐，如扯锯焉。天与之，我能取之，得其气，气盛而生也；天与之，天复取之，失其气，气绝而死也。故圣人观天之道，执天之行，每于羲驭未升旸谷之时，凝神静坐，虚以待之，内舍意念，外舍万缘，顿忘天地，粉碎形骸（道家常有粉碎虚空、粉碎形骸等语，不过忘物形之意耳，不可拘泥粉碎二字）。自然太虚中有一点如露如电之阳，勃勃然入于玄门，透长谷而上泥丸，化为甘霖而降于五内。我即鼓动巽风以应之，使其驱逐三关九窍之邪，扫荡五脏六腑之垢，焚身炼质，煅滓销霾，抽尽秽浊之躯，变换纯阳之体。累积长久，化形而仙。”

《破迷正道歌》曰：“果然百日防危险，血化为膏体似银。果然百日无亏失，玉膏流润生光明。”《翠虚篇》曰：“透体金光骨髓香，金筋玉骨尽纯阳。炼教赤血流为白，阴气消磨身自康。”邱长春曰：“但能息息长相顾，换尽形骸玉液流。”张紫琼曰：“天人一气本来同，为有形骸碍不通。炼到形神冥合处，方知色相即真空。”

炼形之法，总有六门：其一曰玉液炼形，其二曰金液炼形，其三曰太阴炼形，其四曰太阳炼形，其五曰内观炼形。若此者，总非虚无大道，终不能与太虚同体。惟此一诀，乃曰真空炼形，虽曰有作，其实无为，虽曰炼形，其实炼神，是修外而兼修内也。依法炼之百日，则七魄亡形，三尸绝迹，六贼潜藏，十魔远遁；炼之千日，则四大一身，俨如水晶塔子，表里玲珑，内外洞彻，心华灿然，灵光显现。故《生神经》曰：“身神并一，则为真身。身与神合，形随道通。隐则形固于神，显则神合于气。所以蹈水火而无害，对日月而无影。存亡在己，出入无间，或留形住世，或脱质升仙。”

按：真空炼形一段工夫，所包甚广，不仅为此首诗作注脚，虽以后炼神、服食、辟谷、面壁、出神等法，亦不出此理用之外，不过依功程之浅深而分阶级耳。

哺含须慎重，完满即飞腾。

哺含即温养之意。完满者，气已足，药已灵也。飞腾者，似指大药冲关之象。若言飞升腾空，则尚未到时。

炼神第九

（男女同）

生前舍利子，一旦入吾怀。

舍利子，乃佛家之名词，此处比喻元神。生前者，即未有此身之前。吾人元神历劫不变，变者识神也。用真空炼形之功，将识神渐渐炼去，则元神渐渐显出。譬如磨镜，尘垢既销，光明斯现，乃知一切神通，皆吾人本性中所固有者，非从外来。

此诗云“一旦入吾怀”，似指气之一方面而言。然此时气与神已不可分离，言神而气在其中，言气而神在其中。吕祖《敲爻歌》云：“铅池迸出金光现，汞水流珠入帝京。”曰铅池、曰金光，言气也；曰汞水、曰流珠，言神也。帝京即中丹田，又名绛宫、神室，乃心之部位。心为一身君主，故曰帝京。此诗所谓“入吾怀”者，亦同此意。

慎似持柔盈器，柔如抚幼孩。

老子云：“持而盈之，不如其已。”又云：“保此道者不欲盈。”又云：“大盈若冲，其用不穷。”即此可知此诗下句之意。

老子云：“专气致柔，能如婴儿乎？”又云：“我独泊兮其未兆，如婴儿之未孩。”又云：“人之生也柔弱，其死也坚强。”即此可知此联下句之义。

地门须固闭，天阙要先开。

凡言地者，皆在人身之下部；凡言天者，皆在人身之上部。修炼家最忌精气下泄，故凡下窍皆要收敛紧密。一身精气，渐聚渐满，既不能下泄，必上冲于脑部。斯时耳闻风声，目睹光掣，脑后震动，脐下潮涌，异景甚多。

龙门派第十七代，广西洪教燧君，传有《金丹歌》一首，尚未行世，曾记其中有句云：“万马奔腾攻两耳，流星闪电灼双眉，若还到此休惊惧，牢把心神莫动移。”即言闭地门、开天阙时之现象。

洗濯黄芽净，山头震地雷。

吕祖度张仙姑有《步蟾宫》词云：“地雷震动山头雨，要洗濯黄芽出土。”黄芽者，大还丹之别名也。此处言山头，大约是指头上泥丸宫。前诗第三首亦云：“山头并海底，雨过一声雷。”据字面观之，似无差别；以实际论，则效验大异。

洗濯之作用，不外乎静定。凡丹道小静之后，必有小动；大静之后，必有大动。其静定之力愈深，则震动之效愈大。充其震动之量，直可冲开顶门而出，然非大静之后不克至此。

今按：静定之力，吾人能自作主，可以由暂而久，由浅而深。若夫震动之效，乃是顺其自然，非人力可以勉强造作，似乎不能由人做主。但小静必小动，大静必大动，其反应百不爽一。常人所以无此效验者，因其未能静定故。修炼家所以不能得大效验者，因其虽知静定，而静定之力犹嫌薄弱故。释门学禅者，亦能静定数日，而终久无此效验者，因其徒知打坐不知炼气故。

附注：“舍利子”在此处为内丹之代名词，然非佛家所谓舍利之本意。究竟舍利子与金丹，是同是异？修佛与修仙，其结果有何分别？皆吾人所急欲知者，而各家经书咸未论及。虽《楞严经》有十种仙之说，是乃佛家一面之辞。除佛经外，凡中国古今一切书籍记载，皆未见有十种仙之名目，似未可据为定论。

吾国人性习，素尚调和，非但儒道同源本无冲突，即对于外来之佛教，亦复不存歧视，彼此融通，较他教教义之唯我独尊者，其容量之广狭，实大不同。而青华老人之论舍利，尤为公允。意谓：佛家以见性为宗，精气非其所贵。万物有生有灭，而性无生灭。涅槃之后，本性圆明，超出三界，永免轮回。遗骸火化之后，所余精气，结为舍利，譬如珠之出蚌，与灵性别矣，而能光华照耀者，由其精气聚于是也。人身精气神，原不可分，佛家独要明心见性，洗发智慧，将神光单提出来，遗下精气，交结成形，弃而不管。然因其诸漏已尽，禅定功深，故其身中之精气，亦非凡物，所以舍利子能变化隐显，光色各别。

由此推之，佛家所谓不生不灭者，神也，即性也。其舍利子者，精气也，即命也。彼灭度后，神已超于象外，而精气尚留滞于寰中也。若道家则性命双修，将精气神混合为一，周天火候，炼成身外之身，神在是，精在是，气在是，分之无可分也。故其羽化而后，不论是肉身化炁，或是尸解出神，皆无舍利之留存。倘偶有坐化而遗下舍利者，其平日工夫，必是偏重于佛教方面，详于性而略于命也。

性命双修之士，将此身精气神团结得晶莹活泼，骨肉俱化，毛窍都融，血似银膏，体如流火，畅贯于四肢百节之间，照耀于清静虚无之域。故能升沉莫测，隐显无端。释道之不同如此。

佛家重炼性，一灵独耀，迥脱根尘，此之谓“性长生”。仙家重炼气，遍体纯阳，金光透露，此之谓“气长生”。究竟到了无上根源，性就是气，气就是性，同者其实，异者其名耳。

服食第十

（男女同）

大冶成山泽，中含造化情。

大冶本意为铸五金，今以之喻造化之伟功。乾坤为炉鼎，阴阳为水火，万象从兹而铸成，是万物共有一太极也。山与泽，乃万物中之一物，而山泽中又有造化，是一物各得一太极也。山泽通气，震兑相交，而造化之情见矣。

修仙者，贵在收积虚空中清灵之气于身中，然后将吾人之神与此气配合而炼养之，为时既久，则神气打成一片，而大丹始成。

后半部工夫所以宜居山者，因山中清灵之气较城市为优耳。但入山亦须稍择地势，或结茅，或住洞，要在背阴面阳、遮风聚气之所，山后有来脉，左右有屏障，中有结穴，前有明堂，此乃乾坤生气蕴蓄之乡。日月升沉，造化轮转，道人打坐于其间，得此无限清灵之气，以培养元神，有不脱胎换骨者乎？

朝迎日乌炁，夜吸月蟾精。

蚌受月华而结珠胎，土得日精而产金玉，人如采取日月精华，则可以结就仙丹，变化凡体。至其所以采取之法，到此地步，自能领悟，不必执著迹象，致碍圆通。若《易筋经》所言“采日精月华法”，乃武术修养之上乘，非仙家之玄妙也。

时候丹能采，年华体自轻。

采天地之灵气以结丹，须识阴阳盛衰之候，夺造化之玄机而换体，必经三年九载之功。

元神来往处，万窍发光明。

此言周身毛窍皆有光明发现。丹经云：“一朝功满人不知，四面皆成夜光阙。”亦同此意。其所以有光者，或者因身中电力充足之故。世上雷霆能自发光，经过长久时期，而本体不减毫厘。彼无知之物质，且灵异若此，又何疑乎仙体？

辟谷第十一

（男女同）

既得餐灵气，清冷肺腑奇。

此实行断绝烟火食也。所以能如此者，因灵气充满于吾身，自然不思食，非枵腹忍饥之谓也。

忘神无相著，合极有空离。

忘神者，此时虽有智慧而不用，若卖弄聪明，则易生魔障。无相著者，谓无色相之可著也。合极者，合乎太极也。合乎太极者，即神气合一，阴阳相纽也。如是则不落顽空，故曰“有空离”，谓遇空即远离也。第三句言不著于色，第四句言不著于空，色空两忘，浑然大定。

朝食寻山芋，昏饥采泽芝。

芋为普通食品，人皆知之。芝形如菌，上有盖、下有柄，其质坚硬而光滑。《本草》载有青、赤、黄、白、黑、紫六种，服之皆能轻身延年。若仙经所标灵芝名目，多至数十百种，不可毕陈，然非常人所能得也。

若将烟火混，体不履瑶池。

仙体贵乎清灵，若不绝烟火食，则凡浊之气混入体中，安有超脱之望？瑶池者，女仙所居之地，《集仙传》云：“西王母宫阙，左带瑶池，右环翠水。”

面壁第十二

（男女同）

万事皆云毕，凝然坐小龛。

面壁之说，始于达摩。当梁武帝时，达摩止于嵩山少林寺，终日面壁而坐，九年如一日。故后世道家之修静功者，皆曰“面壁”。今之佛家反无此说，徒知念阿弥陀佛而已。

辟谷一关，既已经过，不但烟火食可以断绝，即芝芋之类亦可不食矣。古仙修炼到此程度时，大半择深山石洞而居之，令人用巨石将洞口封没，以免野兽之侵害，及人事之烦扰，且不须守护者。但此法在今日，未必相宜。

普通办法，即于山林清静之处，结茅屋数椽，以备同道栖止。然后用木做一小龛，其中仅容一人坐位，垫子宜软厚，前开一门，余三面须透空气而不进风，最好用竹丝编帘遮蔽，如轿上所用者。人坐其中，不计日月，直至阳神出壳，始庆功成。惟昼夜须有人守护，谨防意外之危险。中间若不愿久坐，暂时出来亦可。此时身内已气满不思食，神全不思睡，其外状则鼻无呼吸。脉不跳动，遍体温暖，眼有神光，其身体内部之作用，自与凡夫不同，不可以常人之生理学强加判断。此等现象，今世尚不乏其人，余昔者固亲见之矣。然皆未知其有何等神通，是或丹经所谓“慧而不用”者乎？

今按：自本首第三句以后，直至第十四首末句为止，概属不可思议之境界，故未作注。当日某女士尚疑余故守秘密，致书相诘，奈余自访道至今，已三十年矣，实未曾目睹阳神是何形状，如何出法？即当日师传亦不及此，仅云“时至自知”，故对于出神以后种种作用，因无实验，不敢妄谈。且学者果能行面壁之功，何患不知出神之事？请稍安毋躁，以待他年亲证，可乎？

轻身乘紫炁，静性濯清潭。

炁混阴阳一，神同天地三。

功完朝玉阙，长啸出烟岚。

出神第十三

（男女同）

身外复有身，非关幻术成。

今按：此首若完全不注，未免令读者意有缺憾。若每句作注，又苦于不能落笔。只得将前贤语录摘抄数条，以见出神之时，是何景象；出神之后，尚有功夫。欲知其详，请博览丹经，真参实悟，非此编所能限也。

《青华老人语录》曰：阳神脱胎之先兆，有光自脐轮外注，有香自鼻口中出。既脱之后，则金光四射，毛窍晶融，如日之初升于海，如珠之初出于渊，香气细缊满室，一声霹雳，金火交流，而阳神已出于泥丸矣。出神以后，全看平日工夫。若阳神纯是先天灵气结成，则遇境不染，见物不迁，收纵在我，去来自如。一进泥丸，此身便如火热，金光复从毛窍间出，香气亦复细缊，顷刻返到黄庭，虽有如无，不知不觉，此真境也。若平日心地未能虚明，所结之胎，决非圣胎；所出之神，原带几分驳杂，一见可惧则怖生，一见可欲则爱生，殆将流连忘返，堕入魔道。此身既死，不知者以为得仙坐化，谁知阳神一出而不复者，殆不堪问矣。

问曰："倘心地未纯，而胎神已出，为之奈何？"师曰："必不得已，尚有炼虚一著。胎神虽出，要紧紧收住，留他做完了炼虚一段工夫，再放出去，则真光法界，任意逍遥，大而化之矣。炼虚全要胸怀浩荡，无我无人，何天何地，觉清空一气，混混沌沌之中，是我非我，是虚非虚，造化运旋，分之无可分，合之无可合，是曰炼虚。盖以阳神之虚，合太虚之虚，而融洽无间，所谓形神俱妙，与道合真。此乃出胎以后之功，分身以前之事也。"

问："阳神、阴神之别如何？"师曰："阴未尽而出神太早，谓之阴神。其出之时，或眼中见白光如河，则神从眼出；或耳中闻钟磬箫管之音，则神从耳出。由其阳气未壮，不能撞破天关，故旁趋别径，从其便也。既出之后，亦自逍遥快乐，穿街度巷，临水登山，但能成形，不能分形。但能游走人间，不能飞腾变化。若盛夏太阳当空，则阴神畏而避之，是以虽带仙风，未离鬼趣。"

问："阴神可以炼为阳神乎？"师曰："可。学仙之士，不甘以小乘自居，只得于阴神既出后，再行修炼，将那阴神原形粉碎，倾下金鼎玉炉，重新起火，火候足时，自然阴尽阳纯，真人显象。"

问："阴神如何能使原形粉碎？"师曰："忘其身，虚其心，空洞之中，一物不生，则可以换凡胎为灵胎，变俗子为真人，而事毕矣。"

问："身外有身之后，还做甚么工夫？"师曰："善哉问也！此其道有二：下士委身而去，其事速；上士浑身而去，其事迟。当阳神透顶之后，在太虚中逍遥自乐，顷刻飞腾万里，高踏云霞，俯观山海，千变万化，从心所欲。回视幻躯，如一块粪土，不如弃之，是以蜕骨于荒，遗形而远蹈，此委身而去者之所为也。若有志之士，不求速效，自愿做迟钝工夫，阳神可出而勿出，幻躯可弃而勿弃，保守元灵，千烧万炼，忘其神如太虚，而以纯火烹之，与之俱化，形骸骨肉，尽变微尘，此浑身而去者之所为也。并列于此，听人自择，有志者不当取法乎上哉？”

《冲虚子语录》，或问：“阳神之出，非必执定要身外有身，已承明命。但若果无形相可见，何以谓之出神？”答曰：“本性灵光，非有非无，亦无亦有，隐显形相，安可拘一？昔刘海蟾真人以白气出，西山王祖师以花树出，马丹阳真人以雷震出，孙不二元君以香风瑞气出。此数者虽有相可见，而非人身也。又南岳蓝养素先生以拍掌大笑而出，邱长春真人自言：‘出神时三次撞透天门，直下看森罗万象，见山河大地如同指掌。’此二者皆无相可见，而亦非身也，何必拘于身外有身而后为出哉？”

问：“何故有此不同？”答曰：“当可以出定之时，偶有此念动而属出机，未有不随念而显化者。故念不在化身，则不必见有身；念若在化身，则不必不见有身。予之此言，但只为我钟、吕、王、邱、李、曹诸祖真人门下得道成仙者而说，是谓家里人说家常话，非为旁门凡夫恶少言也。彼虽闻之，亦无所用。后世凡出我长春邱祖门派下的受道者，必须记知，庶免当机惊疑也。”

圆通此灵炁，活泼一元神。

皓月凝金液，青莲炼玉真。

烹来乌兔髓，珠皎不愁贫。

冲举第十四

（男女同）

佳期方出谷，咫尺上神霄。

冲举者，即世俗所谓白日飞升是也。《参同契》曰：“勤而行之，夙夜不休，伏食三载，轻举远游。跨火不焦，入水不濡，能存能亡，长乐无忧。功满上升，膺箓受图。”从古即有是说，但在今时，既未尝见闻，理论上苦无证据。若以历代神仙传记为凭，自然如数家珍，听者或乐而忘倦，顾又疑其为伪造事实、提倡迷信，必须求得一平素不信仙道之人，在伊口中或笔下得一反证，而后方能无疑。试观唐韩退之先生所作《谢自然诗》云：

果州南充县，寒女谢自然。童骙无所识，但闻有神仙。
轻生学其术，乃在金泉山。繁华荣慕绝，父母慈爱捐。
一朝坐空室，云雾生其间。如聆笙竽韵，来自冥冥天。
檐楹暂明灭，五色光属联。观者徒倾骇，踯躅讵敢前。
须臾自轻举，飘若风中烟。茫茫八纮大，影响无由缘。
里胥上其事，郡守惊且叹。驱车领官吏，氓俗争相先。
入门无所见，冠履同蜕蝉。皆云神仙事，灼灼信可传。

（后半从略。果州在今四川顺庆府。）

此诗通篇三百三十字，前半段叙事，后半议论。凡恶劣名词，几全数加于其身，如寒女、童骙、魑魅、恍惚、日晦、风萧、神奸、魍魉、幽明、人鬼、木石、怪变、狐狸、妖患、孤魂、深冤、异特、感伤等字句，极尽诋毁之能事，可知韩先生绝不信世有神仙。虽然，韩先生末后之主张亦不过曰："人生有常理，男女各有伦。寒衣及饥食，在纺织耕耘。下以保子孙，上以奉君亲。苟异于此道，皆为弃其身。"云云。呜呼！此等见解，何异于井底之蛙，裤中之虱，安足以餍吾人之望乎？

夫神仙所以可贵者，在其成就超过庸俗万倍，能脱离尘世一切苦难，解除凡夫一切束缚耳，非徒震于神仙之名也。名之曰"神仙"可，名之曰"妖魔鬼怪"亦可，所争者事实之真伪而已。谢自然上升事，在当时有目共见，虽韩先生之倔强，亦不能不予承认；奈其素以儒教自居，辟佛辟老，道貌俨然，一朝改节，其何能堪！睹兹灵迹，被以恶名，亦无足怪。吾人读《墉城集仙录》一书，记谢自然女真生平神奇事迹，至为详悉，惟不敢遽信为真实。今读此诗所云"须臾自轻举，飘若风中烟"，"入门无所见，冠履同蜕蝉"诸语，然后知冲举之说信不诬也。后之学者，可不勉哉！

玉女骖青凤，金童献绛桃。

花前弹锦瑟，月下弄琼箫。

一旦仙凡隔，冷然渡海潮。

女丹内功

孙仙姑，名不二，号清静散人，马丹阳之妻也。丹阳手垂过膝，额起三山，尝作诗云："抱元守一是功夫，懒汉如今一也无。终日衔杯畅神思，醉中却有那人扶。"众莫晓其故。忽有道人自称重阳子，来化丹阳，洎仙姑入道。进瓜，从蒂食起，问之，曰："甘向苦中求。"又问："何来？"曰："不远千里，特来扶醉人。"丹阳异之。

夫妇事师甚谨，起全真庵于南园。数年后，师携丹阳西游，居昆嵛山烟霞洞，姑在家勤行所传。后年五十，复从风仙姑游洛阳，六年道成，书颂云：“三千功满超三界，跳出阴阳包裹外。隐显纵横得自由，醉魂不复归宁海。”书毕，跏趺坐而化。乘云过昆仑，俯告丹阳曰：“余于蓬岛待君。”于是丹阳即书颂曰：“长年六十一，在世无人识。烈雷吼一声，浩浩随风逸。”遂掷笔上升。

一

不乘白鹤爱乘鸾，二十幢幡左右盘。
偶入书坛寻一笑，降真香绕碧阑干。

二

小春天气暖风赊，日照江南处士家。
催得腊梅先迸蕊，素心人对素心花。

三

资生资始总阴阳，无极能开太极光。
心镜勤磨明似月，大千一粟任昂藏。

四

神气须如夜气清，从来至乐在无声。
幻中真处真中幻，且向银盆弄化生。

五

蓬岛还须结伴游，一身难上碧岩头。

若将枯寂为修炼，弱水盈盈少便舟。

六

养神惜气似持盈，喜坠阳兮怒损阴。
两目内明驯虎尾，朦朦双耳听黄庭。

七

荆棘须教划尽芽，性中自有妙莲花。
一朝忽现光明象，识得渠时便是他。

孙不二元君传述丹道秘书

玉清胎元内养真经

玉清宝神元台真君下传

尔时，太上老君因朝元始，上帝告太上曰：“精虚则炎上，气虚则下走。阴阳各行于水火，金木不成于夫妇。是故下土之人，真气日衰，阴邪日戾，残其本寿，精神不全，沦为下鬼。我尝受汝胎元妙道，以外玄牝合内玄牝，以外真神补内真气，聚集天之万宝，养我胎之元精。使神生于胎，气恋于神，心君潜御，气息调匀，万神敬礼，群魔束形。汝当教其兆民，先学定心，心定气住，气住神全，神全形固，绵绵若存而不息，用之不穷而见功。谷神不死，合我真宗。我愍世人，外为酒色之所贼，内为思虑之所萦。惟贪名利，消落精神。恋著粉尸，巧笑娥眉。逐外忘本，崩我灵基。使坎离坏散，致魂魄流离。儿女成列，形骸渐衰，为一棺之聚土，失天地之真机，良可悲乎！汝劝世人，先持小戒，以至大戒，先学息心，渐入无为，因定生明，因明悟道。上品之人，以粗易细，成光明身，居清净天，寿命无量。中等之人，延年住身，补复胎元，不致夭伤。下品之人，远离情欲，淡薄利名，归向真风，顺行圣教。汝当以我妙语，分千万形，周流教化，渐渐接引，舍邪归正，去浊留清，证无上道。”

是时，太上老君，恭奉圣训，即与紫光天母，各化其形，为尘沙众，分身世界，普度有情。未久之间，上界万二千天，于莲华中，化生无量天人，各各乘空，诣玉清境，面对真尊，而说颂曰：

无上神父，廾大方便。戒敕太上，紫光天母。
化形下方，广度我辈。并因戒定，咸得上生。
获意生身，证无上道。我等变化，百千万身。
身具万古，赞扬玄德。百千万劫，亦未能尽。
巍巍功德，不可穷诘。我等信受，将何补报？
誓发大愿：于未来劫，复度有情。
惟此一心，是名报德。

无量天人，说是妙颂，各以天华宝香，散虚空中而为供奉，遥望真尊，百礼而退。

玉清无上内景真经

大罗真天元天大圣后紫光天母下传

尔时，元始至真大圣化生开天，以大神通力，大智慧力，结造世界，配合阴阳，主张造化。先于大梵真天玄空之中，化诸外象，以表内景，而分九气为东方木精之色，结成九气丈人而君主之，在人为肝为魂。次分七气为西方金精之色，结化七气丈人而君主之，在人为肺为魄。次分三气为南方火精之色，结化三气丈人而君主之，在人为心为神。次分五气为北方坎精之色，结化五气丈人而君主之，在人为肾为精。四方余气，水火金木分布中央，为黄庭之色，结化一气丈人而君主之，在人为脾为思。五脏含识，共具十真，十真之英，能成九转，聚为丹药，散为甘露，周旋上下，炼养百骸，沐浊留清，消阴铸阳，复我太初，保我大全，出于昆仑，入于太渊，引其龙变，经于虎城，四气和合，成我至真，衰残易盛，耄耋还婴，朽容再鲜，白发重青，韵如钟发，身如羽轻，尽更凡骨，飞升上清。世之学士立戒持定而生智明，以其三力永保亿年，履轻清之气运，定变化以超仙也。左右二玄，无极真宰，以我此道，广布天人，使其舍离无常之业，而入真一之妙，不老不死，湛寂常存。

元始真尊，于其七窍，放大光明，照无量土。万二千天，百亿人界，各以自力，散香雨华，而为供奉，莫不欣悦，咸悟本心。尔时玉清化宫于空玄中，忽见宝月光明，照映内外，十虚宝月之中，包含紫气之内，有一婴儿，坐宝华台，口放金光，发大玉音而说偈曰：

一心生正定，万象自然陈。逐方分五气，五气孕一灵。
一灵通变化，结炼本来真。本真非有相，非有亦非无。
兆能通此理，方悟摄尘珠。

玄空之中，月光之内，玉婴演教，天上天下，一时皆闻，莫不慧海湛然，业山摧毁，反观内照，永契道真。仰望圣光，作礼而去，敬信奉持。

大道守一宝章

衡岳真子传，又名为《玄珠心镜》

道无为，无不为。可心证，非智知。何谓知，何谓证？
智遣智，

解：言既知之后，宜遗智慧，晦迹韬光。

证虚应。

解：言守空虚无为，久而神效，如响应声也。

应无从，

解：言自然而然。

心乃通。

解：心空无为，久即明道，明道则神通。

通于一，万事毕。一为根，

解：一为大道根元。

事为门。

解：得一之元，即《太上心印》所谓事也。

事归一，一常存。

解：言守一之事，功成归一炁，即身与虚无，自然无形，一炁常存矣。

存莫有，假言守。

解：言一炁常存自身，莫令有气。言守者，假言守耳。

守虚无，自长久。

解：言但守虚无，自然形神与道长久也。

守一诗

范阳卢陲真姑传崔少玄本

得一之元，

解：《道德》言：“知白守黑。”学道君子，既知其白，须守其黑。阴炁，黑也。初守黑之时，身中黑如漆相似，守之不已，黑气日消，阴符消尽，纯阳白气内明。当明之时，闭目收视，自见五脏宫室，自见三万六千血脉神灵，渐至出有入无，分身千亿，是名得一之元。守一之人，但能虚其身，空其心，常守空虚，内凝神思，元始妙气自然归流于守一人身中，主持性命。

老君告文始先生曰：吾思此道，本出杳冥。杳冥者，守黑也，即守一也。盖静定日久，天光内烛，脱身壳中，收视内观，形貌如然。此时，外即光焰周身，内则分身千万，此崔女《守一诗》之妙也。

太上说《心印》曰：“真人巾金巾。”此五字，乃玉晨君之心印也，老君以此传与文始先生。守此心印，即是守一之元也，即是入天道之门。上圣高真未有不从此而入者。要而言之，守一之元，即是守空无寂寂中元神也。一之元不可见者，象罔是也。一之元可得者，元珠是也。

匪受自天。太老之真，

解：老，或作无。

无上之仙。光含影藏，

解：此言“得一之元”，须精诚守神，积功炼形，冥心无心，冥身无身，内不分己身，外不分天地，久则骨肉亦化为纯阳精气。

阴气内消，始觉天光内照，焕然照蜕身之中。天光既合于内，形影灭藏于外也。

形于自然。

解：此言光含影藏，神凝空寂中，忽然呈形。此乃天仙之姿，出于自然，非寻常之身也。

真安匪求，

解：衡岳真子注云：此言道成，形凝身中，非智巧所能求。但须冥心无心，冥身无身。若苟有身心，即神不凝矣。

神之久留。

解：栖真子王损之注云：真胎所安，只藉凝思于内，元神久留耳。昔老君告文始先生曰：人能留神于身内，知而抱玄，岁月坚久，其神久留。久留方凝成神仙。

衡岳真子注云：守一功至则神凝真形，安在我子宫之中。子宫即气海、血海也。真安

在子宫，名曰神之久留。必须积功坚苦，岁月深远，方得成形。《西升经》云：藏人于人而不出，藏身于身而不现，然后天道盛矣。旨哉言乎！又曰：无心之心，无身之身，是谓道人。

美淑则真，

解：此言守一之久，则阳和之气，照烛一身，犹如灯烛，朗朗然，了明无物，阴气尽消，真形更真。

体性刚柔。

解：此言无形妙法，真如法身，能刚能柔。柔谓揽之不盈手，刚谓贯串金石。

丹霄碧墟，上圣之俦。百岁之后，空余坟丘[①]。

【注】

①百岁之后，空余坟丘：《辑要》本无，据《道藏》补。

坤诀

真传有诀，真传有诀。

解：夫女子秉坤柔之德，而真阴中具有真阳，修炼较易。今得此坤修，信乎升天之阶级，渡世之梯航也。其诀俱在有中著力。有者无之始，从有至无，即是真阳之位。此二句虽重在命功，却合性命而言，乃坤道第一大关键。(上句要于有中还无，下句于无中生有。)

庚甲须知，

解：庚甲申明，命功入手处。庚者金也、虎也。甲者木也、龙也。其义已详乾集[①]。庚金为修炼之本，甲木常畏其克，而克中反有生机。炼丹家最喜死中求活，故庚虎既降，甲龙即兴，一降一兴，生杀之机已伏，颠倒之理弥真。知此生杀颠倒之时，用法斩龙之头，牵虎之尾，使龙不兴云，虎不招风，风云息而天清月皎，龙虎降而性合情投，归炉起炼，立结黍珠。保命之法，莫妙于此。“知”字有潜心守视之意。风欲来即须擒虎，雨将降乃可斩龙。不先不后，及时斩取，方可煅炼。

【注】

①乾集《乾诀》注此句："天一生水，生金生木，滋火滋土，其用不穷，而水中之真炁为金水之用，金之功也。故庚为万物之母。帝出乎震，则木者发生之象也，而反为终者，木从金而实。铅制汞而成丹也，故庚虽成义而始萌。"云云。

学庸详说，易理宜参。

解：不明理，又无以学道也。从今学参入，方不落空。于《学》《庸》下得转语，斯为见道。至如丹道统于《易》中，《彖》曰："至哉坤元，万物资生。"坤属老阴，阴极阳生，顺承乎天则生人生物，顺承乎己则成道成真。细究坤之真阳发于何处，即知吾身真一产于何方。求得此一，固得此一，命宝乃全。此求在吾者，不得向外觅取，故曰"宜参"。

性宗须彻，性命双修，阴阳相接。

解：性功为入道之始终，于性不彻，此宝未能常住。必如秋月澄潭，纤尘不染。无始之始既已了然，不空之空咸归自在，斯性命双修，阴阳相接矣。

教人熟辨有无，莫负一腔热血。

解：阴阳即有无，要于藏经中留心三日，则真阳之来，真阴之往，俱已井然。来龙之头可斩，去虎之尾能留，二炁相交，细缊和洽，方成法体。不然徒费心血，又何能修炼耶？

机在目前，气由此拔。上有天谷，下有泉穴。认定二处，不宜差别。

解：临机切要，惟是以目始意，以意始气，以气凝神，以神炼真，通天达地，无往不灵。苟或天谷不热，气不上升，涌泉不热，气不下行。必须意目注视，上下其力以引之。认定二穴，不可少有差错。子午行功，久久纯熟，再行烹炼。

应时须参悟修，自有黄芽白雪。

解：以上坤道大统，研求印证，贯彻于心，然后入手下功。擒归之龙含珠，驱回之虎摇尾。黄芽生于土釜，白雪产于琼宫。大还到手，随面壁以忘忘；所欲从心，尊帝天而穆穆。便到西池会王母，白旌黄旆自来迎；一声霹雳天庭辟，脱去胎州重浊身。

清静元君坤元经

尔时，元君在华阳洞天，与诸天延那仙姑、十二溪女说《坤元妙经》曰：天阳地阴，天动地静。乾行坤顺，元亨利贞。乾道成男，坤道成女。独阴不长，独阳不生。刚柔得其中庸，水火始能既济。孕生万物，盖载苍生。慈忍无争，敬顺辅相。是故居母道之仁，为后元之配。致功论化，其道一焉。自辟乾阖坤以来，有圣母、有后土、有天姆、有女娲、有斗母、有佛姆、有元君、有王母、有仙姑、有玉女，至于麻姑、天妃、天女、玄女、无极女仙、女菩萨、比邱尼、那延溪女、紫姑、湘妃、洛神、巫女、电母、青娥、素女、织女，皆以坤元柔顺，修真得道，证明高果，是与天元同气不二。今善女人各具坤元，咸能入道，俱以修力，可证极乐妙果，万劫长存。

若以己身碍漏难修，则其心原无走漏，汝何自蔽？无始以前，何有色相？何有身迹？惟一惟空，原无二心，汝何修身？汝何弃心？如能返思其原，更有修真捷径。我今为汝女众，说是捷径，汝当谛听。

夫乾道动，坤道静，欲修性命，务须从静。汝今原静，又何以修？坤道浊，乾道清，欲修性命，务须从清。惟能以浊修清，是以入道证果。吾今为汝说是修清之道。夫清浊虽别于形质，而本元出自心神。汝欲心静神清，务修其性。能悟修性，便是立命。汝能悟者，即是汝性。汝性非性，汝心非心。心即是心，性即是性。性非汝心，心非汝性。若问汝性，性即说性。若问汝心，心即说心。心无所心，性无所性。亦非无性，亦非无心。性亦非心，心亦非性。性无有心，心无有性。性本无心，心本无性。心若有性，即非道心。性若有心，即非道性。道性我性，道心我心，是真实性，是妄想心。性若真实，即见道性。心若妄想，即非道心。虽曰道心，又有云说。

名何云心？有肉团心，有虚灵心。此虚灵心，是名何心？是真道心，是真实心。彼肉团心，是名何心？是非道心，是妄想心。汝能剔肉团心为虚灵心，悟非道心为真道心，破妄想心为真实心，加以勇猛心、精进心，除却烦恼心、障碍心。惟障碍心是执着，故欲除执着，务加金刚心、虚空心、死了心、不动心、智慧心、坚固心、圆满心、成就心、菩提心、慈悲心、欢喜心。如是诸心，是名道心。能名道心，心即是道。若入是道，务守是心。若遇色相，如如弗动。若遇患疾，如如不变。若遇霹雳，如如不惊。若遇是非，如如不乱。若遇刀斧，如如不惧。若遇死亡，如如不坏。惟是不坏，即是不死。惟是不死，即是道心。惟是道心，即是修道。惟是修道，即是修性。性若无明，非是真性。舍此真性，更何有心？舍此真心，更何有道？

是故神通智慧，皆从心道而生，清静虚灵，皆自性道而出。三宝一而无二，四大总是幻空。

务向浊处存清，惟自静中防动，能防其动，即明其性。能明其性，即守其心。心若常修，六贼难入。惺惺觉察，五蕴何来？智慧光明，恍朗纯和，性明命立。以铅制汞，赖土成功，以汞投炉，幽潜真默。炼形化炁，炼气归神，炼神还空，即是本来。又何劫之不存，何果之不证？何身之有漏？何心之有障？何道之有二哉？汝善女人，又何疑之不修哉？

于是元君说是经已，告诸仙众：吾今所说不二之旨，吾曾拜受于玄女元君。贞一坤元，无上妙道，为汝善女人道海津梁。即有善男子，亦不离是。吾今恐汝暗昧疑退，再说偈曰：

男女本一炁，清浊动静异。女人欲修真，切使真元聚。
阴中有元阳，存清勿以弃。明此色与欲，本来无所累。
屏除贪嗔痴，割断忧思虑。去浊修清性，不堕诸恶趣。
静寂守无为，我即男子具。无无无其形，有有有无意。
内视色声空，丝毫无沾滞。仗土为坤基，一阳本自地。
铅汞固不同，炁神无二义。渺渺空灵心，心神能为制。
一炁返春和，飞出云霄去。偕汝太清游，是曰真如偈。

元君说是偈已，诸天延那天女、十二溪仙，香雨散花，宝珠缨络，洞章飞舞，欢喜信受，赞叹希有，礼谢而退。

青山绿水 自与今朝长是醉

绿水青山 得道之人本要闲

附一 王重阳

重阳真人金关玉锁诀

或问曰：如何是修真妙理？

答曰：第一先除无名烦恼，第二休贪恋酒色财气，此者便是修行之法。夫人之一身，皆具天地之理。天地所以含养万物，万物所以盈天地间，其天地之高明广大，未尝为万物所蔽。修行之人，凡应万事，亦当体之。

难曰：天有昏暗，地有动摇，山有崩摧，海有枯竭，日月有盈缺。且人有疾病无常，如何治之？

答曰：欲要治之，除是达太上炼五行之法。

问曰：如何是五行之法？

诀曰：第一先须持戒，清静忍辱，慈悲实善，断除十恶，行方便，救度一切众生，忠君王，孝敬父母师资，此是修行之法。然后习真功。

诀曰：第一身中东西要识庚甲卯酉。第二身中南北要识坎离铅汞。

诀曰：庚甲卯酉者为昼夜。甲卯者是肝之气。八节中立春、春分，口中为津也。庚酉者是肺之气。八节中立秋、秋分，口中为液也。坎离者寒暑。离铅者是身中心气。八节中立夏、夏至，身中为血也。坎汞者是肾中气。八节中立冬、冬至，身中为精也。精生魄，血生魂，精为性，血为命。人了达性命者，便是真修行之法也。

诀曰：精血者是肉身之根本。真气者是性命之根本。故曰：有血者，能生真气也。真气壮实者自然长久，聚精血成形也。

问曰：既为人，因甚生死先后者，何也?

答曰：先死者，为其人心著欲乐，贪恋境界。是男子者损精，妇人损血。白日不断无名烦恼，夜中不斩三尸阴鬼，男子妇人已有无常也。

问曰：不死之人，何也?

答曰：不死者，为其人身清静无垢，惜真炁在丹田，精血不衰，其人不死也。

难曰：多见今人清静休妻，亦不能成道者，何也?

答曰：虽是此人清静，却不达真清静之功。其人虽是一身清静，却不能定于精血、养真气，此人身清心不清，其身静意不静。岂不闻《清静经》云：夫道者，有清有浊，有动有静。清者浊之源，动者静之基。经云：不垢不净。若论真清静者，眼内无泪，鼻内无脓，口内无唾，不炼大小便，男子养精，女子定血，万邪归正，万病不生，方可是丹田清静。今人说清静者，都是假名。夫修行若内外相应，未言大乘，先说小乘。《心经》云：能小能大。未言过去，先说见在。过去者是果，见在者是功。又云：功成果满。未言真，是说假。惟一灵是真，肉身四大是假相，借炼假成真，感合为一。

诀曰：见在一身安乐为小乘，都是大乘之根。初地法，心为小乘，结果为大乘。小乘为根，大乘为梢。

诀曰：梢根相借。梢借根而生。今修行者，不知身从何得，性命缘何生。

诀曰：皆不离阴阳所生，须借父精母血。二物者，为身之本也。今人修行，都不惜父精母血，耗散真气，损却元阳。故有老，老有病，病中有死。既有无常，何不治之。夫真道者，空中有实，实中有空。经云：大道无形，生育天地；大道无名，长养万物。从真性所生为人者，亦复如是。昔日老君炼金、木、水、火、土，留下三乘妙言，行行灭罪，句句长生。第一，上有神仙抱一。第二，中有富国安民。第三，下有强兵战胜。

问曰：何者是神仙抱一？

答曰[①]：抱一者，天下人身之根本。一者，是万物之根本。一者为道也，昔为初。一者，真水也。水中生气，气中生水。万物者，从一生万物，是长养。一生二，二生三，三生万物。三中四智功，五眼恁起，六根扫荡，七魄运开，八卦说，九思[②]真，道凭无漏果圆融。意想自神长在丹田，抱守元炁，莫教散失，此者是抱一之法。

【注】

①答曰：二字据文意补。

②九思：指存神于上、中、下三丹田。

问曰：何者是富国安民？

诀曰：男子、女人身中，各有九江四海龙宫，库藏中有七珍八宝，莫教六贼偷了，此是富国安民。

问曰：何者是强兵战胜？

诀曰：夫战胜者，天下少人知。夫战胜是常之法。

难曰：既论清静之法，何得说战胜理？

解曰：今人不达战胜之法，又能治于病疾无常。战胜者，第一，先战退无名烦恼；第二，夜间境中要战退三尸阴鬼；第三，战退万法。此者是战胜之法。若人会得三乘者，变殃恼为福也。夫修行者，常清静为根本大乘之法。欲为大乘者，须索从小乘而起，清不离浊，动不离静，静中便生动，浊中便自有清。有天地，有日月，有水火，有阴阳，谓之真道。经云：纯阳而不生，纯阴而不长，阴阳和合者，能生万物。今人修道者，却不修真道。道者，了达性命也。性命者，是精血也。人有万病，是病者皆伤人之命矣。有疾病者，尽不干五脏之事，都是损了精、气、血三宝。欲要安乐长生者，除是持清静之识。或有未出家之人，年少时不能持清静之果。从小乘入中乘、上乘。初地达法心为小乘，觉悟者为中乘，了达者为上乘。第一是化城，第二是银城，第三是金城。似一根大树，先有其根，后有其梢。如常时只宜清静，大为正道也。

问曰：假令一身清静，却逢天魔之日，如何治之？又假令逢外道波巡，请曰如何治之？

答曰：波巡者，界也。境界皆有，只要识进退、三要[①]，辨清浊。若逢阴阳者，加火入水，却浊不相煎之法。

诀曰：假令魔军来时，急须准备，检三千强兵。

诀曰：三千疏真功。强兵者，为其气也，有来无去，千息数积，其气在丹田不散，只教暖，不教冷，自结胎仙，为妙法也。若人得如上妙者，永得如上真功，功成果满，永得安乐长生。一切修功之人，临有难之日，小心准备。

【注】

①三要：第一要炼精，第二要调息，第三要养心。

问曰：如何治之？

解曰：人临有难之日，先见其死相。

问曰：如何是死相？

诀曰：天柱动摇，树倒山摧，六神俱乱，性命不能保，精神恍惚，天地暗，日月无光，便是无常之苗也。有漏之身为地狱，无漏之果为天堂。人有漏之身，须证无漏之果圆者，皆共成于道果。

问曰：假令白牛去时，如何擒捉？

诀曰：白牛去时，紧叩玄关，牢镇四门，急用仙人钓鱼之法。又用三岛手印，指黄河逆流，掩上金关，纳合玉锁。如人斩眼，白牛自然不走，名机出水登彼岸之法。有十般定性命之法。

诀曰：一名金关玉锁定；二名三岛回生换死定；三名九曲黄河逆流定。是名无漏果圆者，皆共成于仙道。若定了宝时，休教滞了腰脚，昏了眼目，此是定三宝之法。

问曰：若有人收定三宝，搬运归寄何处？

诀曰[①]：先用芦芽穿膝之法，烹气冲宝炉骨，运气直至涌泉，补于二足，然后七返还丹之法。如气滞定腰脚时，便行铁车黑牛功，然后开宰门。如得元炁实肚者，先行肘后飞金晶之法。如不用行此功者，不行穿膝之法，不行七返三岛之法，便行肘后搬精补脑之法，望长生不老。今人行功，顾上不顾下，如小儿建塔，下不坚牢也。如何是中炁实？要坚牢也。又于坎宫便用羊、鹿、大牛三车搬从荆山运宝。

诀曰：荆山却近，有一人姓卞名和。有一日荆山打柴，却见一凤凰落于一块石上，卞和便知石中有宝，将来献帝。帝大怒，刖了卞和双足。

诀曰：卞和者，识也。意，顽石也。凤凰者，是真气，成是身。玉者，是骨中精髓。刖者，是两足不行穿膝之法。

诀曰：善清静，名曰下元宝成，如日月相似。便用三车搬运，上昆仑顶。叹曰：今人能道不能造，能说不能诀。

又曰：行功心行意不行。今人多迷，不修身体。第一，神性是大牛之车，须索动青牛拽车，车中载宝，是鹿车。第二，行白牛拽车，车中载宝。第三，暖气行火，是羊车，赤牛拽车，车中载宝。三车行时，初离荆山尾闾，中入地轴，过天关，过下双关肾俞二穴，是腰腿入曹溪地，夹脊上双关，夹脊是也。双射上苑岩、分水岭二名，天台岭三名。女子运宝，前安乳香，频进真火。如行此功一年，令妇人如童男。意想铅汞二珠射蓬莱脑后开，天门自开透红霞，真炁入髓海自暖，令人头白再黑，名曰肘后飞金晶之法。我师言曰：皆见提井人，不见用绳儿。无虽后生有，神水还丹田。夫行功之时，子午起，跏趺坐，搓手，如真气煎体。过天桥，过额颅是也。只教上腮、下腮上用意，分真气两下流转，太阳元中落于腮，上流牙齿，从左口角、右口角取液。又为玄珠甘露，用赤龙搅得匀停，漱为雪花白，有甘味也。口是八色琉璃渠，一中八味水，二水中能生八识。口含藏真气，真气中分八卦。艮为立春，震为春分，巽为立夏，离为夏至，坤为立秋，兑为秋分，乾为立冬，坎为冬至。八卦中各生阴阳，阴阳中各分寒暑。

诀曰：咽津为阴，随后行气乃为阳，须索阴阳水火，停分二清津，分三两咽，常留二停，恐树枯竭。又云：惜水流，不得江河断绝。

【注】

①诀曰：原刻无，据文意补。

又问七返。

诀曰：咽神水到气颡中，肺化为液，善治诸咳嗽，渐生于魄。

又云：咽津到心上，令人心开悟解，又是洗心神水，洗心见性。颂曰：见花五叶开，步步入仙台。神水化血。又咽神水到肝，肝为木，假名为青龙，龙得水时必旺，善治一切眼，气化为津。又咽神水到脾，脾为土，土得水者能生黄芽。腹为大小肠，九曲至脐中一寸三分，方圆一寸，左青右白，前赤后黑，中黄戊己，名为丹田。田内一座宫，宫中名曰黄庭。宫中有一炉，名为丹炉。炉上坐定一只金鼎，下频进真火，上频添神水。水火者，坎离也。夫水火是君火、臣火、民火，三火者，为真味也，心、性、意是也。今人未了达三般者，第一味不明，第二味不悟，第三味智不成道矣。若人达三般者，三明六通也。进火时，上用水洗，下用火煅。经云：身下出火，身上出水，其上合下闭，乾坤相合，教龙盘金鼎，使虎绕丹田者为妙。名曰炉刀圭也。若人行此功者，永得安乐长生也。

问曰：既刀圭，何者言为一粒刀圭？何者自饮刀圭？何者为铁离刀圭？

诀曰：三刀圭者，为宝也，是精、气、血也。

诀曰：一粒刀圭者，津液；自饮刀圭者，咽津服炁；铁离刀圭者，是真炁。行功不退变，万邪皈正。如行功时饥食金饭，渴饮玉浆，冷时进火，热时进水。火者是真阳，水者是真阴。此功者，是抽添加减之法。

诀曰：抽者从上收真炁，添者从下进暖炁入丹田，若人肾宫暖者，万病消除。

问曰：男子女人忽时便有疾病无常，何如也？

答曰：为一切男子女人，心著欲乐，贪恋境界之事，白日不断无名烦恼，夜间境中不能断三尸阴鬼，男子损却精，女人损却血、炁，三宝走却元阳，故乃人有疾病无常也。不闻神仙之语：人似破漏房屋，主人不修补者，宫殿倒塌，坏其梁柱，是人有疾病也。

难曰：因甚小儿清静不损三宝，亦有疾病无常者，何也？

诀曰：小儿有病者，昔日在母腹中，因母血气亏弱，受母十月胎气不足，又或犯风淫暑湿，四集不忌，受胎小儿故有疾病无常也。

问曰：因甚有丑好之人，何谓也？

诀曰：貌正者，是日父母二气感应日月，午时已前、丑时已后，便得端正真实，长命有衣禄，貌正得父母喜悦之心。午时已后、丑时已前受胎，有一貌不正者，或病聋喑哑，多性劣不得人意，命穷无衣禄，寿命不长也。此是造化之根本也。

问曰：假令逢冤魔者，如何治之?

诀曰：宜清静。忙中偷闲，闲中取静。若人有难之时，急须回避，心王须用灌想之法，急驱神意入上泥丸神宫，正坐意想，眼见前仙男仙女各动仙乐，叩齿定意，看昆仑山景，见上牛、羊、鹿、马、玉兔，意想上拿住系定。功时，忽思上有一宝树，树上有花，花开结子，意摘取吞之，是吃了此物者，永得安乐长生。此是修正法一句，了然大牢镇四门。

诀曰：血海命门气定，无开闭户精定，不思外境神定。精血散者，性命也。一意者，为真主人也。齿是为玄关，闭丹田者为下玄关，提金精上玄者为金关，紧叩齿者为玉锁，六根不动者是六度，号都关。下纳气为勒阳关，上腮为顶阳关，鼻为天门，夹脊为双关，行功之时，一齐开锁。神不动者，意不乱也。意者恍惚也，此是清静之法也。及春夏秋冬，但小儿小便黄色者，是丹田虚败，失却下元，存真炁，急用穿九曲之法，又名九转穿小肠，九透真炁入肾堂，小便自然青白色也。一身便得安乐。

问曰：何者是三乘之法?

诀曰：下乘者如新生孩儿，中乘者如小儿坐地，上乘者如小儿行走。若人通此三乘，便超三界——欲界、色界、无色界。是心、性、意显具三身——清静法身、圆满报身、三昧化身。三者各有显迹之神。第一会，太上炼甲乙木，是虚坦会，老君著青衣，度三千青衣道士者，转青神黄卷三十六部灵宝尊经，留下九转丹、黄芽穿膝之法。绝国第二会，释迦佛留下炼南方丙丁火，身被烈火袈裟，三千赤子比丘僧人，留下十二部大乘尊经，射九重铁鼓之法、芦芽穿膝之法。龙华三会，夫子在鲁国之习学堂炼西方庚辛金，三千白衣居士，留下十卷《论语》，并穿九曲明珠、芦芽穿膝之法。三教者如鼎三足，身同归一，无二无三。三教者不离真道也，喻曰：似一根树生三枝也。

问曰：大道之中离几等神仙？

解曰：闻《传道集》中有五等神仙。第一，不持戒，不断酒肉，不杀生，不思善，为鬼仙之类；第二，养真气长命者，为地仙；第三，好战争，是剑仙；第四，打坐修行者，为神仙；第五，孝养师长父母、六度万行方便，救一切众生，断除十恶，不杀生，不食酒肉，邪非偷盗，出意同天心，正直无私曲，名曰天仙。当日初发善心处，便是吉祥之地。为善法大修行人，后有禁忌之文。

诀曰：男女五月、六月宜清静大忌，十一月、十二月宜清静。又男子五月、六月大杀之月，勿近妇人，为五劳七伤。男损性命，女人损性者，是精血气也。损者令人左瘫右痪，赤白带下。若损五行真气为劳，损七宝为伤，万病者各有来处。

问曰：病从何生？

诀曰：万病皆从八节不正之气而生。

问曰：何者八邪？

诀曰：八卦中阴阳不顺，是八节中气令人入邪者，是饥饱劳役、风寒暑湿。饥来痛饱，寒极忧心，远行困倦，及冷热身醉，亦不可行功，变成大病也，宜清静行之。行时舌上收玉液丹，鼻中收元阳丹，肾堂中收金液丹。如精髓满骨实者，死经百年，筋骨不解，名为连子环镇骨。

诀曰：二十四忌大丹者，是一年二十四炁。上令告我师，愿求妙诀，须索意自息，肯舍重金净财。第一舍身布施，第二将花献师，第三令膳而供养。

解曰：舍身布施者，若见师长父母危时，舍命求命。将花献师者，若师长须打骂，须将喜笑迎之，面上无嗔恕。令馐而供养者，食有好味，先奉其师。此名三布施也。仙人言曰：坚者为道，欢喜者为缘。若求师不勤，岂至于道。吕翁曰：不因师指，此事难知。又云：学而不知者，不学而悟之，学而不从师，名为盗学也，是法中贼。若掩祖上师得，促自己寿，与常人同例。自扬己得，是断行做作，此人可以成道乎？其人谓：轻师慢法，不堪为师。未学修行，先持救济他人者，为救自己者，凭功德行，人各认祖宗科牌——太上为祖，释迦为宗，夫子为科牌。自从三教既寂已后，一切男女在爱河内煎煮，苦海漂沉，受其烦恼，六道沉沦，不生不落去住。三教圣主、三界圣母，却来救度儿女，名号记显现分明，寿印信为其勘同。

解曰：一身为全，受戒者为记，心悟了达者为火。《随求经》云：如意宝印从心显名为号，有十号者为十善。十号者为能人。一号元修，二号转分明，三号通三界，四号长生，五号光明现，六号意通，七号全身主，八号福禄增，九号天元修，十号者为能人。一加性十号无漏，功德自然成。三教者，是随意演化众生，皆不离于道也。古人言曰：世间性命事大。修行者生、老、病、死、苦，今人各不晓真道，往往著空尽落空，现在亦不能了，何言过去之事。又闻《达摩经》云：过去非言实，未来不为真。太上炼九转还丹，令人去病疾，了生死。夫子教仁、义、礼、智、信，恐人招业在身，令人修此亦能治其疾病。

问曰：如何治于病疾？

诀曰：除眼大良药。解曰：长大欢，为良药。

诀曰：欢喜者，是药之根本。常烦恼者，是万病之根本。或常清静者，是大道之苗。但见今人修行，或僧道五戒，男子妇人却因甚病疾无常？或男子女人，有夫无妇者，丹田走却灵龟，耗散真炁，下元虚冷，渐生万病。男子清静六十四日精炁满，女子清静四十九日血炁满。物极者则返，清为浊返，静为动返。心意散失，九窍走却真气。炁浊令女子月水多，男子夜梦阴境，盗了七珍八宝，故人有疾病也。

问曰：阴鬼如何治之？

答曰：用刀圭之法。

曰：何者为刀圭？

诀曰：刀圭者，一也。有水有气能生万物也。炁为圭，为云，水为雨。又曰：出炁为刀，入炁为圭，行功为万有，验者为刀圭，是返老还童也。经云：身下出火，身上出水，水火为药。

诀曰：芦芽穿膝，上下河车，安炉灶是紫河车，搬精补脑之上车，进火时水暖，进水时火凉。水火双行者，是温温铅鼎，鼎中入气，起休交上，随车火时，散入百脉，皮肤滋润，身体光泽，此是修养之法。

难曰：因何人肥者先衰？

诀曰：肥人者，修外不修里，骨中无髓，丹田走却真炁，故衰病也。修内道者，安乐长生之苗。

诀曰：长教龙盘金鼎，虎绕丹田，震卦起雷，巽卦起风。行功时，漱津一大口，分三度咽，按气下行三遍，自然有龙吟虎啸之声。亦能除腹中万病，耳听之如雷捶画鼓。上者为升，下者为降，颂曰："真空妙理无人知，曲江端坐看乌飞。震地雷声惊鬼魅，正是阴阳造化时。子后午前加减用，水火烹煎龙虎随。金公带酒黄婆醉，捜定王公问是谁。"

问曰：金公是神，黄婆是炁，阳炁是婴儿，阴炁是姹女。青龙者是肝之炁也，白虎者是肺之炁也，坎离者是精血。

诀曰：行功时，坐如泰山，立如宝塔，牢镇四门，紧叩玄关。漱津一口，为猛三咽，下接炁，过离隔，活作三度，自然龙虎之炁复。如行住坐卧，禁口闭目，耳不听声、眼视内景。一日正观丹田，意中想见随呼炁下降，随吸炁上升，不过离隔，不教注面目上。六炁各到中元相见，清炁右行，浊气左行。各转九遭，炁上下不能出，左右结成炉灶，号龙盘虎绕，气自然和会。又婴儿姹女为夫妇之法，炁聚于脾上安炉，号黄婆匹配之法，又名天地交泰之法，又名坎离交媾，是体交神不交之法。神不交者是清静之法，千遍不摇不动之法。今人者多修外道，不修内道，见在道过去法。夫修行者，外有条大道，教内有正路，无人知处。

大众前行三里，见三条大涧亦无底，怎生过去?

诀曰：三条大涧者，是三教三乘，起三尸，定三宝，超三界。

向前又行三里见六条深沟，不能前进，是何门?

诀曰：是六度万行，六根清静，斩六贼，戒六欲，树六梯。向前又行三里，见三产枋，是宝净枋，七林尸多，便是临作用。行三里，又见一座园，名为舍果园。一翁看定园门，有缘者空手得过。向前园又行三里，见一根大树上系定金牛，河边上有座台，男子黄金台，女子凤凰台，神仙钓鱼台，安乐千花台，若无常望乡台。河口有三个女子，渡口便是魔女，众满舟船。过此河又行三里，见一座大山，名是须弥山，山东坡有一只青羊，是老君之炁；西坡见一只白羊，是夫子之炁；正南见一只黄羊，是大觉金仙之炁。三个羊儿引接大众入山，名三阳聚鼎山。山中有一座城，名为北城，有四门，门上有牌，牌上有字：东是开光门，西是长生门，南是金光门，北是大沧门。此是眼、耳、鼻、口。入得四门，见四洞府：天乐洞、白云洞、竹国洞、长生洞。入得四洞，见四寺：无净寺、玄空寺、竹林寺、□□□。有四果安禅罗汉：斯陀含、须陀洹、阿那含、阿罗汉，为四寺主，此是四果仙人也。向前又见五观：第一功名观，第二医药观，第三安阳观，第四真如观，第五兜率观。五观中有五宫：双女宫是眼，大龙宫是口，上白宫是鼻，水晶宫是耳，天秤宫是心。内坐大楼阁，上下十二呼吸，名曰十二重楼也。有中宫楼、月宫楼、天仙楼、取宝楼、圣井楼、法炁妙音楼、识道楼、禅顶楼、景阳楼、钟鼓楼、二圣楼。每年十二月一日十二时，人身中有十二月楼，楼者，按经十二经、十二支干。四面又见九宫，是人有九窍也。夫九窍宫者，东有风雷宫、双林宫，南有紫微宫、牟尼宫，西有圣母宫、惠罗宫，北有梵宫、水晶宫，中央号安宫。此名为九宫，犹地列九州岛也。又微府元共计十州也，是十国：焦祖国、牟尼国、开花国、鹿严国、金色国、琉璃国、舍卫国、南禅国、天竺国、重阳国。十国者便是十地，每一地中一坐泰山。

身是甚物？是治种大病，皆伤人命。身有四大海：津为东海，血为南海，髓为西海，气为北海。更有九洲，小肠是也。更有五湖：身是洞庭湖，精是玉湖，甘露是醍醐，心为玄湖，小肠为江湖。日、月、星辰三消，血、气、精衰也。三消是山崩、海竭、地裂，一日十二时辰中，得坐莫越，其人功成果满，男子炼形如童男，女子炼形如童女。经云：形神俱妙，与道合真。此是抽胎换骨之法，阴阳颠倒五行真诀。

五行含金、木、水、火、土。春木旺，内木不旺，人多病眼疾。夏火旺，内火不旺，人多泻痢。秋金旺，内金不旺，人多咳嗽。冬水旺，内水不旺，人多疝气。脾[①]为土，四季分了脾气，阴阳颠倒返复也。五行各有相克：金克木、木克土、土克水、水克火、火克金。水火者，是阴阳也。一阴一阳，真道也，精血也。人有万病，尽不干五脏之事，都是损了父母精血，丹田弱便生病疾也，急收神定性。

《九仙经》云：道者，一也。人得一者，万事必成。行功时，神气转，炁逐意行。运时，前赶前冲为阴，左将阴神六甲，驱转六相八识，匡一真灵，内游九宫，看玩十国，长生降台，使婴儿姹女丹田安炉灶，进火烧药，意想见炉红灶热，丹药方成。意想青龙在左，白虎在右，朱雀在前，玄武在后，四坐大神各手执长枪阔剑，看定药炉。自服妙药。若人累行此功，永得长生，令邪气自散，真气自生，口若饮荆山玉泉，口中自然香甜也。二下穴通达肾堂，随呼气取之。宝气入口，嗽三十六遍为雪花，咽入丹田为雪也。随后便上合下闭，乾坤相合，真气满足。脾暖者，万病消除。似灶中烧瓦，时到自然成。如鸡抱卵，妇人怀胎，不计时候，但觉身中疼痛者，便是铁黑牛搬车也，是真一气、真一性。黑者是下气也，痛气大便出，肿气小便出。又有降天关地轴法，望项阳关泥丸宫，鼻中长引真气入口，大呵作六遍，天关地轴如死不动，每日行宫者，常调和阴阳。冬至日一阳生，夏至日一阴生。冬至者是子时已后，望东方日出为阳；夏至者午时已后，日没是阴也。阴阳返复之理也。地气上腾，天雨下降，三日一风，十朝二雨，风雨顺时，人民便快乐，便是一身快乐，无病长久也。

人有万病者，每一病各一般真功治，其病自应也。第一大炼九转还丹之法，有黄芽穿膝之法，射九重铁鼓之法，太子游四门之法，有金鞭指轮之法，有芦芽穿膝之法，有轩辕跨火之法，有玉女摸身之法，有钟离背剑之法，有吕翁钓鱼之法，有陈希夷大睡之法。三教内行法门者，尽各治于疾病也，更有能超生者。人行转此功，丹田养热真气，夜间多梦见山上放牛。其牛者，是赤牛，或青牛，或仙人、道士、宫观、寺院、大道、好房、高车、好树。夜见小儿女并大官人者，并是丹田气壮。若梦见小道荒棘、恶人趁、破房屋、塔墓、树倒、河渡，恐怕并是丹田气衰弱，宜用补之。

诀曰：对三人休言说，六耳恐漏神仙之机。

诀曰：此三人者，第一对夫不孝之人，第二对夫不敬信之人，第三对夫不传戒、不善之人，莫说此诀。除此等人外，不分男子、女人、僧道、官人，皆得传法受戒。此修真成诀者，价直须弥金。取诸经为祖对，安乐者是小乘之法，虽是小乘，却是大乘根本。《因果经》中俱言修行有八般福田，救苦看病福田者是第一，救生性强如南寺烧香、北院送供。救一人之命，如造七级宝塔。若男子女人收得此诀，勿可乱传。如有乱传者，轻泄仙人妙机，九祖尽堕于沉沦，永镇酆都，不得人身。慎之戒之，信受奉行。

【注】

①脾：原刻作“碑”，误。

重阳立教十五论

第一住庵

凡出家者，先须投庵。庵者舍也，一身依倚。身有依倚，心渐得安，气神和畅，入真道矣。凡有动作，不可过劳，过劳则损气。不可不动，不动则气血凝滞。须要动静得其中，然后可以守常安分，此是住安之法。

第二云游

凡游历之道有二：一者看山水明秀，花木之红翠，或玩州府之繁华，或赏寺观之楼阁，或寻朋友以纵意，或为衣食而留心。如此之人，虽行万里之途，劳形费力，遍览天下之景，心乱气衰，此乃虚云游之人。二者参寻性命，求问妙玄，登巇崄之高山，访明师之不倦，渡喧轰之远水，问道无厌，若一句相投，便有圆光内发，了生死之大事，作全真之丈夫。如此之人，乃真云游也。

第三学书

学书之道，不可寻文而乱目，当宜采意以合心。舍书探意采理，舍理采趣，采得趣，则可以收之入心。久久精诚，自然心光洋溢，智神踊跃，无所不通，无所不解。若到此则可以收养，不可驰骋耳，恐失于性命。若不穷书之本意，只欲记多念广，人前谈说，夸讶才俊，无益于修行，有伤于神气，虽多看书，与道何益。既得书意，可深藏之。

第四论合药

药者，乃山川之秀气，草木之精华。一温一寒，可补可泄，一厚一薄，可表可托。肯精学者，活人之性命，若盲医者，损人之形体。学道之人不可不通，若不通者，无以助道。不可执着，则有损于阴功。外贪财货，内费修真，不足今生招愆，切忌来生之报。吾门高弟仔细参详。

第五论盖造

盖造茅庵草舍，须要遮形，露宿野眠，触犯日月。苟或雕梁峻宇[①]，亦非上士之作为，大殿高堂，岂是道人之活计。斫伐树木，断地脉之津液，化道货财，取人家之血脉。只修外功，不修内行，如画饼充饥，积雪为粮，虚劳众力，到了成空。有志之人，早当觅身中宝殿，体外朱楼，不解修完，看看倒塌。聪明君子，细细察详。

【注】

①宇：原刻作“字”，依《辑要》改。

第六论合道伴

道人合伴，本欲疾病相扶，你死我埋，我死你埋。然先择人而后合伴，不可先合伴而后择人。不可相恋，相恋则系其心，不可不恋，不恋则情相离。恋欲[①]不恋，得其中道可矣。有三合三不合：明心、有慧、有志，此三合也。不明著外境，无智慧性愚浊，无志气干打哄，此三不合也。立身之本在丛林，全凭心志，不可顺人情，不可取相貌，唯择高明者，是上法也。

【注】

①欲：《辑要》作“与”。

第七论打坐

凡打坐者，非言形体端然，瞑目合眼，此是假坐也。真坐者，须要十二时辰，住行坐卧，一切动静中间，心如泰山，不动不摇，把断四门眼耳口鼻，不令外景入内。但有丝毫动静思念，即不名静坐。能如此者，虽身处于尘世，名已列于仙位，不须远参他人，便是身内贤圣。百年功满，脱壳登真，一粒丹成，神游八表。

第八论降心

凡论心之道，若常湛然，其心不动，昏昏默默，不见万物，冥冥杳杳，不内不外，无丝毫念想，此是定心，不可降也。若随境生心，颠颠倒倒，寻头觅尾，此名乱心也，速当剪除，不可纵放，败坏道德，损失性命。住行坐卧，常勤降（心[①]），闻见知觉为病患矣。

【注】

①心：据文意补。

第九论炼性

理性如调琴弦，紧则有断，慢则不应，紧慢得中，琴可调矣。

则又如铸剑，刚多则折，锡多则卷，刚锡得中，则剑可矣。调炼性者，体此二法则自妙也。

第十论匹配五气

五气聚于中宫，三元攒于顶上。青龙喷赤雾，白虎吐乌烟。万神罗列，百脉流冲，丹砂晃朗，铅汞凝澄。身且寄向人间，神已游于天上。

第十一论混性命

性者神也，命者气也。性若见命，如禽得风，飘飘轻举，省力易成。《阴符经》云“禽之制在气”是也。修真之士不可不参，不可泄漏于下士，恐有神明降责。性命是修行之根本，谨紧锻炼矣。

第十二论圣道

入圣之道，须是苦志多年，积功累行，高明之士，贤达之流，方可入圣之道也。身居一室之中，性满乾坤，普天圣众，默默护持，无极仙君，冥冥围绕，名集紫府，位列仙阶，形且寄于尘中，心已明于物外矣。

第十三论超三界

欲界、色界、无色界，此乃三界也。心忘虑念即超欲界，心忘诸境即超色界，不著空见即超无色界。离此三界，神居仙圣之乡，性在玉清之境矣。

第十四论养身之法

法身者，无形之相也。不空不有，无后无前，不下不高，非短非长。用则无所不通，藏之则昏默无迹，若得此道，正可养之。养之多则功多，养之少则功少。不可愿归，不可恋世，去住自然矣。

第十五论离凡世

离凡世者，非身离也，言心地也。身如藕根，心似莲花，根在泥而花在虚空矣。得道之人，身在凡而心在圣境矣。今之人欲永不死而离凡世者，大愚不达道理也。

言十五论者，警门中有志之人，深可详察知之。

重阳真人授丹阳二十四诀

马丹阳问重阳祖师曰：甚是论祖宗、性命、根蒂、龙虎、铅汞、刀圭、金公黄婆、婴儿姹女、龙蛇、心猿意马、宾主觉照、太上、三宝、九星、五刚、三才、抽添火候、金丹、出离三界、七返、行住坐卧？

祖师答曰：宗者，是性也。祖者，是命也。名曰祖宗。

丹阳又问：何名见性命？

祖师答曰：性者是元神，命者是元气，名曰性命也。

丹阳又问：何名为根蒂？

祖师答曰：根者是性，命者是蒂也。

丹阳又问：何者是龙虎？

祖师答曰：神者是龙，气者是虎，是性命也。

丹阳又问：何者为铅汞？

祖师答曰：铅者是元神，汞者是元气也，名曰铅汞。

丹阳又问：何者名是金公黄婆？

祖师答曰：金公是心，黄婆是脾。

丹阳又问：何者名为婴儿姹女？

祖师答曰：婴儿是肝，姹女是肺，名曰婴儿姹女也。

丹阳又问：何者是心猿意马？

祖师答曰：心是猿，意是马也。

丹阳又问：何者名为宾主觉照？

祖师答曰：宾者是命，主者是性也。悟识真假为觉照者，是自己伶俐聪明为觉照也。

丹阳又问：何者名为龙蛇？

祖师答曰：龙者是性，肾也。蛇者是心中嘉炁也，是不离性也。

丹阳又问：何者名为三宝？

祖师答曰：有内外三宝。是道、经、师者，为外三宝也。内三宝者，精、炁、神也。

丹阳又问：何者名为太上？

祖师答曰：太者是大之极也，上者是至重高之极也，名曰太上。

丹阳又问：何者名为出家？

祖师答曰：出家者，万缘不挂，自己灵明，乃是出家。

丹阳又问：何为修行？

祖师答曰：修者真身之道，行者是性命也，名为修行也。

丹阳又问：何者名为长生不死？

祖师答曰：是这真性不乱，万缘不挂，不去不来，此是长生不死也。

丹阳又问：何名是道？

祖师答曰：性命本宗，元无得失，巍不可测，妙不可言，乃为之道。

丹阳又问：何者名为清静？

祖师答曰：有内外清静。内清静者，心不起杂念。外清静者，诸尘不染著，为清静也。

丹阳又问：何者为三命？

祖师答曰：《黄庭经》云：存精是元始天尊，存神是太上道君，存炁是太上老君，名曰三命也。然后再寻三命，枉费工夫。神炁相同，太上再留方便之门转化人。道常有也，在三者，东华帝君是心也。化十方诸灵大帝是肾也。除此外不可寻也。天有九星，人有九窍。天有四时，人有四大。天有地水火风，人有心精气身。天有五刚，地有五刚，人有五刚。天有三才，人有三才。

丹阳问：何名为九星？

祖师答曰：是北斗七元星、左辅、右弼二星，名九星。

丹阳问：何名九窍？

补：九窍谓眼、耳、口、鼻、上阳七窍，及下前后阴二漏也。[1]

【注】

①原刻缺。据《庄子·疏》补。

（丹阳问[1]）：何者名为地有五刚？

祖师曰：恒、衡、岱、华、嵩五岳是也。

【注】

①丹阳问：原刻与"九窍"并为一问，依前问答形式补充。下面几问原刻错乱，依问答体例重新整理。

（丹阳问：何者名为）人有五刚？

（祖师曰）：肝、胆、脾、肺、肾是也。

丹阳问：何者天有四时？

（祖师曰）：春、夏、秋、冬也。

（丹阳问：何者名为）人有四时？

（祖师曰）：四肢、四大是也。

丹阳问：何名天有地水火风，人有地水火风？

（祖）师曰：天有地水火风者，金木水火土也。人有地水火风者，心为火、精为水、气为风、身为土，乃是地水火风也。

丹阳问：（何名三才？）

（祖师曰）：天有三才日、月、星，地有三才乙、丙、丁，人有三才精、神、炁是也。

又曰：眼为窗，口为门户，心肾为日月，除此一身之外，不可外求。

丹阳问：何名为抽添火候？

祖师答曰：除一切尘垢，一切杂念，又神气常存，于本性不昧，名曰（抽）添火候也。

丹阳曰：何名为出家？

（祖师答）：老君曰：人能常清静，天地悉皆归。有功行修真之德者，为出家。

丹阳问：何名太上七返？

（祖）师曰：一者少言语，养内炁。二者戒心性，养精炁。三者薄滋味，养血气。四者戒嗔怒，养肺气。五者美饮食，养胃气。六者少思虑，养肝气。七者寡嗜欲，养心气。是也。

徐神翁注：但精神无恼、唾少为中。修行人也，乃三教圣人之意。凡人出家，绝名弃利，忘情去欲则心虚，心虚则气住，气住则神清，神清则德合道生矣。孔子曰：仁、义、礼、智、信。若修行之人，仁者不弃，义者不污，礼者不自高，智者不争，信者不妄言。《金刚经》云：无诤三昧，人中最为第一也。[①]

修行之人，澄其心而神自清。晋真人云：心清意静天堂路，意乱心荒地狱门。丹阳师云：要知上天入地，好弱由心。孟子曰：我善养吾浩然之气，故不动心。太上云：出家若不降心，百年之后无得中处。

重阳真人云：出家若不降心，返接世缘，道德损矣。《性命书》云：洗心对越，乃万物之根蒂。经云：心生则性灭，心灭则性现也。心灭者是宝。经云：诸贤先求明心，心本是道，道即是心，心外无道，道外无心也。

【注】

①此段至末尾，行文与前颇不类，疑他文窜入。

洞天福地常居此
人世光阴似水流

附二　七真年谱

七真年谱

宋徽宗政和二年（1112）壬辰，重阳祖师生于是年十二月二十二日。

按：北平王粹所撰传云：全真祖师王嚞，字知明，号重阳子，京兆咸阳人。世以赀产著姓，后迁终南县刘蒋村。其母感异梦而妊，及二十有四月乃生。始名中孚，字允卿。自稚不群，既长，美须眉，躯干雄伟，志倜傥，不拘小节。弱冠修进士业，系京兆学籍。善于属文，才思敏捷，尝解试一路之士，然颇喜弓马。金天眷（1138）初，乃慨然应武略，易名世雄，字德威。后入道，改称今名字焉，仍以“害风”自呼之。

政和三年癸巳（1113），重阳祖师二岁。

政和四年甲午（1114），重阳祖师三岁。

政和五年乙未（1115），重阳祖师四岁。

政和六年丙申（1116），重阳祖师五岁。

政和七年丁酉（1117），重阳祖师六岁。

宣和元年戊戌（1118），重阳祖师七岁。

宣和元年己亥（1119），重阳祖师八岁。

此年正月初五日，清净孙仙姑生于宁海州。

宣和二年庚子（1120），重阳祖师九岁。

宣和三年辛丑（1121），重阳祖师十岁。

宣和四年壬寅（1122），重阳祖师年十一。

宣和五年癸卯（1123），重阳祖师年十二。

是年三月初一日，长真谭真人生于宁海州，始名玉，字伯玉。

五月二十日，丹阳马真人生于宁海今之降仙坊。按：《传》：初名从义，字宜甫，本关中扶风人，五代兵乱，迁海上。

宣和六年甲辰（1124），重阳祖师年十三。

宣和七年乙巳（1125），重阳祖师年十四。

钦宗靖康元年丙午（1126），重阳祖师年十五。

金太宗天会五年丁未（1127），重阳祖师年十六。

天会六年戊申（1128），重阳祖师年十七。其年长真真人（谭处端）六岁。按：密国公撰真人碑云：六岁因戏堕于井，人急下救之，见公安坐水上，随挈而出。

天会七年己酉（1129），重阳祖师年十八。

天会八年庚戌（1130），重阳祖师年十九。

天会九年辛亥（1131），重阳祖师年二十。

天会十年壬子（1132），重阳祖师年二十一。

天会十一年癸丑（1133），重阳祖师年二十二。

天会十二年甲寅（1134），重阳祖师年二十三。

天会十三年乙卯（1135），重阳祖师年二十四。

天会十四年丙辰（1136），重阳祖师年二十五。

天会十五年丁巳（1137），重阳祖师年二十六。此年长真真人年十五，密国公作真人碑云：公十有五岁而志于学，其《葡萄篇》

已脍炙人口。

天眷元年戊午（1138），重阳祖师年二十七。按：《传》：天眷初应试武举，易名世雄，字德威。

天眷二年己未（1139），重阳祖师年二十八。

天眷三年庚申（1140），重阳祖师年二十九。

正月初三日，广宁郝真人生于宁海州，初名升，字则未闻也。

皇统元年辛酉（1141），重阳祖师年三十。

皇统二年壬戌（1142），重阳祖师年三十一。

其年三月十八日，玉阳王（处一）真人生于宁海州。

皇统三年癸亥（1143），重阳祖师年三十二。

皇统四年甲子（1144），重阳祖师年三十三。

皇统五年乙丑（1145），重阳祖师年三十四。

皇统六年丙寅（1146），重阳祖师年三十五。

皇统七年丁卯（1147），重阳祖师年三十六。

七月十二日，长生刘（处玄）真人生于东莱之武官庄。

皇统八年戊辰（1148），重阳祖师年三十七。

是年正月十九日，长春丘（处机）真人生于登州栖霞县之滨都。玉阳真人年七岁，按：真人《云光集》自序云：余七岁遇东华帝君于空中警觉，不令昏昧。

海陵天德元年己巳（1149），重阳祖师年三十八。

天德二年庚午（1150），重阳祖师年三十九。

天德三年辛未（1151），重阳祖师年四十。

天德四年壬申（1152），重阳祖师年四十一。

贞元元年癸酉（1153），重阳祖师年四十二。

贞元二年甲戌（1154），重阳祖师年四十三。

贞元三年乙亥（1155），重阳祖师年四十四。

正隆元年丙子（1156），重阳祖师年四十五。

正隆二年丁丑（1157），重阳祖师年四十六。

正隆三年戊寅（1158），重阳祖师年四十七。

正隆四年己卯（1159），重阳祖师年四十八。

此年六月望日，师饮酒于终南甘河镇，会二仙人被发披毡，而年貌同一。其人徐曰："此子可教。"因授以口诀。故师《遇真》诗云："四旬八上始遭逢，口诀传来便有功。"其所遇者，纯阳吕真君也。

正隆五年庚辰（1160），重阳祖师年四十九。

中秋日，师于醴泉县再遇真仙传秘语五篇，且曰："速去东海，投谭捉马。"已而真仙忽失所在。

世宗大定元年辛巳（1161），重阳祖师年五十。于终南南时村凿圹丈余，封高数尺，以活死人目之，坐于墓中。又于四隅各植海棠一株，人问其故，答曰："吾将来使四海教风为一家耳。"

大定二年壬午（1162），重阳祖师年五十一。是年坐活死人墓中。

大定三年癸未（1163），重阳祖师年五十二。

秋，填活死人墓，迁刘蒋村，结茅与玉蟾和公、灵阳李公三人同居，即今之祖庭重阳万寿宫也。

大定四年甲申（1164），重阳祖师年五十三。师《全真集》自序云：余尝从甘河携酒一葫欲归庵，道逢一先生叫云："害风，肯与我酒吃否？”余与之，先生一引而尽，却令余以葫取河水。余取得水授与先生，先生复授余，令余饮之，乃仙酎也。又曰：“子识刘海蟾否？”余曰：“但尝见画像耳。”先生笑之而去。

大定五年乙酉（1165），重阳祖师年五十四。是年，于终南上清太平宫壁上书云：“害风害风旧病发，寿命不过五十八。两个先生决定来，一灵真性成搜刷。“

大定六年丙戌（1166），重阳祖师年五十五。是岁，于长安滦村吕道人庵壁书云：“地肺重阳子，呼为王害风。来时长日月，去后任西东。作伴云和水，为邻虚与空。一灵真性在，不与众心同。“此年长春真人年一十九，弃俗入道，居昆嵛山。

大定七年丁亥（1167），重阳祖师年五十六。于四月二十六日，将刘蒋村茅庵自焚之，婆娑舞于火边。人问，答：“茅庵烧了事休休，决有人人却要修。”是日宿甘河镇，辞众曰：“余东海捉马去。”

五月，过北邙山上清宫，题其壁云：“丘谭王风捉马刘，昆仑顶上打玉球。你还般在寰海内，赢得三千八百筹。”至今石刻犹在。

闰七月十八日，抵宁海州，会丹阳真人。洎高巨才，邀师于范明叔怡老亭。

九月，长春真人自昆仑山来，谒祖师于全真庵，请为弟子。祖师训名处机，字通密，号长春子，仍赠之以诗。祖师又于广宁真人卦肆前，背坐感发之，广宁从至朝元观，祖师授以口诀及以二词付之。

祖师于十月一日就丹阳宅内，锁门居环，百日为期，约五日一食，化丹阳夫妇。是冬，长真真人就环内出家，祖师训名处端，字通正，号长真子，时四十五岁矣。

大定八年戊子（1168），重阳祖师年五十七。

正月初十日出环，分梨十化毕。

二月初八，丹阳真人出家，祖师训名钰，字玄宝，号丹阳子，时年四十六。是日玉阳真人自牛仙山来，愿为门弟子，祖师训名处一，时年二十七。

二月晦日，祖师挈丹阳、长真、长春、玉阳入昆嵛山石门口开烟霞洞居之。

三月，广宁真人（郝大通）来昆嵛山出家，祖师训名璘，号恬然子，时二十九岁。

八月，祖师挈五真人自烟霞洞迁居文登县姜实庵，立七宝会。

大定九年己丑（1169），重阳祖师年五十八。

春，玉阳真人辞祖师，隐居查山。

四月，祖师引丹阳、长真、长春、广宁迁居宁海州金莲堂。途中至龙泉，以所执伞柄内盛“㸚（zhú）阳子”号，乘风而起，至查山玉阳公前堕地，盖赐公之号也。

重午日，孙仙姑诣金莲堂出家，祖师训名不二，号清净散人，时年五十一。

六月，广宁真人辞祖师，亦居查山。

八月，祖师立金莲会。

九月，诣登州福山县，立三光会，于蓬莱立玉华会。是月，祖师领丹阳、长真、长春西至莱州，化长生真人出家，训名处玄，字通妙，号长生子，时年二十三。

十月，于掖县立平等会。是月挈四子至汴梁，寓磁器王氏旅邸中。

大定十年庚寅（1170），重阳祖师于正月初四日，召丹阳、长真、长春立于榻下，时长生遁去，曰：“丹阳已得道，长真已知道，吾无虑矣。处机所学一听丹阳。处玄、长真当管领之。吾今赴师真之约耳。”丹阳请留颂，师曰：“吾已书于长安滦村吕仙庵矣，今口授汝。”言讫而逝。是年闰五月，于正月十一日始立春，是止五十八岁矣。四子尽礼，权瘗于孟宗献之花圃。既而丹阳真人率三友入关，谒和、李二真人于终南太平宫。会史处厚于京兆，刘通微、严处常于终南。二真人乃祖师之友，三子亦祖师之弟子也。

大定十一年辛卯（1171），丹阳真人年四十九。是年与三友居刘蒋祖庵，修治葬所。

十月，广宁真人入关，乞食于京兆府。

大定十二年壬辰（1172），丹阳真人年五十。

春，于长安化自然钱。率三友复往汴梁，迁祖师仙柩西归，葬于刘蒋村祖庵。

九月，广宁真人西游岐山，偶得名大通，字太古，号广宁子。

大定十三年癸巳（1173），丹阳真人年五十一。是年，四师刘蒋居丧守坟。

六月，广宁真人度大庆关东归。

大定十四年甲午（1174），丹阳真人年五十二。

二月，广宁真人至真定，默坐于朝天门外。

八月，丹阳、长真、长生、长春于鄠县秦渡镇真武庙月夜共坐，各言其志。丹阳斗贫，长真斗是，长生斗志，长春斗闲，翼旦乃别。丹阳刘蒋居环，长真居洛阳朝元宫，长生居洛阳市土地庙，长春西入磻溪。事见《金玉集》。

大定十五年乙未（1175），丹阳真人年五十三。是年长真真人乞食于磁州二祖镇，遇一妄人殴落二齿，市人共怒之，欲明于官，真人吐之而去。

二月，广宁真人坐沃州石桥下。

夏，清净散人入关，致祭祖庭，既而出关，居洛阳风仙姑洞。

大定十六年丙申（1176），丹阳真人年五十四。长真真人此岁游历洺州，居白家滩。

六月中，广宁真人夜梦神人复授《易》之大义，既寤，明朝挥三十三图。事见《太古集》。

大定十七年丁酉（1177），丹阳真人五十五。长真真人行化于高唐县，与茶肆吴六书龟蛇字，曰：“可置之壁间，以镇火灾。”是年县城大火，唯茶肆乃免。

大定十八年戊戌（1178），丹阳真人年五十六。于八月一日刘蒋出环，西游陇山华亭行化。

长生真人是年迁洛城东北云溪洞居之，门徒日集，凿三井洞。

大定十九年己亥（1179），丹阳真人年五十七。二月十五日，于华亭县挈李大乘同居环百日。至八月迁陇州佑德观居环。十一月十八日出环，宿勾兜堡，化解元李子和出家。

长真真人游历卫州，获嘉县府君庙居之。

大定二十年庚子（1180），丹阳真人年五十八。是年春，京兆章台街赵蓬莱施宅为庵，请真人居环。八月二十四日，长安僚庶请祈雨，真人作诗，期以二十五日雨足，至期果应。见《金玉集》。

长真真人西游同州，居西里庵。

长春真人自磻溪迁居陇州龙门山。

大定二十一年辛丑（1181），丹阳真人年五十九。

四月初，于鄠县刘蒋村张朝散竹园庵内居环。中元日作黄箓醮罢，复归祖庵。

长真真人居华阴县纯阳洞。

长生真人东归莱州。

大定二十二年壬寅（1182），丹阳真人年六十。此年四月东归宁海，十二月行化文登，渔户焚网者甚众。初八日，海市见于南海之上，士人以诗庆之。

长生真人居武官建庵，注《道德》《黄庭》等经。

秋，玉阳真人来宁海，谒丹阳真人，同宿于金莲堂。广宁真人居真定府，升堂演道，听众常数百人。

十二月二十九日，清净孙仙姑升仙于洛阳，年六十四矣。

大定二十三年癸卯（1183），丹阳真人年六十一。四月行化芝阳。下元日，文登作醮，祖师现于空际白龟之上。丹阳于十二月二十二日升仙于莱阳县游仙宫。长生、玉阳二真人同主葬事，守坟百日，各归其隐所。

大定二十四年甲辰（1184），长真真人年六十二。是年正月十八日，长生真人于昌阳县姜守净家作醮。已午间，重阳祖师云冠绛服，丹阳真人三髻现于空际彩云之上。

五月，旱。登郡太守请长生真人祈雨，海市现于竹岛。明日，丹阳真人现于应仙桥之西北，是日雨足。

大定二十五年乙巳（1185），长真真人年六十三。是岁四月初一日，升仙于洛阳朝元宫。其畅道接物诗词，目曰《水云集》，行于世。

大定二十六年丙午（1186），长生真人年四十。

冬，长春真人下龙门山，居终南祖庵。

大定二十七年丁未（1187），长生真人年四十一。

是年十一月十三日，玉阳真人奉诏至燕，帝问延生之理，师曰：

“惜精全神，修身之要，端拱无为，治天下之本。”上待以方外之礼。

大定二十八年戊申（1188），长生真人年四十二。

此年二月，长春真人奉诏至阙下，十一日圣旨令主万春节醮，蒙赐巾袍。四月，敕居宫庵。五月十八日，召见于长松岛。七月，应制进词五首。中秋，得旨还终南山。是月，玉阳真人亦得旨还山。

十二月，上弗豫，遣使复召玉阳真人，真人谓使者曰：“恐不及再睹天颜矣。”

大定二十九年己酉（1189），长生真人年四十三。

正月初三日，玉阳真人至都，嗣君命真人为先帝主醮而归。

章宗明昌元年庚戌（1190），长生真人年四十四。

重午日，莱阳县刘植请玉阳真人斋，且以无嗣告于师，师曰：“公富而好礼，未应绝也。”为写“四四应真”四字。明年四月十四而生子，来乞名，师曰：“吾已与名‘应真’矣。”今日纯阳真君降世辰也。

明昌二年辛亥（1191），长生真人年四十五。

是岁十月，长春真人东归栖霞，住太虚观。

明昌三年壬子（1192），长生真人年四十六。

冬十月，长春真人芝阳洞作醮。

明昌四年癸丑（1193），长生真人年四十七。

明昌五年甲寅（1194），长生真人年四十八。

秋九月，长春真人福山县醮，天门开，瑞鹤现。有诗见《磻溪集》。

明昌六年乙卯（1195），长生真人年四十九。

承安元年丙辰（1196），长生真人年五十。

承安二年丁巳（1197），长生真人年五十一。

六月，玉阳真人被召。七月初三日，见于便殿赐坐，帝问以养生之道，抵暮方归。翼日，赐“体玄大师”号及紫衣，敕赐燕都修真、崇福二观，俾真人任便居之，月给斋钱二百镪。

冬，长生真人奉召赴阙，帝问以至道，师曰：“至道之要，寡嗜欲则身安，薄赋敛则国泰。”帝曰：“先生广成子之言乎。”敕近侍馆谷于天长观。

承安三年戊午（1198），长生真人年五十二。应对悉合上意，三月得旨还山，敕赐观额五道，曰灵虚，曰太微，曰龙翔，曰集仙，曰妙真，令立观度人。玉阳真人犹居都下。春，终南吕庵主至都，师为请祖庵为灵虚观，以敕牒付吕，俾知观事，仍以诗送行。夏，师得旨东归侍亲。

承安四年己未（1199），长生真人年五十三。

是年，长春真人芝阳作醮。

承安五年庚申（1200），长生真人年五十四。

泰和元年辛酉（1201），长生真人年五十五。是年，游广陵，著《天道罪福论》。

玉阳真人奉诏诣亳州太清宫作普天醮。有诗见《云光集》。

泰和二年壬戌（1202），长生真人年五十六。滨州作醮，有琼葩玉树之瑞。有诗见《盘阳集》。

长春真人芝阳作醮。

泰和三年癸亥（1203），长生真人年五十七。此年二月初六日，升仙于武官灵虚观。

玉阳真人奉诏诣亳州太清宫作普天醮，临坛度道士千余人。

泰和四年甲子（1204），长春真人年五十七。

泰和五年乙丑（1205），长春真人年五十八。

夏五月，莱州醮，有瑞鹤彩云现。有词见《磻溪集》。

泰和六年丙寅（1206），长春真人年五十九。

泰和七年丁卯（1207），长春真人年六十。元妃施道经二藏，一驿送栖霞太虚观，一驿送圣水玉虚观。

泰和八年戊辰（1208），长春真人年六十一。

大安元年己巳（1209），长春真人年六十二。是年游鳌山，有诗二十首。

玉阳真人七月十四日至北京，应孛术鲁参政之请也，居华阳观。是时大旱，僚庶告真人雨期，真人曰："十七日沾足矣。"至日果应。

大元二年庚午（1210），长春真人年六十三。

夏，玉阳真人蓟州玉田县醮毕，谓众曰："北方道气将回，空中有神明往来，刀剑击触之象，莫非生灵将受苦耶？"

大元三年辛未（1211），长春真人年六十四。是年东海召至燕都，及游德兴琅山。俱有诗见《鸣道集》。

壬申（1212），长春真人年六十五。

是年十二月三十日，广宁真人升仙于宁海州先天观，春秋七十三矣。

癸酉（1213），长春真人年六十六。

甲戌（1214），长春真人年六十七。此年游昆嵛烟霞洞，有诗。

乙亥（1215），长春真人年六十八。

丙子（1216），长春真人年六十九。时居登州，金主命东平监军王庭玉赍诏召师归汴京，师曰：“我循天理而行，天使行处无敢违也。”乃不起。

丁丑（1217），长春真人年七十。

玉阳真人四月二十三日升仙于圣水玉虚观，时七十六岁矣。

戊寅（1218），长春真人年七十一。

己卯（1219），长春真人年七十二。居莱州昊天观。是时齐鲁陷宋，

八月，宋主遣使召师，不起。州牧谢曰：“师居此，我辈诚有所依。”师曰：“吾之出处，非若辈可知也。他日恐不能留居此耳。”是年五月，太祖圣武皇帝自奈蛮国遣近侍刘仲禄持诏召师。十二月，仲禄至莱州。

庚辰（1220），长春真人年七十三。

正月，自莱州北行。

二月，至燕都。

四月，官僚请作醮于太极宫。

五月，至德兴府，寓龙阳观。

八月，至宣德州，寓朝元观。

辛巳（1221），长春真人年七十四。

是年五月朔，抵陆局河。

七月，至阿不罕山，留宋道安等九人立栖霞观。

中秋日，抵金山，过白骨甸。

十一月，至邪迷思干城，俱有诗见《鸣道集》。

壬午（1222），长春真人年七十五。

春三月，过铁门，达于行在。上设二帐于御幄之东以居之。时问以至道，师大略对以节欲保躬，天道好生恶杀，治尚无为清静之理。上悦，乃命左史书诸策。其详见《庆会录》《西游记》。

癸未（1223），长春真人年七十六。

是岁三月七日，得旨东还，赐号神仙。俾掌管天下道门，大小事务一听神仙处置，他人无得干预。宫观差役尽行蠲免，所在官司常切卫护。

六月，抵丰州。

八月，至宣德州。

甲申（1224），长春真人年七十七。

春二月，居缙山秋阳观。

三月，燕京官僚请住太极宫。是月，仙仗入燕都。

乙酉（1225），长春真人年七十八。

秋九月，荧惑犯尾宿，主燕地灾，宣抚王楫请师作醮禳之。醮竟，荧惑乃退数舍矣。

丙戌（1226），长春真人年七十九。

夏五月，燕境大旱，僚庶请师作醮，雨随时沾足，在都名儒皆有诗贺之。

丁亥（1227），长春真人年八十。

夏大旱，在京士庶祷师作醮，师曰："我方留意醮事，公辈来请，所谓好事不约而同也。"仍云："当备二醮，以五月初一日为祈雨，三日为贺雨。"醮后皆如师言。是月得旨，改太极宫为长春宫。

六月，太液池涸，北口山摧，人告于师，师笑曰："山摧水枯，吾将与之俱乎？"

七月四日，师谓门人曰："昔丹阳尝授记于予云：吾殁之后，教门大兴，四方往往化为道乡，道院皆敕赐名额，又当住持大宫观，仍有使者佩符乘传干教门事，此汝功成名遂，归休之时也。今丹阳师之言一一皆验，吾归无憾焉。"九日，登宝玄堂，留颂而逝。

后　序

古人之有年谱，尚矣，所以著出处之实，使后世得以考观者焉。我玄门之七真，身虽游乎方外，道实满于人间。当国朝革命之际，其救世及物之功不为不腆，故封龙李翰长敬斋云：七真之救世也，真叶上帝之心也。上帝之爱民也，真藉七真之教也。不然，何为天生圣皇，出宁四海；天生长春，左右大命，相与聚精会神，同始共终哉。观此自可见矣。

仆因焚诵之暇，不揆狂斐，遍考师真文集及诸家所撰传记，起重阳祖师降世之岁，讫长春真人升仙之秋，一百一十六年之间，出处事迹，详节编次，通为一谱。其或一二传记所载与各师真文集不相同者，舍传记而取文集也。盖文集纪录之真，传记有所未详也。呜呼，七真始终之大概具矣。

若夫师真之尸居而龙见，雷声而渊默，神动而天随，从容无为之妙，固不得以尽笔舌形容之。今之纪者，但取其修真立教之迹，姑此启诸童蒙，俾于向上诸师知所宗本，非敢以渎我同志者也。

至元辛未岁中元日，天乐道人李道谦，

书于终南祖庭之筠溪道院